[2판]

# 교육정책의 이론과 실제

[2판]

# 교육정책의 이론과 실제

## Policy Studies for Educational Leaders: An Introduction, 2/E


Frances C. Fowler 지음

신현석 · 한유경 옮김



PEARSON Merrill Prentice Hall

아카데미프레스

# Policy Studies for Educational Leaders: An Introduction, 2/E



Printed in Korea

ISBN 978-89-91517-24-0

---

# 역자 서문

학문 탐구의 분야로서 교육정책론은 오늘날 교육행정학의 영역에서 교육조직론과 함께 가장 많은 연구진이 포진되어 있으면서 그만큼의 연구물들이 생산되는 핵심영역 중 하나이다. 그러나 교육행정학 내에서의 이러한 비중과 행정실제에서의 중요성에도 불구하고 교육정책론은 현실적으로 몇 가지 한계를 노정하고 있다.

첫째, 교육정책 영역에서 활동하고 있는 학자, 연구자들이 그렇게 많음에도 불구하고 학문 후속세대 혹은 기존의 교육(지도)자들에게 교육정책 탐구의 "올바른 길"로 안내할 지침서가 없다는 것이다. 물론, 몇몇 교육정책의 개론서가 있긴 하지만 지식의 구성 및 내용 면에서 선뜻 동의하기 힘든 부분이 있다. 교육정책도 공공정책의 일부이긴 하지만 "교육에 관한" 정책으로서 교육정책의 본유한 구도를 갖추고 있다고 보기에 미흡하다는 의미이다. 이러한 현실에도 불구하고 교육정책을 연구한다는 학자와 공부하려는 대학원생들이 많다는 것은 이들을 교육정책 탐구의 "그릇된 길"로 인도할 가능성이 농후하다.

둘째, 교육정책의 탐구는 연구자들의 정책 현상에 대한 합리적인 분석과 지식 축적을 위한 이론화의 상호 보완적 활동을 통해 이루어져야 함에도 불구하고 양자 간의 괴리 내지는 불일치가 습성화되어 있다는 것이다. 교육정책 연구라 하면 정부기관을 통한 정책과제 내지는 이를 통한 부수적 성과물들로 치부되는 현실은 오늘날 교육정책이 하나의 학문탐구 "론"으로 성장하는 데 걸림돌로 작용하고 있다. 이로써 많은 교육정책의 연구물들이 쏟아져 나오기는 하지만 현실 문제에 대한 대응요법적인 일회성 대안들만 넘쳐날 뿐 교육정책론 형성을 위한 지식의 축적과 이론의 형성과는 거리가 멀다. '교육정책'의 연구 모임은 정책 과제의 현실과 대안을 모색하는 도구주의적 관점에서 활동할 뿐이다. 이에 반해 교육정책의 학문적 탐구를 공고화하기 위한 정책 지식의 탐구와 이론 정립을 위한 노력은 단지 소수의 의식 있는 학자에 국한되어 있다. 이들의 문제의식은 교육정책 "론"의 형성에 중요한 토대가 될 수 있음에도 연구성과가 학보 후속세대를 통해 부분적으로 전달되거나 정책 현상에 대한 합리적인 분석을 바탕으로 이루어지지 못하는 한계를 보여 주고 있다.

한마디로 우리의 교육정책 탐구 현실은 "연구자는 많지만 학문적 토대 구축을 위해 정진하는 학자가 드물고, 연구 성과물은 많지만 교육정책론 형성에 기여하는 합리적 분석을 통한 발견적 연구결과물은 부족하다"는 것이다. 이러한 현실에 일조한 교육정책 연구자의 한 사람으로서 우리는 자추지심을 느끼면서 이 번역물을 내놓는다. 이 책이 갖고 있는 미덕은 제목에서 나타나듯이 교육정책의 지식 토대와 실제 현실의 분석이 절묘하게 조화를 이루고 있다는 데서 찾을 수 있다. 이러한 이 책의 구성은 오늘날 교육정책의 탐구가 공공정책적 지식을 단순하게 차용하는 선에서 매조지되거나 혹은 지식-이론 연계 노력이 도외시된 대중적 방안의 제시로 일관하는 정책 과제형 탐구에 신선한 충격을 줄 수 있을 것으로 생각된다. 이런 점에서 이 책은 교육정책 연구의 길로 접어드는 초심자들이라 할 수 있는 일반대학원, 교육대학원 학생들 그리고 학부의 상급과정 교재로 활용될 수 있을 것이다.

이 책이 번역판으로 출간되기까지 번역진들은 몇 차례 독회를 통하여 이 책의 내용에 익숙해져 있는 상태였으며 또 그로부터 일정한 시간이 흐른 후에 번역 작업을 하였다. 짧지 않은 시간 동안 인내심을 갖고 기다려 준 아카데미프레스의 사장님 이하 직원들에게 감사를 드린다. 이 책의 번역 작업은 역자들의 학문적 관심과 그간의 연구 경험 등을 고려하여 전체의 장을 다음과 같이 나누어 번역하였다. 제1장부터 제6장까지는 신현석 교수가, 제7장부터 제12장까지는 한유경 교수가 각각 책임 번역하였다. 가능한 한 원전의 내용을 그대로 존치하는 가운데 번역하려고 노력하였으나 교육정책이 처한 맥락과 현실을 감안하는 과정에서 번역의 오류 가능성을 전혀 배제할 수는 없었다. 이로 인해 발생하는 문제는 전적으로 번역진의 과오라는 것을 밝히고 싶다. 마지막으로 이 책을 통해 번역자들이 갖는 소망은 우리의 교육정책 탐구자들이 우리의 현실에 대한 반성과 아울러 새로운 의욕과 자신감을 가질 수 있는 계기가 되었으면 하는 것이다.

번역자들을 대표하여
신 현 석

# 1판의 추천글

William Lowe Boyd[1)]

내가 「Education Week」지의 주제를 탐색하고 있을 때 학교개혁 문제에 대해 대단히 정교하면서 통찰력 있게 논평하고 있는 논문 한 편을 발견하였다(Fowler, 1985). 그 논문에서 주목할 만한 점은 논문 전체에 걸쳐 드러나는 식견뿐 아니라 논문의 결론 부분에서 내가 발견한 하나의 사실에 있었다. 즉, 그 논문은 특별한 직관력을 지닌 대학의 학자나 정책분석가가 아닌 테네시의 한 6학년 교사에 의해 쓰여졌었던 것이다. 나는 초등학교 교사가 어떻게 이런 작업을 할 자금과 시간을 갖게 되었는지 궁금했다. 바로 이 특별한 교사가 이 책의 저자인 Frances Fowler이다. 그녀는 당시에 상대적으로 덜 알려져 있었으나, 나는 그녀의 비범한 글쓰기와 분석 능력 때문에 Charles Kerchner와 공동으로 작업하고 있었던 첫 번째 『Yearbook of the Politics of Education Association』(1988)에서 학교개혁 정책에 관한 장을 그녀에게 맡겼다.

그때 이래로, Frances Fowler는 교육정책학에서 두각을 나타내는 학자가 되었다. 그녀는 이 중요한 저서를 출판함으로써 기존의 인상적인 경력 위에 새로운 업적을 추가하였다. 교육정책학 교재가 극소수 출판되어 왔으나 이 책에서 발견되는 뛰어난 질적 조합은 어디서도 찾아볼 수 없다. 교육자와 일반인들을 상대로 제공하는 교육정책과 정책학 분야에 대한 풍부하고 종합적인 소개, 이론적 분석과 실제적 안내 및 지침의 뛰어난 아우름 그리고 정책의 세계에 익숙치 않은 일반인, 교육자뿐 아니라 전문가, 학자에 이르기까지 광범위한 독자의 마음을 끄는 메시지와 문체 등이 그것이다.

교사와 학교 행정가들은 저자가 그들의 상황을 진실로 이해하고 그들의 흥미와 관심사를 직접적으로 말하고 있기 때문에 이 책을 기쁘게 받아들일 것이다. 학자들 또한 교수목적에 유용할 뿐 아니라 교수목적에 그치지 않고 그 이상의 것에 도달하고 있기 때문에 이 책을 환영하게 될 것이다. 즉, 이 책은 몇 가지 측면에서 교육정책학에 대한 문헌들에 중요한 공헌을 하고 있다. 첫째, 이 책은 정책 연구와 정책학 사이의 균형과

1) William Lowe Boyd는 펜실베이니아 주립대학교의 교육학부 교수이다.

재통합을 이루고 있다. 정책 연구가 교육정책 형성과 관련된 정책학을 폄하하거나 심지어 무시하는 최근 동향에 대해 걱정하고 있는 교육정책학자들은 Fowler가 이 책에서 도달한 양자 간의 균형에 만족할 것이다.

두 번째로 Fowler는 교육정책학과 정책 결정 분야에서 경쟁하고 있는 가치들에 관한 계속적인 관심을 통해 이 책에서 분석적으로 검토하면서 그 주제들을 함께 다루고 있다. 그녀는 이 책 전반에 걸쳐 많은 예시를 사용해 제 가치들의 긴장관계를 명백히 조명한다. 그리고나서 의미 있고 독창적인 결론을 맺는 장에서 그녀는 네 개의 이론틀을 상정해, 그것을 정책 문화와 경쟁하는 가치들에 비추어서 미국 교육정책 영역의 향후 동향을 추적하기 위한 렌즈로 사용한다.

여기에서 보여주는 경쟁하는 가치들에 대한 Fowler의 민감성은 그다지 놀라운 것이 아니다. 이 시대에 그녀가 이룬 가장 중요한 공헌 중 하나는 미국에서 학교 선택에 관한 논쟁이 매우 협소하게 이루어졌었고 상당히 중요한 정책 가치를 간과하고 있음을 논증해 왔다는 점이다. 많은 부분에서 학교 선택 논쟁은 경제 모형과 공공선택 이론을 사용하는 신보수주의에 의해 독점되어 왔다. 학교 선택 제안에 대한 반대측은 경제 이론에 터해 무장된 강력한 논리에 반박할 수 있는 주목할 만한 이론의 결여로 인해, 찬성측에 비해 일반적으로 불이익을 받아왔다. 이에 대해 Fowler(1992)는 간과된 가치들과 학교 선택 정책의 취약점으로 인해—특히 완전히 통제되지 않았을 때—생길 수 있는 위험을 부각시키기 위해 신다원주의 이론을 정책학에 적용해 왔다. 이러한 이론적 분석과 정책 분석의 가치는 이 책에서 풍부하게 드러난다.

Fowler가 이룩한 세 번째 공헌은 학교 교사들과 행정가들에게 정책 이론과 정책 분석이 실제로 유용하게 적용될 수 있는 방식을 자세히 보여준다는 점이다. 대학의 학자들은 종종 문제가 발생하면 해결과 개선의 방법을 찾기 위한 실제적 제안을 하기보다는 개탄하고 분석하기를 더 잘한다. 이 책은 그러한 양상에 대한 주목할 만한 예외를 보여준다. 이 책의 시작에서 결론에 이르기까지 Fowler는 교육을 둘러싼 정책적 돌풍의 확산 속에 둘러싸여 있으면서, 정책 형성가가 보는 관점과 교육 영역에서의 실제적 이해 간 괴리 때문에 곤란을 겪고 있는 교육자들의 관심사에 대해 말한다.

가령 Fowler는 다음과 같은 질문에 도움을 주기 위한 실제적 지침, 안내, 삽화를 제공한다. 교육을 위해 우리가 어떻게 정책의제에 영향을 줄 수 있는가? 만약 우리의 주 혹은 지역(area)이 치즈처럼 구멍이 숭숭 뚫린 언론의 보도 방식(p. 198 참조)을 겪고 있다면 우리는 어떻게 교육에 대한 공적 지식을 개선시킬 수 있는가? 우리는 어떻게 입법부 의원에게 로비해야 하는가? 우리는 제안된 정책들의 있음직한 결과들을 평가할 때 어떤 질문을 해야 하는가? 하나의 정책이 우리의 학교나 교육구 상황에 적절한지 아닌지 우리는 어떻게 결정할 수 있는가? 우리는 대중적 평판이 좋지 않은 정책을 포함한 많은 정책들을 어떻게 실행해야 하는가? 제안되었거나 완료된 평가가 질적으로 우수한지 아닌지 우리는 어떻게 말할 수 있는가?

이 책의 네 번째 공헌점은 주(州) 수준의 정책 형성 과정에 대한 체계적이고 포괄적인 설명에 있다. Fowler는 교육정책에 대한 주 정부의 중요도가 종전보다 증가하고 있음을 인식하면서, 단지 단편적이고 불완전한 상황에서나 유용했을 정보를 완전하면서 일관성 있고 조리있게 제시한다.

요컨대 이 책은 귀중하고 값진 책이다. 이 책이 대중적인 인기를 구가할 것이라고 나는 확신한다. 왜냐하면 이 책은 교육정책과 정책학에 대해 포괄적이고 통찰력 있게 소개할 뿐 아니라, 이 영역에서 기술과 이해의 양 측면을 모두 향상시키고자 하는 사람들에게 많은 가치 있는 도구들과 학습 경험까지 제공해 주기 때문이다. 테네시는 뛰어난 6학년 학급의 교사를 잃었지만 모든 교육자들은 이제 훌륭한 선생님 한 분을 얻게 되었다.

## 참고문헌

Fowler, F.(1985). Why reform go away. *Education Week, 10(24):* 17.

Fowler, F.(1988). The politics of school reform in Tennessee: A view from the classroom. In W.L. Boyd & C.T. Kerchner(Eds.), *The politics of excellence and choice in education.* New York: Falmer Press.

Fowler, F.(1992). American theory and French practice: A theoretical rationale for regulating school choice. *Educational Administration Quarterly, 28(4).* 452−472.

# 저자 서문

속담에 따르면, 필요는 발명의 어머니라고 한다. 속담은 확실히 『Policy Studies for Educational Leaders: An Introduction』의 경우에선 옳다. 이 책의 아이디어는 내가 박사 학위를 막 받고 나서 테네시 녹스빌 대학교 대학원에 교육정책학을 가르치기 위해 초청되었던 1990년 여름에 생겨났다. 적절한 교재가 없음을 알게 된 나는 최근 쟁점들에 대한 상당한 수의 보급판 책을 주문했고 교육정책의 다양한 양상에 대한 논문들을 한 데 모았다. 내게 배우는 학생들은 영특하고 배우고자 하는 열정이 뜨거웠지만 나는 종종 좌절했다. 왜냐하면 그들 중 아무도 학부과정에서 정책학을 수강하지 않았으며, 어떤 수준에서든 정책과정에 참여한 학생이 극소수에 지나지 않았기 때문이다. 그리하여 나는 그들 지식의 결함을 메우기 위해 수업시간의 상당 부분을 투자해야 함을 알았다. 나는 정책쟁점에 대한 실제적 토론을 위한 귀중한 수업시간이 줄어들 때마다 기본적인 정보를 제공할 좋은 교재를 원하곤 했다.

그해 가을 나는 오하이오 옥스포드의 마이애미 대학교에 새 자리를 얻게 되었고, 그곳에서 내 책임 중 하나는 대학원 과정에서 교육정책학을 가르치는 것이었다. 이후 몇 년간 학생들과 공부하는 동안 내가 겪었던 이전의 느낌은 더욱 강해져만 갔다. 좋은 기본 교재의 결여는 여러 측면에서 내 교수 생활을 방해했다. 그리하여 이 책에 대한 아이디어가 생겨난 것이다. 가르치던 수년 동안 나는 교육과정을 고안하고 재구조화하면서 앞으로 쓰게 될 교재에 대한 자료들을 모았으며, 학생들을 위한 학습자료와 교재에 대한 조직적 구조를 개발해 나갔다.

## 교재의 철학과 초점

『Policy Studies for Educational Leaders: An Introduction』은 다음의 신념들에 바탕을 두고 있다.

1. 교육 지도자들은 정책과 정책과정에 대한 문헌이 필요하다. 과거에는 오랫동안 교육 행정가들이 "정책학과 교육은 별개다."라고 말하면서, 다른 이들이 학교에 대한 중요한 정책 결정을 하고 있는 동안 무관심하게 방관자적 자세를 취했었다.

그러나 오늘날 빠르게 변화하는 정책 환경으로 인해 학교 지도자들은 교육정책과 그것이 형성되는 방식에 대한 기본적인 이해를 하고 있어야만 한다. 만약 그렇지 않으면 그들은 미리 대처하기보다는 반응할 뿐인 상태가 될 것이며, 그리하여 그들이 행동에 옮길 때는 중대한 실수를 저지르게 되는 결과를 초래할 수 있다.

2. 교육 지도자들은 교육정책과 정책 결정에 대한 이론적이자 실제적인 두 측면에서의 정보가 필요하다. 불행히도 교육 영역에 종사하는 많은 사람들은 이론과 실제가 서로 관련되지 않거나 심지어 반대라고까지 생각한다. 나는 이런 관점을 거부한다. 만약 학교 행정가가 진실로 반성적인 지도자라면, 그들에게 필요한 것은 교육정책에 대하여 깊이 있게 비판적으로 생각할 수 있는 도구들이다. 이 필수적인 도구들에는 주요 연구결과, 분석틀, 중요한 정책 이론에 대한 지식이 포함된다. 또한 정책적 실전 경험이 전무한 사람들 역시 추상적 정보들을 어떻게 적용하는지에 대한 실제적 안내가 필요하다. 그러므로 이 책은 실천을 뒷받침하는 이론들과 실천을 위한 특별한 권고 모두를 제시한다.

3. 교육 지도자들은 권력 및 권력에 대한 책임감 있는 사용 방법에 대한 이해가 필요하다. 이 책의 기저에 놓인 이론적 기조는 갈등 이론, 즉 정책이 다양한 개인, 집단, 제도 사이의 갈등을 통해 생겨난다는 신념이다. 이러한 투쟁의 결과는 참여자들 사이의 권력 균형에 의해 형성되므로 학생들은 권력을 이해해야만 한다. 갈등 이론은 실천적 정치학에 초점을 두는 다원주의자들로부터 Marx와 Gramsci의 영향을 받은 학자들까지 그 사이의 무수한 지점들을 포함하는 거대한 이론적 일가를 이루고 있다. 불행히도 미국의 교육학자들은 다른 것은 배제한 채 실천적 정책학 혹은 문화적 정책학에 초점을 맞추면서 다원주의자들과 비판적 학자들 간의 대립 구도를 설정하는 경향이 있다. 나는 이러한 접근이 이론적 적절성을 확보하지 못할 뿐 아니라 교육학적 반향도 일으키지 못한다는 입장이다. 그 이유는 그러한 대립 구도가 학생들로 하여금 대부분의 사회적 불공평을 형성하는 미묘한 권력 유희는 무시하게 한 채 일상의 정책학만을 이해하게 하거나, 혹은 입법부나 법정에서 어떤 일이 일어나고 있는지는 알지 못한 채 강력한 문화적 제도가 의식을 형성하는 과정만 잘 이해하도록 하기 때문이다. 내 책은 이러한 이분법을 극복하고 있다. 이를 위해 편견의 동원에 관한 연구를 포함해 권력의 다양한 면모를 아우르는 종합 이론을 산출해 낸 옥스포드 대학교 교수인 Steven Lukes(1974)의 다원주의자와 비판적 관점의 통합을 활용한다. 그리하여 교수들은 학생들에게 두 가지 측면을 모두 가르칠 수 있다. 하나는 일

상의 미국 권력정책학의 동향이며 다른 하나는 힘 있는 이익집단들이 인종, 성, 계급에서의 불공평을 영속화하기 위해 제도와 문화를 사용하는 방식에 대한 것이다.

4. 모든 정책, 특히 교육정책은 가치 함축적이다. 정책학에서 한 학교의 정책 분석은 '가치 중립' 적 분석을 지향한다. 내 견해로는 이러한 작업은 잘못된 결과에 이르게 된다고 본다. 왜냐하면 그러한 작업은 사회적 실제에 대한 근본적인 오해에 기반해 있기 때문이다. 그리하여 나는 정책 결정시 본질적으로 얽혀 있는 가치를 고려하는 정책학자들의 작업에 동조하는 입장이다. 이 책은 그러한 신념을 반영하고 있다. 전체 장(章)에서 정책 가치와 이데올로기에 주의를 기울이고 있을 뿐만 아니라 이 책을 통해 가치라는 쟁점 자체를 제기하고 있다. 학교 지도자들을 혼란시키는 갈등의 대부분이 깊이 수용된 가치들에 대한 의문으로 향하고 있기 때문에, 가치에 대한 이러한 강조는 가치 갈등이 대부분 어디에서 언제 일어나는지에 대한 탁월한 이해의 기초가 된다.

5. 주 정부는 지난 25년간 꾸준히 그 중요도가 높아져 왔으며 앞으로도 계속해서 그럴 가능성이 있다. 미국에서 교육정책은 연방, 주(州), 교육구, 학교라는 네 가지 수준에서 개발되었다. 이 책은 네 수준을 모두 다루고 있기는 하지만 특히 주 수준에 강조점을 두고 있다. 주 수준은 그 중요도가 증가하고 있을 뿐만 아니라 다음의 몇 가지 이유 때문에 이해되어야만 하는 수준이다. (1) 대부분의 시정 연구과 정치과정에서 연방제의 초점, (2) 매체에서는 분리된 중앙정부와 지방자치단체의 초점, (3) 대부분의 교육자들이 근무기간 동안 개발한 실제적 경험의 유형. 그리하여 이러한 공간을 메우는 일은 본질적인 것으로 보인다.

## 교재의 조직

이 책은 다음의 네 가지 범주로 묶을 수 있는 12개의 장(章)으로 나뉜다.

1. **소개의 장(1~2장).** 처음의 2개 장은 이전에 정책학 기초과정을 이수한 적이 없는 대부분의 학생들에게 일반적인 기초를 닦게 해 주는 장이다. 1장은 교육정책과 정책과정을 개관한다. 2장에서는 Lukes의 이론을 상세히 제시하고 그것을 일상의 정책학과 인종, 계급, 성에서의 불평등을 지속시키는 미묘한 권력 메커니즘에 적용해 권력 문제를 다룬다. 또한 담론적 분석을 소개한다.

2. **정책환경(3~5장).** 사회현상으로서 정책은 특정한 사회경제적 맥락에서 생겨난

다. 3장, 4장, 5장은 학생들에게 이러한 맥락의 가장 중요한 차원에 대한 배경을 소개한다. 즉, 경제학, 인구통계학, 정책 구조, 정책 문화, 가치와 이데올로기 등이 그것이다.

3. **정책과정(6~11장).** 학생들은 그들이 정책 개발과 정책 실행, 정책 평가의 방식을 이해하는 범위 내에서만 교육정책을—그리고 그것에 어떻게 영향을 미치는지를—이해할 수 있다. 6장에서 11장까지는 고전적 단계 모델을 이용해 이 과정에 초점을 맞추었다. 6장은 주요 정책 참여자들을 소개하고, 다음 장들은 그들이 정책쟁점을 규정하고 이를 정책의제화하며, 공식화하고 채택하고 실행하고 평가하면서 어떻게 행위하는지를 보여준다.
4. **회고와 전망(12장).** 이 장에서는 처음 이 책을 접했을 때보다 이제는 더 정교하게 교육정책을 이해해야 하는 학생들에게 최근 교육개혁 운동을 이해하기 위한 역사적 틀을 제공하고자 한다.

## 특징적인 내용

나는 학생들이나 교사들 모두 가능한 한 친숙하게 이 책을 활용할 수 있도록 만들려고 애썼다. 그러한 목적에서 나는 다음의 특별한 내용들을 제공하고 있다.

1. **탐구의 요점.** 각 장은 그 장의 주요 내용과 관련되는 몇 가지 질문들로 시작된다. 이 질문들은 학생들이 책을 읽을 때 가장 중요하게 염두에 두어야 할 점을 확인시켜 줌으로써 그들의 주체적인 책읽기를 도와준다.
2. **그림과 표.** 이 책에서 그림과 표는 단락 형식으로 인해 지루하게 느낄 수 있는 중요한 부분들을 요약해 주고, 시각적인 것을 선호하는 학습자들에게 이론적 자료를 시각화된 양식으로 제공하며, 정책 행위의 가장 중요한 원칙들에 대한 단순화된 참조물을 제공한다.
3. **장(章) 말미의 활동.** 9장과 12장을 제외한 모든 장에서는 과제나 수업 중 토론을 위한 다음의 다섯 가지 학습활동 유형 중 적어도 네 가지를 제시하면서 마무리한다—토론을 위한 질문과 활동, 사례연구, 분석을 위한 뉴스, 찬반논쟁, 인터넷 과제. 이러한 활동들은 간단한 논문의 기초로 활용될 수도 있다.
4. **심화 학습 자료.** 9장을 제외한 각 장은 간결하게 주석을 단 관계 서적 목록을 제시하면서 끝난다. 이 목록은 그 장에서 다루어진 주제들에 대한 책과 논문으로 이

루어져 있으며, 학생과 교수들은 그 장의 내용을 확장하고 심화시키는 데 사용할 수 있다.

## 이 판에 새롭게 추가된 것

내가 1998년 초판의 마지막 사본을 작성한 이후 많은 일들이 일어났다. 기술혁명이 줄지 않고 계속 이어졌고, 새로운 인구조사가 있었으며 1990년대 경제붐이 주춤하고, 미국 역사상 가장 치열한 경쟁을 거친 대통령 선거가 있었다. 또한 뉴욕과 워싱턴에 대한 테러리스트의 공격은 전세계를 전쟁의 위협 속으로 몰아갔고 국내에서조차 경계 태세를 갖추어야 하는 전례 없는 상황이 전개되었다. 교육정책에서는 학교 선택과 국가표준개혁(standards-based reform)이 활성화되었고, 인종과 계급에서의 성취 격차에 대한 관심사가 확산되었다. 이상의 큰 변화의 물결 속에서 이 두 번째 판이 생겨났으며, 다음에 이 판에서 새롭게 추가된 점을 간략히 정리하였다.

1. 인구통계적 정보와 경제학적 정보가 갱신되었다. 정책 환경의 경제학적, 인구통계학적 동향을 다루고 있는 3장은 거의 다시 썼다. 여기서는 전쟁 및 테러리즘의 영향과 예상되는 경제 침체로부터 기인한 경제 변화, 그리고 2000년 인구조사로부터 많은 것을 이끌어 내었다.
2. 분석을 위한 최신 뉴스거리와 사례연구가 제공되고 있다. 첫 번째 판에 등장한 '분석을 위한 뉴스'가 모두 새로운 이야기들로 대체되었다. 게다가 새로운 이야깃거리를 선택할 때, 각 장의 주요 개념들과 관련된 이야기뿐 아니라 협약, 이중언어 교육, 중요한 시험, 2001년 아동낙오방지법(No Child Left Behind Act) 같은 최근 쟁점들과 관련된 이야기들을 포함시켰다. 덧붙여 새로운 두 가지 사례연구 또한 다윈 진화론에 대한 교육 그리고 주 차원의 몇몇 평가 프로그램에 대한 학부모의 저항 같은 현대적 쟁점을 다룬다.
3. 학생들에게 교육정책에 대한 정보원으로 인터넷을 활용할 수 있도록 학습하는 기회를 보다 많이 제공한다. 온라인상의 다양한 정보를 제공하면 학생들이 정책을 탐색할 때 인터넷을 활용하게끔 독려할 수 있을 것이다. 그러므로 이 판에서는 각 장의 말미에 제시하고 있는 활동 중에 인터넷 과제를 포함시켰다. 또한 두 개의 부록에서는 주요 정책 행위자들의 URL과 각 주의 정책 정보를 검색하는 방법을 제시하고 있다.
4. 용어 설명이 추가되었다. 책의 끝 부분에는 간략한 용어 설명을 통해 주요 개념에

대한 정의가 제시되어 있어서 학생들이 정의에 대한 기억을 새롭게 되살리기 위해 책 전체를 다시 뒤적여야 할 필요가 없게 되었다.

## 감사하며…

책을 쓰는 일은 의미 있는 작업임에는 틀림없으나 종종 좌절감을 안겨 주는 작업이기에 한 권의 책이 완성되기 위해서는 수많은 지지와 도움이 필요하다. 나 역시 아래에 정리된 사람들의 노고에 감사하고 싶다.

- 이 책을 검토해 준 분들. Ned B. Lovell, Mississippi State University; Carla Edlefson, Ashland University; David W. Leslie, College of William and Mary; Carthy S. Jording, Georgia Southern University; Cecil F. Carter, Florida Gulf Coast University; A. Reynaldo Contreras, San Francisco State University; Austin D. Swanson, State University at Buffalo; and Tina Dawson, Antioch University Seattle.
- Miami University의 Educational Leadership Department 직원들. 특별히 Jan Clegg와 Peggy Bower는 사본의 다양한 번역판을 복사하고, 우편물을 준비해 주었으며 이 프로젝트를 위한 전화 업무를 전담해 주었다.
- Prentice Hall의 편집자인 Debbie Stollenwerk와 그의 보조인 Mary Morrill. 수년간 Debbie는 나의 진정한 친구였으며, Mary는 항상 무수히 많은 문제와 요구에 조속히 대답해 주었다.
- Anderson County and Nashville, Tennessee의 모든 사람들. 그들은 내가 정책과 관련한 활동을 할 때 조언자의 역할을 했으며, 나에게 실제적 지식을 주었다.
- Miami University의 내 제자들. 그들은 1판에서는 실패한 많은 것들을 알고자 하는 열의가 있었으며, 2판을 위해 가치 있는 제언을 해 주었다.
- William Boyd, Professor of Education Leadership at Penn State and a fellow East Tennessean. 그들은 내가 6학년 교사였던 시절 『Yearbook of the Politics of Education Association』(1988)의 한 장(章)을 내게 맡겨 주었고, 내가 교수가 된 이후에도 많은 조언과 지지를 아끼지 않았다.
- 돌아가신 Ruth Fowler Shipe 아주머니. 그녀는 고등학교에서 미국 역사와 정부에 대해 가르쳤었는데, 그녀가 보여 준 정책과정에 대한 열의와 일생 동안의 관심은 나에게 많은 영향을 미쳤다.

- 내 자매, Marianne과 Susan Fowler. 그녀들은 각각 워싱턴 로비스트와 교직원 조합의 리더로서 여전히 정치적인 활동을 계속하고 있으며, 내가 학자의 길로 접어든 후로도 실제 정책과정의 세계와 접촉할 수 있도록 나를 도와주었다.
- 그리고 마지막으로 그외 모든 친척들, 친구들, 동료들은 내가 힘든 시간을 겪는 동안 격려와 지원과 지지를 보내 주었으며 이 책이 완성되리라 믿어 주었다.

Frances C. Fowler

# 차례

## 제 1 장 정책의 개념과 기원

## 제 2 장 권력과 교육정책



## 제 3 장 경제와 인구통계학

## 제 4 장 정치체제와 정치문화

## 제 5 장 가치와 이데올로기



## 제 6 장 교육정책의 주요 행위자

## 제 7 장 무대 만들기와 무대에 서기 : 쟁점 정의와 의제 설정

## 제 8 장 법안과 예산의 확보 : 정책 형성과 정책 채택



## 제 9 장 정책 들여다보기 : 정책도구와 비용 효율성

## 제11장 정책 평가 : 정책이 제대로 작용하는지 판단하기



## 제12장 미국의 교육정책 : 회고와 전망

1

# 정책의 개념과 기원

**탐구의 요점**

학교 지도자들은 왜 정치적 · 경제적 환경의 변화에 따라 변화하는 정책과정을 반드시 이해해야 하는가?
어떻게 사람들은 정부가 실제로 어떤 정책을 추구할지를 확인할 수 있는가?
교육정책을 구체화하고 그것에 영향을 미치는 데 있어 교장은 어떤 역할을 할 수 있는가?

## 왜 정책을 연구하는가?

### 오즈(Oz)의 학교 지도자들

"토토, 나는 우리가 더 이상 캔자스에 있다고 생각하지 않아." 교육정책 과목을 수강하는 박사 학위 과정의 한 학생은 『오즈의 마법사』에 등장하는 문구를 인용하여 논문의 서두를 열었다. 대도시의 초등학교 교장인 그 학생은 수업 동기생들과 함께 했던 주(州)의 중심부 탐방에 대한 반성적 에세이를 썼다. 현재 학교 행정가들인 수업 동기생들은 권력의 핵심부를 여행하면서 모두 놀라지 않을 수 없었다.

그날은 정책 동향에 대해 브리핑하기로 예정되어 있던 주 교육부 공무원과의 회의로 시작되었다. 50분 동안 그는 세금, 학교 재정정책, 그리고 경제 성장에 관한 많은 자료들을 그들에게 보여 주었고, 주가 최근에 인계받은 큰 교육구 관련 사무 때문에 많은 시간이 소요된다는 사실에 불평을 쏟아 놓았다. 마침내 그 공무원은 잠시 숨을 가다듬고 나서 물었다. "질문 있습니까?" 수업 동기생 중 한 교장이 잠시 머뭇거리다 질문했다. "아이들에 대해서는 어떻게 생각하십니까?" 공무원은 자신이 경제학 전공자이며, 학교에서 근무해 본 적이 없는 까닭에 그러한 교육정책이 아이들에게 어떤 영향을 미치는지를 이해하기 어렵고, 그것을 구조화해서 설명하기도 어렵다고 말했다.

점심식사 후, 그 수업 동기생들은 주 하원 교육위원회(House Education Committee) 위원장과 만나기로 약속했다. 이 약속을 몇 주일 앞서 잡았음에도 불구하고, 위원장의 비서는 바로 전날 전화를 해서 주 의회의 계획이 바뀌어 위원장과의 면담이 불가하다는 내용을 전달했다. 대신 그 비서는 수업에 참여하는 학교 행정가들과 담당교수에게 교육정책에 관해 잘 모른다며 신경질적으로 설명했던, 그 의원의 보좌관과 만날 약속을 잡아 주었다. 그는 위원장의 사무실로 그들을 초대해 위원장의 서고와 그가 읽은 교육 관련 서적들을 가리키면서 자기 상관의 지적 능력을 칭송했다. 초대된 교육자들은 교육계에서 인종 차별적 저서로 널리 비판받고 있는 『The Bell Curve』가 눈에 띄게 진열되어 있는 것을 보고 냉담해졌다. 또한 그 보좌관이 특수교육에 관한 의원의 견해에 대해 설명하자 그들은 더욱 냉랭한 반응을 보였다. "특수교육을 받는 아이들로 인해 그렇지 않은 다른 아이들의 수준까지 끌어내려져서는 안 된다."고 그는 강력히 주장했다. "그 아이들은 그들의 진도에 맞게 배울 수 있는 특수한 학교에 있어야 합니다." 이러한 보좌관의 주장에 대해 그 수업 수강자 중 특수교육 지도자는 가까스로 화를 참았다.

학생들[1)]이 주 의회 사무실 건물에서 나올 때 로비에서 주 의회의 다른 의원을 만나게 되었다. 그가 학생들 중 한 사람과 친분이 있었기 때문에 모두들 잠깐 멈춰 몇 분 동안 그와 얘기를 나눴다. 이야기가 처음 시작될 때 학생들은 밝은 분홍빛 돼지들로 뒤덮인 그의 넥타이에 정신을 빼앗겨 그의 말에 집중하는 것이 어려웠다. 그는 자신에게 로비하기 위해 이 도시로 찾아온 돼지 사육 농부들과 회의하기 위해 그 넥타이를 맸다고 나중에 설명했다. 이 정치가는 교육의 중요성에 대해 열정적으로 얘기했고, 주 하원에서 지방자치 법안(home rule bill)을 고려하고 있다며 기쁨에 찬 목소리로 말했다. 그는 만약 법안이 통과된다면, 이 법은 학교에 부과되는 거의 모든 주요한 규정을 없앨 것이고, 학교가 자율적으로 교육에 관한 계획을 세울 수 있도록 할 것이라는 설명을 덧붙였다. "당신은 주의 학력고사를 폐지할 것입니까?" 주의 교육자들이 가장 짐이 된다고 지

1) 역주 : 초대된 학교 행정가들

목한 규정을 언급하면서 한 학교 행정가가 기대하며 질문했다. 그러나 그 의원은 오히려 충격을 받은 것처럼 보였다. "오, 아닙니다. 물론 아니에요. 학력고사는 남아 있을 것입니다."

차로 돌아가는 길에 학생들 중 한 사람이 슬프게 말했다. "놀랍군요. 그들과 우리가 전혀 다른 두 개의 언어로 대화하고 있었다니…." 한 동료가 답했다. "하지만 우리가 그들과 대화하는 법을 배워야만 할 것 같습니다."

이 실화는 학교 행정가들이 교육정책 입법의 세계를 모험하면서 겪은 많은 긴장과 좌절을 간략하게 보여 준다. 이런 상황에 접하면서 체념이나 운명론 중 어느 하나로 후퇴하는 것은 너무 쉬운 일이다. 이 책의 목적은 미래 그리고 현재의 교육 지도자들이 다른 대안을 찾고자 한다면 그것을 위한 기초를 제공하고자 하는 것이다. 이 책은 교육정책이 어떻게 형성되는지, 또 그것이 어떻게 영향을 받는지를 포함해 교육정책에 대한 기본 지식을 제공하고자 한다. 또한 21세기 미국에서 나타나고 있는 교육 리더십의 새로운 몇몇 영역에 대해 교육 지도자들이 관심을 갖게 하는 데 그 목적이 있다. 그러나 무엇보다 교육정책의 세계가 어떻게 그리고 왜 변해 왔는가를 이해하는 것이 필수적이라 하겠다.

## 교육정책 환경의 변화

### 과 거

교육정책의 세계가 비교적 조용하며 예측 가능한 "캔자스"로부터 빠르게 변하고 예측 불가능한 "오즈"로 변해 왔다면, 우리는 우선 과거의 방식을 이해할 필요가 있다. 1980년대까지 공립학교들은 미국 사회에서 가장 존경받는 기관 가운데 하나였다. 때때로 대중적 지도자들은 공립학교를 날카롭게 비판했고, 향상을 위한 대안을 제시하기도 했다. 예를 들면, 1950년대 후반 구소련 연방은 인공위성을 제작했고, 이것은 미국 고등학교에서 보다 질 높은 과학교육과 수학교육을 시행해야 한다는 매우 강력한 요구를 불러일으켰다. 그런데 이러한 비판과 모든 대안들은 공교육 그 자체를 당연하게 여기는 틀 안에서 이루어진 것이었다. 공교육의 근본적인 정당성에 대해 이의를 제기한 사람은 거의 없었다. 1980년대 초까지 학교에 대한 재정 지원은 교육구나 지역에 따라 다르긴 했지만 대체로 적절하게 이뤄졌다. 때론 1960년대처럼 공공재정 지원은 심지어 관대하기까지 했다. 게다가, 레이건 행정부가 등장할 때까지도 주 정부는 지방 교육구에게 책무성을 입증할 수 있는 일들을 하도록 요구하지도 않은 채, 공교육에 대한 권한의 대부분을 지방 교육구에 위임했다. 주 의회에서 교육정책은 주 의회 내의 교육위원회, 주 교육부, 그리고 주요 교육 압력단체로 구성된 소위 "철의 삼각형(iron triangle)" 안에서 주로 개발되었다. 정책 변화는 일반적으로 느리면서 점진적이었다. 정책 단체들이 새로운 정책을 구상할 때는 삼각형의 세 영역 모두가 토론에 참여했다. 교육자들은 교육정책에 대한 귀중한 견해를 가진 전문가들로 여겨졌다.

## 새로운 정책 환경

최근 20년 동안 이러한 상황이 전반적으로 바뀌었다. 오늘날 기업, 언론, 그리고 정치 지도자들은 일반적으로 공교육이 위기에 처했다고 생각한다. 많은 공교육 비평가들은 공교육을 근본적으로 수정하거나 혹은 공교육으로부터 완전히 벗어날 수 있게 해야 한다는 입장을 견지해 왔다. 많은 교육구들—가난한 지역 또는 도시의 교육구만이 아닌—은 재정적 어려움을 겪고 있다. 학교 선택 프로그램을 실행해 온 주들의 학교 지도자들은 낯선 시장의 압력에 맞서고 있다. 주 정부들은 공립학교에 대한 자신의 권위를 계속적으로 유지하기 위해 당혹스러운 일련의 새로운 정책과 정책 제안을 내세웠다. 종종 주 정부는 공립학교 교육자들을 그들의 개혁과정에 참여시키지 않았다. 오히려 주 정부는 교육자들을 해결책을 가지고 있는 전문가라기보다는 공교육 문제의 주요한 일부분으로 규정했고, 대신에 그들의 개혁과정에 기업 지도자와 두뇌집단 연구자들을 참여시켰다. 많은 공립학교 교사와 행정가들은 그러한 모욕적인 정책 풍토에 당황하고 분개했다. 또한 많은 공립학교 교육자들은 공교육의 문제에 대해 어떤 일도 할 수 없었기에 새로운 정책 환경을 수동적으로 견뎌 내야 할 폭풍쯤으로 인식하는 운명론자가 되었다.

## 변화의 원인

**경제적 변화.** 교육정책 환경의 변화 원인은 복잡하고 다양하다. 그러나 대부분의 연구자들은 미국을 비롯해 전세계에 걸쳐 진행된 경제 변화가 중요한 역할을 했다는 데 동의한다. 제 2차 세계대전 이후, 대략 30년 동안 많은 나라들은 유례 없는 경제적 성장을 경험했다. 이 기간은 1975년경에 끝이 나 정체된 성장의 시기로 이어졌다. 더딘 성장의 시기 동안 시민들은 점차 세금을 내는 것조차 꺼리게 되었다. 1970년대 후반 이후로 미국은 저세금 운동과 세금 폭동을 몇 번 겪게 되었다. 이러한 분위기에서 정치가들은 세금을 올리거나 심지어 공공 부문의 지출을 일정하게 유지하는 것조차 어려워했다. 대신, 그들은 공교육을 포함한 공공 서비스에 대한 지출을 줄이려고 시도했다. 1990년대에 다시 경제적 호황이 일어났지만, "새로운 세금은 없다"라는 사고가 지속되었다. 그리고 2001년, 워싱턴과 뉴욕에 대한 테러리스트 공격으로 인해, 이미 바닥 난 정부의 자원이 공교육보다는 군사 행동과 국내 보안을 위해 빈번하게 사용되었다. 미국 내에서 전반적인 경제 문제는 인구의 극부유층과 극빈층 간의 양극화 문제로 심화되었다. 21세기가 시작되면서 점점 더 많은 미국 아이들이 가난 속에서 성장하고 있다. 가난한 아이들을 잘 교육하는 것은 풍족하고 적절한 자원을 가지고 있는 가족의 아이들을 교육하는 것보다 훨씬 비용이 많이 든다. 따라서 학교 자체의 재원 감소 뿐만 아니라 이 아이들을 가르치기 위한 추가적인 부담까지도 학교가 떠맡게 되었다. 이러한 사실은 교육에 있어 전반적인 위기감을 조성했다(Berliner & Biddle, 1995; Phillips, 1994; Reich, 1991; Thurow, 1992).

**인구학적인 경향**. 정책 환경이 변화하게 된 또 다른 원인은 인구학적 요인에서 찾을 수 있다. 최근 25년 동안 미국 인구의 구성은 크게 변화해 왔다. 특히 중요한 인구학적 현상 가운데 하나는 1946년과 1964년 사이에 태어난 베이비붐 세대다. 유아기, 청년기, 그리고 젊은 성인기에서 이 세대는 국가에 엄청난 영향을 끼쳤다. 이제 베이비붐 출신 중 최고령이 50대에 접어들면서 은퇴를 시작했다. 정치 지도자들은 그들의 건강 유지 비용 뿐 아니라 퇴직자금 지원에 대해 걱정하고 있다. 사적, 공적으로 중요한 자금이 앞으로 25년 동안 나이든 베이비붐 세대에 투자되어야 할 것이기 때문에 학교를 위해 사용 가능한 자금이 줄어들게 될 것이다. 게다가 노인들은 어린 자녀가 없기 때문에 교육적 요구에 동조하지 않는 경향이 있다. 이것은 인구의 노령화와 함께 감소해 온 학교에 대한 정치적 지원이 계속해서 감소 추세로 나아갈 것임을 의미한다(Rosenblatt, 1996).

또 다른 중요한 인구학적 변화는 1990년과 2000년 인구 통계에서 분명하게 나타나고 있는 바와 같이, 인구 다양성의 증가이다. 높은 수준의 이민과 출생률의 다양화로 인해 국가는 점점 다문화되어 가고 있다. 인종적, 민족적, 종교적, 언어적 다양성은 공립학교가 운영되고, 공립학교에 대한 정치적 결정이 만들어지는 데 있어 중요한 상황적 요소가 되고 있다(Rosenblatt, 1996). 이러한 다양성은 공립학교에 대한 새로운 요구가 생겨남을 의미한다. 이중 언어 프로그램, 넓은 범위의 종교적 관습의 적용, 그리고 다문화 교육과정에 대한 압력은 다양성으로부터 기인한 복합성의 일부에 불과하다. 다양성은 사회를 풍요롭게 하지만, 어떤 것들은 위협적이다. 실제로 그것은 공립학교의 단일한 시스템이 그렇게 많은 다양한 그룹의 요구를 충족시킬 수 있는가, 혹은 충족시켜야 하는가에 대한 질문을 야기해 왔다. 이렇듯 복잡하고 다양한 요구들에 직면하면서 오늘날 몇몇 사람들은 공교육이 특정 그룹의 요구를 충족할 수 있도록 다양한 선택의 기회를 제공하는 특성화된 학교들로 세분화될 것을 제안했다.

**이데올로기 변화.** 지난 25년 동안, 주요한 정치 사상의 변화가 미국, 특히 영어를 사용하는 국가들을 중심으로 발생했다. 일반적으로 교육정책들의 초점은 형평성 쟁점에서 수월성, 책무성 그리고 선택과 관련된 쟁점으로 변해 왔다(Boyd & Kerchner, 1988). 이 변화는 공화당과 민주당에 영향을 미쳤고, 레이건과 양 부시 정권하에서 뿐만 아니라 클린턴 정권의 정책에도 영향을 주었다. 종종 기업 지도자들은 이러한 사상을 정치적 논쟁으로 발전시켰으며, 그들의 주장은 간혹 공교육과 사기업 간의 차이를 인식하지 못하는 것처럼 비쳐졌다. 그들은 학교 교육의 비효율성과 시장에의 둔감성—전통적으로 공립학교 교육자들에게 있어 가장 우선적인 관심사가 아니었던—측면에서 학교들을 비판했다. 게다가 최근 10년 동안 전통적 보수주의—예를 들면 종교적 우파—가 미국 정책에 주된 영향력을 발휘했다. 전국의 많은 지역사회에서, 많은 주의 수도들에서 그리고 워싱턴에서 전통적 보수주의자들이 직접 정책 개발에서 활발한 역할을 수행하기 시작했다. 많은 이유들로 인해 그들 또한 종종 공교육에 대해 비판적 입장을 취했다. 기업집단과 종교적 우파의 이데올로기는 그들을 정부와 정부 법안에 회의적인 방향으로 이끌었다. 공립학교들도 물론 정부의 한 부분이므로 자동적으로 문젯거리로 규정되었다. 이러한 가치의 변화 결과, 학교 지도자들은 그들 자신이 과거에 교육에 대해 언급이 거의 없었던 두 집단의 주목을 한 몸에 받고 있음을 알게 되었다.

미국 정책의 논조는 마침내 변하게 되었고 점점 거칠어졌다. 코넬대학교의 정치학자 Lowi(1995)는 1980년대 이래로 미국의 대통령 선거정책이 "유럽화" 되었다고 주장했다. 이 표현은 더욱 분열되고 관념화되었음을 뜻했다. 미국인들은 새로운 사상을 진척시켰을 뿐만 아니라 이전보다 더욱 공격적이고 독단적으로 나아가게 되었다. 정치적 담론이 보다 정중하게 표현되었던 시기에 성장한 학교 지도자들은 이 거친 논조가 당황스러웠을 것이다.

## 학교 지도자의 변화된 역할

**권한의 재분배.** 이 급격한 변화의 시기 동안 사태를 더욱 복잡하게 한 것은 교육 권한의 재분배였다. 레이건 정부가 많은 권한을 양도하거나 새로운 주 권한을 만들었기 때문에—그 이후로 모든 정부에 의해 강화된 경향—연방 정부는 1980년보다 교육에 대해 권한이 적었다. 예를 들면, 개별 교부금(categorical grant)에서 총액 교부금(block grant)으로 변화함으로써 주 정부는 연방 교육자금에 대해 이전보다 많은 재량권을 갖게 되었다. 그러나 일반적으로 주들은 이 새로운 권한을 교육구나 학교위원회로 넘기지 않았다. 그들은 새로운 권한을 주 수도에 그대로 두었을 뿐만 아니라 교육구의 권한까지 주 고유 권한으로 끌어왔다. 물론 주들은 미국 학교체제에 대한 절대적인 법적 권한을 오랫동안 소유해 왔다. 1916년에 Macqueen v. City Comm. of Port Huron(194 Mich. 328, 160 N.W. 627) 소송에서 미시간 법원은 "주의 일반 정책이 학교체제를 통제해 왔으며, 이러한 주 정책은 형성된 주법에 따라 주 전체에 걸쳐 지방의 주 정부기관에 의해 시행되어야 한다."고 판결했다. 이 미시간 판결은 50개의 모든 주에서 공교육이 갖는 법적 지위와 일치되는 것이다. 법적으로 교육구는 주에 소속된 기구다. 그러나 설사 그렇다 하더라도 최근까지 대부분 주에서는 그들의 많은 권한을 지역 교육위원회에 위임했다. 지역 행정가들이 그들의 교육위원회와 함께 효율적으로 운영하기만 했다면, 지역 행정가들은 교육구 안에서 교육정책을 개발하는 데 있어 상당한 권한을 가졌을 것이다.

1980년대 초, 주 입법부는 그들의 권한의 일부를 되찾아오기 시작했다. 예를 들면 교육과정 정책은 전통적으로 지방 교육자들의 영역이었다. 이것은 변화했다. 1980년대에는 주 정부가 전통적으로 교육과정에 대해 거의 관여하지 않았던 플로리다와 텍사스 같은 주에서 기초 교육과정과 주 공통 시험 프로그램이 통과되었다. 1990년대에는 많은 주에서 주 공통표준이 일반화되었다. 뉴욕과 캘리포니아 같은 주조차도—입법부가 역사적으로 교육과정에 대해 일부 사법권을 적용했던—교육과정에 대한 통제권을 증대시켰다. 또한 몇몇 주에서는 "주 인계" 법안을 통과시켰다. 이러한 법안하에서 주의 기준에 따라 결함이 있다고 생각되는 교육구는 주 공무원들에 의해 인계되고 운영될 수 있었다. 뉴저지와 일리노이가 바로 이러한 인계가 일어났던 두 주이다. 마침내 1980년대 중반에 많은 교육 개혁자들이 단위학교 책임경영(Site-based management)을 주창하기 시작했다. 켄터키가 그에 대한 권한을 위양했고 다른 주 내의 수많은 교육구에서도 그것을 실행했다. 단위학교 책임경영은 상당한 권한을 교육구에서 단위학교 수준으로 이동시켰다. 그렇게 해서 교육 권한에 대한 새로운 분배로 연방과 교육구 수준이 힘을 잃었으며 주와 단위학교 수준은 힘을 얻게 되었다.

**교육구 리더십.** 얼마 전까지만 해도 대부분 지역의 교육장들과 다른 교육구의 지도자들은 자신의 교육구 외의 세계에 대해서는 거의 무관심한 가운데에서도 효과적으로 일을 수행할 수 있었다. 그들은 그들의 교육위원회와 작업하고, 교육구 자금을 관리하고, 유능한 인재를 선발하고, 지역사회의 지원체제를 구축하는 방법을 알아야 했다. 1년에 두세 번 그들은 의회 브리핑을 위해 주 수도를 방문했고, 1년에 한 번 최근 개혁 동향을 듣기 위해 국가 회의에 참석했다. 그 나머지 시간에 그들은 자신의 지역에서 집무를 보곤 했다.

그런데 시대는 변했고, 그 변화의 정도는 17개 대도시 교육장에 대한 Kowalski의 연구에 의해 밝혀졌다. 놀랍게도 그는 학교 지도자들이 인식했던 대부분의 주요한 문제들이 지역 차원의 쟁점이 아니라 주와 국가 차원의 쟁점이라는 것을 발견했다. 그는 다음과 같이 기술하고 있다.

> 인터뷰를 수행하기 전에 나는 교육장들이 공립학교들을 더 경쟁력 있게 만드는 것과 관련된 생각에 사로잡혀 있을 것이라 생각했다. 그런데 내가 인터뷰한 내용은 대부분 본질적으로 교육장 및 심지어 교육위원회가 통제할 수 없는 것으로 분류될 만한 쟁점들에 집중되었다. 그것은 공교육에서 빈곤, 연방 및 주의 재정 문제, 범죄 등과 같은 쟁점이었다.(Kowalski, 1995, p. 139)

Kowalski는 교육장들이 이러한 쟁점들에 접근하기 위해 무엇을 해야 하는지에 대한 제안은 하지 않았다. 그러나 미국 북동부에서 활동하는 12명의 교육장들에 대한 연구에서 Johnson(1996)은 그것에 대해 언급했다. 그녀는 오늘날 효과적인 교육장이 되기 위해서는 세 수준(학교, 교육구, 주)의 정치학을 이해해야 한다고 주장했다. 그녀는 재정 지원을 받기 위한 투쟁이 "주 의회에서 입법자들에게 청원하기 위해 지방 지도자들의 연대를 조직하는 것"(p. 156)과 "재정위원회의 부적절한 교육 예산 배분에 대해 도전하는 것"(p. 156)을 포함하는 것은 당연하다고 단언했다. 연구의 마지막 장에서 그녀는 교육구 지도자들의 새로운 정치적 역할의 영역을 기술했다. 교육장과 그들의 본부 실무팀들은 그들의 교육구가 "정부, 기업, 지역사회 단체, 그리고 사회기구들"과 어떻게 조화를 이룰 것인가에 대해 이해해야 한다(p. 273). 그들은 이 활동 무대에서의 진전 상황을 체크하고, 필요할 때는 교육구를 대표하여 그 무대에 진입할 준비를 해야 한다.

**학교 리더십.** 교육구 지도자들보다는 단위학교 행정가(building administrator)들이 전통적으로 외부 세계의 압력으로부터 훨씬 더 많이 격리되고 소외되어 왔다. 그들은 교육구 미팅에 가끔 참석할 뿐, 대부분 학교 울타리 안에 갇혀 지냈다. 아무도 그들이 주의 정책, 심지어는 이웃 교육구의 정책 개발과 관련될 것이라고 예상하지 못했다. 그러나 1990년대 몇몇 교육개혁 운동이 이러한 고립 상태를 깨기 시작했다. 예를 들면 단위학교 책임경영 정책 하에서 교장과 교감들이 주의 정책 입안자와 직접 교섭하는 경향이 생겼다. Goode(1994)는 단위학교 중심의 의사결정 방식을 채용한 두 켄터키 고등학교를 연구했다. 그녀는 교장들이 자주 주 수도의 공무원들과 직접 교섭하는 것을 발견했다. 교장과 학교 운영위원들은 주 교육부에 의해 제공되는 연수 프로그램에 참가했고,

승인을 얻기 위해 그들의 전문성 개발 계획을 교육위원회가 아닌 주 교육부에 제출해야 했다. 교장 중 한 명은 위원회의 어떤 정책들에 대해 기권 의사를 밝히기도 했다. 이를 위해 그 교장은 우선 주 법무장관의 사무실에서 판결을 받아야 했다. 학교 지도자 집단의 주 정책 환경에 대한 더 큰 민감성의 요구를 내포하는 최근의 또 다른 개혁 운동들에는 교육구 내 개방 등록 협약학교(charter school), 그리고 주 위임기준(state mandated standards) 등이 있다. 교장들 집단 역시 문을 닫고 문 바깥에 놓인 모든 것을 잊을 수 있는 시대는 끝났다.

**공공 리더십.** 공립학교 행정가들은 관료적 지도자에서 Bryson과 Crosby(1992)가 말하는 이른바 "공공 지도자(public leader)"로 변화되어 가고 있다. 그들은 관료적 지도자들이 높은 위계적 지위를 부여받는 조직 내에서 일을 하고 있기 때문에 권위와 합리적 의사결정에만 전적으로 의존할 수 있다고 주장한다. 물론 교육장, 교장, 그리고 다른 행정가들은 여전히 그들의 교육구 내에서 관료적으로 기능하고 있다. 그러나 점차 그들은 교육구 외부에서 활동하고, 조직의 네트워크 내에서 기능할 것을 요청받고 있다. 학교 지도자들에게 있어 이러한 네트워크는 종종 주 의회, 청소년 법원, 다른 교육구, 전국 규모 시민 단체의 지역 분회, 그리고 시와 주의 복지부(human service department)와 같은 조직들을 포함한다. 이러한 네트워크 내에서 그들은 어떠한 위계적 지위도 가지지 못한다. 심지어 그들은 설득, 연합 형성, 그리고 정치적 전략과 같은 리더십 도구에 의존해야만 한다. 그러한 활동의 장에서 효과적으로 행동하기 위해서는 학교가 위치하고 있는 광범위한 사회 경제적 맥락에 대한 이해와 정치 환경에 대한 자각이 필요하다. 요컨대, 그것은 정치적 쟁점과 과정에 대한 이해를 요구한다.

## 정책의 정의

### 간단한 정의

누군가 새로운 분야를 탐구하기 시작할 때, 보통 몇 가지 정의를 바탕으로 무장하는 것이 도움이 된다. "정책(poilcy)"이라는 단어는 정치학으로부터 유래되었다. 정치학은 매우 세분화된 분야(Almond, 1990)이며, 다양한 입장에 따라 정책 및 관련 개념을 서로 다른 방식으로 이해한다. 이러한 불일치는 사회의 본질, 권력의 의미, 적절한 정부의 역할에 대한 철학적 차이에서 배태되었다. 아래에 제시된 일련의 정의들은 정책이라는 단어의 해석 범위를 보여 주고 있다. 아래의 정의들은 가장 협소한 것에서부터 가장 광범위한 의미의 순으로 정리되었다.

1. 공공정책은 "공공의 문제에 관련된 정부 실무자들의 표현된 의지이며 그러한 의지와 관련된 행위이다." (Dubnick & Bardes, 1983, p. 8)
2. 공공정책은 "일반적으로 규칙, 규정, 법, 질서, 법원의 결정, 행정적 결정 등의 형식으로 나타나는 정치체제의 결과물이다. 공공정책은 지속적이고 반복적으로 적용된 행위 양식을 통해 알 수 있다. … 그것은 역동적인 과정이다." (Kruschke & Jackson, 1987, p. 35)
3. 공공정책은 "정부의 권위 있는 지위를 맡고 있거나 그것에 영향을 미치는 사람들에 의해 행해지는 실질적인 의사결정, 헌신, 행위이며, 그것들은 이해관계자들에 의해 다양하게 해석된다." (Bryson & Crosby, 1992, p. 63)
4. "정책은 종종 정책 입안자들 사이에서 이루어지는 정치적 타협의 산물이며 그들 중 누구도 논의된 정책이 문제를 해결할 것임을 마음에 담아 두고 있지 않는다. 종종 정책은 결정되지 않았음에도 불구하고 '일어나는 것' 이다." (Lindblom, 1968, p. 4)
5. "정책은 주 의회에서부터 학교 교실에까지 걸쳐 있는 의사결정의 고리이며, 수많은 게임과 관계의 부산물이다. 어느 누구도 그 과정 전부를 책임지지는 않는다." (Firestone, 1989, p. 23)
6. 공공정책은 "정부의 공식적인 법규와 '관례' 같은 비공식적인 것들을 모두 포함한다. 또한 정책은 단순히 정부가 하고 있는 것이 아니라 정부의 무활동(inaction)으로도 나타날 수 있다." (Cibulka, 1995, p. 106)
7. "정책은 분명 '가치의 권위적 배분' 의 문제이다. 정책은 이상적 사회의 이미지를 투영한다." (Ball, 1990, p. 3)

이 책에서 정책은 광범위하게 이해될 수 있을 것이다. 왜냐하면 정책과정에서 학교 지도자들의 참여는 다면화되는 경향이 있기 때문이다. 다음의 요약된 정의는 정책이라는 용어가 앞으로 사용될 방식을 보여 준다. 공공정책이란 정치체제가 공적 문제를 다루는 동안 생겨나는 역동적이며 가치 함축적인 과정이다. 이것은 정부의 활동과 무활동의 일관된 양상뿐만 아니라 정부의 표현된 의도와 공식적 법규를 포함한다.

이 정의에서 정부는 공무원들이 근무하는 단체나 기구를 비롯해 연방, 주, 지역 수준에서 선출되고 임명된 공무원들을 포함한다. 따라서 교육위원회 위원들, 학교 행정가들, 공립학교 학급의 교사들은 주지사, 판사, 국회의원 같은 개인이나 집단처럼 정부의 구성요소이다.

여기서 독자들은 어떻게 누군가가 어떤 특정 쟁점에 대한 정부의 정책이 무엇인가를 결정할 수 있는지에 대해 궁금할 것이다. 따라서 다음 장에서는 공공정책이 정부 활동의 다양한 측면과 어떻게 관련을 맺는지 상세히 논의할 것이며, 이에 대한 예시로서 미국의 과거 인종 분리정책이 활용될 것이다. 왜냐하면 인종 분리정책이 정부가 어떤 정책을 추구할지를 결정하는 것과 관련된 광범위한 쟁점들을 훌륭하게 보여 주기 때문이다.

## 정책과 표현된 정부의 의도 – 인종 분리

대부분 정치는 문서 또는 구두의 의사소통이다. 정부의 관리들은 캠페인 연설, 텔레비전 토크쇼 출현, 공청회를 통한 결정, 보고서 및 인터넷을 통해 빈번하게 의사소통한다. 정부가 보여 주는 특정 공공 문제에 대한 접근 방식의 전반적 양상을 파악하려면 이러한 의사소통을 살펴보는 것이 도움이 된다. 예를 들어, 어떤 유럽 학자가 1950년에 미국을 방문하면서 미국 정책이 공립학교에서의 인종 분리에 대해 어떤 결정을 했는지 알고자 했다면, 그는 아마도 정치적 의사소통 체계에서 그 증거들을 찾아내려 했을 것이다. 의심의 여지없이, 그 학자는 시민권 단체로부터 이미 압력을 느끼기 시작했던 남부 지도자들이 발표한 공공 성명을 발견했을 것이다. 그들 진술의 상당 부분은 공립학교에서 인종 분리정책이 계속되거나 그러하도록 이끌려졌음을 분명하게 보여 주었을 것이다. 그 유럽 학자는 아마도 콜로라도와 매사추세츠의 주지사나 오하이오 주 콜럼버스의 시장과 같은 정치 인사가 이와 비슷한 공적 성명을 발표한 것은 발견하지 못했을 것이다. 이와 같이 공개적 입장과 침묵의 양상을 통해 인종 분리가 북부가 아닌 남부의 정책이라는 결론을 내리는 것은 잘못된 것이다. 1970년대에 걸쳐 연방 법원은 인종 분리정책을 추구하는 수많은 교육구를 발견했으며, 거기에는 덴버, 디트로이트, 콜럼버스에 위치해 있는 교육구가 포함되어 있었다(Alexander & Alexander, 1998; La Morte, 1993; McCarthy & Cambron-McCabe, 1998).

## 정책, 법 그리고 인종 분리

**정책과 법규.** 대부분의 사람들이 법(law)이라는 용어를 사용할 때, 실제로는 법규(statutes)—의회에 의해 제정된 법(law)—를 의미한다. 51개 의회들은 미국—국회와 50개 주 의회—에서 활동하며, 그들의 법률(legislation)은 정부정책에 대한 중요한 단서가 된다. 누군가가 정책이 실제로 무엇인지를 결정하고자 할 때, 참고할 수 있는 첫 번째 자원 중 하나가 성문법이다. 그러나 법과 정책은 동일하지 않다. 많은 최신 법들은 여전히 문서로만 존재할 뿐 결코 시행된 적이 없다. 어떤 법들은 전적으로 상징적이며(Edelman, 1964), 실제로 그 의도에서가 아니라 시민들이 그 사태에 대해 더 민감하게 반응하도록 돕기 위해 통과되었다. 게다가 모든 정책이 법규 안에 나타나는 것은 아니다. 인종 분리 정책을 연구하는 그 유럽의 학자는 분명 연방과 주 정부에 의해 통과된 법을 참고했을 것이다. 그는 17개 주와 콜럼비아에서는 인종 분리가 의무적이었고 4개의 다른 주에서는 선택적이었음을 발견했을 것이다(Alexander & Alexander, 1998; LaMorte, 1993; McCarthy & Cambron-McCabe, 1998). 또 다른 29개의 주에는 학교 내에 인종 분리와 관련된 법규가 없었다. 그러나 이것이 그들이 인종 차별을 실시하지 않았음을 의미하는 것은 아니다. 궁극적으로 미 대법원은 법률에 기반한 명목상의 차별정책과 공식적 관습에 기반한 사실상의 차별정책이 모두 똑같이 법을 심각하게 위반하는 것임을 규정하였다.

**정책, 규칙과 규정 그리고 인종 분리.** 대부분의 법규들은 일반적인 용어로 표현되며, 실제에 그것들을 적용하기 위해서 요구되는 상세한 내용은 법규 그 자체에 기술되어 있지 않은 경우가 많다. 이러한 세부 항목들은 일반적으로 정부기관이 개발한 규칙과 규정에 의해 제공된다. 주의 수준에서 주 교육부와 주 교육위원회는 종종 이러한 책임을 수행한다. 지방의 교육위원회 또한 여러 규칙과 규정을 개발할 권한을 가지고 있다. 법규와 함께 규칙과 규정은 그 정책의 실재에 관한 중요한 단서를 제공한다. 규칙이 협의로 기술되었는가 아니면 광범위하게 기술되었는가는 특히 주목할 필요가 있다. 광범위하게 표현된 규칙은 위계상 낮은 위치에 놓여 있는 교육자들에게 상당한 융통성을 부여하는 반면, 협의로 표현된 규칙은 거의 융통성을 부여하지 않는다. 몇몇 규칙은 주나 연방 법규에서 다루지 않는 쟁점들을 다루기도 한다. 예를 들면, 1973년 미 연방 대법원은 덴버 교육위원회가 인종에 따라 분리된 학교체제를 개발하기 위해 인근 학교(neighborhood school) 정책이라는 공식 정책을 사용하고 있다는 사실을 발견했다(McCarthy & Camborn-McCabe, 1998). 지방 교육기관에 의해 통과된 이 규칙은 그 학교체제가 실제로 따르고 있는 정책에 대한 중요한 단서였다. 제8장에서 법규와 규칙, 규정들 간의 관계를 설명할 것이다.

**정책, 법원 결정 그리고 인종 분리.** 미국 사법체제 하에서 법원은 법규를 해석하고, 그것의 합헌성을 평가하기 위해 법규를 검토할 권리를 가지고 있다. 법원은 또한 이전의 법원 결정을 뒤집을 수도 있다. 이것은 법원 결정이 법—그들은 이를 "판례(case law)"라고 부른다—의 일부라는 것을 의미한다. 1950년대 차별정책을 조사하고 있던 그 유럽 학자는 미국 학교의 분리정책이 1850년대에 매사추세츠 법원에서 처음으로 시작되었음을 발견했을 것이다(Alexander & Alexander, 1998). 이러한 초기의 결정은 1896년 대법원 판례(Plessy v. Ferguson, 163 U.S. 537)에 의해 강화되었다. 이 소송에서 루이지애나의 흑인(African-American) 거주자들은 기차에서의 인종 분리가 미 수정헌법 제 14조의 "법의 평등한 보호(평등권)"를 위반한 것임을 주장하면서 인종 분리의 관습에 도전했다. 대법관의 대다수가 동의하지 않았으며, 시설이 흑인에게 "평등"하게 제공되는 한 인종 분리는 평등권에 반하지 않는다는 판결을 내렸다(Alexander & Alexander, 1998; McCarthy & Cambron-McCabe, 1998). 이후의 판결들은 "분리하지만 평등한(separate but egual)" 노선을 교육에도 적용하였다. 이러한 상황에서 판례는 법규보다는 더 신뢰할 만한 정책지표(indicator)였다. 인종 분리는 루이지애나 주의 곳곳에서 법으로 실행되고 있었다. 그러나 만약 이 유럽 학자가 다양한 인종의 아동들에게 제공되는 교육 시설이 언제나 또는 일반적으로 평등하다고 결론을 내린다면 그는 실수를 저지른 것이 될 것이다.

**정책, 예산 그리고 인종 분리.** 사실상 모든 정부와 기관들은 1년 혹은 2년마다 예산을 채택하고 있다. 의회에서 교육 법규를 지원하기 위한 재정 지원의 수준을 결정하는 위원회와 그것의 문서화를 결정하는 위원회는 다르다. 본질적으로 어떠한 법규가 통과하는 과정에서 문서화를 위한 전투와 자금 조달을 위한 전투가 벌어진다. 두 가지 모두 정부가 추구하려는 정책의 심각성에 대한 중요한 단서이다. 게다가, 대부분의 교육정책에 대한 재정 지원의 수준은 정기적으로 다시 고려되며 상향 또는 하향 조정을 받는다. 이것은 정부가 어떤 정책을 추구할 것인가를 결정하기 위해서는 최초의 재정 지원 수준과 시간 경과에 따른 재정 지원의 경향 모두를 고려하는 것이 필수적임을 의미한다. 우리의 유럽 학자는 실제의 인종 분리정책을 이해하기 위해 예산, 재정 보고서, 그리고 교육 재정 지원에 관련된 문서를 고려하도록 조언받을 수 있다. 그 시기에 수행된 재정 연구들은 분명히 인종에 대한 "분리되었지만 평등한" 교육이 미국의 각 주와 교육위원회가 추구하려는 정책이 아니었음을 보여 주고 있었다. 흑인 아동들은 가장 낡은 학교 건물에 배정을 받고, 시대에 뒤처진 교과서와 교재를 제공받는 등 자원 배분에서 지속적으로 불이익을 받았다. 재정 지출의 경향에 대한 신중한 분석 결과는 실제 정책이 "분리되면서 불평등한(separate and unequal)" 교육이었음을 드러내 주고 있다.

**정책, 집행 그리고 인종 분리.** 정책은 보통 정치체제의 최고위층에서 개발된다. 대통령과 주지사들은 연설을 한다. 법률가들은 법규를 제정하고 예산을 통과시킨다. 판사들은 법원의 결정을 쟁점화한다. 그러한 과정을 거쳐 정책은 현장 수준에서 집행된다. 교육에서 정책 집행자는 대부분 교육청 직원, 교장 그리고 교사들이다. 교육자들은 상부에서 내려온 지시를 기계적으로 따르는 로봇이 아니다. 그들은 그들 나름의 정신을 가지고, 구체적인 사회 문화적 맥락을 대통령, 주지사, 입법가, 판사보다 더 잘 이해하고 있으며, 그러한 맥락 속에서 의사결정을 내리는 인간이다. 그러므로 모든 정책은 그것들이 집행되는 전후 맥락을 통하여 조정되며, 그 과정에서 변화한다. 이러한 변화는 아주 작은 범위 내에서의 조정이 될 수도 있고 상당한 범위에서의 변형이 될 수도 있지만, 정책은 언제나 집행되는 동안 변경된다(Mazmanian & Sabatier, 1989). 그리하여 실제 정책이 무엇인지를 결정할 때, 정책이 어떻게 집행되고 있는지를 살펴보는 것이 필수적이다. 우리의 유럽 학자는 현명하게도 어떤 일들이 벌어지고 있는지를 살펴보고 그곳 사람들과 이야기를 나누기 위해 백인 학교와 흑인 학교를 방문하였다. 아마도 직접적인 관찰은 재정 관련 기록이 제시하고 있는 불평등을 확인시켜 주었을 것이다. 또한 현장의 정책 집행자들과의 대화를 통해 왜 "분리되었지만 평등한" 교육정책이 집행과정에서는 "분리되면서 불평등한" 교육이 되어 버리는 경향이 있는지에 대한 통찰을 얻었을 것이다. 의심할 여지없이 정치 경제적 압력뿐만 아니라 정책 집행자들과 그들이 속한 지역사회의 가치가 답변의 일부가 될 것이다.

**정부 조치와 무조치로서의 분리정책.** 추구되고 있는 정책의 특성은 종종 정부의 조치(action)와 무조치(inaction)의 일정한 양상을 분석한 후에야 분명해진다. 그 유럽 학자는 공립학교에서의 인종 분리가 분리를 위임하는 법령과 함께 17개 주에서 정부의 정책이었다고 결론내리는 것이 상대적으로 용이함을 알았다. 17개 주에서는 정부 의도의 진술, 법규, 미국 대법원의 결정, 그리고 교육 자금의 분배가 모두 일관되었기 때문에 분리정책이 형성되었다는 것에 어떠한 의심의 여지도 없었다. 그 유럽 학자는 북부의 주들에서 행해지는 정책은 규정하는 일이 쉽지 않음을 알게 될 것이다. 그곳에서는 신호의 일관성이 없었다. 그러나 활동의 반복된 양상에 대한 연구는 상황을 보다 분명히 볼 수 있게 해 주었으므로 결국 미국 대법원은 그러한 활동 양상에 의존해서 북부의 많은 도시들이 사실상 분리정책을 실행하고 있다고 규정했다. 예를 들면, Keyes v. 덴버 시 제1교육구 소송(School Distric No. 1, Denver, 413 U.S 189)에서 법원은 덴버가 분리된 학교체계를 만들기 위해 사용했던 몇 가지 전략들을 확인했다. 이전에 언급했던 이웃학교정책 뿐만 아니라, 덴버의 교육위원회는 관습적으로 출석 지역(attendance zone)을 조작했고, 인종 분리를 유지할 새 건물을 위한 부지를 선정했으며, 통합을 피하기 위해 이동 교실 수업체제를 사용했다. 이러한 모든 활동의 결과는 일관되게 반복되었고,

시간이 지남에 따라 인종적으로 분리된 체계가 형성되었다. 그리하여 1973년에 덴버는 그 주의 학교들이 인종 분리정책을 추구하고 있으며, 연방법에 위반됨을 통보받았다(Alexander & Alexander, 1998; McCarthy & Cambron-McCabe, 1998).

정부 무조치의 양상은 Brown v. Topeka 교육위원회 소송(347 U.S. 483)에서 인종 분리가 불법임을 선언한 후에 명백해졌다. 비록 미국 대법원의 판결은 미국의 법—이에 어긋나는 모든 법을 초월하는—이 되었지만, 남부나 북부의 모든 교육구에서 서둘러 분리정책을 없애지는 않았다. 대신 그들은 몇 사례에서 수년 동안 지속되어 온 무조치의 양상을 적용했다. Brown 판결 이후 15년 뒤, 연방 지역 법원은 노스캐롤라이나의 샬럿-메클랜버그 교육구에 인종 분리 폐지 계획을 세우도록 명령했다(Alexander & Alexander, 1998). 10년 뒤에는 다른 연방 법원이 데이턴과 콜럼버스 교육구에 유사한 지침을 내렸다(McCarthy & Cambron-McCabe, 1998). Brown의 결정 이후 수년 동안 이들 교육구에서 일어난 것은 계속 이어졌는가? 샬런-메클랜버그, 데이턴, 콜럼버스의 학교 행정가들이 미 대법원 판결을 알지 못했거나 그들의 현장 실천이 그 판결을 위반하고 있을 가능성이 있음을 알지 못한 것은 아니었다. 또한 노스캐롤라이나와 오하이오에서 입법자, 정치가, 판사들이 법원의 판결을 모르거나 그들 주 내의 몇몇 교육구가 인종 분리를 계속해서 실행해 왔다는 사실을 모르는 것이 아니었다. 오히려 우리는 학교 공무원들이 그들 주 정부의 무조치에 의해 암묵적으로 지원된 무조치의 양상을 채택했다고 결론을 내려야 한다. 이들 주 뿐만 아니라 다른 많은 주에서 인종 분리는 합법적인 상태가 중지되고 난 후에도 오랫동안 정책으로 계속되었다.

## 정책과정

정책과정은 정치 시스템이 공공 문제에 다양한 접근 방법을 고려하고, 그것 중 하나를 채택하고, 시도하고, 평가할 때 일어나는 일련의 사태들이다. 정치 과학자들은 종종 그것을 묘사하기 위해 게임 은유를 사용한다. 정책과정은 게임처럼 규칙과 선수를 가지며, 복잡하고 무질서하다. 그것은 게임처럼 많은 경기장에서 행해지며 힘의 사용을 포함한다. 그리고 승자와 패자를 가질 수 있다(Firestone, 1989; Lindblom, 1968). 정책과정은 정책쟁점에 의해 이끌어진다(Bryson & Crosby, 1992). 그러므로 이 장의 도입부는 정책쟁점들에 대해 논의한다. 그 이후 정책과정의 고전적 단계 모형이 간략하게 제시된다. 각각의 단계는 이 책의 후반부에서 전개된다. 고전적 단계 모형은 현실의 정책과정보다 더 규칙적이고 합리적인 것으로 정리되고 있다는 점에서 취약점을 갖는다

(Cibulka, 1995; Lindblom, 1968). 그러나 그것은 정보를 배열하고, 정책이 어떻게 변하는지를 탐구하는 데 있어 유용한 틀을 제공한다.

## 정책쟁점

**논쟁 요소.** 정의(definition)를 따르자면 정책쟁점은 논쟁의 여지가 있다. 쟁점이란, 당면 문제에 대한 정부의 접근 방식에 대해 사회집단들이 동의하지 않을 때에만 존재한다 (Coplin & O' Leary, 1981). 교육정책 대부분은 전혀 정책적 쟁점이 아니다. 예를 들면, 모든 아이들에게 읽기를 가르치고자 하는 목표는 오늘날 정책쟁점이 아니다. 사실상 미국의 모든 사람들—진보주의자와 보수주의자, 가난한 사람과 부자, 남성과 여성, 백인, 흑인, 히스패닉계—은 아이들이 읽는 법을 배워야 할 필요가 있다는 데 동의한다. 그러나 200년 전에는 모든 아이들이 문해력을 갖추도록 해야 한다는 제안이 정책적 쟁점이었다. 그 시대에 대부분의 사람들은 읽기를 상대적으로 부유한 배경의 아이들에게만 요구되는 기술로 여겼다. 여러 주들에서 노예에게 읽기를 가르치는 것은 불법이었고, 미국 원주민들은 배울 수 있는 능력이 없는 것으로 널리 믿어 왔다. 게다가 드문드문 모여 사는 농촌 지역의 아이들, 특히 소녀들은 보통 읽기를 배우지 않았다. 그러나 법원과 주의회에서 힘겨운 사투 끝에 만인의 문해력 획득이라는 목표는 그 다음 200년 동안 정책쟁점이 되지 않았다.

**공공 요소.** 아이들의 사회화 방식에 대한 수많은 이견들 역시 정책쟁점이 되지 않는다. 정책쟁점은 정부가 합법적으로 주장할 수 있는 문제들이다. 예를 들면, 심리학자들은 아이들의 장난감으로 총과 전쟁 무기는 부적절하다는 입장이다. 몇몇 사람들은 그러한 장난감이 폭력성을 부추긴다고 주장한다. 반면 또 다른 이들은 그런 장난감과 폭력성의 연결고리를 부인한다. 그러나 이 불일치는 정책쟁점이 아니다. 왜냐하면 미국의 어떠한 주들도 그것을 다루려고 하지 않기 때문이다. 미국 정치 문화에서 가족과 관련된 사적 문제와 정부 당국의 영역인 공공 쟁점들 사이에는 뚜렷한 경계가 존재한다. 미국인들—장난감 무기의 부적절성을 주장하는 사람들조차—은 장난감 전쟁 무기에 대해 정부가 정책적으로 접근하는 것이 부적절하다고 생각한다.

**교육정책 쟁점의 예.** 21세기 초반부인 요즘, 많은 교육정책 쟁점들이 논쟁 중이다. 특별히 쟁점이 되는 사항이 학교 선택이다. 전통적으로 교육구는 보통 지리적 측면을 토대로 학생들을 학교에 배정하는 권한을 가지고 있었다. 그러나 1980년대 초기 이후 이 관습은 쟁점이 되었다. 많은 사람들과 이해 단체들은 학부모에게 학교 선택의 자유가 있어야 한다고 주장한다. 따라서 그들은 지불보증제(voucher), 교육구 내 혹은 교육구 간 개방 등록, 그리고 협약학교와 같은 새로운 정책을 제안해 왔고, 그러한 정책들은 많은 주에서 채택되었다. 반대로 상당수의 사람들은 학교 선택에 반대한다. 그들은 학부모의 학교 선택이 공교육을 약화시키고 인종과 학습 계층에 따른 학교의 분리를 증가시킬 것이라고 주장한다(Clubb & Moe, 1990; Cookson, 1994). 또 다른 교육정책 쟁점은 국가적인 교육과정 표준을 수립하는 것과 관계된다. 국가적인 교육과정 표준에 찬성하는 측은 그것이 국가 전체에 적용될 만한 수월성의 분명한 기준을 제시하며, 아이들이 전학으로 인한 부정적 영향을 덜 받게 될 것이라고 단언한다. 그들은 또한 대부분 다른 진보된 산업 국가들이 국가 교육과정을 가지고 있고, 국제적 경제 경쟁 때문에 미국 역시 국가 교육과정을 가져야 한다고 주장한다. 그러나 이 정책의 반대자들은 국가 교육과정이 지방의 교육 통제력을 약화시키고 국가 전체에 바람직하지 않은 교육의 표준화를 이끌 수 있다고 생각한다. 그들은 또한 연방 정부가 국가적 교육과정 표준을 수립하거나 그것을 평가하기 위해 국가적인 시험을 개발할 수 있는 법적 권한을 결여하고 있다고 주장한다. 학교 선택과 국가적 교육과정 두 가지는 쟁점이 되기 때문에, 그리고 정부가 채택할지도 모를 정책이기 때문에 정책쟁점이 된다.

## 국가표준개혁에 단계 모델의 적용

[그림 1.1]은 최소한의 수정을 거친 정책과정의 고전적 단계를 보여 준다. 쟁점 정의는 순서상 과정의 첫 단계이기 때문에 [그림 1.1]은 왼쪽에서 오른쪽으로 읽혀야 한다. 큰 화살표들이 고전적 모델의 순서에 따라 왼쪽에서 오른쪽으로 움직인다. 그러나 이보다 작은 화살표는 때때로 정책쟁점이 한동안 진행하다가 초기 단계로 되돌아가기 때문에 오른쪽에서 왼쪽으로 이동한다. 이 그림은 과정이 선택적으로 기능하기 때문에 깔때기와 같은 모양을 한다. 즉 일련의 각 단계에는 보다 소수의 쟁점이나 정책들이 포함된다. 다음에 이어지는 장들에서는 과정의 각 단계가 간단하게 논의된다. 이 장들에서 독립된 정책쟁점인 국가표준개혁(Standards-based Reform)은 하나의 사례로 활용된다. 국가표준개혁에 대한 논의는 주로 Fuhrman(2001), Jennings(1998), Ravitch(1995)의 책들에 의존한다.

**쟁점 정의.** 일정 기간 동안 모든 사회는 수많은 사회 문제를 지니며, 그 중에서 일부만이 공공정책 문제로 규명된다. 여러 가지 이유들로 인해 정부는 대부분의 문제를 결코 쟁점화하지 않으며 정치적 지원이 충분하지 않을 수도 있다. 예를 들면, 어떤 문제를 제기하는 데 예상되는 비용이 너무나 많다.

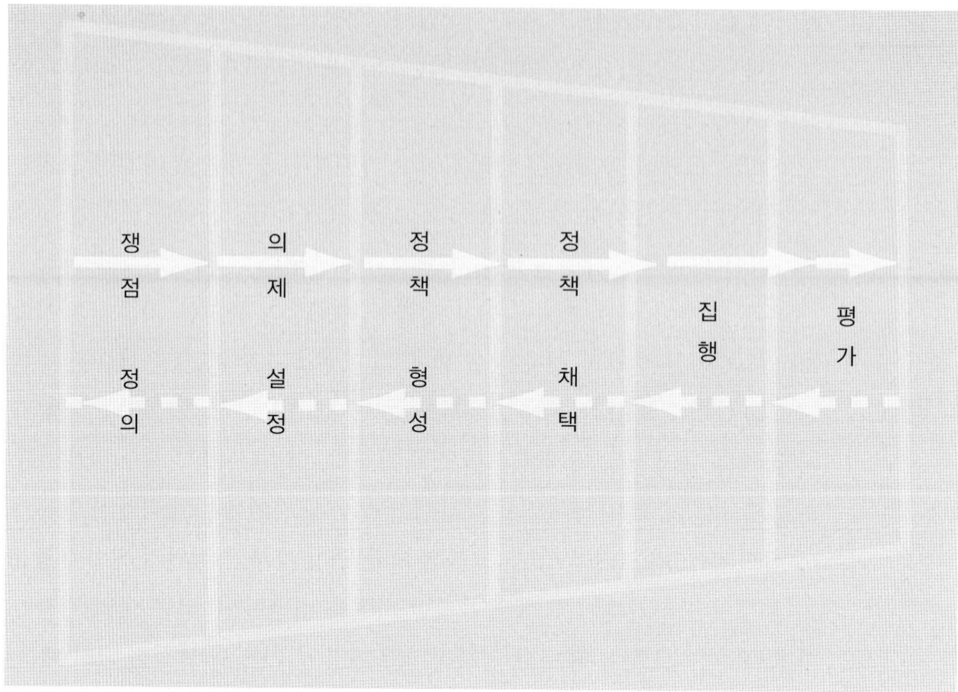


**[그림 1.1]** 정책과정의 다이어그램

국가표준개혁은 수십 년 동안 쟁점이 아니었던 정책 영역의 좋은 예이다. 19세기 동안 줄곧 주들이 공립학교 체제와 의무교육제도(mandated school attendance)를 가졌지만, 그들은 거의 모든 권한을 지방 교육구에 위임했다(Fowler, 2000). 20세기에 이르러서도 그들 노력의 대부분을 학생－교사 비율, 교사의 자질, 그리고 학생 1인당 지출과 같은 교육 투입요소에 집중시키고 지방의 교육구들이 계속해서 교육과정과 교수법의 영역에 대한 보다 폭넓은 권한을 갖도록 했다. 그러나 1970년대 중반부터 국가기관과 지도자들은 교육 성취에 대한 우려를 표명하기 시작했다. 예를 들면, 대학위원회(College Board)는 SAT 점수가 1963년 이래로 낮아지고 있다는 사실을 공개적으로 보고했다. 1981년에 15개의 남부 주들을 대표하는 남부 지역 교육위원회(Southern Regional Education Board)는 이전 10년의 최저 학력 개혁(Minimum Conpetency Reform)을 공격하면서, 「질에 대한 요구(The Need for Quality)」라고 불리는 보고서를 출판했다(Ravitch, 1995). 무엇보다도 교육의 질 문제를 가장 극적으로 정의한 것은 1983년에 발표된 「위기에 처한 국가(Nation at Risk)」라는 보고서였다. 레이건 대통령은 그것을 교육에 대한 접근성이나 형평성이 아니라, 수월성에 대한 요구의 증가와 같은 중요한 교육 쟁점들을 재규명하기 위한 출발점으로 사용했다(Cook, 2001; Fuhrman, 2001; Rawitch, 1995).

많은 주들은 졸업 요건의 강화와 같은 수많은 점진적인 개혁에 착수하였다. 그러나 1980년대 말에 이르러 이러한 개혁들이 대체로 부적절하다고 여겨지기 시작했다. 수학과 과학 교과에 대한 국제 시험에서의 미국 학생들의 낮은 성취 결과 때문에 지도자들은 다른 국가의 교육정책을 조사하게 되었다.

그들은 대부분의 개발도상국들이 국가 차원의 기준과 시험을 가지고 있었다는 사실을 알아낸 후, 미국에서 교육의 질이 낮은 이유가 분명한 국가 수준의 교육과정 표준 그리고 표준 교육과정의 숙달 여부를 측정하는 시험의 부재라고 정의 내렸다(Ravitch, 1995). 쟁점 정의는 제7장에서 보다 자세히 논의된다.

**의제 설정.** 교육정책의 쟁점이 되는 문제들 모두가 정부에 의해 발의되는 것은 아니다. 쟁점이 정책이 될 기회를 갖기 위해서는 정책의제가 되거나, 정부관료 및 그들과 밀접한 관련이 있는 정부 외부인들의 관심 주제 목록에 들어 있어야 한다(Kingdon, 1995, p. 3). 정책의제는 보통 대통령, 주지사, 의원과 같이 강력한 권력을 지닌 정치가들에 의해 설정된다.

다른 정책쟁점들과는 달리, 국가표준개혁은 하나의 쟁점으로 규정된 지 얼마 되지 않아 국가적 정책의제가 되었다. 1980년대 중반, 교육부 장관 William Bennett은 미국 학교에서 보다 높은 지적 성취기준을 마련하자는 주장을 강력하게 이끈 탁월한 정치가였다. 1987년 널리 읽히고 논의되었던 두 권의 책—Allan Bloom의 『미국 정신의 종말(The Closing of the American Mind』과 E. D. Hirsch, Jr.의 『문화적 교양(Cultural Literacy)』—은 그 쟁점이 국가적 조명을 받게 만들었다. 1989년 가을, 산업계 지도자들로부터 상당한 압력을 받고 있었던 부시 대통령과 주지사들은 1990년 대통령 연두교서에서 대통령이 발표했던 일련의 국가 교육 "목표"를 발전시켰다. 그는 또한 "국가 교육목표 패널(National Education Goals Panel)"을 만들어 목표 달성을 위한 진행 상황을 체크하도록 했다. 비록 그 용어가 표준이 아닌 목표였다 할지라도 그 쟁점은 이제 주와 국가의 정책의제 모두에 해당되는 것이었다(Jennings, 1998; Ravitch, 1995). 종종 풀뿌리 조직들의 활동이 정치 지도자의 의제에 영향을 미치기도 한다. 예를 들어, 밀워키와 클리블랜드 모두에서 지불보증제(voucher) 문제는 풀뿌리 흑인 조직원들의 노력으로 주의 정책의제가 되었다. 그러나 국가 표준개혁의 지지에 풀뿌리 활동이 활용되었다는 증거는 없다. 의제 설정은 제7장에서도 논의될 것이다.

**정책 형성.** 공식적으로 채택되기 전에 정책은 문서 형식으로 표현되어야 한다. 개발된 정책을 처음으로 문서화한 것을 보통 제안된 법규의 초안인 법안(bill)이라 한다. 의회나 주 의회에 있는 대부분의 입법가들이 법안을 쓰지는 않는다. 법안은 그들의 입법 보좌관, 그 목적을 위해 고용된 변호사, 또는 그 입법을 지지하는 집단에 의해 개발된다. 종종 같은 주제에 대한 경쟁자들의 법안이 검토받기 위해 의회에서 발표되기도 한다. 규칙과 규정은 법규가 채택된 이후에 작성된다. 그들은 또한 공인되기 전에 여러 초안을 통과시킨다. 국가표준개혁을 옹호하는 집단들과 개인들은 정책 형성에 영향을 미치기 위해 범국가적으로 협조해 왔다. 이것이 많은 주들의 교육과정 표준과 시험 프로그램 사이에 강한 유사점이 존재하는 이유이기도 하다(Ravitch, 1995). 정책 형성은 제8장에 기술되어 있다.

**정책 채택.** 정책이 효력을 발휘하기 위해서 법안이 적절한 기관에 의해 공식적으로 채택되어야 한다. 법규는 의회와 주 의회에서 다수결 투표에 의해 채택된다. 공교육에서 규칙과 규정들은 미 교육부, 주 교육부, 지역 교육구와 같은 기관들 내에 근무하는 권위 있는 관료들에 의해 채택된다. 일부 교육구에서 정책은 교육위원회의 투표를 거치기도 한다.

첫 번째 부시 행정부 하에서 국가적 표준과 시험을 승인한 법이 의회에 소개되었지만 두 가지 모두 통과되지는 못했다. 클린턴은 1992년 대선에서 부시를 이겼으나, 그는 선거운동 내내 국가적 표준과 시험을 지지했다. 클린턴 행정부는 1993년 국가표준개혁을 의회에서 통과시키기 위해 노력했지만 실패했다. 그러나 부시가 실패했던 법안을 수정한 법안이 "목표 2000: 미국교육법(Goal 2000: Educate America Act)"이라는 법률로 1994년 통과되었다. 이 법은 "국가 교육 표준 및 개선 협의회(National Education Standards and Improvement Council)"로 불리는 기관을 발족시켰다. 국가 차원의 시험은 강한 정치적 반대로 인해 여기에 포함되지 않았다. 게다가, 1994년 "초중등교육법(Elementary and Secondary Education Act, ESEA)"의 재신임(reauthorization)은 Title I의 기금을 국가표준개혁(Jennings, 1998; Ravitch, 1995)에 연계하도록 하였다. 마침내 아들 부시 행정부의 초중등교육법—2001년 "아동낙오방지법(No Child Left Behind Act)"이라 불리는—의 재신임은 국가표준과 시험을 지지하는 정책 표현을 더욱 강화시켰다. 정책 채택은 제8장에 상세히 제시되어 있다.

**정책 집행.** 법규와 그에 수반되는 규칙 및 규정이 통과되었다고 해서 새로운 정책이 자동적으로 실행되는 것은 아니다. 교육정책은 교육구 행정가, 학교장, 교사와 같은 풀뿌리 수준에서 구체적으로 실행되어야 한다. 이들 교육자들이 워싱턴이나 그들이 속한 주의 수도로부터 내려오는 새로운 법과 규칙에 반드시 열정적으로 반응하는 것은 아니다.

그러므로 집행의 성공 여부는 교육자들이 새로운 정책을 집행할 수 있도록 동기를 부여하는 것, 그리고 그들에게 필요한 자원을 제공해 주는 것에 달려 있다. 연구들은 종종 새로운 정책이 실제로는 전혀 집행되고 있지 않거나, 집행되는 과정에서 변형되기도 한다고 설명해 주고 있다. 2000년까지 49개 주에서 교육과정의 표준을 확립하는 법령을 채택하였다. 그러나 도시연구소(Urban Institute)와 교육정책연구회(Consortium for Policy Research in Education, CPRE)에 의해 수행된 연구에 따르면, 교육구 수준과 학교 수준에서의 정책 집행이 일관되지 않았고, 개혁의 일부 측면은 다른 부분보다 폭넓게 활용되는 양상을 보이고 있었다(DeBray, Parson, & Woodworth, 2001; Fuhrman, 2001; Hannaway & Kimball, 2001). 정책 집행은 제10장에서 논의된다.

**정책 평가.** 정책은 예정되어 있는 방식으로 제대로 작동하고 있는지 여부를 결정하기 위해 평가를 받는다. 평가는 이러한 목적을 위해 고안된 응용 연구의 한 형태이다. 종종 정책들은 그 정책을 통과시킨 정부 내 연구부서에 의해 평가를 받는다. 평가는 또한 외부의 컨설팅 업체나 평가 관련 일을 전문적으로 하는 대학 혹은 두뇌집단에 의해 수행되기도 한다. 비록 국가표준개혁이 학생의 성취도를 높이고자 하였다 할지라도 그 효과성은 여전히 불투명하다. 수많은 프로그램들의 평가는 오로지 직접 고안한 교육과정에만 관심을 집중하는 교육과정 개발자에 의해 이뤄져 왔다. 가령 2002년에 미국과학재단(National Science Foundation, NSF)은 현재의 국가적 시험 방식에 대한 검토를 의뢰했고, 2003년에 그 결과를 발표하기로 계획하였다. 그러나 미국과학재단이 국가표준에 대한 주요 지지자였기 때문에 이 결과 역시 편향될 개연성이 있다. 당분간 최소한 국가표준개혁은 적절하게 평가받지 못할 것이다. 정책 평가는 제11장의 주제이다.

## 정책 분석

### 정 의

정책 분석은 "주어진 목표, 갈등, 그리고 상황에 맞는 최상의 정책이나 의사결정에 도달하기 위해 대안적으로 제시된 정부의 정책이나 결정에 대한 평가"로 정의되어 왔다(Nagel, 1984, p. xiii). 전통적인 관점에서 정책 분석은 Nagel이 제시한 바와 같이 현존하는 정책들의 효과에 대한 연구 뿐만 아니라 대안들의 발생과정에 초점을 두어 왔다(Brewer & de Leon, 1983). 그러나 최근 정책 분석의 영역이 확장되었다. 오늘날 분석가들은 정책을 집행하고, 평가하고, 종결시키기 위한 방법들까지도 개발하고 있다. 그러므로 그들의 연구는 가치와 정치적 환경, 이 두 가지에 대한 것을 모두 포함하고 있다(Weimer & Vining, 1992).

## 역 사

비록 정부가 정책 대안에 대한 조사를 의뢰하곤 했던 것이 오랜 역사를 가지고 있다 해도, 그 결과를 신뢰하기 시작한 것은 비교적 근래의 현상이다. 과학과 "전문가(expert)"들을 숭배하던 20세기 초부터 경제학자들은 연방 정부의 정책 대안을 연구하기 시작하였다. 1930년대 뉴딜 정부는 경제학자들이 수집한 통계 자료들을 책으로 발간하기 시작하였다. 그러나 정책 분석은 2차 세계대전 이후까지도 이루어지지 않았다. 그 시기 동안 미 국무부와 노동부는 자료를 수집하고, 그것을 분석하여 그 결과에 기초한 권고안을 마련하기 위해 수많은 경제학자를 고용하였다(Nelson, 1991; Weimer & Vining, 1992).

1960년대 후반 수많은 사회적 쟁점들이 출현하고 선구적인 법안이 통과되었다. 이른바 "빈곤과의 전쟁"의 일부를 담당하고 있던 연방 정부의 교육정책들로 인해 교육정책 분석이 급속하게 성장했고, 이 시기 이루어진 수많은 정책 분석들은 주 정부관료보다는 우수한 두뇌집단(think tank)에 의해 수행되었다. 1970년대 내내 분석가들은 교육정책에 대한 여러 중요한 연구물들을 생산해 내기 시작하였다. 예를 들면, 의회는 1965년 "초중등교육법"에 대한 평가를 전국교육협회(National Institute of Education, NIE)에 위임하여 NIE가 평가를 수행하였다. 이 연구에는 1,500만 달러의 연구비가 소요되었고, 1978년 의회는 법률을 제정하면서 이를 활용하였다. 이 시기의 또 다른 유명한 연구는 캘리포니아의 대표적인 두뇌집단인 RAND 연구소에 의해 수행된 "RAND 변화 요인 연구(RAND Change Agent Study)" 였다. 이 연구는 293개 연방 교육 프로젝트의 결과를 조사한 것으로서, 이러한 정책 집행에 관한 연구 결과는 곧 영향력을 갖게 되었다. 카터 행정부는 몇 가지 교육정책안을 개발하기 위해 RAND 연구소의 연구 결과를 활용하였다(Boyd, 1988).

20여년 전, Mitchell(1984)은 1969년에서 1981년 사이 교육자원정보센터(Educational Resources Information Center, ERIC)에 축적되어 있는 교육정책들에 대한 기록을 분석하였다. 그는 교육정책에 관련된 기록의 비율이 해당 시기 동안 꾸준히 증가해 왔다는 사실을 발견하였다. ERIC은 1975년에서 1981년 사이 교육정책이라는 주제에 대해 약 28,000여 종의 자료를 발간하였다(Mitchell, 1984). 1983년 무렵, 교육 개혁운동이 시작된 이래 교육정책 분석은 점차 중요한 부분이 되어 왔다. Cibulka(1995)

는 교육정책 연구가 1960년대와 1970년대에 성행했던 교육정치학 연구의 대부분을 차지했다고 밝혔다. 1996년 미국교육학회(AERA)가 정책 연구와 교육정치학을 보다 전문화하기 위해 새로운 분과를 만들었다는 사실은 교육정책 분석이 점차 중요해지고 있음을 보여 주고 있다.

## 정책 분석의 목표

정책 분석의 전반적인 목표는 공공정책의 질을 향상시키는 데에 있다. 그것은 정책과정이 완전히 합리적인 것은 아니라는, 그리고 정치가들이 종종 견고하지 못한 정책을 개발하기도 한다는 전제에 기초하고 있다. 정치 지도자들과 비교해 볼 때, 대부분의 정책 분석가들—보통 두뇌집단이나 대학에서 연구하는 박사 학위를 가진 사람들—은 정책쟁점에 대해 논리적으로 접근하는 방식에 가치를 부여한다. 정책 분석가들은 나름의 연구과정을 거쳐 정보를 제공하고 공공 문제에 대한 해결 가능한 제안을 함으로써 정책과정에 영향을 미치길 원한다. 물론 정치가들이 법을 제정하는 데 있어 정책 분석가들의 정책 분석 결과를 의무적으로 활용해야 하는 것은 아니다. 그리하여 분석가들은 종종 좌절을 느끼곤 한다. 그러나 정책 분석의 분명한 장점은 정책에 관심이 있는 사람이면 누구에게든지 그들이 활용할 수 있는 다양한 사고의 틀을 제공해 준다는 점이다.

## 정책 분석의 유형

Coplin과 O' Leary(1981)는 정책 분석의 네 가지 유형을 확인했다. 비록 다른 많은 방식들 역시 정책 분석 분야를 개념화하는 데 사용할 수 있지만(예를 들어, Mitchell, 1984) 이 제안은 분석가들이 수행하는 연구의 범위를 제안하는 데 유용하다. 정책 분석의 첫 번째 유형은 모니터링이다. 모니터링하면서 연구자들은 정책 영역과 후속되는 정책 과정에 적절한 자료를 체계적으로 수집한다. 예를 들어, 1980년대 많은 주에서는 교육부로터 오는 교육 정보를 수집하기 위한 시스템을 확립했다. 이러한 자료들은 컴퓨터에 입력되어, 주 관료들이 학생 출석, 시험 성적, 무료 급식 프로그램에 참여하는 아동의 비율과 같은 사항들을 확인할 수 있게끔 해 준다. 분석의 두 번째 유형은 예측이다. 정책 연구자들은 큰 데이터 은행의 자료들을 가지고 앞으로 5년에서 10년 후에 어떤 정책 쟁점이 중요해질 것인지를 예측하기 위해 노력한다. 예를 들어, 그들은 무료 급식 프로그램에 참여하는 학생들의 수가 증가하고 있다는 것을 모니터링으로부터 확인하고, 아동 급식이 2010년에 학교의 중요한 쟁점이 될 것이라고 예측할지도 모른다. 많은 정책 연구들은 평가에 관한 것이며, 이것이 정책 분석의 세 번째 유형이다. 연구자들이 정책이나 프로그램을 평가할 때, 그들의 목표는 그 정책이 기획될 당시의 목적을 얼마나 잘 달성하고 있는가에 관한 정보를 제공하는 것이다. 보충 교육(remedial education)과 실험적인 교육 프로그램들은 종종 실제로 학생들이 더 나은 학습을 하는 데 도움이 되는지 여부를 평가받는다.

Coplin과 O' Leary(1981)가 제안하는 평가의 두 번째 의미는 어떠한 가치가 그것에 내재되어 있는지를 확인하기 위해 깊이 연구하는 것이다. 미국 정치에서 이데올로기가 점차 중요해지고 있기 때문에(Lowi, 1995) 이러한 유형의 평가는 보다 일반화되었다. 추론적(discursive)인 분석—그들과 관련되어 있는 정치 맥락과 실제에 대한 근접 연구—에 대한 정책 연구자들의 높은 관심은 교육정책에서 가치에 대한 관심이 높아지고 있다는 증거이다(Corson, 1995; Marshall, 2000; Yanow, 2000). 끝으로 정책 분석가들은 처방을 제공할 수 있다. 처방적인 정책 분석은 정책 입안자들에게 열려 있는 선택권의 윤곽을 그려 주고, 어떤 것이 가장 바람직한지를 권고할 수 있다.

## 학교 지도자와 정책 연구

학교 행정가들은 그들이 속한 조직 내에서는 위계적인 지도자로, 좀 더 넓은 커뮤니티에서는 공공 지도자로 행동한다. 양 입장에서 그들은 교육정책을 정의하고, 개발하고, 실행하는 데 있어 중요한 역할을 수행한다. 그들의 다양한 역할이 다음 장에서 상세하게 전개되겠지만, 출발 시점에서 그 역할의 일반적 속성을 이해하는 것이 독자들에게 도움이 될 것이다.

### 정책 입안자로서의 행정가

자동차국(bureau of motor vehicles)과 주 도로국(state highway department)이 주 정부의 기관인 것처럼 교육구는 법적으로 그들이 속한 주 정부의 기관이다(Alexander & Alexander, 1998). 그 결과로 학교 행정가들은 규칙과 규정을 제정하는 데 있어 주요한 역할을 수행한다. 대부분의 정책기구들에서는 주 의회와 주 교육부가 입법에 관한 넓은 틀을 제공한다. 교육위원회, 행정가 그리고 학급의 선생님들은 그 틀의 상세한 부분을 채워야 할 책임이 있다. 그들의 정책 입안은 교육위원회에 정책 수정을 건의하고, 선별된 직원을 위한 규칙 안내서를 개발하거나 학교에서 학과 코드를 작성하는 것과 같은 형식을 취한다. 어떤 상황이든 간에, 정책과 정책과정에 관한 지식은 정책 입안 규칙에 있어 행정가들에게 도움이 된다. 예를 들어 교장이 직원들의 부족한 주차 공간을 문제로 인식한다면, 정책 절차에 관한 지식은 교장에게 행동을 위한 몇 가지

과정을 제시할 것이다. 문제가 여전히 초기 단계에 있다면 교장은 그것을 정의하는 데 참여하기를 선택할 것이다. 정책 연구에 관한 지식은 그것을 하기 위한 몇 가지 방법을 제시할 것이다. 이미 그것이 분명하게 정의가 되었고 교장이 그 정의에 동의했다면, 교장은 비공식적 정책 분석을 수행하고, 논의를 위한 대안을 생성하기 위해 교장과 함께 작업할 위원회를 지명할 것이다. 이용 가능한 정책 도구의 범위에 대해 이해하는 것은 교장이 몇 가지 창조적인 개념을 가지고 논의를 시작하고, 다른 사람들이 제안한 대안에 대해 평가하는 것을 가능하게 해 줄 것이다. 궁극적으로 교장의 전문성은 자신과 선생님들이 문제를 효과적으로 다룰 수 있게 하는 타당한 규칙을 개발하도록 기회를 줄 것이다.

## 정책 집행자로서의 행정가

학교 행정가들은 새로운 정책을 집행하는 데도 주요한 역할을 수행한다. 새로운 정책이 정부, 주 또는 지역 수준에서 창안되었다면, 그들은 그 정책을 실행하기 위한 계획을 세우고, 협력할 선생님들 및 기타 다른 사람들에게 동기를 부여하고, 필요한 자원들을 정리하고, 그 과정에 대한 피드백을 제공할 것이라고 기대될 것이다. 변화는 늘 어렵다. 그래서 새롭고 어쩌면 인기 없는 정책을 실행할 책임이 있는 행정가들은 그들이 도전적 상황에 직면했음을 알게 된다. 스트레스 상황에서 그들은 실수를 하기 쉽다. 그러나 많은 연구가 집행, 특히 대부분 교육정책의 집행과 관련되어 이뤄져 왔다. 집행자들이 하는 주요한 실수들은 오래전부터 밝혀져 왔다. 조직의 변화에 대한 올바른 접근들 또한 마찬가지이다. 이러한 연구 보고서에 익숙한 학교 행정가들은 정책을 집행하는 데 있어 가장 명백한 함정을 피하는 데 필요한 것들을 이미 잘 갖추었을 것이다. 그들은 또한 어떤 새로운 정책을 제자리에 위치시키는 데 있어 피할 수 없는 요소인 스트레스와 혼동을 줄이는 몇 가지 방법을 알고 있다.

## 정책쟁점의 추종자로서의 행정가

그러나 21세기 초기의 학교 지도자들은 학교와 교육구 수준의 관심사로 그들 자신을 제한할 수 없다. 주 정부들은 이전보다 교육정책에 있어 더 적극적이다. 그리고 교육은 주와 연방 수준에서 모두 "뜨거운" 쟁점으로 여겨지고 있다. 이는 학교 행정가들이 외부 세계에 무관심할 경우 무수한 정책의 기습에 노출될 수 있음을 의미한다. 또한 행정가들은 주변에서 벌어지는 많은 개혁정책의 투입 정보들을 알지 못하고 있는 것처럼 느끼게 될 것이다. 그러므로 오늘날 관심사를 지역적으로 제한하지 않고, 정책쟁점의 흐름을 아는 것은 학교 지도자들에게 있어 필수적이다. 그들은 사회와 경제적 환경에서 일어나는 주요한 변화들과 그 변화들이 궁극적으로 어떻게 교육정책 쟁점을 일으키는지 지각해야 할 필요가 있다. 그들은 두뇌집단, 대학, 재단에서 정의되는 쟁점이 무엇인지를 알아야 한다. 그들은 또한 연방과 주 단계에서의 입법과정을 알아야 할 필요가 있다. 따라서 더 나아가 학교 지도자는 직업적으로 적극적이며 정보통이 되어야만 한다. 그러한 활동들은 교육구의 제한을 넘어서 정책 절차에 정통하고 적극적인 참여자가 되는 데 없어서는 안 될 토대이다.

### 정책에 영향을 미치는 자로서의 행정가

공공 지도자로서 학교 행정가는 주와 연방 단계에서 정책과정에 영향을 미치는 자리에 있다. 이 영향력은 많은 형식을 취할 수 있다. 교육장은 프로그램을 실행하면서 그가 안고 있는 문제들을 논의하기 위해 주 교육부에 전화할 수 있다. 이 대화는 교육부의 규칙과 규정에 변화를 가져올 것이다. 혹은 특수교육 장학사는 의회의 새로운 법안이 주의 장애 아동에게 부적합하다는 믿음을 가질 수 있다. 이 믿음은 그녀가 몇몇 다른 장학사들, 그녀와 견해를 공유한 학부모 집단의 지도자들과 제휴하도록 이끌 수 있다. 그들은 이 쟁점을 논의하기 위해 교육위원회의 의장과 함께 약속을 잡을 것이다. 그들은 전문기관에 그 문제에 대해 알리고, 그들의 지원을 얻을 수 있다. 이러한 노력들은 법안의 부정적 영향을 줄일 수 있는 법안의 무효화 혹은 개정을 이끌 수 있다. 또한 교장은 학교―아이들과 함께 작업하는 수많은 기관들을 포함하는 대학 파트너십―에 참여할 수도 있다. 이 협동은 그를 비롯한 모든 사람들로 하여금 위험에 처해 있는 아이들에게 전달할 서비스의 중복된 부분이나 모순점을 깨닫게 만들 것이다. 문제를 조심스럽게 정의한 후에, 교장과 다른 참여자들은 그 문제를 그들이 속한 각각의 주 기관들에 알리기 위한 동시적 접근을 조정할 수 있을 것이다.

## 맺는말

오늘날의 학교 지도자들은 그들이 과거에 했던 것과 다른 역할을 해야 한다. 부분적으로 이 새로운 역할은 공공 리더십을 발휘하는 것을 포함한다. 이러한 역할을 행하는 방법을 배우지 못한다면 학교 지도자들은 일련의 정책 기습을 수동적으로 당하는 입장이 되기 쉽다. 21세기의 출발점에서 효과적인 공공 리더십은 교육정책과 그것이 어떻게 전개되고 변화되는가에 대한 탄탄한 지적 토대를 필요로 한다. 이 책은 그 기초를 제공해 주고 있다.

## 토론을 위한 질문과 활동

1. 당신의 주, 교육구, 혹은 학교에 있어서 현재 정책쟁점들의 리스트를 작성하라. 정책 절차의 단계에 각각의 위치를 정해 보라.
2. 지난 10년 동안 당신의 주 정부에서는 어떤 교육정책안을 만들어 왔는가?
3. 다음 정책쟁점에서 하나를 선택하고, 이 쟁점에 관련된 당신이 속한 주 정책의 현 상태를 묘사해 보라(학교 자금의 형평성, 학교 선택, 학생 성취 수준, 혹은 교사와 행정가의 책무성). 공식적인 법 뿐만 아니라 자금 지원 수준과 정부 무활동의 양상에 대해서도 반드시 고려하라.
4. 당신이 알고 있는 정책 과정에 영향력을 미치는 공공 지도자로서 행동해 온 학교 행정가들을 확인하고, 한 예를 설명하라.

### 찬반논쟁 : 정치는 교육에서 배제되어야 하는가?

**찬성** 우리 아이들의 교육은 너무 중요하기 때문에 정치와 얽히지 않도록 해야 한다. 물론, 공공자금이 공립학교에 지원되기 때문에 어떤 형식으로든 정부 감독은 존재해야 한다. 이러한 감독의 이상적인 형태는 공정한 선거를 통해 선택된 통치기구(governance body)에 의해 제공되는 것이다. 그것은 학교를 위한 일반적 정책 지침을 제공하기 위한 권리를 가져야 한다. 그러나 이는 간섭 없이 행동할 상당한 자유를 가진 전문 교육가들에 의해 수행되어야 한다. 전문가들은 아이들, 교육 과정, 교수 방법에 대해 박식하다. 그들은 실수를 할 수도 있지만 정치가들보다는 아이들의 가장 큰 관심사에 대한 결정을 하기가 더 쉬울 것이다. 정치와 교육은 혼합되어서는 안 된다.

**반대** 공립학교들은 세금에 의해 조성되며 주 의회, 교육위원회의 권력 하에 있다. 이것은 정치가 공교육에서 제외될 수 없음을 의미한다. 교육이 공평한 위원회에 의해 관리되었을 때에도 정치적 활동은 계속된다. 그러나 그것은 상대적으로 조용하고 숨겨진 것이어서 일반 시민이 그것을 이해하고 영향력을 행사하는 것을 어렵게 만들 것이다. 교육의 정치적 특성에 대한 개방성은 더 민주적인 지도자들이 건전한 정치 활동을 촉진하는 지배 구조와 법을 개발하도록 북돋울 수 있다. 정치와 교육이 혼합될 수 없다는 개념은 허상이다.

**여러분은 어떻게 생각합니까?**

### 분석을 위한 뉴스 : 보다 많은 시험을 제안한 것이 비판받다

**매릴랜드의 볼티모어**—매릴랜드 주가 자신의 주 내의 학교 시험 프로그램을 더 많은 학년으로 확장할 수 있을 것이라고 제안한 것이, 학부모들과 선생님들로부터 수업이 시험 준비의 수단이 되고 있다고 비판받고 있다. 매릴랜드 주 교사협회의 회장인 Patricia Forester는 "선생님들은 시험에 주목하고 있다."고 말했다.

이번 주 매릴랜드가 4, 6, 7학년 학생들을 위해 새로 1회의 시험을 추가하도록 한 권고사항은 표준에 기반한 교육을 지원하는 전국적인 비영리 단체인 Achieve, Inc.로부터의 여러 제안 가운데 하나였다. 개혁 효과를 연구하기 위해 주로부터 권한을 부여받은 이 집단은 매릴랜드에서 공교육을 위한 10년 청사진을 작성하기 위해 주 교육감으로부터 임명된 프로젝트 팀(task force)의 작업에 영향을 미칠 것이라 예상하고 있다. 두 단체들 모두 매릴랜드 주가 주 전체의 교육과정—주 교육감뿐만 아니라 지방 교육장에 의해 제안된 것—을 개발하도록 권고했다.

그러나 더 많은 학생들을 시험에 응시토록 하자는 제안은 학교가 너무나 많은 시간을 3, 5, 8학년 학생들이 볼 시험을 준비하는 데 소비하고 있다고 주장하는 학부모들과 선생님들의 거센 반응을 불러일으켰다. "모든 학교들이 아이들을 시험을 준비시키고 있는 것 같다."고 중학생의 학부모인 Chuck LaPorte는 말했다.

매릴랜드 주에서 시험을 확장하자고 권고하면서, Achieve의 공무원들은 이러한 움직임이 주에서 3학년부터 8학년에 이르기까지 연 단위 시험(annual testing)을 시작해야 한다고 요청한 부시 대통령의 교육 계획과 꼭 들어맞는 것이라고 말했다. 하원과 상원은 마지막 교육 개혁 법안을 두고 여전히 협상 중이다. 양원 모두 매년 학교 전체의 시험을 요청하는 법안을 통과시켰다. 대부분 교육자들은 그것이 매릴랜드를 비롯한 주들이 그들의 프로그램을 확장하도록 강요하는 마지막 연방 계획의 일부일 것이라고 생각한다.

그러나 주가 시험 프로그램을 확장한다면 이것은 정치적 쟁점이 될 수 있다. "나는 나의 유권자들이 많은 우려를 하고 있다고 들었다."고 공화당 지사 후보 지명에 있어 유망한 후보자인 Audrey Scott는 말했다. "우리가 보다 많은 시험을 보는 것으로 결말을 짓는다면, 그것은 충분히 다음 선거의 중요 쟁점이 될 것이다."

(H. Libit으로부터 출반사의 허가에 따라 인용함. "보다 많은 시험을 제안한 것이 비판받다" Baltimore Sun, October 3, 2001, p. 1B. Copyright 2001 by the Baltimore Sun.)

**질 문**

1. 어떤 정책쟁점이 기사에서 언급되었는가? 각각의 정책쟁점에 대한 당신 의견의 정당한 근거를 밝혀라.
2. 정책 과정의 단계에 각각의 정책쟁점의 위치를 정해 보라.
3. 매릴랜드 주가 따르고 있는 정책을 묘사하라.
4. 기사에서 언급된 정치적 인물과 단체들을 적어 보라.

## 심화 학습 자료

Bryson, J.M., & Crosby, B.C. (1992). *Leadership for the common good : Tackling public problems in a shared power world.* San Francisco : Jossey-Bass.

Bryson과 Crosby는 오늘날 공공 분야의 관리자들은 공공 리더십 역할을 습득해야 한다고 주장한다. 그들의 책은 정책과정의 각 단계의 쟁점들을 다루는 데 있어 수많은 실제 제안을 담고 있다.

Cibulka, J.G.(1995). Policy analysis and the study of the politics of education. In J.D. Scribner & D.Layton(Eds.), *The study of educational politics.* London : Falmer Press.

Cibulka는 1990년대 중반의 교육 정치와 정책 분야의 전반을 제시한다. 교육정책 연구에 있어 새로운 경향에 대한 그의 논의는 특별히 흥미롭다.

Johnson, S.M.(1996). Leading to change : *The challenge of the new superintendency.* San Francisco : Jossey-Bass.

Johnson의 책은 12개의 북동부 교육장들의 깊이 있는 양질의 연구에 기초하고 있으며, 312개의 인터뷰가 포함되어 있다. 그녀는 교육장의 지위가 최근 20세기의 격동적인 정책 환경의 결과로 어떻게 변해 왔는지, 그리고 교육장들이 새로운 도전을 얼마나 사실적으로 다루고 있는지를 흥미롭고 통찰력 있게 묘사한다.

Marshall, C.(2000). Policy discourse analysis : Negotiating gender equity. *Journal of Education Policy,* 15(2), 125-156.

Marshall은 오스트레일리아 학교들에서 성별 형평성 정책의 채택과 이행에 대해 담론 분석 뿐 아니라 표준 정책 분석 절차를 적용한다. 그녀의 논문은 어떻게 정책이 체계적으로 분석될 수 있는가의 좋은 예를 제시한다.

Yanow, D.(2000). *Conducting interpretive policy analysis.* Thousand Oaks, CA : Sage Publications.

공공행정학 교수인 Yanow는 해석적인 정책 분석이 정책 환경에 있어 다른 이해관계자들의 가치와 이데올로기적인 입장에 관한 통찰을 어떻게 제공할 수 있는지를 보여 준다. 특별히 흥미로운 점이라면 정책 논의의 구조를 보여 주기 위한 해석적 정책 분석의 활용이다.

2

# 권력과 교육정책

**탐구의 요점**

권력이란 무엇인가?
권력의 주요한 유형과 그 근원은 무엇인가?
권력은 학교 조직 내에서 어떻게 이용되고 교육정책을 형성하기 위해 어떻게 이용되는가?
권력은 어떠한 윤리적 쟁점을 제기하는가?

## 머리말

"권력 유희(the play of power)"가 정책과정의 산물을 형성하기 때문에 권력과 교육정책은 불가분의 관계를 가질 수밖에 없다(Lindblom, 1968, p. 28). 게다가 학교체제에서 권력 관계가 제도화되어 있기 때문에 학교 행정가들은 조직 내의 지위를 통하여 권력을 갖는다. 학교 행정가들은 학교 및 학교체제와 관련 있는 정부의 교육정책을 실행하기 위해 권력을 쥔다. 또한 그렇게 함으로써 학교 행정가들은 정부의 교육정책에 영향을 미치고 싶어 하는 힘 있는 개인 및 집단과 정기적으로 상호작용한다. 그러므로 모든 학교의 지도자들은 권력과 권력이 제기하는 복잡한 쟁점(issues)을 이해해야만 한다.

# 권력의 정의

## 논쟁하는 개념

서로 다른 이론적 전통을 가진 사회과학자들은 인간 본질과 사회의 제 이론을 통해서 권력을 이해함으로써 다양한 권력의 의미를 만들어 내었다. 즉 권력은 "본질적으로 논쟁하는" 어떤 개념(Lukes, 1974, p. 9)인 것이다. 한쪽 극단에서 일부 공리주의자는 권력의 존재 그 자체를 부인한다. 다른 쪽의 극단에서 Foucault와 같은 일부 후기 구조주의자들은 권력이 모든 인간 활동에 퍼져 있고 권력이 진리를 결정한다고 믿는다. 이와 같은 극단들 사이에는 많은 입장이 존재한다.

"만일 A의 영향력이 없었더라면 B가 하지 않았을 어떤 행동을 A의 영향력 때문에 하게 되는 경우, A는 B에 대하여 권력을 갖는다(Lukes, 1974, pp. 11-12)."와 같이 광의적으로 사용되는 정의를 발전시킨 사람은 정치과학자 Robert Dahl이다. 많은 사람들이 Dahl의 정의가 도움이 될 만한 것이라고 알고 있지만 Dahl의 정의는 애매한 점을 확실히 남겨두고 있다. A가 B에 대한 권력 행사를 의식하여 알아야만 하는가? B는 의식적으로 A의 권력을 알아야만 하는가? B가 행위를 하지 않도록 A가 권력을 행사할 수 있는가? A가 원하는 것이 좋은 것이라고 믿는 B가 바람직한 행위를 열성적으로 수행한다면, A는 권력을 행사하였는가? 다른 사람에게 권력을 행사하는 것이 윤리적인가? 이와 같은 쟁점을 둘러싸고 권력에 대한 논쟁이 일어난다. 다음에서는 이 책에서 사용할 권력에 대한 정의를 내릴 것이다. 그 정의는 공리주의자와 일부 포스트주의자로 대표되는 양극단의 어느 한 지점에 위치하게 될 것이다.

## 권력의 작동적 정의

학술적으로는 논쟁이 있지만 교육정책에 관한 책에서 권력의 작동적 정의는 여전히 중요하다. 권력의 작동적 정의에 대한 출발점은 권력이 "다른 행위자의 행위에 영향을 미치는 어떤 행위자의 능력"(p. 27)이라고 진술한 Muth(1984)에서부터이고, 그의 정의는 Dahl의 정의보다는 다소 광범위하다. 행위자란 용어는 교육장, 주지사, 교사회 의장과 같은 개인과 교육위원회, 주 의회, 학부모·교사협회(PTAs)와 같은 집단을 모두 포함한다. 권력 행사 능력은 돈, 사회적 신분, 정보와 같은 적절한 자원을 소유함에 따라 달라진다. 권력 자원은 나중에 자세히 토론하기로 한다. 행위자는 권력 자원을 항상 기꺼이 쓰려 하지는 않는다. 권력 자원은 유한하며 그것을 사용할 때에는 "비용"이 들기 때문이다. 그래서 권력을 행사하는 능력은 자원을 배치시키고자 하는 의지를 내포한다. 마지막으로 행위는 하나 또는 그 이상의 일반적인 권력의 유형을 사용하는 동안에 다양한 방식으로 영향을 받을 수 있다. 거기에서 일어날 수 있는 효과로는 행위자로 하여금 행위를 하게 하고, 행위자로 하여금 행위를 못하게 하고, 행위자의 행위 본질을 형성하는 것들이 포함된다. 행위자는 권력의 사용에 대해서 의식적 혹은 무의식적이 될 수 있거나, 부분적으로 의식적일 수 있다(Bachrach & Baratz, 1962; Delpit, 1988).

권력은 관계이기 때문에 항상 실제적인 사회적 상황에서 존재한다. 어떤 상황에서 상대적으로 권력이 있는 행위자가 다른 상황에서는 권력이 없을 수 있다. 예를 들어 교육장은 자신의 지역사회에서는 권력이 있지만 주 의회에서는 권력이 거의 없다. 권력 관계는 균형적인 것일 수도 있고 불균형적인 것일 수도 있다. 권력을 비슷하게 갖고 있는 행위자들은 "공유된" 권력 관계를 소유하면서 균형적으로 연관을 맺는다(Bryson & Crosby, 1992). 균형적 관계일 때 사람들은 일반적으로 경제적 자원을 가지고 설득과 교섭을 한다. 자원의 양이 명백히 서로 다른 행위자들은 불균형적인 권력 관계를 갖는다. 비록 사람들이 설득이나 교섭을 이용한다 할지라도, 세력이 보다 강한 행위자들은 세력이 약한 행위자에게 영향력을 행사하기 위해 권위에 호소하는 힘도 사용할 수 있고 보상과 벌이라는 전략을 사용할 수도 있다. 그러나 매우 불균형적인 관계에서라도 세력이 약한 행위자에게 약간의 권력은 주어진다. 세력이 약한 행위자는 다양한 형태의 저항을 사용할 수 있다. 예를 들어, 주 의회의 새로운 시험 프로그램에 화가 난 교사들은 사보타즈 방법을 동원할 수도 있는 것이다(Apple, 1985; Cherryholmes, 1988).

권력은 분배적이거나 혹은 촉진적으로 행사될 수 있다(Mann, 1992). 어떤 행위자가 권력을 분배적으로 사용할 때, 어떤 행위자는 다른 행위자에 대해 권력을 행사하게 되는 것이다. 예를 들어, 어느 교육장은 자신의 교육구에 있는 모든 교사가 출퇴근 시간을 기록해야 하고, 그 기록 시스템을 교사들이 설치해야 하며, 이 낯선(new) 절차를 설명하는 전단지를 교사들이 배포해야 한다는 일방적인 결정을 내릴 수도 있다. 이와는 반대로 권력은 "복종자들이 개인적·집단적 성과를 끌어 올릴 수 있는 유리한 조건을 지속하거나 창출"(Dunlap & Goldman, 1991, p. xx)하기 위해 촉진적으로 행사될 수 있다. 예를 들어, 교육장은 교사 집단에게 정보 형태의 지원을 제공하는 컴퓨터 랩실을 만들고 시간을 자유롭게 해 줌으로써 권력을 촉진적으로 행사할 수 있다.

권력은 자동차처럼 쉽게 남용될 수 있지만 윤리적으로는 중립적이다. 비록 권력의 일부 유형과 자원은 윤리적으로 이용될 수 없지만, 지도자들은 일종의 윤리적 방법으로 권력을 행사할 수 있다. 이 장의 마지막 부분에서 권력을 둘러싼 윤리적 쟁점에 대해 토론할 것이다.

# 담론과 권력

## 이야기로서의 학교 행정

언어는 학교의 지도성에서 중요하다. 많은 경우에 학교 행정은 이야기를 통해 이루어진다. 회합에서의 이야기, 지나가다 우연히 복도에서 하는 이야기, 전화로 하는 이야기, 매체와의 이야기, 비공식 조직에서의 이야기가 그 예이다. Gronn의 연구에 따르면, 교장과 교육장들은 자신의 시간 중에서 67~75%를 이야기하면서 보낸다고 하였다(Gronn, 1983). 이 말은 학교 지도자들이 권력을 행사하거나 자신의 행위에 영향을 주는 압력을 경험할 때, 대개가 언어를 통한 의사소통으로 이뤄진다는 의미이다. Corson(1995)은 "모든 종류의 권력은 언어를 통해서 지시되거나 중재되거나 저항을 받는다."(p. 3)라고 말하였다.

1970년 이래로 사회과학의 모든 분야에서 학자들은 사회 내에서의 언어나 담론에 대한 연구에 몰두해 왔다. 그것은 사람들의 권력 행사를 가능케 하는 언어적 메커니즘을 더욱 명백하게 드러내므로, 그들의 연구는 학교 지도성과 교육정책 과정에서 권력을 탐색하는 데 가치 있는 도구를 제공한다. 그래서 저자는 이 책 전반에 걸쳐 담론적인 권력 행사를 확인하고 토론한다.

### 텍스트

담론은 무엇인가? Fairclough(1995)에 의하면, 담론의 모든 실제는 세 가지 양상을 띤다. 그 첫 번째가 텍스트인데 글쓰기와 말하기로 구성할 수 있고 또는 글쓰기와 말하기의 조합으로도 구성할 수 있다. 예를 들어, 교육장이 교육청 직원들과 매주 회합을 가질 때 텍스트가 만들어지는 것이다. 이 텍스트는 회합에서 교육장과 직원들이 한 말 모두를 포함한다. 또한 회합과 연관된 문서를 내포한다. 가령 회합의 의제와 위원회 보고서를 글로 쓴 판(version)과 같은 것들이다. 텍스트를 따로 놓고 살펴보면 중앙 부서와 지역 부서 간의 권력 관계에 있어 중요한 단서를 텍스트가 제공할 수 있음을 알 수 있다. 예를 들어 텍스트는 교육장과 재무 관리자가 다른 사람들보다 말을 많이 하면서 회합을 주도했다는 것을 나타낼 수 있다. 텍스트는 결정에 90% 도달했을 때 비용이 결정적인 고려 요인이 되었다는 것을 나타낼 수 있다. 참여자들이 사용하는 용어는 보수, 최저선, 금융 제도의 대개혁 등과 같은 경제에서 차용한 용어가 많을 수도 있다. 이와 같은 결과는 학교체제가 교육장과 재정사회의 영향을 받아 온 재무 관리자에 의해 지배되고 있다는 것을 시사한다. 사람들은 재정사회의 영향과 이 영향 내에 함축되어 있는 가치를 반영할 지역정책을 기대한다.

## 담론 실천

담론 실제 양상의 두 번째는 텍스트의 산출을 좌우하는 담론 실천이다. 회합들이 미국 사회에서 빈번하게 발생하고 규칙과 전통이 담론 실천을 형성하기 때문에 담론 실천은 텍스트의 산출을 지배한다. 예를 들어, 의장은 대개가 발언권을 갖는 사람을 결정하며 각각의 쟁점이 얼마나 오래 토론되어야 하는지, 어떤 쟁점들이 해결되어야 하는지를 결정하면서 회합을 운영한다. 누군가는 나중에 초록으로 전환할 수 있도록 항시 필기를 한다. 동의가 이루어지고 대개 찬성한다. 게다가 각 조직은 회합에 관한 나름의 전통을 갖는다. 이와 같은 전통은 어떤 항목들이 의제로 상정되고 회합은 얼마나 지속될 수 있는지에 관한 내용을 포함한다. 공식적이고 비공식적인 규칙과 전통 모두는 담론 실천을 구성한다(Fairclough, 1995). 담론 실천은 텍스트가 만들어질 때 말해질 수 있는 것과 행해질 수 있는 것에 영향을 준다. 그래서 텍스트를 정확하게 해석하려면 사람들은 텍스트 자체 뿐만이 아니라 텍스트를 만들어 내는 담론 실천을 이해해야만 한다. 예를 들면, 앞에서 설명한 회합을 해석할 때 어떤 항목이 의제로 상정되었고 위원장은 누가 임명하였는가를 안다는 것은 권력 관계에 중요한 단서를 제공할 수 있는 것이다.

## 사회적 실천

담론의 세 번째 양상은 사회적 실천이다. 이 사회적 실천은 텍스트와 담론 실천을 체화시킨다. 회합에 참가한 교육장과 교육구 직원은 좀 더 큰 조직과 학교체제의 일부분이다. 학교체제가 대부분의 미국 학교체제와 비슷하다면 위계화되어 차별화된 역할을 구성하는 공식적 구조와 관계 및 영향으로 구성된 비공식적 네트워크 두 가지 측면을 모두 가질 것이다. 학교체제를 넘어서서 또 다르게 관련되어 있는 사회적 실천을 발견할 수 있다. 많은 학교의 공식적 조직은 1900년대 초기에 미국 경제계에서 인기가 있었던 과학적 관리 운동을 반영한다. 이 운동은 다양한 위계적 수준에서 사람들을 위한 적절한 역할의 정의를 내포한다. 또한 미국 문화는 남자와 여자 그리고 서로 다른 인종이 어떻게 서로 관련되어야만 하는가에 대한 이념을 내포한다. 이들 모든 요소뿐만 아니라 그 외 많은 다른 요소들은 교육장의 회합이 있는 장소에서 사회적 실천을 구성한다. 또한 그 회의에서 무엇이 일어났는지를 주의 깊게 해석하여 발전시키기 위해서는 위와 같은 요인들을 고려해야만 한다. 물론 지각 있는 학교 지도자들은 대화, 회합, 그리고 공식적 문서가 조직의 권력 관계와 그 이면에서 일어나는 일들에 중요한 단서를 제공한다는 것을 항상 이해해 왔다. 또한 그들은 실제로 무엇이 진행되고 있는지를 이해하기 위해서 비공식적인 담론의 분석을 오랫동안 수행해 왔다. 그러나 최근의 담론에 대한 연구는 비공식적인 담론의 분석이라는 과업에 사용하기 위한 어느 정도 유용하고 체계적인 방법을 제공한다.

## 권력의 세 가지 차원에 대한 모형

권력은 일반적인 연구 주제이기 때문에 권력에 관한 많은 이론들이 지금까지 발전되어 왔다. Lukes(1974)와 Gaventa(1980)는 Bendix(1960)와 Wrong(1979)가 요약한 Weber 이론과 그 밖의 주요 이론들을 포함하는 권력의 세 가지 차원 모형을 개발하였다. 〈표 2.1〉은 권력의 세 가지 차원을 요약하고 있으며 이 절에서 논의할 대상이다. 세 가지 권력의 차원과 권력의 유형 그리고 권력 자원들이 분리되어 제시되지만 실제 상태는 교과서 모형보다 더 복잡하다. 대부분의 사회 환경 속에서는 세 차원이 동시에 작동하고 권력의 여러 유형들이 사용된다.

### 제 1차원의 권력 : 권력의 명시적 사용

〈표 2.1〉에서 제 1차원의 권력은 직접 관찰 가능한 권력의 명시적 행사로 구성된다. 예를 들어, 주 의회는 졸업 요건을 더 엄격하게 하는 법을 통과시킬 때 가시적으로 제 1차원의 권력을 사용한다.

1차원 권력을 행사하는 것을 직접적으로 관찰하기는 어렵지만, 적어도 관찰 가능한 증거로부터 쉽게 추론할 수는 있다. 예를 들어, 많은 학교에서 정년 보장이 안 된 교사

〈표 2.1〉 권력의 세 가지 차원과 사용하는 기제

| 1차원 : 권력의 명시적 행사 | 2차원 : 편견의 동원(mobilization) | 3차원 : 의식의 형성 |
|---|---|---|
| 힘 | 관습 | 의사소통 과정 |
| 경제적 지배 | 규범 | 신화 |
| 권위 | 조직 구조 | 상징 |
| 설득 | 절차 | |
| | 게임의 규칙 | |
| | 사회적 관습 | |
| | 전통 | |

주 : Based on Bendix(1960), Gaventa(1980), Lukes(1974), Weber(1986), and Wrong(1979).

들은 사교춤과 클럽을 후원하는 일과 같은 과외의 과업을 더 많이 수행한다. 교장은 정년 보장이 안 된 교사들이 불안정한 위치에 있어서 정년 보장된 교사들보다 잘 순응할 것 같기 때문에 과외의 과업을 정년 보장이 안 된 교사들에게 요청한다. 정년 보장이 안 된 교사들 또한 자신의 신변을 위해 교장의 지원을 필요로 한다. 교장의 지원은 궁극적으로 재고용과 종신 재직권이다. 교장은 이 사실을 말할 필요가 없기 때문에 결코 명확하게 지적하지는 않을 것이다. 재고용과 정년을 보장하는 것에 대한 절차는 교육위원회 정책과 주의 법에서 자세히 설명되기 때문이다. 그래서 비록 직접적으로 관찰 가능하지는 않지만 권력 관계는 명시적인 것이다(Gaventa, 1980; Lukes, 1974).

**권력의 유형.** 〈표 2.1〉에서 알 수 있듯이, 1차원에서 권력의 네 가지 일반적 유형(힘, 경제적 지배, 권위, 설득)이 작동한다. 네 가지 일반적 유형은 많은 구체적 예에 기반을 둔 이념적 유형 또는 추상적 기술로서 이해하여야 한다. 각각의 유형에 대한 실제 사례는 많은 것을 포함할 수 있지만, 반드시 모든 것을 포함하는 것은 아니다. 게다가 실제 생활에서는 2개 이상의 권력 유형이 동시에 사용될 수 있다.

**힘** : 힘에는 두 가지 종류가 존재한다. 완력과 심리적 힘이다. 완력을 통해서 권력을 행사하는 것은 어떤 사람의 의지를 다른 사람에게 강요하기 위해 신체적 행위를 이용하거나 협박하는 것을 수반한다. 신체적 행위를 이용하거나 협박하는 것을 수반하는 행위는 살해, 상해 또는 다른 사람에게 고통을 일으키는 것, 다른 사람의 자유를 제한하는 것, 기본적인 생리적 욕구를 충족시키지 못하도록 하는 것, 몸으로 다른 사람의 움직임을 저지하는 것 등이다. 교육에서 완력의 사례는 신체적 처벌, 방과 후 붙잡아 두기, 유기 정학 등을 들 수 있다. 심리적 힘은 다른 사람의 자아 개념에 해를 입히는 데에 이용된다. 일반적인 형태로는 언어적 · 상징적 모욕과 잔소리하기, 나쁜 잡담, 전체 집단에 대한 부정적 고정관념이 있다. 심리적 힘을 사용하는 것은 결코 윤리적이지는 않지만 교육의 모든 수준에서 공통적으로 사용된다(Wrong, 1979).

**경제적 지배** : Weber(1986)는 권력의 두 개 유형(경제적 지배와 권위)이 현대 사회에서 특별히 중요하다고 주장하였다. 경제적 지배는 타인의 행위에 영향을 미치기 위해서 타인의 경제적 번영 또는 직무와 경력에 영향력을 발휘하는 것을 포함한다. 종업원을 승진시키거나 고용, 해고, 평가하는 위치에 있는 사람은 누구나 다 권력의 경제적 지배 유형을 이용할 수 있다. 직업 추천서를 쓰는 사람들도 역시 마찬가지로 권력의 경제적 지배 유형을 사용한다. 경제적 지배의 또 다른 형태는 사람들로 하여금 권력자의 뜻

대로 잘 순응할 수 있도록 하기 위해서 휴가 날짜와 과업 할당 그리고 일정표와 같은 근로 조건에 영향력을 발휘하는 것이다. 좀 더 넓게 일부 회사들은 지방 정부로부터 세금 감면 및 또 다른 특권을 얻기 위해서 일자리를 창출할 수 있는 공장을 이전하겠다고 협박하는 방법으로 경제적 지배를 이용한다.

**권위** : 권위는 강제나 설득 없이도 지배자에 대한 의심 없는 복종과 인정을 피지배자가 수용할 때 작동한다(Arendt, 1986, p. 65). 권위는 합법성(legitimacy) 여하에 달려 있다. 합법성은 권위를 갖고 있는 사람이 특별한 권력에 대해서 권리를 갖는다는 신념을 의미한다. 권력을 경험한 학생들이 인식한 권위는 네 종류이다. 가부장적 권위(patriarchal authority)가 그 하나인데 더 현대적 용어로는 친권이다. 대부분의 사람들이 가정에서 성장하기 때문에 부모, 다른 친척들과의 관계에서 처음으로 권력을 경험하는 것이다. 대부분의 가정에서 사람들은 부모와 다른 친척 어른들이 어린아이들에 대한 권력을 행사할 권리를 갖는다고 추정하는데, 그 이유는 친권이 전통에 근거하기 때문이다. 그래서 어린이들은 자연스럽게 받아들인다. 사람들은 종종 친권을 다른 환경으로 전이시키는데, 특히 초등학교에서 어린이들은 이와 같은 친권을 교장과 교사에게 투사할 수 있다(Bendix, 1960).

두 번째 형태는 조직 내에서 책임을 지는 지위를 갖고 있는 사람들에게 부여된 법적 권위(legal authority)이다. 대개는 정책 편람과 직무 설명 같은 공식적 서류가 법적 권위를 기술하고 제한한다. 공무원이 법적 권위 범위 내에서 행위를 하는 한, 조직의 다른 구성원들은 아마 쉽게 순응할 것이다. 교사, 교장, 교육청 행정가들 사이의 관계는 상당한 정도로 법적 권위에 근거를 두고 있다(Bendix, 1960).

세 번째 형태는 능력 권위(competent authority)이다. 종종 권력 전문가들이 전문적 지식에 기초하여 자신의 고객에게 사용하는 유일한 권력 유형이다. 의사의 의료적 추천이나 변호사의 법적 충고에 도전할 사람은 거의 없다. 교육가는 의사나 변호사보다는 능력 권위를 덜 갖고 있지만, 많은 개별 교사와 행정가는 성공적으로 자신의 지역사회에서 고도의 능력 권위를 확립한다(Wrong, 1979).

마지막으로 어떤 사람들은 순수하게 인성적인 자질에 근거한 카리스마적 권위(charismatic authority)로 타인의 행위에 영향을 미칠 수 있다. 또 일부 사람들은 인성, 외모, 태도의 조화를 통해 타인의 열정과 자발적인 신뢰를 불러일으킨다. 카리스마적 권위의 가장 두드러진 사례는 비상시에 나타난다.

교육자들은 종종 교육 활동의 효과성을 확보하기 위해 부분적으로 카리스마적 권위에 의존한다. 하지만 카리스마적 권위를 이용하는 일은 가장 불안정한 형태의 권위이기 때문에 지나치게 의존하는 것은 현명하지 않다(Bendix, 1960).

많은 저자들은 모든 권위 유형의 합법성이 제2차 세계대전 이래로 가파르게 쇠퇴했다고 주장했다. "합법성 위기"에 대한 증거로서 정부와 다른 기관에 대한 광범위한 냉소주의와 청소년 범죄 그리고 증가하는 범죄 등을 들 수 있다. 교육가들은 교육 환경 안팎에서 매일 자신의 권위가 쇠퇴하는 것을 경험한다. 교육자들은 스스로의 권위가 약화됨에 따라 다른 형태의 권력을 사용하도록 강요되는 환경에 처하지만, 그럴 경우 그들은 불편함을 느낄 수 있다.

**설득** : 권력의 마지막 유형은 설득이다. 설득은 기대되는 행위가 최선이라는 것을 확신시킴으로써 다른 사람의 행위에 영향을 미치기 위한 시도이다. 설득의 일반적 형태는 사회화이다. 사회화는 몇 가지 형식으로 제안될 수 있다. 많은 조직들은 새로운 종업원들에게 유인 프로그램에 참여하기를 요구한다. 이 유인 프로그램의 목적은 새로운 종업원을 집단 규범에 사회화시키는 것이다(Wrong, 1979). 교육에서는 신입생들과 초보교사를 위한 오리엔테이션이 사회화의 목적을 수행한다. 교육정책에 영향을 주는 많은 기관들 역시 사회화를 사용한다. 예를 들어, 많은 교육위원회 협회들은 주로 새로 선출된 위원회 위원들을 위한 훈련 프로그램을 제공한다. 그리고 교사들의 협회체는 지역지도자들을 위한 훈련 프로그램을 제공한다.

설득의 두 번째 형태는 합리적 설득인데, 다른 사람이 행위의 방향을 확신할 수 있도록 하기 위해 관련된 사실과 논쟁을 정리해 준다. 마지막으로 조정적인 설득이 사용될 수 있다. 표면적으로 조정적 설득은 합리적 설득처럼 보이는데 사실 이는 다소 의도된 것이다. 조종적인 설득자들은 영향을 미치고 싶어하는 행위자들에게 중요한 사실을 알리지 않는다. 흔히 가장 숨겨진 정보는 설득자의 진짜 목표에 관련되거나 제시된 행동 방침의 잠재적 유해성과 관련된다(Wrong, 1979). 예를 들어, 새로운 프로그램을 실행하는 것에 대해 많은 교사들이 회의적인 것은 교사들이 과거에 조종적으로 설득을 당해 왔기 때문이다. 심리적 힘에서와 마찬가지로 조종적 설득은 항상 비윤리적이다.

**권력 자원.** 권력은 자원에 기초를 둔다(Mann, 1992). 그래서 권력 기반을 만들고자 하는 사람은 자신이 권력을 행사하고 싶은 영역을 위해 적절한 자원을 축적해야 비로소 가능하다. 〈표 2.2〉는 중요한 권력 자원을 요약한 것이다.

권력은 점증적이기 때문에 권력이 강한 사람과 집단들은 대개 넓은 자원의 범위를 통제하고 동시에 여러 개의 자원을 배치할 수 있다. 권력 자원이 제 1차원의 권력에서 중요할 수 있지만 역시 다른 차원들에서도 작동한다. 다음의 논의에서 저자는 몇 개의

〈표 2.2〉 중요한 권력 자원

| 실물 자원 | 사회적 자원 | 지식 자원 |
|---|---|---|
| 경력과 근로 조건 통제 | 이용—돈, 매체, 법적 체제 | 정보에 대한 통제 |
| 에너지 | 투표에 대한 통제 | 정보 |
| 돈(현금 또는 카드) | 숫자—추종자 또는 자기편 | 지능 |
| 후원 | 공식적 지위 | 기술 |
| 시간 | 조직 | 체제가 어떻게 작동하는지 에 대한 이해 |
| | 인성적 영향 | 구술 능력 |
| | 대중성 | |
| | 사회적 신분 | |
| | 활동의 가시성 | |

주 : Based on Dahl(1986), Mann(1922), Robinson(1995), and Wrong(1979).

자원만을 자세히 설명할 것이다.

**실물 자원** : 〈표 2.2〉에서 볼 수 있듯이 실물 자원은 많은 권력 행사에 있어서 필수적이다. 돈은 다른 자원으로 쉽게 바꿀 수 있기 때문에 가장 필수적이다(Dahl, 1986; Wrong, 1979). 예를 들어 기금 조성 캠페인을 위한 큰 "활동자금(war chest)"을 갖고 있는 교육구는 전문적인 캠페인 자문가를 고용함으로써 돈을 지식 자원으로 바꿀 수 있다. 또한 돈을 신문광고, 텔레비전과 라디오 특별 프로그램을 구입함으로써 매체의 이용으로 전환할 수 있다. 고용 통제 방법이나 후원은 불행하게도 여전히 많은 장소에서 권력 행사를 위한 중요한 출처가 되고 있다(Dahl, 1986). 북동지역의 교육장에 대한 연구에서 Johnson(1996)은 북동지역의 1/3가량이 후원을 자주 이용하였다는 것을 알았다. 시간과 돈 사이의 관계성 때문에 시간 역시 실물 자원이다(Wrong, 1976). 왜냐하면 대부분의 사람들은 생계를 유지하는 활동을 하면서 동시에 가족을 위한 가사 활동까지 수행하느라 매일을 보내기 때문에 그들은 권력 기반을 유지하고 만들 시간을 갖지 못한다. 일할 필요가 없는 극소수의 사람들은 상당히 유리한 점을 가지고 있다. 이런 사람들 중에는 독립적인 부자가 있다. 즉 연금을 받고 퇴직한 교원, 가족들로부터 경제적 지원과 장학금 및 대부금을 받고 있는 대학생, 가족을 충분히 부양할 수 있을 정도로 돈을 버는 배우자를 둔 기혼자들이다. 그러므로 이와 같은 사회적 범주 내에 있는 사람들은 종종 교육정책을 포함하는 공공정책에 불균형적인 영향력을 행사한다.

**사회적 자원** : 풍부한 실물 자원을 갖고 있다 하더라도 역시 사회적 자원을 갖는다는 것은 중요하다. 의미 있는 실물 자원이 부족한 사람들은 사회적 자원을 배치하고 구축함으로써 이러한 결핍을 보상받을 수 있다. 〈표 2.2〉에서 중요한 사회적 자원을 목록화하였다. 가장 중요한 사회적 자본의 하나가 숫자, 즉 다수의 자기편과 추종자들이다. Johnson(1996)은 어떤 교육장이 숫자를 능숙하게 이용하는 사례를 설명한다. Dick Fitzgerald가 교육장 직무를 시작했던 직후에 시의회는 학교 예산 50만 달러를 삭감하였다. Fitzgerald는 예산 삭감 문제를 교사들에게 알리기 위해 자신의 핵심 사무직원을 파견하였고 교사들의 지지를 얻었다. 교사들은 교육장의 요청에 따라 그 다음 시의회의 회의를 자신의 구성원들로 꽉 메웠다. 그리고 예산이 복구되었다. 효과적인 조직은 숫자의 효과를 극대화할 수 있다. 조직은 기술을 가지고 있으며 헌신적인 지도자들과 존중받는 의사결정 과정, 기획되고 체계적인 의사소통 체제를 갖고 있을 때 효과적이다(Mann, 1992). 종교적 권리는 고도로 조직화되어 있기 때문에 많은 장소에서 교육과정 정책에 영향을 줄 수 있다(Apple, 2001).

**지식 자원** : 프랑스 철학자 Michel Foucault의 용어인 권력/지식(power/knowledge)은 지식과 권력을 동일하게 본다는 의미이다. 권력/지식이라는 용어는 지식이 권력의 출처로서 매우 중요함을 생생하게 증명한다(Fillingham, 1993). 〈표 2.2〉에서 가장 중요한 지식 자원을 목록화하였다. 대부분의 영역에서 사람들은 관련 정보를 수집함으로써 권력을 구축할 수 있다. 관련 법에 대해서 진술한 사실, 인구통계학적 구성, 여론의 상태 그리고 최근 선거에서 투표 성향을 포함하는 많은 유형이 정보가 될 수 있다. 정확한 정보는 사실적인 계획과 프로그램의 발전을 촉진시킨다. 권력을 구축하기 위한 정보의 비윤리적 이용은 상대편의 명성을 손상시키기 위해서 상대편에 대한 "험담"을 수집하거나 공갈하는 것을 포함한다. 일단 정보의 데이터베이스가 만들어지면 정보 통제의 쟁점이 제기된다. 정보에 대한 통제를 행사하는 사람들은 지식을 공유할 수 있는 사람들을 선택할 수 있고, 언제 어떻게 전략적으로 이용할 것인가도 선택할 수 있기 때문에 권력을 획득하는 것이다(Wrong, 1979).

**제 1차원에서의 담론적 권력.** 많은 지식 자원을 소유하는 것은 어떤 사람에게 상당한 담론적 권력을 줄 수 있다. 다른 두 개의 차원에서와 마찬가지로 제 1차원에서 사람들은 언어 또는 담론을 통해서 권력을 행사한다. 제 1차원에서 언어는 권력의 도구로 확실히 이용되고, 행위자들 역시 대개는 그러한 사실을 알고 있다. 누군가가 담론적 권력 기술을 자주 사용한다는 것은 회합에서 토론의 범위를 제한하기 위한 텍스트를 만들어

낸다는 의미이다. 주로 의제라고 불리는 이러한 텍스트를 만들어 낼 수 있는 권위를 갖는 사람은 자기 뜻대로 강력한 권력 도구를 갖는다. 많은 회합에서 또 다른 참여자들은 의제를 수정할 수 있고, 때때로 중요한 토론이 제안된 수정안들 중에서 발생하기도 한다. 그러나 그렇다 하더라도 사람들은 대개 의제에 대한 변경을 요청하는 제안을 꺼려하며, 의제를 완전히 부정하는 사람은 더욱 적다.

그럼에도 불구하고, 담론을 능숙하게 사용하는 사람은 잘 계획된 의제를 고의로 방해할 수 있다. Waite(1995)는 회의를 관찰하였는데, 이 회의에 장학사인 Faye가 어떤 체크리스트 형태의 의제를 준비해 왔다. 장학을 받고 있는 교사인 Bea를 "논쟁적"인 사람으로 생각하였던 Faye는 준비한 체크리스트를 가지고서 Bea의 교수(teaching)에 대한 통제를 하려고 하였으나, Bea는 장학사가 자신에게 영향을 미치는 모든 시도를 결국 포기하게 하는 또 다른 담론적 기술을 성공적으로 사용하였다. 교사가 권력을 담론적으로 사용하는 것에는 목소리 높이기, 장학사의 이야기 끊기, 장학사와 동시에 말하기, 주제 바꾸기, 탁자에서 일어나 창밖 내다보기가 있었다. Bea의 가장 성공적인 담론적 기술은 Faye가 교실의 실제와는 거리가 멀었다는 것을 시사하는 풍자 시리즈였다. 이 일화는 법적 권위를 가진 사람이 권력을 행사할 때 항상 우세한 것만은 아니라는 것을 증명하기 때문에 특히 흥미롭다.

## 제 2차원의 권력 : 편견의 동원

**제 2차원 이해하기 – 인종.** 권력의 행사가 명시적인 제 1차원과는 현저히 다르게, 제 2차원에 행사되는 권력은 암묵적이다. 〈표 2.1〉은 2차원 내에서 권력을 행사하는 일부 방법을 나타낸다. 2차원에서 권력이 행사되고 있다는 것을 깨닫는 사람은 거의 없다. 이러한 차원에서 권력의 행사는 어떤 집단의 의미 있는 참여를 통상적으로 제한하거나 의제(agenda)보다 불명확한 장치를 통해서 토론을 위해 제기될 수 있는 쟁점을 제한한다(Bachrach & Baratz, 1962; Bachrach & Botwinick, 1992). 권력 행사의 이 방법을 소위 편견의 동원(mobilization of bias)이라 부른다(Gaventa, 1980).

역사적 사례들이 두 차원 간에 차이점을 명확하게 해 줄 것이다. 1890년대, 선거에서 여성과 아프리카계 미국인 남자들의 참여는 제한되었다. 극소수의 주만이 여성들에게 투표권을 허락하였고 대다수 주는 제한하였다. 그리고 미국 헌법에서 여성의 투표권을 요청하는 법 개정이 여전히 통과되지 못했다. 의회와 대부분의 입법부는 법적 권위를 이용하여 여성에게 투표할 권리를 주어야 한다는 법안을 명시적으로 거부하였다. 그래서 여성이 투표에 있어서 참여가 낮은 1차원 권력 행사에서 기인한다.

아프리카계 미국인 남자들의 경우는 다르다. 남북전쟁 이후 미국 헌법 개정은 아프리카계 미국인 남자들에게 투표권을 주었다. 그리고 아프리카계 미국인 남자들은 남부의 재통합 기간 동안에 권리를 행사하였다. 그러나 1890년대에 이들의 투표권이 제한된 경향은 2차원 권력 행사가 개재함에 기인하였다. 많은 주들과 지역사회는 아프리카계 미국인 투표를 금지하는 법(위헌이었을지도 모르는)을 통과시키지 않으면서, 아프리카계 미국인들에게 불균형적인 영향을 미치는 투표를 위한 교묘한 장벽을 만들었다. 예를 들어, 투표하기 위해 등록을 원하는 시민은 종종 인두세(人頭稅)를 지불해야만 하거나 문해 능력 검증 시험에 통과해야만 하였다. 그런데 아프리카계 미국인들 대부분은 가난하고 문맹이었다. 그리하여 이러한 규칙은 백인에게 영향을 미친 것보다 더 많은 영향을 아프리카계 미국인들에게 끼쳤다. 때로는 투표 장소를 백인 거주 지역 도시들에 위치시켰다. 아프리카계 미국인들은 그곳에서 투표하는 일에 위협을 느꼈고, 어려움을 당할 것을 알았기에 종종 투표를 하지 않기로 결정하였다. 그래서 형식적으로는 법이 아프리카계 미국인들에게 투표를 허락해 주었다 할지라도, 아프리카계 미국인들의 참여에 대한 강한 편견을 동원시켰던 것이다. 인두세 지불과 문해 능력 검증 시험 통과 같은 규칙이 처음 제정되었을 때, 대부분의 사람들은 진짜 의도를 알 수 있었다. 그러나 10년이 흐르자 많은 시민들은 알아차리지 못했다. 일부 사람들은 문해 능력 시험이 지식이 필요한 선거 시민을 보증할 것이라고 진실로 믿었다. 그들은 이것을 2차원 권력의 행사로 인정하지 않았다.

**교육에서의 제 2차원 권력 – 학부모 참여.** 미국 공교육은 19세기 전반부에 제정된 오래된 제도이다. 조직은 통상적으로 설립자의 신념과 사회적 지위의 표시를 지니고 있고 공교육도 예외는 없다. Schattschneider(1960)는 "조직은 그 자체가 편견의 동원이다"라고 지적하였다(p. 30). 그러므로 공립학교의 조직 구조와 전통, 절차, 관습, 그리고 이들과 결합된 "게임의 규칙"은 일부 사람들을 실망시키면서 또 일부 사람들의 참여를 촉진한다.

일정한 재산을 소유한 남자 백인들만이 정식 시민권을 소유하였을 때 공교육이 제정되었다. 그래서 공립학교 운동(Common School Movement)에서 중요한 인물은 중상류층 백인이었다. 그 결과로 공교육에 동원된 조직의 편견 대부분이 중상류층과 백인 중 하나 이상의 사회적 범주에 소속된 사람들에게는 이점으로 작용하였고 그렇지 않은 사람들에게는 불이익이 되었다. Horace Mann을 비롯한 여러 사람들이 여성, 근로 저소득층, 그리고 소수 인종 집단의 구성원들의 참여를 단념시키는 제도를 만들기 위해 공모하였다는 뜻은 아니다. 오히려 그들은 학교에서 일하는 사람들을 위해 공립학교를 설립하였고 동시에 그들을 참여시켰다. 그들은 또한 미국 군대와 기업 같은 19세기의 다른 큰 조직의 특성과 신념을 반영했던 학교를 설립하였다. 공립학교가 어떤 사회집단들의 찬성과 반대에 대한 편견을 동원하게 된 이유는 하나로 합쳐진 위와 같은 모든 요인들에 근거한다. 게다가 공립학교 조직은 다른 편견들을 본래부터 갖고 있다. 1800년대 초반에는 대부분의 성인들이 문맹에 가까웠기 때문에 학교 교사들이 종종 지역사회에서 가장 교육을 많이 받은 사람이었다. 그래서 공립학교 설립자들은 도량이 넓은 학부모를 위한 메커니즘의 구축 또는 지역사회의 참여가 필요하다고 생각하지 않았다. 그 결과로 공립학교 조직 또한 전문적인 교육가에게 호의적이고 다른 이해관계자들에게는 적대적인 편견을 동원하게 되었다.

Horace Mann과 다른 초기 개혁가들은 교육가의 참여를 장려하고 다른 사람들의 참여를 제한하기 위해 학교를 의도적으로 설계하지는 않았지만, 과거로부터의 구조와 관습에 의해 그러한 현상이 종종 영속화된다. 예를 들어, 많은 교육가들은 학교 활동에 학부모들의 참여가 부족하다고 불평한다. 그러나 많은 학부모들은 학교가 학부모들에게 참여에 대한 혼동스러운 메시지를 보낸다고 역시 큰 목소리로 불평한다. 교사와 교장은 학부모가 학교에 자주 오기를 바란다고 말하고 있으나 교사와 교장의 행위는 종종 다른 메시지로 이어진다. 전형적인 미국 공립학교에서는 학부모 참여에 반대하는 쪽의 편견이 다양한 방법으로 동원된다. 교육가들은 종종 학교의 일정상에 있는 학교 활동에 학부모들이 참여하기를 기대한다. 그러나 학교에 오는 학부모들은 주차장 바깥에 주차해야 할 수도 있다. 첫 방문 때 학부모들은 정문이나 교장실이 위치한 곳을 찾느라 곤란을 겪을 수도 있다. 그리고 마침내 사무실을 찾은 후에는 적당한 대기 장소가 부족함을 알 수 있다. 학부모들에게 교사의 수업 관찰이 허용되지 않고 있는 듯한 상황 속에서 성인용 의자는 더 이상 필요하지 않을 수 있다. 상정된 의제가 무엇인지는 말할 것도 없고, 학부모·교사협회(PTA) 또는 학교 자문 회의가 열린다는 사실을 알아내는 것이 학부모들에게는 어려울지도 모른다. 학부모·교사협회(PTA) 또는 학교 자문 회의를 위한 임원을 선출하는 절차가 불명확할 수도 있다. 학교 공무원과의 의사소통은 이해할 수 없는 "교육 전문용어"로 표현될 수 있다. 대부분의 교사와 교장은 그들의 학교에 학부모 참여에 대한 편견의 동원이 있다는 사실을 알지 못한다. 실제로 많은 사람들은 교사와 교장이 학부모들로 하여금 학교에 들어오지 못하게 하는 권력을 계속적으로 행사하고 있다는 데 놀랄 것이다. 그러나 Delpit(1988)는 "(제 2차원의) 권력을 가진 사람들은 자주 권력 자체의 존재를 가장 적게 알거나 알고자 하는 오로지 최소한의 의지가 있다."(p. 282)라고 썼다. 많은 부모들은 이와 같은 장벽을 어떤 권력의 행사로서 경험하고, 교육가들은 자기들이 학부모 참여를 진실로 바랄 때 장벽이 제거될 것이라고 믿는다.

**편견의 동원 – 인종, 성(gender), 계층.** 여기에서는 교육에서의 편견의 동원에 대한 세 가지 구체적 사례를 제시한다. 학교에서 소수자 어린이들이 경험한 편견, 학교 행정에 입문한 여성들이 부딪히는 편견, 그리고 학교 선택 정책에서의 편견이다.

**편견의 동원과 소수자 어린이들 :** 미국 학교에서 어린이들의 피부 색깔과 관련된 편견의 동원에 대해서 감동적으로 글을 썼던 아프리카계 미국인 교육자였던 Delpit는 이 현상을 권력 문화로 이름 지었으나, 정치과학자들은 편견의 동원(mobilization of bias)이라 불렀다. Delpit는 1988년 아티클에서 학교는 백인 중산층의 "문화적 코드(cultural code)"를 반영한다고 주장한다. 하나의 예로서 백인 중산층 집단의 아이들은 교육 게임의 규칙을 잘 알면서 학교를 시작한다. 백인 중산층 집단의 아이들은 교사들의 간접적인 자기 표현 방법을 해석하고 교사들의 규칙을 이해할 수 있어서 교실에서 편안함을 느낀다. 그러나 다른 배경을 가진 어린이들은 시작점부터 불이익을 받는다. 학교에서 다른 배경을 가진 어린이들은 익숙하지 않은 영어 형태를 쓰고 말하도록 요청된다. 중산층의 전형인 교사가 자신의 의도를 간접적으로 표현하는 방법은 다른 배경을 가진 어린이들에게는 혼란스럽다. 다른 배경을 가진 어린이들이 자신을 표현하는 양태는 학교 문화가 선호하는 표현 양태와는 다르다. 예를 들어, 다른 배경을 가진 어린이들의 옷은 일상적이지 않은 것 혹은 평범하지 않은 것으로 눈에 띌지도 모른다. 그리고 다른 배경을 가진 어린이들의 사회적 상호작용 형태는 중산층의 백인 학생들과는 다를 수 있다.

이 말은 소수자 어린이들이 학교에서 이중의 과업에 직면한다는 의미이다. 그 첫 번째 과업은 자신을 명시적으로 표현하는 인지적 자료를 학습하는 것, 그리고 두 번째 과업은 체화되어 함축적이지만 익숙하지 않은 "코드"를 판독하는 것이다. 교실에서의 효과적 참여에 대한 편견의 동원은 종종 좌절과 소외 그리고 실패를 일으킨다. Delpit (1988)는 교사들이 백인 중산층의 문화적 규범을 소수자 어린이들에게 명시적으로 가르쳐야만 하고, 동시에 그들 자신의 문화유산을 보존하고 이해하도록 가르쳐야 한다는 것을 제안한다. 교사들이 만약 동원된 편견의 극복을 원한다면 그러한 교육 방법을 통해서야 비로소 아이들은 자신들에게 동원된 편견의 일부를 극복할 수 있게 된다.

**학교 행정에서 여성에 대한 편견 :** 초기에 미국 공교육은 여성화되었다. 그 이유는 남북전쟁에서 50만 명 이상의 남자들이 목숨을 잃어 간부학교에서 여성이 필요하게 되었기 때문이다. 그 결과, 교실 수업이 여성에게 적절해 보이는 사회적 역할에 맞추어 제도화되었다. 교사들이 종종 "공공의 어머니"(Wodak, 1995) 기능을 수행하였기 때문에 여성들은 교실에서 편안함을 느꼈다. 오늘날 많은 여성들은 교실에 머물러 있는 동안은 그들을 향한 무수한 조직적 편견의 동원을 느끼지 않는다. 실제로 남자 교사들은 아마 여성 교사보다 조직적 편견의 동원 문제에 더 많이 직면할 것이다.

그러나 학교 행정은 전통적으로 남자들이 지배해 온 분야였다. 대대로 남성 세대들이 학교의 규칙, 관습, 규범, 담론을 형성시켜 왔다. 그래서 행정가가 된 여성들은 곧 학교 행정에서 자신들에 대한 편견의 동원을 느끼기 시작한다. 이 점에서 여성들은 관리직으로 자리를 옮긴 여성들의 경험을 전 분야에서 공유하게 된다. 예를 들어, Harragan(1977)은 재무관리 쪽으로 자리를 옮긴 여성을 위하여 『배워본 적 없는 게임들(Games Mother Never Taught You)』이라는 초창기 책을 집필하였고, 이 책은 여성을 위해서 재무관리 "게임"의 기록되어 있지 않았던 규칙을 설명하고 있다(Harragan은 Delpit가 소수자 학교 어린이들을 위해 해야 할 추천 행위를 여성에게도 정확히 적용함에 주목하였다). 제1장에서 Harragan은 다음과 같이 쓴다.

> 대부분의 여성들은 일단 관리자로서의 입문과정을 통과하면 관습과 전통, 비밀경찰 그리고 그 계통의 사회적 관습과 더불어 외래의 땅에 들어섰다는 것을 완전히 알지 못한다. 게다가 원주민들은 이상하고 바르지 못한 말투를 사용하고 이정표는 신비의 암호처럼 보인다. 비록 그 지역이 잘 닦인 길과 더불어 십자형 교차로를 구비하고 있다 하더라도 이방인을 안내하기 위한 눈에 띄는 지시는 거의 없다.(p. 33)

신참 여성 학교 행정가들은 통상적으로 직무에 대한 이상한 감정을 비슷하게 경험한다. 규칙을 더 이상 알 수 없거나, 사람들이 자신에게 말하는 바를 더 이상 이해하지 못한다고 느낀다. 동료들은 신참 여성 학교 행정가들의 의사소통 시도를 종종 오해한다. 교육장 직무를 떠났던 3명의 여성 교육장에 관한 연구에서, Skrla(2000)는 그 여성들이 자신에 대한 전통적 기대와 교육장 직무 간의 괴리 때문에 상당히 큰 어려움을 겪었다는 것을 발견했다. 예를 들면, 교육장 직무를 떠났던 세 여성 중 한 명이 다음과 같이 말했다.

> 여성에 대한 일반적 관점에서 볼 수 있는 수동성은 좀 더 공격적이고 단정적이며 중재적이어야 할 교육장의 역할에서 기대하는 것과는 정반대이다. 내가 더 단정적이고 큰 소리로 이야기할 필요가 있다는 것을 들었고, 내가 이렇게 했을 때 그때서야 평안함을 느끼는 것 같이 보였다.(p. 308)

권력에 대한 위의 논의에서, 이 여성은 교육장 직무에서 성공적인 업적을 달성하고자 하는 여성에 대한 편견의 동원을 경험하고 있었던 것이다.

**학교 선택에서의 편견 :** 1981년 이래로 가장 인기 있는 교육 개혁안은 학교 선택이었다. 미국은 상대적으로 학교 선택정책의 수용을 늦추었지만 영국 의회는 1980년대 초기에 교육구 간에 자유로운 입학 정원을 규정한 법률을 통과시켰다. 시간이 경과함에 따라 학교 선택이 어떻게 작동하는지에 대한 다양한 연구가 영국에서 발전되었다. 1991~1994년에 Gewirtz와 Ball, Bowe(1995)는 런던에서 학교 선택에 관한 질적 연구를 수행하였다. Gewirtz와 Ball, Bowe는 학교 선택과정이 저소득 근로자층 부모에 대해 상당한 편견을 동원한다는 사실을 발견했다. 가장 피상적인 수준에서 그들 계층이 진지하게 선택할 수 있는 학교 수가 거주 지역, 교통수단의 이용, 근로 일정표에 의해 심하게 제한되어 있다. 담론적 수준에서 학부모들은 학교 선전용 유인물과 학교 평가 결과를 해석하는 데 어려움이 있다는 것을 발견했다. 그 결과, 저소득 근로자층 어린이들이 좋은 학교에 다닐 수 있는 개연성이 중산층 어린이들의 경우보다 적었다. Gewirtz 등(1995)은 "학교 선택에서 어려움이 있는 부모들은 선택 구조의 표층에서 움직인다고 말할 수 있다. 왜냐하면 그들의 인지 프로그램은 학교와 학교 교육의 특수한 측면에 익숙하지 않기 때문이다." 고 결론 내린다. 학부모들은 또한 선택과정을 겪으면서 학교 선택에 대한 강력한 편견의 동원과 마주치게 된다고 설명할 수 있다. 이 연구 결과는 미국에서 선택 정책이 널리 퍼지게 될 것임에 따라, 행정가들은 학교에 대해서 아량이 넓은 결정을 할 수 있도록 학부모 모두를 돕는 방법을 개발해야만 할 것이라고 제안한다.

## 제 3차원의 권력 : 의식 형성

**의식 형성에 대한 이해.** 〈표 2.1〉에 3차원 권력의 메커니즘이 열거되어 있다. 3차원 권력의 토론에서 Lukes(1974)가 묻는다. "당신이 원하는 바람을 타인이나 제3자가 갖도록 하는 것, 다시 말해서 그들의 사고와 바람을 통제함으로써 순응을 얻어내는 것이 최고의 권력 행사가 아닌가?" (p. 23) 우리들 모두는 어린 시절의 주요한 과업인 문화적 적응(acculturation)을 겪었기 때문에 3차원 권력의 수혜자가 되어 왔다. 의식을 형성하는 데 있어서 몇 개의 사회적 제도는 특히 중요하다. 그 중 가족은 가장 중요한데, 부분적으로 사람들이 가족 안에서 처음으로 언어를 배우기 때문이다. 언어는 오랫동안 한 사람이 세상에 부여하는 의미의 기초적 범주를 결정하는 중요한 의식의 형성자로 인식되었다(Cherryholmes, 1988). 가족은 또한 신념과 가치를 주입하고, 가족들의 상호작용 유형은 아이들의 인성 구조를 형성한다. 그러나 의식을 형성하는 것은 다른 제도들에서도 마찬가지로 나타난다. 오늘날 명시적이고 동시에 함축적인 메시지를 모든 사람들에게 압도적으로 쏟아붓는 대중매체는 점점 중요한 역할을 담당한다(Giroux, 1999). 학교와 종교적인 조직도 사람들이 세상을 바라보는 방법을 형성하는 데 중요한 역할을 한다(Bernstein, 1996; Corson, 1995; Lemke, 1995). 의식이 어떻게 형성되고 변형될 수 있는가에 대한 질문은 현대 사회과학을 사로잡고 있다. 이 주제를 철저히 토론하는 것은 이 책의 범위를 초월하는 것이 될 것이다. 그러나 학교 지도자들은 자신들이 다루는 많은 사람들이 의식 형성의 과정을 통해 특수하게 권력 부여되어 왔거나 혹은 권력 박탈이 이뤄져 왔음을 이해해야만 한다.

**특수한 권력 부여** : 의식을 형성하는 제도에 의해 주고받는 가장 중요한 메시지 중에 누가 사회에서 지도자가 되고 추종자가 되느냐에 관한 메시지가 있다. 일부 사람들은 자신에게 권력과 위신을 갖는 지위에 대한 천부적인 권리가 부여되었다는 내용의 계속되는 메시지를 받는다. Peshkin(2001)이 Edgewood Academy라고 불렀던 엘리트 사립 예비 학교의 민속지학 연구에서 Peshkin(2001)은 Edgewood Academy의 학생들은 자신들이 중요하다는 표상에 둘러싸여 있었다는 것을 알았다. Edgewood Academy는 900명의 학생들만 다녔지만 "청결하고" "우아한" 시설들이 312에이커의 캠퍼스에 펼쳐져 있다. 게다가 Edgewood Academy는 학생들이 "경험적인 교육"에 몰두할 수 있는 270에이커의 산이 많은 지형을 소유하였다. Edgewood는 전국의 박사 학위 소지자 중에서 교사들을 모집하였다. 그리고 교사진들은 개인 컴퓨터가 구비되어 잘 갖추어진 사무실을 가졌다. 학교 도서관은 9명의 직원, 온라인 도서관의 색인 목록, 마이크로 필름 판독기를 갖추었다. 현장 학습 중에는 프랑스어를 집중 훈련하기 위해 3월에 2주간 파리로 여행하는 것이 있었다. 교수진들은 청소년들에게 미국 사회의 장래 지도자는 바로 여러분이라는 것을 은연중에 북돋워 주었다. 어떤 경우에 학생들은 학교가 자신들에게 보내고 있는 메시지를 완전히 의식하였다. Peshkin이 한 학생에게 Edgewood의 부모들은 학교가 자녀들에게 줄 수 있는 것이 무엇이라고 생각하느냐고 물었다. 학생은 "학부모들은 우리가 식료품 연쇄점에서 최고에 있기를 원합니다. 학부모들은 우리가 종업원이 아니고 사장이 되기를 바랍니다. … 우리는 지도자가 될 겁니다."라고 매우 직접적으로 대답하였다(Peshkin, 2001, p. 9).

학교 지도자들은 학교체제 안에서 학생이든 교사든 학부모든 간에 위와 같은 유형의 사람들을 발견하기가 쉽지 않을 것이다. 그러나 더 넓은 지역사회 안의 대중적 지도자로서의 역할 속에서 그들은 위와 같은 유형의 일부 사람들을 만나게 될 것이다. 그들과 함께 일하면서 그들의 사회화 방식을 염두에 두는 것은 도움이 될 것이다.

**특수한 권력 박탈 :** 사회적 연속선상의 다른 끝에는 의식의 형성과정을 거쳐 현저하게 권력을 상실하게 되는 사람들이 있다. 그들은 자신들의 낮은 신분과 지도력 부적합성을 말해주는 메시지에 둘러싸여 성장하였다.

시골인 애팔래치아에 대해서 종단적 연구를 한 Gaventa는 『권력과 권력이 없음(Power and Powerlessness)』이라는 자신의 책을 통해 하나의 좋은 사례를 제공한다. Gaventa는 켄터키와 테네시 지역에서 사람들이 개척 세대를 겪었다는 것을 조사하였다. 남북전쟁 기간 동안에 두 지역의 군대는 그들을 탄압했다. 나중에 통나무 골재 회사들은 그들을 속여서 땅을 빼앗았다. 여전히 그 후에 석탄 회사들은 회사 타운에서 엄격한 통제 하에 켄터키와 테네시 주민들을 관리하면서 천한 일을 주었다. 지방 정부는 회사들에게 매각되었고 신문, 교회, 학교는 한 목소리로 현재 상태 그대로를 찬양하였다. 애팔래치아 주민들은 미래에 대한 운명론을 표현하고 스스로를 어리석다고 드러내 놓고 말을 하며 차츰 수동성, 의존, 무관심 행동을 보이면서 자신들의 권력 박탈을 받아들였다. 게다가 아이러니컬하게도 자신들의 가난을 비난하면서 주위의 세력 강한 사람들의 견해를 내면화하였다.

Gaventa는 두 지역의 상황을 영상화하기 위해 애팔래치아 주민들과 일을 같이 하였다. 영상화 작업을 하고 텔레비전 방송에 내보내기 위한 노력을 하던 중에 프로젝트 참여자들은 무관심에서 벗어날 수 있었다. 자신들의 상황에 대한 인식이 생겨나면서 프로젝트 참여자들은 더욱 자신감을 키워 나갔다. 그러나 지역사회 지도자들은 위와 같은 활동에 매우 위협을 느꼈다. 마침내 영화에 종사하고 있던 몇 사람의 집이 불에 탔다(1차원의 권력 행사). 응답으로 집이 불에 탄 사람들은 차츰 원래의 무관심을 갖게 되었다.

많은 공립학교 지도자들은 현저할 정도로 권력이 박탈된 사람들과 관계하는 환경에서 일한다. 누군가가 대중적 무관심에 직면한다면 그에 대한 자연스러운 반응은 화내기, 대중의 결정에 대해 불평하기이며, 이는 종종 희생양에 대한 비난으로 이어진다. 학교 지도자들은 무관심, 운명론, 자기 비하, 그리고 Gaventa가 심층적 문제의 증상으로 기록한 다른 표시들을 고려해야만 한다. 성찰과 조사를 약간만 해 보면 권력 박탈을 설명하는 비극적 역사가 드러날 것이다. 연구는 이와 같은 문제를 해결하기 위한 최선의 방법은 사람들이 참여할 수 있고 결정권이 부여되는 프로젝트를 시도하는 것임을 시사해 준다. 참여와 진정한 결정을 위해 권력이 부여되는 프로젝트 일을 하면서 사람들은 자신감, 기술, 지식을 얻는다. 또한 그들은 일반적으로 자신들의 상황에 대한 보다 사실적인 이해를 도모하게 된다. 요약컨대, 그들은 권력을 얻는다. 진보는 아마도 천천히 이뤄질 것이지만 분명히 일어날 수는 있다(Bachrach & Botwinick, 1992; Gaventa, 1980).

# 교육 환경에서의 권력

## 교육정책 행위자의 권력

권력은 교육체제에 스며든다. 그리고 일부 행위자들이 다른 사람들보다 좀 더 세력이 있다고 할 수 있을지라도 모든 사람들은 권력을 갖는다. 〈표 2.3〉은 교육 행위자들이 접근할 수 있는 주요한 권력 유형과 교육 행위자들의 가장 중요한 권력 자원을 설명한 것이다. 이 표를 해석할 때, 독자들은 권력의 형태와 각 행위자들이 가장 쉽게 이용할 수 있는 권력의 출처를 이해하여야 한다. 만약 하나의 권력 유형이 어떤 행위자의 권력 리스트에 올라 있지 않더라도 그것은 명백히 그가 가질 수 없는 권력임을 의미하지는 않는다. 오히려 행위자가 그러한 권력을 얻기 위해 특별한 노력을 기울여야만 함을 의미한다.

예를 들어, 표에 의하면 학교 행정가들은 권력의 두 가지 유형을 갖는다. 즉 경제적 지배와 법적 권위이다. 두 가지 유형의 권력은 학교 행정가를 위한 체제로 구축된다. 그러나 현명한 학교 지도자들은 체제가 자신에게 제공하는 것에 무언가를 추가함으로써 자신의 권력을 구축한다. 많은 행정가들은 능력 권위를 확립하기 위해서 몇 가지 방법으로 일을 한다. 일부 사람들은 능력 권위를 확립할 목적으로 박사 학위를 취득한다. 또 다른 방법은 전문 서적을 읽느라 밤을 세우고, 하나 또는 그 이상의 전문 조직에서 활동적으로 일하는 것이다. 행정가들 역시 자신의 결정을 위해 교육적 근거를 명확히 제시함으로써 자신의 능력 권위를 확립할 수 있다. 설득적 권력 역시 중요하다. 효과적인 뉴스 발표를 기안할 수 있도록 글쓰기 기술을 연마하거나 회의에서 발표를 확실하게 하는 방법을 배우는 것은 학교 지도자들의 권력을 강화할 수 있다. 지역사회와 주민들에 대한 지식을 더 많이 얻기 위한 진지한 노력을 하는 것 역시 학교 지도자들의 권력을 강화할 수 있다. 행정가들은 권력의 다른 유형을 이용할 수 있고 다른 자원을 얻을 수 있다. 그러나 권력의 다른 유형과 자원은 주어지는 것이 아니라 획득되는 것이다.

## 권력 관계 분석하기

**PRINCE 체제.** 종종 혹자는 의사결정 상황에서 권력 관계를 분석해야만 한다. 비록 많은 지도자들이 권력 관계 분석을 계속적으로 그리고 거의 다 직관적으로 한다 할지라도 분석을 위한 체계적인 틀은 복잡한 상황에서 특히 도움이 된다. 분석을 위한 체계적인 틀의 한 가지가 [그림 2.1]에 나타난 권력 분석의 PRINCE 체제이다.

PRINCE 체제 도표는 Coplin과 O' Leary(1981; 1998)가 정치학과 학생들을 위해 개

**〈표 2.3〉 교육 환경에서 중요한 행위자의 권력**

| 행위자 | 권력의 유형 | 권력 자원 |
|---|---|---|
| 지배체제(의회, | 경제적 지배 | 돈의 이용 |
| 교육위원회, 교육부) | 예산안 | 정보에 대한 통제 |
| | 예산 채택 | 정보 |
| | 조세정책 | 공식적 지위 |
| | 기금 보류 | 조직 |
| | 법적 권위 | |
| | 법률, 규칙, 정책의 채택 | |
| | 법원 결정 | |
| 학교 행정가 | 경제적 지배 | 경력과 근무 조건 통제 |
| | 법적 권위 | 정보에 대한 통제 |
| | | 정보 |
| | | 공식적 지위 |
| | | 후원 |
| | | 활동의 가시성 (visibility) |
| 교사 | 경제적 지배 | 교실 정보의 통제 |
| | 근무 정지 | 숫자 |
| | 근무 감속 | 공식적 지위 |
| | 정년 보장권(일자리 보호) | 조직 |
| | 법적 권위 | |
| | 교실에 대한 통제 | |
| 교직원 | 경제적 지배 | 숫자 |
| | 근무 정지 | 조직 |
| | 근무 감속 | |
| 학생 | 힘 | 숫자 |
| | 신체적(혼란의 위협, 실제적 위협, 싸움) | |
| | 심리적(야유, 언어적 모욕) | |
| 학부모 | 설득 | 숫자 |
| | | 조직 |
| 대중(Public) | 경제적 지배(자금 조달 쟁점에 관한 투표하기) | 숫자 |
| | | 조직 |
| | 법적 권위(학교 선거에서 투표하기) | |

| 행위자 | 쟁점 위치 | × | 권력 | × | 우선순위 | = | 행위자가 총합 지원 |
|---|---|---|---|---|---|---|---|
| | −3−0− +3 | | 1−3 | | 1−3 | | |
| 교육 공동체 찬성 | +3 | × | 2 | × | 3 | × | 18 |
| 시 정부 찬성 | +2 | × | 3 | × | 1 | × | 6 |
| 정부(여당)대의원 협회 찬성 | +3 | × | 1 | × | 2 | × | 6 |
| 공인 부동산 중개사 찬성 | +1 | × | 3 | × | 2 | × | 6 |
| 총 합계 | | | | | | | +36 |
| 하원의원 블레이크 반대 | −1 | × | 2 | × | 1 | × | −2 |
| 상공회의소 반대 | −1 | × | 3 | × | 1 | × | −3 |
| 연장자클럽 반대 | −3 | × | 2 | × | 3 | × | −18 |
| 조세 반항 운동 반대 | −3 | × | 2 | × | 3 | × | −18 |
| 총합계 | | | | | | | −41 |

**[그림 2.1] 권력 관계 분석하기. 수정된 PRINCE 체제 쟁점 : 채권 발행을 승인하라**

주 : Based on forms in W.D. Coplin and M.K. O'Leary, *Basic Policy Studies Skills*, 3rd edition, Cronton-on-Hudson, NY: Policy Studies Associates, 1988.

발한 체제의 수정판이다. PRINCE라는 이름은 마키아벨리의 고전 정치학 핸드북인 『군주론(The Prince)』을 암시하는 것이다. 분석표는 대부분의 독자가 잘 알 수 있게끔 "채권 발행을 승인하라."라는 지방정책 질문에 관한 것으로 구성하였다.

**쟁점 진술** : 권력은 관계적이어서 사회적 진공 상태에서는 행사되지 않기 때문에 분석의 첫 단계는 될 수 있는 대로 구체적인 쟁점을 규정하여야 한다. Coplin과 O'Leary(1981)는 능동적인 동사로 쟁점에 대한 진술을 시작하라고 추천한다. 다음은 적절한 쟁점 진술과 부적절한 쟁점 진술에 대한 비교이다.

- 내년에 어떤 중학교를 설립하기 위한 채권 발행을 승인하라(적절).
- 학교를 위해 더 많은 자금을 조성하라(부적절).
- 교과서 선택을 제한하기 위해 H.B. 128을 좌절시켜라(적절).
- 교과서 선정 시에 주 의회를 개입시키지 마라(부적절).

**행위자 확인하기** : 주의깊게 쟁점이 규정된 후에, 그 쟁점에 관심이 있거나 관심을 갖게 될지도 모르는 행위자를 목록화해야 한다. 행위자는 주지사와 같은 개인이 될 수 있고, 학교 어린이들의 부모와 같은 비공식적 집단 또는 전국학교위원회협회의 주 분회와 같은 공식적 조직이 될 수 있다. 행위자들을 목록화할 때, 다음의 내용을 포함시켜야 한다.

- 쟁점과 관련한 법적 권위를 가진 행위자
- 의사결정을 막을 수 있을 정도로 권력이 막강한 행위자
- 어떤 정책 변화에 의해서든지 의미 있게 변화될 수 있는 행위자
- 제안된 정책 변화를 실행하는 데 있어 협력이 필요한 행위자

Coplin과 O' Leary(1981)는 행위자의 숫자를 10 이하로 제한하는 것을 추천한다. 이 말은 행위자를 집단으로 나누는 것이 때때로 필요하다는 의미이다. 예를 들어, [그림 2.1]에서 교육 공동체는 하나의 집단이다. 똑같은 경제적 관심을 갖고 그 쟁점에 동의하는 행위자들로만 하나의 집단으로 함께 분류되어야 한다. 만약 교육 공동체 구성원들이 채권 발행(bond issue)에 대해 동의하지 않았다면, 이들을 단독 행위자로 목록화하는 것은 적절하지 않을 것이다. 행위자의 목록을 개발할 때, 목표는 완벽한 설명을 창출하는 것이라기보다는 "전반적인 권력 분배의 합리적 그림을 구성하는 행위자의 배열"을 제안하는 것이다(Coplin & O' leary, 1981, p. 161). 이 목적을 달성하기 위해 많은 반성과 다른 것들로부터의 투입이 필요하다.

**위치 확인하기** : 행위자 목록을 개발한 후에 쟁점들에 대한 각각의 위치를 평가해야 한다. 위치는 강한 반대(−3)에서 강한 찬성(+3)까지의 범위 안을 오르내린다. 중립과 미결정된 위치는 점수 0이다. 점수 −3 또는 +3은 위치가 강해서 변화할 것 같지 않은 위치를 가진 행위자들로 제한되어야 한다. −1과 −2 또는 +1과 +2의 점수는 좀 더 유연한 위치이다. 찬성자, 반대자 그리고 중립 행위자 모두가 목록화되면서 위와 같은 점수와 그 행위자들이 표에 기록되어야 한다.

**권력 평가하기** : 쟁점과 관련한 각 행위자의 권력은 그 다음에 평가된다. 앞에서 제시했던 권력의 자원과 유형에 대한 논의 결과를 이용해 분석가들은 각 행위자의 권력 수준을 결정하고 1(낮음)에서 3(높음)까지의 숫자를 할당해야 한다. 분석가들은 권력이 관계적이고 맥락적이라는 것을 기억해야만 한다. 예를 들어, [그림 2.1]에서 주 의회의 지역 의원은 2로만 매겨졌다. 그 이유는 비록 지역 의원이 자신의 지역에서 상당한 영향력을 갖는다 할지라도 이 영향력은 간접적이고 계획적으로 지방 공무원에게 영향을 미치는 정도이기 때문이다. 만약 쟁점이 의원이 의장직으로 있는 주 의회 의사당위원회에서 고려 중인 법안이었다면 의원의 권력은 3으로 매겨진다.

**우선순위 평가하기** : 마지막으로 쟁점에 대한 각 행위자의 우선순위가 평가되어야만 한다. 각 행위자가 권력 자원 및 그것을 사용하는 우선순위를 제한해 왔으므로 어떤 행위자든지, 심지어 높은 위상을 갖는 특별한 쟁점이라 하더라도 그것을 위해 자원을 배치할 수 없도록 결정할 수 있다. [그림 2.1]에서 시 정부는 상대적으로 채권 발행에 대해 찬성하는 쪽이지만 활동적으로 캠페인에 관여하게 될 것 같지는 않다.

**해석하기** : 그 다음 각 행위자의 점수는 함께 곱해져서 총점을 만든다. 이 때 모든 찬성자, 모든 반대자, 모든 중립적 행위자들의 점수가 더해진다. 만약 권력 균형이 변화하지 않는다면 집단의 상대적 점수는 가장 있음직한 산출을 나타내게 된다. PRINCE를 행사하는 중요한 가치는 미래를 예견하는 것이 아니라 권력의 바람직하지 못한 균형을 변경시키는 전략을 시사하는 것이다. PRINCE 분석을 연구하면서 채권 발행의 찬성자들은 권력의 균형을 바꾸기 위해서 해야 할 몇 가지를 인식해야 한다. 채권 발행의 찬성자들은 교육 공동체의 권력을 구축할 수 있다. 채권 발행의 찬성자들은 공인중개사들이 자신들 쪽으로 좀 더 강하게 찬성하도록 설득하는 데 힘쓸 수 있고, 시 정부가 우선순위를 변화시키도록 노력할 수 있다. 찬성자들은 상공회의소가 찬성의 위치로 움직이도록 노력할 수 있다. 연장자클럽(Golden Agers Club)과 조세 반항 운동에 대해 자원을 소비하는 것은 무의미할 것이다. 그러나 하원의원 블레이크(representative blake)를 중립화하는 것은 블레이크가 공개적으로 한쪽을 취하지 않도록 설득함으로써 가능할지도 모른다. 몇 개의 전략을 추구함으로써 채권 발행의 찬성자들은 권력의 균형을 바꾸어 국민 투표의 결과에 영향을 미칠 수도 있다.

## 권력 구축하기

**시작하며.** 정책 목표를 달성하는 것은 종종 권력 구축을 필요로 한다. 사람들은 더 많거나 다른 권력 자원을 획득함으로써 권력을 구축한다. 또한 사람들은 새로운 형태의 권력에 접근해 그것을 얻음으로써 권력을 구축한다. 교육에서 권력 구축 방법은 소설 같은 이야기로 설명할 수 있다. 권력 구축 기술에 대한 일련의 분석이 〔 〕부분에 나타나 있다.

**아이들을 위한 권력 구축 :** 남서부 주의 시외의 교육장인 Dolores Hernandez는 교육장협회가 출판한 2월호 월보를 읽으면서 화가 났다. 2학년생과 5학년생들의 기초실력 시험을 요구하는 법안이 주 의회에 제출되었기 때문이다. 〔Dolores는 지식을 수집함으로써 권력을 구축한다.〕 "우리는 아이들이 힘들어 죽을만큼 시험을 치른다." Dolores는 중얼거렸다. 책무성과 높은 성과를 지지하였던 사람이 바로 그이다. 그러나 주는 이미 1학년, 3학년, 6학년의 시험을 요구한 바 있다. "이미 충분하다."고 Dolores는 중얼거렸다.

Dolores는 주 의회에서의 교육구를 대표하는 사람에게 전화를 걸었다. 네 번의 통화 중 신호음이 울리고, 두 번의 대기 상태, 그리고 세 명의 비서들을 거치고 난 후에, 교육 쟁점을 전문적으로 담당하는 의회 직원과 연락이 되었다. Dolores는 "주 의회 의원의 사서함(box)에 메모를 남기겠다."고 대답한 그 의회 직원에게 자신의 관심사를 말하였다. 〔Dolores의 전화 신호음에 대한 주 의회의 반응 속도는 주 의회 의원과 의회 직원들이 만일의 표를 잃게 되는 것을 의미한다.〕

Dolores는 또한 그 다음 2주간에 걸쳐서 교육장과 교육위원회의 협회 본부에서 로비스트들과 접촉하여 다른 네 명의 교육장의 지지를 확보하였다. 자신의 교육구에 있는 초등학교 교사들은 냉담했지만 교사회 의장은 동조해 주었다. 〔Dolores는 숫자를 확보함으로써 권력을 형성한다. 새로운 추종자들은 Dolores 자신이 자원을 이용하는 것보다 더 유용하게 자원을 사용한다. 이와 같은 추종자들이 의회의 구성원들에게 몇 통의 편지와 전화를 하였다. 4월 초에 로비스트 한 명에게서 "법안이 위원회에서 무효화되었다. 아마도 기초실력 시험 법안 요구자들은 만반의 준비를 하여 내년에 다시 통과시키려 할 것이다."라는 전화 메시지가 왔다.

Dolores는 이날 저녁 늦게 집으로 차를 몰고 가면서 '나는 이 싸움을 할 시간이 없다.' 라고 생각하였다. 그러나 다음 날 Dolores는 정부와의 관계를 잘했던 본청 장학사와 퇴임한 사회 교사, 그리고 위원회에서 선봉을 맡고 있고 활동력이 있는 학부모에게 도움을 요청하였다. 그리고 퇴직 교사 및 전업주부로 전념할 수 있을 정도로 남편의 수입이 여유 있는 학부모를 선정하였다. 그 이유는 이 프로젝트에 전념할 수 있도록 하기 위해서였다. 〔Dolores는 숫자, 시간, 지식 자원을 늘렸다.〕

위원회는 소위 "우리의 아이들을 살려 달라"와 같은 프로그램을 진행하기 위해 특별 조직을 설치하려 하였으나 기존의 조직으로 대신하기로 결정하였다. 학교가 끝나기 전에 교육장과 교장대표협회, 교육위원회는 물론이고 두 개의 교사조합 등에게서 좋은 소식이 들려왔다. 학부모 · 교사협회(PTA)의 주 분회와 국제읽기협회(IRA) 역시 지지해 주었다. 이와 같은 조직들은 추가로 기초실력 시험을 치르는 것에 반대하는 내용을 담고 있는 입법 의제에 대한 수정 작업을 고려하고 있었다. 〔효과적인 조직은 권력의 숫자를 확장한다. 또 부(富)와 지식을 갖고, 대의명분에 기여하는 자원을 이용한다.〕

여름 내내 주 분회는 과도한 시험에 반대하여 시험이 스트레스를 일으킨다는 연구물을 인용한 전단을 개발하였다. 〔지식이 얻어지고 유통되었다.〕 전단은 많은 시험이 "세금 지불자의 돈 낭비가 될 것이다."라고 시사하였다. 〔아이들 중심 담론은 존중되어야 하나 비용 의식 담론이 포함되어야 한다. 이 광의의 담론은 점차 논의의 설득력을 얻고 있다.〕

그동안에 Dolores는 위원회에 주 대표를 접촉하는 것이 얼마나 어려운지에 대해 말하였다. 곧이어 위원회 위원들은 자신들의 이야기를 Dolores에게 덧붙였다. 주 의회의 모든 사람을 접촉하거나 주 의회 의사당 안에서 무엇이 진행되고 있는가를 알아내려고 노력했던 사람들이 많은 시간과 힘을 낭비하였다는 사실을 모두가 받아들였다. 몇 명의 위원회 위원들은 이 문제에 불평을 하면서 주 의회 의원들에게 편지를 썼다. 또 위원회 위원들은 세 통의 편지를 가장 가까운 도시 신문 편집자에게 보냈다. 마지막 편지가 "주 의회 의원들은 진심으로 유권자의 목소리를 들으려 하는가?"라는 제목으로 기사화되었다. 〔효과적 참여에 대한 편견의 동원이 명시적으로 확인되고 공론화되었다.〕 9월에 그 지역 대표는 전화와 편지를 취급하는 체제를 개편하였다.

Dolores는 또한 자신의 교육구에 있는 초등학교 교사의 냉담한 태도를 걱정하였다. 그는 대부분이 "여성은 정치와 무관하다"는 신화를 믿으면서 성장했을지 모르는 여교사들이었다는 것을 깨달았다. 게다가 이 교육구에는 이전에 자비로운 독재자처럼 "초등학교 교사들"을 지배했던 몇 명의 권위주의적인 초등학교 교장이 있었다. Dolores는 위와 같은 신화와 독재적 권위가 변화를 필요로 하는 낡은 관념과 행위 성향이라고 느껴서 위원회로 하여금 일부 초등학교 교사들을 독촉하게 하였다. 이들 중 몇 명이 참여하는 것에 동의하고 그들의 잠재적 지도력을 확인하면서 보다 강한 자신감을 발전시키기 시작했을 때 Dolores는 기뻐하였다. 〔권력 박탈 집단을 확인하고 이후 이들을 활동하게 하였다. 숫자와 지식 자원이 점점 증가하였다.〕 다음 의회의 회기 개원이 다가왔을 때, Dolores는 앞으로 무엇이 동의되고 부결될지 몰랐다. 그러나 무의미한 시험 치르기를 주장하는 반대자들이 만반의 준비를 하고 있다는 것은 알았다. Dolores는 주 아이들이 시간만 낭비하는 시험을 보지 않도록 하기 위해 자신들이 최선을 다했다고 생각하였다.

# 권력 주위의 윤리적 쟁점

## 권력의 위험

100년 전쯤에 Lord Acton은 "권력은 부패하는 경향이 있고 절대적인 권력은 절대적으로 부패한다."라고 썼다(Tripp, 1970, p. 713). Acton은 권력에 대한 도덕적 제한을 표현했던 사상가들 중 한 사람이다. 로마 제국하에서 예수는 "너희가 아는 대로 세상의 통치자들은 백성을 권력으로 지배하고 고관들은 권위를 부린다. 그러나 너희는 그럴 수 없다(마태복음, 20장 25~26절, 신약성서)."라고 말하였다. 16세기 후에 영국 철학자인 Thomas Hobbes는 인간의 "권력을 소유한 뒤에 또 권력을 소유하려는 계속적이고 쉼 없는 욕망은 죽을 때에만 끝이 난다."(Hobbes, 1958, p. 86)고 했다. 20세기 독일의 사회학자인 Max Weber는 "자신들이 발휘하는 권력의 적나라한 소유를 즐기는" 정치인들에 대해 글을 썼다(Gerth & Mills, 1946, p. 84).

위와 같은 의심 때문에 많은 사람들은 모든 권력 행사는 본래 비윤리적이라고 결론짓는다. Burbules(1986)는 특히 교육에서 권력에 대한 글을 쓰면서 다음과 같은 내용을 주장하였다.

> 권력은 유혹적이고 심지어는 중독적인 강장제이다. 그리고 표면상으로 권력을 제한된 목적과 한정된 시간으로 간주하는 사람들은 누구나 목적과 시간의 한계를 초월하여 권력을 행사하고 정당화하는 것이 매우 쉽다는 것을 발견한다. … 교육가들은 그중에서 특히 권력 행사와 정당화라는 유혹에 빠지기 쉽다.(p. 105)

권력이 제기한 윤리적 문제에 대한 Burbules의 해법은 권력 행사를 거부하는 것이다. Burbules의 결론은 고상하게 보이지만 좀 더 깊게 성찰해 보면 결국 권력 주위의 윤리적인 딜레마를 해결하기 어렵다는 것을 시사한다. 권력에 대한 도덕적 제한을 갖고 있는 모든 사람이 권력 행사를 거부한다고 해서 권력이 존재하지 않는 것은 아니다. 오히려 권력에 대한 도덕적 제한이 결여된 사람들에 의해서만 권력이 행사될 것이다. 결과는 오늘날 존재하는 권력의 남용보다 더 악용될 것이고, 도덕적 기반 위에서 권력 행사를 거부하는 사람들 역시 부분적으로 책임을 져야 할 것이다. 그래서 권력 부패 가능성 때문에 권력 행사를 거부하는 것은 그 자체가 비윤리적인 권력 행사이다.

권력이 제기한 딜레마에 대한 또 하나의 대답은 의식적으로 권력을 행사하는 것이다. 다시 말해, 권력의 부패 가능성과 받아들이는 사람의 민감성에 대한 인식을 하면서 권력을 행사하는 것이다. 심리치료학자인 Peck(1978)는 "인식은 … 천천히, 조금씩 오며 인식을 향한 각 단계는 자아(self)를 포함한 모든 것을 관찰하고 연구하는 참을성 있는 노력에 의해 이뤄질 것이다."(p. 285)라고 쓰면서 이러한 행위 방침을 주장한다. 이 주장은 학교 지도자들이 권력을 유용하게 간주해야 하지만 잠재적으로 자동차와 유사한 위험한 도구라고도 생각해야만 한다는 것을 의미한다. 사람들이 생각 없이 운전을 하지 않는 것과 같이, 지도자들은 자신이 무엇을 하고 있는지를 생각하지 않고 권력을 행사하는 습관에 빠져서는 안 된다. 다음 두 절에서는 권력 이용에 대한 생각의 지침을 제공한다.

## 수단과 목적으로서의 권력

Wrong(1979)은 권력이 이용될 수 있는 네 가지 목적을 제시하고 각각의 윤리적 함의를 논의한다. Wrong의 주요 관점을 요약하자면 다음과 같다.

**개인적 수단으로서의 권력.** 개인은 개별적인 목표를 추구하기 위해 권력을 행사할 수 있다. 예를 들면, 재정상의 이유로 정년 퇴임에 임박한 교육장이 지금 자신을 고용하고 있는 교육구에서 정년 퇴임을 하고 싶어할 수도 있다. 정년 퇴임에 임박한 교육장은 자신의 직업 안정성을 강화하기 위해 개인적인 권력을 그 교육구 내에서 구축할 수도 있다. 개인적인 목표를 달성하기 위해 권력을 행사하는 것이 반드시 비윤리적인 것은 아니다. 그러나 비록 비윤리적이지는 않다 하더라도 그 지역의 선량한 사람들을 자신의 목표를 위해 희생시키고자 하는 유혹이 강해질 것이다. 윤리적으로 행동하기 위해서, 교육장은 개인적인 목표를 추구하는 것이 항상 지역의 목적과 일치한다는 것을 분명히 확신할 수 있도록 자신의 행동을 엄밀히 감시해야만 할 것이다.

**개인적 목적으로서의 권력.** 개인은 단지 자신의 가치나 중요도를 확인하고자 권력을 행사할 수 있다. 예를 들어, 교장들은 일방적인 결정을 하고 갑자기 설명도 없이 일방적으로 결정한 것을 번복함으로써 학부모, 교사, 학생, 직원에 대한 교장 자신의 권력을 증명하는 것을 좋아한다. 권력을 목적 그 자체로 이용하는 것은 항상 비윤리적이다.

**집단을 위한 수단으로서의 권력.** 개인은 어떤 집단의 목표를 향상시키기 위해 권력을 행사할 수 있다. 예를 들어, 중등 장학사가 과학 교사들을 위해 실습 장비를 구입하려는 기금을 얻을 목적으로 권력을 행사할 수 있다. 집단의 목표가 윤리적이라면 어떤 집단을 위한 수단으로서의 권력 이용은 남용의 소지가 가장 적다.

**집단을 위한 목적으로서의 권력.** 어떤 집단의 지도자는 오로지 그 집단이 영향력 있다는 사실을 좋아하기 때문에 집단의 권력을 강화하기 위해 권력을 행사할 수 있다. 예를 들어, 교사조합의 회장은 조합의 권력을 구축하기 위해 수많은 활동에 관여할 수 있다. 교사조합 회장은 집단이 영향력 있는 것을 좋아하기 때문에 집단의 권력을 강화하기 위해 권력을 행사한다. 자신과 다른 지도자들이 위원회 회의 독점하기와 수업시간 교섭을 위한 동맹파업하기, 그리고 파업으로 협박하기를 즐겨 하기 때문에 그것을 행한다. 이 행동은 교사조합이 중요하다는 느낌을 북돋운다. 어떤 특정 집단의 목적을 위해 권력을 행사하는 것은 비윤리적이다.

## 담론적 권력을 윤리적으로 이용하기

학교 지도자들에게 담론, 특히 말(speech)은 항상 중요한 도구였다. 많은 지역에서 학교단위 책임경영제가 소개되면서 담론은 그 이전보다도 더 중요해졌다. 다른 권력 자원처럼 윤리적으로 담론을 이용하고 또 비윤리적으로도 담론을 이용할 수 있다.

Robinson(1995)은 사람들이 신뢰할 수 있는 담론에 세 가지 가치를 점착해야만 한다고 제안하면서, 담론적 권력을 윤리적으로 행사하기 위한 중요한 지침을 제공한다.

- 존중 : 좀 더 세력 있는 행위자는 상대적으로 세력이 약한 행위자가 똑같이 기본 권리를 갖는다는 것을 이해해야만 한다. 세력이 약한 행위자가 의제용 쟁점을 제안하고 토론에서 발언하며 좀 더 세력이 있는 사람들이 취하는 견해에 의문을 제기하는 기회를 가질 수 있어야 한다.
- 타당한 정보에 몰입 : 담론에 참여하는 모든 사람들은 새롭고 타당한 정보를 접했을 때 자신의 의견을 변화시키고자 하여야 한다.
- 선택의 자유 : 상대적으로 세력이 약한 행위자는 행동 방침을 선택하거나 견해를 밝히는 데 있어서 부정적인 반향의 두려움 없이 진실로 자유로워야 한다.

Robinson(1995)은 사람들이 위의 가치를 지향하며 일관되게 행위하기 어려운 이유를 "필요한 기술의 결여"로 인식한다고 확신했다. 사람들은 자신의 의도에 대해서 개방적일 수 있는 방법과 공공의 엄밀한 조사 하에서 자신의 의견을 의제로서 내놓는 방법을 알아야만 한다. 게다가 지도자들은 열린 토론과 집단 의사결정을 촉진할 수 있어야 한다. 다음의 내용을 포함하는 몇 개의 촉진적 기술이 중요하다.

- 잘 듣는 능력
- 다른 사람으로부터 헌신을 이끌어 내는 능력
- 개방적이고 수용적인 신체 언어(body language)
- 이념을 수정하고 검토하는 능력
- 토론 종결 방향으로 집단을 안내하는 능력

요점을 설명하기 위해 Robinson(1995)은 자신이 관찰했던 학교 자문회(school council) 회의를 기술하였다. 토론의 논제는 이전에 장황하게 토론하였던 주제인 학교 교복을 선정하는 것이었다. 회의의 의장인 Tony 교장은 모든 사람의 의견을 잘 받아들였고 많은 사람들이 참여하였다. 그러나 Tony는 집단이 토론을 종결하도록 안내하거나 다른 의미 있는 제안의 토론을 촉진할 수 없었다. 그 결과로 2차 전체 회의는 교복 쟁점에 전적으로 매달렸다. 그 이후에 교직원들은 좌절감을 느꼈다. 위원 중의 한 명은 Tony가 회의에서 모든 사람의 의견을 청취하려 하였다 하더라도 나중에는 일방적으로 결정을 하였다고 Robinson에게 말했다. Robinson은 집단이 건전한 결정을 하지 못하고 현장의 목소리를 배제하는 것은 양자 모두가 담론적 권력을 남용하기 때문이라고 결론을 맺는다. 권력을 윤리적으로 사용하기 위해서는 상당한 성숙과 자기 자각, 그리고 노력이 필요하다. 학교 지도자들이 권력의 교활한 유혹의 희생양이 되지 않으려면 반드시 노력을 해야 한다. 교육 지도자들은 오로지 다른 사람들을 위해 사려 깊게 권력을 행사하고 깊은 성찰을 함으로써만 건강하고 인간적인 조직을 구축할 수 있다.

## 맺는말

권력은 교육체제와 체제를 형성하는 정책에 내재되어 있다. 정부 공무원으로서 행위를 하는 체제의 개별적 구성원들이 권력의 대부분을 휘두른다. 개별 구성원들의 권력은 개인적 특성에 달려 있는 것이 아니고 권력의 이면에 있는 제도, 정책, 전통에 기초를 둔다. 전통적으로 교육기관이 휘두르는 많은 권력은 사회가 옳고 정당하다고 생각하는 권력의 유형인 권위였다. 권위는 합법성에 기초를 두고, 합법성이라는 기반은 쉽게 흔들리지 않는다. 21세기가 시작되면서 교육의 권위를 포함한 모든 권위의 합법성은 위기에 처해 있다. 권위가 약화되었을 때 교육가들은 권력의 다른 유형을 배워서 이용하는 것, 자신의 정책 환경에서 권력 관계를 이해하는 것이 훨씬 중요해진다. 그래서 권력에 대한 이론을 개발하는 것은 교육 지도자들을 위하여 중요하다.

## 토론을 위한 질문과 활동

1. 교육적 지위로 인해 당신이 가진 권력의 유형과 당신이 임의로 처분할 수 있는 주요한 권력 자원을 목록화하라.
2. 주 의회 의원에게 전화해서 약간의 정보를 요구하라. 의원 전화번호를 알아내는 것을 필두로 하여 발생하는 모든 일의 목록을 보관하라. 입법 정책 결정에서 대중의 참여에 대한 동원된 편견을 분석하라.
3. 당신이 사는 지역의 일부 사람들이 의식 형성을 통해 권력을 상실했음을 시사하는 증거에는 무엇이 있는가? 이들의 권력 박탈은 지역 교육정책에 어떤 영향을 미치는가?
4. 당신이 사는 지역이나 주의 현재 쟁점에 대해 PRINCE 분석을 행하라. 권력을 덜 가지고 있는 이해관계자들은 어떻게 자신들의 권력을 구축할 수 있는가?

## 사례연구 학교에서의 악마 숭배(Satanism)와 마법

Bob Mathews는 조그만 도시와 시골 지역을 포함하는 교육구의 교육장이며, 그 교육구는 큰 대도시로부터 30마일 쯤 떨어진 곳이다. 그러나 최근에 이전에 있던 많은 도시 주민들이 두 개의 신분양지에 집을 구입했다. 10년 전쯤에 Bob은 자신을 Clyde Ruggles라 소개하는 사람에게서 한 통의 전화를 받았다. Ruggles는 교육구에서 사용하는 국어책에 관심을 갖고 있다고 말하면서 다음 회의 때 교육위원회에서 연설을 할 기회를 달라고 요구했다. Ruggles는 "시골풍" 어조로 말했고 몇 군데 문법적 실수가 있었기 때문에 Bob은 "해롭지 않을 정도의 돌팔이"라고 생각했다. Bob은 Ruggles의 연설을 의제에 포함시켜 주겠다고 동의했다. 그리고는 Ruggles를 잊어버렸다. 어젯밤 교육원 회의에서 Bob은 회의실이 빈 자리가 없이 꽉 찬 것을 알고 깜짝 놀랐다. 군중들 중에서 많은 사람들이 빨간색, 하얀색, 푸른색 배지를 착용하고 있었고 "악마로부터 아이들을 구해

주세요"라고 씌어 있었다. 일부 사람들은 같은 말이 적힌 전문적으로 잘 만들어진 피켓을 들고 있었다. Bob이 군중 사이를 헤쳐갈 때 어떤 사람이 Bob의 손에 전단을 주었고 그때서야 무엇인가 떠올랐다. Bob은 주위를 돌아보면서 청중 사이에 몇 명의 리포터들이 있다는 것을 알아차렸다.

Bob이 의제의 첫 번째에 Ruggles의 연설을 상정하였기 때문에 Ruggles는 충성 서약을 하고 곧바로 마이크가 있는 쪽으로 큰 걸음으로 당당하게 가서 교육위원회 앞에서 연설문을 훌륭하게 읽었다. 국어 총서를 이용한 체제가 악마적 행위, 요술, 마법을 가르쳤다고 Ruggles는 주장하였다. 몇 개의 사례를 언급한 후에 Ruggles는 "이 교육구는 아이들에게 악마적 행위라고 하는 이방인의 종교를 체제적으로 가르쳤다. 미국 헌법 제1수정안의 제정 조항 하에서 위와 같이 실행한 것은 위법이다. 따라서 나는 교육위원회가 국어 교과서 총서 사용에 대해 당장 중지할 것을 요구한다."라고 결론 지었다. 우뢰와 같은 박수 소리가 회의실에 울려 퍼졌다.

이윽고 교육위원 중의 한 명인 Ed Zabriski는 "나는 우리가 국어 교과서 총서 사용을 중단할 것을 제안한다."라고 말하였다. 상당히 망설이고 난 후에 Jay Bullock이 이 동의(動議)에 찬성하였고 청중들은 다시 갈채를 보냈다. 호명 투표로 진행되면서 동의는 3 : 2로 부결되었다. 그리고 Dr. Dale Attali는 작은 소리로 "나는 비밀 회의에서 인사 문제를 토론하기 위해 우리들이 교육장실로 자리를 옮길 것을 제안한다."라고 말하였다. 이 동의는 3 : 2로 통과되었다. Bob은 이 동의가 합법적인지 비합법적인지의 여부는 알지 못했으나 개의치 않았다. 갑자기 교육위원인 Bob과 회계원이 "비겁한 자! 비겁한 자!"를 외치고 회의실을 떠났다. 사무실에서 Bob은 Zabriski가 Ruggles와 그의 집단을 강력하게 지원하였다는 것을 알았다. 이와는 반대로 Bullock은 자신의 지역 유권자들이 많이 참석하였기 때문에 Ruggles와 관련 집단의 동의를 지지하였다. 새로운 분양지에서 거주하는 Attali와 다른 두 명의 위원은 Ruggles의 생각에 오금이 저렸다.

다음 날 아침 Bob은 시 행정 담당관(city manager)과의 회의 전에 Kiwanis 팬케이크 조찬에 참석하였다. 오전 10시에 사무실에 도착했을 때, Bob은 책상 위에서 한 더미의 전화 메시지를 발견하였다. 이 메시지는 다음의 내용을 가지고 있었다. (1) REA의 의장인 Jane Cohen이 전화하였다. 몇 명의 영어 교사가 그녀를 만났고 어젯밤 이후에 검열을 걱정하였다.(85%의 교사들이 20년 동안 교섭해 왔던 조합원이다.) (2) 공인 부동산 중개사 연합의 Harold Brook은 "괴짜들"이 인수하면 새 분양지에서 집 판매가가 떨어질 것을 우려하였다. (3) Four Square Solid Bible Gospel Temple 교회의 목사인 Jasper Powers가 전화했다. 우리들의 학교에서 악마적 행위(satanism)에 대해 걱정하였다.(Four Square Solid Bible Gospel Temple 교회는 800명의 성도가 있는데 대부분 근로 계층 가족 출신이다.) (4) First Home Fidelity Bank의 행장인 George P. Trotwood는 이곳 주위에서 무엇이 계속 일어나고 있는지를 알고 싶어 한다. Bob 당신이 통제할 수 없는가? (5) 모든 초등학교 교장들은 몇 명의 학생들이 독서반에 참여하기를 거부하고 있었다는 취지의 메시지를 남겼다. (6) the Holy Light Tabernacle의 목사인 Robert Bachfeld는 Bob과 함께 교육과정을 토론하기 위한 약속을 원한다.(이 교회는 600명 정도의 성도가 있다.) (7) 7번 채널의 뉴스 리포터인 Tammy Brouillette는 악마적 행위에 대해서 Bob과 면담하고 싶어 한다.

### 질 문

1. 권력 관계의 PRINCE 분석을 이 교육구에서 행하라.
2. 명백하게도 Bob Mathews는 자신의 행위를 권력 관계의 불완전한 분석에 기초하였다. Bob Mathews의 명확한 분석을 기술하라. 당신은 왜 Bob이 이와 같은 실수를 하였다고 생각하는가?
3. 2차원과 3차원의 권력이 이 교육구에서 어떤 방법으로 작용할 것 같은가?
4. 위와 같은 갈등을 긍정적이고 윤리적인 방식으로 해결할 수 있는 권력 관계로 바꾸기 위해서, Bob Mathews와 교육위원회의 위원 대다수가 이용할 수 있는 계획을 개발하라.

### 분석을 위한 뉴스 : 어긋난 협약학교 계획에 대한 교사들의 주장

**뉴욕의 버펄로**－협약학교(charter school)로의 전환이 버펄로에서 수립되었을 때, 교사들이 필연적으로 자신들의 보호막을 갖게 되었다고 말을 했던 뉴욕시 어떤 학교 공무원이 School 18의 협약학교 계획이 교사들을 위한 종신 재직권과 연공서열을 파괴할 것이라고 하는 버펄로 교사연합(Buffalo Teachers Federation)의 주장을 약화시켰다. 주 교육 공무원은 학교 행정가들과 버펄로 교사연합(BTF)이 School 18의 협약학교 계획이라는 쟁점에 협동적으로 접근하였다면, 버펄로에서 학교 행정가들과 버펄로 교사연합(BTF)이 비슷한 계획을 만들 수 있었다고 말을 하였다. 그리고 교육청장 Paul G. Buchanan은 School 18의 어떤 계획이 교사들을 위해 최대한의 보호막을 갖게 될 것이라고 말하였다. 목요일 교사연합(BTF) 회장 Philip Rumore은 School 18을 협약학교로 전환시키려는 계획은 교사들의 연공서열과 종신 재직권을 필연적으로 빼앗을 것이라고 계속 주장하였다. Rumore는 "일을 질질 끌 이유는 없다." 고 말하였다. "위의 문제는 잘 해결될 수 있는 것이 아니다. 법적 대응으로 차단해야 한다."

낮은 시험 점수와 소수자가 압도적으로 입학하는 서부 쪽 초등학교인 버펄로의

School 18은 많은 교실을 사용할 수 있고 주변의 교육에 지역사회 봉사 프로젝트를 구축할 수 있는 협약학교로 바꾸기 위해 월별 계획을 세웠다. 처음에 학교 교사진은 협약학교로의 전환을 지지하는 투표를 하였으나, 어쩌면 연금과 종신 재직권을 잃을 수도 있다고 Rumore가 주장한 이후에 치러진 2차 투표에서는 협약학교로의 전환에 대한 지지를 번복하였다. Gary R. Stillman 교장은 2차 투표 후에 협약학교 계획을 무기한 연기하였다. 변화가 일어나기 위해서는 교육청과 주의 승인 이외에 많은 학부모들의 투표가 필요하게 될 것이다. 몇 년 전에 주에서 최초로 뉴욕 시 소수의 공립학교가 협약학교로 전환되었을 때, 교사들은 종신 재직권과 연공서열 보호막을 최대한으로 갖게 되었다. 뉴욕 시의 어떤 학교 공무원이 말했다. 교사들이 종신 재직권과 연공서열 보호막을 최대한으로 갖게 되는 것은 특별한 계획에 의해서가 아니었고 단순히 법에 의해서 갖게 되었다고 뉴욕 시의 어떤 학교 공무원이 말하였다.

Buchanan은 협약학교로의 전환 역시 버펄로의 사례가 될 것이라고 말하였다. "비록 우리가 계속하려고 하였던 것들이 School 18을 협약학교로 전환시키려는 계획이었다 할지라도 그 과정을 멈추게 한 것은 버펄로 교사연합(BTF)이 행한 것이다."라고 Buchanan은 말하였다. "과정을 중지한 것은 어떤 종류의 개혁을 위해 진실로 좋은 징조가 아니다." Rumore는 School 18 계획에 대한 자신의 반대 입장은 여전히 확고하다고 말하였다. "School 18 계획을 지지할 이유를 모르겠다."라고 Rumore는 말하였다. Rumore는 전통적인 공립학교들이 협약학교와 똑같은 개혁을 실시할 수 있다고 말하였다. "정말로 나는 협약학교가 버펄로 공립학교의 명예를 훼손함이 없이 어떤 목적을 만족시킨다고 생각하지 않는다."라고 Rumore는 말하였다.

(Adapted by permission of the publisher from P. Simon, "Teachers' claims on charter plan contradicted," Buffalo News, Fanuary 4, 2002, p. C1. Copyright 2002 by the Buffalo News.)

### 질 문

1. 위 글에서 언급한 모든 행위자를 목록화하라. 행위자들이 소유하는 권력의 유형과 각 권력이 의존하는 자원을 확인하라.
2. 위 글에서 권력과 관련된 윤리적 쟁점을 확인하라. 윤리적 쟁점에 대해 토론할 준비를 하라.
3. 각 행위자가 권력을 얻거나 유지하려 한다고 가정하여 위 글에서 각 행위자가 취하는 입장 차이를 설명하라.

## 심화 학습 자료


Delpit, L.D. (1988). The silenced dialogue: Power and pedagogy in educating other people' s children. *Harvard Educational Review, 58,* 280-298.

Delpit는 공립학교에서 아이들의 피부 색깔과 관련된 "권력 문화"를 기술하고 부정적인 영향을 줄이는 방법을 제안한다.

Dunlap, D.M., & Goldman, P. (1991). Rethinking power in school. *Educational Administration Quarterly, 27,* 5-29.

Dunlap과 Goldman은 교육 환경에서 권력을 촉진적으로 이용할 수 있고 또 사용해야만 한다고 주장한다. Dunlap과 Goldman은 권력의 촉진적 이용 사례를 제공한다.

Gaventa, J. (1980). *Power and powerlessness.* Uraban, IL: University of Illinois Press.

Gaventa의 수상작은 애팔래치아의 계곡에 사는 권력이 없는 사람들을 기술한다. Gaventa는 애팔래치아의 계곡에 사는 권력이 없는 사람들을 민감하게 묘사하여 일부 사람들이 왜 자기 자신을 도울 수 없는 것처럼 생각하는가를 이해하도록 조장한다.

Robinson, V.M.J. (1995). The identification and evaluation of power in discourse. In D. Corson(Ed.), *Discourse and power in educational organizations.* Cresskill, NJ: Hampton Press.

Robinson은 권력이 윤리적으로 이용될 수 있고 교육에서 권력을 책임 있게 사용하는 것을 토론하면서 실물(materials)의 부족을 한탄한다. Robinson의 학교 회의에 대한 기술(description)은 다른 사람들에게 토로하고 집단 의사결정을 촉진하기 위해 권력을 사용하는 것에 대해 재미있는 쟁점을 제기한다.

Wrong, D.H. (1979). *Power.* New York: Harper & Row.

Wrong의 책은 1차원의 권력에 대해서 주요한 이론들의 개요를 제공하고 권력을 둘러싼 약간의 윤리적 문제에 대한 토론을 마련한다.

# 3

# 경제와 인구통계학

**탐구의 요점**

경기 순환이란 무엇인가?
경기 순환은 교육에서의 소비에 어떻게 영향을 미치는가?
2000년 인구 조사에서 미국 인구 변동은 어떠한가?
이러한 인구 변동이 교육정책에 미치는 시사점은 무엇인가?

## 정책 환경을 분석하는 이유

### 정책 환경의 정의

교육정책을 포함하는 제반 공공정책은 사회과학으로 탐구된 광범위한 현상, 즉 경제력, 인구통계 추이, 이념적 신념체제, 내재된 가치, 정치체제의 구조와 전통, 더 넓은 사회의 문화를 포함하는 특정 사회적 환경에 대한 반응이다. 이러한 현상들은 시간에 따라 변화하지만, 대부분 역사적인 연속성을 지니고 있다. 특정 시간, 특정 장소에서 나타나는 복합적인 사회적 특질들은 그 정책 환경을 구성한다.

## 정치와 그 사회적 맥락

그리스 신화에서 신의 왕 제우스는 어느 날 심한 두통에 시달렸다. 그가 고통으로 신음하는 순간 그의 머리가 깨지면서 그 속에서 한 여신이 나타났다. 어머니 없이 탄생한 그녀는 아테네였으며 완전한 성인(成人)의 모습이었다. 그녀는 갑옷을 완벽히 차려입고 있어서 곧장 전쟁터로 나갈 태세였다. 이 신화로 인해 여신 아테네는 완전한 상태로 난데없이 나타난 사회적 힘 또는 이념의 상징이 되었다.

교육정책을 포함하는 공공정책, 그것은 여신 아테네와는 다르지 않은가! 공공정책은 사람들을 놀라게 하면서 난데없이 나타나지는 않는다. 공공정책은 특정 사회적 환경의 복합적인 힘에 대한 반응이다. 정책의 변화를 완전히 예견할 수는 없다 하더라도, 대체로 그것을 이해하고 있는 사람들은 변화로 인해 깜짝 놀라지는 않는다. 광의의 사회적 흐름을 이해하고 있다면 어떤 형태의 변화가 닥칠 것인지 대비할 수 있기 때문이다. 공공 지도자라 할 수 있는 학교 행정가들은 그가 속한 사회의 맥락과 그 변화의 흐름을 예리하게 주시할 필요가 있다. 그러한 지식은 정책의 변화를 비교적 잘 예견할 수 있게 해 주고, 지혜롭게 대처할 수 있도록 준비를 갖추게 한다. 예를 들어 경제가 후퇴기에 접어들고 있다는 사실을 아는 교육장은 세수가 줄어 그 결과로 학교위원회, 주 의회, 연방 의회가 비용 부담이 큰 교육 프로그램에 관심을 갖지 않게 될 것임을 안다. 이들은 교육 소비자에 대한 학교의 책무성을 강화시키는 데 강한 동기를 느낄 수 있다. 만일 교육장이 이런 사실을 이해한다면 교육구의 계획을 경기 변화에 적합하도록 조정할 수 있을 것이다. 정책 환경을 이해해야 하는 또 다른 이유는 그런 지식이 학교 지도자들로 하여금 시간, 힘, 자원의 낭비를 피할 수 있도록 도와준다는 점이다. 정책이라는 풍차에 창을 겨누는 교육에서의 돈키호테가 되지 않도록 말이다. 변화된 환경을 모르는 학교 지도자들은 비실제적인 것이 되어 버린 정책을 계속 실현하려 든다. 예를 들어 주 교육부에서 전문직 개발 프로그램의 재정 확보를 위해 일해 온 교육과정 장학사는 그런 뉴스를 들을 만한 시간이 없었다고 가정해 볼 수 있다. 후퇴기가 다가오고 있음을 알리는 경제지표를 모르고 있기 때문에, 그는 변화하고 있는 정책 환경에서 선택적 전략을 강구하는 것이 현명할 수 있다는 사실을 인식하지 못한 채, 자신의 프로젝트를 실현하기 위해 노력할 수 있다. 만일 주 의회가 그가 확보하고자 한 예산액의 삭제를 포함해 교육부의 전체 예산을 삭감한다면, 그는 이러한 주 의회의 결정을 알게 되었을 때 놀라움에 사로잡히고 말 것이다. 임시 조치도 없이 아무런 손도 쓸 수 없는 상황에 처함으로써 그는 수개월을 헛된 일에 낭비했다고 느낄 것이다. 정책 환경 변화에 대한 민감성은 그런 실망감을 갖지 않도록 미리 대처하게 해 준다. 결국 사회적 환경과 교육정책 간의 관계를 알면 학교 지도자들은 교육정책의 거시적 방향을 개념화할 수 있게 된다. 급속한 변화 시기에 인간은 특히 자신의 경험 밖에서 지혜를 구할 필요가 있다. 정책쟁점에 관한 지적 사고체계를 발전시켜 온 학교 지도자들은 정책 변화의 흐름을 해석할 준비가 되어 있으며, 정책 세계는 그들에게 더 이상 오즈의 세계처럼 보이지 않는다. 그러한 이해는 변화하는 세계에 잘 대처하고 있는 공적 지도자처럼 그들 자신들도 체계적으로 행동할 수 있는 능력을 갖추고 있다는 점에서 자신감을 갖게 해 준다.

# 경제 환경

## 경제의 중요성

정책 환경에서 가장 중요한 두 가지 현상은 경제체제와 경기이다. 사실 경제는 중요한 사회적 환경의 한 단면이나, 궁극적으로 모든 사회적 현상이 경제에 의해 좌우된다고 믿는 사람들도 있다. 이 책은 이런 극단적 입장을 취하지는 않지만, 경제환경이 중요하다는 사실만은 가정한다. 한 정책이 왜 제안되어 왔고, 그 제안의 실질적 목적이 무엇인지를 이해하려면, 언제나 먼저 사회적 환경에서의 경제적 영역을 살펴야 한다. 경제가 공공정책을 결정하지는 않는다 해도, 정책이 적용되고 실행되는 과정에서 중요한 매개변수로 작용한다. 다음 장에서 미국의 경제 역사를 간단히 개관하고, 의미 있는 지적 구조 내에서 유도되는 경제 쟁점들에 대해 독자들과 함께 토론하고자 한다.

## 미국 경제사 개관

**초기.** 영국 식민지가 미 합중국이 되고, 그 뒤를 이은 초기 공화국은 자본주의적 경제체제를 갖추지 못했다. 소농장의 농업 경제에 기반했기 때문에 초기 미국 경제는 아직 과거 유럽의 봉건 제도의 틀에서 벗어나지 못했는데, 특히 노예제와 계약노역제(indentured servitude) 같은 제도 면에서 그랬다. 시장의 기능은 가격과 다른 경제 요인에 대한 정부의 통제로 매우 억압되었다(Galbraith, 1994).

**자본주의의 출현.** 18세기 후반 수십 년 동안 영국에서 산업혁명이 시작됐고, 점차 북아메리카와 유럽 대륙에 퍼져 나갔다. 자본주의는 산업혁명과 더불어 출현했는데, 거대한 경제 변화뿐 아니라 새로운 경제 이념의 발전을 가져다 주었다. 이 시기의 가장 중요한 경제 사상가는 애덤 스미스(1723~1790)로, 그는 대표작 『국부론(The Wealth of

Nations)』을 1776년에 출판했다. 여기서 애덤 스미스는 인간은 그 자신의 경제적 이익을 추구할 원초적 욕망을 갖고 있다고 주장했다. 정부는 원초적 인간 성향을 방해해서는 안 되며, 자유스럽게 경제 활동을 할 수 있도록 허용해야 한다고 주장했다. 그 결과로 나타나는 자유 시장경제 속에서 자기 이익과 더 넓은 사회적 목적이 조정될 것이라고 보았다. 각각의 개인들이 "단지 그 자신의 목적을 갖고 있겠지만, … 그는 … 그가 의도한 부분과는 다른 결과를 촉진하는 보이지 않는 손에 의해 이끌리게 된다." (Smith, 1976[1776], p. 456). 스미스의 보이지 않는 손의 이론과 그의 또 다른 이념들은 19세기에 불균등한 산업사회의 발전을 정당화하는 데 기여했다(Buchholz, 1989).

**문제의 대두.** 자유경제 환경 속에서 산업 발전은 거대한 부를 이룩했고, 이전에 볼 수 없었던 생활수준의 향상을 가져다 주었다. 이것은 또한 미국을 비롯한 여러 곳에서 중대한 문제를 야기했다. 도시의 빈민가 발생, 빈부 간 불평등 심화, 소비자에 대한 사기 문제 등이 1890년대의 중요한 쟁점이 되었다. 또 다른 쟁점은 급속한 경제 성장과 실직, 기아, 사회 불안에서 비롯된 급작스런 경제 "붕괴(crashes)"의 시기 사이에서 산업경제가 격한 요동을 친 것이다. 이러한 어려움에 처한 나라들은 1900년대 초 여러 가지 개혁 조치를 취하였지만, 1929년의 대공황(great depression) 징후를 막기에는 역부족이었다(Galbraith, 1994).

**뉴딜 정책과 그 여파.** 많은 미국 경제학자들은 대공황의 발생을 자본주의가 정부의 현명한 관여 없이는 제대로 작동될 수 없다는 증거로 해석했다. 프랭클린 루스벨트 대통령의 뉴딜 행정은 이러한 해석을 수용했고, 그 한 조치로 많은 경제 입법 활동가를 배치했다. 1940년까지 미국에서 경제에 대한 정부의 관여 필요성은 정설로 여겨져 왔다. 그 결과 정부의 관여는 연방 정부가 또 다른 대공황의 위험을 최소화하기 위해 경제 통제 정책을 추진한 오랜 기간에 걸쳐 유지되었다. 이러한 정책들은 대체로 효과를 나타냈다. 1933년 이후 많은 경기 둔화 또는 후퇴기가 도래했지만 큰 불황은 일어나지 않았기 때문이다. 뉴딜 정책은 1945년부터 1973년까지 28년 동안 전에 없던 경제 성장을 이룸으로써 절정에 달했다. 이것은 일부 경제학자들이 주장하는 것처럼 정부의 경제정책이 반드시 그 성장 동인이 되었다는 것을 의미하는 것은 아니다. 다른 경제학자들은 장기간의 번영이 제2차 세계대전과 같은 요인들, 즉 유럽과 일본의 재건, 베이비붐 등에 의해 이루어졌다고 주장한다.

**경제 고민의 재현.** 1973년, 전쟁 후의 붐은 확실히 끝나 가고 있었다. 모든 발전된 지방

〈표 3.1〉 미국 실업률, 10년 단위 평균 비율(1950~1990)

| 연 대 | 평균 비율 |
|---|---|
| 1950년대 | 4.5% |
| 1960년대 | 4.8% |
| 1970년대 | 6.2% |
| 1980년대 | 8.4% |

주 : Plotkin and Scheureman(1994), p. 44에서 발췌

〈표 3.2〉 미국의 10년 단위 소비자 물가 증가율(1950~1990)

| 연 대 | % 변화 |
|---|---|
| 1950년대 | 20.7% |
| 1960년대 | 23.9% |
| 1970년대 | 87.1% |
| 1980년대 | 33.3% |

주 : Plotkin and Scheuerman(1994), p. 52에서 발췌

에서 경제 성장은 둔화되고, 복잡한 문제들이 연이어 나타났다. 인플레이션과 실업률이 모두 높아졌는데, 당시에 널리 받아들여졌던 경제 이론에 따르자면 이런 현상은 결코 나타날 수 없는 일이었다. 생산성 증가율은 하락하고 임금은 정체되었다. 〈표 3.1〉은 제2차 세계대전 직후 40년 동안 10년 단위 실업률을 보여 주고, 〈표 3.2〉는 동 기간 동안 인플레이션의 한 지표인 소비자 물가지수(Consumer Price Index, CPI) 변동을 보여준다. 이 두 표에서 1950년과 1969년 사이의 경제 강세, 1970년대와 1980년대의 경제 문제들이 드러난다. 1980년대와 1990년대 초기에 정치 지도자들이 왜 미국 경제에 대해 우려했었는지 쉽게 이해된다.

부분적으로 이런 문제들은 석유수출국기구(OPEC)의 조치에 원인이 있는데, 이 국가들은 1970년대 초기 석유 가격을 좌우했다. 그러나 1970년대가 지나감에 따라, 또 다른 더 심각한 문제가 경제 성장의 둔화를 야기하고 있음이 명확해졌다. 많은 경제학자들이 뉴딜 정책을 이끌어 낸 이론에 대해 의문을 품고 새 이론을 모색하거나 옛 이론을 되살리기 시작했다(Baily & Okun, 1982; Hamrin, 1988; Thurow, 1996).

**레이건 경제.** 새 이론들 중 하나는 공급경제학(supply-side economics)으로 불리는

데, 많은 방식에서 이 "새로운" 이론은 뉴딜 이전의 전통적 경제이론을 복구한 것이었다. 사실 레이건 행정부에서 공급경제학을 주장한 사람들은 애덤 스미스의 이론을 배경으로 하고 있었다(Buchholz, 1989). 공급경제학은 다음의 네 가지 부분의 경제정책 추진을 요청하는데, (1) 인플레이션에 세금을 연동, (2) 세금의 감축, (3) 정부 지출의 감축, (4) 규제 철폐이다(Bartlett, 1981). 1980년대 초기 공급 경제를 운용한 레이건 행정부 이후 이러한 경제정책은 레이거노믹스(Reaganomics)라는 별명을 얻게 되었다. 많은 관점에서 레이거노믹스는 성공적이었다. 〈표 3.2〉가 증명하는 것과 같이 1980년대에 인플레이션은 감소했으며, 많은 일자리가 창출되고 세금이 삭감되었다.

그러나 1983년을 넘기자마자 일부 경제학자들은 연방의 재정 적자 심화를 경고하기 시작했다(Summer, 1984). 1990년에 이르기까지 재정 적자에 대한 우려가 확산되었는데, 그것은 경제학자들에게만 국한된 이야기가 아니었다. 1992년 대통령 선거 캠페인으로 민주당의 빌 클린턴과 무소속의 로스 페로가 재정 적자를 쟁점화하면서 당선시 적자폭 감축을 공약했다. 1994년 공화당의 대의원회에서도 재정 적자 감축을 당 정강으로 채택했다. 1990년대 후반에 들어 재정 적자는 크게 감소되었지만, 정치 지도자들은 다시 재정 적자가 증가할 것을 두려워해 아직까지 소비적인 정부 프로그램에 대한 지원을 내켜 하지 않고 있다.

**1990년대의 장기 경제 팽창.** 크게 보면, 부시(아버지)가 1992년 대통령 선거에서 실패한 원인은 1990~1991년의 경기 후퇴로 유권자들이 그를 미국 경제의 무능한 지도자로 인식하게 된 데서 비롯된 것이다. 클린턴의 선거 캠페인 팀은 최대 쟁점으로 경제를 부각시켰고, 그들의 캠페인 본부에 "문제는 마비된 경제다"라는 구호를 내걸기까지 했다. 그러나 사실은 경제가 1991년 3월에 이미 바닥을 쳐, 미국 역사상 가장 긴 경제 팽창이 클린턴의 집권 이전에 이미 시작되고 있었던 것이다.

2001년 봄이 그 마지막 시기였는데, 부시(아들)가 집권한 바로 직후의 시기까지이다. 이 기간 동안 GDP는 매년 약 4% 증가했고, 실업률은 1999년 4.1%까지 떨어졌으며, 인플레이션은 1960년대 초 이후 가장 낮은 수준으로 떨어졌다. 주식시장의 가치는 3배로 뛰었다. 이러한 경제 활황은 어느 정도 클린턴 행정부의 정책 덕분으로 볼 수 있다. 예를 들어 경제학자들은 재정 적자 감축 계획이 경제 팽창에 긍정적인 영향을 미쳤다고 믿는다. 많은 전문가들 또한 이 같은 경제 강세는 연방준비위원회(Federal Reserve Board) 앨런 그린스펀 의장의 적절한 결정에 힘입은 바 크다고 보는데, 그린스펀 의장은 경기가 과열되거나 불경기로 접어들 때 이자율을 유지하거나 낮춤으로써 경제체제를 보호해 왔다. 그러나 클린턴과 그린스펀은 그들의 선임자들이 시행한 정책으로부터 이득을 본 측면도 있다. 더구나 그들에게는 행운도 따랐다. 1990년대에 나타난 석유 가격과 컴퓨터 설비 가격의 엄청난 하락은 공공정책의 결과는 아니었지만, 그 시기의 호황에 의미 있는 공헌을 했다고 인식된다. 그러나 1990년대에 모든 것이 다 장밋빛은 아니었다. 무역수지 적자는 1998년 전례 없는 수준에 도달했고, 경제적 부(富)는 점차 상위 1%의 인구에 집중되었다(Blank, 2000; Brouwer, 1998; Hatch & Clinton, 2000; Penner, Sawhill, & Taylor, 2000).

**결론.** 이와 같은 간단한 개관은 교육정책에 관심을 갖고 있는 사람들에게 중요한 몇 가지의 일반적 결론을 제시한다.

첫째, 경제체제는 안정적이지 못하다는 것, 즉 경제는 단기, 중기, 장기에 걸쳐 변화한다는 것이다. 경기 순환의 단기 변동은 다음 장에서 논한다. 뉴딜이나 레이거노믹스와 같은 총체적인 경제정책으로 인한 중대한 변화는 자주 발생하지는 않는다. 산업혁명과 같은 경제 대변동은 역사적으로 극히 드물게 일어난다.

둘째, 경제 변화를 어느 정도 예견할 수는 있지만 경제는 화학과 같이 엄밀한 과학은 아니라는 것이다. 경제학자들은 경제 현상이 왜 발생하는지에 관해 상반된 이론을 주장하고 관점이 다른 학파를 형성하고 있다. 더구나 실업의 해소, 인플레이션 완화, 호황의 성취를 가져다 주는 간단한 공식은 존재하지 않는다.

마지막으로, 경제는 정치와 밀접하게 연계되어 있다. 궁극적으로 대부분의 경제 결정은 정치적 함의를 갖는데, 그 함의는 교육정책을 포함한 공공정책 분야의 연구에서도 왜 경제를 경시해서는 안 되는지를 말해 주고 있다.

## 단기간 경제 변화

**경기 순환.** 경기 순환은 자본주의 경제의 구조적 양상으로서, 대부분의 경제 결정이 정부보다는 민간에 의해 형성된다는 사실에서 비롯된다. 경기 순환은 두 부분, 즉 확장과 후퇴로 구성된다. 확장기에는 생산이 증가하고, 더 많은 일자리가 필요해지며, 기업 이익이 증가하는 반면, 물가는 평상시보다 더 빨리 오르기 쉽다. 확장의 초기 국면은 후퇴기가 끝난 직후 일어나는데 회복기로 불린다. 확장기의 높은 지점을 정점이라 하며, 정점을 지나면 생산, 수익, 고용이 하락하기 시작한다. 이와 같은 경기 순환 부분을 후퇴기라 한다. 후퇴기의 가장 낮은 지점을 경기주기의 저점이라 한다. 경기 저하가 매우 심각하게 일어날 때를 불황이라 한다. 미국에서 마지막 불황은 1930년대에 발생했다. [그림 3.1]은 경기 순환이 어떻게 확장과 수축을 선택적으로 반복하는지를 보여 준다. 1886년에서 1999년까지 113년 동안 미국의 경기 순환을 보여 주는 이 그림은 1999

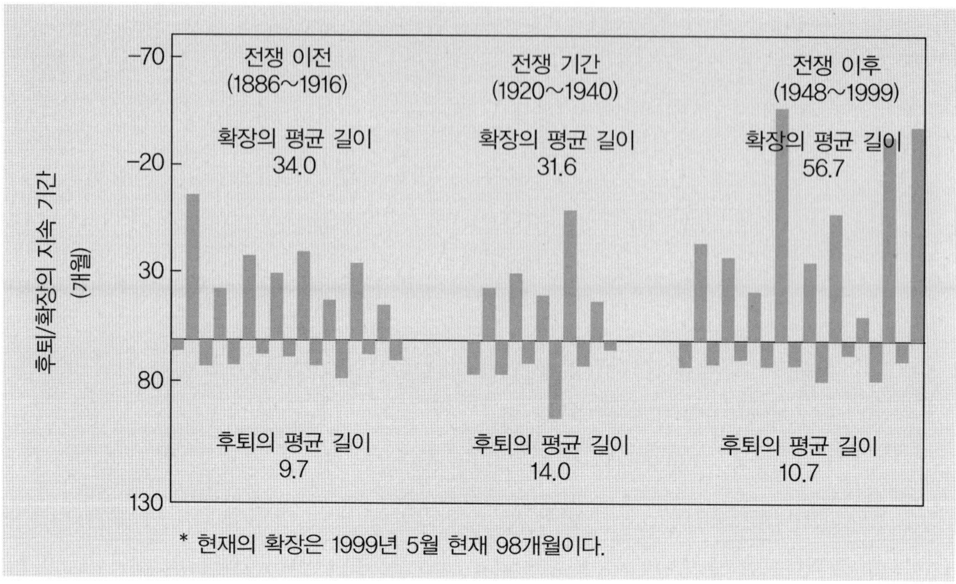


**[그림 3.1] 경기 순환의 후퇴와 확장의 길이(1886~1999)**

주 : Graph from Updating America's Social Contract, by R.G. Penner, I.V. Sawhill, and T. Taylor, 2000, p. 91. Reprinted by permission of W.W.Norton & Co., New York.
New York의 W.W. Norton & Co.의 허락을 받아 R.G. Penner, I.V. Sawhill, and T. Taylor(2000)의 『최신 미국 사회계약론(Updating America's Social Contract)』에서 인용함(p. 68).

년에 작성되었는데, 그림상의 마지막 팽창은 경기 후퇴가 시작된 2001년 봄까지 유지되었다.

미국의 경제 역사에서 2001년까지 32번의 완전한 경기 순환이 발생했다. 확장은 보통 후퇴보다 약 4배 정도 더 길게 유지된다. 가장 긴 확장은 1991년부터 2001년까지 10년간 지속되었고, 그 다음은 1961년부터 1969년까지 8년간 지속되었다. 가장 긴 수축은 1873년에서 1879년까지 6년간 지속되었다. [그림 3.1]이 보여 주는 것처럼 2차 세계대전 이후 확장은 현저하게 더 길게 유지되었고, 수축은 그 이전보다 현저하게 더 짧아졌다. 경기 순환 기간의 길이, 그 정점과 저점은 예견할 수 없다. 그러나 경기 순환은 정기적으로 재현되는 형태를 띤다. "지진이 지구의 지질 때문에 일어나는 것처럼, 경기 순환은 자본주의의 태생적 속성이다."라고 매사추세츠기술연구소(MIT)의 경제학자 Thurow는 적고 있다(1996, p. 211).

**경제지표.** 경제학자들은 전반적인 경제 추이를 파악할 수 있는 지표로서 다양한 통계치를 활용한다. 가장 중요한 것은 국민 총생산을 측정하는 GNP이다. 이 지표를 인플레이션에 적용할 때 실질 국민 총생산(real GNP)으로 불리는데, 실질 국민 총생산의 수치를 2년 또는 그 이상 몇 년 동안 일관되게 비교하게 된다. 실업률은 일을 원하지만 직장이 없는 16세 이상 주민의 비율을 말하는데, 이 또한 중요한 지표이다. 세 번째는 소비자 물가지수(CPI)인데, 전반적인 상품과 서비스 가격을 측정하는 것으로 미국 노동통계국(The U.S. Bureau of Labor Statistics)이 정기적으로 조사한다. 이런 지표들은 인플레이션 비율의 변화를 알려 준다. 고통지수(The Misery Index)는 인플레이션 비율에 실업률을 더해 계산하는데, 대통령 선거 결과를 예측하는 대강의 방법으로 활용된다. 대체로 고통지수가 대통령 선거 전 12개월 내에 하락한다면 집권당 후보가 승리할 것이고, 증가한다면 다른 당 후보가 승리할 것이다. 경제의 방향을 알려 주는 다른 지표들로 다음의 것들이 있다. (1) 가구, 자동차, 주요 설비와 같은 내구재 판매, (2) 소비자의 신용 분할 납입, (3) 기업의 공장과 설비에 대한 투자, (4) 새 가구 수(Frumkin, 1987; 1994). 일반적으로 경제 확장은 실질 GNP의 강력한 증가와 실업률의 감소, 내구재 판매, 소비자 신용 분할 납입금, 새 가구 수 및 기업 투자의 현격한 증가 등의 지표로 설명된다.

경기 후퇴는 그 반대되는 신호로 표시된다. CPI는 확장과 수축기에 모두 증가하지만, 후퇴기에 더 천천히 증가한다(Frumkin, 1987; 1994).

**경기 순환 모니터링.** 교육 지도자들은 경제가 경기 순환의 어디에 위치해 있는지를 알아야 한다. 이러한 지식을 지속적으로 획득하는 데 유용한 방법들이 있다. 대부분의 일간지들은 국내와 지역 경제 뉴스를 다루는 기업 섹션을 포함하고 있다. 주요 대도시 신문은 주기적으로 그 지역의 경제지표들을 요약하여 제시한다. 유선 또는 상업방송 채널뿐 아니라 많은 라디오 방송들도 기업에 관한 뉴스를 전해 준다. 미국 온라인(America Online)과 같은 온라인 서비스 업체들도 최근의 기업과 경제 뉴스를 제공한다. 많은 인터넷 사이트들도 마찬가지다. 오늘날 경제 트렌드를 따라가기는 과거에 비해 훨씬 쉽다. 국가와 지역의 경제 트렌드만으로 지방 경제 상황을 언제나 예측할 수는 없기 때문에, 비공식적 방법으로 지역 경제를 파악하는 것도 현명한 자세다. Alert 학교의 지도자들은 그들의 지역 내에 새로운 주택 분양지와 그 주택 가격이 얼마인지 알고 있다. 그들은 상점가의 주말 구매자 수를 관찰하고, 사업성을 판단하고, 주변 모두가 세일 신호를 보내고 있음을 알고 있다. 경제 환경에 관한 판단을 위해 그들은 미디어상의 정보와 실제의 관찰 양 측면의 정보를 두루 살핀다. [그림 3.2]는 경제 환경을 분석하는 데 필요한 일련의 질문이다.

다음의 것이 오르고 있는가, 내리고 있는가?

- 실질 GNP(지난 2년간)
- 실업률
- 고통지수
- 새 가구 수
- 내구재 판매
- 기업 투자

최근 인플레이션 비율은 어떤가?

- 지역 실정을 관찰해 볼 때, 무엇이 일어나고 있는가?
- 기업이 유입되고 있는가, 떠나고 있는가?
- 어떤 기업들이 팽창하고 있는가?
- 쇼핑 지역은 부산한가, 상대적으로 썰렁한가?
- 새 집이 지어지고 있나?
- 기존 주택의 거래가 활발한가, 둔화되고 있는가?
- 식당과 유흥 시설이 번성하는가?

**[그림 3.2] 경제 환경 분석하기**

## 장기적 경제 동향

**저성장.** 불행히도 상대적 저성장은 1970년대 초반 이후 세계 경제의 특징이 되어 왔다. 그리고 전문가들은 이러한 흐름이 그 자체로서 조만간 바뀔 것이라는 믿을만한 근거를 찾지 못하고 있다. 미국에서 매년 인구 대비 GNP 증가로 측정되는 순수 경제 성장은 1950년대와 1960년대 이후 감소해 왔으나, 고용 노동자 대비 GNP는 증가한 것으로 볼 때 생산성은 증가하고 있다. 1990년대 장기 확장 기간 동안 미국 경제 성장률은 크게 개선되었는데, 그럼에도 불구하고 2차 세계대전 이후와 비교해 보면 거의 평균치에 해당되었다(Penner, Sawhill, & Taylor 2000).

그래서 대부분의 주류 경제학자들은, 성장이 1990년대 이전의 수준으로 완만하게 진행될 것으로 예상한다. 예를 들어 Penner, Sawhill, Taylor(2000)는 성장 둔화가 나타날 것이므로 신중할 것을 다음과 같이 경고했다. "공공정책을 수립할 때 근본적인 변화가 있을 것이라는 가정을 피하고, 그 대신에 그것들이 증명될 때를 기다리는 것이 일반적으로 더 현명하다."(p. 70) 그들과 같은 우려의 결과로 경제 성장 둔화에 대한 걱정이 경제정책 환경을 계속 어둡게 하고 있고, 정치인들이 재정 지출을 결정하는 데 있어 훨씬 더 조심하도록 만들고 있다.

**제조업에서 서비스 및 정보 산업으로.** 중공업은 100년 이상 미국 경제를 이끌어 온 동력으로서 내수 및 수출용 자동차, 기계, 철강, 화학 시설 등을 포함한다. 그러나 1980년대에 이르러 중공업 분야의 쇠퇴가 분명해졌다. 공장은 대량 해고를 시작했고, 결국 많은 공장들이 문을 닫았다. 1990년대 중반에 「뉴욕 타임즈」가 실시한 여론 조사에서는 응답자의 72%가 1980년 이후 그들 자신이 실직한 경험이 있거나, 그들의 가족 또는 가까운 친구나 친척 중에서 실직한 사람이 있다고 답했다(New York Times, 1996). 공장 노동자만 직장을 잃은 것이 아니다. 1990년대 초까지 화이트칼라와 중간 관리직에서도 똑같이 대대적인 "구조조정"이 이루어졌다. 이러한 실직 사태의 원인은 여러 가지로 분석되지만, 가장 큰 이유는 미국 경제가 제조업에서 서비스 및 정보 산업으로 그 기반이 바뀌었다는 것이다. 통계 결과는 더욱 놀라움을 준다. UN의 조사에 따르면, 1980년과 1993년 사이 미국 제조업 중 6.2%의 직업이 사라진 반면, 금융과 보험 서비스 업종은 55% 늘어났고, 숙박 및 요식업(주로 호텔과 식당)도 22.7% 증가했다(Reif et al., 1997). 호텔 종업원 및 식당 노동자와 같은 일자리는 많이 늘어났지만 이러한 직업은 저임금이며, 금융 기획과 같은 또 다른 직업들은 매우 높은 보수를 요구한다. 로봇 공학, 컴퓨터 공학, 전기통신 공학과 같은 새로운 기술의 발전은 제조업 뿐 아니라 서비스 산업도 함께 변화시키고 있다. 의심할 여지없이 이러한 신기술들은 인간 개인과 사회에 미증유의 기회를 제공하지만, 산업 기반 경제에서 서비스 및 정보 기반 경제로의 변화에는 어려움이 예상된다. 예를 들어 정보 경제에서 고기술 지식 노동자는 더욱 부유해질 수 있는 반면, 첨단 기술을 갖지 못한 대부분의 일반 노동자들은 더욱 곤궁에 빠져들게 될 것이다. 「뉴욕 타임즈」(1997)는 "미국에서의 직업 창출은 교육 수준과 고기술 라인을 따라 높아지는 사선의 형태를 보여 주고 있다. 전통적 제조업에서 중간층은 설 자리를 잃게 될 것이며, 서비스 분야에서의 가장 빠른 성장 고용 분야는 당장 교육적인 기반을 요구하는 고기술 분야…"라고 말한다(pp. 2~3). 여러 사람들이 사실상 모든 직업들이 정보화 시대의 새 기술에 의해서 사라질 것이라고 예견하지만, 특정한 예단을 하지 않는 것이 더 신중한 자세일 것이다. 그러나 우리는 정보화 시대가 펼쳐짐으로써 사실상 미국 경제의 모든 형태들이 변할 것이라는 사실은 쉽게 말할 수 있다. 이러한 변화들은 아마도 모든 사람들에게 "우리가 일하고, 활동하고, 의사소통하고, 소비하고, 투자해 온 방식, 그리고 맞다고 생각해 온 것조차 다시 생각하도록 하는 도전의 과제를 던져 주는 것이다."(Hamrin, 1988, p. 21)

**세계화.** 또 다른 미국 경제의 주요한 장기적 흐름은 세계화인데, 그 의미는 점점 우리 경제가 독자적인 것으로서가 아니라 오히려 더 크고 범세계적인 경제체제의 일부가 되어 간다는 것이다. 이러한 흐름의 다양한 원인에 대한 분석이 이루어져 왔지만, 가장 중요한 것은 기술적인 문제이다. 컴퓨터 과학과 통신 소통 기술의 진전으로 정보, 돈 그리고 컴퓨터 처리 자료가 몇 초에 수천 마일을 이동할 수 있다. 그 결과로 "인류 역사상 최초로 어떤 것을 어느 곳에서도 만들 수 있고, 모든 곳에서 팔 수 있게 되었다." (Thurow, 1996, p. 115). 이것은 기업, 즉 더 거대한 다국적 기업의 일부가 되기 쉬운 기업이 그들의 공장과 사무실을 노동력이 값싸고, 세금이 저렴하고, 통제가 가장 적은 지역으로 옮길 수 있다는 것을 의미한다. 이것은 또한 각국 정부가 국가 경제정책을 통해 그들 나라의 경제에 영향을 미쳐 온 권력의 상당 부분을 잃게 된다는 것을 의미한다. 거센 국제 경쟁에서 기업들의 생존 전략으로서 세계화는 많은 사업들의 재구조화, 합병, 도산까지 강요하고 있다. 1990년 초반 소비에트 연방과 동유럽 공산 위성국가의 해체는 점점 세계화의 과정을 가속화시켰다(Galbraith, 1994; Thurow, 1996).

**과중한 부채.** 미국에서 개인이나 공공 부분의 부채의 증가가 1970년대 이후 하나의 트렌드가 되어 왔다. 공공부채의 핵심 지표인 연방 예산 적자의 폭증은 1980년대 말과 1990년대 초반 단골 뉴스거리였다. 1975년 5,000억 달러였던 것이 1992년에 4조 달러로 20년도 채 못 된 기간에 8배로 늘었다(Perot, 1993). 이 기간 중 재임한 모든 대통령 휘하에서 다 같이 증가했지만, 1982년 이후 더욱 급속히 증가했다. 1985년까지 미국은 세계의 가장 큰 채무국이었으며, 1990년 초반까지 연방 예산의 14.4%가 국가 부채의 이자 지급을 위해 쓰였다(Harmrin, 1988; Perot, 1993). 클린턴 정부하에서, 연방 예산 적자는 실질적으로 감소했고, 결국 흑자로 돌아섰다. 그러나 2001년 11월에 테러 공격을 당함으로써 아프카니스탄에 대한 군사 조치와 국내 안전 강화에 큰 지출이 필요했다. 그 결과 연방 정부는 일단 재정 적자 지출 쪽으로 방향을 잡았다. 시민 개인이나 기업 경영자가 연방 정부의 낭비적 지출 습관을 비판하는 것을 즐기지만, 그들의 태도는 "숯이 검정을 나무라는 격"이란 말로 가장 잘 기술될 수 있다. 기업이나 개인 부채 모두 1970년대 이후 급속히 치솟았다. 예를 들어 소비자 대부금과 개인 대출금 수준은 1976년과 1985년 사이 거의 3배가 되었다. 크게 보면 이런 증가는 은행 신용카드 사용의 급속한 팽창에서 비롯되고 있다. 1980년대에 미국의 수백만 가족들이 재정적으로 능력 이상의 지출을 하게 되었고, 개인 파산 비율이 크게 증가했다. 개인 부채 증가는 1990년에도 계속 가속화되었는데, 증가의 가장 주된 영역은 신용카드 부채였다. 1990년대 말에 와서 5만 달러에서 10만 달러 사이의 수입이 있는 가구 수의 63%가 신용카드 부채를 갖고 있었다. 물론 부채는 금융 비용 증가를 초래하고, 그래서 1990년대 후반에는 미국인이 처분할 수 있는 소득의 18%가 부채 관리 비용으로 지출되고 있었다. 가장 경각심을 불러일으키는 경제 동향은 젊은 성인들이 첫 직장에서 그들이 학창 시절에 받았던 장기 학생 대부금에 덧붙여 수천 달러의 신용카드 빚을 안고 출발하는 풍조일 것이다. 2000년에는 전체 대학생의 1/3이 4개 이상의 신용카드를 소지했고, 평균적인 학생들의 소비자 부채는 2,748달러였다. 그해에 미국에서 25세 이하의 파산율은 7%였다 (Haddad, 2001; Hamrin, 1988; Schor, 1998).

**인플레이션.** 제 2차 세계대전 이후, 미국은 몇몇 경제학자들이 이름 붙인 "고질병적 인플레이션", 즉 완전히 통제될 수 없고 고집스럽게 계속 커지는 가격 상승을 경험해 왔다(Heilbroner, 1985). 사실 1945년 이후, 물가지수(CPI)는 2년을 제외한 모든 해에서 증가했다. 몇 해 동안 10%를 상회했던 1970년 이전까지는 상대적으로 낮은 수치를 보였다. 그리고 레이건의 공급 경제정책 아래에서 또다시 낮아졌다. 1990년대의 인플레이션 비율은 1990년대 말 몇 년간은 1~2%였지만, 평균하면 약 3%였다(Blank, 200; Hamrin, 1988; Makin, 1996, 1997). 높은 인플레이션은 경제를 약화시키고 시민들을 혼란 속에 빠뜨리지만 어떤 수준까지는 채무자에게 도움이 된다. 그들은 대부금 상환을 그들이 빌렸을 당시의 달러보다 더 값싼 달러로 할 수 있다. 그러나 비교적 낮은 인플레이션 비율일지라도 재정적인 계획을 세우는 데는 어려움을 준다.

**빈부 격차의 증가.** 미국 경제의 가장 곤혹스러운 동향 중의 하나가 인구의 상위 20%와 나머지 80%의 소득 격차 심화 문제이다. 이런 흐름은 Kevin Phillips(1994)와 같은 보수주의자, Lester Thurw(1996)와 같은 자유당 인사 그리고 Ross Perot(1993)와 같은 무소속 정치인들의 우려적인 논평으로 제기되거나 주장되어 왔다. 빈부 간 소득 격차 심화는 1968년에 시작되어 시간이 경과함에 따라 가속화되어 왔는데, 여러 요인들의 복합적인 상황이 원인이 되었다. 무엇보다도 정보 경제의 출현으로 인구의 상위 20%는 전보다 더 나은 생활을 하는데, 그들은 높은 보수를 요구할 수 있는 높은 교육 수준과 고기술을 지닌 노동자이다. 한편 낮은 80%의 사람은 기술이 부족하고 그래서 잘 살지 못하는 경우인데, 사실 기술이 부족한 노동자는 남부럽지 않은 임금을 받기가 더욱 어렵다. 〈표 3.3〉은 미국 인구를 5분위 수로 나누어 볼 때와 가장 잘 사는 5%의 부의 배분이 1950년과 1997년 사이에 어떻게 변화되었는지를 보여 준다. 이 표는 최상위 부유층 5%와 부유층 20%의 부가 더욱 늘어난 반면 나머지 모두는 전국적 부의 분배몫이 감소되었음을 잘 보여 준다. 특히 젊은 노동자는 이런 부의 배분 변화에 의

〈표 3.3〉 1950~1997년, 총수입을 중심으로 5등분한 인구와 최상위 5% 인구의 부(富)의 점유율

| | 총수입의 점유율 | | | | | |
|---|---|---|---|---|---|---|
| 연도 | 가장 하위 | 두 번째 | 세 번째 | 네 번째 | 가장 상위 | 최상위 5% |
| 1997 | 4.2 | 9.9 | 15.7 | 23.0 | 47.2 | 20.7 |
| 1995 | 4.4 | 10.1 | 15.8 | 23.2 | 46.5 | 20.0 |
| 1990 | 4.6 | 10.8 | 16.6 | 23.8 | 44.3 | 17.4 |
| 1985 | 4.8 | 11.0 | 16.9 | 24.3 | 43.1 | 16.1 |
| 1980 | 5.3 | 11.6 | 17.6 | 24.4 | 41.1 | 14.6 |
| 1975 | 5.6 | 11.9 | 17.7 | 24.2 | 40.7 | 14.9 |
| 1970 | 5.4 | 12.2 | 17.6 | 23.8 | 40.9 | 15.6 |
| 1965 | 5.2 | 12.2 | 17.8 | 23.9 | 40.9 | 15.5 |
| 1960 | 4.8 | 12.2 | 17.8 | 24.0 | 41.3 | 15.9 |
| 1955 | 4.8 | 12.3 | 17.8 | 23.7 | 41.3 | 16.4 |
| 1950 | 4.5 | 12.0 | 17.4 | 23.4 | 42.7 | 17.3 |

주 : From Updating America's Social Contract, by R.G. Penner, I.V. Sawhill, and T. Taylor, 2000, p. 91. Reprinted by permission of W.W.Norton & Co., New York.

해서 심한 타격을 받아 왔는데, 1990년대에는 25세에서 34세 미국인의 거의 1/3이 빈곤층에 속하면서 4인 가족의 생계를 유지할 만큼의 소득을 갖지 못했다. 특별히 이런 문제의 고통스런 단면은 아이들에게 영향을 미친다는 것이다. 1974~1994년 미국에서 아이들의 빈곤율은 49%까지 증가했다. 이것이 1990년대에 와서 장기간에 걸쳐 완만히 떨어지긴 했지만 산업 국가들 중에서 가장 높은 비율인 20% 정도를 계속 유지하고 있다(Brouwer, 1988; Penner, Sawhill, & Taylor, 2000; Phillips, 1994; Thurow, 1996).

## 인구통계와 정책 환경

### 인구통계의 중요성

교육정책을 이해하고자 하는 사람은 경제에 쏟는 노력 그 이상으로 인구통계에 대해 많은 관심을 가져야 한다. 인구통계학은 인구 수의 특성과 시간 경과에 따른 인구 변동 추

다음의 것들이 증가하는가? 하락하는가? 안정을 유지하는가?

- 50세 이상 인구 비율은?
- 5~18세의 인구 비율은?
- 고소득 가구의 비율은?
- 저소득 가구의 비율은?
- 소수 인종의 비율은?
- 백인의 비율은?
- 영어를 모국어로 쓰는 인구 비율은?
- 전체 인구수는?

**[그림 3.3] 인구통계적 환경 분석하기**

이를 과학적으로 탐구하는 학문이다. 이와 밀접하게 관련되는 "인구통계"라는 말은 특정 인구의 특성을 설명하는 것인데, 예컨대 미국 거주민 또는 재학 아동 등과 같은 것이다(The American Heritage Dictionary of the English Language, 1992). 인구통계학자들은 특정 인구의 규모, 그 증가 형태, 연령 분포, 그 외 생생한 통계들에 관한 정보를 분석하고 기록한다. 경제와 같이 인구통계적 맥락도 교육정책에 상당한 제약 요인을 만들 수 있다. 예를 들어 2차 세계대전과 대공황 때문에 안정된 인구통계에 익숙해져 있던 학교체제는 갑작스럽게 불어난 많은 수의 학생들을 교육시켜야만 하는 도전에 직면했다. 그들은 선택의 여지가 없었다. 즉 대부분의 가용 자원은 학교 건물의 증축, 학교 직원의 증원, 학급의 증설 등에 투입해야만 했다. 취학률의 감소는 또 다른 도전 과제를 안겨 주었고, 연령별 인구도 학교에 대해 특별한 압력으로 작용했다. 학교 지도자들은 국가적 범위뿐 아니라 자기가 속한 교육구의 광범한 인구통계를 알아야 하는데, 그 이유는 인구통계학자인 Harold Hodgkinson(2000/2001)의 말에서 찾을 수 있다. "미국 전체를 놓고 볼 때 고루 배치된 것은 아무것도 없다. 인종, 종교, 연령, 출생률, 그리고 고등교육의 접근 등 어느 것에서도 고루 배분된 것은 없다." [그림 3.3]은 인구통계적 환경을 분석하기 위한 질문 항목을 제시한 것이다.

## 장기적 인구통계 동향

**미니 베이비붐에 따른 연령별 인구.** 가장 번영한 국가인 미국에서의 인구는 고령화되고 있다. 평균 연령은 증가하고 있고, 고령층의 비율이 점점 높아지고 있다. 이런 현상은 더 나은 영양 공급과 건강 관리의 결과이다.

| | | |
|---|---|---|
| 알래스카 | 하와이 | 오리건 |
| 애리조나 | 아이다호 | 텍사스 |
| 캘리포니아 | 캔자스 | 유타 |
| 콜로라도 | 매릴랜드 | 버지니아 |
| 플로리다 | 뉴저지 | 워싱턴 |
| 조지아 | 뉴멕시코 | 와이오밍 |

주 : Based on data from the U.S. Census Bureau, Series A: Population Projections by Age for 1995 to 2025.

**[그림 3.4]** 2000~2015년까지 학령기 아동 수가 늘게 될 주

경제 부국에서는 80세 또는 그 이상의 나이에 활동적이고 생산적인 삶을 즐기는 사람들도 있다. 또 다른 이유는 1946~1964에 출생한 베이비붐 세대의 출현이다. 이 세대는 7,500만 명에 달하는 특수한 거대 동일 연령집단으로 가장 높은 연령대가 지금 50대 후반에 접어들고 있으며, 일반 인구의 중간 연령대를 점점 더 높게 밀어 올리고 있다. 2000년 인구통계 조사에 근거해 통계학자들은 다음 30년 이후의 거대한 연령 분포 변화를 예견하고 있는데, 50세 이상 인구 비율이 크게 증가할 것으로 내다보고 있다. 반면 취학 연령 인구의 비율은 감소할 것으로 본다(It's All Relative, 2000; Morrison, 2001). 그러나 취학 연령 아동의 절대 수는 줄어들지 않을 것이다. 미국 교육부는 오히려 2005년에 이르러 증가할 것으로 예상하고 있으며, 2005년에서 2010년까지는 약간 감소하다가 2020년으로 가면서 급속히 팽창할 것으로 내다보고 있다. 이러한 증가는 "베이비붐 반향 효과"로 나타나는 것인데, 베이비붐 세대 중 가장 젊은 연령대의 사람들이 아이를 많이 낳았기 때문이다. 그리고 또 다른 이유는 이민 가구 수의 증가이다. 이들 중 대부분은 젊은 사람이며 미국에서 출생한 사람보다 높은 출산율을 보인다. 그러나 그 증가는 미국 전체에 골고루 나타나지는 않을 것이다. 대도시 지역이 시골이나 작은 마을에서보다 더 급속히 증가할 것이고, 몇몇 주에서는 거대한 증가를 보이는 반면 다른 주에서는 학령 인구가 실제로 감소할 것이다. [그림 3.4]는 이런 증가의 대부분이 서부와 남부에서 일어날 것임을 보여 준다(It's All Relative, 2000; Morrison, 2001; Olson, 2000; U.S. Department of Education, 1999).

**이민과 주거 이전.** 우리는 거대한 인구 유동기에 살고 있다. 미국과 여러 다른 국가들은 매년 수십만의 이민자들을 받아들이고 있는데, 그들 중 많은 수가 제 3세계 국가 출

**표 3.4 2000~2020년 학령 인구의 민족적 구성율**

| 민족 그룹 | 2000년 | 2020년(예상) |
|---|---|---|
| 백인, 비히스패닉계 | 64.8% | 55.6% |
| 히스패닉계 | 15.3% | 22.9% |
| 흑인, 비히스패닉계 | 14.8% | 14.2% |
| 아시안계 태평양섬 종족 | 4.1% | 6.3% |
| 원 미국인 | 1.0% | 1.0% |

주 : Based on data from the U.S. Census Bureau, Series A: Population Projections by Age, Sex, Race, and Hispanic Origin for 1999 to 2100.

신이다. 1990년대에 미국으로 유입된 합법 · 비합법 이민자 수는 연간 82만 명으로 추산된다. 그 결과 타국에서 태어난 인구의 비율이 1900년대 초반 수백만의 유럽 인이 미국으로 이민해 왔을 때의 인구 비율과 비슷하다. 그러나 20세기 말과 21세기 초기의 이민자들은 유럽보다는 주로 라틴아메리카와 아시아에서 오고 있는데, 이러한 증가에 가장 큰 비중을 차지하고 있는 3개국은 멕시코, 필리핀, 베트남이다. 또한 국내의 이주도 매우 큰 규모로 이루어지고 있다. 남부, 서부, 남서부에 있는 주들은 거의 35년간 북동부, 중서부, 북중부 소재 주들로부터 많은 사람들을 끌어들였다. 이런 국내 이주는 서부, 남부로 오는 많은 이민자의 정착과 결합되어 〈표 3.4〉에서 보여 주는 것처럼 불규칙적인 증가 형태를 초래하고 있다(Growth spurts, 2000; Largest foreign-born populations in the U.S., 2000; Mixed needs of immigrants pose challenges for schools, 2000; The immigration wave, 2000).

**도시 근교로의 이주.** 수십 년 동안 발생해 온 또 다른 국내 인구 이동은 도시 근교로의 이주이다. 오랜 기간 시골 인구가 감소세에 있었는데, 21세기에 접어들면서 도시 인구 또한 점차 감소하고 있다. 그러나 도시 거주자는 그 지역을 떠나려는 것이 아니라 거대한 도시를 둘러싼 교외 지대(belts)에서 살기 위한 것이다. 그럼에도 불구하고 교외는 더 이상 예전처럼 생활고로부터의 탈피를 위한 은신처가 아니다. 대부분의 대도시는 적어도 다음 세 가지의 고리로 둘러싸여 있다. (1) 1920~1945년 갑자기 형성된 구 교외, (2) 제2차 세계대전 이후에 형성된 교외, (3) 신흥 교외로서, 보통 도시 중심부로부터 많이 떨어져 있다. 구 교외는 도시 내부의 특성을 많이 가지고 있다. 지난 25년 동안 아동 빈곤이 교외 지역에서 가장 급속하게 76%까지 증가한 것은 새삼 놀랄 일이 아니다. 그러나 1990년대 중반까지는 교외 지역 아동의 14%가 빈곤층으로 살고 있었다(Cohen, 1994; De Witt, 1994; Hodginkson, 2000/2001; Olson, 2000; Roberts, 1993).

**다양성의 증가.** 이민과 출생률의 차이 때문에 미국 인구는 민족적 · 언어적 · 종교적으로 더욱더 다양해지고 있다. 가장 빠르게 성장하고 있는 민족적 그룹은 히스패닉계(Hispanic, 스페인 어를 쓰는 라틴아메리카계)와 아시아의 태평양 섬 주민계이다. 2000년 인구통계는 미국 재학 아동의 35.2%가 소수 민족 그룹이고, 처음으로 히스패닉계의 아동 숫자가 아프리카계 미국 아동의 숫자를 넘어섰음을 보여 준다. 덧붙여, 스스로를 이중 또는 복합 인종적이라고 생각하는 미국인의 수가 증가하고 있음을 보여 준다. 골프 선수 Tyger Woods는 아시아인, 흑인, 카프카스인, 고유 미국인의 복합 민족성을 갖고 있는데, 이 같은 사람들이 증가하고 있는 것은 보통의 일이 되고 있다. 〈표 3.4〉은 현재 학령 인구의 인종 구성을 2020년의 예상치와 2000년을 비교한 것이다. 이민의 수준이 각 주마다 현저히 다르기 때문에 몇몇 지역에서는 수년 동안 매우 큰 문화적 다양성의 도전을 경험해 왔다. 예를 들어 1990년에 뉴욕 시의 공립학교에 취학한 아동의 40%가 소수 인종 그룹에 속했다. 같은 해에 캘리포니아 공립학교 학생의 31.4%가 히스패닉계였고, 11%가 아시안계, 8.9%가 아프리카계 미국인이었다. 사실 최근까지 5개 주(캘리포니아, 플로리다, 일리노이, 뉴욕, 텍사스)는 많은 새 이민자를 받아들였는데, 그렇기 때문에 이런 새로운 변화의 영향이 인구통계상 반영되지 못한 것이므로 한계가 있다. 그러나 오늘날 이러한 이민의 물결은 아직 이민 업무 처리 경험이 적은 다른 지역에까지 바람을 불러일으키고 있다. 예를 들어 북캘리포니아에서 영어 과목 시험 면제 대상에서 제외된 학생의 수가 1990~1998년에 440%까지 증가했는데, 앨라배마와 켄터키 주에서도 429%와 208%로 현저히 증가해 일치된 모습을 보여 준다. RAND에 근무하는 인구통계학자 Peter Morrison(2001)은 다음과 같이 결론을 내리고 있다.

> 캘리포니아는 수학적으로 볼 때 모든 사람들이 소수 인종으로 구성된 최초의 주가 될 지경에 놓여 있다. 대체로 미국은 점차 단일 인종 또는 단일 민족 그룹이 우월한 지배력을 행사할 수 없는 국가가 되어감으로써, 단일 국가로 살아가는 것을 확신할 수 없는 그러한 미래로 나아가고 있다.(p. 40)

민족적 다양성과 함께 또 다른 종류의 다양성이 나타나고 있다. 많은 학교에서 언어의 다양성은 대부분의 학생이 영어보다 스페인어나 아시아 언어를 더 유창하게 말하는 문제를 초래하고 있다. 종교적 다양성도 점차 커지고 있다. 오랜 주류 종교인 "개신교—가톨릭—유대교"가 무슬림, 불교, 힌두교를 믿는 다수 학생들로 구성된 학급에서 그 비중이 낮아지고 있다. 민족적·문화적·언어적·종교적 다양성은 새 이민자들과 그들의 자녀들이 처음 그들을 맞이한 주를 벗어나 다른 곳으로 이주해 감으로써 확산되고 있다(Archer, 1996; Henry, 1990; Newton, 1992; Roberts, 1993; Rosenblatt, 1996).

**가정생활의 변화.** 미국 가정에서의 변화는 1980년대와 1990년대에 정치적 쟁점으로 부각되었다. 인구통계치가 가정의 가치에 대한 정치인들의 수사적 열변을 지지할 충분한 근거를 제공하지는 않지만, 정치인들이 불충분한 근거 하에서도 미국의 가정 문제에 대해 고민 중에 있는 것은 사실이다. 1980~1990년에 미혼모의 출산율은 76%가 증가했는데, 이러한 증가의 대부분은 결혼하지 않은 백인 여성의 출산 증가에서 비롯되었으며, 이런 미혼모의 많은 수가 10대보다는 20대와 30대였다. 10대 임신율은 1990년대에는 의미 있게 줄었지만, 학령기 자녀를 둔 결혼 부부의 비율은 1990년 이후 약간씩 감소하여, 2000 인구통계 조사에서는 미국 총가구 수의 1/4보다도 적게 나타났다. 더구나 18세 이하 아이를 둔 미혼모의 가구 수 비율은 조금 증가해 왔다. 1994년에는 미국 아이들의 24%가 아버지 없는 가정에서 살았는데, 1950년의 4배에 이른다. 이런 아이들은 가난에 빠지기 쉽고, 학교에서 탈락하기 쉽고, 양육 보호가 필요하기 쉽고, 범죄에 빠져들기 쉽고, 아버지가 있는 가정의 아이들보다 10대에 부모가 되기 쉬워 광범위한 우려를 불러일으키고 있다. 최근 도시연구소(Urban Institute)가 제시한 한 가지 관련 사실은, 6~12세의 약 400만에 달하는 아이들이 낮 동안 성인의 보호를 받지 못하는 상태에 있다는 것이다(Jacobson, 2000; Outtz, 1994; Trotter, 2001; Vobejda, 1995). 부모가 있는 가정에서 성장하고 있는 아이들도 1960년대와 1970년대의 텔레비전 가정 코미디 프로에서 자주 묘사된 목가적인 가정생활 형태를 경험하진 못한다. 부모와 나이 많은 형제자매들이 가정 밖에서 보통 하나 또는 두 개의 직장을 다니고 있고, 또 퇴근 시간이 늦기 때문에, 그 아이들은 예전에 비해 가정에서 가족들의 관심을 덜 받고 자란다. 학교에서 아이들이 돌아왔을 때, 손에 우유와 과자를 들고 숙제를 도와줄 준비를 갖춘 채 문가에 서서 기다리는 엄마를 보기는 어렵다. [그림 3.5]가 보여 주는 바처럼, 전일 직업을 가지고 있는 어머니의 경우, 보통 1주일에 총 65시간을 직장에서 일하게 되어 가정에서 쓸 시간이 없다. 과거처럼 아이들을 공원으로 데리고 나가거나 보이스카우트 분대로 이끌 수 있을 만큼 여유가 있는 아버지도 없다. 미국에서의 노동 시간을 연구한 Schor(1992)는 1973~1991년 남성들의 노동 시간 증가는 1년에 98시간 증가한 반면, 통근 시간은 1주일에 23시간까지 증가했다. 사춘기 직전(10~12세)의 아이들

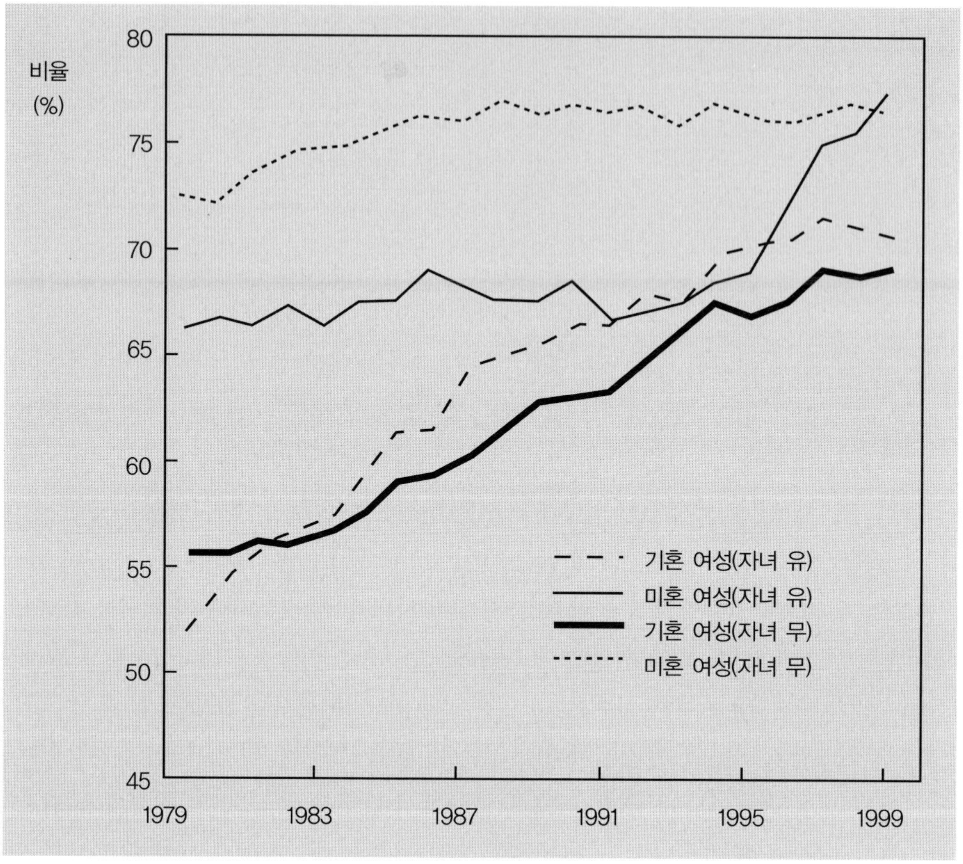


**[그림 3.5] 미국 여성의 노동시장 참여율(1979~1999)**

주 : From "Strong Employment, Low inflation: How Has the U.S. Economy Done So Well?" Canadian Public Policy XXVI(Supplementary issue), By R. M. Blank, 2000, p. S182. Reprinted by permission of Canadian Public Policy, Guelph, Ohtario.

을 가진 부모의 거의 1/3은 직장에서 1주당 50시간 또는 그 이상 일했다. 나이 든 형제자매들도 10대 고용이 급속히 증가한 이후 어린 동생들과 함께할 수 있는 시간을 거의 갖지 못하고 있고, 할머니 또한 가정 밖에서 일하는 경우가 많다(Schor, 1992; Trotter, 2001).

**결론.** 미국 인구와 그 생활 형태가 급속히 변화하고 있다. 그 결과 요즘 아이들은 학교행정가들—상대적으로 젊은 사람일 경우에도—이 성장했던 세계와는 다른 세계에서 자라고 있다. 더구나 이 세계는 변화가 매우 빠르다. 1990년대 아이들의 경험은 2000년에 그들의 나이 어린 형제자매들이 경험한 것과는 다소 다르다. 2010년의 경험 역시 2000년의 그것과는 다를 것이다. 인구통계적 정책 환경을 생각해 볼 때, 학교 지도자들은 실제로 움직이는 표적을 다루고 있다. 이러한 변화를 가까이 하지 않는 사람들은 그들의 바람과 관계없이 시대에 낙오되는 위험을 감수해야 한다. 예를 들어, 보통 학교 지도자들은 학부모들이 학교 활동에 참여할 수 있는 시간이 20년 전 또는 10년 전보다 더 없다는 사실을 도외시한 학부모 관련 정책 강연은 그것을 듣는 사람들로 하여금 회의를 갖게 한다. 노동 시간과 통근 시간의 증가가 곧 부모 관련 프로그램이 소용없다는 것을 의미하지는 않는다. 그러나 이러한 사실들을 고려하지 않은 부모 관련 프로그램은 심각한 문제에 직면할 가능성이 높다. 현명한 학교 지도자는 예리한 관심을 갖고 변화하는 인구통계에 관한 신문과 잡지 기사를 읽고, 스스로에게 질문할 필요가 있다. 이것이 아이들에게 주는 의미는 무엇인가? 학교와 교사들에게는? 교육구와 행정가에 대해서는? 이러한 경향을 더 잘 다루기 위해서는 어떤 정책 변화가 요구되는가?

## 교육정책을 위한 함의

### 경기 순환의 함의

경기 순환과 함께 조세 수입의 팽창과 수축이 일어나기 때문에 경기 순환은 공교육 재정의 확충 단계에서 중요한 시사점을 제공한다. Guthrie와 Koppich(1987)는 미국에서 시행한 다음 네 가지 국가 교육개혁 정책의 단초를 제공한 것이 정치적 경제(political economy)라고 분석했다. (1) 1958년 아이젠하워 전 대통령 하에서의 국방교육법(National Defense Education Act) 통과, (2) 1965년 존슨 전 대통령의 빈곤과의 전쟁(War on Poverty) 기간 중 초중등교육법(Elementary and Secondary Education Act)의 통과, (3) 1975년 공법 94-142, 장애아동의 권리에 대한 법안(All Handicapped Children Act) 통과, (4) 1980년대 교육의 수월성 운동.

Guthrie와 Koppich는 아홉 가지 정치적·경제적 환경의 변인을 앞의 네 가지 개혁기에 적용하여 비교하였는데, 변인 중 두 개가 네 개의 개혁 사례에 공통적으로 작용했다는 사실을 발견했다. 첫째는 네 개의 개혁기 모두 소련의 스푸트니크 위성의 발사 또는 위탁 보고서의 내용 공개 등으로 촉발되었다는 것이다. 둘째는 호경기의 경제가 모든 개혁적 노력의 시작과 법규 제정을 뒷받침했다는 것이다(p. 37). 그들은 "부양된 경제가 광범한 변화의 전제 조건이 될 수 있다."고 결론 지었다(p. 38). 이러한 발견은 학교 지도자가 민감한 반응력과 사전 행동적 대처 능력을 가져야 함을 시사한다. 민감한 반응이 함의하는 것은 "경제 호황(economic buoyancy)"이 언제나 교육 개혁을 자극하는 것은 아니라고 하더라도, 개혁기는 거의 언제나 강한 경제를 배경으로 발생한다는 것이다. 이처럼 국가, 주, 지방의 경제가 강력한 확장기에 접어들면 학교 지도자는 교육정책에 있어 주요한 변화의 제안이 제기될 수 있음을 예상해야 한다. 이런 시기에는 워싱턴에서 어떤 일이 일어나고 있는지 관심을 갖는 것과 더불어 주요 두뇌집단의 움직임, 전문적인 출판물의 동향 등에 대해서도 주의 깊게 관찰하는 것이 특히 중요하다. 그러나 학교 지도자들은 새로운 정책 제안들이 펼쳐지는 것을 그저 바라보면서 수동적 자세로 임해서는 안 된다. 교육정책의 변화를 추진하기 원하는 학교 지도자는 비교적 경제 속도가 완만한 기간에 교육정책의 변화를 위한 기초 작업을 준비해야 하며, 다가올 경제 확장의 큰 파도를 개혁의 공개적 추진을 위한 출발점으로 삼을 수 있도록 활용해야 한다. 더 많은 공적 자원을 활용하고 분위기를 고조시킴으로써, 그들이 제안한 정책 변화를 다른 사람들이 더 쉽게 지원할 수 있도록 설득할 수 있을 것이다. 그 타이밍이 정확하다면, 그들은 정책이 채택될 수 있는 더 나은 기회를 가질 뿐 아니라 수행의 초기 몇 년 동안에 충분한 예산도 확보할 수 있을 것이다. 경기 순환에 맞춰 일하는 것은 이에 역행하여 일하는 것보다 언제나 더 쉽다.

## 장기간 동향의 함의

**경제/인구통계의 시나리오.** 정책 입안자나 정책학자들은 앞에서 논의한 경제와 인구통계 자료를 충분히 알고 있고 오랜 기간 다루어 왔다. 예를 들어 교육정치협회의 첫 연차보고서(Politics of Education Association Yearbook)의 서문에서 Boyd와 Kerchner(1988)은 "최근 미국에서 사회적, 인구통계적 트렌드가 함의하고 있는 문제의 심각성"을 제기하고 있다(p. 2). 쉽게 말하자면, 이러한 트렌드에 관한 우려 속에 1980년대 초반 이후 미국 교육정책이 진행되어 온 것이다. 인구통계의 동향은 미국 공립학교의 과업을 더욱 어렵게 만들고 있다. 무엇보다 학생 5명당 약 1명꼴의 아이들이 빈곤 상태에서 성장하고 있는데, 이들은 영양실조, 부적절한 건강 관리, 무력감과 스트레스 등 빈곤과 관련된 제반 문제를 동시에 안고 있다. 더구나 많은 학생들, 그리고 꼭 빈곤하지 않은 학생들도 특별한 사회적·교육적 요구를 갖고 있다. 그러한 요구에는 이중언어 또는 제 2언어로서의 영어 프로그램, 미국 학교의 목표를 그들의 부모들에게 소개하는 활동, 아시아·아프리카·라틴아메리카 지역을 포괄하는 지식 교육과정, 등교 전 또는 방과 후 프로그램, 가정학습을 도와줄 개인교사, 치료, 멘토링 등을 포함한다. 뿐만 아니라 학교에서 폭력과 다양한 문제들에 대처하기 위한 교육 훈련의 요구가 증가해 왔고 앞으로도 계속 증가할 가능성이 크다. 현재와 미래의 아이들에게 그러한 교육을 하기 위해서는 현재 배정받는 공교육 예산보다 훨씬 더 많은 예산이 확보되어야 할 것이다.

그러나 경제와 인구통계 동향은 더 많은 교육 예산을 확보한다는 것이 쉽지 않을 것이고, 바로 얼마 전에 배정된 예산액만큼 확보하기조차 불가능해질 수 있다는 사실을 보여 준다. 더딘 경제 성장, 정체된 임금, 인구의 고령화 추세, 실업의 심각성, 과중한 소비자 부채 등 복잡한 문제들로 인해, 미국인들은 세금 증가는 물론 현재 수준의 세금을 유지하는 것조차 반대하고 있다. 조세 저항이 1970년대 후반에 일상적으로 일어났고, 이 때문에 많은 주들이 과세와 지출 제한에 관한 법률을 제정했는데, 이것들은 아직도 유효하다. 전문가들은 조세 저항의 문제가 곧 해소될 것으로 보지 않고 있는데, 사실 과세와 지출 제한은 더 엄격해지기 쉽다. 더구나 테러리즘과 이에 대응한 군사 조치에 관한 우려와 관심 증가로 교육에 투입될 수 있는 공적 예산이 다른 곳으로 전용되고 있기도 하다. 또 다른 문제는 학령 인구 비율의 감소이다. 늦게 결혼하여 가정을 늦게 갖

**편집자에게 :** "3배 이상 차이 나는 학교 세금 부과"(8월 7일)라는 기사는 Maple Hills 교육구의 교육감이 "지역사회에서 학교들을 지원하지 않는다"는 사실에 실망했다고 보도하고 있다. 나도 "실망감"을 갖고 있는 사람 중의 한 사람이다. 만일 내가 가진 정보가 정확하다면, Maple Hills 학교는 우리 부부에게 우리의 가정이 가치 있다고 느끼는 것에 기초하여 매년 540달러를 세금으로 부과해 온 것이 틀림없다. 우리 부부는 아이가 없고 둘 다 일한다. 금년에 우리는 1994년에 그녀가 받았던 임금만큼 받을 수 있게 될 것이고, 나 역시 내가 1994년에 받았던 임금의 1.5배 정도를 받게 될 것이다. 이것이 모든 신문에서 인용하고 있는 바처럼 "넓은 취업의 기회와 고소득 신분"에 따라 정당하게 내야 할 세금 부과 근거의 전부이다. 10만 달러짜리 집과 5명의 아이들을 갖고 있는 사람은 연간 세금 부과액이 180달러이다. 더 비싼 집을 갖고 있고 아이가 없는 사람은 540달러를 지불한다. 이러한 등식의 논리적 근거는 어디에 있는가? 내가 이웃 사람에게 내 논거를 미리 알려 줬더니, 그는 내 집의 가치가 하락했다고 말했다. 만일 이러한 세금 부과 형태가 계속된다면 나는 더 이상 내 집에서 살지 않을 것이며 다른 누군가가 이 집에서 살게 될 것이다.

Tom Drysdal
Maple Hills

**[그림 3.6] 왜 그는 더 많은 학교 세금 부과에 찬성하지 않는가**

주 : Adapted from a letter to the edition at the Cincinnati Enguirer, August 14, 1996, p. A15. The names of the letter writer and school district have been changed to profect their privacy.

거나 아이를 갖지 않기로 하는 성인의 수가 증가하면서 자녀 없는 가정의 비율이 더욱 증가하고 있다. 이러한 경제와 인구통계 동향이 학교 지원을 위한 세금부과에 반대하는 여론을 강화시킨다.

[그림 3.6]은 중서부 지역의 한 시민이 편집자에게 보낸 편지인데, 세금 부과 반대 이유를 생생하게 설명하고 있다. 결국 흔쾌하게 세금 인상을 인정하는 사람은 거의 없지만, 학령 인구가 사회적·인종적·민족적·종교적·사회 경제적·언어적으로 혼합되는 것은 오늘날 아이들의 특성으로서, 다수의 미국인을 위한 교육과 일반 복지가 쉽지 않다는 책임감을 느끼게 만든다.

## 적은 경비로 큰 효과를

장기간의 경제와 인구통계 동향의 함의에 대해서는 크게 두 가지 방향의 반응이 나타난다. 하나는 "적은 경비, 더 큰 효과"의 철학으로 기술될 수 있다. 이러한 입장을 지지하는 사람들은 공립학교는 이미 필요한 것보다 더 많은 예산을 배정받고 있으며, 실질적 문제는 교육자들이 그 예산을 낭비하는 것이라고 믿는다. 이러한 입장은 레이건 전 대통령의 제2 교육비서관 William Bennett에 의해 지지되었는데, 그는 1988년 2월의 연설에서 "돈으로는 학교 문제를 치유할 수 없다."고 진술했다(Baker, 1991, p. 628). 그의 의견은 경제학자 Hanushek(1989, 1994)에 의해 수행된 연구에 주로 의존하였는데, Hanushek은 교육적 비용 지출과 학생들의 성취의 관계에 관한 수십여 편의 논문들을 분석한 후 "학교에 투입된 자원과 학생의 수행 사이에는 일치된 관계가 없다."고 결론 내렸다(Hanushek, 1994, p. 464). 그는 교육에서 필요로 하는 것은 쓸 수 있는 돈의 양이 아니라 동기 유인 구조의 변화라고 주장한다.

1980년대와 1990년대의 많은 개혁들은 더 효과적인 교육 실천을 격려하기 위하여 유인 구조를 변화시키기 위한 시도로 이해될 수 있다. 예를 들어 수월성 교육운동의 초기 시기에는 졸업의 요구 조건이 증가되었고, 주 전체에 시험 프로그램이 새로 시행되거나 변경되었다. 이 기간 중 인기 있었던 정책 제안은 교사들과 경력 관리자들에게 지불할 메리트를 포함한 것이었다. 많은 주들은 세부적인 교육 수행에 관한 통계를 모으기 시작했고, 개별 학교들과 교육구들을 위한 "기록 카드(report cards)"를 간행할 때 그것들을 활용했는데, 그 기록 카드는 학부모들과 일반 국민들에게 유용하도록 만들어졌다. 더 최근에는 교육에서의 유인 구조를 변화시키기 위한 요구가 마그넷 학교, 지역 간 개방 지원, 지역 내 개방 지원, 바우처 제도 등을 포함하는 다수의 학교 선택 제안으로 이어지고 있다.

이러한 정책들의 공통적 특성은 경쟁이다. 즉 학교 선택의 많은 지지자들은 학교가 만일 학생(그리고 돈)을 위해 경쟁하게 되면 학교 교직원들은 교육 프로그램을 개선하도록 동기가 유발될 것이라고 믿는다. 교육적 질이 떨어지는 학교들은 더 개선되거나 폐교될 것이다. 더구나 경쟁은 교육자들에게 그들의 자원을 지금보다도 더 효율적으로 사용하게 할 것이다(Chubb & Moe, 1990). 궁극적으로 학교는 더 나아지고 비용은 줄어들 것이다.

## 조금 더 투자해 훨씬 많은 효과를

어떤 학교가 확실한 방법으로 경비를 사용한다면 학교를 위해 더 많은 경비를 부담할 의도가 있을 것이다. 학교에 대한 이 같은 생각을 대표하는 사람은 정책학자 Clune (1994a, 1994b)이다. 그는 교육적 "생산성(productivity)"이 너무 낮다는 가정에서 출발하여, 모든 학생들이 "높은 최소한의 성취(high minimum outcomes)"를 추진할 수 있는 재정 수준, 그리고 성과를 지원할 수 있는 교육과정과 구조의 변화를 주장했다. 보충 재원은 "목표가 분명한" 곳에 쓰여야 하며, 재정의 취약성 여부를 떠나 교육적 성취가 낮은 지역에 추가적인 재정 지원을 하는 것이 적합하다. 단, 이러한 재원은 특별한 개선 계획에 한정해서 쓰여야 한다(Clune, 1994a, 1994b). Clune의 주장과 유사한 아이디어를 반영하고 있는 정책 제안과 실제의 교육정책으로는 (1) 준거적 개혁(standards-based reform), (2) 신뢰할 수 있는 평가(authentic assessment), (3) 학교 연계 서비스(school-linked services), (4) 더 높은 사고과정을 강조하는 교육과정, (5) 새로운 교육과정과 교사들을 지원하기 위한 전문적 개발 등이다.

사실 2001년의 아동낙오방지법(No Child Left Behind Act)은 이러한 접근을 보여 주는 우수 사례이다. 이런 입장을 지지하는 많은 사람들은 또한 위험에 빠진 학생들을 위한 교육 개선에 관심을 가지고 있다. 그러한 아이들을 돌보는 초등학교를 위한 프로그램 중 잘 연구되고 유명해진 세 개의 프로그램을 들면, 모든 학교에 적용할 수 있는 Slavin의 성공 사례(Slavin' s Success for All Schools), Comer의 학교 개발 프로그램(Comer' s School Develoment Program), Levin의 교과과정 단축 학교(Levin' s Accelerated Schools)가 있다.

King(1944)은 목표가 분명한 지출을 주장하는 사람들의 마음을 잘 보여 주는 한 논문에서 이 세 가지 프로그램의 비용을 분석한다. Slavin의 프로그램은 비용이 가장 많이 들고, Levin의 프로그램이 가정 적게 든다고 결론 지으면서, 교육구에서는 그것들 중 하나를 채택하기 전에 프로그램의 상대적 비용과 조건을 신중히 평가할 것을 권유한다. 왜냐하면 현재의 많은 학교 재정 연구는 교육의 생산 기능, 다시 말해 학생의 성취를 높이기 위한 가장 효과적인 재정 조정 방식에 초점을 두고 있기 때문에 추가적인 예산이 소요되는 대부분의 새로운 교육정책은 아마도 프로그램과 수행 조건을 부과해야 할 것이다.

## 행간 읽기

대부분의 독자들은 의심의 여지없이 이 장에서 논한 경제와 인구통계의 쟁점들이 정치적인 의미를 담고 있다는 것을 강하게 느꼈을 것이다. 결과적으로 정책 입안자는 경제와 인구통계 영역을 다루는 정책을 채택함에 있어 완전하게 명백한 합리성을 언제나 추구할 수는 없다. 예를 들어 공개적으로 교사 보수의 삭감을 주장하는 것은 대부분의 주에서는 정치적 자살 행위나 다름없다. 그러나 의회는 때때로 확실한 추가적 지원 부담없이 교사들의 업무 부담을 늘림으로써 교사들의 시간당 임금을 말없이 낮춘다. 1980년대의 몇몇 평가 프로그램이 정확하게 이와 같은 방식을 통해 효과를 냈다. 이와 비슷하게 학부모들은 자녀를 학교에 보내는 데 드는 교통비의 더 큰 몫을 부과시키려는 제안에 분노를 표출할 것이다. 그러나 이것은 몇 가지의 학교 선택 제안이 노리는 감추어진 효과 중의 하나이다. [그림 3.7]은 실제의 교육정책이나 제안된 정책 방안에 숨겨져 있는 함의를 평가하는 데 활용할 수 있는 질문들을 담고 있다.

- 이러한 정책의 재정적 함의는 무엇인가?
- 이러한 정책은 대안적 정책과 비교할 때 비용이 같은가, 많이 드는가, 적게 드는가?
- 그 정책으로 누군가가 재정적 이득을 보게 될 것인가, 그렇다면 누구인가?
- 이러한 정책 때문에 재정적으로 손실을 입을 사람이 있을까, 있다면 누구인가?
- 이러한 정책은 비용 부담—돈, 물질, 시간으로 측정된—을 정부로부터 학부모, 교사, 행정가 또는 다른 사람들에게 이동시키는가?
- 이러한 정책은 비용 부담을 정부 차원의 한 단계에서 또 다른 단계로 이동시키는가?
- 이러한 정책은 이를 지지하는 사람들이 의도하지 않은 방식으로 비용을 삭감할 수 있는가?
- 이러한 정책은 변화를 더 촉진하는가, 덜 촉진하는가, 변화하지 않는 현재 수준을 그대로 두는가? (장애의 조건 뿐 아니라 인종적·민족적·종교적·언어적·사회 계층적 변화를 고려)
- 이러한 정책은 가족생활을 지원하는가? 그렇다면 어떻게, 왜 그러한가?

**[그림 3.7]** 교육정책의 계열을 구분하는 데 도움을 주는 열 가지 질문

## 학교에 얼마나 많은 투자가 필요한가?

이론상, 최근의 경제와 인구통계적 환경에 대응한 세 번째의 가능한 정책은 학교가 직면한 전례 없는 도전을 극복하도록 대규모의 새 투자를 하는 것이다. 이런 대안을 심각하게 주장해 온 미국의 주요한 정치 지도자는 없다. 사실, 정책 입안자는 주어진 경제와 인구통계적 상황에서 이런 대안은 논외라고 주장한다. 그러나 국가 간 비교를 보면 그렇지 않다. 예를 들어 프랑스는 미국보다 더 고령화된 인구를 갖고 있고, 최근 수년 동안 3세계에서 대규모의 이민자를 받아들였으며, 비교적 빈곤층의 비율이 높고, 미국보다 더 과중한 세금 부담을 지고 있으며, 1973년 이후 심각한 경제 문제를 경험해 왔다. 그러나 1985년에 프랑스 정부는 1985~2000년 단계적으로 실행할 대규모의 중등교육 투자정책을 채택했다. 이러한 정책은 다른 정당의 정부에 의해 수행되었으며, 광범한 공적 지원이 수반되었다. 그 결과로 1985~1989년에 프랑스의 중·고등학교 취학률은 매년 7.4%까지 증가했다(Husen, Tuijn-man, & Halls, 1992).

프랑스의 사례는 경제와 인구통계 동향만으로 교육정책을 결정할 수 없다는 것을 명확히 보여 준다. 이러한 동향은 인간에 의해 해석되어야 하고, 각 사회에서 인간은 그들의 문화 속에서 형성된 깊이 내재된 신념과 가치를 통해 흐름을 해석한다. 더구나 교육정책은 정치체제 속에서 개발되고 수행되어야 한다. 이러한 정책 환경의 양상들 또한 교육정책에 영향을 준다. 이에 대해서는 다음 두 개 장에서 논의한다.

### 토론을 위한 질문과 활동

1. 일간신문을 활용하여 경제의 건강 상태를 보여 주는 여러 지표들을 조사해 본다. 조사한 사실들이 교육정책에 어떠한 함의를 주는가?
2. 교실에서 공교육에 대한 상류층 시민들의 지원을 이끌어 내기 위한 아이디어 창안 회의를 가져 보라.
3. 당신의 지역에서 위험에 처한 학생들의 핵심 문제가 무엇인지 확인해 보고, 이를 해결할 수 있는 정책을 제안해 보라.
4. [그림 3.6]에서의 편지에 대한 답신으로서 편집자에게 편지를 써 보라.
5. [그림 3.7]의 질문을 활용하여 때때로 이러한 교육정책의 채택 뒤에 숨겨져 있는 언급되지 않은 목표들, 가령 학교 중심 경영, 지불보증제 등을 찾아보라.

### 인터넷 과제

미국 센서스 사무국의 웹페이지에 있는 검색 엔진 또는 검색 사전을 이용하여 당신이 속한 주와 지역의 통계를 찾아라. 당신이 속한 지역에서의 인구통계적, 경제적인 동향과 당신 주의 그것과는 어떻게 비교될 수 있는가?

## 찬반논쟁 : 학교는 모든 학생들에게 핵심 교육과정을 가르쳐야 할 것인가?

**찬성** 이전보다 오늘날의 모든 미국 공립학교에 다니는 아이들은 똑같은 핵심 교육과정이 부과되어 있다. 이러한 교육과정은 기초적인 읽기, 쓰기, 산수 능력 뿐 아니라 미국의 문화유산과 유럽인 조상에 대한 이해도 포함된다. 이러한 교육과정을 채택하는 데는 두 가지 이유가 있다.

첫째, 미국 학교는 역사적으로 보통 학교(common school)의 성격을 갖고 있는데, 그 이유는 모든 아이들이 학교에 다닐 수 있고, 또 학교는 모든 아이들에게 보통의 경험을 제공해 왔기 때문이다. 다양한 사람들로 구성된 나라에서 이러한 전통은 본질적인 것이다. 우리 모두가 같은 문화의 부분이라는 것을 아이들이 이해할 수 있도록 어떻게 발전시킬 것인가? 그리고 어떻게 다른 미국인들에게 충실한 사람이 되도록 할 것인가?

둘째, 우리 사회는 지극히 유동적인 사회로 되어 가고 있다. 핵심 교육과정은 학교에서 학교로, 그리고 지역에서 지역으로 옮겨 갈 때 뒤처지지 않고 더 쉽게 생활할 수 있도록 해 줄 것이다.

**반대** 미국의 특성은 언제나 다양성이 존재한다는 것이다. 많은 대륙으로부터 건너온 조상을 둔 시민으로 구성되어 있고, 또한 지역별로 좋은 교육의 전통을 많이 가지고 있다. 이런 교육적 전통이 활용될 특별한 아이들의 요구를 반영한 교육과정을 채택함으로써 풍부한 전통을 존중하는 것이 중요하다. 이것은 어떤 지역에서의 교육과정은 아프리카계 미국인의 경험에 관해 많은 내용을 포함시키는 것을 의미하고, 다른 곳에서는 미국인의 조상으로서 유럽인의 기원을 강조하는 의미일 것이며, 또 다른 지역에서는 노동운동의 역사에 대한 탐구를 의미하는 것일 수 있다. 각 학교, 각 민족적 그룹, 각 지역사회는 아이들의 욕구에 따른 맞춤형 교육과정을 발전시킬 자유를 가져야 한다. 1,000개의 꽃이 만발하도록!

➜➜ **여러분은 어떻게 생각합니까?**

## 분석을 위한 뉴스 : 연방 정부에 가해지는 특수교육비 증액 압력

**텍사스의 산안토니오**－월요일, 휴스턴에서 국가 특수교육 시스템을 분리한다는 대통령위원회의 결정이 있었을 때, 산안토니오 사람들만큼 그 결과로 인해 영향을 많이 받는 도시는 거의 없을 것이다. 2000～2001학년도에 Bexar County 학생의 15%가 특수교육 서비스를 받아야 할 대상으로 분류되었다. 이러한 비율은 주 전체 학생의 12%, 그리고 휴스턴과 댈러스 같은 다른 도시 중심에서의 10%와 비교될만한 수치다.

특수교육은 학습 능력이 저해되는 의학적 조건과 무능력을 가진 학생을 돕기 위한 것이다. 담당 공무원은 산안토니오 지역의 특수교육 수요가 높은데, 그 이유는 높은 유동성, 그리고 가족들이 높은 수준의 의료시설과 평판이 좋은 이 교육구에 가까이 있기 위해 전세계에서 가족들을 데려온 군대 시스템 때문이라고 말한다. 그러나 거기에 있지 않은 약간의 학생들에게도 특수교육 과정에의 참여를 허용하고 있다.

연방 정부에 특수교육 비용을 더 끌어 올리도록 압력이 가해지고 있다. 1976년에 첫 법률이 통과되었을 때 의회는 소요액의 40%를 지원하도록 약속했지만, 연방 정부는 지금 단지 15%만 지원하고 있다. 그러나 공화당원들은 우선 그 시스템의 개혁 추진을 약속해 왔으며, 학교 생활에 관한 간단한 부가적 도움이 필요한 때 소수 그룹 학생들에게 특수교육을 받게 한 경우는 거의 없었다.

Bexar County의 몇 개 지역은 이미 미진한 영어 능력, 학습 형식의 문화적 차이, 종종 어린애만큼 서투른 읽기 등과 같은, 학습에 영향을 주는 다른 쟁점들을 다루는 데 우선해서 특수교육 문제를 다루고 있다. 예를 들어 Somerset 교육구의 관리들은 그들의 이중 언어교육 프로그램을 적용해 왔다. Somerset은 특수교육 학생 숫자를 1999～2000년 취학 학생의 17%에서 지난해 15%로 낮추었다.

Somerset을 포함한 여러 지역은 그들이 어떻게 학생들을 평가하는지 지켜보았고, 그 결과 하나의 문제가 있을 때 특수교육에 자동적으로 배치되는 경우는 없다는 것을 알게 되었다. "이것은 특수교육이 하나의 문제를 교정하기 위한 첫 조치를 끝까지 지속하는 것이라는 기존 패러다임으로부터의 변화이다." 라고 Judson 교육구의 특수교육 관리자인 Michelle Harmon이 말했다. "능력이 없다는 것은 학습 지진아인 것과는 다르다." 고 Harmaon은 말한다. "인구의 다양성 때문에 이질적인 문화 이해를 위해 우리는 더 의욕적으로 노력할 것이다."

### 질 문

1. 2002년의 경제 환경에서 어떠한 양상들이 교육구로 하여금 연방 정부에 대해 더 많은 특수교육 비용 증액 압력을 가하도록 이끌어 왔다고 보는가?

2. 당신은 연방 정부가 특수교육 비용의 40%를 지원한다는 약속을 왜 지키지 않았다고 생각하는가?
3. 텍사스 산안토니오의 인구통계로 볼 때, 당신은 왜 학교 관리자가 영어를 할 줄 모르고 다른 문화권에서 온 소수 그룹 학생들에게 특수교육을 받게 한다고 생각하는가?
4. 이러한 아이들의 문제에 대처함에 있어 특수교육 배치보다 더 효과적인 종류의 정책은 무엇인가?

## 심화 학습 자료

Brouwer, S.(1998). *Sharing the pie*. New York: Henry Holt and Company.

자유주의 관점에서 Brouwer는 20세기 말의 미국 경제에 대해 빈부 격차를 강조하면서 묘사한다. 기업 독점, 적자 소비, 개인화 운동에 대해 논의하면서 그는 경제 파이(economic pie)를 보다 평등하게 분배할 수 있는 방법을 제안한다.

Buchholz, T.G.(1989). *New ideas from dead economists*. New York: New American Library.

보수적 관점에서 이 책은 과거의 핵심적 경제학자들의 이념을 설명하고, 그들이 오늘날 왜 중요한지를 밝히고 있다. 이 책은 1980년대 이래로 미국 공공정책을 형성해 왔던 전통적 경제 개념의 일부를 읽을 만하게 소개하고 있다.

Galbraith, J.K.(1994). *A journey through economic time*. Boston: Houghton Mifflin.

1908년에 태어난 하버드대 경제학자 Galbraith는 엄청난 경제의 역사를 직접 관찰했다. 이 책에서 그는 자신의 경험을 부각시키며 미국의 역사를 자세히 써내려 간다. Galbraith는 루스벨트 행정부에서 일했으며 케네디 정부 때는 조언자로서의 역할을 했다.

Hodgikinson, H.(2000/2001). Educational demographics: What teachers should know. *Educational Leadership 58(4)*, pp.6-11.

교육지도자회에서 인구통계학자로 활동 중인 Hodgikinson은 2000 인구통계에서 드러난 주요 인구통계적 동향을 요약하고 공교육에 있어서 그 동향의 중요성에 대해 논한다. 그의 주장의 핵심 중 하나는 도시의 다양한 영역에서 매우 다양한 유형의 변화가 발생하고 있다는 점이다.

Morrison, P.A.(2001). *A demographic perspective on our nation's future*. Santa

Monica, CA:RAND.

Morrison은 최근 인구통계 자료를 통해 미국의 곤란한 미래상을 그리고 있다. 인종적·민족적 다양성의 증가와 함께 그는 가진 자와 그렇지 않은 자 간의 격차가 증가할 것이라고 예견한다. 또 미국인들이 이 명확한 미래 사회의 불안을 피하기 위해 다뤄야만 하는 사회적 쟁점들을 제안한다.

4

# 정치체제와 정치문화

**탐구의 요점**

미국 정치체제의 뚜렷한 특성은 무엇인가?
학교 지도자들은 이 체제 안에서 어떻게 가장 효과적으로 활동하는가?
정치문화란 무엇인가?
학교 지도자들은 왜 그들이 일하는 지역의 정치문화를 기억해야 하는가?

## 모호한 것들의 중요성

경제적인 조건과 인구학적 상황의 중요성은 비교적 명백하다. 그러나 관찰자들에게 있어서 교육정책 환경의 다른 측면들은 덜 명백하며 언뜻 보기에는 무의미한 것처럼 보인다. 이 장에서는 덜 명백한 두 요인인 정치문화와 정치체제를 다룰 것이다.

미국은 정치 이론에 관한 훌륭한 지식을 가지고 있되 연구에 유용한 동시대의 실제 모형은 거의 없는 사람들에 의해 18세기 후반에 고안된 명백한 정치체제를 가지고 있다. 비록 많은 미국인들이 초기 개척자(founding father)들이 발달시킨 권력 분리체제를 이상화할 수 있다고 하더라도, 많은 정치과학자들은 대의정부(representative government)의 첫 번째 현대적 시도가 19세기 동안 대영제국(Great Britain)에서 발달된 의회 제도(parliamentary system)보다 더 세련되지 않다고 생각한다. 사실, 오늘날 대부분의 민주국가들은 의회 제도를 더 많이 사용하는데, 그것은 의회가 우리의 체제보다 더 효율적이고 반응적이라 여겨지기 때문이다(Coulter, 1991). 어쨌든 미국은 가까운 시일 안에 권력 분리 정치체제를 변화시키기 어려울 것으로 보인다. 이것은 학교 지도자들이 권력 분리체제 내에서 효과적으로 판단력 있게 일하기 위해서는 이 체제의 강점과 한계를 이해해야 한다는 것을 의미한다. 제4장의 첫 부분에서는 미국의 정치체제에 대해서 다루고, 교육정책을 어떻게 강제하고 형성하는지를 설명하며, 교육 지도자들이 정치체제 안에서 효과적으로 기능할 수 있는 방안을 제시한다.

정치체제보다 덜 명백한 것이 정치문화이다. 미국의 정치문화에 관한 연구로 잘 알려진 Daniel Elazer(1994)는 정치문화를 "정치체제 속에서 정치 행동의 특별한 형태의 패턴"으로 정의하였다(p. 109). 그는 미국의 정치문화를 개인주의, 도덕주의, 전통주의 세 가지로 나누었다. 이론상으로 50개 주의 공식적인 정치체제는 크게는 닮은 모습을 가지더라도 실제로는 세 가지 정치문화가 각각에서 다소 다르게 작용한다. 이것은 학교 지도자가 개인적인 문화를 가진 펜실베이니아에서 전통적인 문화를 가진 테네시로 이동한다면 새로운 환경에서 잘 적응하기 위해 관리의 많은 원칙들을 다시 배울 필요가 있다는 것을 의미한다. 이 쟁점은 제4장의 두 번째 부분에서 논의된다.

## 미국의 정치체제

### 연방주의

**연방주의의 정의.** 미국 정치체제의 중요한 특성은 연방제 구조라는 것이다. 연방제를 정의하기 위한 가장 좋은 방법은 현대의 주요한 정치체제의 하나인 단일 정부(unitary government)와 비교하는 것이다. 단일 체제하에서 그 나라는 한 정부만이 법률을 통과시키고 세금을 부과하는 행동을 취함으로써 주 권력을 행사할 수 있고, 이것은 나라(country)의 수도에 본부를 두는 국가 정부(national government)이다. 지방 정부가 존재하긴 하지만, 그것을 만들고 지배하고 폐지하는 것까지도 중앙 정부에 종속되어있다. 단일 정치 구조를 가진 세 개의 주요 국가는 프랑스, 일본, 영국이다. 미국에도 단일 정부는 존재한다. 50개 주 정부와 그들을 대표하는 지방 정부의 관계는 단일적이다(Coulter, 1991; Isaak, 1987).

단일 정부와는 대조적으로, 연방제 아래에서 여러 정부들은 주권을 공유하고 중앙 정부는 하위 정부(subsidiary government)를 폐지시킬 수 없다. 예를 들어, 미국의 주들은 실제로 중앙 정부를 만들었고, 연방헌법(federal constitution)은 주권력(sovereign power)이 주에 속해 있고, 주는 연방 정부에 속해 있음을 명백히 밝힌다. 연방 정부는 주 정부들이 주권력 안에서 행동할 때, 주 정부를 지배할 권위를 가지고 있지 않고 폐지시킬 수도 없다(Coulter, 1991; Hanson, 1996; Issak, 1987). 강한 지역적 전통을 가진 국가에서는 종종 연방제를 사용하는데, 예를 들어 초기 미국은 뚜렷한 역사와 문화를 가진 13개의 이전 영국 식민지들로 구성되었다. 2세기가 지난 후에도 이 지역적 전통은 여전히 강하다. 그렇기 때문에 특히 학교 지도자들은 만약 자신이 그가 일하는 지역의 "이주자들" 이라면 이 사실을 항상 기억하고 있어야 할 것이다.

**미국 연방제의 역사.** 연방 정부와 주 정부 사이의 관계는 고정적이고 불변하는 것이 아니라 역동적이다. 독립선언의 선포 이래 2세기가 넘는 시간 동안, 미국 연방제는 여러 독특한 단계들을 경험해 왔다. 초기 개척자들이 정치 권력의 집중을 불신했기 때문에 연합규약(Articles of Confederation)하에서 극도로 약한 연방체제를 규정하였다. 이 구조는 매우 부적절하여 몇 년 후 더 강한 연방 정부를 규정하면서 현재의 헌법이 기술되고 승인되었다. 그러나 새로운 헌법은 시작부터 논쟁의 여지가 있었고, 토머스 제퍼슨을 포함한 주요 지도자들에 의하여 심각하게 보류되었다. 수십 년 동안 연방 정부에 있어서 적절한 권력의 배분은 국가 정치에 있어서 중심적인 논쟁거리였다. 게다가 한 주요 정당은 국가 정부의 강화가 그 정당의 주요 목적 중 하나였기 때문에 스스로를 연방주의자들이라 불렀다. 연방제에 대한 초기의 논쟁은 남부의 주들이 동맹(union)으로부터 탈퇴하기 위한 주권 권리를 고려하던 남북전쟁 때에 절정에 달했다. 전쟁에서 북부의 승리는 연방제의 미진한 해석에 대한 심각한 불신을 의미했다(Bowman & Kearney, 1986; Cohen & Spillane, 1993). 그러나 오늘날 여전히 연방 정부를 약하게 보는 해석은 강하게 보는 해석과 공존하고 있다.

남북전쟁(1861~1865)의 종료와 대공황 시작 사이의 64년 동안, 연방 정부는 철도 건설, 서부 정착, 미국인 원주민 부족들의 정복 촉진에 필요한 새로운 법적 근거를 찾는데 주력했다. 하지만 그 힘은 동시대의 기준들에 비해 상대적으로 약했기 때문에, 1961년까지 소득세를 징수할 수 없었다. 제2차 세계대전 직후의 대공황은 정부 권력의 거대한 증가를 가져왔다. 1929년의 대공황은 전 국가에 걸쳐서 사업과 개인의 파산 뿐 아니라 은행의 파산을 야기했고, 광범위한 실업을 초래했다. 이 경제적인 문제는 주와 지역 정부들이 효과적으로 처리할 수 없는 양이었기 때문에, 연방 정부는 경제와 노동정책에 있어서 역할 강화를 주장하면서 간섭하기 시작했다. 주와 지역 정부의 지출에 대한 연방 정부의 권한 강화 경향은 또 다른 위기인 제 2차 세계대전에 의해 더욱 더 가속화되었다. 전쟁이 끝난 후 20년이 넘게 워싱턴은 시민의 권리와 도시정책 같은 영역들을 주도하면서 적극적인 역할을 했다. 이러한 경향은 1968년 백악관에 리처드 닉슨의 선출과 함께 전환되기 시작했다. 그의 후임자인 제럴드 포드와 지미 카터는 주 정부에 권력을 부과함으로써 연방제의 관계를 변화시켜 갔다. 그리고 1980년 선출된 대통령인 로널드 레이건 아래에서 주 정부와 연방 정부 간의 권력 균형의 변화가 더욱 가속화되었다(Bowman & Kearney, 1986; Gray, 1996; Lewis & Maruna, 1996; Nathan, 1993; Van Horn, 1993).

**오늘날의 연방제.** 1982년 로널드 레이건은 연설을 통하여 여러 정책 영역에서 주 정부에 강력한 권력을 제공하고, 연방 재정의 사용을 더욱 신중하게 하는 내용이 포함된 "신연방제(New Federalism)"를 선포했다(Bowman&Kearnem, 1986; Gray, 1996; Lewis & Maruna, 1996; Mazzoni, 1995). 교육은 주 정부의 주요한 기능이므로 신연방제는 교육정책에 큰 영향을 가져왔다. 가장 명백한 수준에서 그것은 연방 자금의 축소를 의미한다. 레이건 행정부의 시작 이전인 1978년에 연방 정부는 미국 학교에 전체 자금의 8.1%를 제공했지만, 레이건 하에서는 25% 이상 감소한 6% 이하로 떨어졌다(Sroufe, 1995). 게다가 레이건 하에서 연방 정부는 초·중등교육이라고 부르는 거대한 연합체로 37개의 프로그램을 합쳐 교육자금의 사용을 합리화하였다. 이 새로운 접근에서 몇몇 새로운 지역은 교육정책의 방향에 관한 결정 권한을 주 정부에 이양함으로써 교육자금의 소비에 관한 연방 정부의 규제가 완화되었다(Kaplan & O' Brien, 1991). 즉, 신연방제의 전반적인 효과는 교육정책 결정에 대한 주 정부의 상대적인 중요성을 증가시키고, 연방 정부의 상대적인 중요성을 축소시킨 것이다.

그러나 레이건의 신연방제가 교육정책에 대한 주 정부 권력을 증가시키는 유일한 요소는 아니었다. 1960년대 초반부터 여러 가지 변화들이 주 정부가 정치적 리더십을 행사하는 능력을 증대시킴으로써 주 정부를 강화시켰다. 1962년 미국 연방 대법원에서 내려진 Baker v. Carr의 판결은 이 과정에서 첫 번째 중요한 단계였다. 1인 1표의 원리를 재확인함으로써 주 입법부 지역의 (의원 수) 재배분을 요구하였으며, 주 입법부가 일반 대중을 더욱 잘 대표할 수 있도록 요구했다. 이 조직들이 더 높은 대표성을 가지면서 젊고 잘 교육받은 사람들을 끌어들이기 시작했다. 새로운 주 공무원들은 주 정부를 전문화시키기 위해 1970년대와 1980년대에 걸쳐 열심히 일했고, 따라서 오늘날 대부분의 주들은 30년 전보다 더욱 효과적이고 근대적인 정부를 가지게 되었다. 주 정부의 전문화는 전국주지사협회(National Governor's Association)와 미국주의회회의(National Conference of State Legislatures) 같은 주 정부 간 단체의 성장과 함께 동시에 진행되었다. 이러한 조직들은 주 공무원들 간의 의사소통을 촉진시키며 정책에 관한 정보를 제공하고 논의할 수 있는 포럼을 제공한다.

주 정부에 있어 이러한 변화들의 결과로, 주 지도자들은 1983년에 시작된 국가 교육 개혁운동의 선두에 설 수 있었다. 비록 연방 정부는 중요한 역할을 해 왔지만—특히 1983년 위원회의 보고서 「위기에 처한 국가」를 지지함으로써—라마 알렉산더와 빌 클린턴 같은 주지사들은 공교육의 개혁을 꾸준히 밀어붙이기 위해서 전국주지사협회(NGA)를 통해 일했다. 많은 주에서 그들의 노력은 증가된 학위 취득자 수, 말하기 검사(proficiency test), 경력 단계(career ladder), 학교 선택과 같은 정책의 채택을 유도했다. 미국 역사에서 교육정책에 대한 주 정부의 이러한 강도 높은 수준의 활동은 전례가 없었다(Bowman & Kearney, 1986; Mazzoni, 1995; Nathan, 1993).

역사적으로 주들은 교육정책에 관한 많은 권위를 지역 교육구에 위임해 왔다. 그러나 1980년 이래로 전통적인 권력의 배분은 점진적으로 변화해 왔다. 주요한 이유는 지방 정부가 위기에 처해 있다는 것이다. 1970년대를 지나면서 경제 침체와 광범위한 세금 부과, 소비 감소는 세입을 축소시켜 왔고, 많은 지역 정부들은 질 높은 공공의 서비스를 계속해서 제공하는 것이 어렵다는 것을 깨닫게 되었다. 이러한 위기는 세입의 상실, 인프라 구조와 주택의 저하, 가난의 증가와 연합하여 문제들을 압도적으로 만드는 큰 도시들에서는 특히 심각하였으며, 몇몇 도시 정부만이 그것들을 성공적으로 해결할 능력을 가지고 있었다. 이러한 위기는 작은 도시에도 큰 타격을 주었으며, 한 세대 전에는 자급자족할 수 있었던 많은 도시들과 교외 지역이 이제는 간신히 생계를 꾸려 나가게 되었다.

지역 정부의 한 형태로 학교 교육구는 위기의 중요한 차원을 설명한다. 어떤 큰 학교 교육구는 재정적·사회적 문제의 무게에 의해 붕괴되었고, 많은 시골 교육구 역시 계속해서 파산하고 있다. 이러한 위기에서 주 정부는 전례가 없는 조취를 취할 의무를 지니게 되었다. 어떤 경우에 있어 주의 교육부들은 당장의 위기에 처해 있는 학교 교육구의 관리를 넘겨 받았다. 또 다른 경우에 있어서는 곤란을 받는 교육구에 비상 대여를 제공하거나 주 컨설턴트를 보내어 함께 일하도록 하였다. 그러나 한 정부가 다른 정부에게 자원을 제공할 때에는 그 자원이 어떻게 사용되는지 밝히기를 기대한다. 결과적으로, 주 정부는 교육구들이 어떻게 아동들을 교육시켜야 하는지를 자세히 드러내고, 그들의 활동을 계속 관찰하는 데 보다 적극적인 역할을 하고 있다(Bowman & Kearney, 1986; Mazzoni, 1995).

## 권력의 분리

미국 정부의 또 다른 중요한 특성은 권력이 융합된 구조이기보다는 권력의 분리에 기초한다는 것이다. 중앙 집권화된 강력한 정부를 두려워하는 초기 개척자들은 정부의 행정, 입법, 사법이 분리되어 서로를 감시하고 억제할 수 있도록 헌법에 위임하였다. 게다가 주들은 그들이 원하는 공화정치의 형태를 선택하는 것에 있어서는 자유로웠지만, 모든 50개 주의 위원회는 정부 기능을 세 가지로 분리하도록 헌법으로 규정했다[1]. 이 형태는 지방 수준의 범위에서도 발견된다. 예를 들어, 학교위원회와 교육감은 때때로 공식적이거나 비공식적인 권력의 분리로 인하여 다른 목적을 가지고 일하게 되기도 한다. 초기 개척자들은 "집중된 권력을 분산시키기 위해 설계된 … 정치체제"를 설립하는 것에 훌륭하게 성공했다(Cohen & Spillane, 1993, p. 38). 그러나 분리된 체제 내에서 작업해야 하는 공공 지도자에게 흥미로운 질문을 제기했다. 요구되는 변화를 해결하기 위해 어떤 방법으로 체제 내에서 연합을 형성할 수 있을 것인가? Cohen과 Spillane(1993)은 미국에서 교육정책을 발달시키기 위한 가장 큰 도전(문제 제기)은 "분산되어 있는 중심화된 권력 간에 인위적으로 거대한 정치적인 간격들의 다리를 놓는 것이다."고 말했다.

## 거버넌스[2]의 분화

**지역 정부의 분화.** 미국에서 공공 리더십은 지역 정부(local governance)의 분화와 정부 구조의 확대에 의해 더욱 복잡해진다. 지역 정부의 단위들은 그들이 위치한 주의 법에 의해 설립되고, 보통 그들의 권력과 책임은 입법부의 헌장이나 특별한 법령에 의해 명확히 설명된다([그림 4.1]은 지방 정부의 다섯 가지 유형의 목록이다).

대부분의 미국 교육구는 선출된 교육위원회가 통치하는 특별구이다. 특별구의 다른 형태로는 공원, 상수도, 하수도 교육구들이 포함되고, 선출되거나 임명된 위원회에서 그것들을 통치한다. 어떤 주들은 지역 정부의 다섯 가지 형태를 모두 가지고 있지 않지만, 대부분의 주들은 모두 가지고 있다. 그 결과, 학교 지도자들은 주와 연방 정부의 다

1) 기본적으로 주 헌법은 전문(preamble)으로 시작되고 권리장전(bill of rights), 주 정부의 입법·행정·사법 3부(three branches of state government), 지역 정부(local government), 세입 및 세출 제한 조항(articles on revenues and limitations) 순을 취하며 기타 조항으로 끝을 맺는다.

2) 거버넌스(governance)의 기초적 개념은 공공 부문과 민간 부문, 그리고 다양한 시민사회의 조직들이 자발적으로 상호 의존 및 협력하는 통치 방식 혹은 네트워크 체계라 할 수 있다. 즉, 거버넌스는 상호 의존성(inter-dependence)을 중시하며, 정부 조직과 비정부 조직 간의 상호 관계는 거버넌스의 핵심적 개념이다(Stoker, 1998 : 38). 이은구 외 9인(2003). 로컬거버넌스. 서울: 법문사. p. 4.

| | |
|---|---|
| 군(郡, counties) | 군구(郡區, townships) |
| 군 당국(municipalities) | 특별구(special districts) |
| 읍(towns) | |

**[그림 4.1] 지역 정부의 다섯 가지 유형**

양한 부처들을 상대해야 할 뿐만 아니라, 교육구과 지리학적 경계선이 겹치는 지역과 협력적이라기보다는 경쟁자로 보이는 수많은 지역 정부들도 상대해야 한다(Bowman & Kearney, 1986; Fuhrman, 1993; Hanson, 1996).

학교 제도와 지역 정부의 관계는 일반적으로 독립 또는 의존 둘 중 하나의 형태를 띤다. 미국 교육구의 92%는 독립적이다. 이것의 의미는 그들이 다른 지역 정부와의 관계에 있어서 완전히 자율적이라는 것을 의미하고, 특별히 그것은 재정적으로 자율적이거나 재정적인 독립을 의미한다. 그들은 주 입법가가 설정한 규정 내에서 학교세(school tax)를 부과할 수 있다. 독립적인 지역의 교육위원회는 예산을 확보하고 승인을 받기 위하여 지역 정부의 어떤 단위에도 복종하도록 요구받지 않는다. 재정적 독립은 장점을 가지고 있지만 약점도 가지고 있다. 가장 중요한 것 중 하나는 독립된 교육구가 지방 수준에서 협력관계로 연결되지 않는다는 것이다. 독립된 교육구의 지도자는 다른 지역 정부 단위와 긍정적인 관계를 이루기 위해 열심히 노력해야 하고, 학교 세금을 증가시키기 위한 시기에 혼자만 고립되어 있어서는 안 된다(Bowman & Kearney, 1986).

사실 단 8%의 교육구만이 의존적이다. 그러나 그중에서도 국가의 큰 교육구들의 대부분이 의존적이기 때문에 그 비율을 떠나서 중요한 의미를 가진다. 다섯 주(알래스카, 하와이, 매릴랜드, 노스캐롤라이나, 버지니아)의 모든 교육구는 의존적이며, 다른 13개 주에서는 전부는 아니지만 대부분의 교육구가 의존적이다. 재정적인 의존은 특히 남부에서 보편적이다. 재정적으로 의존적인 교육구는 주로 지방 정부의 단위, 보통 시나 군이 관리하는 교육기관이다. 교육위원회는 세금을 올리거나 예산을 승인할 힘을 가지고 있지 않는 대신에 정부의 관리부에 이러한 일들을 맡긴다. 이러한 접근은 많은 결점을 가지고 있음에도 불구하고, 학교체제가 지역 정부에 자연스럽게 연계될 수 있다는 큰 장점을 가진다. 예를 들어, 버지니아 국회가 페어팩스 지역 학교들에 부정적인 영향을 줄 법률을 고려하고 있다면, 이 고려를 무마시키기 위하여 학교 제도의 지도자들은 페어팩스 지역 지도자들과 함께 노력할 수 있을 것이다(Bowman & Kearney, 1986).

**분리된 구조를 통한 분화.** 미국 학교 거버넌스 분화의 두 번째 측면은 다양한 공식적 또는 반공식적인 위원회나 기관들 간의 책임의 분화이다. 부분적으로 이 분화는 1900년대 초 진보주의 운동을 통해 적절히 이루어진 개혁에서 기인한다. 진보적인 개혁가들은 학교 관리를 비정치화하기 위한 수단으로, 특히 주 차원에서의 분리된 위원회를 설립하였다. 예를 들어, 주 교육위원회는 대개 진보주의 운동의 산물이다. 그러나 학자들은 교육과 다른 정책 영역에서 분화된 관리 구조가 미국에서의 일반적인 경향임을 확인했다. 지도자들은 이미 분화된 체제 내에서 일하면서 그 체제의 무반응성에 실망하고, 결국엔 자신들만의 새로운 체제를 설립하게 되는 것이다. 이 새로운 구조들은 잠시 동안은 비교적 반응적이나 시간이 지나면 또 무반응적이 된다. 그 결과 위원회, 기관, 이사회가 확산되는데, 교육에 있어서 이러한 구조는 특별한 정책 분야나 전문적 관심을 둘러싼 집단의 형태로 나타난다.

예를 들면, P.L. 94-142(장애아동의 권리에 대한 법안)을 둘러싼 다양한 구조가 생겨나고, 1965년 초중등교육법에 의해 형성된 보상교육 프로그램을 둘러싼 다양한 구조도 생겼으며 직업교육과 고등학교 체육을 둘러싸고 다양한 구조가 생겨났다.

게다가 미국 주들의 대부분에서 교육부의 부문인 여러 교육정책의 영역들이 사적 기관으로 넘어갔다. 아마도 이 영역들 중 가장 중요한 것은 평가일 것이다. 학생들과 교사에 관한 중요한 결정을 내리기 위해 사용되는 백분율 검사는 교육 평가 서비스(Educational Testing Service, ETS)와 같은 사적인 단체들에 의해 발달된다. 사적 기관으로 넘어간 평가 영역의 또 다른 예는 학교와 교육구의 인가이다(Cohen & Spillance, 1993; Fuhrman, 1993; Iannaccone & Lutz, 1995).

## 선거의 초점

정치체제의 또 다른 독특한 특성은 "영속적인 선거운동"이라고 별칭된 현상인 선거에의 몰두이다. 이렇게 통치보다 선거에 초점을 두는 것은 두 가지 요소로부터 기인한다. 첫째, 미국 선거는 법에 의해 규정된 고정된 시간 간격에 의해 치루어진다. 대통령 또는 주 입법자에 대한 현재 대중의 공적인 승인 평가가 높더라도, 고정된 선거 날짜가 다가올 때 그들은 재선을 위해 힘써야 한다. 대조적으로, 의원내각제의 공직자들은 그들이 소속된 당이 대중의 지지를 받으며 효과적으로 정치를 할 수 있는 한 계속해서 복무한다. 선거는 "신뢰의 위기"가 발생할 때에만 열린다. 의원내각제는 단명한 여러 정부들이 연속적으로 빠르게 교체되는 불안정한 시기를 경험할 수도 있지만, 선거보다는 대중의 지지를 유지하고 올바른 통치를 하는 일에 더욱 관심을 가진다. 그러나 미국 체제는 정치가, 언론, 일반 시민을 망라하는 모든 사람들이 선거와 선거운동에 집중하도록 유도한다. 선거에 관심을 기울이게 하는 또 다른 구조적인 요인은 단기적인 직무이다. 주 입법부의 국회와 하원의 구성원들의 임기는 2년이며, 그들은 항상 직무를 위해 선거운동을 하고 있다. 상대적으로 임기가 4년인 주지사[3]와 6년의 임기를 가지는 상원 의원은 선거에 대한 압력을 덜 느낀다. 가장 빈번하지 않은 선거를 통해 장기간 일하도록 선출된 재판관들은 선거에의 압력을 가장 적게 느낀다(Coulter, 1984; Fuhrman, 1993).

## 사법 심사권

미국 정치체제의 마지막 특성은 법원이 법률이 위헌임을 선포할 수 있는 사법 심사권을 가졌다는 것이다. 대부분의 민주국가들에서는 법률의 합법성을 평가하기 위한 절차를 가지고 있지만, 미국의 법원이 가지고 있는 사법 심사의 권력은 정책 형성과정에 있어서 매우 영향력이 있다. 사실 미국 대법원은 세계에서 가장 강력한 법원으로 불려 왔다(Issak, 1987). 50개 주의 법정체제가 가지고 있는 힘 또한 간과되어서는 안 된다. 정치과학자인 Lawrence Baum(1993, p. 49)은 "주 지방 법원은 상당한 그리고 넓은 범위에 중요성을 미치는 정책 형성자들"이라고 주장하고, 주 법원들이 특히 능동적으로 활동하는 영역은 교육정책 영역임을 확인하였다. 게다가 많은 주에서 교원 이익단체들은 법원체제와 주 입법부를 정책 목표를 달성하기 위한 대안적인 수단으로 고려한다. 특히, 주 법원은 여러 주들의 재정체제를 위헌이라고 선언하여 학교의 재정정책 설립에 중요한 역할을 해 왔다. 입법가들은 끝없이 되풀이되는 그들의 선거운동의 정의롭지 못한 책임을 돌리기 위하여 재판관들이 비대중적인 결정을 내리는 일을 빈번히 지지한다. 또한 재판관들은 입법가들보다 선거의 압력을 덜 받기 때문에, 종종 그들을 대신해 정치적인 압력을 기꺼이 받는다(Baum, 1993).

3) 주지사의 임기는 뉴햄프셔와 버몬트 주 등 2개 주에서 2년으로 한 경우를 제외하고는 모두 4년이다. 봉직 가능 회수를 보면 ① 과반수 이상인 34개의 주들이 2회에 한해 계속 연임할 수 있도록 규정하고 있으며, 그 가운데는 2회 연임 후 다음 임기가 지나면 재출마가 가능한 경우(알래스카), ② 3회 연임이 가능한 경우(유타), ③ 아예 이에 대한 언급이 없는 주(일리노이 등 15개 주)도 있다. 이정관(1998). 미국 지방 정부의 이해: 정부 간 관계와 운용 시스템. 서울: 도서출판 사사연.

## 학교 지도자를 위한 정치체제의 함축적 의미

### 정부기구들 사이의 경쟁

**경쟁의 본질.** 네덜란드의 사회학자 Greet Hofstede(1987)는 67개국 IBM 회사의 조직 행동에 대한 다문화 간 연구를 통해서, 미국인들은 은유적으로 "마을 시장(villiage market)"으로 설명되는 조직 구조를 선호한다는 것을 발견했다. 마을 시장에서 수많은 상인들은 크게 소리를 지르고, 매력적인 거래를 위한 약속을 하며, 상품을 창조적으로 배열하여 소비자를 위한 다양한 방법을 만듦으로써 고객들에게 판매를 위한 경쟁을 한다. 미국의 정체체제 구조는 세 가지 수준(연방, 주, 지역), 세 부처(행정, 입법, 사법), 많은 지역 정부들, 다양한 반독립적인 정부기구들의 경쟁을 유도하면서 다양한 정부 요소들 간에 일종의 "마을 시장"을 설립한다.

이러한 정치 독립체는 주로 자원과 권력이라는 두 가지를 위해 경쟁한다. 경쟁이 심한 자원 중의 하나는 당연히 돈이다. 돈은 넉넉한 예산, 보조금, 또는 세금 인상 승인 등의 형태로 나타난다. 또한, 다른 자원들도 불꽃 튀는 경쟁을 불러 일으킬 수 있다는 것을 기억해야 한다. 정부의 기관과 부처들은 종종 명성이 있거나 편리한 위치에 있는 직무 공간, 새로운 장비, 숙련된 인력과 같은 특권을 교묘히 얻어낸다. 권력은 경쟁과 관련된 두 번째 주요 요소이다. 정부기구와 정부기관은 종종 특별한 정책 영역에 대한 사법권을 위해 또는 회의, 위원회의 대표에 대한 권리를 위해 서로 투쟁한다. 때로는 순수하게 합리적인 관점으로부터 거의 감지되지 않던 정책 결정이 특별한 정부 행동자들 간의 자원과 권력을 위한 경쟁의 결과로 해석될 때 엄청난 것이 된다.

**경쟁자를 확인하고 관찰하기.** 학교 지도자들의 명민한 사고는 실제적이고 잠재적인 경쟁자들을 정확히 판단해 낼 수 있는 것에 의존한다. 경쟁자 확인을 위한 한 가지 방식은 다음과 같은 질문을 통해서이다. "우리 교육구가 예산 증가를 원할 때(혹은 보조금 계획을 제안하거나 학교 세금을 올리는 국민투표를 지지할 때), 어떤 정부기구나 공직자들이 공공연하게 또는 은밀하게 우리에게 반대하는가?" [그림 4.2]는 이 질문에 대한 답이 된다고 고려되는 가능성 있는 경쟁자들을 나타낸다.

그러나 단순히 경쟁자를 확인하는 것만으로는 충분하지 않고, 이들을 관찰하는 것이 더욱 중요하다. 관찰을 위한 한 가지 방법은 지역 정부를 망라하는 매체인 주간지를 포함한 지역 신문을 구독하는 것이다. 학교 지도자들은 관찰 노력의 하나로 신문을 읽으면서, 지방 정부 회의 보고나 건축 관련 입찰 공고에 더욱 관심을 기울여야 한다. 이

| | |
|---|---|
| 시 정부 | 다른 학교 |
| 지방 정부 | 다른 학교 교육구 |
| 소방서 | 공원 |
| 보건부 | 경찰서 |
| 후생부(human services departement) | 감옥 |
| 인프라스트럭처(기간산업) | 공공병원 |
| 고등교육 기관 | 도서관 |
| 사법 제도 | 레크리에이션 프로그램 |
| 박물관 | 고령 시민을 위한 프로그램 |

**[그림 4.2]** 공립학교와 경쟁하는 정부 단위(entities)

것은 종종 경쟁자의 목표를 찾아내는 중요한 정보가 될 수 있기 때문이다. 경쟁자를 관찰하는 또 다른 방법은 지역과 접촉할 수 있는 네트워크를 구성하고 그들과 긍정적인 관계를 유지하는 것이다. 공동체에서 친분을 쌓고 Kiwanis(봉사단체), Rotary, Soroptimist(국제직업여성회) 등과 같은 조직에 참여하는 것은 "비밀 경로(grapevine)"에 관련되어 있는 어떤 정보들을 확인할 수 있는 좋은 방법이다. 때때로 어떤 정보가 공식적으로 논의되거나, 신문 논설의 주제가 되기 몇 주 혹은 몇 달 전에 이 채널들을 통해 정보를 얻을 수 있다. 학교 지도자의 포괄적인 목표는 가까운 미래에 발생할 수 있는 있는 공공자원에 대한 모든 지역적인 요구를 꼼꼼히 분석하는 데 있다.

많은 영역에서 위와 같은 분석은 그들의 계획을 촉진시키고 실수를 피하는 것을 도울 수 있다. 예를 들어, 시 경찰국에 대해 잘 알고 있는 교육감이 경찰서에서 새로운 컴퓨터 장비를 구입하기 위한 자금 마련을 위해 전 지역에 걸친 경찰국과 연합한다는 것을 알고 있다면, 학교 도서관을 위한 돈을 증가시켜 달라고 입법부에 로비를 시도할 최적의 시기가 아니라는 것을 판단할 수 있다. 대신에 그녀는 재정적인 지지를 얻어 내기 위해 사기업에게 보조금 신청을 제안하는 일에 힘을 기울이는 것이 좋다는 결론을 내릴 수 있다.

## 다양한 거부권

미국 정치체제의 복잡하고 다양한 중층 구조는 정책 제안을 미루거나 무마시킬 수 있는 많은 상황을 만들어 낸다. 즉, 제안 단계에서 공공정책 단계로 이동시키는 것에 오랜 시간이 걸릴 수 있다는 것이다. 주요한 법률입법위원회에서 여러 차례의 제안이 이루어진다는 것은 특별한 것이 아니다. 사실, 미국 입법부에 소개된 주요 법안은 모두 법이 되지 못할 뿐 아니라 투표조차도 어렵다. 그 법안들은 그들이 통과해야 하는 많은 위원회의 하나 속에서 "죽어 버린다"(Ohio State University, OSU, 1991). 이는 공식적인 입법과정 밖에 다양한 종류의 거부권이 존재하기 때문이다. 입법위원회의 입법과정을 늦추는 방법으로는 강력한 이익집단이나 그 사안을 실행해야 할 기관에 의한 반대가 있다. 비슷하게 교사연합이나 협회에 의한 반대도 장애물이 될 수 있다.

그 결과, 교육정책에 영향을 주고 싶은 학교 지도자들은 그들의 생각을 지지하기 위한 지속적이고도 광범위한 전략을 세워야 한다. 그들은 스스로가 개인 또는 전문가 집단으로서 짧은 기간 동안에 정책에 영향을 줄 수 있다는 기대를 해서는 안 되며, 여러 해가 걸릴 오랜 과정임을 예상해야 한다(OSU, 1991). 보통 정책 결정자들은 교육을 받아야 하며, 주요한 정책 행동가들 간의 지지가 만들어져야 하고, 다른 지역의 이해관계자와 협상이 이루어져야 한다. 미국에서 교육정책의 변화는 부단한 인내의 결과이며, 장기간의 노력과 광범위한 제휴의 결과이다. 빠른 결과를 원하고 모든 협력적 관계를 피하며 "고독한 방랑자"처럼 행동하는 지도자들은 결코 성공할 수 없을 것이다.

## 정책과 선거의 시기

선거에 초점이 맞춰지는 미국 정치체제의 경향 속에서 학교 지도자들은 선거 주기에 관심을 기울여야 한다. 첫째, 학교 지도자들은 그들에게 영향을 줄 수 있는 모든 선거가 정부, 주, 지역 수준에서 언제 이루어지는지를 정확하게 알 필요가 있다. 〈표 4.1〉은 이러한 정보를 조직하기 위해 용이한 참고자료로 사용될 수 있는 도표이다. 둘째, 학교 지도자들은 그들과 관계 있는 모든 공직자의 정치적 지위를 알고 있어야 한다. 또한, 그들은 "그가 언제 또 선거에 나갈 것인가" 이상의 것을 알고 있어야 한다. 당선된 지도자에 대해서는 그들이 얼마나 일해 왔는지, 지난 선거에서의 표차, 다시 당선될 수 있는 가능성의 여부 등이 중요하다. 임기에 제한이 있는 주에서는 정치인들의 임기가 얼마나(몇 년, 몇 달) 남았는지를 아는 것도 중요하다. 〈표 4.2〉는 그러한 정보를 제공하기 위한 간단한 도표이다.

**시기와 대상 선택하기.** 조사와 수년간의 실제적 경험은 타이밍이 정책의 성공적 수행의 열쇠임을 시사한다. 선거 기간은 이 타이밍의 관점에서 매우 중요하다(Kingdon, 1984). 경험적으로 정치가는 선거가 가까워지면 세금 증가를 야기하는 정책 변화를 지지할 가능성이 줄어든다. 반대로, 그러한 정책 변화를 지지하기 가장 좋은 때는 선거 바로 직후이다. 비슷하게, 많은 정치인들이 선거 전에는 논쟁거리가 되는 정책쟁점을 지

〈표 4.1〉 관직별 선거일

| 관직 | 다음 선거일 |
|---|---|
| 미국 국회의원(하원의원) | |
| 미국 상원의원 #1 | |
| 미국 상원의원 #2 | |
| 주지사 | |
| 주 국회의원(하원의원) | |
| 주 상원의원 | |
| 교육위원회 의원의장(주) | |
| 교육위원회 상원의장(주) | |
| 시장 | |
| 시 의회 의원 | |
| 군 행정관 | |
| 군 위원회 의원 | |
| 세액 사정인(tax assessor) | |

〈표 4.2〉 관료들의 선거 관련 주요 정보

| 관료 | 관직 임기 | 당파 관계 | 집권의 최대 한도 | 재도전 가능성 |
|---|---|---|---|---|
| 미국 국회의원(하원의원) | | | | |
| 미국 상원의원 #1 | | | | |
| 미국 상원의원 #2 | | | | |
| 주지사 | | | | |
| 주 국회의원(하원의원) | | | | |
| 주 상원의원 | | | | |
| 교육위원회 의원의장(주) | | | | |
| 교육위원회 상원의장(주) | | | | |
| 시장 | | | | |
| 시 의회 의원 | | | | |
| 군 행정관 | | | | |
| 군 위원회 의원 | | | | |
| 세액 사정인(tax assessor) | | | | |

지하는 것을 피할 것이며, 불안정한 위치의 정치인들은 어느 때나 논쟁적인 쟁점을 원하지 않을 것이다. 따라서, 선거민의 대부분으로부터 대립을 일으킬 수 있는 변화를 가져오길 바라는 정책을 제안하는 학교 지도자들은 선거에 나갈 공직자들에게 지지를 요구하기 전에 심사숙고해야 한다. 오랫동안 근무해 왔고, 큰 격차로 지역 선거에서 당선되었으며, 가까운 미래에 재당선될 가능성이 없는 정치인일수록 논란이 있는 논쟁적인 쟁점에 대해 강한 입장을 나타내는 경우가 많다. 또 다른 형태는 재선거를 위해 노력할 수 없거나 그렇게 하지 않으려는 경향을 가진 경우이다. 이러한 일시적인 "레임덕" 으로 그들의 권력과 효율성이 제한된다. 그들은 주요한 위원회에서 투표권을 행사할 수 있는 권리를 가지고 있더라도 입법과정에서는 힘없는 후원자가 될 것이기 때문이다.

정치적인 당의 가입은 정치 활동 시기에서 고려할 또 다른 변수이다. 민주당에 의해 통제되는 민주적인 정치가와 입법가들은 공화주의자들보다 공교육에 대한 소비의 증가를 더 많이 지지한다. 그 결과, 학교 지도자들은 재직 중에 있는 민주당원들의 존재를 정책 변화를 위해 노력할 수 있는 기회로 살펴야 할 것이다. 반면, 공화주의자들은 민주주의자들보다 학교 경영을 포함한 경영에 호의적이다. 그러므로 학교 지도자들은 공화주의 당원들의 존재를 토지 보유권과 집단거래법 등같이 자신의 권력을 증대시킬 수 있는 정책 변경 기회로 봐야 할 것이다.

**기회의 창.** John Kingdon(1984)에 의하면, 정책에 영향을 주는 것에 있어서의 성공은 "기회의 창(window of opportunity)" 을 여는 것 또는 정치가와 대중들이 특별한 정책 아이디어에 반응할 수 있는 기간을 인식하는 것에 달려 있다. 정책의 창은 갑자기 열리고, 또 오래 열려 있지 않으므로 열려 있는 동안 빨리 움직이는 것이 중요하다. 정책의 창을 예측할 수 있는 요소 중 하나가 선거 주기이다. 행정에 있어서의 변화가 있을 때, 정책의 창이 열림을 예측할 수 있으며, 이때에는 혁명적인 정책 변화를 구할 수 있는 기회가 생긴다. 이것은 새로운 행정부가 대중에게 인기가 좋은 개혁을 실시함으로써 명성을 얻고 싶어 하기 때문이다. 게다가 미래의 재선거 운동에서, 그들이 성취한 목록에서 이 개혁들을 언급할 수 있을 것이다. 정치적으로 발빠른 교육 지도자들은 특히 주 수준에서 행정의 변화를 민감하게 인식한다. 대부분의 통치자들이 4년 기간으로 공직을 수행하고 한 번 재선될 수 있음을 가정하면 그러한 변화는 보통 8년마다 일어난다. 그리고 선거 전에 학교 지도자들은—그들의 전문적인 조직들과 다른 네트워크 형성을 통해서 작업하는—새로운 집단에 의해 호소될 수 있는 교육 정책의 변화를 논의하기 시작해야 한다. 전문 조직들은 입법 접촉을 통해서 잠재적인 후보자의 관심을 이끌 수 있다. 비록 그러한 정책 제안들이 논쟁거리가 되지 않는다고 하여도 그들은 부가적인 소비를 요구할 수 있고, 특히 새로운 행정가들은 공적 자금을 재분배할 수 있다. 새로운 집단에 의해 초래되는 교육 정책 변화들의 예는 교사 평가, 경력 경로, 취학 전 교육, 학교에서 직장으로 시작하는 정책 등을 포함한다.

## 네트워크와 연합체계 구축하기

미국 교육 거버넌스의 분리로 정책 영역의 효율성을 위하여 네트워크와 연합체계를 구축하는 것이 요구된다. Kaplan과 Usdan(1992)이 관찰한 바에 의하면,

> 독립적으로 조직 내부에 갇혀 일하는 것은 심지어 멸망(extinction)을 자초하는 것이다. 비슷한 목적과 비전을 가진 사람들이나 단체들을 찾아서 함께 일하며, 그렇게 해서 전문적인 역할과 정치적인 권력을 넘어서는 것은 꼭 필요한 일이다. (p. 672)

네트워크와 연합체계의 구축에 관해서, 교육 지도자들은 Bryson과 Crosby's의 (1992) 포럼(forum)과 아레나(arenas)의 개념이 도움이 될 것이라는 것을 발견하였다.

포럼은 아이디어를 제시하고 논의하고 논쟁하는 현장이다. 의견 교환을 통하여 사람들은 마음을 바꾸거나, 그들의 신념이 그전에 생각했던 것보다 강해진 것을 발견하거나, 그들의 믿음이 이전에 상상했던 것보다 더 넓게 공유된다는 것을 배울 수 있다. 정책과정의 초기 단계인 쟁점 정의는 두뇌집단, 학문적인 저널, 라디오 토크쇼, 전문적 조직, 온라인 서비스의 게시판과 채팅방을 포함한 포럼의 광범위한 곳에서 이루어진다. 중요한 정책의제가 논의되는 토론에 참여하지 않은 사람들은 정책과정의 중요한 단계에서 제외된다.

아레나는 정책에 대한 결정이 이루어지는 곳이다. 규칙, 법 그리고 다양한 과정들이 이곳에서 만들어진다. 아레나는 포럼보다 더 제한된 영역이다. 아레나는 주 입법부, 교육위원회, 법인이사회, 노동조합의 집행위원회를 포함한다. 아레나에서 결정을 내리는 사람들은 종종 수많은 다양한 포럼에 참여하므로 포럼과 아레나는 서로 연결되어 있다.

**교육 전문가와의 관계 구축하기.** 미국 내 50개 주에서 15,000여 개의 학교 지역으로 분화되는 교육의 체제상 교육 지도자들은 그들의 전문 분야와 다른 영역의 전문가들과의 관계를 형성해 유지시켜 나가는 방법을 신중히 발달시켜야 한다. Bryson과 Crosby's (1982)의 견해처럼 그들은 그들과 관련된 교육 아이디어와 문제들이 논의될 수 있는 포럼과 같은 곳을 발견하거나 창조해야 한다. 주 수준에서—그리고 지역 수준에서—전문

적인 조직들은 토론을 위한 포럼과 같은 곳을 제공하며, 이것은 그들의 주요한 기능 중 하나이다. 각 학교 지도자는 참석할 자격이 있는 전문적인 조직들을 고려한 뒤, 실제 활동 가능하며 제휴할 수 있는 최소한 하나 또는 두 개의 조직을 선택해야 한다.

지도자들은 이 조직들에 의해 제공되는 포럼에 다양한 수준으로 참여할 수 있다. 포럼에 가장 쉽게 참여하는 방법은 전문 잡지를 정기적으로 구독하는 것이다. 이보다 조금 더 높은 수준에서의 참여 방법으로는 회의, 워크숍, 저녁 만찬에 참석하는 것 등이 있다. 조금 더 높은 수준에서는 회의에서 발표하거나 워크숍을 조직할 수도 있다. 가장 높은 수준은 조직에서 공식적인 지도자 역할을 하는 것이다. 모든 수준의 활동에서 구성원들은 정책의제들을 논의하고 명백히 하는 포럼에 참여할 수 있는 기회를 가진다. 많은 조직에서는 다양한 활동원들이 정치가들과 의사소통하고, 공식적인 정책 입장을 취한다. 적극적인 구성원들은 이 공식적인 입장이 무엇이 될 것인지 결정하는 데 일조한다.

그러나 지방이나 지역 수준에서 교육 행정가들이 아이디어를 논의할 수 있는 포럼이 존재하지 않는 경우가 있다. 따라서 지방이나 지역 수준에서 정책의제를 효과적으로 논의할 수 있게, 교육 지도자들은 먼저 다양한 형태의 포럼을 만들 필요가 있을 것이다. 어떤 지역에서는 고등학교장들이 한 달에 한 번씩 만나서 점심을 먹을 수 있으며, 남동부 지역의 교육감들은 정기적으로 같이 골프를 칠 수 있다. 사람들은 주로 공식적인 회의, 원탁회의, 특별 전문위원회를 개최하지만 때로는 제한된 포럼장에서 벗어나 광범위한 포럼을 형성하기도 한다. 예를 들어, 여러 주에서 교육감에 의해 설립된 비공식적인 포럼이 주 전체적인 포럼으로 발전하여 학교 재정 문제를 논의하기 위한 토론장으로 발달해 왔다. 오하이오와 테네시 같은 주에서 이러한 포럼들은 결국 학교 재정체제의 합법성에 문제를 제기하기 위해 변호사를 고용하는 단체들을 설립하는 것으로 이어졌다. 이러한 경우, 포럼과 아레나 사이는 더욱 밀접히 연결된다.

**다른 정부기관과의 관계 구축하기.** 불행하게도 지역 정부 기관과의 관계는 공공의 서비스를 제공하는 것에 있어 협력하려는 관계보다는 "전문 영역을 보호하기 위한" 결정에 의해 더 두드러진, 경쟁적인 관계가 될 경향이 있다(Garvin & Young, 1994). 그 결과, 기관의 프로그램은 종종 귀중한 자원을 낭비하면서 서로 겹치고 중복된다. 10년 이상 동안 연방 정부와 주 정부는 협력적으로 일하기 위하여 교육구를 포함한 지역 기관들을 격려해 왔다. 예를 들어, 1988년 뉴저지는 최초로 여러 가지 사회적·교육적 서비스를 제공해야 하는 "학교에 근거를 둔 청소년 서비스 프로그램"을 만들었다(First, Curico, & Young, 1994). 협력에 대한 압력은 앞으로도 지속될 것이고, 더욱이 주어진 자원이 빈약하다면 공공 서비스 기관의 공무원들은 경쟁하기보다 협력하기 위한 근본적인 원리들을 이해해야 할 것이다.

그러나 협력적인 노력을 착수하고 유지시키는 것은 지역 수준에서의 포럼과 아레나의 부족으로 인하여 매우 어려운 일이다. 뉴올리언스 사람들의 예는 먼저 포럼을 만듦으로써 이 문제를 어떻게 극복해 나갈 수 있는가를 보여 준다. 사회 서비스와 학교들의 관계 중요성을 확신하는, 도시의 시장은 1991년 정상회의를 소집하기 위하여 뉴올리언스 대학과 함께 일하였다. 그들은 공립학교와 가톨릭 학교, 경찰서, 학부모 단체, 지역 대학, 건강복지부, 청소년 사법체제의 대표자들을 포함하여 넓은 범위의 참여자들을 초청하였다. 정상회의에서 이 기관들의 대표자들은 처음으로 서로 간에 함께 의사소통을 시작하였다. 회의는 뉴올리언스 대학, 올리언즈 교구 공립학교 체제, 시장의 협력적인 노력에 대한 재정적인 지지 등과 관련된 규모가 큰 제안을 유도했다. 참여자들은 다음과 같이 말하면서, 한 개인이 첫 번째 단계를 해 나가고 그러한 노력을 위한 리더십을 제공해야 한다고 믿었다. "어떤 사람이 발의를 하고 협력의 가능성에 대해서 이 집단의 사람들에게 말했기 때문에 그들은 협력하려고 했을 것이다. … 어떤 사람은 대화를 위해 한 단계 앞으로 나아가 대화를 시작해야 한다." (Garvin & Young, 1994, p. 10)

뉴올리언스의 정상회담은 다른 지역의 연합체계 건설 노력보다 더 야심적이다. 여러 정부기관의 대표자들의 연설자와의 한 달에 한 번 점심, 지속적인 그룹 논의, 연차회의, 뉴스레터 등을 포함하는 지방 포럼을 설립할 가능성은 무한하다. 지방의 포럼은 어떤 형태를 취하든지 최소한 교육 지도자들이 다른 공공기관으로부터 온 사람들과 의사소통할 수 있는 형태로 존재해야 한다. 의사소통과 상호작용의 긴 역사는 지도자들이 협력하려 하거나 정책 변화 시도 시 네트워킹과 결과적인 제휴 발달을 촉진할 것이다.

## 정치문화

### 정치문화의 정의

정치문화가 무엇인지를 이해하기 이전에, 먼저 문화가 무엇인가에 대한 일반적인 이해가 선행되어야 한다. 사회학자 Geert Hofstede(1987)는 다음과 같은 방식으로 문화를 정의했다.

> 문화는 … 한 집단 또는 사회의 구성원들을 다른 집단 또는 구성원들과 구별하는 공통의 마음을 구성한 것이다. … 문화는 사람들이 생활의 다양한 측면

에 붙이는 의미들을 반영한다. 그들이 보는 세상과 그 안에서 맡은 임무, 그들의 가치관 속에서 … 문화는 사회라는 하나의 기관과 실체적인 산물 속에서 결정된다.

한 비즈니스 경영자에 의해 비공식적이지만 더 유용한 의미의 문화에 대한 정의가 내려졌다. 조직문화란 "우리가 여기에서 일하는 방식"이다. 그렇다면 정치문화는 정치과정에 대한 신념, 올바른 목표, 정치인의 올바른 행동을 결정하는 총체적으로 생각하는 방법인 것이다. 시간이 흐르면서 정치문화는 선거운동 자금 조달자, 당 조직, 도시모임과 같은 제도들에서 구체화되었고, 또 선거운동 연설, 법, 교육정책과 같은 정치적인 "산물들"은 점점 정치문화를 반영한다. 정치문화는 이 장의 첫 부분에서 다루었던 공식적인 구조와 헌법에 준거한 법률로 구성되는 정치체제 같은 것이 아니다. 비록 두 집단의 사람들이 이론적으로 일치하는 정치체제를 가지고 있더라도, 그들의 정치문화가 다르다면 일치하는 정치체제 내에서도 다른 정치 게임을 할 것이다.

정치학자들은 미국의 세 가지 기본 정치문화를 전통주의, 도덕주의, 개인주의로 정

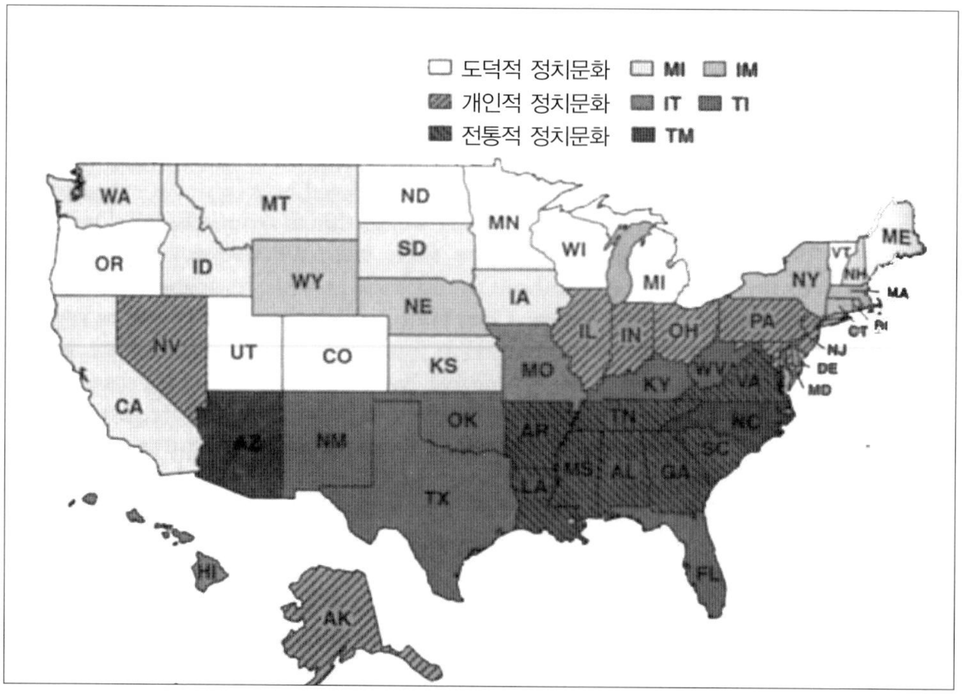


**[그림 4.3] 각 주별로 우세한 정치문화를 나타낸 지도**

주 : American Federalism: A View from the States 3rd ed., by Daniel J. Elazar. Copyright ⓒ 1984 by Harper & Row, Publishers, Inc. Reprinted by permission of Addison-Wesley Educational Publishers, Inc.

의하였다. 이 문화들은 각각 지리적 영역과 연관되어 있고, 그들은 국가 정치에 있어 중요성을 가진다. 게다가, 여러 주의 교육 지도자들은 서로 다른 정치문화를 가진 주들 간에 많은 정치적인 대립이 생겨나는 것을 이해할 수 있다. 다음에서는 이 세 가지 문화를 간단히 설명하고, 그 문화들이 미국에서 나타난 순서에 따라 배열하고자 한다.

## 전통적 정치문화

〈표 4.3〉을 보면, 전통적 정치문화는 남부의 사람들이 처음 정착한 지역과 남부에서 우세하다. 이 문화의 주요 특징 중 하나는 시장과 규제되지 않은 기업 활동에 대한 모순적 입장이다. 예를 들어, 남부의 정치가 John C. Calhoun에 의해 제기된 미국 자본주의에 대한 첫 번째 비판이 산업화에 의해 만들어진 사회적 병폐에 대한 Karl Marx의 생각을 예측했다는 것은 것은 우연이 아니다. 전통적 정치문화의 두번째 주요한 특성은 선출된 엘리트가 정치적인 지도력을 행사해야 한다는 믿음이다. 이 엘리트의 명확한 성격이 다양하더라도—그것은 한 지역에서는 "착한 노소년들(good old boys)"로 그리고 또 다른

**〈표 4.3〉 50주에서의 우세한 정치문화**

| 전통적 | 도덕적 | 개인적 |
|---|---|---|
| 앨리배마 | 캘리포니아 | 알래스카 |
| 애리조나 | 콜로라도 | 코네티컷 |
| 아칸소 | 아이다호 | 델라웨어 |
| 플로리다 | 아이오와 | 하와이 |
| 조지아 | 캔자스 | 일리노이 |
| 켄터키 | 메인 | 인디애나 |
| 루이지애나 | 미시간 | 매릴랜드 |
| 미시시피 | 미네소타 | 매사추세츠 |
| 뉴멕시코 | 몬태나 | 미주리 |
| 노스캐롤라니아 | 뉴햄프셔 | 네브래스카 |
| 오클라호마 | 노스다코타 | 네바다 |
| 사우스캐롤라이나 | 오리건 | 뉴저지 |
| 테네시 | 사우스다코타 | 뉴욕 |
| 텍사스 | 유타 | 오하이오 |
| 버지니아 | 버몬트 | 펜실베이니아 |
| 웨스트버지니아 | 워싱턴 | 로드아일랜드 |
| | 위스콘신 | 와이오밍 |

장소에서는 높은 교육을 받은 참여자들의 집단으로 이루어진다—그 속에서의 멤버십은 혈연 혹은 다른 사회적 연결을 통해서 이루어진다. 또한, 설립된 질서를 유지하거나 환경의 변화로 인하여 설정된 정치 목표가 변화되야 한다면 최소한의 혼란을 가지고 변화가 이루어지도록 하여야 한다.

전통적 정치문화는 미국 정치에 여러 강점을 가져온다. 규제 없는 기업 활동에 대한 회의론은 대표자들의 중요한 질문을 불러 낼 수 있고, 지속성에 대한 관심은 빠르게 변화하는 사회에서 필요한 균형을 가져다 준다. 게다가, 엘리트 정치체제는 때때로 다른 두 문화의 정치(도덕주의, 개인주의) 속에서는 결코 성공하지 못할, 때로는 용기 있고 또 때로는 훌륭하기까지 한 지도자를 만든다. 상원의원(senator)인 아칸소의 William Fulbright, 테네시의 Estes Kefauver, 노스캐롤라이나의 Sam Ervin이 대표적인 예이다. 그들의 힘은 기본적으로 친족 관계와 사회적 연결을 총망라하여 뿌리 내려 있었으므로, 어떤 방식으로든지 재선될 수 있다는 생각에서 인기에 집착하지 않고 확고한 입장을 취할 수 있었다. 하지만 전통적 정치문화는 약점도 가지고 있다. 변화에 대한 저항은 민족 우월주의자를 영속시키는 주요 요인이 되어 왔고, 그들의 지나친 엘리트주의는 사람들의 광범위한 정치 참여를 방해한다.

## 도덕적 정치문화

〈표 4.3〉을 보면, 도덕적 정치문화는 뉴잉글랜드[4]와 뉴잉글랜드 사람들이 정착한 지역들에서 우세하다. 또한 19세기에 미네소타와 위스콘신 같은, 스칸디나비아의 많은 이주민들을 수용한 지역들에서 우세하다. 이 문화의 구성원들은 정치가 "공익에 대한 개념에 중심을 두고 있고 공익의 증대에 적당히 헌신하는 공적 활동"이라고(또는 그래야 한다고) 믿는다(Elazar, 1994, p. 232). 그들은 정부를 모든 사람의 삶을 향상시키기 위한 긍정적인 수단으로 보기 때문에, 도덕적 정치문화에서 사람들은 필요한 때에 새로운 프로그램들을 시작하는 활동적인 정부를 선호한다. 그들은 또한 정치 참여가 가능한 한 광범위하게 이루어져야 한다고 믿으며, 뉴잉글랜드 시의 모임은 미 문화의 주류적 참여제도에 대한 전형적인 모습이다. 이 문화에서 아이디어와 쟁점은 중요한 것이며, 구성

4) 뉴잉글랜드(New England) : 메인 · 뉴햄프셔 · 버몬트 · 매사추세츠 · 코네티컷 · 로드아일랜드의 6주에 걸친 지역으로, 지리적 · 역사적 · 통계적인 단위로 사용할 경우도 있다. 이 지방은 역사적인 면에서 이민의 대부분은 신교도 중에서도 가장 엄격한 청교도로, 풍속 · 습관 · 사회 제도에 있어 근면 · 검소하고 도덕을 준수하는 생활을 하였다. 더구나 최초의 식민자가 교양 있는 중산 계급으로 교육에 열의가 있어, 하버드 대학을 비롯하여 예일 · 브라운 · 매사추세츠 공과대학 등의 유명한 대학을 일찍부터 설립하였다.

원들은 매우 열심히 논쟁한다. 다른 두 문화의 대표자들과는 달리, 도덕적 문화의 구성원들은 정부정책이 공평하고 편견 없는 실행을 지지한다고 믿으므로 관료 제도와 공직자를 긍정적인 요소로 본다. 이 문화에서 깨끗한 정부는 아주 중요한 것이며, 정치적 타락은 공공의 믿음에 대한 충격적인 배신이다.

역사적으로, 도덕적 정치문화는 선거운동 재정 기록의 발표를 요구하거나 족벌주의를 금지하는 법과 같은 "깨끗한 정부 개혁"의 원천이 되어 왔다. 보편적인 정치 참여의 도덕적 믿음은 시민들의 자문위원회(advisory council)와 중요한 의제를 공적인 논쟁으로 유도하면서 미국 정부에 긍정적인 영향을 가져왔다. 하지만, 때때로 도덕적 정치문화의 구성원들은 그들의 믿음에 있어서 너무 완고하거나 열광적이다. 다른 두 문화의 대표자들은 종종 도덕적 정치문화에 있는 사람들이 너무 이상적이고, 실제 정치의 현실성과 분리되어 있다고 생각한다(Elazar, 1984).

## 개인적 정치문화

개인적 정치문화는 펜실베이니아와 뉴저지 같은 중부 대서양 주들에서 발달되었고, 이 지역으로부터 온 이주자들은 그것을 서부로 퍼뜨렸다. 더욱이, 20세기에 그것의 영향은 매사추세츠, 로드아일랜드, 코네티컷에서의 정치의 경향을 변화시키면서 뉴잉글랜드의 남부로 퍼졌다. 개인적 문화에서 정치는 정부가 실용적이고 경제적인 목적을 두어야 하는 시장으로 이해된다. 이 문화에서의 정부는 사업, 가족, 교회와 같은 "사적" 영역들에서 최소한의 규제만 하여야 하지만, 경제가 효과적으로 작용하기 위해서는 체계적인 틀이 필요하다고 믿는다. 이 문화에서 정치는 다른 어떤 것들과 마찬가지로 사업으로 여겨지고, 개인들은 사회적 · 재정적으로 이익을 얻기 위해 정치에 뛰어든다. 정치과정은 상호의 의무체제 내에서 존재하는 이익의 교환에 기초한다. 예를 들어, 어떤 기업으로부터 많은 캠페인 자금을 받는 대신 주 대표자는 그 기업이 원하는 법에 대해 표를 찍을 수 있다. 또는 시 의회 의원은 학교에 당 지도부의 아들이 시의 학교에서 교사가 될 수 있도록 도와줄 수 있다. 상호간의 의무와 강한 당 충성의 복잡한 체제에 기초한 당 조직은 이 문화의 전형적인 제도이다. 개인적 정치문화에서는 전통이 중요하지 않듯이 쟁점, 아이디어, 이데올로기도 중요하지 않다. 실제적으로 상호간의 의무의 체제에 대해서 충성과 엄격한 존중이 중요성을 가진다. 개인적 정치문화에서는 최적의 상태에서 정치가 원활하고 효과적이고 실무적인 방식으로 작용하게 되고, 최악의 상태에서는 부패하게 된다. 개인적 정치문화는 다른 두 문화에 비해서 타락의 여지가 있으며, 이것은 아마도 개인적 문화 속에 있는 사람들이 더욱 도덕적으로 의문시되거나 "탁한 대상"으로 고려되는 이유이다.

개인적 정치문화는 전체적으로 국가에 중요한 기여를 해 왔다. 특히 반이데올로기적인 정치에 대한 선호처럼 원활하고 효과적이며 사업적인 정부에 대한 강조는 국가에 긍정적 영향을 끼쳐 왔다. 그러나 그것을 실천하는 사람들이 원칙을 가지고 있지 않고, 모든 것이 가장 높은 입찰자에게 판매하기 위함이라고 믿는다는 비판에 직면해 있다(Elazar, 1994). 종교적 권리의 발생, John McCian' s 2000년 대통령 선거운동, 좌파의 옛 대중주의 운동(populist movement)의 부활을 포함한, 최근의 정치적인 발달의 대부분은 전통적 문화와 도덕적 문화로 돌아간 사람들에 의한 개인적인 정치문화 거부의 일부분으로 이해될 수 있다.

## 정치문화와 교육정책

1980년대 후반 교육정책 연구가인 Marshall, Mitchell, Wirt(1989)는 자신들의 분석을 위한 문화적 틀을 사용하여 각각의 주를 비교하면서 교육정책 결정의 연구를 수행하였다. 그들 연구의 일부는 특히 정책 결정자와 교육정책 사이의 정치문화에 대한 영향을 탐구하는 것이었다. 그들은 전통적 문화가 우세한 애리조나와 웨스트버지니아, 도덕적 문화가 우세한 캘리포니아와 위스콘신, 개인적 문화가 우세한 일리노이와 펜실베이니아의 총 6개 주를 연구에 포함시켰다. Marshall 등(1989)은 정치문화와 교육정책에 대한 두 가지 주요한 결과를 발견하였다. 첫째, 그들은 국가의 강력한 정책 변화가 주 수준에서의 정치문화의 중요성을 압도할 수 있음을 밝혔다. 예를 들어, 학교 인종 차별 폐지, 보상적인 이중 언어 교육, 특수교육과 같은 정책 영역들에서 국가정책 변화의 영향은 그들 정치문화와 상관없이 6개의 모든 주에서 명백히 나타났다. 이 연구의 시기에, 국가 개혁운동은 학교 재정의 개혁과 개인적인 개혁에 초점을 두고 있었다. Marshall 등(1989)은 오히려 일시적인 국가의 정책이 인종 차별 폐지, 이중 언어 교육, 특수교육에 대한 운동보다는 덜 강력하다고 하더라도 주들의 정치문화에 비해서는 우선하였음을 발견했다.

그러나 두번째 결과는 국가 움직임의 부재시 정치문화에 따라 정책 차이가 발생한다는 것이다. 예를 들어, 전통적인 정치문화를 가진 주에서의 정책 형성가는 그들의 입법부가 학생 평가, 강한 학생 훈육, 교육 전문가의 힘의 약화와 같은 개혁을 고려하고 있음을 보고했다. 이 모든 변화는 엘리트 권력을 유지하고 그 주의 현재 상태를 보호하려는 전통적인 욕구와 일치한다. 대조적으로, 도덕적인 정치문화를 가진 주에서는 특별한 요구를 가진 학생들을 위한 자금에 초점을 두며, 학교 시설 발달을 위한 장기간의 계획을 세우고, 주의 교육기관을 강화시키는 정책에 관심이 있다고 보고했다 이런 관심들은 공공의 선에 관심을 둔 도덕적인 것과 정부 활동에 대한 그들의 신뢰감을 반영한다.

마지막으로, 개인적인 정치문화를 가진 주에서는 학교 시설에 대한 점증적이고 단계적인 접근을 지지했고, 종종 그들이 선호하는 정책 변화를 제공하기 위해 비용 절감을 하고자 했다. 이 입장은 시장으로서의 정책에 대한 인식과 일치한다. 결과적으로 정치문화는 주 수준에서 교육정책 결정에 있어서 중요한 역할을 하지만, 국가의 교육정책 안건에 의해 제한되고 억제된다.

## 학교 행정가를 위한 함축적인 내용

**정치문화 확인을 위한 제안.** 학교 리더십은 지방과 그 주의 정치가들과의 상호작용을 내포하므로, 교육 지도자들은 자신들이 일하고 있는 정치문화와 그들 스스로의 문화적 가정에 대해 숙고해 보는 것이 큰 도움이 될 것이다. [그림 4.3]은 그러한 생각에 대한 구성 틀을 제공한다. 그러나 지도자들은 이 구성 틀을 사용하여 단순한 방식으로 쟁점에 접근해서는 안 된다. 전통적 · 도덕적 · 개인적 정치문화를 인식하는 데 있어서 중요한 것은 사회과학자들이 이상적인 형태라고 부르는 예들을 이해하는 것이기 때문이다. 이상적인 형태는 그 현상을 단순화하고 정화된 형태로 설명하는 사회적 현상에 대한 추상적인 설명이다. 이것들은 구체적인 상황을 분석하는 데 도움을 주는 틀이 될 수는 있지만, 여러 현상들이 겹치고 혼합하는 실제 세상보다는 덜 복잡하다. 예를 들어, 모든 주에서 드러나는 각각의 우세한 정치문화가 정의되지만 거기에는 다른 정치문화 요소들이 종종 존재한다. 일리노이에서는 개인적 패턴이 중요하지만 주의 남단 끝에 있는 사람들은 전통적인 반면, 위스콘신 경계를 따라가는 많은 공동체들은 도덕적이다. 비슷하게, 캘리포니아—기본적으로 도덕적이지만—샌프란시스코 베이와 로스앤젤레스 지역은 개인적인 요소들이 강하며, 샌디에고 주변에서는 전통적 경향을 가지고 있다. 따라서, 정치과학자들이 어떤 주에 특별한 표시를 했다고 해서 다른 문화가 완전히 그것으로부터 벗어나 있다고 가정하는 것은 실수이다. 특히, 사람들이 매우 유동적이고, 여행객이 많은 대도시의 중심에서 정치문화들이 풍부하게 혼합되어 있는 것을 종종 발견할 수 있다. 게다가, 어떤 증거들은 사람들이 어디서 살든지, 어디에서 오든지 간에 교육을 잘 받은 사람들이 도덕적 정치문화의 가치를 수용하는 경향이 있다는 것을 보여 준다(Elarzar, 1994). 그 결과, 대학 교육을 받은 사람의 비율이 높은 대학이 있는 시들과 다른 공동체들은 그들의 지리적인 위치와 관계없이 강한 도덕적인 요소들을 포함한다. 그러므로 자신이 일하고 있는 환경의 정치문화를 명확히 하려는 학교 지도자들은 성급한 판단 이전에 자신의 주변에서 일어나는 정치적 활동을 신중하게 지켜봐야 한다. 그래야만 그들은 문화들 중 둘 또는 심지어 셋 이상이 그들의 지역에 존재한다는 결론을 내릴 수 있고, 실제로 그들의 정치문화의 기초상에서 공동체 집단 또는 개인을 구분할 수 있다.

각각의 범주들에 대해 "예"라는 대답은 주어진 문화의 현존을 제시하며, 범주 내에 "예"라는 질문이 많을수록 그 문화가 지배적이다.

**전통적 정치문화**

- 정치에의 참여가 소수의 엘리트를 위한 특권으로 보이는가?
- 정부관료제와 공무원 제도가 부정적으로 보이는가?
- 대부분의 정치 지도자들은 혈연관계나 사회적인 연결에 기초한 엘리트 집단에 속해 있는가?
- 대부분의 정치적 충돌은 하나의 주요한 당 내에서 발생하는가?
- 정부의 주요한 역할은 현재 상황을 유지하는 것으로 보이는가?

**도덕적 정치문화**

- 광범위한 정치적인 참여가 이루어지는가?
- 특히 정치적 갈등에 있어서 쟁점과 원리가 중요한가?
- 정부관료제와 공무원 제도는 공정한 정부를 위한 긍정적인 기관으로 받아들여지는가?
- 다른 이데올로기에 바탕을 둔 채, 제3의 당의 활동으로부터 보충을 받는 두 당이 존재하는가?
- 정부의 주요한 역할은 공익을 추구하기 위한 것으로 보이는가?

**개인적 정치문화**

- 정치는 몇몇 전문가들에게 남겨진 "부패한(dirty)" 시장으로 보이는가?
- 높은 수준의 응집성과 서로 간의 경쟁이 존재하는, 실무적인 기관 같은 두 개의 정치적 정당이 존재하는가?
- 자신의 정치적인 빚을 기억하고, 적절한 방식으로 빚을 갚는 것은 중요한 일인가?
- 정부관료제와 공무원 제도는 모순되는 것으로 생각되는가? 효과적이지만 상호 행위 시스템엔 너무 제한적으로 보이는가?
- 정부의 주요한 역할은 경제 발달을 지지하는 것으로 보이는가?

**[그림 4.3] 지배적인 정치문화를 반영하기 위한 틀**

**전통적 배경에서의 지도.** 전통적 배경하에서 학교 지도자로 역할하기 위해 선출된 남성과 여성들은 보통 그 지역 엘리트들에게 수용될 수 있는 사람들인데, 그들은 이미 엘리트 집단의 구성원이거나, 또 비슷한 환경에서 오기 때문이다. 그렇다 하더라도 전통적 배경의 지도자들은 그 지역의 엘리트들만큼 전통적이지는 않다. 그들의 교육, 독서, 여행은 종종 그들로 하여금 그 지역의 설립 과정과는 상당히 다른 차원의 교육을 개발하게 한다. 그렇기 때문에 학교 지도자가 심지어 "시골풍의 소년"과 "옆집에서 온 소녀들" 일지라도 그 지역의 상황을 주의 깊게 생각하지 않으면 문제에 부딪힐 수 있다.

이 숙고는 주요한 세 가지 요소를 포함해야 한다. 첫째, 전통적 배경에서 지방 엘리트 집단의 구성원들을 확인하는 것이 중요하다. 지방 엘리트들은 학교 업무에 있어서 개방적이고 적극적이므로 활동하진 않더라도 아마 관심은 가지고 있을 것이며, 적극적으로 활동하는 동료들을 가지고 있을 것이다. 넓은 범위에서 전통적 배경에서의 성공은 이 집단의 지지를 얻는 것과 지지를 지키는 것에 달려 있다. 덧붙이자면, 전통적 지역에서 일하는 학교 지도자들은 개인적 만남과 사회적인 연결이 이 환경에서 정치적 효율성의 기초가 된다는 점을 반드시 인식해야 하며, 정치 엘리트에 대해 특별히 관심을 갖고 그들과의 동맹을 통해 그들에게 투자해야 한다는 것을 인식해야 한다. 지도자들은 엘리트들이 기대하지 않는 정책이 만들어지도록 해서는 안 되고, 오히려 많은 대화와 즉석의 설명, 뉴스레터를 통한 논설, 다른 채널들을 통한 토대를 통해 사회적 네트워크를 활용하면서 변화를 준비해야 한다. 결국, 전통적 지역에서 일하는 학교 지도자들은 개인적인 계약과 사회적 유대를 가지는 것이 이 환경에서 정치적 효과를 가지기 위해서 중요하다는 것을 깨닫고, 그것을 위해 힘을 쓰고 정치 엘리트들과 그들의 협력자들에게 각별한 관심을 가져야 한다. 지방의 교육 전통이 무엇인지 그 핵심을 파악해야 하고, 필요한 변화를 이야기할 때 전통을 정당화하여 협력자들을 유인해야 한다. 예를 들면, 학교체제의 컴퓨터 교육 프로그램을 향상시키기 위해 교육감은 일차적으로 그러한 변화가 졸업생들로 하여금 지역 경제에서 더욱 효율적인 노동자가 되도록 한다든가(개인적), 그것이 더욱 계몽된 시민을 발달시킨다는(도덕적) 것을 먼저 설명해 버리는 실수를 해서는 안 된다. 오히려 그것을 과거 학교 교육구의 성공적인 변화의 모습이나 다른 지역의 전통과 관련시켜야 한다.

**도덕적 배경에서의 지도.** 도덕적 배경에서 학교 지도자들은 보통 시민들이 교육을 공익에 대한 중요한 기여로 간주하고, 그것을 지지하는 경향을 가지는 유리함을 가지고 있다. 그러나 이 문화의 사람들은 학교 경영을 포함하여 정부에 매우 관련되기를 기대한다. 도덕적 환경에서 교육 지도자들이 직면한 주요 도전은 학교정책과 실제에 투입을 제공하고자 하는 지역 시민들을 위해 단지 부모로서만 그치지 않는 다양한 참여 기회를 제공해야 한다는 것이다. 자문회의, 시민 특별 조사팀, 쟁점에 대한 회의가 존재한다면 지도자들은 이를 발달시키려 해야 하고, 존재하지 않는다면 이것들을 자주 활용할 수 있도록 노력해야 할 것이다. 지도자들은 또한 지역의 신문과 다른 의사소통 도구들에서 빈번한 뉴스레터, 연간 보고, 논설 등을 이용하여 의사소통 채널이 항상 열려 있도록 해야 한다. 공식적 회의에 대한 철저한 보고, 학교와 지역 안건에 대해 이해할 수 있는 사본은 공적인 숙독을 위해 이용될 수 있어야 한다. 도덕적 배경에서는 비밀이 거의 있어서는 안 되며, 대부분의 학교 활동과 문제들은 잘 공표되고, 널리 논의되어야 한다. 닫힌 문의 배후에서 독단적으로 결정하는 지배 계급의 활동은—심지어 그러한 모습은—지양되어야 한다. 이 문화에서는 정부의 공명정대함과 정직함이 높게 평가되므로 편애 또는 스캔들에 대한 여지는 어떠한 것이라도 피하는 것이 중요하다. 결국, 도덕적 배경에서 학교 지도자들은 교육적인 원칙 및 이상과 함께 스스로를 확인해야 하고, 또한 사실과 숫자뿐만 아니라 신념 있는 논쟁으로 자신들의 생각을 보호할 준비가 되어 있어야 한다. 도덕적 정치문화에서는 실용적인 지향(개인적) 또는 전통에 대한 호소(전통적)보다는, 윤리적으로 납득할 수 있는 좋은 아이디어가 가장 효과 있다.

**개인적 배경에서의 지도.** 우세한 개인적 정치문화에서 리더 역할을 수행하는 학교 행정가는 이 문화 속에 있는 사람들이 실용적이며 경제적인 지향을 가지고 있는 경향이 있다는 것을 명심해야 한다. 지도자의 최우선 목표 중 하나는 지역의 납세자들이 내는 세금에 부합하는, 높은 가치의 원활하고 효율적이며 실무적인 교육을 운영하는 것이다. 이 환경에서 학교 지도자들은 상업회의소와 청년상공회의소 같은 지역의 사업 지도자들 및 사업 조직들과 강력한 유대 관계를 발달시키기 위해 노력할 것이다. 물론 학교와 사업자 간의 제휴는 어떤 배경에서도 공동체 지지를 설립하기 위한 효과적인 도구가 될 수 있지만, 개인적인 환경에서는 더욱 적절하다. 지도자들은 교육에 있어서 장기간의 계획을 발전시키는 것에 대하여 지역 경제의 요구와 직업시장을 고려해야 한다. 변화에 대한 이론적인 설명에는 경제적인 논쟁이 항상 포함되어야 할 것이다. 또한, 개인주의적 정치문화의 배경에서 교육 지도자들은 정치적인 활동에 참여하거나 잘 알려진 정치가들을 만날 때 저자세를 유지해야 하며, 교육 지도자들은 정치가들과의 만남이 상호간의 의무의 기초와 지지의 교환 위에 작용한다는 것을 명심해야 한다. 학교 지도자들은 때때로 부탁하는 일도 필요하겠지만 누구에게 부탁을 할 것인지에 대해 주의 깊게 생각해 보고, 답례로 어떤 부탁을 들어주어야 하는지에 대해서도 심각하게 고민해야 한다. 특히, 세 가지 정치문화 중에서 개인적 정치문화는 특히 부패의 위험이 있다는 것을 명심해야 한다. 사실 어떤 배경에서라도 학교 지도자들이 "정치와 교육은 섞이지 않는다"는 옛 격언을 기억한다면, 스스로 지역의 정치로부터 현명하게 떨어질 수 있도록 유지할 것이다.

## 맺는말

교육 행정가들은 효과적인 공공의 리더가 되기 위해서 자신들이 일하고 있는 정치체제와 정치문화를 반드시 이해해야 한다. 미국에서의 정치문화는 부주의한 자를 위한 잠재적인 함정이 가득 찬 복잡한 환경이다. 반면에 그것에 관해 민감하게 이해하고 있는 사람들에게는 많은 기회를 제공한다. 따라서, 학교 지도자들은 체제에 맞서기보다는 오히려 체제와 함께 일하려고 노력할 필요가 있다.

## 토론을 위한 질문과 활동

1. 당신의 주에서 교육정책에 관한 지방의 힘을 약화시키는 것에 대한 명백한 증거를 본 적이 있는가? 주의 힘의 증가와 관련한 것은?
2. 당신의 학교체제에 유리한 정책 변화를 확인하고 그것의 가능한 비용을 계산하여라. 이 변화를 초래하려고 시도한다면 도움이 될 만한 주와 지방 수준에서의 모든 기관, 사무실, 부서, 프로그램의 목록을 작성해 보아라.
3. 당신의 지역을 위해 선출된 정치 지도자들에 대한 주요한 정보를 요약하는 표를 만들기 위해 〈표 4.3〉의 정보를 사용하라. 이때 당신이 작성한 표가 교육정책에 줄 수 있는 함의는 무엇인가?
4. 당신 자신의 정치적 신념과 태도를 분석하기 위해 [그림 4.3]을 이용하라. 당신이 전문적으로 작업하는 분야의 정치문화를 분석하기 위해서 그것을 사용하라. 당신은 이 분석으로부터 어떤 결론을 유도할 수 있는가?

### 인터넷 과제

세 개 주의 교육부에 대한 웹사이트(하나는 전통적 정치문화를 가진 주, 하나는 도덕적 정치문화를 가진 주, 하나는 개인적 정치문화를 가진 주)를 찾아보라. 정치문화의 차이를 가져오는 어떤 차이점을 발견할 수 있는가? 당신이 찾아낸 것들을 설명하라.

### 찬반논쟁 : 학교위원회는 폐지되어야 하는가?

**찬성** 학교위원회는 19세기 동안 미국의 놀라운 기관이었다. 특히, 대부분의 아동이 "3R"의 몇 가지 기초적인 내용만을 필요로 했던 때와 교사 자신이 잘 교육받지 못했을 때에 적절하였다. 그러나 세계적인 경쟁 시대에서 학교위원회는 시대착오적이다. 대부분의 주들은 학교위원회 구성원들에게 박학다식함을 요구하지 않았을 뿐 아니라, 교육에 관한 전반적인 지식도 요구하지 않는다. 교육과정에 대해서 아는 것이 없는 사람들에게 학교 시스템에 대한 궁극적인 권리를 계속 부여해 주면서 교사들과 관리자들에게 많은 양의 책임을 부여하는 것은 말이 되지 않는다. 그들이 교사와 행정가에게 훈련을 위한 기준을 제시하는 것이나, 전문적인 교육자들을 비전문인인 학교위원회의 감독 아래에 두는 것은 의미가 없다. 만약 의사들이 선출된 "의사협회"의 정책 명령을 따라야 한다면 의료보험 제도가 어떠했을지 상상이 가는가? 이전의 학교위원회를 폐지함으로써 우리의 가버넌스 체제를 현대화해야 할 것이다!

**반대** 학교위원회는 미국 민주주의의 마지막 요새 중 하나이다. 그것은 공립학교를 위한 공동체의 힘을 모으기 위한 중요한 방법이다. 교육위원회 구성원을 선출하는 것은 사람들에게 그들 학교체제와 지역 공동체에 대한 관심을 불러일으킨다. 또한, 그들이 정부의 가장 중요한 기능—아동과 청소년에게 교육을 제공하는—중 하나에 대한 견해를 표시하게 되는 것을 의미한다. 더욱이 선출된 교육위원회는 교육이 소수 전문가들의 분야가 되는 것을 막도록 도와준다. 우리 아이들의 교육은 우리의 전체적인 사회의 미래를 형성하므로 모든 시민들의 관심과 연관되어 있다. 따라서 모든 사람들은 학교위원회의 구성원을 선출하는 것으로 학교체제의 통치에 참여할 기회를 가져야 할 것이다. 학교위원회를 폐지하는 것은 손해가 큰 조치가 될 것이며, 교육에 있어 공적인 조정을 불가능하게 하고, 많은 시민들이 그것에 모든 관심을 잃어버리도록 할 것이다. 결국 교육위원회의 폐지는 공립학교에 대한 상당한 재정적 손실을 의미할 것이다.

**여러분은 어떻게 생각합니까?**

## 분석을 위한 뉴스 : LYNN 고등학교는 인가를 상실할 수 있다

**매사추세츠의 린**—Lynn 협약학교(charter school)는 주에서 빈약한 학문적 성취를 이유로 인가를 상실하게 될 첫 번째 학교가 될 것이라고 말했다. 주의 교육위원인 David Driscoll은 1997년에 학교가 개교된 이래로 높은 학문적 성취를 달성하지 못하였으므로 교육위원회에서 학교의 인가는 폐지되어야 한다고 권고할 것이다.

특별히 주는 학교가 계속적으로 매사추세츠에서의 고등학교 졸업에 대한 요구인 MCAS 시험에서 Lynn 공립학교의 점수가 평균 이하였다고 말했다. 수학과 읽기에서 1등급에서 8등급까지 학생들의 수행을 측정하는 국가의 검사인 캘리포니아 성취 검사에서도 표준 이하였다. 위원회가 Driscoll 위원의 권고를 받아들인다면 학교는 6월에 문을 닫게 될 것이다. Lynn 협약학교는 주에서 학문적인 이유로 문을 닫는 첫 번째 학교가 될 것이다.

학교 공무원들은 2001년 MCAS 점수가 의미 있게 향상되지 않았음을 인정한다. 여전히 그들은 학교의 학문적 활동을 지지하고, 주의 교육 공무원들로부터 자문을 요청함으로써 Driscoll 위원의 권고에 호소할 계획이라고 말했다. 학교 관리자들의 위원회 의장인 Herb Fox 의원은 "Driscoll 위원과 나는 학교의 약점에 대해서 다른 견해를 가지고 있는 것으로 나타났다. 우리는 학교가 가진 약점을 극복할 수 있다. 모든 조직은 장점과 약점을 가지고 있으므로 약점을 바꿀, 입증 기회를 제공받아야 한다."고 말했다.

그것은 힘든 싸움이 될 수 있다. 11월에 3일 동안 진행된 주의 학교 평가에서 학교는 인가를 갱신할 수 있는지를 결정하는 세 가지 주요한 질문을 만족시키지 못했다. 이 학교의 학문적인 프로그램은 성공하였는가? 이 학교는 실용적인 조직인가? 이 학교는 계약의 조건을 충실히 이행하였는가? 그 보고는 Lynn 협약학교의 혼란을 초래하였다. 위원회와 행정가 사이의 갈등으로 학교의 창설자이며 경영자인 Lisa Drake는 8월에 사직하게 되었다. 그 이후로 K-8 학교는 오로지 지도에 있어서 경영자 없이, 4년 된 직원인 Amy Marx와 함께 관리되어 왔다.

주의 보고에서는 학교 행정과 이사들의 위원회에 대한 안정성이 부족하다고 언급되었지만, 공무원들의 보고에서는 진보가 이루어지고 있다고 밝혀졌다. 작년에 학교는 관리 감독과 교육 개발 담당자를 고용하여 자금 조달을 위해 일하도록 하였다. 감독위원회는 새로운 구성원들을 동원하고 있다. 비록 지금 12명으로 구성된 위원회에서 4명의 학부모를 포함해 5명만이 투표위원이지만 위원회를 위해 능력을 발휘하고 헌신할 수 있는 새 구성원들을 찾고 있는 중이다. 이런 측면에서 학부모와 학생들은 그들이 학교를 위해 투쟁할 계획이라고 말했다. Driscoll과 교육위원회에 전화를 하고 이메일을 보내는 등 대중들의 운동이 이미 진행중이다. 학부모와 학생들이 위원회의 모임에 참석하는 계획도 만들어지고 있다. 네 학생의 부모인 Micheal Brown은 "모든 부모들이 행동을 취해야 한다."고 말했다. "우리 없이는 아무것도 일어나지 않을 것"이라고 학생도 말하였고, 그들은 학교를 위해 투쟁할 준비가 되어 있다고 했다. 어떤 이들은 벌써 청원운동을 시작하였다.

### 질 문

1. Lynn 협약학교가 위치한 주의 우세한 정치문화는 무엇인가?
2. 이 정치문화의 주요한 특징을 간단히 요약하여라.

3. 위 글에 언급된 사람들과 집단들의 행동은 어떤 방식으로 이 문화를 반영하는가?
4. 비슷한 상황에서 다른 정치문화를 가진 지역에서는 이 문제를 어떤 다른 방식으로 처리할 수 있는가?

## 심화 학습 자료

Benham, M.K.P., & Heck, R.H.(1994). Political culture and policy in a state-controlled educational system: The case of education politics in Hawai'i. *Educational Administration Quarterly, 30,* 419-450.

미국에서 유일하게 독립적이고 집권화된 교육구인 하와이의 정책과 학교 통치에 대한 흥미로운 사례 연구가 있다. 하와이의 교육정책 형성의 역사를 설명하기 위해 Marshall 등(1989)의 개념을 적용하면서 저자는 다음과 같이 결론을 내린다. 즉 효율성은 항상 주 정책에서 중심적인 목표였으며, 정책과정은 항상 엘리트에 의해 독점적으로 이루어져 왔다는 것이다.

Cohen, D.K., & Spillane, J.P.(1993). Policy and practice: The relations between governance and instruction. In S.H.Fuhrman(Ed.), *Designing coherent education policy.* San Francisco: Jossey-Bass.

Cohen과 Spillane은 다양한 학교 통치에 관한 미국 체계를 생생하게 기술하며, 교육정책 과정에 관심 있는 사람들이 그것을 극복하고자 사용해 왔던 다양한 방법에 대해 논의한다. 이 장은 가장 중요한 교육정책 네트워크를 조망할 수 있게 해 준다.

Fuhrman, S.H.(1993). The politics of coherence. In S.H.Fuhrmann (Ed.), *Designing coherent education policy.* San Francisco: Jossey-Bass.

미국 교육정책 형성과정에 대한 가장 최고의 도전 중 하나는 복잡한 정부체계 내에서 일하면서 배우는 것이다. Fuhrman은 분열, 선거의 중요성, 정책 과부하, 고도 전문화를 포함하는 정부체계의 주요 특징을 분석한다. 그녀는 또한 분열을 극복하기 위한 최근의 노력을 기술한다.

Iannaccone, L., & Lutz, F.W.(1995). The crucible of democracy: The local arena. In J.D.Scribner & D.Layton(Eds.), *The study of educational politics.* Washington, DC: Falmer Press.

저자들은 지역 수준에서의 교육정책 형성과정에 대해 토론하면서 지역 권한의 약화로 나아가는 최근 경향에 대해 통찰력 있는 분석을 한다. 그들은 또한 1900년대 초의 도시 개혁운동의 유산과 그것이 학교정책에 미치는 장기적인 영향에 대해 논의한다.

Marshall, C., Mitchell, D., & Wirt, F.(1989). *Culture and education policy in the American states.* New York: Falmer Press.

이것은 교육정책 형성과정에서의 정치적 문화 개념을 적용한 유일하게 종합적인 연구다. 이 책에서는 정책문화에 대한 결론과 주 입법부의 문화에 대한 논의가 행해지는데, 이는 교육정책의 뿌리 깊은 배경에 대한 가치 있는 정보를 제공한다.

5

# 가치와 이데올로기

**탐구의 요점**

교육정책을 형성하는 가치는 무엇인가?
이러한 가치들은 미국의 정치 이데올로기와 어떻게 관계되는가?
교육 지도자들은 정책과 정책 제안 뒤에 숨겨져 있는 가치와 이데올로기적 입장을 어떻게 분별할 수 있는가?
증가하는 이데올로기적 정책 환경에서 교육 지도자들은 어떻게 효과적이면서 민주적으로 행동할 수 있는가?

## 관념의 중요성

정치문화처럼 무형의 정책 환경의 한 단면은 외부 세계에 있는 것이 아니라 인간의 마음에 있는 생각 및 가치체제 같은 관념이다. 수세기 동안 미국의 정치는 일반적으로 비(非)이념적이거나 관념과 관련이 없는 것으로 간주되어 왔기 때문에 초기 정책 분석가들은 공공정책에 대한 "가치 중립적" 분석을 옹호해 왔다. 이러한 사고는 수세기 동안 미국 정치의 주류를 지배해 왔던 개인주의적 정치문화의 산물이며, 동시에 1930~1940년대의 대공황과 2차 세계대전을 거치며 성장한 몇몇 중심적 관념과 가치에 대한 광범위한 합의의 결과이다. 국제적 관점에서 볼 때 이러한 미국적 합의는 항상 이데올로기적이었다. 왜냐하면 그것은 자유시장(비록 규제가 존재하지만), 사회에 대한 제한된 정부 개입, 개인주의와 같은 가치에 근거하기 때문이다. 하지만 1980년대 초반 이래로 이러한 합의는 주로 보수주의의 부활과 더불어 침체되었다. 비록 오늘날 보수주의자들 또한 초창기 이데올로기적 합의를 지지했던 사람들과 마찬가지로 개인주의 가치를 지지하지만, 많은 사람들은 경제를 규제하는 정부의 힘을 강하게 제한할 것을 옹호한다. 그들의 일부는 도덕적 행위에 대해 더 많은 공권력의 개입을 주장한다. 과거의 신념체계와 충돌하는 이러한 보수주의자들의 영향력 증대는 과거에 잠재되었던 이데올로기와 가치의 충돌을 두드러지게 부각시켰다. 21세기 초반의 미국 정치는 더 이상 비(非)이데올로기적이라고 기술할 수 없게 되었으며, 정책을 연구할 때 가치를 무시하는 것은 더 이상 현실적이지 않게 되었다(Boyd, 1984; Lowi, 1995). 결과적으로 오늘날 학교 교사들이 교육정책을 지혜롭게 파악하기 위해서는 그들 주위를 소용돌이치고 있는 정치적 관념에 관한 전반적인 이해가 필요하게 되었다.

"관념은 미국 정책, 특히 국내적인 문제, 그리하여 결과적으로 미국 정부의 모든 수준에서의 교육정책에 있어 직접적인 추진력으로 작용한다."라고 Iannaccone(1988)은 주장한다. 관념과 신념 그리고 가치는 적어도 두 가지 이유에서 중요하다. 첫째, 그것들은 사람들이 정책 문제를 규정하는 방식을 형성한다. 예를 들면, 가장 근본적인 미국의 관념은 그 무엇보다 중요시되는 독립과 자립의 상위 가치인 개인주의이다(Bellah, Madsen, Sullivan, Swidler, & Tipton, 1996, p. viii). 미국인들의 개인주의적 지향은 그들이 어떤 문제를 사회적 관점보다는 개인적 관점에서 이해하도록 만든다. 많은 부모들이 미취학 아동의 적절한 보모를 발견하는 데 어려움을 겪고 있다는 사실에 직면한 미국인들은 이러한 문제의 원인을 젊은 부부들에 대한 사회적 지원 부족보다는 너무나 많은 어머니들이 일하는 것으로부터 찾는다. 둘째, 관념과 신념 그리고 가치는 정책 문제에 대한 해결책의 모색 가능성을 제한한다. 보모 문제를 개인적 관점에서 규정하기 때문에 대부분의 미국인들은 보모 문제의 해결책으로 엄마들이 집에서 자녀를 돌보는 공공 캠페인이나 취업 부모들에게 보육 기능을 제공하는 사기업에 대한 세금 혜택을 제안하는 경향이 있다. 미국인들은 국영 보육원이나 정부 보조금을 지급하여 가족들이 어린 자녀와 가정에 머무르도록 유도하는 것과 같은, 부모들에게 있어서 더 쉬운 해결책을 생각하지 못한다. 이러한 정책적 해결책은 다른 서구 민주사회에서 효과적임이 증명되었다. 그리고 비록 미국인들이 이러한 해결책을 인지한다 하더라도 정치인들이 그러한 해결책을 지지하지 않을 것이다. 주 정부 차원의 정책 결정에 대한 연구에서 Marshall 등(1989)은 정책 결정자들이 "현재 지배적인 가치에서 벗어나는" 아이디어를 입안하지 않는다는 점을 발견하였는데, 이는 그러한 아이디어를 주장하는 것이 그들을 부적절하게 보일 수 있게 만들기 때문이다. 교육정책의 개발과 실행에서의 관념(idea)의 중요성 때문에 어떤 정책 또는 정책 제안도 정책을 뒷받침하는 가치와 이데올로기 체제의 고려 없이 완전히 이해될 수 없는 것이다. 따라서 교육정책을 이해하는 데 있어 학교 지도자들은 다음과 같은 질문을 해야만 한다. 사람들로 하여금 이 정책을 제안하게 만든 가치가 무엇인가? 정책 안에 내재해 있는 가치 갈등은 무엇인가? 정책의 이면에는 사회, 정부, 경제에 관한 어떤 가정이 존재하는가? 이 정책과 일관성을 갖는 광범위한 이데올로기적 입장은 무엇인가?

## 미국 정책에서의 기본 가치

### 이기심과 다른 가치

1950년대가 시작되면서 경제학에서 유래한 공리주의적 사회 이론들이 미국 정치학을 지배하기 시작했다. 공리주의 철학에 따르면 모든 인간 행동은 이기심에 의해 결정된다. 따라서 정책 환경에서 작용하는 유일한 가치는 특정 개인이나 집단 이익을 직접적으로 앞세우는 그런 가치다. 하지만 최근 10~15년 동안 많은 정치학자들은 다른 가치들도 정치적 행동을 형성한다는 주장을 입증하는 조사 결과와 함께 공리주의적 입장을 반박해 왔다(Jackson & Kingdon, 1992; Kelman, 1988; MaDon-nell, 1991). 이 책은 이와 같은 새로운 연구 결과뿐만 아니라 인간 행동은 이기심과 이데올로기적, 철학적 또는 종교적 원칙과 같은 다양한 가치들에 의해 형성된다고 주장하는 베버주의적 사회 이론 전통과 일치하는 입장을 취하고 있다. Weber는 이기심과 다른 가치들 간의 관계를 철로에 비유했는데, 이기심은 엔진을 작동시키는 연료로, 다른 가치는 기차가 실제로 달려야 할지를 결정하는 운전사로 비유했다(Schroeder, 1992). 이것은 교육정책이나 정책 제안을 뒷받침하는 가치를 분석하는 데 있어 사람들이 이기심이라는 쟁점을 고려해야 한다는 것을 의미한다. 그럼에도 불구하고 사람들은 또한 이기심이라는 쟁점을 넘어 정책 옹호자들의 일반적 신념체계와 다른 가치들 역시 고려해야만 한다. 오직 이러한 방법만이 정책 이면에 놓여 있는 관념(idea)을 정확하게 규정할 수 있다.

### 이기심이라는 가치

**경제적.** 많은 사람들은 자기 자신의 경제적 이익이나 자신을 구별 짓는 집단의 경제적 이익에 의해 전적으로 동기 부여된다. 단지 극소수의 사람들만이 자신의 행동이 자신의 경제적 상황에 어떠한 영향을 미칠지를 고려하지 않고 행동한다. 따라서 교육정

| | |
|---|---|
| 봉급 증가 | 특정 부서나 영역에서의 직무 증가 |
| 부수적인 이익의 증가(휴가, 보험, 퇴직 등) | 다른 기관으로의 비용 이동 |
| 세금 감면 | 이용 가능한 재료의 증가, 사무직원의 도움 등 |
| 서비스 수요 증가 | |

**[그림 5.1]** 경제적 이익의 유형

책이나 교육 제안 분석의 첫 번째 단계에서 다음과 같은 질문이 행해져야만 한다. 누가 이 정책으로 인해 경제적 이익을 보는가? 누가 이 정책으로 인해 경제적 불이익을 당하는가? 수혜자는 개인이거나 교원노조와 같은 조직화된 집단일 수도 있으며, 또는 사업가와 같은 광범위한 개인들의 집단일 수도 있다. 경제적 이익은 기업에 대한 세금 우대, 교사의 봉급 인상처럼 명확할 수도 있고, 때로는 명확하지 않을 수도 있다. 특별한 교육 법안의 복잡성이 불명확한 법률적 상황을 만듦으로써 최종적으로 변호사만 이익을 볼 수도 있다. 이와 마찬가지로, 정책으로 인해 경제적 고통을 받는 사람은 명확할 수 있으나, 때로는 불이익을 받는 사람들이 누구인지 알기 위해서 충분한 성찰이 필요할지도 모른다. [그림 5.1]은 교육정책에 관련된 더 보편적인 경제적 이익을 요약한 것이다. 가장 일상적인 경제적 피해자들은 수혜자의 반대편에 있다.

**권력.** 개인이나 집단은 또한 그들의 권력(power)을 증대시키기 위해 행동한다. 따라서 교육정책이나 정책 제안의 초기 분석에 있어 추가적 질문이 이루어져야 한다. 이 정책으로 인해 누가 권력을 얻는가? 이러한 정책으로 누가 권력을 잃는가? 이러한 질문에 답하는 것은 깊은 성찰을 필요로 하는데, 왜냐하면 권력이란 고도의 수사학으로 포장되거나 표면상 중립적인 정책의 이면에 잘 숨어 있기 때문이다. [그림 5.2]는 권력을 증가시키는 주요 정책 도구들을 요약한 것이다. 그리고 이러한 특권을 잃는 것은 권력의 상실을 의미한다.

## 일반적인 사회 가치

일반적인 사회 가치는 사회에 널리 퍼져 있으며, 그들의 종교적·이데올로기적·철학적 원칙에 상관없이 모든 사람들에게 공유되고 있다. 가끔 사회 구성원들은 이러한 사회 가치들이 너무 자명해서 굳이 설명하거나 정당화할 필요를 느끼지 못한다.

| | |
|---|---|
| 새로운 법적 권리 | 장기간 또는 제한 없이 직무 수행 |
| 의사결정 그룹에의 참여 | 정책 결정자에게 조언할 수 있는 권한 |
| 결정에 대한 거부권 | 법적 관할권의 확대 |
| 정보에의 접근 | 직업 안정성의 증가 |
| 의사소통 채널에의 접근 | |

**[그림 5.2] 권력 이익의 유형**

**질서.** Coplin과 O' Leary(1981)는 질서를 모든 사회—선진국과 개발도상국, 민주국과 비민주국, 아시아와 서구—에서 최우선적으로 중요시되는 가치라고 간주했다. 이유는 명확하다. 인간은 신체와 재산이 안전할 수 있는 환경이 필요하며 그러한 환경에서 살고 싶어 하기 때문이다. 사회 질서가 무너진 곳보다 더 무서운 곳은 없다. 그래서 모든 정부는 질서 붕괴를 막기 위해 최선을 다한다. 미국 또한 예외가 아니다. 범죄, 테러, 그리고 질서를 위협하는 것들은 공공정책 순위에서 최상위에 위치한다. 광범위한 사회적 문제는 학교로 스며들기 때문에 질서는 항상 교육정책의 중요한 관심사이다. 1990년대 후반, 콜로라도의 Columbine 고등학교와 퍼두커, 켄터키의 학교에서 발생한 일련의 총기 난사 사건은 일반 대중들에게 폭력으로 인한 사망이 학교에서도 발생할 수 있음을 극적으로 알려 줬다. 물론 이러한 폭력 사망 사건이 많은 학교에서 일어나는 것은 아니지만, 운동장에서의 괴롭힘이나 복도에서의 싸움에 이르기까지 다른 종류의 폭력이 학교에서 정기적으로 일어나고 있다. 1995년 뉴햄프셔의 Nashua 학부모들은 이러한 폭력 때문에 더 강력한 규율정책 도입을 위해 로비를 하는 소위 "규율을 위한 시민모임(Citizens for Discipline)"이라는 단체를 조직하였다. 1년이 채 되기도 전에 뉴햄프셔에서 16개의 지부가 만들어졌다. 다른 3개 주의 부모들도 관심을 나타내며 학교에서의 질서에 대해 공적인 관심을 가져 주기를 제안하였다(Porter, 1996a). 명확하던 그렇지 않던 간에, 질서 잡힌 학교를 최우선 가치로 놓는 대부분의 미국인들은—현직 교육자들을 포함해—교육정책에 중요한 영향을 미치고 있다.

**개인주의.** Bellah 등(1996)은 그들의 근대 걸작 『마음의 습관들(Habits of the Heart)』에서 "개인주의는 미국 문화의 핵심에 놓여 있다."라고 썼다. 네덜란드 사회학자 Hofstede(1987)의 발견은 이 주장과 일치한다. 그는 67개 국가의 IBM 소속 근로자들에 대한 연구에서 미국인들이 가장 개인주의적이라는 점을 발견했다. 개인주의를 가치 있게 보는 것은 개인과 그의 필요를 집단의 필요보다 우선한다는 것을 의미하며, 자립을 중요시 여긴다는 것을 의미한다. Bellah와 공동 저자들은 미국인의 개인주의를 두 가지 형태로 구분했다. 공리주의적 개인주의(utilitarian individualism)는 가족생활이나 우정 그리고 사회 참여와 같은 가치를 희생한다 하더라도 그들 자신의 경제적 성공을 우선시할 수 있다는 믿음을 말한다. 표현적 개인주의(expressive individualism)는 많은 면에서 개인의 경제적 이익을 강조하는 것에 대한 반작용이다. 표현적 개인주의자들은 자신의 더 깊은 수양을 강조하며, 사회적 관습으로부터 최소한의 제한을 받으며 자아와 자신의 감정을 표현할 수 있는 자유를 강조한다. 공리주의적 개인주의자의 전형적 인물은 Benjamin Franklin이며, 반면 『나의 노래(Song of Myself)』의 저자인 시인 Walt Whitman은 표현적 개인주의를 대표한다.

미국의 교육정책은 기저에 흐르는 개인주의의 문화를 반영하며 공리주의적 가치와 표현주의적 가치 사이를 왕래한다. 수천 개의 소규모 지역 교육구를 가지고 있는 교육제도의 구조는 개인주의의 표현이며, 국가 표준 커리큘럼과 시험 같은 정책에 대한 미국인들의 저항은 집단 지향적 정책보다는 개인 지향적 정책을 바라는 열망으로 이해할 수 있다. 실용주의적 교육 목적에 대한 강조와 음악, 예술 과목을 "겉치레"로 반대하는 경향은 공리주의적 경향과 일치한다. 그러나 표현적 개인주의는 주기적으로 부활한다. 예를 들면, 1960년대와 1970년대 초기에 많은 미국 교육구들이 자유학군학교(open space school)를 설립했으며 고등학교에서의 선택과목을 확장하였다. 아이들의 자아실현을 격려하기 위해 계획된 이러한 정책적 접근은 공리주의적 개인주의가 우세하였던 1980년대엔 대부분 금지되었다. 공리주의적이건 표현주의적이건 간에 개인주의는 미국 교육정책을 뒷받침하는 주요한 가치이다. 비록 교육정책에 있어 집단주의가 이성적 논쟁을 촉진시킬 수 있겠지만, 미국 문화에 깊게 뿌리 내린 개인주의가 그러한 정책의 채택과 집행을 어렵게 만든다.

## 민주적 가치

1789년 프랑스 혁명에서의 위대한 함성은 "자유 · 박애 · 평등"이었다. 정치학자들은 이 슬로건이 민주 정부를 갖기를 원하는 사회의 핵심적인 가치를 간결하게 요약하고 있다는 점에 동의한다. 하지만 이 세 개의 가치에는 다양한 측면이 존재하고, 여러 방식으로 규정될 수 있다. 민주국가에서 그리고 교육정책에서 발생하는 가치 갈등의 대부분은 이러한 가치들을 중심으로 하고 있다. 이러한 가치는 무엇을 의미하며, 어떻게 성취되고 보호되며 확장할 수 있겠는가?

**자유.** 때때로 해방, 독립 또는 선택으로 불리는 자유는 민주주의의 근본적인 원칙이며 대부분 사람들의 가슴에서 울려 퍼지고 있다. 미국의 권리장전(Bill of Right)은 우리와 같은 정부 형태의 활동에 기본적인 핵심적 자유를 보장하고 있다. 언론의 자유, 출판의 자유, 양심의 자유, 결사의 자유가 그것이다(Rawls, 1971). 미 헌법은 또한 시민들에게 재산 소유와 상업 활동에 종사할 수 있는 자유를 암묵적으로 인정하고 있다. 비록 헌법에서 명문(明文)으로 개인의 사생활이 방해받지 않을 자유를 보장하고 있지는 않지만, 20세기에 법원들은 개인이 스스로 자신의 생활 형태를 선택할 수 있는 자유를 인정하는 판례들을 남겼다. 이러한 자유에는 결혼할(또는 하지 않을) 권리, 아이를 가질 권리, 양육에 관한 중요한 결정을 내릴 권리, 사생활을 보호받을 수 있는 권리가 포함되어 있다.

이러한 자유는 다른 사람들로부터 고립되어서는 존재하지 않는다. 그러나 정치철학자 Rawls(1971)는 "자유란 권리와 의무를 규정하는 공공 규칙의 특정한 제도이며 체제다."라고 『정의론(A Theory of Justice)』에서 주장하였다(p. 202). 이것은 규제받지 않는 자유란 없으며 각각의 자유는 한계를 가지고, 또한 모든 자유는 법과 관습 안에서 끊임없이 서로 간에 균형을 맞추어야 한다는 것을 의미한다. 유명한 속담이 말하는 것처럼, "당신이 팔을 휘두를 수 있는 자유는 나의 코가 시작되는 곳에서 끝난다."

자유란 중요한 교육정책의 가치이다. 예를 들면 1960년대와 1970년대에 법원은 학생과 교사들이 학교 건물에 들어설 때 그들의 정치적 자유를 잃지 않는다는 명백한 판결을 내렸다. 그들은 미국 시민으로서 헌법적인 표현의 권리와 결사의 권리 그리고 평화로운 집회의 권리를 가졌다. 학생과 교사의 시민으로서의 자유는 한계가 없다. 하지만 그들의 자유는 다른 사람들의 자유를 침해하지 않고 학습과정을 방해하지 않는 범위 안에서만 보장받는다. 따라서 학생들은 교사가 교과를 설명하는 동안 교실을 뛰어다닐 자유가 없다. 교사의 종교적 자유에는 학생들을 개종시킬 권리가 포함되지 않는다. 1980년대 초반 이래 많은 사람들은 학교 선택 정책을 지지하였는데, 그들은 그러한 정책이 부모들로 하여금 아이를 양육할 수 있는 자유와 양심의 자유의 고유한 측면임을 주장하였다(Viteritti, 1999). 이러한 자유 또한 한계가 있다. 어떠한 부모도 자신의 자녀를 문맹으로 기를 수 없으며, 또한 자녀들이 육체적 · 감정적으로 학대받는 학교에 보낼 수 없다. [그림 5.3]은 자유와 관련된 교육정책을 평가하는 데 필요한 질문이다.

**평등.** 두 번째 중심적 민주주의 가치는 평등이다. 독립선언서에는 "모든 사람은 평등하다."라는 문장이 있다. 물론 이 문장은 모든 사람이 동등한 지능과 체력, 권력, 부, 또는 같은 속성을 가지고 있다는 의미는 아니다. 반대로 모든 사람들이 동등한 존재이며, 따라서 법 앞에 동등한 위치를 갖고 사회 규범에서 너무 동떨어지지 않은 범위에서 살아

- 이 정책은 교사의 정치적 자유(표현, 언론, 집회, 결사)에 어떠한 영향을 주는가?
- 이 정책은 학생의 정치적 자유(표현, 언론, 집회, 결사)에 어떠한 영향을 주는가?
- 이 정책은 부모에게 열려진 선택의 범위에 어떠한 영향을 주는가?
- 이 정책은 지식에 대한 접근, 공개 토론의 장려, 학교에서 다양한 생각의 표현과 같은 영역에서 사상의 자유에 어떠한 영향을 주는가?
- 이 정책은 학생과 교사의 종교의 자유에 어떠한 영향을 주는가?
- 이 정책은 의사결정 집단으로서의 교사의 자율성에 어떠한 영향을 주는가?
- 이 정책은 자유, 선택, 독립, 자율성, 해방과 같은 단어들을 포함하는 담론을 어떻게 정당화할 수 있는가?

**[그림 5.3] 정책에서 자유 쟁점 평가 질문**

갈 수 있는 동등한 기회를 가지고 있다는 것을 의미한다. 민주주의는 어느 정도까지는 사회적 평등성에 기초하는데, 왜냐하면 부와 권력의 극단적 양극화는 불신과 사회 갈등을 야기하기 때문이다. 따라서 당연한 말이지만 중세와 19세기의 인도는 민주주의 사회라 할 수 없는데, 거대한 사회적 불평등으로 특징 지을 수 있는 두 사회는 민주주의가 불가능하였기 때문이다.

공평과 사회 정의라 부를 수 있는 평등은 다양한 의미를 가진다. **정치적 평등(political equality)**은 정치체제에 동등하게 참여할 수 있는 권리이며, **경제적 평등(economic equality)**이란 동등한 부를 의미한다. 어느 것도 절대적이지 않다. 정치적 평등과 경제적 평등은 상대적 단어이다. 정치적 · 경제적 평등의 성취도를 판단하기 위해 국가별 · 시대별 체계적 연구가 이뤄지고 있다. 평등에 대한 연구에서 Verba와 Orren(1985)은 미국이 다른 선진국에 비해 정치적으로 더 평등한 사회라는 것을 발견하였다. 왜냐하면 미국인들은 정치체제에 더 많이 참여할 수 있기 때문이다. 반면 미국은 경제적 평등 관점에서 측정해 보면 다른 선진국들에 비해 덜 바람직하다. 부자와 가난한 자 간의 차이가 굉장히 크기 때문이다.

평등이란 또한 **기회의 평등(equality of opportunity)**과 **결과의 평등(equality of results)**의 관점에서 분석할 수 있다. 기회의 평등이란 모든 사람이 국적, 나이, 장애, 인종 성별에 상관없이 버젓한 직업을 얻고 좋은 교육을 받는 데 있어 비슷한 기회를 가질 수 있을 때 존재한다. 공평한 기회가 주어졌음에도 불구하고 나타나는 불공평한 결과는 주로 노력과 추가 학습의 차이 같은 개인적 요소에 의한 것이다. 대부분의 미국인들은 기회의 평등에 강한 신념을 가지고 있다. 결과의 평등은 상 · 하위 간격이 상대적으로 작을 때 존재한다. 예를 들면 표준화된 수학 시험에서 25번째와 75번째 점수 사이의 간격이 작을 때, 개략적으로 우리는 교육적 결과의 평등이 발생했다고 할 수 있다. 또 노동자의 평균임금과 CEO의 평균임금 간의 차이가 작을 때 소득 결과의 평등이 나타났다고 할 수 있다. 이러한 형태의 평등이란 아이들이 자유롭게 학교를 선택하거나 또는 시장이 임금을 결정하도록 허용할 때는 성취될 수 없는데, 왜냐하면 그것은 일정한 개입을 필요로 하기 때문이다. 상대적으로 균등한 수학 점수는 성적이 떨어진 학생들에게 특별한 교수 프로그램을 제공함으로써, 그리고 상대적으로 공평한 임금은 봉급의 상 · 하한선을 규제함으로써 달성할 수 있다. 대부분의 민주국가들이 결과의 평등을 증가시키기 위한 정책을 사용하는 데 비해 미국은 그렇지 않다. Verba와 Orren(1985)에 따르면 대부분의 미국인들이 결과의 평등 개념을 좋아하지 않는 이유는 그것이 개인 성취의 이상과 모순되기 때문이다. 공평한 기회는 미국의 교육정책에 있어 항상 중요한 가치가 되어 왔다. "교육 기회의 평등은 미국 공화국의 시작 이래로 미국 교육정책의 중요한 가치가 되어 왔다."라고 Verstegen은 썼다(1994, p. 366). 19세기에 이러한 교육 기회의 평등은 모든 아이들에게 공립 초등학교에 진학할 수 있는 기회를 주는 형태로 나타났으며, 20세기 초기에는 이것이 중등학교에까지 확대되었다. 20세기가 진행됨에 따라 소수 인종 자녀, 여학생, 장애우들의 학교 프로그램에 대한 다양한 접근을 강화하는 교육정책이 채택되었다. 20세기 마지막 10년 동안에는 평등을 위한 투쟁이 교육구 사이에 재정을 공평하게 분배하도록 하는 데까지 확대되었다. 몇몇 주 법원은 주 정부의 재정 시스템이 근본적인 불평등이 존재한다는 이유로 이러한 재정 시스템의 폐지를 판결하기도 했다. 미국 교육은 더 큰 평등을 향해 발전해 왔지만 그 싸움은 결코 끝나지 않았으며, 전문가들은 이 싸움이 21세기에도 계속될 것이라 예측하고 있다(Verstegen, 1994). [그림 5.4]는 교육정책의 함축적 의미가 평등을 위한 것인지를 구별하는 데 필요한 질문이다.

**박애(형제애).** 세 번째 민주적 가치는 박애이다. 하지만 더 정확한 말은 "형제애"일 것이다. 이 개념에 대해 오늘날 많은 나라에서 정치적 화법으로 사용되는 대체 단어는 "연대"이며 미국에서의 "박애" 개념은 점차적으로 사회 자본이란 단어에 포함되고 있다(Putnam, 2000). 박애란 한 사회의 다른 구성원들을 형제자매로 인식하는 것이며, 그들에 대해 책임감을 가지고 그들이 어려운 시기에 도울 수 있다는 감정을 가지는 것이다. 사람들은 가족, 학급, 교회, 유대 성당, 모스크, 노동조합, 정당의 지역 조직, 시민조직, 체육 클럽 등과 같은 비교적 소규모 집단에서의 사회적 상호작용을 통해 "박애"란 감정을 발전시킨다. 『혼자 볼링하기(Bowling Alone)』에서 Putnam은 지난 세기를

- 정책 또는 정책 제안을 둘러싸고 있는 언어 중에 공정, 온당, 정의, 균등, 평등 또는 공정한 경쟁 공간과 같은 단어들이 포함되어 있는가?
- 평등은 기회의 평등으로 이해되는가? 아니면 결과의 평등으로 이해되는가?
- 이 정책은 학교에서 또는 광범위한 사회에서 참여를 촉진함으로써 정치적 평등을 진전시키는가?
- 이 정책은 많은 젊은 사람들로 하여금 일터에서 효과적으로 참여할 수 있도록 준비시킴으로서 경제적 평등을 진전시키는가?
- 이 정책은 인종적 소수 집단의 구성원들에게 어떻게 영향을 주는가?
- 이 정책은 낮은 소득의 가족들에게 어떻게 영향을 주는가?
- 이 정책은 노동자 계급의 부모와 아이들에게 어떻게 영향을 주는가?
- 이 정책은 장애를 갖고 있는 사람들(학생, 부모, 피고용인)에게 어떻게 영향을 주는가?
- 이 정책은 모국어가 영어가 아닌 사람들에게 어떻게 영향을 주는가?
- 이 정책은 종교적 소수 집단의 구성원들에게 어떻게 영향을 주는가?

**[그림 5.4] 정책에 의해서 제기된 평등의 쟁점을 평가하기 위한 질문**

풍미했던 풍부한 사회학 정보 DB를 분석하고, 사회적 관여는 1960년대에 최고에 도달한 이후 점차적으로 감소하고 있다고 결론 짓고 있다. PTA, 참전용사(Veterans of Foreign Wars), NAACP(National Association for the Advancement of Colored People, 전미흑인지위향상협회, 1909년 창설), 볼링리그, 브리지클럽 등과 같은 모든 형태의 지역 집단들은 회원 수와 참여인원의 급격한 감소를 경험하고 있다. 비슷하게 투표 참가자도 줄어들고 있으며 사람들은 40년 전과는 다르게 자신의 이웃과 정부를 점점 믿지 못하고 있다. Putnam은 이러한 현상의 주요 원인이 1900～1940년대에 태어나 대공황과 2차 세계대전을 거치면서 사회 연대의 규범을 발전시킨 시민 세대의 점차적인 사멸에 있다고 보았다. 또 다른 주요 이유로 텔레비전과 전자 미디어의 과도한 사용 및 맞벌이 부부와 통근시간의 증가를 꼽을 수 있다. Putnam은 그의 책에서 국가적 재난이 이러한 사회적 연대 약화 현상을 뒤집을 수 있다고 분석했다. 그는 2001년 워싱턴과 뉴욕에 대한 9·11 테러 사건 이후 500명의 미국인들에게 이 사건 후 그들의 가치와 행동이 어떻게 변화하였는지를 조사하였다. 그는 조사 결과 이웃과 정부에 대한 신뢰가 급격하게 증가하였고, 정치적 모임 참석과 헌혈 같은 사회적 관여를 나타내는 지표도 다소 증가하였음을 알 수 있었다. "기회의 창은 한 세기에 한 번 내지 두 번 발생하며, 일종의 시민으로 재생할 수 있도록 열린다."(Putnam, 2002, p. 22) 그러나 그는 미국이 이러한 기

- 이 정책을 지지하는 담론은 형제애, 집단, 연대, 소속 또는 공동체와 같은 단어를 포함하는가?
- 이 정책은 학생들이 현재 진행 중인 비교적 작은 집단에서 사회 관계를 더 쉽게 개발할 수 있도록 하는가?
- 이 정책은 교사들과 다른 피고용인들이 현재 진행 중인 비교적 작은 집단에서 사회 관계를 더 쉽게 개발할 수 있도록 만드는가?
- 이 정책은 광범위하게 이용할 수 있는 다른 사회집단들에 관한 사실적인 정보를 만드는가?
- 이 정책은 다른 사회 조직과 클럽의 발달을 지원하는가?
- 이 정책은 면대면 사회 상호작용을 위해 필요한 시간과 공간을 제공하는가? 또는 보호하는가?
- 이 정책은 다른 사회집단들(종교, 인종, 연령, 계급, 성, 장애)의 사람들이 비교적 작은 집단에서 상호작용하는 것을 장려하는가?

**[그림 5.5] 정책에 의해 제기된 박애 쟁점을 평가하기 위한 질문**

회를 공동체 건설의 기회로 이용하지 못할 수도 있다는 우려를 표명한다. 박애는 전통적으로 미국 교육정책의 핵심 목표가 되어 왔다. 19세기의 공립학교 운동(Common School Movement)은 미국인들 사이의 보편적 정체성 함양을 위해 모든 국민들의 공립 초등학교 진학을 지지하였다(Spring, 1994). 더 최근에는 인종 통합과 장애아를 정규 학교에서 수용하는 운동(평등 원칙에 의해 더 잘 정당화될 수 있지만)이 이러한 방법 이외에는 서로 만날 기회가 없었을 아이들 사이에서 형제애와 긍정적 사회 상호작용을 촉진하는 방법으로 간주되었다. 특히 몇몇 사회 동향에 따라 박애가 약화되어 갈 때 교육정책이 어느 정도까지 형제애를 강화하는지 또는 약화하는지를 평가하는 것은 중요하다. [그림 5.5]는 박애에 관련한 교육정책 평가에 대한 질문을 제공한다.

## 경제적 가치

다른 대부분의 선진국과 마찬가지로, 미국도 민주적 정치 제도와 자본주의적 경제 제도를 가지고 있다. 이 서로 다른 가치의 묶음은 서로를 뒷받침하고 강화시킨다. 예를 들면 자유라는 민주적 가치는 자본주의의 핵심적 가치와 조화를 이룬다. 그렇게 됨에 따라 미국 사회에서 이들 가치의 결합은 때때로 흥미 있는 가치 갈등을 야기시킨다. 어떤 역사적 기간 동안엔 자본주의적 가치보다 민주주의적 가치가 더 강조되었으며, 다른 시기에는 그 반대의 현상이 있었다. 민주주의와 자본주의 가치의 주요한 충돌이 이 장의 후반부에서 다뤄질 것이다.

**효율성.** 이익을 만드는 것은 자본주의 기업에서 핵심적 목적이기 때문에 효율이란 자본주의 사회에서 항상 중요한 가치이다. 가장 근본적인 의미에서 볼 때, 효율이란 비용 또는 투자 대비 가능한 한 최대한의 수익을 얻는 것이다. 비슷한 유사 단어로 "비용 효과"와 "산출 극대화"가 있다(Boyd, 1984; Fowler, 1995b). 교육 제도에 있어 효율이란 상대적인 저비용으로 학생들이 높은 학습 수준에 도달하는 것이다.

교육정책 전문가들은 효율성이 미국 교육정책을 이끄는 가장 중요한 가치 중 하나임을 인정한다(Boyd, 1984; Guthrie, Garms, & Pierce, 1988; Iannaccone, 1988; Kahne, 1996; Swanson, 1989). 매 단계마다 정책 결정자들은 교육의 비용에 관하여 그리고 다양한 정책들이 수반하는 금전적 비용에 관하여 상당한 관심을 가졌다. 그들은 학교의 비효율성에 대해 비판하였으며, 높은 수준의 효율을 성취하기 위해 고안된 정책을 개발하였다. 예산과 재정에 있어 이러한 효율을 추구하는 정책들은 전략적 계획과 제로 베이스 예산과 같은 형태를 띠었다. 다른 정책 분야에서 효율의 추구는 주 단위의 성취도 평가, 학생의 시험 성적에 기초한 교육구별 재정 분배, 교사 성과급 제도와 같은 책무성 대책을 의미한다. 학생 출석률, 교사 출석률, 학생—교사 비율과 같은 지표에 관한 통계를 모으도록 학교와 교육구에 요구하고, 이후 그것들을 주 정부에 보고하도록 하는 것 역시 효율을 향상하기 위해 고안된 또 다른 조치이다. 효율의 강조를 반영하는 유명한 슬로건은 "당신은 적은 것으로 많은 것을 해야 한다(You must do more with less)"이다. [그림 5.6]은 효율성에 관한 교육정책의 단면을 평가하기 위해 사용되는 질문을 보여 준다.

**경제적 성장.** 모든 자본주의 경제의 근본적인 가정은 경제는 팽창한다는 것이다. 따라서 경제 성장은 기본적으로 그리고 저절로 그 자체로서 중요한 정책 가치이다. 이 성장은 생산을 증가시키고, 국내 소비를 촉진하며, 해외 무역을 확대하는 세 가지의 상호 관련된 방법에 의해 성취된다. 교육은 다양한 방법으로 경제 성장에 기여한다. 첫 번째 로 가장 중요한 사실은 현대 경제가 고급 숙련 노동자를 요구한다는 것이다. 심지어 가장 비숙련 일에서조차도 기본적인 읽고 쓰는 능력과 수리 능력이 필수적이다. 그리고 많은 직업들이 컴퓨터 기술과 복잡한 수준의 읽고 쓰는 능력, 특별한 수학적 지식과 같은 상급의 지식을 필요로 한다. 역사적 관점으로 보건, 또는 현대의 개발도상국의 관점에서 보건, 교육적 요구 사항은 매우 크다. 교육 제도의 주요한 임무 중 하나는 계속적으로 교육받은 노동자를 양산하는 것이다. 만약 그렇지 않으면 결과적으로 생산이 감소할 것

- 이 정책을 지지하는 담론은 효과성, 비용—이익 분석, 책무성, 산출 극대화, 또는 성과와 같은 경영에서 사용되는 용어로부터 채택된 형제애, 집단, 연대, 소속 또는 공동체와 같은 용어를 포함하는가?
- 이 정책은 대치한 과거의 정책보다 비용이 적게 들어가는가?
- 이 정책은 직접비용, 수업시간, 재료와 같은 투입 요소에 대한 면밀한 점검을 포함하는가?
- 이 정책은 학생은 성취, 학생 또는 교사들의 출석률, 대학에서 수여한 장학금 또는 졸업생의 취업과 같은 산출 요소에 대한 면밀한 점검을 포함하는가?
- 이 정책은 성과를 개선하기 위한 방법으로 학생, 교사, 학교 또는 교육구 사이에서 경쟁을 촉진하는가?

**[그림 5.6]** 정책에 의해 제기된 효율성 쟁점을 평가하기 위한 질문

이고, 경제 성장은 느려질 것이다.

그러나 교육은 또한 경제 성장에 다른 많은 방법으로 공헌한다. 학교는 수많은 제품을 구매하는 값비싼 기업이다. 건물 재료, 책, 컴퓨터, 버스, 기타 등등. 학교에 가는 수백만 명의 아이들은 이미 많은 생산품의 소비자이며, 미래에 성인 소비자가 된다. 최근에 몇몇 지역에서의 학교 경영과 많은 학교에서의 서비스 민영화는 이미 교육을 경제 성장의 한 영역으로 만드는 데 공헌하였다. 이러한 모든 경향은 학교가 생산품을 구매함으로써, 그리고 아이들이 그들을 겨냥해 만들어진 많은 물건에 대해 적극적 소비자가 되도록 부추기는 환경을 조성함으로써 경제 성장에 도움을 준다는 것을 의미한다.

따라서 경제 성장은 명백하든 암묵적이든 간에 교육정책의 이면에 있는 중요한 가치이다. 예를 들면, 1980년에 행해진 교육 개혁운동 기간에 제안된 많은 정책들은 어떻게 그들이 경제 성장에 공헌할 수 있는가 하는 관점에 따라 정당화되었다. 미 언론은 일본과 유럽 몇몇 나라들의 높은 생산성을 찬양하였고, 그들의 교육 제도가 그 나라의 경제 성공을 가져온 것으로 평가했다. 전문가들은 미국의 경제가 계속해서 성장하고 다른 외국의 강자들과 경쟁할 수 있도록 학교가 개선될 필요가 있다고 제안했다. 같은 기간 동안 지지되고 채택된 다른 정책들은 소비를 자극하기 위해 학교를 이용하도록 고안된 것이었다. 예컨대 음료수 자판기와 광고판이 학교에 설치되었으며, 10대들을 겨냥한 상업적 TV 뉴스 프로그램인 채널 원(Channel One)이 많은 학교에서 프로그램의 한 부문이 되었고, 컴퓨터 제조업자들이 컴퓨터 문해 능력을 촉진하는 교육정책을 위한 캠페인에 깊숙이 관여하게 되었다. 그 이후 경제 성장은 교육정책의 중요한 가치로 유지되고

- 이 정책을 지지하는 담론은 경제 성장, 지방과 주 또는 국가 수준에서 더 많은 직장을 위해 요구되는 자료들을 포함하는가?
- 이 정책은 새로운 재료나 도구의 중요한 구입을 필요로 하는가?
- 이 정책은 하나 또는 그 이상의 성장 산업에서 상대적으로 특정한 직업을 위한 학생들의 훈련을 위한 조치를 포함하는가?
- 이 정책은 다양한 형태의 광고 또는 마케팅을 위한 장소로서 학교를 사용하여 기업들이 젊은 소비자들에게 새로운 접근을 할 수 있도록 지원하는가?

**[그림 5.7] 정책에 의해 제기된 경제 성장 쟁점을 평가하기 위한 질문**

있다. 클린턴 행정부와 연계된 네 명의 중요한 사상가들의 논문을 분석한 결과, Fowler(1995b)는 경제 성장이 가장 중요한 가치임을 발견하였다. 그리고 2002년 부시(아들) 대통령은 더 나은 교육 제도가 경제 성장을 자극할 것이며 경기 침체로부터 벗어날 수 있게 한다고 주장하였다. [그림 5.7]은 경제 성장에 관련된 교육정책의 단면을 평가하기 위해 사용되는 질문이다.

**질(Quality).** 질은 연설이나 위원회의 보고서에 대중적인 수사(修辭)로 자주 등장하는 정책 가치이며, 흔히 수월성(excellence)과 고수준(high standards)이라는 용어와 밀접하게 관련되어 있다. 하지만 질은 반드시 경제적 가치만을 의미하지는 않는다(Gewirtz, 2000). Kahne(1996)는 『교육정책의 재구성(Reframing Education Policy)』에서 미국의 교육정책 논쟁은 주로 공리주의적이거나 또는 우파적 철학 용어로 형성되었다고 주장했다. 그는 다른 중요한 철학을 제시하면서 교육정책 논쟁의 철학적 틀이 어떻게 변화되는지를, 그리고 많은 가치들의 정의가 어떻게 변화하는지를 기술했다. 예를 들면, 자아실현을 강조하는 인본주의적 철학의 옹호자는 질 높은 교육을 창조성과 자발적 학습을 촉진하는 교육이라고 정의할 것이다. 반면, 1980년대 초반부터 우세해진 공리주의적 철학은 질을 경제적 용어로 정의하고, 총체적 질 관리(TQM)(Gewirtz, 2000)와 같은 경영이라는 관점에서 기술하며, 이 장에서도 경제적 가치라는 측면에서 기술하고 있다.

다른 나라들(특히 일본과 독일)의 노동자들이 미국인들보다 더 높은 품질의 제품을 만들어 낸다는 것을 미국인들이 발견함에 따라 1980년대에 들어 질에 대한 논의가 대중적인 경영학 문헌에 포함되었다. 공개적인 논쟁의 대부분은 자동차 산업에 관한 것이었다. 미국인들이 일본 제품이 미국 제품보다 수리를 더 적게 한다는 점을 확인한 이래로 더 많은 일본 자동차를 구매하게 되었다는 사실은 놀랄 일이 아니다. 그에 따라 혼다

- 정책을 지지하는 논의가 표준, 세계 수준, 수월성, 질 관리, 총체적 질 관리, 또는 높은 성과 등과 같은 용어들을 포함하고 있는가?
- 정책이 교육과정의 인지적 또는 개념적 수준을 향상시키는 대책을 포함하고 있는가?
- 정책이 더 많은 논술 문제, 수행성과 검정, 문제 해결을 요구하는 평가 절차의 인지적 수준을 높이는 대책을 포함하고 있는가?
- 정책이 졸업하기 위해서 요구되는 카네기 단위, 요구되는 수업시수, 또는 교사들에게 요구되는 교육 정도 등과 같은 영역에서 수준을 높이기 위해 고안된 대책들을 포함하고 있는가?

**[그림 5.8]** 어떤 정책에 의해 제기된 질 쟁점을 평가하기 위해 요구되는 질문

나 도요타 자동차를 미국 고속도로에서 쉽게 발견할 수 있게 되었다(Halberstam, 1986). 오래되지 않아 대중적인 작가들과 정치가들은 미국 산업의 조악한 제품들과 낮다고 추정되는 미국 교육의 질 사이에 관계가 있음을 찾아냈다. 미국 학교들이 기초 수준 능력 정도를 필요로 하는 교육과정, 엉터리 교과서, 다지선택형 시험을 통해 가장 낮은 수준의 지적 기준을 강조하였고, 그 결과 미국의 젊은 사람들은 창조적으로 사고하도록 도전받지 않았고, 어려운 문제 해결에 개입할 필요도 없었다는 논쟁으로 확대되었다. 후에 일터로 들어갔을 때, 그들은 고품질의 제품을 만들 수도 없고 높은 수준의 서비스를 제공할 수도 없었던 것이다. 현대의 정치적 담론에서 교육의 질에 대한 관심은 학교가 지적으로 더 높은 수준을 추구해야 한다는 방식으로 나타났다. 주 단위의 실력 테스트에 논술 시험 포함, 포트폴리오 평가 도입, 창의적 사고를 강조하는 교육과정 개발, 보다 높은 수준의 수학 공부 요구 등과 같은 정책 제안들이 교육의 질에 대한 관심을 반영하고 있다. [그림 5.8]은 질에 관련된 교육정책의 단면들을 평가하기 위해 사용되는 몇 가지 질문이다.

## 상호작용하는 가치

### 지배적 가치의 주기적 이동

미국인들 대부분은 지금까지 논의된 모든 가치들을 옹호한다. 더 많은 선택, 사회적 정의, 비용 효율적 관리 또는 질서와 안전 같은 가치를 누가 부정하겠는가? 이를 부정하는

사람은 없을 것으로 보인다. 미국인들은 그들이 이러한 가치들을 믿느냐에 차이가 있는 것이 아니라 어떤 것에 우선순위를 두느냐에 차이가 있다고 생각한다. 이러한 중요한 가치들의 순위를 매기는 방법은 결정적으로 중요하다. 제한된 선택과 자원의 제약이라는 현실 세계에서 사람들은 동시에 모든 가치를 추구할 수 없다. 반면, 정책 옹호자들은 소수의 핵심적 가치를 강조하고 나머지 가치들은 무시하거나 아니면 적어도 덜 강조하게 된다. 왜냐하면 모든 가치를 동일한 열정으로 동시에 추구할 수 없기 때문이다. 하지만 교육정책 이면의 지배적인 가치는 시간이 지남에 따라 주기적으로 변화한다(Boyd, 1984; Boyd & Kerchner, 1987; Iannaccone, 1988). 미국에서 교육의 역사는 이러한 강조의 전환을 미화시켜 설명한다. 일상적인 용어로 말하자면, 미국의 교육정책은 더 많은 평등을 추구하는 관점과 경제적 가치를 우선하는 관점 사이에서 변화하는 경향이 있다. 가장 최근에는 1945년에서 1980년대 사이에 있었던 평등을 강조하는 시기를 들 수 있다. 2차 세계대전 이후 미국은 세계 2대 초강대국 중 하나가 되었으며, 국제 무대에서 핵심 주자로 등장하게 되었다. 그러나 미국의 삶의 한 단면은 공립 교육을 포함한 모든 사회 영역에서 아프리카계 미국인을 차별하는 고통스럽고 당황스러운 것이었다. 다른 나라들에게 민주주의 헌법을 채택하라고 또는 인권을 보장하라고 주장하면서도, 정작 스스로에 대해서는 신뢰하지 못했다. 왜냐하면 그들의 현실이 그러하지 못했기 때문이다. 전후(戰後) 시대에 이러한 명백한 차별의 양상을 철폐하기 위한 강력한 반작용이 발생했다. 그리고 공립학교들과 대학들이 그러한 반작용의 영향을 가장 쉽게 받은 기관에 포함되었다. 결과적으로 이 기간 동안에 여성, 장애인, 인종적 소수자들의 인권은 중요한 진전을 이뤄 냈다.

부분적으로 인종적 소수자, 여성, 장애인들이 획득한 이익에 대항하는 세력이 발생하였고, 1970년대 후반 이후 정세는 다른 방향으로 움직이기 시작했다. 경영계의 지도자와 보수 정치인들은 새로운 교육적 담론을 만들어 냈다. 이 담론은 민주주의적 가치 중 하나를, 즉 여러 대안 사이에서 선택이라고 주로 번역되는 자유와 다른 세 개의 경제적 가치를 강조했다(Carl, 1994; Fowler, 1992). 그 결과가 바로 『위기에 처한 국가(A Nation at Risk)』 출판과 함께 1983년에 시작된 것으로 알려진 교육 개혁운동이다. 공립학교가 실패했다고 주장한 경제와 정치 지도자들은 학교 선택, 실력 테스트, 교사들에 대한 성과급, 국가 수준의 교육과정과 평가, 최신의 기술 적용을 포함하는 광범위한 교육 개혁을 요구했다. 학부모들의 선택, 교육에서의 자유, 책무성, 세계 수준의 학교, 더 효율적인 투자, 높은 수준의 성과와 같은 단어와 구문이 그들의 담론에서 수시로 발견될 수 있었다(Carl, 1994; Fowler, 1992). 경제적 가치와 자유를 강조하는 이러한 움직임이 얼마나 오랫동안 지속될 것인가 하는 것은 예측하기 곤란하다. 그러나 역사는 결국 시계추가 다시금 평등을 강조하는 쪽으로 되돌아갈 것이라고 이야기해 주고 있다.

## 중요한 가치 갈등

**균형 추구.** "인류의 정치적 문제는 경제적 효율성, 사회적 정의, 개인의 자유라는 세 가지에 대한 투쟁이다."라고 영국의 경제학자 J. M. Keynes가 1925년에 썼다(Kutter, 1984, p. 1에서 인용). 비록 많은 정책학자들이 위의 세 가지 이외의 다른 것들이 공공정책에 결합되어야 한다고 주장하지만, 대부분의 학자들은 좋은 정책을 만들어 내는 기술은 이 세 가지 경쟁하는 가치들 사이에서 균형점을 발견하는 것이라는 Keynes의 생각에 동의한다. 이미 언급된 것처럼, 민주적 가치는 때로는 경제적 가치와 충돌한다. 포괄적으로 보면, 한 극단을 추구하게 되면 다른 가치와 충돌하게 될 것이다(Boyd, 1984). 따라서 계몽적인 교육정책을 만드는 중심 목적은 아무도 타협하지 못하는 가장 중요한 가치들 사이에서 균형을 이루게 하는 것이다. 대조적으로, 광신자와 몽상가들(ideologues)은 다른 중요한 가치를 부정하거나 위험에 빠뜨리는 단순한 열정으로 정책에 있어 하나 또는 두 개의 가치를 추구한다. 여기에서 논의된 가치들이 다른 것들과 충돌할 수 있음에도 불구하고, 이 장은 현재 강조되고 있는 두 개의 가치, 즉 자유와 효율성 사이에서 나타나는 갈등에 초점을 둔다.

**자유와 결부된 갈등.** 자유는 진공 상태에서 존재하는 것이 아니다. 철학자 John Rawls(1971)는 제한받지 않은 자유는 언제나 다른 자유들과 충돌한다고 주장했다. 그러므로 모든 자유가 모든 사람들을 보호할 수 있도록 각자에게 지적(知的)으로 균형이 잡힐 때 자유는 진실로 강화된다. 그의 논의는 궁극적으로 제한받지 않은 자유는 모든 다른 가치들을 위태롭게 한다는 주장으로까지 확대된다. 이것은 질서라는 가치에 있어서 가장 명확하다. 만약 법과 사회 관습이 인간의 행동에 제한을 두지 않고, 필요할 때 이러한 제한을 강화하지 않는다면 사회 질서는 완전히 붕괴될 것이다. 이는 전쟁 지역에서 폭동 기간 동안, 그리고 대규모의 자연재해 이후 정부의 의미 있는 개입이 불가능해지거나 또는 붕괴되어 버린 상황에서 잔인하게 드러난 사실이다. 비록 그러한 극단적 상황이 교육에서는 좀처럼 발생하지 않는다 하더라도, 자유와 질서 사이의 갈등은 빈번하게 발생한다. 예를 들면, 1960년대와 1970년대에 그러한 갈등은 영국의 유아학교(infant school)의 개방된 교수법(pedagogy)을 미국에 도입하기 위해 고안된 정책의 집행과정에서 때때로 발생했다. 그들 자신의 행동을 스스로 선택할 수 있도록 아동의 자유를 강조하는 것은 몇몇 관찰자들이 보기에는 매우 혼란스러운 교실 상황을 만들어 내는 것에 불과하다. 교사들과 학부모들은 재빨리 질서의 중요성을 다시금 강조했다. 몇몇 학교에서는 실제 벽을 만들고, 대규모의 개방 교실을 다시금 질서 유지가 쉽다고 판단되는 조그마한 공간으로 재조정했다.

제한되지 않은 자유는 또한 효율성과도 충돌한다. 자유는 그 자체 본질상 선택, 옵션, 그리고 사람들이 다양한 길을 따를 수 있도록 허용하는 수단을 요구한다. 그러나 다양성은 모든 부문에 다 적합한(one-size-fits-all) 하나의 프로그램보다는 훨씬 비용이 많이 든다. 예를 들면, 자유에 대한 미국인들의 사랑을 반영하는 교육과정 정책으로서 고등학교에서의 교과 선택제를 들 수 있다. 미국인들은 매우 광범위한 과정을 제공하는 대규모의 고등학교를 건설한다. 이를 통해 학생들은 제공되는 많은 과정과 프로그램들 중에서 선택할 수 있다. 그러한 교육과정은 많은 부수적 비용을 야기한다. 몇몇 대규모 고등학교는 모든 선택과목을 기술한 소책자를 만든다. 그리고 진로 지도 상담가는 다른 선택이 있음을 설명하는 데 많은 시간을 소비해야 한다. 몇몇 전문적인 과정은 낮은 등록률을 보인다. 교사들은 새로운 과정을 개발하기 위해 시간을 소비한다. 이와 같은 비효율과 부대 비용 때문에 많은 고등학교들은 제공하는 과정의 수를 제한해 왔다. 학교들이 자발적으로 제한하지 않을 경우, 때로는 비용에 민감한 위원회와 주 입법부에서 그렇게 해 왔다.

자유는 또한 질과 갈등을 보일 수 있다. 모든 사람들이 자신의 일을 자유롭게 할 수 있다는 것은 모든 일들이 항시 높은 수준으로 수행될 것임을 의미하지는 않는다. 사실, 수월성의 수준에 대한 생각은 Bellah 등(1996)과 같은 표현적 개인주의자들이 자발적이고 창조적인 노력을 통해 진정한 자아를 발전시킬 수 있는 자유를 중시하는 가치에 반대하는 것이다. 높은 표준과 보상이 제안되면 많은 사람들은 수월성을 위해서 제안된 보상을 추구하기 위한 경쟁을 하면서 그들의 표현의 자유를 포기하게 될 것이다. 결과는 질의 바람직한 증가일지 모른다. 그러나 자유에 대한 비용을 지불하여 달성될 것이다. 국가표준에 대한 논쟁에서 질과 자유의 잠재된 갈등이 극명하게 드러난다. 예를 들면, 1993년 세계 수준의 학교 시스템을 만들라는 법에 의해 책임이 부과된 코네티컷의 교육수월성위원회는 공립학교를 개혁하기 위해 사용된 일련의 새로운 학문적 목표를 추천했다. 수반되는 격렬한 논쟁에서 반대자들은 그 표준은 학생들 사이의 동질성을 강화하게 될 것이라고 비난했다(Frahm, 1994. p. 158). 개혁을 위한 계획은 결국 사라졌다. 자유가 수월성에 승리한 것이다.

결국, 자유와 평등 사이에는 근본적인 긴장이 존재한다. 왜냐하면 사람들의 지혜, 동기, 에너지, 육체적 힘, 부도덕과 같은 속성에는 서로 차이가 있어서, 그들 사이의 제한받지 않은 경쟁은 불평등한 결과를 야기하게 될 것이기 때문이다. 좋은 초등학교 교사들이 아는 것처럼, 만약 그들이 장난감과 놀이기구를 공유하는 것에 대하여 어떠한 규칙도 만들지 않는다면, 똑같은 아이들은 매일 가장 선호하는 물건을 가지고 놀게 될 것이고, 이는 나머지 아이들의 분노의 감정을 야기하게 될 것이다. 보다 큰 범위에서 볼 때, 부와 힘에 대한 개인의 제한받지 않은 자유는 소수의 사람들이 더욱 부자가 되고, 반면에 대부분은 빈곤하게 사는 그런 사회를 만들게 될 것이다. 이미 언급한 것처럼, 이러한 상황은 정치적 민주주의와 양립할 수 있는 것이 아니다. 그것은 장기간의 사회적 안정과도 조화를 이룰 수 없기 때문에, 대부분의 사회는—민주주의 사회이거나 아니거나—사회적 불평등이 커지는 것을 막기 위해 노력한다. 그렇다고 해서 만약 평등이 법에 의해서 주어졌을 때, 과거 소련 연방처럼 완벽한 자유의 결핍은 결국 동기의 상실과 사기의 저하를 야기하게 된다. 따라서 건전한 공공정책의 목표는 자유 또는 평등을 극단적으로 추구하는 것이 아니라 그 둘 사이에서 현명한 균형을 추구하는 것이다.

**효율성과 관련된 갈등.** 무슨 이유이든 간에 비용은 낮추고 생산성은 높이는 효율성을 열정적으로 추구하면 효율성은 다른 가치들과 갈등 관계가 형성될 것이다. 사회과학에서 중심적 질문은 효율성과 평등의 관계이다. 그것은 몇몇 학파에게는 논쟁 지점이다(Kuttner, 1984, p. 3). 경제학파의 주류는 경제체제의 효율성을 촉진하기 위해서는 사회적 평등을 제한하는 것이 필요하다고 주장한다. Milton Friedman(1962) 같은 보수주의자들과 Arthur Okum(1975) 같은 중도 자유주의자들에 의해 옹호되는 이러한 입장은 시장이 작동하는 방식에 대한 몇 개의 가정에 기초하고 있다. 하나는 만약 시장이 최소한의 정부 규제에 의해 작동된다면, 사람들은 자신의 노력과 성과에 적합한 경제적 보상을 받게 될 것이라는 것이다. 결과적으로 그들은 최선을 다하고 진지하게 노력하며 그들이 할 수 있는 가장 최고의 질을 생산할, 그리고 그들이 아는 가장 최선의 방법을 적용할 인센티브를 갖게 될 것이다. 시장의 이러한 작동에 따른 부수적 효과는 어떤 사람은 다른 사람들보다 더 많은 것을 성취하게 될 것이고, 불평등은 필연적으로 나타나게 된다는 데 있다. 그러나 이러한 불평등은 노동자들의 동기 부여와 그 체제가 가장 최고의 효율 수준을 유지하기 위해서 필요한 것이다. Okun(1975)은 효율성과 평등 간의 이러한 갈등을 거대한 주고받기(the big trade-off)라고 부른다. 이러한 입장의 옹호자들은 시장 경쟁에 의해 만들어진 불평등을 감소시키기 위해 노력하는 다른 사회 프로그램과 복지국가를 비판한다. Friedman(1962)과 다른 사람들은 효율성을 증가하기 위해 공공 교육에 시장 기제를 더 많이 도입해야 한다고 주장한다. 그들은 협약학교(charter school)와 지불보증제(voucher) 같은 학교 선택 정책을 채택하는 운동에서 지도자를 맡아 왔다(Cookson, 1994).

그들이 미국에서 소수의 주장을 대변한다고 하더라도, Kuttner(1984)와 Thurow

(1985)처럼 다른 생각을 하는 사람들은 효율성과 평등 사이에 태생적으로 존재한다는 주고받기 관계라는 관념을 공격한다. 반대로, 그들은 오랫동안 상대적으로 높은 수준의 사회적 평등이 효율성을 촉진해 왔고, 생산성의 증가를 가져오는 주요한 필수 요소라고 주장한다. 그들의 관점에서 커다란 경제적 불평등은 노동자의 헌신의식과 높은 수준의 일을 하겠다는 의지를 침해하면서 분노를 창조하고 있다. 이러한 주장을 옹호하기 위해 그들은 미국보다 매우 높은 수준의 경제적 평등 상태에 있는 두 나라, 즉 일본과 독일의 생산성을 인용한다.

효율성의 추구는 또한 질을 훼손하기도 한다. 질 높은 교육을 학업 성적을 높이는 것이라고 하든, 아동의 인성을 자연스럽게 발현할 수 있도록 촉진하는 것이라고 하든, 또는 민주적 시민 의식을 개발하는 것이라고 하든 무어라 정의하든 간에, 효율성에 대한 쉼 없는 압박은 질을 침해하게 될 것이다. 왜냐하면 교육은 값비싼 것이기 때문이다. 교육적 수준을 유지하는 것은 최신의 교육 자료, 잘 교육된 교사, 비교적 조그마한 교실, 그리고 많은 수업 준비시간을 필요로 한다. 또한 다재다능한 아동 또는 견문이 넓은 시민을 길러 내기 위한 교육 프로그램들은 이러한 목표를 달성하기 위해 시설, 직원, 자료를 요구한다. 비용을 줄이라는 압력은 이러한 모든 것들의 감축을 초래한다. 그에 따라 가끔씩 교사들과 행정가들에게 과도한 업무 부담을 야기하고, 그들은 목표를 질을 달성하는 것에서 최소한의 수준을 만족시키는 것으로 바꾸게 된다. 지역 교육구와 주 정부의 입법부에서 벌어지는 많은 정책 투쟁은 일정 수준의 질을 강조하는 전문 교육자, 공공예산을 통제하고자 하는 정책 결정자들과 함께 이러한 가치 갈등 주위를 맴돌게 된다.

또한 효율성에 대한 과도한 강조는 박애 정신을 약화시킨다. 관계를 형성하고, 강한 조직으로 발전시키며, 학교에서 호혜적인 분위기를 만드는 것은 모두 시간을 요구한다. 그런데 속담이 말하는 것처럼 시간은 돈이다. 적어도 미국에서는 그렇다. 35년 전 인류학자 Edward T. Hall(1966)은 시간에 대한 태도에 대한 문화 횡단적 연구에서 유럽 사람들과 비교해서 미국 사람들은 시간을 매우 빠듯하게 관리하며, 자유 시간을 많이 두지 않고 관계를 만들기 위해 매우 적은 시간을 안배한다는 것을 발견했다. 최근의 연구는 편부모 가정과 맞벌이 가정의 증가는 미국인들에게 시간의 압력을 증대시켰다는 것을 발견했다(Jacobs & Gerson, 2000). 그러므로 Hall의 발견은 아마 1966년보다도 오히려 지금 더 의미가 있을 것이다. Hall이 미국인과 유럽인의 이러한 차이가 나타나는 이유에 대해 조사하지 않았음에도 불구하고, 효율성에 대한 관심의 증가는 아마 미국인들로 하여금 동료들과 관계를 만들기 위해 시간을 투자하는 것은 돈의 낭비라고 간주하게 만들었을 것이다. 그러나 학교와 교육구에서의 좋은 의사소통과 팀워크는 진공 상태에서 만들어지지는 않는다. 박애는 시간을 투자할 만큼 충분히 가치가 있다고 여겨지는 그런 환경에서 번성할 것이다.

# 이데올로기

## 이데올로기에 대한 정의

대부분의 사람들은 서로 관련성이 없는 관념과 신념을 난해하게 받아들이지 않고, 사회, 정치, 경제에 대한 그들의 주요한 관념을 일반적으로 간단하게 구조화된 "이데올로기"라는 용어로 받아들인다. Alan Isaak(1987)는 이데올로기를 "사회, 경제, 정치 시스템이 구조적으로 운영되어야 할 방식에 대한 조직적 가치와 신념체계, 그리고 이러한 가치와 신념이 어떻게 실현되어야 할지에 관한 권고"라고 정의했다. 모든 이데올로기는 인간성과 우주의 본질에 대한 몇 가지 중요한 가정에 근거를 두고 있지만, 이러한 이념들은 여전히 불명확하다. 이념 옹호주의자들은 그러한 것들을 상식으로 받아들이면서 당연시한다(Susser, 1995). 그러나 이데올로기는 현 사회를 분석하고 이상적인 사회를 제시하며, 그 사회를 구현할 수 있는 계획을 제시한다(Iannaccone, 1988). 모든 이데올로기는 약간의 진리를 내포하고 있으며, 어떤 것들은 옹호자들에게 상대적으로 고차원의 세계관을 제시하지만, 어떠한 이데올로기도 완전히 실체(reality)을 반영하지는 못한다. 그럼에도 불구하고 이데올로기 옹호론자들은 아무런 의심 없이 그 이데올로기의 주요한 원리를 받아들이고, 누군가 그것에 반론을 제기할 때는 이성이 아닌 감성으로 반응한다. 현대 사회에서 이데올로기는 사회 시스템과 매스미디어, 광고 등에 널리 침투해서 대부분의 사람들의 사고는 부분적으로나마 이데올로기적이다. 지식인들은 가장 지배적인 이데올로기의 일부를 지속적으로 받아들이지만, 이성적 분석이나 분명한 증거가 제시되면 기꺼이 자신의 신념을 버리기도 한다. 그들의 신념체계는 이데올로기적이라기보다는 정치철학이라고 표현하는 것이 더 정확할 것이다. 미국의 교육정책은 과거보다 훨씬 이데올로기적이기 때문에, 교육 지도자들은 그들이 직면하게 될 이념적 문제에 대해 훨씬 폭넓게 이해할 필요가 있다.

# 미국의 주요한 이데올로기

## 보수주의

**두 개의 보수주의.** 보수주의도 몇 개의 다양한 형태가 존재하지만, 21세기가 시작될 무렵 미국에는 경제 보수주의(business conservatism)와 종교 보수주의(religious conservatism)라는 두 개의 지배적인 축이 있었다. 이러한 두 이데올로기 신봉자들은 현재의 공화당을 구성하고 있는 핵심 당원이다. 그들의 공개 논쟁은 1996년 선거운동과 2001년 Jefford 상원위원이 당에서 사임했을 때 언론에 부각되었다. 이러한 두 이데올로기 간의 극명한 갈등은 정치과학자 Lowi(1995)로 하여금 『공화당 시대의 종말(The End of the Republic Era)』에서 미국 보수주의의 종말을 예견하게 하였다. 두 이데올로기 간의 근본적 갈등인, 우리 삶에서 가장 중요한 것이 무엇인가에 대한 입장은 종교 보수주의자 James Dobson의 정치자금 모금 편지에 다음과 같이 나타나 있다. "미국인들이 중요하게 생각하는 것은 돈보다는 개성, 가치, 도덕성이다." 그는 공화당 내에 있는 경제 보수주의자뿐만 아니라 1992년 대선에서 경제가 가장 중요하다는 슬로건을 내건 민주당 당원들을 비난하고 있는 것이다. 이러한 글에서 나타나듯이, 두 그룹은 동일한 정당 내에서 불안한 휴전(truce)을 하고 있을 뿐, 그 휴전이 얼마나 지속될지는 미지수이다.

**경제 보수주의.** 1929년 미국의 대공황의 원인을 제공했다는 비난을 받아 사람들의 신임을 잃은 경제 이론인 경제 보수주의는 다시 20세기 말 25년간 다시 부흥기를 맞았다. 이 이데올로기의 부흥을 가져온 1980년대 Reagan 대통령과 영국의 Thatcher 수상은 그들의 연설이나 공공정책의 근간을 경제 보수주의의 주요한 이론에 두었다.

경제 보수주의자들은 인간은 개인의 사적 이윤 추구, 특히 경제적 이윤 추구에 의해서만 동기화되고, 우리 사회의 주요한 목표가 물질적 복지 달성에 있다고 주장한다. 이러한 관점에서는 사람들이 시장에서 자유롭게 자신의 사적 이윤을 얻기 위해 경쟁하고, 시장은 보이지 않는 손에 의해 자연스럽게 조정되어 경제가 번성한다는 것이다. 경제 문제에 있어서 정부의 개입은 전혀 필요 없고, 그러한 간섭은 오히려 경제에 치명적인 해를 입힐 수 있다는 것이다. 경제 보수주의자들은 현재의 세계 경제 문제 유발 원인을 정부의 잘못된 복지정책 때문이라고 본다. 그래서 이러한 문제의 해결책으로 경제에 대한 정부의 영향력을 줄일 것을 주장한다. 예를 들어 세금 감면, 규제 철폐, 사유화, 복지 프로그램 폐지 및 개혁, 많은 정부기관 폐쇄, 그리고 정부의 보호하에 있는 사회 영역에 시장 논리 투입 등이 그것이다. 그들이 추구하는 정책의 목적은 최소한의 정부 규제하에서 사적 이익 추구를 위해 개인과 경제에 자유로운 활동장을 제공하여 번영된 사회를 구현하는 것이다. 그들의 논의나 정책 제안에 나타난 중요한 두 가지 가치는 효율성과 자유이다. 그들은 자유로운 시장경제가 높은 수준의 경제적 효율성을 낳는다고 생각한다. 그들이 말하는 자유는 주로 자유로운 경쟁과 소비자 선택을 중시하는 경제적 자유를 말한다. 그들은 정치적 자유에 대해서는 거의 언급하지 않는다.

경제 보수주의자들은 자신들의 이데올로기에 부합하는 잘 짜여진 교육정책 제안을 가지고 있다. 교육의 목적을 경제 성장에 두고 높은 성취기준, 높은 책무성, 실적에 따른 급여, 수월성 시험 등을 주장한다. 그들은 교육을 시장의 논리에 맡기자는 정책들, 지불보증제(vouchers)[1], 협약학교(charter schools)[2], 금전적 보상 제도(monetary award), 우수 학교에 대한 홍보, 규제 완화와 같은 것을 지지한다. 그들은 미국 교육부의 폐지를 주장했지만, 12년간의 레이건과 부시 행정부 초반의 교육부 폐지 실패는 이 주장에 대한 그들의 의지가 그렇게 강하지 않았음을 보여 준다.

**종교 보수주의.** 20세기 후반기 25여 년간 세계 여러 지역에서는 종교 근본주의의 부활이 있었다. 지금 우리가 생각할 수 있는 예로는 이스라엘 지역에서의 유대 근본주의자들의 부활과 몇 개의 중동 국가에서 목격되는 코란의 옛 원리주의 회복을 주장하는 무슬림 근본주의자들이다. 미국에서 목격되는 이러한 경향은 근본주의자들의 정신을 강조하며 프로테스탄트를 표방하는 종교적 우파(religious right)가 영향력을 더해 가는 데서 찾아볼 수 있다. 다른 모든 교조주의 기독교인들이 주장하는 것처럼 이 종교적 우파의 지지자들도, 비록 우리는 신의 모습은 지니고 태어났지만 신의 뜻을 따르기에는 많이 부족한 죄인이라고 믿는다. 그리고 기독교인들은 종교적 가르침에 의해 도덕적 판단을 해야 한다고 믿는다. 그러나 기독교 권리를 주창하는 지도자들은 원리주의적 기독교로 돌아가자는 논의는 제쳐 두고, 미국을 신과 기독교의 전통적 가치에 반기를 들어 가치 혼돈에 빠진 기독교 국가로 묘사하면서 이념적 논쟁을 불러일으키고 있다. 이러한 문제를 해결하기 위해 기독교인들이 도덕적 타락에 대항한 문화전쟁을 전개해 미국을 신의 나라로 되돌릴 것(country back to God)을 주장한다. 기독교인들은 전통적 가치,

1) 교육을 정부가 지불하지만 직접 공급하지 않겠다는 목적으로 만든 제도이다. 이 제도하에서 학생에게는 (사립)학교 선택권이 있다. 학생이 어떤 학교를 선택하여 출석하게 되면 학교는 정부에서 그 학생의 교육비를 지급받게 된다.

2) 민간이 설립하고 국가가 지원하는 미국의 공립학교로 틀에 박힌 지시에 따라 운영되는 기존 공립학교의 시스템에서 벗어나 교장의 재량껏 교육 방침 결정 및 운영이 가능한 반공립 · 반사립 학교

특히 전통적 가족 가치 회복을 위한 정치 시스템을 만들기 위해 노력해야 한다고 주장한다. 그들은 필요하다면 법을 제정해 강제할 수 있다고까지 말한다. 종교 보수주의자들이 가장 강조하는 가치는 전통적으로 프로테스탄트 미국인들이 가지고 있는 도덕적 질서이다.

종교적 우파는 교육정책 제안을 냈고 몇 가지 안은 정부에 의해 받아들여졌다. 경제 보수주의자들처럼 학교 선택권과 교육부 폐지안을 지지했으나, 이러한 정책 기조는 경제 보수주의자들과는 달리 외부의 간섭 없이 자녀를 양육할 수 있는 부모의 권리를 강화하기 위한 방편으로 지지를 한 것이다. 더 나아가 지지자들은 학교를 포함한 정부의 권리에 버금가는 부모의 권한을 강화하는 연방부모권리법안(Federal Parental Right Act)의 통과를 지지한다. 그들은 학교에서의 기도 행위를 헌법 규정으로 넣자는 미국 헌법 수정안을 지지하고, 기독교적 가족 가치에 반하는 대부분의 성교육과 마약 교육 프로그램을 반대한다. 더 나아가 그들은 심리 테스트와 다문화 교육(multicultural education) 같은 부모의 권리를 약화시키고, 상대적 가치인 세속적 휴머니즘을 반영하고 있는 학교의 정책과 프로그램에 반대한다.

## 자유주의

**두 개로 분리된 자유주의.** 자유주의는 현재 민주당의 지배적인 이데올로기이다. 민주당 내에서 새 정치 자유주의(New Politics Liberalism)와 신자유주의(Neoliberalism)가 지배적 위치를 차지하기 때문에 많은 갈등은 이 두 이데올로기 간의 충돌 양상으로 나타나고 있다. 그러나 민주당 내의 두 이데올로기는 공화당 내의 두 이데올로기보다는 이념적 공통점이 많기 때문에 대립이 격렬하지 않아 언론의 조명을 덜 받고 있다.

**새 정치 자유주의.** 새 정치 자유주의자들은 1968년 Eugene McCarthy가 민주당 대통령 지명권 획득에 실패했을 때부터 1972년 George McGovern이 그 자리를 획득했을 때까지 민주당을 장악했다. 새 정치 자유주의자들 대부분은 학창 시절 반전운동과 시민운동에 자극을 받은 부유하고 젊은 백인이었다. 1968년 민주당이 대선에서 실패한 이후, 그들은 민주당의 규정, 특히 대통령 선거인단 선출에 관한 규정을 바꿀 수 있는 위원회의 주요 인사가 되었다. 다시 쓰인 그러한 규정은 당 지도자들에 의한 민족, 인종, 신념 그리고 국적, 나이 또는 성을 대표하는 그룹에 대한 차별을 극복할 확실한 대책을 요구했다. 이러한 대책들은 1972년 McGovern이 민주당 대통령 후보로 지명되는 것을 도왔고, 민주당 내에 인종과 성 정체성 확립 정치(race-and-gender identity politics)라는 새로운 정치 형태를 낳았다. 이러한 새로운 정치 형태는 1982년 민주당 국가 위원회가 여자와 흑인, 히스패닉, 아시아 인, 게이, 자유주의자 그리고 경제인과 전문인을 위한 공식적인 정당 간부 회의를 설립함으로써 더 제도화되었다. 자유주의자들은 미국이 안고 있는 대부분의 사회 문제가 개인이 해결할 수 있는 차원이 아닌 제도적인 차별과 억압의 역사에 기인한다고 믿는다. 이러한 문제는 억압을 받고 있는 집단들이 좋은 교육을 받고 좋은 직장을 얻음으로써, 그리고 미국 정부가 제공할 수 있는 좋은 것들을 누림으로써 극복 가능하다는 것이다. 새 정치 자유주의자들의 중요한 가치는 평등과 억압받는 계층의 응집력으로 해석이 되는 형제애이다. 교육정책에 있어서 이들은 인종, 성, 성적 성향, 장애 여부와 관계없이 모든 아동들이 질 좋은 교육에 동등한 접근 기회를 가질 것을 주장한다. 그들은 또한 다양성을 옹호하는 다문화 교육 프로그램을 지원하는 확실한 정책 실시를 요구한다.

**신자유주의.** 민주당 내의 신자유주의 집단은 새 정치 자유주의뿐만 아니라 그 이념의 전신이라고 할 수 있는 뉴딜 자유주의(New Deal Liberalism)에 의구심을 갖는다. 그들은 인종과 성의 정체성을 강조하는 정치가 노동자 계층인 서민들을 소외시키고 미국 내의 경제적 불평등을 소홀히 다뤄 왔다고 주장한다. 그럼에도 불구하고 뉴딜과 Great Society 프로그램이 옛날의 그 시대적 상황에서는 적절했다고 믿지만 현대에 다시 부활시키고 싶어 하지는 않는다. 이들은 그러한 정책들이 오늘날의 문제점 해결에 잘못 적용되고 있다고 생각한다. 새 정치 자유주의자들이나 뉴딜 자유주의자들은 자본주의의 좋은 면만을 받아들이고, 정부가 현대 사회에서 중요한 역할을 할 수 있다고 믿으며, 평등 문제에 깊은 관심을 가지고 있다. 신자유주의자들은 미국 사회에 평등을 구현하는 방법에 있어서 다른 생각을 가지고 있다. 이들은 저소득층을 위한 많은 정책 프로그램들이 근본적 원인 치료가 아닌 현상 해결에 치중하고 있다고 의심한다. 이들에게 있어 미국 사회의 근본적 문제는 느린 경제 성장과 증폭되고 있는 갈등이라는 것이다. 네 명의 유수한 신자유주의 학자들의 글과 책을 분석한 Fowler(1995b)에 따르면, 이들이 가장 중시하는 가치는 경제 성장과 형제애이다. 이들은 성장을 미국 사회의 평등과 형평성을 실현할 수 있는 요인으로 인식하고 있다. 1992년 대통령에 당선된 클린턴 행정부는 신자유주의 사고의 영향을 가장 많이 받은 최초의 정부이다. 클린턴과 당시 교육부 장관은 신자유주의 이념과 일치하는 교육정책을 내놓았다. 신자유주의자들은 형제애를 강화하기 위한 수단으로 청소년을 위한 정부 및 지역사회의 프로그램을 지지했다. 그리고 경제 성장을 구현하기 위한 방법으로 직업 및 기술 교육 증진에 관심을 보였다. 그들이 제시한 국가표준 교육과정의 제시 및 시험 제도는 경제 성장에 기여할 교육 발전 및 국가 통합을 위한 정치 발전이라는 기치 아래 나온 것이다.

# 다른 이데올로기

## 미국의 극단적 이데올로기

미국에서 좌파와 우파의 극단주의적 운동은 긴 역사를 지니고 있다. 그러나 극단주의 연구자들은 현재 극우파주의가 극좌파주의보다 더 널리 퍼져 있고 영향력을 행사하고 있다는 데에 동의한다. 일반적으로 극단주의적 이데올로기는 주요한 정책 결정에 직접적으로 관련되어 있지는 않지만, 뒤에서 상당한 영향력을 행사한다. 예를 들어, 극단주의자들의 활동이 활발한 교육구의 정책 결정자들은 그들을 자극해 데모나 시민운동을 동반시킬 개연성이 있는 정책은 지지하지 않는다. 심지어 일부 지역에서는 비밀스럽게 정책 입안자들이 극단주의 조직과 연계되어 있는 경우도 있다. 따라서 교육 지도자들은 자기 지역 극단주의자들의 활동이나 교육정책에 미칠 수 있는 영향력을 항상 주시할 필요가 있다.

**극좌파주의.** 극좌파주의(left-wing extremism)자들은 사회 주류로부터 많이 소외되었다고 느끼면서 사회의 주요한 제도를 반대한다. 그들은 특히 사회적 병폐의 원인을 대기업, 군대, 현대 기술 또는 사유재산 제도 탓으로 돌린다. 그들의 가장 전형적인 해결책은 사회로부터 도피하여 이상적 유토피아 공동체를 형성하는 것이다. 그것은 모든 사람을 이롭게 하는 형태이다. "코뮨(Commune)"이라고 불리는 이 공동체에서 재산은 일반적으로 서로 공유되고, 관료주의적 관계는 거의 존재하지 않으며, 모든 사람들은 생필품을 생산하기 위해 함께 일한다. 근래의 전형적인 예가 "녹색 좌파 네트워크(Left Green Network)"이다. 그들의 중요한 정치적 가치는 평등과 형제애이다. 극좌파주의자들은 흔히 평화주의자이지만 때로는 폭력을 행사한다. 1960년대와 1970년대의 Weatherman과 Symbionese Liberation Front 같은 좌파 그룹은 빌딩 폭파, 포로 유괴, 은행 강탈과 같은 폭력적인 행위에 가담했다. 그들의 주요한 공격 대상은 대기업, 특히 군수 산업과 관련된 사람과 시설 등이다. 극좌파주의는 교육을 정부와 기업의 선전 수단으로 보면서 공교육 제도를 불신했다. 공립학교 정책에 대해서는 학생과 교사에게 최소의 규제를 가하는 "자유" 학교를 지지했다.

**극우파주의.** 극좌파주의자들처럼 극우파주의(light-wing extremism)자들도 주류 사회에서 소외되었다고 느끼면서 사회의 주요한 제도를 반대한다. 극좌파와 달리 그들은 사회 문제의 원인을 인종, 종교 또는 소수 민족 그룹으로 돌린다. 흔히 그들은 이러한 그룹들이 자신들이 소중하게 여기는 삶을 파괴하기 위해 함께 음모를 꾸미고 있다고 믿는다. 많은 현대의 극단주의 그룹은 매우 반정부적이어서 심지어 세금 납부를 거부하고 법원의 호출에 응하지 않는다. 극우파주의자들은 그들이 인식하는 문제를 공격적인 소수 그룹의 권리를 제한하거나 이민 제도를 없애거나 철저하게 규제함으로써, 그리고 정부의 힘을 약화시키거나 전복시킴으로써 해결하고자 한다. 그들의 궁극적 목적은 정부의 지원을 받는 외부 음모론자들의 위협 속에서 이상적 백인 기독교 국가를 유지하거나 재건하는 것이다. 그들의 중요한 정치적 가치는 종교적 전통 규범 준수로 해석되는 질서와 그들만의 형제애이다. 극우파는 목적 달성을 위해 폭력을 지지하는 것 같다. 사실 우익집단은 종종 준군사집단이다. 1995년 오클라호마시티에 있는 연방 건물을 폭파하고 6년 후에 사형이 집행된 Timothy McVeign은 극우파 그룹과 연계되어 있었다. 가장 오래된 극우파 집단의 하나는 Ku Klux Klan이다. 지난 20여 년 동안 이 집단은 매우 다양한 유사 그룹과 연합 전선을 펴 왔다. Aryan Nation, Posse Comitatus 그리고 다양한 예비 집단이 여기에 합류했다. 공립학교는 그들이 증오하는 정부에 의해서 운영되고 인종적 결속을 도와주는 중요한 기관이기 때문에 극우파주의자들은 일반적으로 공립학교 제도를 혐오한다.

## 다른 나라의 이데올로기

다른 나라의 이데올로기를 연구하는 것은 매우 흥미로운 일이나 이 책의 범위를 벗어나는 것이다. 그러나 비교를 위해 미국인들이 가장 많이 접했을 법한 주요한 이데올로기를 간단히 제시하고자 한다. 사회 민주주의(social democracy)와 기독교 민주주의(Christian democracy)는 서부 유럽과 몇몇 라틴아메리카 국가의 주요한 이데올로기이다.

**사회 민주주의.** 사회 민주주의자들은 19세기 사회주의 계승자이다. 일찍이 1895년 몇몇 독일 사회주의 지도자들은 자본주의에 대한 마르크스의 많은 예견이 실현되지 않을 것이라고 지적하고 그의 경제 분석 요인이 잘못되었다고 지적하기 시작했다. 결국 그들은 개혁 사회주의(reformist socialism)를 주창했다. 모든 사회주의자들처럼 사회 민주주의자들은 최근의 사회 문제의 근원은 자본주의라고 믿는다. 그러나 그들은 혁명을 통한 정부 전복을 원하지는 않고 오랜 기간에 걸친 일련의 전략적 개혁을 통해 변화시키기를 희망한다. 개혁의 한 형태는 정치를 통해서이다. 주요한 사회 민주주의자들의 목표는 회사와 공장의 직종별 노동조합과 대표자협의회에 뿌리를 둔 완전한 민주정치 제도와 기업 민주화의 실현이다. 그들이 희망하는 또 다른 개혁 과제는 경제이다. 중요한 산업의 국유화, 소득에 따른 세금 징수, 상속세, 경제 개발, 완전 고용, 복지국가 실현이 그것이다. 사회 민주주의자들은 공립학교 교육을 지지한다. 그들이 지지하는 정책에는 의무교육 확대, 수준별 학습 폐지 그리고 학생들에게 무상으로 책과 교구를 지급하는 것이다. 사회 민주주의자들의 가장 중요한 가치는 평등과 국가 단결로 해석되는 형제애이지만 경제적인 성장 또한 지지한다. 사회 민주주의는 스칸디나비아, 독일, 오스트리아에서 상당한 조직을 가지고 있고 영국, 일본, 프랑스, 캐나다에서도 상당한 영향력을 발휘하고 있다. 사실 미국은 강한 사회민주당을 결코 가져 본 적이 없는 유일한 선진국이다.

**기독교 민주주의.** 1900년대 초기 기독교 민주주의는 1600년과 1900년대 로마 가톨릭 교회의 군주주의적 입장에 반대해서 유럽에서 출현했다. 그 주창자인 가톨릭 지식인들은 진보적이지만 사회주의적이지 않으며, 현대적이지만 자본가를 옹호하지 않는 정치 프로그램인 "제3의 길"을 개발하고자 했다. 사회 민주주의자들처럼 기독교 민주주의자들은 자본주의를 완전히 지지하지는 않지만 그들의 관심은 마르크스의 가르침이 아닌 유대 기독교의 종교적 전통이다. 예컨대 그들은 경제 보수주의를 반대했는데, 그 이유는 경제 보수주의가 인간에 대해 냉소적 관점을 가지고 있고 시장경제를 신성시하며 소비주의와 사유재산 추구 같은 비도덕적 행위를 권장하기 때문이다. 그들은 민주적인 지도자들은 모든 사람의 기본적인 욕구를 충족시킬 수 있는 인간적이고 공정한 사회 실현을 추구해야 한다고 믿는다. 그러면서도 모든 사람들이 정부나 고용주로부터의 부당한 간섭 없이 자유롭게 자신의 잠재력을 계발해야 한다고 믿는다. 따라서 그들은 완전한 정치 민주주의, 혼합경제, 복지국가 그리고 사적 · 공적 영역에 대한 참여적 지배 구조를 지지한다. 그들은 반공산주의자이지만 바람직한 사회 목표를 구현하기 위해서는 기꺼이 사회 민주주의자들과도 협력한다. 그들의 주요한 가치는 형제애와 사회적 정의로 해석되는 평등이다. 1900년부터 기독교 민주주의 운동은 점차 세속화되었다. 그래서 오늘날 많은 정당은 그들의 이름에서 기독교라는 용어를 빼고 프로테스탄트, 유대, 회교도 그리고 뜻을 같이하는 비신도들도 회원으로 받아들인다. 그들은 종교적 전통뿐만 아니라 넓은 범위의 휴머니즘적 사고도 포용한다. 기독교 민주주의자들은 공립학교 제도를 지지하지만, 그들은 또한 종교집단의 사립학교 운영권과 공립학교에서의 종교 교육도 지지한다. 기독교 민주주의 운동이 활발한 나라는 프랑스, 독일, 이탈리아, 칠레, 베네수엘라, 엘살바도르이다.

# 이념 논쟁에 휩싸인 학교 지도자

## 이념 논쟁장으로 변한 학교

지난 20년 동안 공립학교는 이데올로기 논쟁의 장이 되었다. 점차 교장, 교육장, 교육 지도자들은 다른 이데올로기를 가진 사람들에게는 전혀 문제가 될 법하지 않던 문제가 느닷없이 튀어 나오는 뜨거운 논쟁장에 서 있음을 발견한다. 그러한 논쟁은 흔히 근본적으로 이데올로기와 관련성을 맺고 있어서 이데올로기 또는 정치적 틀 속에서만 이해될 수 있다.

English는 1994년에 발표한 「학교에서의 정치 : 학교 지배권 장악을 위한 논쟁」이라는 글에서, 미국 학교를 지배하려는 두 그룹의 갈등을 기술하고 있다. 우파는 경제 보수주의적 성향으로 학교 지도자들이 시장경제 전문가가 되도록 권장하며 시장 논리를 공립학교에 도입하고자 한다. 경제 보수주의자들은 사유화와 협력학교 같은 정책을 통해 공립학교에 대한 규제를 완화하고자 하기 때문에, 학교 행정가들을 비효율적인 관료로 취급하고 교육 문제의 핵으로 지목하면서 그들에 대한 동정심을 전혀 가지고 있지 않다. 교육과정 정책면에서 그들은 노동 현장에 맞게 학생들을 준비시키고 서양 문명의 가치에 초점을 둔 교육 프로그램을 지지한다. 이와 대조적으로, 평등주의를 부르짖는 새 정치 자유주의와 같은 좌파는 학교장의 역할이 최소화될 것을 주장한다. 경제 보수주의처럼 새 정치 자유주의자들은 특히 인종, 성, 성적 성향과 관련하여 관료주의를 싫어하며, 기득권층에 유리한 잠재적 교육과정을 통해 경제 시스템을 재생산하는 경향을 지닌 학교 제도를 비난한다. 그들은 지역 자체에서 개발한 다문화 교육과정을 지지하고 국가나 주 단위에서 개발한 교육과정, 시험, 기준 등에 반대하는 경향이 있다. English는 교육자들이 이러한 두 그룹의 논쟁에 휩싸여 있다고 말한다. "이것은 서로에게 좋고 좋은 게임(nice-nice game)은 아니니다. 사사건건 매 순간이 전쟁이다."라고 그는 말한다.

비록 English는 종교적 우파의 이념적 제안에 대해 논하지는 않았지만 혹자는 적어도 다른 두 개의 정파처럼 공공교육에서 중요하다고 했다. 종교적 우파는 국가 수준의 교육정책을 지지하는 경제 보수주의자와 새 정치 자유주의자들보다 지역 수준의 노력을 강조하기 때문에 지역 학교 지도자들은 종교적 우파와 이념적 논쟁에 더 휘말릴 가능성이 많다. Detwiler는 미시간 주의 두 지역에서 비판적 사고력을 강조하는 개혁 프로그램의 참여 여부를 투표에 붙였을 때 갑자기 불거져 나온 이데올로기적 논쟁을 묘사했다. 예상 밖으로 학교 지도자들은 개혁 프로그램이 새 시대의 종교와 세속적 휴머니즘 그리고 미신적 요인을 포함하고 있다고 믿는 부모들의 강한 반대에 부딪혔다. 이에 두 지역 학교 지도자들은 당황해했다. 두 지역 중 한 곳은 프로젝트 참여에 대한 대중의 지지를 성공적으로 얻어 냈지만 다른 지역에서는 지지를 얻지 못하고 개혁 노력을 포기했다. 종교적 우파는 지역 정책에 반대하는 운동을 주도적으로 이끌었을 뿐만 아니라 메일을 통한 운동자금 모금 캠페인을 통해 시민들에게 접근함으로써 공공교육을 지속적으로 공격했다. 공공교육을 비난하는 이데올로기 메일을 연구한 Harrington-Lueker는 기독교연합과 그 부속 기구인 미국의 법과 정의를 위한 센터가 가장 공격적인 메일 발송 집단이라는 것을 알아냈다. 그들은 비난으로 가득 찬 수만 통의 선동적인 자금모금 메일 발송을 통해 학교기도회를 위한 자금 모금을 추진했다. 그들에 의하면 공립학교에서는 지금 어린 학생들이 콘돔을 배부받고, 동성애가 합법화되고, 기도가 금지되고, 전통적 도덕이 비웃음을 받고 있다는 것이다. 학교 지도자들은 그러한 편지를 정기적으로 받는 수많은 유권자들이 있다는 것과 그것에 의해 영향을 받는 사람이 있다는 사실을 인식해야 한다. 종교적 우파와 이데올로기적 갈등을 일으킬 소지가 있는 지역 교육과정 문제에는 마약 퇴치 프로그램, 자긍심 갖기 프로그램, 진화론 교수, 가치 명료화, 학교에서의 기도 및 성경 공부 금지, 성교육 등이다. 학교 지도자들은 그들이 직면하게 될 이데올로기 논쟁 형태와 효과적인 대처 방법을 알 필요가 있다. 자신과 이데올로기적 관점이 다른 사람에 대해 진정한 공감을 표시하는 것도 중요하지만, 학교 프로그램과 실행과정에 대해 확고한 자세를 견지하는 것도 중요하다.

## 이데올로기 논쟁 효과적으로 다루기

**자신의 이데올로기 확인하기.** 이데올로기 논쟁에서 당신이 취해야 할 효과적이고 필수적인 사항은 당신 자신의 이데올로기를 확인하는 것이다. 그렇지 않으면 당신은 자신의 믿음을 잘 몰라 다른 관점을 비교 · 이해하는 것이 불가능하다. 따라서 다음에서는 당신이 어디에 위치해 있는가에 대한 의식을 불러일으키기 위한 세 가지 활동을 설명한다. 당신은 반성적으로 이러한 활동에 집중해야 한다. 그리고 글로 써 보면 더 좋다. 만약에 당신이 그것을 글로 써 놓는다면 훗날 반성적 사고에 도움이 된다.

**첫 번째 활동 :** 이 장에서는 일반적 사회 가치라는 여덟 가지 가치를 논하고 있다. 즉, 질서, 개인주의, 자유, 평등, 형제애, 효율성, 경제 성장, 질 등이 그것이다. 이러한 여덟 가지 가치를 당신에게 중요한 의미를 갖는 순으로 가장 중요한 것을 첫 번째에, 가장 중요하지 않은 것은 마지막에 배치하라. 그리고 첫 번째부터 네 번째까지의 가치를 한 그룹으로 묶어라. 만약 평등이 이 그룹에 속해 있다면 당신은 자유주의적이다. 만약 평등과 형제애가 속해 있다면 당신은 아마도 위에서 언급한 두 개의 이질적인 이데올로

기 중의 하나에 가까울 것이다. 한편 두 개 이상의 경제적인 가치, 특히 자유나 개인주의 또는 두 개 모두를 포함하는 경우는 경제 보수주의 지향이다. 가장 종교적인 보수주의는 아마도 질서를 포함할 것이다. 또한 사회 공동체로 이해되는 형제애나 종교적인 자유로 이해되는 자유 또는 둘 다를 포함할 것이다.

**두 번째 활동** : 아래의 세 가지 질문에 간단히 답하라.

1. 당신이 생각하기에 현재 미국의 사회, 경제, 정치 문제의 근본 원인은 무엇인가?
2. 이상적인 사회는 현재의 미국 사회와 어떻게 다른가?
3. 이러한 이상적인 사회로 미국 사회를 변화시키기 위해서 먼저 변화시켜야 할 두 세 개의 공공정책은 무엇인가?

이제 주의 깊게 이 장에서 언급된 여덟 개의 이데올로기와 당신의 답변을 비교하라. 당신의 답변이 하나 또는 두 개의 이데올로기의 입장과 비슷함을 발견할 것이다. 당신이 분명하게 하나의 이데올로기를 언급하지 못했어도 걱정할 필요는 없다. 이 장에서 언급된 것은 사회과학자들에 의해 복잡한 현실을 추상화하고 단순화한 이상적 유형일 뿐이다. 따라서 실제 생활에서 사람들은 흔히 혼합된 입장을 취한다. 그러나 그러한 입장은 넓은 범위의 하나의 이데올로기 영역에 속한다. 예를 들면, 기본적으로 경제 보수주의자는 종교 보수주의자의 관점을 일부 가지고 있다. 이것이 두 가지 보수주의자들이 공화당 내에서 함께 일할 수 있는 이유이다.

**세 번째 활동** : 대통령 선거운동 기간에 여덟 명 후보자들의 의견을 듣는다고 상상해 보자. 서로 다른 강령을 지지하는 후보자들은 여기에 언급된 여덟 개의 이데올로기를 대표한다. 이제 정치적 강령으로 보이는 여덟 개의 이념을 다시 읽어라. 당신이 가장 투표하고 싶은 두 명의 후보는 누구인가? 가장 투표하고 싶지 않은 사람은? 당신이 강령을 재차 읽었을 때 화가 났는가? 만약 그렇다면 어떤 이유에서인가?

당신이 투표할 두 개의 강령은 당신의 이데올로기 입장과 가깝다. 이제 자신에게 물어 보라. 이러한 강령의 어떤 부분이 가장 호소력이 있었는가? 그러한 입장에 타당성을 부여하기 위해 당신은 어떤 사실들을 언급할 수 있는가? 당신은 그러한 강령의 어떤 부분을 당연하게 받아들이는가?

이제, 당신을 격분케 하는 모든 강령을 포함하여 가장 투표할 것 같지 않은 두 개의 강령 리스트를 만들어라. 당신의 강령을 뒷받침할 만한 부정적인 감정은 무엇인가? 당신의 리스트에서 그것을 포함하고 있는 강령을 제거하라. 그리고 나서도 남아 있는 이데올로기들은 당신이 이해하거나 연관시키는 데 특별한 어려움을 느끼는 것이다.

**논쟁을 방지하는 방법.** 이데올로기의 갈등 발생을 완전히 차단할 수는 없지만, 학교 지도자들은 발생 가능성을 줄이고 적어도 그러한 사건들이 단단한 논리적 기초 위에서 발생하도록 몇 가지 일을 할 수 있다. 이데올로기와 관련해서 지역에서 발생하는 가장 흔한 갈등은 교육과정 정책 또는 종교적 문제 중의 한 가지와 관련되어 있다. 이러한 두 가지 부분에서 모든 정책과 과정이 분명하고 현행법과 일치하도록 하는 것은 학교나 지역에서 중요하다. 더 나아가 담임교사의 교구 채택을 포함한 교육과정 채택정책은 일반 시민들이나 학부모들이 의견을 제시할 수 있는 기회를 제시해야 한다. 정기적으로 변호사는 이런 모든 정책들을 검토하고 필요한 변화 방향을 제시해야 한다. 그러나 단지 건전한 정책을 책에 써 놓는 것만으로는 충분하지 않다. 그러한 정책들이 실행될 가능성을 증가시킬 조치가 취해져야 한다. 학교 지도자들은 교장이나 학교 선생님들에게 간단한 안내 책자를 만들어 주고 이러한 문제들에 대한 재교육을 실시해야 한다. 더 나아가 학교 지도자들은 정책 위반에 대해 빠르고 효과적으로 대처해야 한다. 한때 행정가들은 고등학교 생물 교사가 창세기에 나타난 인간 탄생에 관한 부분을 조롱하거나 5학년 교사가 최근에 참가했던 강신술 모임에 관한 설명으로 아이들을 즐겁게 하는 것을 그냥 지나칠 수 있었다. 그러나 그러한 시대는 끝났다. 오늘날 무책임한 교사의 행동은 전 교육구를 지속적이고 소모적인 논쟁에 휩싸이게 한다. 따라서 학교 지도자들은 무엇이 허용되고 무엇이 허용될 수 없는지를 분명하게 해야 한다. 동시에 그들은 교사들로 하여금 최신의 생물 지식을 지도하고 "헨젤과 그레텔", "캔터베리 이야기", "로미오와 줄리엣"(최근에 논란이 됨)과 같은 고전 문학을 가르치도록 해야 한다. 그들은 또한 질문이 들어왔을 때, 교육에 대한 확실한 논리를 제공할 수 있도록 교사들을 지도해야 한다. 오늘날 공립학교 교사들은 학생들을 불필요하게 자극하는 교육과정과 지적으로 검증된 교육과정을 제공해야 할 전문가적 책임 의식이라는 두 영역 사이에서 위험한 줄타기를 하고 있다. 이 선은 너무나 가늘지만 교육 지도자들은 그 선이 어디에 놓여 있는지 알아내서 교사들에게 분명한 위치를 알려 주어야 한다.

**이데올로기 논쟁 인지하기.** 이데올로기 논쟁을 인지하는 것은 그렇게 쉬운 것은 아니다. 그러나 학교 지도자들은 갈등의 원인이 이데올로기 논쟁임을 보여 주는 다음의 세 가지 현상에 항상 주의를 기울여야 한다. 첫 번째 현상은 문제를 둘러싼 격렬한 감정의 정도(emotional intensity)이다. 이데올로기는 깊이 내재되어 있다. 이데올로기는 인간성과 우주에 대한 사람들의 생각과 깊은 연관을 맺고 있기 때문에 사람들이 실체를 인지하는 방식을 구성한다. 결과적으로 이러한 믿음이 직·간접적으로 도전을 받았을 때 사람들은 괴로워한다. 이데올로기적 믿음은 흔히 종교적 믿음만큼이나 격렬하고 흔히 종교적 믿음과 서로 얽혀 있다. 그리고 이데올로기적 논쟁을 하는 동안 사람들은 때때로 자신이 믿고 있는 모든 것이 공격을 받고 있다고 믿는다.

인지해야 할 두 번째 현상은 잘못된 상호 대화 행태(fault communication patterns)이다. 흔히 사람들은 그들 자신과 다른 이데올로기적 관점에 설득력 있게 대처하지 못한다. 그들은 다른 사람들의 의미를 완전히 잘못 해석하고 그들이 동의하지 않는 관점은 무시한다. 또한 그들은 다른 이데올로기적 관점을 가진 사람들을 공산주의자 또는 종교적 광신도라고 부르기도 한다. 그들은 "난 네가 그런 말을 했다고 도저히 믿을 수 없어." 또는 "지성인이라면 결코 그런 것을 믿을 수 없어."와 같은 표현을 쓰면서 다른 사람들의 생각에 놀라움을 표시한다. 이데올로기 논쟁을 벌이고 있는 사람들은 흔히 상대편이 자신의 말을 경청하지 않아 "소귀에 경 읽기"를 하고 있다고 믿는다.

논쟁이 이데올로기적이라는 세 번째 현상은 참가자들이 그들의 이데올로기가 실제로 실패했거나 모순점이 많다는 것, 그리고 일관성이 없다는 것을 알고 있음에도 불구하고 자신의 신념을 해명하기 위해 많은 노력을 한다는 것이다. Ray와 Mickelson(1990)에 의한 연구는 교육에서 이러한 현상의 예를 제공해 주고 있다. 그들은 지역 학교 시스템 개혁에 대한 합의를 도출하기 위한 경제·교육 특별전문위원회의 시도를 연구했다. 경제 보수주의 옹호자들인 경제계 대표들은 공립학교가 형편없는 졸업생을 배출해서 지역 고용주들이 지역 노동력에 대한 불만이 많다고 믿었다. 그들은 그 지역의 개인적인 경험에 의해서 이런 결론에 도달한 것이 아니라 교육 위기에 관한 국가 경제 회의에 참석해서 경제 신문에 실린 기사를 읽고 도달한 것이라고 주장했다. 이러한 포럼에서 제기된 교육 질의 위기는 미국의 경제 문제를 설명하는 이데올로기적 시도의 핵심이다. 그러나 특별전문위원회의 경제 지도자들은 지역 고용주들을 대상으로 설문 조사를 실시함으로써 그들의 개혁 논쟁을 지지하고자 했다. 그러나 설문지의 11%의 응답률과 설문에 응한 고용주의 50%의 불만족률은 그들의 이념적 입장을 지지하기에는 역부족이었다. 많은 허점에도 불구하고 그들은 그들의 이데올로기와 부합하는 설문 결과를 이용했다. 그들은 설문 결과가 많은 허점을 가지고 있다는 것을 알았지만 다수의 고용인들이 인력의 질에 대해 불만족하고 있다는 주장을 버리지 않았다. 학교 지도자들은 이데올로기 논쟁에 관한 유사한 행동이나 현상을 볼 때마다 이렇게 자문해 보아야 한다. 이것은 기본적으로 이데올로기 논쟁인가? 어떤 이데올로기들이 함축되어 있는가?

**이데올로기 논쟁에 관한 정보 얻기.** 교육 지도자들이 이데올로기 논쟁을 해결해야겠다고 느낄 때 그들이 첫 번째로 해야 할 일은 이데올로기 입장에 관한 정보를 얻는 것이다. 출발점은 논쟁의 상대자들이다. 두세 명의 반대편 지도자들을 온화한 분위기의 회의로 불러 내어 선발된 교육 지도자들과 그들의 불만을 논의하게 한다. 가능하다면 학교 지도자들 중의 한 사람은 완전한 동의는 아니라 할지라도 상대편 관점에 약간의 동정을 표할 필요가 있다. 그러한 논쟁에서 이데올로기의 주요한 형태를 결정하고 핵심을 찾아내기 위한 노력과 경청은 중요하다. 타협점을 찾아내는 것 또한 중요하다. 많은 경우에 그러한 논쟁은 좋은 결과를 가져오는데, 왜냐하면 학교 지도자들은 그들 사이의 의견 차이가 자신들이 두려워했던 것보다 크지 않다는 것을 인식하기 때문이다. 모든 경우에 상대편에게 의견을 제시할 기회를 주고 열심히 듣는 것은 문제 해결의 가장 중요한 요소이다.

다른 곳으로부터 정보를 얻는 것 또한 현명한 방법이다. 일반적으로 그러한 갈등은 한 곳에서만 일어나지는 않는다. 흔히 그것들은 멀지 않은 다른 장소에서도 발생한다. 학교위원회연합과 행정가 그룹의 주 부속 기관들은 비슷한 갈등이 발생한 다른 학교나 지역에 관한 정보를 제공해 줄 수 있을 것이다. 그러한 지역의 학교 행정가들과의 대화는 문제 해결에 도움이 된다. 이렇게 수집된 정보들은 문제 해결에 대한 중요한 통찰력을 주고 그것을 해결할 수 있는 가장 좋은 방법을 제시한다.

**민주적 과정 열어두기.** 지도자들은 강한 목소리를 내는 과격한 집단에 대해 다음의 둘 중 한 가지 실수를 쉽게 저지르게 된다. 첫 번째는 불만을 가진 집단에 항복하는 것이다. 그러한 일방적 항복은 민주주의와는 별 상관이 없다. 왜냐하면 그러한 저항집단은 일반적으로 규모는 작으나 목소리가 큰 소수 집단을 대변하기 때문이다. 더 나아가 반대 집단에 대한 항복은 위험한 전례를 남겨, 많은 불만족한 집단으로 하여금 자신들의 의견에 항복하게끔 소요를 일으키고 압력을 행사하게 한다. 두 번째의 비민주적 대응은 그 저항이 자연스럽게 사그러들도록 방임하는 것이다. 이러한 대응은 불만족을 확산시켜 더욱더 많은 사람들이 학교 리더십이 무책임하다는 결론을 갖게 한다. 이데올로기적 논쟁에서 가장 좋은 대처법은 민주적 과정을 열어 놓는 것이다. 1993/1994년 Detwiler의 「두 교육구 이야기」라는 글은 미시간 주의 Adrian 교육구가 보수 종교집단이 개혁 프로그램 참여를 반대했을 때 어떻게 대처했는지 정확히 기술하고 있다. 불행하게도 Adrian은 민주적으로 개혁을 실시하지 못하고 최고위 행정가들이 교사, 학부모, 일반 시민들의 참여를 배제한 채 일방적으로 개혁 프로그램 참가를 결정했다. 그러나 일단 이데올로기적 논쟁이 발생하면 지역 지도자들은 민주적인 방법으로 대처했다.

우선, 교육장 Al Meloy는 그를 반대하는 집단의 수적 열세를 언급했다. 그는 그들이 지역 주민의 8%도 안 된다는 것을 확인하고 그 사실을 교육위원회와 일반 시민들에게 알렸다. 다음으로 지역 지도자들과 연합한 시민들은 그 지역 신문에 반대집단에 대한 일련의 네 개의 기사를 실었다. 이러한 사실 보도 기사는 그 집단의 이데올로기를 설명하고 그들이 관련을 맺고 있는 집단과의 연결고리를 설명했다. 그 논자는 정치적 과정을 통해 개혁 프로젝트에 반대할 권리를 부인하지 않았다. 물론 그 집단은 그 권리를 가지고 있다. 그리고 그는 그 권리를 존중했다. 그러나 정치적 과정은 대중적이고 민주적인 논쟁의 장으로 들어가는 것을 의미한다. 정치나 정책 결정에 관여한 모든 사람들은 공적·사적 논쟁에서 그들의 생각이 연구되고 분석되고 평가받는 것을 당연시해야 한다. 이러한 기사들은 시민들이 이러한 과정을 거칠 수 있는 기회를 줬고, 그것은 점차 반대집단과 다른 집단과의 연계성을 재고하게 만들었다.

다음으로, Andrian 지역은 민주적 논의과정에서 참여의 폭을 넓혔다. 행정가, 학교운영위원, 다수의 교사들은 교회 및 시민단체와의 모임을 개최하고, 또한 지역의 각 학교에 열린 공간을 마련하여 새 교육과정에 대한 시범을 보여 주었다. 결과적으로 지역공동체는 학교의 새로운 프로젝트를 지지했다. Andrian에서의 민주적 과정 도입은 이데올로기적 논쟁을 줄이고 더욱더 강한 지역사회의 지원을 이끌어 냈다.

## 맺는말

한때 교육 지도자들은 가치 문제를 소홀히 다루고 이데올로기를 전혀 고려하지 않아도 됐다. 그러나 그러한 시대는 끝났다. 미국에서 정책 결정이 더욱 이데올로기적이고 가치 지향적이 됨에 따라 이념 영역은 정책 환경에서 점차 중요한 요인이 되고 있다. 이런 부분을 소홀히 하는 교육 지도자들은 이데올로기 갈등에 적절히 대처하지도 못하고, 왜 그러한 정책이 제안되었는지도 이해하지 못할 가능성이 크다. 새로운 세기의 시작과 함께 이념이라는 추상적인 영역은 미국 교육정책에서 중요성을 더해 가고 있다.

## 토론을 위한 질문과 활동

1. 학급에서 자기 자신의 이데올로기에 관한 판단 결과를 다른 사람과 공유하라. 학급에서는 어떠한 이데올로기들이 언급되었는가? 어떠한 것이 가장 많이 언급되었는가? 어떠한 것이 전혀 언급되지 않았는가? 당신은 이 학급의 일반적인 이데올로기 성향을 어떻게 설명하겠는가?
2. 학교위원회나 간부 회의에 참석해서 참석자들이 언급하는 모든 정책적 가치를 확인하라. 가장 많이 언급되는 것은 어떤 가치인가? 가장 적게 언급되는 것은? 전혀 언급되지 않은 가치는? 당신은 이 집단의 정책적 가치를 어떻게 설명할 것인가?
3. 신문에서 교육에 관한 사설이나 독자 투고를 오려라. 그것의 정책적 가치나 이데올로기를 분석하라. 그리고 나서 그것에 대한 생각을 간단히 기술하라.
4. 당신이 잘 알고 있는 교육에서의 이데올로기 논쟁을 기술하라. 그러한 논쟁은 어떻게 전개되었는가? 그리고 왜 그렇게 되었는가?

### 인터넷 과제

검색 엔진을 이용하여 Heritage Foundation과 경제정책연구소(Economic Policy Institute)를 검색하라. 아래의 질문에 대해 답하기 위해 웹사이트를 분석하라.
이러한 기구에서 가장 중요하게 생각하는 정책적 가치는 무엇인가?
이 장에서 언급된 어떠한 이데올로기가 이러한 기구의 이념적 입장에 가장 가까운가?

## 사례연구 Darwin 이론을 채택한 캔자스 주 교육위원회

1999년 캔자스 주 교육위원회는 과학교육을 위해 주 정부 단위의 새로운 기준을 채택할 예정이었다. 이 위원회는 새로운 기준을 개발하고 심의하기 위해 초중고 과학교육 전문가 27명으로 구성되었다. 그 위원회가 제출한 문건은 다수의 Darwin의 진화론과 우주의 기원에 대한 빅뱅 이론을 담고 있다. 위원회 논의과정에서 "적자생존에 의한 진화론이 생물학에서 넓고도 포괄적인 이론적 틀을 구성한다."라는 문장이 가장 논쟁이 되었다.

공화당이 그 위원회의 다수를 차지했지만 그들은 두 개의 분파로 나누어졌다. 온건적 집단은 그 제안된 새로운 기준을 반대하지 않았다. 그러나 보수적 성향의 집단은 그것이 반종교적이라며 반대했다. 주 언론의 보도와 함께 3개월간 격렬한 논쟁을 벌인 이후 그 위원회는 수정된 기준을 6 : 4로 채택하였다. 그 위원회는 과학교육 새 교육과정안에서 논란이 된 진화론과 우주 기원 관련 상당 부분을 삭제했다.

새 기준안의 도입은 자율 사항이기 때문에 어떠한 지역도 진화론과 논쟁이 되고 있는 과학 문제를 가르치지 못하게 강제할 수는 없다. 그럼에도 불구하고 그 교육위원회의 결정은 격렬한 논쟁을 불러일으켰다. 캔자스 주 밖에서는 하버드와 뉴욕 대학의 지질학 교수인 Stephen Jay Gould와 PBS의 Bill Nye이 그 위원회의 입장을 비난했다. 새로운 기준안을 비난한 단체에는 American Jewish Congress, American Chemical Society, National Center for Science Education 등이 있다. 「Wall Street Journal」과 「USA Today」는 그 위원회의 활동을 크게 보도했다.

캔자스 주 내에서 이 사건은 공화당 내의 온건주의자와 종교적 보수주의자 사이에 오랫동안 지속되어 온 논쟁에 다시 불을 붙였다. 공화당 대변인은 그 위원회의 행동이 캔자스 주를 나라의 웃음거리로 만들었다고 불평하고, 또 공화당 주지사가 당 내의 종교적 보수주의자들의 세력을 약화시키기 위해 이 상황을 이용하고 있다면서 그 교육위원회의 구조 조정을 지지했다.

2000년 가을 기준안 수정에 찬성한 여섯 명의 위원 가운데 네 명이 재선거에 출마했다. 캔자스 주 교육위원회 선거는 일반적으로 많은 관심을 끌지 못하고 선거 비용도 500달러 정도였지만, 2000년 교육위원 후보들은 수천 달러의 정치자금을 모금했고 그들의 선거운동은 주와 연방 언론에 크게 보도되었다. 종교 보수주의자들은 그들이 로널드 레이건의 보수적 이념을 그대로 계승하고 있다고 주장하면서 그 문제를 지역적인 사안으로 다루기를 원했다. 반대로 온건주의자들은 교육위원회가 캔자스 주의 교육의 질을 저하시켰고 그 주를 낙후한 지역으로 보이게 했다고 주장했다. 8월의 공화당 예비선거 직전, ABC 방송은 "Nightline" 프로그램을 통해 이 문제를 집중 조명했다. 그 프로그램에서 ABC 기자는 영국의 한 회사가 진화론 교육을 둘러싼 혼란을 이유로 캔자스 주에 진출하지 않기로 결정했다고 보도했다. 선거 전날 공화당 부지사는 사회적 보수주의자들의 행동이 캔자스 주의 경제를 희생시켰다고 공개적으로 비난하면서 그 보도를 확인시켜 주었다.

예비 선거에서 온건주의적 공화당 당원들이 네 개의 경선 중 세 개의 경선에서 이겼다. 따라서 그들은 결선에 출마해 11월 선거에서 승리했다. 2001년 상반기에 새로 구성된 위원회는 옛날 기준안을 뒤엎고 과학 교육과정에 진화론을 도입했다.

## 질 문

1. 캔자스 주 공화당 두 정파의 정치적 가치를 확인하고 대조하라.

2. 이러한 두 정파의 이데올로기적 입장을 확인하고 대조하라.
3. 캔자스 주에서 언론이 종교적 보수주의 몰락에 기여한 바를 분석하라.
4. 당신이 잘 알고 있는 어떤 유사한 이데올로기 논쟁을 기술하라.

### 분석을 위한 뉴스 : 시애틀 여름학교 예산을 깎지 마라

**워싱턴의 시애틀**—시애틀 교육청장 Joseph Olchefske는 올해와 내년 예산 부족에 대비하기 위해 교육청 예산을 많이 삭감할 계획이다. 계획된 여름학교(summer-school) 연장 프로그램이 그 희생물의 하나가 될 것 같다. 필자는 좋은 생각이 아니라고 본다. 최근 교육위원회는 주 정부보다 훨씬 강력한 학습력 향상안을 내놓았다. 이러한 목표를 달성하기 위해 여름학교에 대한 대책은 여름학교 기간을 연장하는 것이었다. 학교 예산 위기는 사실이다. 우리 지역은 올해에는 수백만 달러 그리고 내년에는 수천만 달러의 교육 예산 부족이 예상된다. 그런데 우리 지역은 상대적으로 중요하지 않은 문제에 전체 예산 43억 500만 달러의 2%를 깎는다는 것은 지나치게 과민 반응하는 것 같다.

Olchefske는 공약에서 예정된 예산의 60%를 삭감하겠다고 공약했지만, 2%를 절감하기 위해 교실 수업과 관련한 예산은 손대지 않을 것이라고 말했다. 좋은 생각이다. 그러나 Olchefske는 간접적으로 교실 수업과 관련을 맺고 있는 교육과정 전문가, 보조 요원, 그리고 여름학교와 관련해서는 이것을 보호하겠다는 공약은 하지 않았다. 지난 여름 워싱턴 주의 7학년 대상 수학경시 합격률이 30%도 되지 않았다. 이 경악할 만한 수치를 반전시키기 위해 직 · 간접으로 교실 수업과 관련이 있는 서비스는 축소되서는 안 된다.

Olchefske는 물물교환 거래(buy-back strategy)를 제안했는데 이 제도는 학교들이 중앙 정부로부터 서비스를 구입할 돈을 받는 것이다. 학교들은 자신의 학교 실정에 맞게 미리 구비된 교육과정, 전문성 개발 프로그램, 교수 기술 개발 프로그램, 상담과 심리 지원 프로그램, 시설 유지 프로그램을 구입하는 것이다. 이러한 수요자 중심의 전략은 상당한 예산 절감 효과를 가져올 수 있고 서비스를 재정비할 수 있는 기회를 제공한다. 그러나 이러한 프로그램이 이 지역사회의 재정 적자를 즉각적으로 완화시켜 주지는 않을 것이다. 왜냐하면 근본적인 문제는 감소하는 주 예산, 신임 교사 채용 증가에 따른 비용 증가, 새 청사의 높은 유지비이기 때문이다.

Olchefske의 의견에 문제점은 있으나 방향은 옳다. 그러나 여름학교 축소는 더 많은 문제점을 낳을 가능성이 있다.

**질 문**

1. 이 사설을 쓴 편집자의 주요한 정치적 가치는 무엇인가?
2. 이 편집자의 이념적 성향을 그렇게 판단한 이유는 무엇인가?
3. 이 사설에 내재된 가치 갈등을 기술하라.
4. 당신의 교육구나 주에서 이런 유사한 갈등을 야기시키는 교육정책 문제를 기술하라.

## 심화 학습 자료

Browder, L.H., Jr.(1998). The religious right, the secular left, and their shared dilemma: The public school. *International Journal of Educationl Reform*, 7(4), 309-318.

Browder는 관련 분야의 몇몇 독창적인 연구물에 입각해서 종교 보수주의와 새 정치 자유주의의 이데올로기적 지형을 기술한다. 그리고 나서 그는 각 이념에 기초하여 공교육의 임무를 대조시켜 논의한다.

English, F.W.(1994). Politics in the nation's schools: The battle for the principalship. *NASSP Bulletin, 78(558),* 18-25.

English에 따르면, 최근 미국 학교 교장직(혹은 그 역할)은 우파와 좌파 간의 이데올로기 전쟁 가운데 놓여 있다고 한다. 그는 이 두 가지 이데올로기 지형 위에 놓인 전형적 교육정책 의제에 대한 유용한 정보를 제공한다.

Gewirtz, S.(2000). Bring the politics back in: A critical analysis of quality discourses in education. *British Journal of Educational Studies, 48,* 352-370.

작가는 영국의 Tony Blair가 이끄는 노동당의 교육적 담론을 분석하면서, 그것이 질(quality)에 초점을 맞추는 듯 보이지만 실제 질의 의미를 협소한 경제 용어로 규정한다는 사실을 발견한다. 이러한 현상은 미국에서도 명백히 드러난다.

Kahne, J.(1996). *Reframing educational policy.* New York: Teachers College Press.

작가는 미국 교육정책이 주로 공리주의와 우파 편향적 철학에 의해 형성된다고 주장한다. 각 철학의 주요 개념을 상세히 정리하면서 그는 만일 교육적 담론이 다른 철학으로까지 확장될 수 있다면 교육정책이 어떻게 변화하게 될지를 묘사한다. 이 책은 미국 교육정책이 형성되는 혹은 잠재적으로 형성의 토대가 될 수 있는 몇 가지 주요 가치와 이데올로기적 지형을 훌륭하게 소개하고 있다.

Moen, M.C.(1993). The preacher versus the teacher. *Thought & Action,* LX(1), 125-143.

종교적 우파가 갖는 상당한 정도의 동정심에 기초해 Moen은 그 운동의 기원과 그 이념의 교육정책 의제, 그 이념의 발전을 위해 협력하는 조직 네트워크를 소개한다. 이 책은 종교적 우파에 대한 훌륭하고 상대적으로 객관적인 조망을 가능케 한다.

# 6

# 교육정책의 주요 행위자

**탐구의 요점**

주 수준의 정책과정에서 주요 참가자들은 누구인가?
어떤 사람들이 가장 큰 영향력을 발휘하는가?
교육 지도자들은 자기 주의 주요 행위자들을 어떻게 확인할 수 있으며 그들에 관한 정보를 어떻게 얻어낼 수 있는가?
교육 지도자들은 주 수준의 교육정책 결정과정을 어떻게 따라잡을 수 있는가?

## 정책 드라마의 등장인물

정책과정 그 자체를 살펴보기 전에, 그 안에 어떤 사람들이 적극적으로 관련되어 있는지를 아는 것이 중요하다. 정책적 담론에서 이들 개인과 집단은 정책 행위자(policy actors)라고 불린다. 이들은 정책이라는 드라마의 등장인물군을 형성하여 정책의 전개, 채택, 실행의 과정에서 크고 작은 역할을 수행한다. 물론 정책 행위자들은 연방, 주, 지역의 수준에서 모두 존재하고 있지만, 이 장에서는 다음의 두 가지 이유 때문에 주 수준의 행위자를 강조하고자 한다. 첫째, 교육은 미국 헌법의 10번째 수정 조항[1)]에 의해 암묵적으로 각 주에 넘겨진 영역이기 때문이다. 몇 세기에 걸쳐서 각 주들은 교육에 대한 많은 권한을 지방 정부에 이양했지만, 최근 25년 동안 각 주는 교육정책에 관한 그들의 헌법적 권한을 되가져오고 있다(Mazzoni, 1993). 이것은 교육에서 주 수준의 정책 행위자들이 연방 정부나 지방 정부 수준의 행위자보다 훨씬 더 중요해졌음을 의미한다. 두 번째 이유는 정치학 교과서들과 언론이 연방 정부 수준의 정책 결정과정에 주목하고 있기 때문에 주 수준의 정책 결정에 대해서는 잘 알려지지 않고 있다는 것이다. 특별히 교육 영역의 지도자들을 위해 기획된 이 책과 같은 책들에서는 이러한 불균형을 바로잡는 것이 중요하다.

이 장의 목적은 교육정책의 주요 행위자들을 확인하고 소개하는 것이기 때문에 그들 행동의 세세한 측면은 소개하지 않는다. 대신에 그들의 역할을 간략하게 묘사함으로

**〈표 6.1〉 여섯 개 주의 교육정책 행위자들의 영향력 순위**

| 순위 | 정책 행위자 | 평균점수 |
|---|---|---|
| 1 | 의원들 개인 | 5.85 |
| 2 | 의원단 전체 | 5.73 |
| 3 | 주 교육감(Chief State School Officer) | 5.21 |
| 4 | 결합된 교육 이익단체 | 5.14 |
| 5 | 교원 단체 | 5.10 |
| 6 | 주지사와 주 행정부 | 4.88 |
| 7 | 입법부 직원 | 4.66 |
| 8 | 주 교육위원회(State Board of Education) | 4.51 |
| 9 | 학교위원회협회(School Board' s Association) | 4.18 |
| 10 | 행정가협회 | 4.00 |
| 11 | 법원 | 3.92 |
| 12 | 연방 정부 | 3.89 |
| 13 | 교육 외 단체 | 3.87 |
| 14 | 보통 단체 | 3.10 |
| 15 | 교육 연구 조직 | 2.66 |

C. Marshall, D. Mitchell, and F, Wirt, 1989, Culture and Education Policy in the American States, P. 18

1) 수정 제10조(주와 인민이 보유하는 권한) 본 헌법에 의하여 미국 연방에 위임되지 아니하였거나 각 주에게 금지되지 아니한 권한은 각 주나 인민이 보유한다.

교원노조
주 교육청(State Department of Education)
학교위원회협회(School Board' s Association)
행정가 협회
학부모 · 교사협회(Parent-Teacher Association, PTA)

**[그림 6.1] 주 수준에서 가장 영향력 있는 교육 단체**
"Questionable Clout", Education Week, September 28, 1994, p. 30

써 독자들은 그들이 누구이고, 무엇을 하는지에 관한 일반적 인식을 발전시킬 수 있을 것이다. 다음의 다섯 개 장에서는 정책과정의 단계를 심도 있게 보여 주는 행위자들의 행동 유형과 상호작용 유형이 보다 분명하게 드러날 것이다. 〈표 6.1〉과 [그림 6.1]은 이 장 전체에 걸쳐서 적용되는 것이다. 이것은 교육정책 행위자들의 상대적 영향력에 관한 두 개의 연구 결과를 요약한 것이다.

〈표 6.1〉은 Marshall과 동료들의 연구(1989)에 기초한 것이다. 그들은 1980년대 중반에 애리조나, 캘리포니아, 일리노이, 펜실베이니아, 웨스트버지니아, 위스콘신 등 여섯 개 주의 교육정책 과정을 연구했다. 그들은 135명의 정책 행위자들에게 교육정책에 대한 중요도를 반영해서 15개의 개인 혹은 집단에게 1(최하)부터 7(최고)까지의 점수를 부여하도록 요청했다. [그림 6.1]은 1994년에 Education Week가 수행한 연구를 기초로 하고 있다. 연구자들은 46개 주(네 개 주는 무응답)의 주지사 사무실, 주 의회의 교육위원회에 전화를 걸어 여섯 유형의 교육집단의 영향력에 순위를 매겨 줄 것을 부탁했다. 이 연구에는 교육집단만이 포함되어 있음을 주목해야 한다(Questionable Clout, 1994). 따라서 이 두 연구는 완전히 비교 가능한 것은 아니다.

이 장은 세 부분으로 나누어져 있다. 첫 번째 부분에서는 정부의 세 부서(입법부, 행정부, 사법부)에 임명되었거나 선출된 중요 행위자들이 소개된다. 그 다음에는 비정부 행위자들이 소개된다. 여기에는 이익 단체, 정책 기획 조직, 언론이 포함된다. 비정부 행위자들은 일반적으로 낮은 대중적 인지도를 가지고 있지만, 종종 높은 대중적 인지도를 가지고 있는 정부 행위자들만큼 중요하다. 마지막 부분에서는 특정한 상황에서 중요한 정부 행위자 혹은 비정부 정책 행위자들을 확인하고, 그들에 대한 정보를 얻기 위한 실질적 제안을 담고 있다.

# 정부 내 행위자

## 입법부

**입법부: 기능과 구조.** 미국에는 51개의 입법부가 존재한다. 연방 의회와 50개의 주 의회가 그것이다. 그들 모두는 비슷한 방식으로 조직되어 있고 비슷한 기능을 수행하기 때문에 많은 유사점을 가지고 있다. 물론, 모든 입법부의 중요 기능은 법(law)의 형태로 법규(statute)를 만들고 통과시키는 것이다. 그러나 입법부는 또 다른 역할도 수행한다. 예를 들면, 입법부는 법안(bill)이 전개되기 전에 전문가들이 나와서 공적 쟁점에 대해 증언을 하는 청문회를 열기도 한다. 또한 입법부는 현행법을 유지, 수정, 폐지할지를 결정하기 위해 정기적으로 현행법을 검토하기도 한다. 입법부의 중요 기능은 정부의 예산안을 승인하는 것이다. 종종 입법부는 정책쟁점에 대한 연구의 책임을 위임받은 위원회나 특별전문위원회를 만들기도 한다. 또한 그들은 새로 제정한 법률의 이행 정도를 살펴보기 위한 특별위원회를 조직하기도 한다. 마지막으로 입법부는 때때로 조사의 기능을 수행하기도 한다(McCarthy, Langdon, & Olson, 1993). 부록 A는 미 연방 의회와 상 · 하원의 웹사이트 주소를 제공하고 있고, 부록 B는 특정 주 의회의 웹사이트 주소를 어떻게 찾을 수 있는지를 알려 주고 있다.

연방 의회와 49개의 주 의회는 두 개의 원(chamber or house)을 두고 있는 양원제를 채택하고 있다. 유일한 예외는 네브래스카 주인데, 네브래스카 주는 일원제이고, 다른 주와는 달리 초당파이다. 모든 양원제에서 더 작은 원(chamber)은 상원(Senate)이라고 불린다. 상원의원의 임기는 상대적으로 길고 이동성이 낮기 때문에 다소 정적이다. 1993년 주 의회에 관한 연구에 따르면, 14%의 주 상원의원은 전업 의원이었고, 27%는 사업가, 23%는 변호사, 17%는 변호사 이외의 전문직 종사자, 나머지는 다른 직업에 종사하고 있었다. 더 큰 원을 이르는 일반적인 이름은 하원(House of Representatives)이다. 이 외에도 Assembly, General Assembly, House of Delegatests 등의 이름이 있다. 상원과 달리, 하원은 더 다채롭고 생동감이 넘치며 당파적이다. 게다가 대부분의 하원의원들은 임기가 2년이기 때문에 언제나 재선을 위해 뛰어야 한다. 1993년 연구에 따르면 15%의 하원의원은 전업 의원, 29%는 사업가, 19%는 변호사, 19%는 변호사 이외의 전문직 종사자, 나머지는 다른 직업에 종사하고 있었다(Patterson, 1996). 1997년의 연구에 따르면 21%의 주 의회 의원이 여자였고, 8%는 아프리카계 미국인이었다. 히스패닉계 의원의 67% 이상이 캘리포니아, 플로리다, 뉴멕시코, 뉴욕, 텍사스 등 다섯 개의 주에서 일하고 있었다(Hamm & Moncrief, 1999).

상 · 하원 모두 임원들(officers)을 가지고 있다. 주 상원의 가장 중요한 임원은 흔히 상원의장(president)이라고 불리는 사람이다. 28개 주에서는 부지사(lieutenant governor)가 그의 임기 동안에 상원의장이 된다. 다른 주에서는 의원들에 의해 선출된 상원의원이나 임원들에 의해 지명되어 상원에서 인준된 상원의원이 의장이 된다. 하원의 최고 임원은 하원의장(speaker)이다. 하원의장은 막강한 영향력을 행사하기 때문에 격렬하고 갈등으로 가득 찬 선거를 통해 선출된다. 보통 하원의장은 의회 다수당의 지도자이다. 또 다른 중요 임원은 다수당 대표, 소수당 대표, 각 원의 원내 총무(whip)이다(Patterson, 1996).

연방 의회와 주 의회는 모두 실질적인 입법 활동의 대부분을 수행하는 많은 위원회를 두고 있다. 각 원은 제안된 법안을 각각의 특별한 정치적 영역 안에서 다루기 위한 위원회가 있다. 주 의회의 전형적인 위원회들은 고속도로, 교도소, 복지, 교육, 사법체계를 다룬다. 또한 각 원은 새 법에 어느 정도 수준의 자금이 필요한지를 결정하는 위원회를 두고 있다. 이들 위원회는 "수단과 방법 위원회(Ways and Means committee)", "지출위원회", "재정위원회" 등으로 불린다. 의회 지도자는 위원회 지명권을 통제한다. 각 당은 모든 위원회의 위원을 임명하지만, 다수당은 모든 위원회에서 다수의 위원을 임명하게 된다(Patterson, 1996).

마지막으로, 대부분의 주 의회 내 정당은 당원대회(caucus)를 운영한다. 당원대회는 소속된 원에 관계없이 각 정당에 가입해 있는 모든 의원들로 구성된다. 당원대회에서는 각 정당이 의회에서 추진할 정책적 의제가 전개되기 때문에 중요하다. 비록 몇몇 당원대회는 의회에서 중요 역할을 수행하지 않는 사람이 의장이 되어 이끌지만, 다른 당원대회에서는 의회의 임원이 당원대회의 의장이 된다(Patterson, 1996).

**입법부 직원.** 주 상원의원들과 하원의원들은 상대적으로 잘 드러난다. 그들의 이름과 얼굴이 신문에 나오고, 그들은 종종 공적 행사에 모습을 드러낸다. 이들보다는 덜 드러나 있지만, 정책과정에서 의원들만큼 중요한 사람은 의원 사무실에서 일하고 있는 직원들이다. 주 의원들이 언제나 직원을 두고 있었던 것은 아니다. 실제로 미국 역사를 통틀어 주 의회는 각 주의 수도를 방문했던 짧은 기간 동안 효과적인 통치보다는 방탕한 생활을 해서 더 잘 알려진 "착한 노소년들(good old boys)" 집단에 의해 지배되는 아마추어적인 것이었다. 주 의회가 근대 사회에서 잘 기능하도록 하기 위한 필수자원이 부족했기 때문에 그들에게는 더 이상의 어떤 것도 기대할 수 없었다. 예를 들어 1960년대 초까지만 해도 240명의 매사추세츠 주 하원의원들을 보좌하는 직원은 비서실(secretarial pool)에서 일하는 5명의 타자수가 전부였다. 하원의원들은 주 수도에 사무실을 두지 않왔기 때문에 공적 업무를 로비에 있는 의자, 의사당 길 건너편의 카페테리아 등에서 수행했다. 그들의 우편물과 메시지는 몇몇 대학 기숙사에서 볼 수 있는 것과 유사한 "비둘기 집" 에 놓여졌다(Bowman & Kearney, 1986). 매사추세츠 주가 특별한 것은 아니었다. 이러한 상황은 나라 전체를 통틀어 일반적이었다.

오늘날, 대부분의 주 의회는 현대적 건물과 직원을 두고 있다. 무슨 일이 일어났던 것일까? 첫째, 1962년 미국 최고 법원은 Baker v. Carr의 판결[2)]에서 1인 1표 결정을 판결했다. 이 판결은 각 주들이 시골 지역의 영향력을 약화시키고 더 많은 하원의원들을 선출하도록 하기 위해 주 의회 선거구를 재획정하도록 했다. 둘째, 1970년대 초에 "주 의회를 위한 시민협의회(Citizen' s Conference on State-Legislatures)" 같은 단체들이 주 의회를 보다 현대적이고 효율적이도록 하기 위한 개혁안을 권고했다. 제안된 개혁안 중에는 더 많은 직원과 충분한 사무 공간, 직원들이 훌륭하게 일하도록 하기 위한 설비가 포함되어 있었다. 셋째, 레이건 대통령의 신연방제(New Federalism)[3)]는 각 주에 정책의 입안과 실행에 대한 더 많은 책임감을 부여해 주었다. 이상과 같은 사건들의 결과로 주 의회는 더 전문화되어 갔다. 주 수준의 입법관들은 입법적 임무 수행에 대해 공정한 보상을 받게 되었고, 입법적 직업에 전적으로 종사했으며, 능력 있는 직원들을 고용

---

2) 테네시 주 의회에 그 의석을 주민 수에 입각하여 재배분하도록 강제한 미국 연방 대법원의 판결(1962). 전통적으로 특히 남부 주에서는 농촌 주민들이 도시나 도시 근교 주민들에 비해 비례적으로 더 많은 의석을 할당받았다. Baker 판결 이전에 대법원은 의원 수 배분 문제에 개입하기를 거절했다. 1946년의 Colegrove v. Green 판결에서 법원은 의원 수 할당 문제는 사법부가 개입해서는 안 될 "정치적으로 뒤얽힌 난제"라고 표명했다. 그러나 법원은 Baker 판결에서 각 투표권이 투표자의 거주지와 상관없이 동등하게 취급되어야 하며, 따라서 테네시 주 의회는 헌법이 보장하는 법의 평등한 보호(수정헌법 제14조)를 침해한 것이라고 판시했다. 한편 얼 워런 대법원장은 이 판결이야말로 자신이 1953년 판사로 임명된 이후에 내린 가장 중요한 판결이라고 기술했다. 법원은 Reynolds v. Sims 판결(1964)에서 Baker 판결을 선례(先例)로 인용하면서, 양원제 의회의 상하 양원 모두가 주민 수에 따라 배분되어야 한다고 판시했다. 대법원은 이와 관련된 수많은 사건을 Baker 및 Reynolds 판결에 입각하여 파기환송(破棄還送)했다. 그 결과 사실상 모든 주 의회의 의석이 재배분되었고, 이는 대부분의 주 의회에서 정치 권력이 농촌에서 도시 지역으로 이동하는 결과를 낳았다.

3) 경제의 재활성화를 통해 "힘에 의한 위대한 미국" 의 재건을 기한다는 국가정책이다. 구체적으로는 세출의 삭감, 소득세의 대폭 감세, 기업에 대한 정부 규제의 완화, 안정적인 금융정책으로 요약된다. 과거 경제정책이나 이론에 적지 않은 영향을 끼친 J. M. Keynes의 "유효 수요론" (Keynes 경제학)에서 벗어났다 하여 큰 관심을 모았다. 당시 미국 경제가 당면하였던 경기 침체 속에서의 인플레이션의 진행, 즉 스태그플레이션을 치유하는 데는 종전의 Keynes류의 수요 관리만으로는 미흡하여 좀 더 적극적으로 "공급 측면" 을 자극함으로써 파급 효과가 수요의 증대로 미치게 한다는 "공급의 경제학" 을 내세웠다. 시카고 학파가 주장해 온 자유 경쟁시장 메커니즘으로의 복귀로 생산(공급)과 소비(수요)의 자동 조정 기능을 살린다는 이론이 뒷받침되었다.

하기 위해 필요한 지원을 제공받게 되었다. 그러나 각각의 주 의회는 전문화의 정도에서 상당히 다르다(Bowman & Kearney, 1996; Davey, 1995; Hamm & Moncrief, 1999).

〈표 6.2〉 주 의회의 전문화 정도

| 고도로 전문화된 주 | 부분적으로 전문화된 주 | 전반적으로 비전문화된 주 |
|---|---|---|
| 캘리포니아 | 앨라배마 | 아칸소 |
| 일리노이 | 알래스카 | 조지아 |
| 매사추세츠 | 애리조나 | 아이다호 |
| 미시간 | 콜로라도 | 인디애나 |
| 뉴저지 | 코네티컷 | 메인 |
| 뉴욕 | 델러웨어 | 몬태나 |
| 오하이오 | 플로리다 | 네바다 |
| 펜실베이니아 | 하와이 | 뉴햄프셔 |
| 위스콘신 | 아이오와 | 뉴멕시코 |
| | 캔자스 | 노스다코타 |
| | 켄터키 | 로드아일랜드 |
| | 루이지애나 | 사우스다코타 |
| | 매릴랜드 | 유타 |
| | 미네소타 | 버몬트 |
| | 미시시피 | 웨스트버지니아 |
| | 미주리 | 와이오밍 |
| | 네브래스카 | |
| | 노스캐롤라이나 | |
| | 오클라호마 | |
| | 오리건 | |
| | 사우스캐롤라이나 | |
| | 테네시 | |
| | 텍사스 | |
| | 버지니아 | |
| | 워싱턴 | |

"공급의 경제학"은 이론적으로는 정립이 되어 있었으나 정책에 반영되기는 처음이어서 이러한 시도는 의의가 있다. 한편에서는 사상 최대의 군비증강과 모순된 면이 있었고 재정적자 급증의 한 원인이 되었다.

〈표 6.2〉는 전문화 정도에 따라 주 의회를 세 개의 그룹으로 나눈 것이다. 전문화 정도를 결정하기 위해 사용된 기준은 (1) 전업 의원의 수, (2) 의원들에게 지급된 급여, (3) 직원들의 규모이다(Hamm & Moncrief, 1999).

주 의원들은 보통 세 유형의 직원을 고용한다. 사무직원(clerical staff)은 사무실 운영과 관련된 일을 수행한다. 전화 받기, 편지나 문서 워드프로세싱하기, 우편물 발송하기, 달력 넘겨 놓기 등이 그것이다. 이들은 젊고 적은 급여를 받고 있지만, 종종 상당한 영향력을 행사한다. 특별히 그들은 의원들이나 전문직원들에 대한 접근을 통제한다. 전문직원(professional staff)은 그들의 일에서 알 수 있는 것처럼 전문성을 가지고 입법과정의 실질적 측면을 돕는다. 보통 그들은 정치학, 사회학, 법학 등의 학위를 가지고 있다. 그들은 의원 사무실에 도착하는 인쇄물들을 걸러 내는 일이나 이 중 핵심적인 내용을 의원을 위해 요약하는 일을 한다. 그들은 또한 선거구민을 위한 많은 일상적 일들을 수행한다. 다리 수리에 필요한 보조금을 확보하기 위해 애쓰는 지역구의 시장을 돕기 위해 편지를 쓰거나 전화걸기, 자기 동네에 교도소가 들어서는 것을 반대하는 시민단체와 면담하기 등이 그것이다. 게다가 전문직원들은 바쁜 의원을 위해 예산안을 검토하고 분석하며, 중요 쟁점에 대해 간결한 보고서를 준비하기도 한다. 교육 지도자들은 전문직원들의 힘과 영향력을 과소평가해서는 안 된다. Patterson(1996)은 "입법부의 직원들은 의원에게 가까이 있고, 입법적 권력의 중심에 있으며, 의원이 필요로 하는 정보를 제공하는 핵심 역할을 수행하고 있기 때문에 정책 결정에 중요한 영향을 끼치고 있다."라고 말한다. 마지막으로, 의원들의 사무실에서 일하는 사무직원과 전문직원 외에 의원은 입법부 전체를 위해 서비스를 제공해 주는 중앙 참모기관(centralized staff agency)에 근접해 있다. 종종 입법 참고 서비스(legislative reference service), 입법연구소(legislative research bureau)라고 불리는 이들 기관은 예시 법안을 기초하고, 법률에 관한 문제들을 연구하며, 법안 통과를 위한 예비적 시도의 기초를 제공하는 것과 같은 전문화된 일들을 한다. 이들 기관에서 일하는 직원들은 사무실 직원보다는 덜 드러나 있지만, 정책과정에 상당한 영향력을 행사할 수 있는 위치에 있다.

**중요 입법 행위자.** 〈표 6.1〉에서 볼 수 있는 것처럼 Marshall 등(1989)은 교육정책과 관련해서 전체로서의 입법부도 강력한 영향력을 가지고 있지만 의원들 개개인은 그 이상의 영향력을 가지고 있음을 알아냈다. 실제로 그들은 교육정책 결정과정 전체에 걸쳐 가장 중요한 행위자로 나타난다. 일반적으로 가장 강력한 영향력을 가진 개별 의원들은 교육위원회 소속이고, 교육위원회의 의장은 특별히 더 중요하다. 모든 주 의회는 적어도 하나 이상의 교육위원회를 두고 있다. 네브래스카, 코데티컷, 메인, 매사추세트 주는 하나의 교육위원회를 두고 있고, 30개 주는 상원과 하원에 각각 하나씩의 교육위원회를 두고 있다. 16개 주는 서너 개의 교육위원회를 가지고 있다. 이 중 제3, 제4의 위원회는 상 · 하원의 연합위원회이거나 고등교육을 위한 특별위원회이다. 위원회의 갯수나 이름에 관계없이 이들 위원회의 구성원들은 주 의회의 교육정책에 커다란 영향력을 행사하고 있다. 이들의 기능은 교육 관련법을 개발하고, 현행법을 검토하며, 교육정책에 관한 청문회를 여는 것이다(McCarthy et al., 1993). 교육이 전체 주 예산 가운데 중요 항목이기 때문에 재정위원회의 구성원들—특히 의장—또한 영향력을 행사한다. 강력한 하원의장은 어떤 교육정책을 전개할 것인지에 관해 막대한 영향력을 행사하는 또 하나의 개인적 의원이다. 〈표 6.1〉에서 입법부의 직원들이 영향력에서 입법부의 한참 아래 순위에 있지만 많은 사람들이 예상하는 것보다는 더 높은 곳에 순위 매겨져 있음에 주목해야 한다. 실제로 이들은 주의 교육위원회(SBE), 학교위원회나 행정가연합, 연방 정부보다 더 높은 점수를 받고 있다. Marshall 등(1989)의 연구는 교육정책 결정에서의 입법부 직원들의 중요성을 지적하고 있고, 이들은 간과하는 것은 심각한 실수라고 말하고 있다.

## 행정부

**주지사.** Marshall 등(1989)은 주지사(governors)가 의회보다 교육정책에 영향을 덜 끼치고 있음을 발견해 냈지만, 그럼에도 불구하고 주지사의 영향력은 상당하다. 교육을 정책의제의 상위에 올려놓고 있는 활동적 주지사는 자신의 주뿐만 아니라 국가전체에 걸쳐 커다란 영향을 끼칠 수 있다. 최근 15년 동안의 대표적인 예는 전 아칸소 주지사 빌 클린턴과 전 텍사스 주지사 조지. W. 부시이다.

주지사의 권력은 주에 따라 상당히 다르다. 일반적으로 북부의 주지사들은 강력하고 남부의 주지사들은 약하다 하더라도, 주목할 만한 예외가 존재한다. 예를 들어 테네시 주의 주지사는 강력하고, 뉴햄프셔 주의 주지사는 약하다(Bowman & Kearney, 1986). 주지사의 권력은 몇 가지 요인에서 비롯된 것이다. 첫째는 제도적 권력, 즉 주의 헌법과 법률에 의해 주지사에게 부여된 권한이다. 가장 강력한 주지사들은 4년을 임기로 하여 선출되고, 적어도 한 번은 재선될 수 있으며, 주의 많은 관료들을 임명할 수 있고, 주의 예산에 대해 상당한 통제력을 가지고 있으며, 법률에 대한 거부권도 가지고 있다. 몇 가지 다른 요인들이 주지사의 권력을 강화할 수 있다. 압도적으로 당선되었거나 안정적 다수에 의해 선출된 주지사는 가까스로 당선되었거나 사망 혹은 사임으로 주지사직을 승계하게 된 주지사보다 더 강력하다. 주 정부에서 일해 본 경험이 있는 주지사는 주 정치에 낯선 주지사에 비해 유리하다. 주의 가장 강력한 정당에 속해 있는 주지사는 소수 정당 소속의 주지사보다 더 많은 이점을 가지고 있다. 마지막으로 매력적인 개성과 외모를 가진 주지사는 기운 없고 우중충한 주지사보다 더 강력하다(Beyle, 2001).

주지사는 종종 주의 정책 결정에서 쟁점 촉진자(issue catalysts)로 행동한다. 활동적인 주지사는 핵심 쟁점을 선정하고, 연설에서 이를 공표하며, 대중과 의회가 그 쟁점에 대해 집중하도록 이끈다. 교육정책은 점점 더 주지사가 선호하는 쟁점 영역이 되고 있다. 부분적으로 이런 교육정책에 대한 관심의 증가는 "전국주지사협회(National Governor's Association, NGA)"의 활동 때문이다. 워싱턴에 본부를 두고 있는 이 조직은 2002년에 94명의 직원을 두고 있었으며, 연구와 로비를 수행하고 있고, 주에 지부를 두고 있다. 이 단체의 최초 연구 주제는 공교육에 초점을 맞춘 것이었다. "최선의 실천 센터(Center for Best Practice)"는 새로운 정책을 전개하고 실행시키기를 희망하는 주지사들을 돕고 정보를 제공한다. 이 센터의 다섯 개 관심 분야 중의 하나는 교육정책이다. 예를 들어 2002년에 이 센터는 각 주가 연방 정부의 "아동낙오방지법(No Child Left Behind Act)"을 실행할 때 도움을 주었다. 전국주지사협회는 포럼을 열어서 주지사들이 교육을 논의하고 가능한 정책적 이니셔티브에 관한 아이디어를 교환하도록 했다. 또한 전국주지사협회는 다양한 주의 정책을 제공함으로써 주지사와 직원들의 "정책 교환소(clearing house)"의 역할도 수행한다(Beyle, 2001). 주지사의 교육 개혁 의제에 대한 전국주지사협회의 영향력은 잘 기록되어 있다. 예를 들어, 1980년대 후반에 오하이오 주지사 Celeste의 교육 전문가로 활동했던 Edlefson(1994)은 그의 개혁적 제안에 가장 중대한 영향을 끼친 것으로 전국주지사협회를 지적하고 있다. 이와 비슷하게, Kaplan과 O' Brien(1991)은 사우스다코타의 Janklow 주지사가 세 번의 전국주지사협회 연례모임에 참석하면서 받은 영향을 기술하고 있다. 또 Mazzoni(1995)는 전국주지사협회를 미네소타에서의 개혁 기간 동안에 역동적으로 활동했던 몇 가지 조직 중의 하나라고 지적했다.

**주 교육위원회.** 주 교육위원회(State Boards of Education, SBE)는 준입법적(quasi-legislative) 기능과 준사법적(quasi-judical) 기능 모두를 수행하고 있지만, 이들은 또한 중요한 행정적 역할을 수행하고 있고, 2/3는 주지사에게 지명을 받는다. 따라서 그들은 행정부에 속해 있다.

주 교육위원회는 1800년대 초반에 처음으로 미국의 학교 통치(school governance)의 일부가 되었다. 1900년까지 28개 주가 주 교육위원회를 두고 있었고, 현재는 위스콘신 주만 주 교육위원회가 없다. 주 교육위원회는 주 수준의 교육정책에 직접적인 권위를 행사하는 데 있어서 주 의회 다음의 이차적인 영향력을 행사할 뿐이다. 전형적인 주 교육위원회는 9명 혹은 11명의 지명된 위원으로 구성되는데, 이들 중 대부분은 전문적인 교육자가 아니다. 거의 예외 없이, 주 교육위원회는 K-12[4]와 직업교육에만 책임을 진다. 평의원회는 공공 고등교육을 위해 비슷한 기능을 행사한다. 입법부에 의해 부여된 합법적 테두리 내에서 주 교육위원회는 학교 재정 이외의 영역에서 교육정책을 만든다. 그들의 가장 중요한 임무는 (1) 의회가 제정한 교육법 속에 사용된 규칙이나 법규를 승인할지의 여부, (2) K-12 교사와 행정가들에게 필요한 자격 요건을 설정하는 것, (3) 주 단위 테스트를 포함하여 교육 평가 프로그램을 모니터링하고 승인하기, (4) 최소한의 고등학교 졸업 요건 결정하기, (5) 인가기준 결정하기 등이다. 여기에 덧붙여 주 교육위원회는 K-12 학교체제에서 제기된 행정적 배상 사건의 항소과정에서 최종 심급으로 기능한다(Madsen, 1994; McCarthy et al., 1993).

〈표 6.1〉에서 볼 수 있는 것처럼, Marshall 등은 주 교육위원회가 가장 영향력 있는 행위자가 아님을 발견했다. 그들의 활동성이 상대적으로 떨어지는 원인 중 하나는 주 교육위원회가 주 교육감, 주 교육청, 주 의회 내 교육위원회와 독립적으로 활동할 수 있는 자원이나 인력이 부족하기 때문이다. 그러나 이들에게 종종 그러한 자원이 주어질 때, 이들은 교육정책에 더 역동적인 영향을 끼친다. 테네시 주의 경우, 1980년대의 정부 개혁은 주 교육위원회와 주 교육위원회의 의장이 테네시 주의 수도인 내슈빌의 중요한 행위자가 되도록 했다(Fowler, 1987).

**주 교육감.** 1900년 이래 미국의 모든 주는 주 교육감(Chief Staff School Officers, CSSO)을 두게 되었다. 이들은 공교육 감독의 책임을 지고 있는 관리이다. 주 교육감은 종종 superinterdent of public instruction, state superintendent of schools, commissioner of education으로 불린다. 대부분의 주 교육감은 몇 년간의 행정적 경험을 가진 전문 교육자이다. 주 교육감은 35개 주에서는 임명되고 있는데, 이들 중 대부분은 주 교육위원회에 의해 임명되지만 9개 주에서는 주지사에 의해 임명된다. 나머지 15개 주에서는 대중적으로 선출된다. 주 교육감의 선출 방법은 주의 교육정책 시스템에 관한 많은 것을 드러내 준다. 주지사에 의해 임명된 주 교육감은 다른 방법으로 선출된 주 교육감에 비해 주지사의 정책의제를 더 잘 받아들이고, 이를 진척시키기 위해서 노력한다. 일반적으로 그들은 주지사와 좋은 관계를 유지하지만 주 의회와는 그렇지 않을 수도 있고, 주지사에 반대하거나 독립적으로 행동하는 것을 꺼리게 된다. 한편, 주 교육위원회에 의해 임

4) 유치원, 초 · 중 · 고교 12년간의 국민교육 제도

명된 주 교육감은 독립적으로 행동하려 할 것이고, 주지사나 입법부에 종종 반대하거나 대항할지도 모른다. 가장 독립적인 것은 대중적으로 선출된 소수의 주 교육감이다. 그러나 이들은 어떤 개인이나 통치 단위와의 연결 관계가 없기 때문에 주 수도에서 고립되어서 아무것도 이루지 못할 수도 있다.

광의의 관점에서 보면, 주 교육감이 하는 일은 주의 모든 공립학교에 대한 일반적 감독이다. 이러한 일을 수행하면서 주 교육감은 주 교육청을 이끌고, 주 교육청의 지원을 받게 된다.

유능한 주 교육감은 교육정책에 커다란 영향을 끼친다. Marshall 등(1989)은 이들이 중요도에서 주 의회 바로 아래에 순위 매겨짐을 발견하였다. McCarthy 등(1993)은 주 교육감은 입법을 준비하고, 교육청의 의제를 설정하며, 주 교육청에 의해 제공되는 정보를 통제하면서 어떤 쟁점이 주 의회와 주 교육위원회에 의해 고려되어야 할지에 관해 영향을 끼칠 수 있다고 말한다.

**주 교육청.** 주의 교육정책에서 가장 중요한 행위자 중 하나는 주 교육청(State Department of Education, SDE)이다. 이들은 종종 state education agency로 불린다. 〈표 6.1〉에는 주 교육청이 명백하게 나타나 있지 않지만, Marshall 등(1989)은 연구에서 주 교육청을 주 교육감과 결합시켰다. 이것은 주 교육청이 주 교육감과 함께 일하고 있기 때문에 이들의 영향력이 입법부 바로 아래에 놓여 있음을 의미하는 것이다. [그림 6.1]에서는 주 교육청이 단순히 "교육집단"으로 고려되고 있지만, 주 교육청은 교원노조 다음의 두 번째로 순위 매겨져 있다. 이 두 연구는 주 교육청이 주의 교육정책 과정에서 가장 중요한 행위자 중의 하나라는 점에서 일치한다.

주 교육청은 주 교육감에 의해 이끌어지는 주의 관료기구이고, 주의 수도에 본부를 두고 있는데, 종종 입법부나 다른 사무실들이 있는 도심 근처에 있기도 하다. 주 교육청의 많은 구성원들은 직업적 교육가이지만, 그렇지 않은 경우도 있다. 재정학, 정치학, 경제학을 전공한 사람들도 주 교육청에서 일하고 있다. 교육정책에 대한 주 교육청의 영향력은 대부분 법적으로 정의된 그들의 역할에서 비롯된다. 새로운 법이 논의 중일 때 주 교육청의 의회 연락관(legislative liaisons)은 교육위원회에 자료를 제공하고, 제안된 정책이 끼칠 영향에 대한 평가서를 제출한다. 법안이 통과된 후에 주 교육청은 세부적인 규칙이나 규정을 만든다. 새로운 법이 효력을 가지게 되면 주 교육청은 교육구를 지원하고 그 법에 대한 순응의 정도를 관찰한다. 물론, 주 교육청은 입법부나 주 교육감을 위해 봉사하는 중립적 기계 장치가 아니다. 주 교육청은 교육에 대한 나름대로의 관점을 가지고 새로운 지시에 동의하거나 동의하지 않을 수도 있는 인간에 의해 운영된다. 어떤 주 교육청은 입법을 무시하거나 막을 수도 있고, 어떤 법에 수반되는 규칙을 제정하면서 원래의 법안을 희석시킬 수도 있다. 주 교육청은 교육구의 순응 정도를 공격적으로 혹은 느슨하게 관찰할 수도 있고, 때로는 전혀 관찰하지 않을 수도 있다(Madsen, 1994; Pipho, 1990).

Madsen(1994)은 그녀의 책 『주 수준의 교육 개혁(Education Reform at the State Level)』에서 3년 동안 연구했던 곳의 이름 없는 주 교육청이 어떻게 1986년에 통과된 "교육수월성법(Excellence in Education Act, EEA)"의 시행을 막아 왔는지를 보여 주고 있다. 이 주 교육청은 이념적 이유에서가 아니라 입법부가 그 개혁을 실행할 만큼의 충분한 자원을 주 교육청에 제공하지 않았고, 결국은 주 교육청의 직원들이 너무 많은 일에 압도당할 것이라는 이유로 개혁을 거부했다. 그녀는 몇 년 뒤에 이렇게 결론을 내린다. "이 주에서는 현재 출발 당시에 그토록 전도 유망했던 EEA가 거의 존재하지 않는다." 이것이 비협조적인 주 교육청의 잠재력이다.

## 사법부

미국의 대법원이나 연방 법원과 마찬가지로 50개 주의 주 법원도 교육정책 결정에서 중요한 역할을 한다. 주 법원체제에는 두 개의 유형이 존재한다. 2심 제도와 3심 제도가 그것이다. 예심법원(trial courts)과 주의 최고 법원으로 구성된 2심 제도를 가지고 있는 11개의 주는 인구가 조밀하지 않거나 작은 지역이다. 나머지 39개 주는 최종 판결을 내릴 수 있는 중간 항소법원을 두고 있는데, 이들은 주 대법원의 짐을 가볍게 해 준다. 예심법원 수준에서는 증거가 제출되고, 종종 배심원을 앞에 두고 법원에서 다툰다. 고등법원에서는 하급 법원으로부터의 항소 사건만 다루는데, 여기에서의 결정은 사실적 증거가 아니라 예심법원의 법적 절차가 정확했는지, 판사의 법적 해석은 정당했는지에 기초하여 내려진다. 고등법원의 판사가 불충분한 사실적 증거가 제출되었다고 판단하면 사건은 예심법원으로 돌려 보내진다. 모든 수준의 주 법원에서 판사는 전직 변호사이다. 판사를 선발하는 과정은 주에 따라 다양하다. 그들은 임명되기도 하고 선출되기도 한다. 그러나 그들이 선출되었다 하더라도 주의 판사들은 보통 낮은 수준의 대중적 인지도를 가지고 있다. 실제로 그들은 "최소로 보여지는" 주의 관리로 묘사된다(Beyle, 2001; Jacob, 1996).

그들의 낮은 인지도에도 불구하고 판사들은 교육정책에 상당한 영향력을 행사할 수 있는 정치적 인사이다. 궁극적으로 판사들은 입법부에 의해 제정된 법령을 해석하여 그 법령을 뒤집을 수도 있다. 판사들이 광범위한 정책과정에서 고립되어 있고, 정책과정 "위"에 있다고 가정하는 것은 심각한 잘못이다. 정책의제를 가지고 있는 개인이나 집단은 종종 법원에 영향력을 행사하려고 한다. 이렇게 하는 방법 중 하나는 자신의 소송 사건에 유리한 판사의 임명이나 선출을 은밀히 지원하는 것이다. 또 다른 방법은 특정한 정책적 쟁점과 관련 있는 사건의 고소인의 소송 비용을 지불하는 것이다. 예를 들어, "전미유색인종지위향상협회(National Assocration for the Advancement of colored People, NAACP)"는 1950년대에 토피카 교육위원회(Topeka board of Education)에 대항해 소송을 제기했던 부모(Brown 소송 사건)를 재정적으로 지원했고, 궁극적으로 학교에서의 인종 분리는 위법하다는 연방 대법원의 결정을 이끌어 냈다. 이와 비슷한 지원은 주 수준에서도 종종 일어난다. 게다가 이익단체들은 법정 조언자(amicus curiae)로서 의견서를 제출할 수 있다. 이 의견서는 공식적 기록의 일부가 된다. 결국, 법정은 중요한 정책의 경합장이 된다(Jacob, 1996). 1970년대 이후, 주 법원은 불만에 가득 찬 고소인들에 의해 도전받아 온 학교 재정 시스템을 지지할 것인지, 폐지할 것인지에 관한 결정을 통해서 학교 재정정책의 형성에 중요한 역할을 해 오고 있다. 이 사건의 원고는 종종 재정적 문제를 가지고 있는 교육구의 학교 행정가였는데, 이는 주 법원체계를 통해 교육 지도자들이 정책에 영향을 끼치는 대표적인 예이다.

## 지방 정부 행위자

이 책은 주의 교육정책 과정과 주 수준에서의 정책 행위자에 주목하고 있다. 그러나 지방의 관리들도 이 과정에서 역할을 한다. 따라서 이 절은 이러한 역할을 기술할 것이다. 이렇게 하는 이유는 지방의 교육위원회나 교육장의 기능을 과장하려는 것이 아니라 그들의 역할을 주 정책과정의 광범위한 흐름 속에서 드러내려는 것이다.

**지방학교위원회.** 지방학교위원회(Local School Boards)는 49개 주에서 중요한 역할을 수행한다. 하와이는 유일한 예외 주이다. 법적으로 지방위원회는 주 정부의 대행자이다. 그들의 구성 방법, 선출 방법, 권한 등은 주 법에 명시되어 있다. 역사적으로 주 정부는 교육에 대한 헌법적 권한을 지방교육위원회에 넘겼기 때문에 이들은 교육정책 결정에서 중심적인 역할을 수행해 왔다. 그러나 1960년대 중반 이래 주 정부는 주의 교육과정 기준, 학생들에게 주 수준의 시험을 통과하도록 요구하는 것, 교육구의 성과에 대한 데이터를 수집하고 이를 "주 보고서 카드(state report cards)"의 형태로 발간하는 것 등과 같은 정책 결정을 통해 그들의 지배력이나 권한을 재주장하고 있다(Fowler, 2000; Kowalski, 1991)

그럼에도 불구하고 지방위원회는 대부분의 주에서 여전히 정책과정에서 중요한 역할을 수행한다. 첫째, 그들은 주 교육청이 주 의회에 의해 전개된 정책의 광범위한 틀 내에서 그들의 교육구에 맞는 독특한 정책들을 전개한다. 예를 들면, 주 법은 공립학교에서 최소한 180일의 수업일수를 요구할 수 있지만 지방학교위원회는 일반적으로 그들의 교육구가 이 최소 기준을 초과할 수 있는지, 만약 그렇다면 어느 정도 초과할 수 있는지를 결정할 권한을 가지고 있다. 그들은 또한 학기가 시작하는 날과 끝나는 날, 언제 방학을 할지 등을 결정할 수 있다. 두 번째로 중요한 학교위원회의 임무는 주가 위임한 정책을 집행하는 것이다. 예를 들어 최근에 많은 주 의회에서는 주 수준의 평가 프로그램을 실시하는 법을 통과시켰다. 지방학교위원회는 그 지역의 학생들이 이 테스트를 받을 것인지 말 것인지를 선택할 수는 없다. 그러나 이 시험을 준비하는 학생들에게 얼마만큼의 강조점을 둘 것인지를 결정할 수 있다. 또한 그 시험에 대비하기 위한 교수 활동을 강화하기 위해 교육과정의 재료를 구입할 것인지, 시험에 실패한 학생들에게는 어떤 종류의 보상 프로그램을 운영할지를 결정한다. 지방교육위원회는 주의 교육정책을 집행하는 방식을 결정함으로써 주의 교육정책의 성공과 실패에 커다란 영향을 끼칠 수 있다.

**교육장.** 지역 교육구의 최고 집행관으로서 대부분의 교육장은 학교위원회에 의해 임명된다. Cooper, Fusarelli, Corella(2000)에 의해 수행된 조사는 현재 교육장의 64.2%가 박사 학위를 소지하고 있고, 2/3보다 약간 더 많은 수의 교육장이 50대였으며, 단 12.2%만이 여성이었다. 이 조사에서는 인종이나 민족적 배경을 묻지 않았지만, 또 다른 자료는 아프리카계 미국인, 히스패닉, 아시아계 미국인 교육장의 비율이 지극히 낮다는 것을 보여 준다(Kowalski, 1999). 교육장에 대한 이 책의 핵심 주제는 교육장의 역할을 둘러싼 위기이다. 교육장의 평균연령은 과거보다 높아졌다. 특히 도시의 교육구는 더 빠르게 고령화가 진행되고 있고, 교육장 공모에 지원하는 지원자의 수는 감소하고 있다(Brunner & Bjork, 2001; Cooper, Fusarelli, & Corella, 2000).

이러한 위기를 낳게 한 여러 원인을 지적할 수 있지만, 그중의 하나는 재정 지원 없이 위임받은 것을 집행하고 책무성 체계에 참여하도록 하는 주 정부로부터의 압력이 증가되었기 때문이다. Carter와 Cunningham(1997)에 따르면, 주의 주도하에 이루어진 20년 동안의 개혁은 교육장을 종속적 역할로 몰아 넣었고, 그들로 하여금 무력감을 느끼도록 했다. Carter와 Cunningham은 주의 정책을 실행하는 것이 오늘날 교육장의 주요 임무라고 주장한다. 그러나 그들은 더 많은 교육장들이 주 수준의 정책 결정과정에서 활동적이게 되었고, 주의 관리들에게 정책의 전개와 평가에 대한 조언을 하고 있다고 주장한다. 그들은 "교육장들이 그들의 자원을 끌어들여 왔던 주와 연방으로부터의 위임된 권력이 옮겨지는 것에 불만을 갖게 되면서, 이러한 위임된 권력을 형성하고 영향을 끼치기 위한 활동에 적극적으로 참여한다."고 말한다. 따라서 점점 더 많은 교육장들이 주의 정책을 단순히 집행할 뿐만 아니라, 개인적으로 혹은 전문적 조직을 통해 정책 결정과정 전반에 걸쳐 실질적인 투입물을 제공하고 있다.

# 비정부 정책 행위자

## 이익단체 : 그들은 누구이고, 무엇을 하는가?

이익단체는 일반적으로 공식적으로 조직되어서 공공정책에 영향력을 행사하려는 조직이나 개인들의 연합체이다(Thomas & Hrebenar, 1996). 최근 이익단체 구성원들의 수와 행동의 강도가 증가해 왔다. 그들의 관심은 점점 더 주 수준에 집중되고 있다. 정치학자 Thomas와 Hrebenar가 1987, 1992, 1993년에 했던 세 번의 연구에서 이들은 50개 주에서 가장 활동적인 집단의 유형을 지적했다. [그림 6.2]는 그들의 발견을 요약한 것이다.

이익단체들은 보통 입법 연락관(legislative liaison)이라는 완곡한 이름을 가진 한 명 이상의 로비스트를 보유하고 있다. 다소 수상쩍은 대중적 이미지에도 불구하고, 대부분의 로비스트는 정부의 정책 행위자들과의 접근을 원활히 하기 위해 관계 형성하기, 행위자들에게 자기 조직의 핵심 쟁점에 관한 정보 제공하기와 같은 일을 하는 정직하고 품위 있는 사람이다.

로비스트들이 갖는 권력의 근원은 특정 정책 영역에 대한 그들의 전문화된 지식이다. 그들의 노력은 대부분 그들의 쟁점과 관련이 있는 주의 관리나 의원들에게 맞추어져 있다. 때로는 이 기관들이 로비스트들에 의해 강력히 영향을 받으면서 규제하기로

**경제계**
경제와 무역 연합
보건의료 법인
병원 연합
개별 법인
제조업자

**정부집단**
지방 정부 단위
공공 고등교육

**원로 시민단체**

**노조**
공공 부문 노조
교원노조
기타 노조

**[그림 6.2] 주 수준에서 가장 활동적인 이익단체**

되어 있는 분야에 종속되는 경우도 있다. 이런 기관은 "손 안에 들어 있다"라고 일컫는다(Elling, 1996; Thomas & Hrebenar, 1996).

## 교육 이익단체

이익단체의 활동성과 효과성의 수준이 다양하다 할지라도, 같은 종류의 교육 이익단체들이 대부분의 주에서 발견된다. 문헌들은 교원노조가 가장 강력한 이익단체라는 데 동의한다. 이 사실은 Marshall 등의 연구(1989)와 Education Week의 연구들(Questionable Clout, 1994)에서 모두 나타난다. 정치학자들도 동의한다. 실제로 Thomas와 Hrebenar(1996)는 교원노조가 43개 주에서 효과성의 가장 높은 수준에 순위 매겨져 있음을 발견했기 때문에, 교원노조를 주 수준에서 가장 강력한 집단으로 간주했다. 두 개의 교원노조 중에서 더 큰 것은 "전국교육협회(National Education Association, NEA)" 인데, 이 단체는 270만 명의 회원과 50개 주의 지부, 수천 개의 분회를 두고 있다. 실제로 전국교육연합은 미국에서 가장 큰 노조이고, 거의 모든 주에서 유력한 힘을 가지고 있다고 인정된다(About NEA, 2002). 전국교육연합보다 작은 노조인 "전미교사연맹(American Federation of Teacher, AFT)" 은 100만 명 정도의 회원을 가지고 있다. 주로 대도시에 집중되어 있고, 미국 산별 노조 총연맹(American federation of Labor-Congress of Industrial Organizations, AFL-CIO)에 가입해 있으며, 역사적으로 전국교육연합의 강력한 라이벌이다. 그러나 최근에 이 두 조직은 더 가까워졌다. 1999년에 전국교육연합의 회원들이 통합 제의를 거부했지만, 이 두 집단은 광범위하게 협력하고 있다(Archer, 2001, July).

나머지 교육단체는 크기 면에서 이 두 노조보다 상당히 약하다. "전국학교위원회협회(National School Board Association, NSBA)" 는 10만의 회원이 있고, "미국학교행정가협회(American Association of School Administrators, AASA)" 는 1만 5,000의 회원이 있는데, 이들은 보통 주 수도에서 활동한다(Toch, 1996). "학부모 · 교사협회(Parent-teacher Association, PTA)" 는 50개 주의 2만 6,000개 분회에 650만의 회원이 있으므로 상당히 강력해야 하지만, 학부모, 관리자, 교사, 학생이라는 이 단체의 이질적 구성원들은 종종 정책의제에 대한 합의에 실패하고 만다. 부록 A는 9개의 전국 교육 이익단체의 웹사이트 주소를 제공해 준다.

1967년에 Iannaccone는 주의 교육 통치(education governance) 방식의 유형학을 전개했는데, 여기에서 그는 이익단체들이 상호작용하는 방식을 묘사하면서 체계화하려 했다. 1984년에 McGivney는 이를 수정했다. 유형학은 주의 교육단체들이 이를 통해 진화하는 4단계로 구성된다. 1단계는 "이질적 구조(disparate structure)" 인데, 이 단계에서 교육 이익단체는 별로 중요하지 않으며, 교육구가 주 수도에서 스스로의 이익을 대표한다. 2단계는 "동질적 구조(monolithic structure)"인데, 이 단계에서는 주의 교육정책 결정과정에서 주 전체에 걸친 이익단체가 교육구보다 더 중요해진다. 주 교육청이 조정자로서 활동하면서 전국교육연합, 전국학교위원회연합, 사친회 등의 교육동맹은 정책적 목표를 달성하려 한다. 그러나 3단계인 "경쟁적 구조(competitive structure)"에 이르면 이들 사이의 합의는 깨지게 된다. 단체 협상에 관한 법의 통과는 이를 촉진시키는 요인이 되었다. 주 전체에 걸친 이익단체는 여전히 중요하고 활동적이지만, 종종 심각한 불신의 분위기 속에서 경쟁하게 된다. 1984년에 McGiVney는 미국의 어느 주(하와이는 예외의 가능성이 있다)도 4단계인 "주 전체에 걸친 관료화(statewide bureaucratized)"의 단계에는 이르지 못했다고 보았고, 이 단계는 유럽에서 존재한다고 주장했다. 이 단계에서는 협력이 다시 시작되는데, 이는 모든 교육 이익단체의 활동을 조정하는 주 수준의 상부 단체(umbrella organization)의 설립에 의해 공식화된다. 시간이 지나기는 했어도, 이런 유형학은 주 교육 이익단체들의 서로 다른 방식의 상호작용을 개념화하는 데 유용한 도구를 제공해 준다.

## 교육 외의 이익단체

경제계를 대표하는 이익단체는 종종 집합적으로 경제계 로비(business lobby)로 불리는데, 이들은 모든 주의 수도에서 가장 영향력 있는 정책 행위자 중 하나다. 실제로 Thomas와 Hrebenar(1999)는 교원노조와의 근소한 차이로 경제계를 주 수준에서 가장 영향력 있는 이익단체에 순위 매겨 놓고 있다. 40개 주를 대상으로 한 1991년의 연구에서 Grady(1991)는 주의 정치 영역에서 활동하는 경제집단의 몇 가지 유형을 발견했다. 이는 (1) 금융이나 농업과 같은 특수한 경제 부문을 대표하는 직업연합(trade association), (2) 상업회의소(Chambers of Commerce), (3) 제조업연합, (4) 전국경제원탁회의에 가입해 있는 경제원탁회의이다.

경제계 로비의 정확한 구성은 주마다 다르다. 몇몇 주에서는 "농장연맹(Farm Bureau)"이 강력한 행위자이고, 다른 주에서는 서비스 산업이나 중공업 제조 부문이 중요하다. 그러나 Grady는 경제 부문에 관계없이 이들이 세금을 낮추는 정책 목표에는 모두 동의하고 있음을 발견했다. 공립학교가 주 세금의 주요 수혜자이기 때문에 교육 부문과 경제 부문은 종종 주의 정책쟁점에서 반대편에 서게 된다. 최근에는 기업들이 교육의 비용 경감을 넘어서서 교육정책에 흥미를 보이고 있다. 예를 들어 Mazzoni(1995)는 주 정치의 흐름에 관한 연구를 통해 경제계의 지도자나 조직들이 주 수준의 교육 개혁에 점점 더 많이 개입해 있음을 발견했다. 그는 "기업가원탁회의(Business

Roundtable)", "전국제조업협회(National Association of Manufactures)", "상업회의소(Chamber of Commerce)", "전국경제인동맹(National Alliance of Business)"이 특히 중요하다고 지적했다.

또 다른 유형의 이익단체들은 경제계만큼의 영향력은 없지만, 특정 주나 특정 쟁점과 관련해서는 중요한 영향력을 행사할 수 있다. 특별히 언급할 가치가 있는 것은 인종과 종교에 기반을 둔 이익단체이다. 각각 아프리카계와 히스패닉계를 대표하는 NAACP와 La Raza 같은 인종에 기반한 이익단체는 대부분의 교육 쟁점에 대해서는 로비를 하지 않지만, 그들과 밀접하게 관련이 있는 몇 개의 정책 논쟁에는 강력하게 개입한다. 특별히 이 두 단체는 인종 간 분리를 증가시키거나 학교에서 그들이 속한 인종적 집단에 관해서 가르치는 것과 관련된 정책적 제안에 관심을 갖는다. 또한, 히스패닉은 이중 언어 교육에 특별한 관심을 갖는다. 이와 비슷하게 "천주교주교회의(Catholic Bishop's Conference)", "기독교인연합(the Christian Coalition)", "반인종주의연맹(the Anti-Defamation League)"과 같은 종교 이익단체도 어떤 핵심 쟁점이 고려 중일 때에만 동원된다. 게다가, 최근에는 낙태 반대 조직과 같은 단독 쟁점 이데올로기 집단들도 많은 주에서 영향력이 증가하고 있다(Thomas & Hrebenar, 1999). 교육의 지도자들이 불쾌해질 만큼 놀라지 않기 위해서는 각 주에서 이 단체들이 특정한 쟁점이 문제가 되고 있을 때 표면으로 나타나 종종 강력한 영향력을 행사한다는 것을 알고 있어야만 한다. 부록 A는 여덟 개의 일반적 이익단체와 여섯 개의 경제단체의 웹사이트 주소를 제공해 주고 있다.

## 정책 네트워크

교육정책에 이해를 가진 단체들은 점점 더 정책 네트워크(policy networks)라고 불리는 거대하고 느슨한 전국 조직의 일부가 되고 있다. 이들은 정책에 영향력을 행사하기 위한 광범위한 노력을 조정한다. 가장 중요한 교육정책 네트워크는 1966년에 전국주지사협의회(National Governor's Conference)에 의해 세워진 주정부교육연합(Education Commission of the States, ECS)일 것이다. 하버드 대학의 총장 James Bryant Conant에 의해 처음으로 제안된 이 단체는 웹사이트에서 스스로를 이렇게 묘사한다. "주의 정책 결정자들과 교육의 지도자들 사이에 정보, 아이디어, 경험의 교환을 촉진함으로써 공교육을 향상시키기 위해 주 상호간의 계약이 만들어졌다." ECS에는 49개의 주, 콜럼비아 자치구, 세 개의 준주(territory)가 가입해 있으며, 덴버에 위치해 있고, 정부와 사설 재단의 지원을 받는다. ECS는 비정파적 의견 교환소로서 정부관리들을 위한 교육정책의 중요한 정보원이다.

주에서 활동하는 또 다른 정책 네트워크도 존재한다. 예를 들면, 웹사이트에서 교육의 수월성에 관한 경제계의 목소리를 표방하고 나선 전국경제인동맹(National Alliance of Business)은 K-12와 고등교육 정책에 영향을 끼치기 위한 대기업의 노력을 이끌고 있다. 이 단체의 5,000명의 회원은 회사, CEO, 최고 경영 간부, 교육자, 주와 지방의 정치 지도자들을 포함하고 있다. K-12를 위한 이 단체의 여덟 개 항목의 의제는 "기준과 평가", "볼드리지 규준(Baldrige criteria)[5]을 활용한 질 관리", "공교육에서의 경쟁"을 포함하고 있다. 이 단체는 인쇄물, 컨퍼런스, 로비 등을 통해 교육정책에 상당한 영향력을 행사하고 있다. "어린이보호기금(Children's Defense fund)", "신어린이연합(New Coalition for America's Children)"과 같은 아이들과 관련된 쟁점을 중심으로 이루어진 몇 개의 전국 정책 네트워크도 교육정책의 쟁점에 개입하고 있다. 정책 네트워크는 주와 연방 수준 모두에서 교육정책의 전개에 점점 더 중요한 행위자가 되고 있다(Kaplan & Usdan, 1992).

## 정책 기획 조직

**정의된 두뇌집단.** 일반 대중들에게 법원보다 더 잘 안 보이는 것이 정책 기획 조직(policy planning organizations)이다. 일반적으로 두뇌집단(think tanks)이라고 불리는 이들은 20세기 초에 등장하여 2차대전 직후에 수와 활동성이 팽창되었다. 몇몇은 정부와 연결되어 있지만 대부분은 그렇지 않고 재단, 기업, 개인들에게 재정적 지원을 받는다. 공식적으로 두뇌집단은 공공정책 쟁점에 관한 경험적 데이터를 모으고 이것들을 정부에 소통시킨다(Weiss, 1992a). 이들은 이렇게 함으로써 정책쟁점의 정의에서 결정적 역할을 수행한다. 어떤 문제를 연구하고, 그 문제에 대한 정보원을 선정하고, 조사 결과를 요약하는 과정에서 두뇌집단의 직원들은 어떤 사회적 문제가 공공정책 쟁점으로 고려되어야 할지, 이들 쟁점이 정책 결정자나 일반 대중들에 의해 어떻게 개념화될 것인지를 조용히 결정한다. 두뇌집단은 논의의 여지가 있는 정책과정의 가장 중요한 행위자이다. 정치학자 Schattschneider(1960)가 몇십 년 전에 주장했듯이 "대안의 정의(definition)는 권력의 최고 도구이다."

5) 레이건 행정부 당시 상무장관이었던 말콤 볼드리지에 의해 개발된 평가기준. 다음의 일곱 가지 영역에 대해 전체 83문항으로 다음과 같이 구성되어 있다. (1) 이용자 및 시장 중심 관련 문항, (2) 리더십에 관한 문항, (3) 정보와 분석에 관한 문항, (4) 전략적 계획에 관한 문항, (5) 인적자원의 개발 및 관리에 관한 문항, (6) 과정 관리에 관한 문항, (7) 사업 결과에 관한 문항

**두뇌집단과 정책 창안자.** 책을 출판하고 컨퍼런스를 개최하는 것 외에 두뇌집단은 때때로 정책 창안자(policy entrepreneurs)의 활동을 지원함으로써 그들의 아이디어를 확산시킨다. 이들 정책 창안자는 지불보증제나 단위학교 책임경영(site-based management)과 같은 특정의 정책적 제안에 대해 그들이 원하는 대로 정책을 변화시키기 위해 돈, 시간, 에너지 등을 투자하는 거리낌없는 주창자이다. 그들은 지치지 않고 그것을 위해 말하고 로비하며, 그들의 소중한 아이디어를 입법화하기 위한 짧은 기회라도 주어졌을 때 핵심 역할을 수행하기도 한다. 정책 창안자가 언제나 두뇌집단을 위해서 일하는 것은 아니다. 그들은 정부의 고용인, 정치가, 학자를 위해서 일할 수도 있다(Kingdon, 1995). 그러나 두뇌집단에 의해 재정 지원을 받은 정책 창안자는 교육정책 혁신에서 중요한 역할을 수행한다. 1987년에서 1992년 사이에 학교 선택정책을 채택할지를 고려하던 38개 주에 관한 연구에서 Mintrom(1997)은 활동적인 정책 창안자가 존재하는 주에서는 학교 선택정책이 승인될 가능성이 상당히 증가함을 발견했다. 그는 다음과 같이 결론을 내린다. "정책 창안자는 혁신적인 아이디어를 정부의 의제로 구체화하는 데 중요한 역할을 수행한다. 그들은 그들의 정책적 목표가 될 수 있는 사람들과 긴밀한 관계를 유지하기 위해 노력하고, 그들의 정책 아이디어를 판매하기 위해 설득력있는 주장을 발전시키려 한다." 중요한 두뇌집단과 정책 연구소들의 웹사이트 주소가 부록 A에 포함되어 있다.

## 대중매체

**대중매체의 정책적 역할.** 인쇄매체, 방송, 통신사, 온라인 서비스, 인터넷을 포함한 대중매체는 정책쟁점과 정책과정을 보도할 뿐만 아니라 정책과정의 중요한 행위자가 되기도 한다. 신문기사, 라디오나 TV의 프로그램, 온라인 서비스에 의해 제공된 정보를 단순히 사실을 중립적으로 소개하는 것으로 보아서는 안 된다. 모든 것은 의식적이든 무의식적이든 실제 뉴스를 구성하고 있는 것은 무엇이며, 그 뉴스의 의미는 무엇인지에 관한 입장을 반영하는 선택과 재맥락화의 과정을 거친 결과물이다. 대중매체가 정보를 차단하고 선택하고 재맥락화하기 때문에, 대중매체는 필연적으로 정책과정에서 중요한 역할을 수행하게 된다. 대중매체는 정책과정의 몇몇 단계에서 잠재적으로 영향을 줄 수 있지만, 그들의 가장 중요한 영향력이 미치는 곳은 의제 설정과정이다. 의제 설정은 정책 결정자들이 진지하게 고려해야 할 공적 문제에 어떤 쟁점이 포함되어야 할지에 관한 과정이다. 편집자들은 대중매체에서 어떤 주제가 주목을 받을지를 결정하는데, 이를 통해서 대중매체 의제(media agenda)가 설정된다. 종종 이렇게 대중매체에 의해 주목받게 된 것들은 공적 · 정치적 인물들이 이 주제에 관심을 갖도록 이끈다. 이런 경우에 그 쟁점은 매체의제에서 정책의제로 이동하게 된다(Mead, 1994). 물론 이 과정이 자동적인 것은 아니다. 매체는 공공기관과 정치인들의 관심을 자극하기 위해 지속적으로 어떤 주제를 다룬다. 정치인들은 그 문제가 빠르게 해결되기에는 너무 복잡해 보이기 때문에 지속적으로 그 문제를 무시하는 반면에, 일반 대중들은 상당한 관심을 갖고 그 문제에 반응을 보일지 모른다. 대부분의 사람들은 어떤 쟁점을 TV나 라디오 보도를 통해 알게 되지만, 방송매체는 통신사나 신문보다 덜 중요한 정책 행위자이다. 실제로 통신사와 신문은 TV와 라디오, 온라인 서비스나 인터넷을 위한 의제를 광범위하게 설정한다.

**대중매체의 조직 구조.** AP, UPI, Reuters, AFP 등 4대 중요 통신사는 전세계에 걸쳐 사진, 뉴스, 배경 정보를 제공하면서 국제적으로 조직되어 있다(Fenby, 1986). TV 채널과 온라인 서비스는 국가 수준에서 조직되어 있고, 따라서 국내 뉴스에 초점을 맞춘다. 신문은 점점 더 거대한 국내 혹은 국제적 기업 연합의 일부가 되어 가고 있지만, 그들은 통신사에 의해 제공되는 전국 뉴스와 자사 기자에 의해 제공되는 지역 뉴스에 주목하려는 경향이 있다. 라디오 또한 전국과 지역에 이중적으로 초점을 맞춘다. 대중매체의 지방국(outlet)은 거의 주 수준으로는 조직되지 않는다.

미국 대중매체의 이와 같은 구조는 Doris Graber(1994)가 "스위스 치즈 저널리즘"이라고 부르는 현상을 초래한다. 이는 뉴스 보도가 수없이 중요한 공적 사건이나 쟁점을 빠뜨리고 있음을 지적한 말이다. 치즈의 많은 구멍은 교육정책을 비롯한 주 수준의 정책 결정과 관련이 있다. 이런 부적절함은 미국의 대중매체가 정치적 단위와 관계없는 시장을 중심으로 조직된다는 사실에 의해서 강화된다. Thad Beyle(2001)는 주의 대중매체시장 구조에는 세 가지 유형이 있음을 확인했다. 첫째, 몇몇 주는 주의 외부에 있는 거대 도심 지역의 매체 시장에 압도되어 있다. 예를 들어 뉴저지는 뉴욕과 필라델피아의 대중매체에 의해 지배되고 있다. 웨스트버지니아는 신시네티, 피츠버그, 워싱턴이라는 세 개의 외곽 시장에 의해 나누어져 있다. 이런 주들에서는 주 수도에서 일어난 사건에 대한 좋은 보도를 발견하는 것이 지극히 어려운 일이다. 두 번째 유형은 주 내에 있는 몇 개의 대규모 시장에 의해 나누어져 있는 경우다. 캘리포니아, 플로리다, 뉴욕, 노스캐롤라이나, 텍사스 등이 여기에 해당한다. 이런 곳에서는 주의 정치에 관한 몇몇 보도들이 제공되지만, 주 수도를 포함하고 있는 시장을 제외한 어느 시장도 전체적인 보도를 제공받지 못한다. 마지막으로, 몇몇 주는 주 내에 있는 어느 하나의 도시의 매체시장에 의해 지배된다. 덴버, 애틀란타, 보스턴이 여기에 해당한다. 이런 상황에서 지배도시가 주 수도라면 주 수도에서 일어난 일은 분명 보도될 것이다. 그렇지 않은 경우라면, 주의 정치는 지배 도시에 관한 정치의 다음 순서에 놓이게 될 것이다.

미국 매체의 구조는 교육정책이나 정책 결정에 관심이 있는 사람들이 자신의 주를 포함하여 주 수준의 정책을 발견하는 것이 어렵다는 것을 의미한다. 이 문제를 해결하기 위한 몇 가지 방법이 이 장의 마지막 부문에서 제안된다.

## 정책 행위자에 대해 확인하고 알기

### 전반적 접근

정책 행위자들과의 효율적인 상호작용을 위해서는 그들이 누구이고, 어디에서 만날 수 있으며, 특정한 쟁점에 관해서 누구와 접촉해야 하는지를 알아야 한다. 이것은 학교의 지도자들이 자기 주의 핵심 인사들에 대해서 완벽한 최신의 리스트를 가지고 있어야 함을 의미한다. 이것은 그들의 직원들에게도 마찬가지이다. 게다가 자원이 제한되어 있기 때문에 그러한 정보를 얻기 위해 멀리 여행하거나 수없이 많은 장거리 전화를 걸 수도 없다. 따라서 그러한 리스트를 얻기 위해서는 아래의 원칙들을 따라야만 한다.

1. 정치 행위자에 관한 포괄적 인명록을 만들기 위해 현존하는 리스트들을 먼저 이용해야 한다.
2. 최소의 비용으로 정보를 얻을 수 있는 방법들이 먼저 시도되어야 한다.
3. 접근이 쉽고, 쉽게 갱신이 가능한 형태로 리스트가 만들어져야 한다. 이상적인 형태는 쉽게 수정하고 출력할 수 있는 컴퓨터 파일의 형태이다.

다음 장에서 목록에 관한 제안을 전개하면서 필자는 세 개의 원칙 중에서 처음의 두 원칙을 따르고 있다. 따라서 권고안은 가깝고, 싼 곳에서부터 멀고, 비싼 곳의 순서로 조직되어 있다. 그러나 어떤 상황에서는 일반적 원칙을 따르기 위해서 권고안의 순서를 바꾸는 것을 권할 것이다.

### 선출직 관리

〈표 6.3〉과 〈표 6.4〉는 주 수준과 연방 수준의 선출직 관리들 중에서 확인되어야 할 사람과 수집되어야 할 정보의 목록이다.

**〈표 6.3〉 확인해야 할 연방 정부 관리와 필요한 정보**

| 관리 | 정보 |
|---|---|
| 상 · 하원 의원 | 주소 |
| | 전화번호 |
| | 이메일 주소 |
| | 팩스 번호 |
| | 웹페이지 |
| | 정당 가입 |
| | 임기 |
| | 재선거 운동 연도 |
| | 최근에 승리한 선거에서의 득표율 차이 |
| | 교육에 관해 알려진 지위 |
| | 교육이나 재정위원회 소속 여부 |

**〈표 6.4〉 확인해야 할 주 정부의 선출직 관리와 필요한 정보**

| 관리 | 정보 |
|---|---|
| 주지사 | 주소 |
| 교육구 상원의원 | 전화번호 |
| 교육구 하원의원 | 이메일 주소 |
| 하원의장 | 팩스 번호 |
| 상원의장 | 웹페이지 |
| 하원 교육위원회 의장 | 정당 가입 |
| 상원 교육위원회 의장 | 임기 |
| | 재선거 운동 연도 |
| | 최근에 승리한 선거에서의 득표율 차이 |
| | 교육에 관해 알려진 지위 |

정책 행위자들에 대한 사실적 정보는 상대적으로 발견하기가 쉽다. 따라서 이 과정이 특별히 부담스러워서는 안 된다. 포함되어야 할 정보를 찾기 위해서는 다음의 것들을 참고하면 된다.

1. 교육구 사무소 : 이곳은 최신 목록이나 시간이 약간 지난, 따라서 수정이 가능한

목록을 가지고 있다.

2. 전화번호부 : 전화번호부의 앞부분에는 그 지역 정치인들의 주소와 전화번호가 제시되어 있을 수 있다. 또한 여기에서는 주 의회 의사당의 전화번호를 제공해 줄 수도 있다. 추가적인 정보를 "미국 연방 정부" "특정 주 정부"의 제목을 가지고 있는 화이트 페이지(white pages)나 상호편(business pages)에서 얻을 수 있다.
3. 공공 도서관 : 참고 도서 코너에서 주 정부의 다양한 인명록을 찾을 수 있다. 사서는 CD-ROM 등을 통해 추가 정보를 얻으라고 조언해 줄 수도 있다.
4. 인터넷 : 인터넷을 이용할 수 있는 사람들은 InfoSeek와 같은 검색 엔진을 이용하거나 야후와 같은 검색 디렉토리를 이용할 수 있다.
5. 여성 유권자 연합 : 이 연합은 그 지역의 정치인들에 대한 사실적 정보를 만들어서 배포한다.
6. 정치인들의 사무소 : 요청을 받는다면 대부분의 사무소들이 시민들에게 그 정치인의 기록이나 정책적 입장에 관한 정보를 제공할 것이다.
7. 신문 : 선거철 즈음에 대부분의 신문은 후보자들에 대한 정보를 제공해 준다. 또한 의회의 회기—대개 1월—중에는 많은 신문들이 주 정부에 관한 특집 기사를 다룬다. 지역 신문의 지난 호들은 지역 도서관의 마이크로 필름을 통해서 이용해야 한다. 렉시스넥시스(Lexis-Nexis)는 거의 모든 주의 주요 신문을 색인에 싣고 있으며, 전자 정보로도 제공하고 있다. 이것은 많은 대학의 웹사이트를 통해서 접근이 가능하다.

## 임명직 관리

정책 행위자들은 선출직 관리보다 정보가 덜 드러나 있다. 그러나 이들에 대한 정보를 발견하는 것은 어렵지 않다. 〈표 6.5〉는 이들에 관한 정보를 수집하기 위한 틀을 제공해 준다.

아래와 같은 정보원들이 추천된다.

1. 주 교육청 인명록 : 대부분의 주 교육청은 그 주의 행정가를 위한 인명록이나 핸드북을 발간한다. 이것은 온라인으로 이용이 가능할 수도 있다. 일반적으로 여기에는 주 교육청, 주 교육감, 주 교육위원회에 관한 정보가 담기게 된다. 또한 여기에는 중요 교육 이익단체들의 목록과 주소, 전화번호 등이 담겨 있다.
2. 주 수도의 전화번호부 : 이 전화번호부는 책이나 마이크로필름 전자 정보의 형태로 지역 도서관에 비치되어 있어야 한다. 참고 부문에서는 앞부분에 정부의 목록

**〈표 6.5〉 확인해야 할 주 정부의 지명직 관리와 필요한 정보**

| 관리 | 정보 |
|---|---|
| 주 교육감 | 주소 |
| 주 교육위원회 위원 | 전화번호 |
| | 이메일 주소 |
| | 팩스 번호 |
| | 웹페이지 |
| | 정당 가입 |
| | 임기 |
| | 지명자 |
| | 임기 만료 연도 |
| | 교육에 관해 알려진 지위 |

을 담고 있고, 주 정부의 목록은 화이트페이지나 상호편에, 단체의 목록은 옐로우 페이지에 기록되어 있다.

3. 단체의 본부 : 대부분의 이익단체들은 요청을 받는다면 기꺼이 그들의 단체에 관한 사실적 정보와 정책적 입장이 담겨 있는 팸플릿이나 소책자를 제공해 줄 것이다. 대부분의 정보는 웹사이트에도 담겨 있고, 이 웹사이트는 AltaVista나 Excite에 단체의 이름을 입력해 검색할 수 있다.

## 정책 기획 집단

이 집단들은 낮은 대중적 인지도를 가지고 있기 때문에 발견하기가 가장 어렵다. 그러나 여기에서 추천되는 정보원을 1~2년 정도 체크하면 전국적 조직을 포함하여 주 수준에서 활동하는 대부분의 단체들을 확인할 수 있다. 〈표 6.6〉과 〈표 6.7〉은 이들 단체에 관한 정보를 조직하는 데 도움을 준다.

1. 최근의 정책 보고서 : 정책 기획 집단들은 그들이 관심을 가지고 있는 쟁점에 대한 보고서를 개발하고 배포한다. 재단들이 연구와 보고서의 요약물을 지원한다. 그들이 발행하는 문서들은 재정 지원자와 함께 그 프로젝트에 참가한 사람들의 목록을 담고 있다. 학교 지도자들이 종종 우편이나 전문적 모임에서 그러한 보고서를 받아 보기 때문에, 그러한 보고서들은 교육구에서도 이용할 수 있을 것이다.
2. 신문 : 대부분의 신문은 종종 그 지역의 혁신적인 학교 프로그램에 관한 특집 기

〈표 6.6〉 확인해야 할 단체와 필요한 정보

| 단체 | 정보 |
|---|---|
| 주 학교행정가연합 | 주소 |
| 주 경제원탁회의 | 전화번호 |
| 주 상업인회의소 | 이메일 주소 |
| 주 교육청 | 팩스 번호 |
| 주 학부모 · 교사협회 | 웹페이지 |
| 주 학교위원회 | 현재 대표자 이름 |
| 주 교원노조 | 간행물의 이름 |
| 기타 영향력 있는 단체 | 회원과 직원의 수 |
| | 교육에서의 알려진 지위 |

〈표 6.7〉 확인해야 할 정책 기획 관련 집단과 필요한 정보

| 단체와 집단 | 정보 |
|---|---|
| 활동적인 주 혹은 연방 수준의 정책 연구 조직 | 주소 |
| 활동적인 주 혹은 연방 수준의 재단 | 전화번호 |
| 대학에 위치한 정책 연구 센터 | 이메일 주소 |
| 재단 지원을 받는 정책 실행자 | 팩스 번호 |
| | 웹페이지 |
| | 정당과의 관계 |
| | 이데올로기적 경향 |
| | 자금원 |
| | 교육에서의 알려진 지위 |

사를 싣는다. 때때로 기사는 그 프로젝트를 지원하는 재단이나 또 다른 단체에 관한 정보를 담고 있다.

3. Education Week : 이 전국적인 교육 주간지는 두뇌집단이나 재단에 의해 제출된 제안의 요청자들과 함께 단체들의 보고서에 관한 기사를 싣는다. 이런 정보는 특정 교육정책을 지지하는 단체와 어떤 주의 정책운동의 배후에 있는 단체들을 확인하는 데 도움을 준다.
4. 인터넷 : 정책 기획 집단의 이름이 확인되면 인터넷을 검색해서 더 심화된 정보를 얻을 수 있다.

## 스위스 치즈 저널리즘에 대처하기

주의 교육정책 결정을 따라잡고자 하는 학교 지도자들은 그들 지역의 지방매체국(media outlets)에 의해 제공된 보도의 질을 평가해야 한다. 이런 평가를 하기에 적절한 시간은 의회의 회기 중이다. 보도의 내용은 몇 주 동안 관찰되어야 한다. 왜냐하면 몇몇 신문들은 지역 입법가들의 투표 결과와 제정된 법의 요약만을 제공하기 때문이다. 「뉴욕타임즈」, 「필라델피아 인콰이러」, 「LA 타임즈」와 같은 권위 있는 신문과 주의 수도에서 발행되는 신문의 기사를 평가하는 것 또한 중요하다. 만약 이들 중 어떤 신문이 훌륭한 기사를 제공한다면 그들의 인터넷판을 정기적으로 방문해야 한다.

신문의 보도가 종종 적절하지 않다면 학교 지도자는 의회의 회기 중에 최신 입법 소식에 관한 소식지를 발행하는 이익단체를 확인해야 한다. 그렇게 하는 단체들의 대부분은 "전국학교위원회협회(NSBA)"의 주 지부와 전국교육협회(NEA), 전미교사연맹(AFT)의 주 지부들이다. 학교 지도자들은 이들 집단의 메일링 리스트에 등록하거나 인쇄물을 받아볼 수 있는 지역 회원이 될 수 있다.

또한 학교 지도자들은 그 주의 교육과 관련된 주 의회의 모든 직통 전화번호를 알아두어야 한다. 이 직통 번호들은 관련 법의 최신 상태가 잘 기록되어 있는 것이고, 무료로 통화할 수 있다. 또한, 주 수도에 있는 교육 이익단체는 이 번호를 잘 알고 있다. 때때로 주 의회는 위원회의 모임이나 예정된 청문회에 관한 일반적 정보를 줄 수도 있다. 마지막으로, 사실상 모든 집단들은 웹페이지를 가지고 있는데, 정책의 주도권과 관련된 그들의 활동에 대한 가치 있는 정보를 거기에서 종종 얻을 수 있다.

스위스 치즈 저널리즘(Swiss-cheese journalism)은 주 수준에서의 활동이 증가되고 있는 시기에는 확실히 적절치 않다. 그럼에도 불구하고 주의 교육정책 결정을 따라잡고자 하는 사람들이 대안적 정보원을 확인하고 체계적으로 이용하기를 원한다면 그렇게 할 수 있다. 오늘날 우리는 대중매체가 주 정부의 중요성을 인정하고 더 자세한 보도를 제공할 날이 곧 오리라는 희망을 가질 수 있다.

## 토론을 위한 질문과 활동

1. 당신은 주 의회의 전문화 경향에 대해 긍정적 혹은 부정적인가? 당신의 입장을 근거와 함께 제시해 보라.

2. 당신의 주에서는 주 교육위원회와 주 교육감이 어떻게 선발되는지 알아보라. 이 장에서 논의한 모델 중에서 어떤 것이 당신의 주와 일치하는가? 이 지배 구조는 주지사, 주 교육위원회, 주 교육감 사이의 관계에 어떻게 영향을 끼치고 있는가?
3. 당신의 주에서 가장 중요한 교육 이익단체와 경제 이익단체를 확인해 보라. 이들은 어떻게 상호작용하고 있는가?
4. 당신의 지역에서 이용 가능한 일간지에 실려 있는 주 정치에 관한 보도 내용을 분석하고 평가하라.

## 인터넷 과제

이익단체 세 개와 주 의회, 주지사의 웹사이트를 찾아보라. 각각에게 중요한 교육적 쟁점을 확인하라. 서로 다른 정책 행위자들에게는 서로 다른 쟁점이 중요하게 생각되고 있는가? 당신이 발견한 것의 유사점과 차이점을 설명하라.

## 분석을 위한 뉴스 : 교육의 정치학 – 캘리포니아 교사연합, 싸움을 시작하다

**캘리포니아의 새크라멘토** – "아이들은 부속품이 아니고, 교실은 조립 라인이 아니다."

이 투쟁 문구는 이번 봄에 캘리포니아교사연합(CTA)이 새크라멘토 최대의 교육전쟁을 시작하면서 주 전역에 걸쳐 라디오를 통해 쏟아져 나오고 있다. 그들의 AB 2160 법안은 임금과 처우에 관한 것에 국한했던 단체 협상의 내용에 교과서 선택, 교육과정 편성, 학교 유지(school mainteance)의 결정까지를 포함시키면서 교사와 교원노조에게 유례 없는 권한을 부여하려는 것이다. 교사들은 이 법안이 정치인들에게는 인기 있었지만, 교실에서의 교사의 부담과 책임감을 가중시켜 왔던 최근의 교육 개혁에 대한 반작용이라고 말한다. 만약 입법가들이 교육적 목표를 설정한다면, 교사들은 자신들이 이 목적을 달성할 수단을 선택할 수 있기를 원한다고 말한다.

첫 번째 청문회가 열리기도 전에 이 법안은 논쟁과 고도의 정치적 대결 국면을 촉발시켰다. 이것은 임금 협상의 과정이 교과서와 교육과정에 관한 건설적인 결정을 내리기에는 지나치게 적대적이라고 말하는 학교 행정가들과 함께 교육 공동체를 분열시켰다. 몇몇은 그 법을 노조에 의한 "권력 장악"이라고 낙인찍었다.

그 법은 또한 민주당의 분열을 야기하고 있다. Gary Davis 주지사를 포함한 몇몇 민주당원은 그 계획의 장점에 관해 우려를 표명하고 있다. 그러나 이 법을 지지하라는 압력은 상당하다. 왜냐하면 교원노조는 민주당의 두 번째로 큰 기부자이고, 그 법의 공동발의자 중 두 명은 하원의장 Herb Wesson과 교육위원회 의장인 여성 하원의원 Virginia Storm-Martin이기 때문이다. 하원의장의 결정적인 지지에 힘입어 그 법안은 상원을 통과할 것 같다.

그러나 가장 커다란 정치적 드라마는 노조로부터 상당한 기부를 받아 왔지만 몇몇 핵심적인 교육 개혁안을 반대해 왔던 Davis에게 그 법안이 직접적인 도전이 될 것이라는 사실이다. 만약 그 법안이 그의 책상에 올라온다면, Davis 주지사가 선거가 있는 해에 그 법안을 거부하기는 정치적으로 어렵고 당혹스러울 것이다. Davis 주지사는 4월에 다른 많은 법안과 이익단체를 제쳐 두고 3시간 동안 CTA 의장 Wayne Johnson를 만나 그 법안에 대해 이야기를 나누었다.

CTA 법안의 반대자들은 Johnson이, 최근에 그래 왔던 것처럼 노조의 정치적 조작을 부정하는 것은 우스운 것이라고 말한다. "CTA는 압력과 기회주의적 전략에 능숙하다."라고 캘리포니아 학교위원회연합의 사무총장 Scott Plotkin이 말했다. "그들은 적절한 시기를 잘 선택했다." "어려움 중의 하나는 많은 의회 구성원들이 노조를 지지한다는 것이다."라고 캘리포니아 학교행정가연합의 로비스트 Laura Jeffries가 말했다. "그리고 그들은 이것이 교사들에게 더 많은 입장 표명의 기회를 주는 것이라고 말하고 있다." "나는 만약 교사들이 잘못된 과녁에 사격하고 있지는 않은지 궁금하다."라고 주 전체의 학교운영위원회연합 의장 Dan Walden은 말했다. "문제는 의회다. 아마도 공동의 노력에 관심을 기울일 때가 온 것 같다."

(L. Gledhill "The Politics of Education : CTA Picks a Fight,"california Journal, May 1, 2002, p. 8)

### 질 문

1. 이 장의 서두에 나오는 것을 이용해 이 법안과 관련된 정책 행위자를 확인하고 범주화하라.
2. CTA, 캘리포니아 학교행정가협회, 캘리포니아 학교위원회협회의 권력원을 분석하라. 어느 쪽이 가장 강력하고, 왜 그러한가?
3. 이 법안의 첫 번째 문장에 기초해서 책무성 측정을 간과하고 있는 캘리포니아 하원의원들의 이데올로기는 무엇인지 생각해 보자.
4. 만약 캘리포니아의 기성 교육단체의 지도자들이 Dan Walden의 제안을 수용한다면 어떤 도전에 직면하게 될지 논의하라.

## 사례연구 "골목대장 노릇은 그만" 책무성의 정치

1987년에 오하이오 의회는 수학, 읽기, 쓰기 시민 정신에서의 학습 성과를 채택하고 있는 H.B. 231을 통과시켰다. 이 성과들은 오하이오 주의 첫 번째 실력인정시험(proficiency test)의 토대가 되었다. 이 테스트는 1993년에 시작되었으며, 9학년 학생들이 졸업하기 위해서 통과해야만 하는 시험이다. 해가 갈수록 의회는 4학년, 6학년, 12학년 테스트를 추가하고 과학 과목을 포함시키면서 테스트 프로그램을 확대했다. 오하이오의 학교는 점점 더 학생들의 시험 준비에 초점을 맞춰 교육하게 되었다. 교육자들은 이런 교육과정의 협소화에 불만이었고, 그들 중 일부는 테스트의 타당성에 의문을 표시했다. 그러나 그들은 이 정책을 변화시키기 위한 시도를 거의 하지 않았다. 왜냐하면 그들은 의회가 이러한 시도를 책무성에 대한 반대로 해석할 것이라고 생각했기 때문이다.

1997년에 의회는 더 엄격한 책무성 체계의 형태를 드러냈다. S.B. 55를 통해 의회는 거의 모든 테스트 결과에 기초한 교육구 보고 카드 시스템을 수립했다. 이 보고 카드가 해마다 언론에 공개된다면 납세자들이 그들의 공립학교가 얼마나 효과적으로 교육 활동을 수행했는지를 알게 될 것이다. 또한 S.B. 55는 "4학년 보장제(Fourth Grade Guarantee)"를 포함하고 있다. 이것은 2001년에 시작되었는데, 읽기 영역 테스트를 통과하지 못한 4학년 아이들을 유급시키는 것이다. 만약 이 아이들이 개별화된 교육 계획(IEP)을 받지 않았다면 교장과 교사는 졸업 자격을 철회했을 것이다.

오하이오 교육자들 중 일부는 곧 4학년 학생들이 넘쳐날 것이고, 초등학교는 4학년 과정을 이수하기 위해 등교하는 10대 학생들의 자동차를 수용하기 위해 주차장을 넓혀야 할 것이라고 냉소적으로 농담했다. 그러나 4학년 학생들 중 42%가 읽기 시험에서 정기적으로 떨어진다는 것이 밝혀지자 학부모들은 웃을 수가 없었다. 부유한 Columbus Surburb에 거주하는 학부모들인 Mary O' Brien과 Teri Zeigler는 "골목대장 노릇은 그만(Stop the Bullies)"이라는 구호를 채택하면서 오하이오 실력인정시험의 중지를 요구하는 풀뿌리 운동을 조직했다. 여기에서 골목대장은 주 의회 의원들이다. 몇 달 동안 그들은 신문 편집자에게 수없이 많은 편지를 썼고, TV에 출현했으며, 주 교육위원회에 나와 증언을 하고, 주 의사당의 잔디밭에서 시끄러운 시위를 벌였다.

오하이오의 정치 지도자는 재빨리 응답했다. 주지사 Taft는 그 쟁점을 연구할 "학생성공위원회(commission for student success)"를 지명하여 2000년 10월에 권고안을 발표했다. 비록 그가 의회 내의 동료 민주당원들에게 위원회의 보고서를 기다려 달라고 촉구했지만, 그들 중 몇몇은 2000년 가을에 그 정책을 수정하기 위한 법안을 도입했다.

한편, 교육자들도 입장을 표명하기 시작했다. 오하이오 교육연합(Education Association)은 그 시험의 문제점을 토론하기 위해 주 전역에 걸쳐 33개의 공개 포럼을 지원했다. 행정가들과 그들의 조직은 시험과 교육구 보고 카드를 공개적으로 비난하기 시작했다. 예를 들어, 부교육장인 Joyce Bowersock은 "우리는 아홉 살짜리를 벌 세우고 있다. 왜냐하면 그들은 의회가 읽어야만 한다고 생각하는 부분을 읽지 않았기 때문이다. 나는 이것이 참 우스운 것이라고 생각한다."라고 말한다. 교육장 David McWilliams는 "나는 교육구 간 비교에 좌절하고 있다. 교육구는 서로 다른 지역사회를 대표한다."라고 말했다. 오하이오 학교위원회협회의 John Stanford는 교육구 보고 카드의 공개가 몇몇 교육구의 명성을 훼손시켰고, 세금에 관한 국민투표를 통과시키기 어렵도록 만들었음을 관찰했다.

10월에 주지사의 위원회는 테스트의 수를 줄이도록 권고했다. 2001년에 의회는 그 권고를 받아들였고, 4학년 보장 제도는 약화되었다.

**질 문**

1. 이 장의 서두에 나온 것을 이용하여, 이 사례 연구에 나오는 정책 행위자들을 확인하고, 범주화하라.
2. 주의 교육자들이 학부모들이 저항할 때까지 책무성 체제에 도전을 유보한 것은 현명했는가? 왜 그러하고, 그렇지 않은가?
3. 학부모들은 왜 정책의 변경에 성공했는가?
4. 교육장 McWilliams의 말에 대해 토론하라.

## 심화 학습 자료

Bowman, A. O' M., & Kearney, R.C.(1986). *The resurgence of the states.* Englewood Cliffs, NJ:Prentice Hall.

작가들은 닉슨 대통령 재임기간 동안 시작된 주로의 권한 위임에 대해 기록하고 있다. 그들은 주지사, 입법부, 법정체계, 지방 정부가 어떻게 영향받아 왔는지에 대한 사례를 들면서 이러한 변화의 원인을 설명한다.

Edlefson, C.(1994). The substance and politics of education reform: A view from a governor' s office. *Planning and Changing,* 25(1/2), 41-55.

1980년대 후반 오하이오 정부 Celeste에서 교육 전문가로 활동했던 Edlefson은

Celeste에서 교육 개혁을 위해 의제를 설정하는 방법에 대한 내부 이야기를 제공한다. 그녀의 논문들은 공직자의 사무실에서 벌어지는, 잘 드러나지 않으나 언뜻 보이는 일들에 대한 이야기를 제공한다.

Gray, V., Hanson, R.L., & Jacob, H.(Eds.).(1999). *Politics in the American states.* 7th ed. Washington, D.C.: Congressional Quarterly Press.

이 책은 주 정책에 대한 정치학적 조망의 표준이다. 이 책에 담긴 가치 있는 장들은 주 정부의 모든 분야, 특별히 주 수준에서 정책에 대한 필수불가결한 자원을 제공하는 정책 영역의 최근 발달상과 새로운 연구 동향을 요약하여 정리하고 있다.

Madsen, J.(1994). *Educational reform at the state level.* Bristol, PA: Falmer Press.

SDE에서 낮은 지위의 행정가로 활동하는 Madsen은 주 입법부의 교육 개혁 법안이 실행되는 동안 기관들이 장애물을 설치하는 방법을 관찰할 기회를 가졌다. 그녀는 주 기관의 권력에 대해 흥미진진하며 열정적으로 느껴질 만하게 기술하고 있다.

Mazzoni, T.L.(1995). State policymaking and school reform: Influences and influentials. In J.D. Scribner and D. Layton(Eds.), *The study of educational politics.* London: Falmer Press.

광범위한 데이터베이스를 통해 Mazzoni는 주 교육정책 형성에 관한 최근 발달상을 종합한다. 이 책에서는 주 수준에서의 교육정책에 대한 동시대적 동향을 가치 있게 조망하고 있다.

# 7

# 무대 만들기와 무대에 서기 : 쟁점 정의와 의제 설정

**탐구의 요점**

정책쟁점은 어떻게 정의되는가?
쟁점 정의가 중요한 이유는 무엇인가?
정책의제는 무엇이며, 정책쟁점은 어떻게 정책의제로 진행되는가?
정책과정 단계에서 교육 지도자는 어떻게 영향을 미치고 따르는가?

## 정책과정의 인식과 현실

과학자 Benno Muller-Hill(1998)이 고등학교 시절에 경험하였던 재미있는 일화로부터, 인간의 현실에 대한 인식이 어떻게 타인의 영향을 받을 수 있는지에 대한 한 가지 사례를 볼 수 있다. 고등학교 과학 시간에 선생님은 학교 운동장에 망원경을 설치하고, 학생들을 줄지어 차례로 망원경을 통해 태양계의 한 행성과 딸린 위성들을 관찰하도록 하였다. 첫 학생은 행성이 보이지 않는다고 말했다. 그러나 선생님이 그에게 초점을 조절하는 방법을 보이고 난 후에 그 학생은 행성을 선명하게 볼 수 있다고 말했다. 그 학생 이후 서너 명의 다른 학생도 망원경을 통해 행성과 위성을 볼 수 있다고 말했다. 그러나 Muller-Hill의 바로 앞 소년은 큰 소리로 아무것도 보이지 않는다고 주장하였다. 화가 난 선생님은 자신이 직접 망원경을 통해 보았는데, 그의 얼굴에 이상한 표정이 나타났다. 선생님은 렌즈의 뚜껑을 빼는 것을 잊은 것이다! 학생들 중 그 누구도 행성과 위성을 보았을 리가 없다. 학생들이 창피(또는 나쁜 성적)를 면하기 위해 행성과 위성을 본 척했는지, 또는 렌즈 위의 작은 먼지 조각이나 빛의 반짝임을 실제의 행성이라고 생각했는지는 중요하지 않다. 핵심은 우리 인간이 우리가 인식해야만 한다고 생각하는 현실을 인식하는 강력한 욕망을 가지고 있다는 것이다. 우리의 주위에 있는 사람들이 받아들이는, 또한 우리도 같은 인식을 갖기를 기대하는 현실로부터 자유로워지는 것은 매우 어렵다.

이 경향은 정책과정의 첫 두 단계(쟁점 정의와 의제 설정)에서 특별히 중요하다. 정책쟁점이 분명하게 정의되지 않았다면 중요하게 받아들여지지 않을 것이다. 만약 쟁점이 많은 사람들에 의해 중요하게 인지되지 않는다면, 이것은 결코 정책의제로 진행될 정도로 충분한 주목을 얻지 못할 것이다. 쟁점이 정책의제가 될 수 없다면 이는 절대로 공적 정책이 될 수 없다. 이와 같이 중요함에도 불구하고 정책과정의 이 두 단계는 학교 지도자를 포함한 일반 대중에게 비교적 익숙하지 않다. 한편으로는 이것은 미디어의 강력한 주목을 벗어나 조용하게 진행되기 때문이다. 또 한편으로는 고등학교 정치 · 사회 교과목과 많은 대학의 정치학 교과목 시간에서도 이것의 중요함을 전적으로 간과하고, 대신 정책 형성과 정책 채택이라는 보다 가시적인 단계에 초점을 맞추기 때문이다. 그러나 쟁점 정의와 의제 설정은 전체 정책과정에서 가장 중요한 단계로서, 향후 발생하는 일에 돌이킬 수 없는 영향을 미친다.

정책과정의 이 두 단계를 알지 못하는 교육 지도자는 교육정책 제안과 변화가 보이지 않는 곳에서 튀어나온 것처럼 느끼곤 한다. 그들에게는 새로운 정책 아이디어가 어딘지 모르는 곳에서 나와, 많은 지원을 받으며 입법부 또는 법정에서 빠르게 진행되는 것으로 보인다. 그들은 이 과정에서 교육 전문가가 소외되고 그들의 생각 또는 경험에 대하여 아무도 관심을 두지 않는 것을 느낀다. 어떤 게임인지 알아내려고 하기보다 게임에서 앞서고자 하는 지도자는 이 첫 단계를 이해하고 따라가는 법, 영향을 미치는 방법을 알아야 한다.

제 7장에서는 정책과정에서 쟁점 정의와 의제 설정 단계에 대해 기술한다. 이 장의 마지막 부분은 학교 지도자가 이러한 정책과정을 관찰하고 영향을 끼칠 수 있는 방법을 제시한다.

# 쟁점 정의 : 무대 만들기

## 쟁점 정의에 대한 정의

정책쟁점을 정의한다는 것은 **문제**를 정부가 다룰 수 있는 **쟁점**으로 변환하는 데 관련된 정치적인 과정이다. 이는 문서 및 구두 의사소통을 통해 발생하는 토론 과정이다. 이것은 또한 일반 대중의 지지를 이끌어 내기 위해 쟁점의 매력적인 이미지를 개발하고, 이에 관련된 호소력 있는 상징을 연결시키는 것을 포함한다. 쟁점에 대한 재치 있는 정의는 정치적 지원의 가능성을 높이고, 반대 가능성을 줄이며, 정책 토론이 이루어지도록 한다. 이것은 보다 가시적인 후속 단계를 위한 준비 과정이다(Anderson, 1984; Baumgartner & Jones, 1993; Rochefort & Cobb, 1994).

쟁점 정의에 대해 생각할 때, **문제**와 **정책쟁점**을 구별하는 것은 중요하다(Best, 1989; Stone, 1989). 이 세계는 많은 문제—삶을 불쾌하고 불편하도록 하는 어려운 상황—로 가득하다. 모든 교육자는 학교에 많은 문제가 있는 것을 안다. 학교 버스는 종종 고장 나고, 교사는 짜증만 내고, 학생들의 마음속에는 수업 내용보다는 텔레비전이 제공하는 환상으로 가득 차 있다. 그러나 교육자의 대부분은 이 문제를 학교 생활의 불가피한 부분 또는 성가신 일상적인 일로 받아들인다. 그들은 보통 이러한 문제를 정부가 개입하여야 하는 쟁점으로 간주하지 않는다.

[그림 7.1]은 학교에서 일반적으로 발생하는 다섯 가지 문제이다. 대부분의 교육자들은 이것이 문제라는 것에 동의할 테지만, 이 문제를 긴급히 다루어야 한다고 생각하지 않는다. 그러나 [그림 7.2]에서 다섯 가지 각각의 문제는 정책쟁점으로 전환되었다. 문제와 다르게 쟁점은 논의의 여지가 있다. 쟁점은 문제의 해석, 가치 설정 및 정부의 적절한 역할을 포함한다. 지도자는 어떤 문제도 몇 개의 정책쟁점을 낳을 수 있다는 것을 이해해야 한다. [그림 7.3]은 [그림 7.1]에서 언급된 두 번째 문제—학생에 대한 동기

1. 많은 교사와 교장의 의욕 수준이 낮다.
2. 학생들에게 학습동기를 부여하는 데 종종 어려움이 있다.
3. 많은 학생들은 가족이 이사하기 때문에 학기 중간에 학교를 옮긴다.
4. 컴퓨터 게임과 텔레비전을 보는 것에 많은 시간을 보내는 학생은 학교에서 지루할 지도 모른다.
5. 교육 보조 자료가 제대로 사용되지 않기도 한다.

**[그림 7.1]** 학교에서의 일반적인 다섯 가지 문제점

1. 낮은 의욕은 대부분 전문적 결정이 결여된 것에서 기인하기 때문에 교사와 교장에게 단위학교 책임경영을 통해 권한을 부여하여야 한다.
2. 학생들이 운전면허를 취득하기 위해 C 이상의 평균점수를 유지해야만 한다면 동기 수준이 증가할 것이다.
3. 취학 연령의 아이를 가진 학부모가 한 학년 동안 교육구 외부로 이사하는 것을 법률적으로 금지해야 할 것이다.
4. 18세 이하의 학생들은 교육적이고 동기 부여가 될 수 있는 매체만 이용하도록 해야 한다.
5. 만약 학교가 학생들을 끌어들이기 위해 서로 경쟁을 한다면 좀 더 현명하게 교육자원을 사용할 것이다.

**[그림 7.2]** 그림 7.1의 문제점에 기반을 둔 다섯 가지 정책쟁점

1. 학생들이 운전면허를 취득하기 위해 C 이상의 평균점수를 유지해야만 한다면 동기 수준이 증가할 것이다.
2. 미국의 학교에서 체벌 제도를 다시 실시한다면 학생의 동기 수준을 효과적으로 증가시킬 수 있을 것이다.
3. 국가 표준과 평가는 학생들이 공부를 더 열심히 하게 동기화할 것이다.
4. 만약에 교사들이 학생들에게 더 적절하고 개인이 적극 참여하는 학습 활동을 교육과정에서 가르친다면 동기화 문제는 감소할 것이다.
5. 만약에 학생들이 선생님과 학생들을 더 잘 알 수 있을 정도로 소규모 학교로 만든다면 학생들은 더욱 동기 부여가 될 것이다.

**[그림 7.3]** 학생의 동기 부여에 대한 다섯 가지 정책쟁점

부여—에서 비롯될 수 있는 많은 쟁점 중에서 다섯 개를 보여 주고 있다. 쟁점 정의 단계에서는 한 가지 문제에 대해 몇 가지 경쟁하는 해석이 동시에 토의된다. 그러나 결국 두세 가지만이 문제에 대한 옳은 정의로 받아들여질 것이다. 그것이 선택된 우선적인 이유는 지지자들이 가진 그것을 정의하는 기술 때문이다.

## 교육정책 기획 및 연구 공동체

**본질과 구조.** 쟁점 정의가 지적인 과정이며, 따라서 인간의 마음속에서 일어난다고 하더라도, 마음은 그 어딘가에 존재할 몸 속에 있기 마련이다. 이는 쟁점 정의가 특정한

시간에 특정한 곳에서 일어난다는 것을 의미한다. 미국에서 모든 교육정책은 **교육정책 기획 및 연구 공동체**(Education Policy Planning and Research Community, EPPRC)라고 부르는 관련 기관의 느슨한 집합 안에서 이루어진다. 정책의제를 만드는 과정의 일부도 그 안에서 일어난다. 이 기구들은 정책과정에서 중요한 역할을 하지만 일반인에게는 잘 노출되지 않는다. 뉴저지 주와 로드아일랜드 주의 교육감이었던 Fred Burke(1990)는 이러한 네트워크의 쟁점 정의 과정을 "반비공개(para-private)" 인 것으로서 "특이하게 비공식적이며, 비공개적이고, 산만하고, 일회적이며, 공공정책의 관점으로는 책무성이 결여된" 것이라고 기술하였다(p. 11). 그는 이 과정의 참여자로서 USDOE(U.S. Department of Education, 미국 교육부), 비영리 재단, 몇몇 일류 대학의 교수와 행정가, 교사노조, 교육 관련 단체와 상위 기구, 교과서 발행자를 들고 있다.

[그림 7.4]는 EPPRC를 보여 주며, 이와 정부 및 언론과의 관계를 나타내고 있다. 이 도표에서 재단, 대학, 정책 기획 그룹(두뇌집단, think tank)과 USDOE는 EPPRC의 핵심

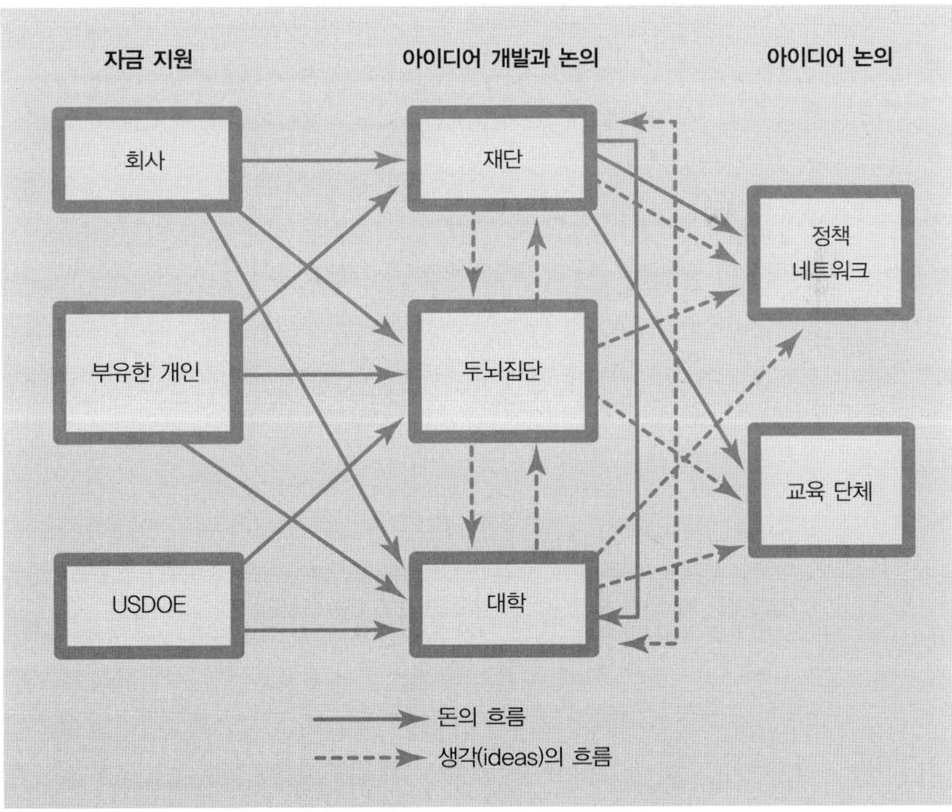


**[그림 7.4] 교육정책 기획 및 연구 공동체**

주 : 이 그림은 Thomas R. Dye 저 『Who's Running America?』(6ed, 1995)에 기초하고 있으며 Prentice Hall 출판사(Upper Saddle River, NJ)의 허가하에 수정하였음.

을 구성하고 있다. 비록 20,000개 재단, 거의 1,000개의 정책 기획 기구와 많은 대학들이 미국에 있지만 이 모두가 교육정책 개발에서 중요한 것은 아니다(Nielsen, 1985; Weiss, 1992). 많은 단체가 국방이나 농업과 같은 여타 정책 분야에 특화되어 있으며, 또 많은 단체가 정책 개발에 간여하지 않는다. 이들 중 소수만이 교육 분야에서 중요한 역할을 한다. [그림 7.5]는 교육 분야에 특별한 관심을 보이고 있는 11개의 재단을 나열한 것이고, [그림 7.6]은 교육정책에 대해 일하는 것으로 알려진 8개의 두뇌집단이다. 그리고 [그림 7.7]은 이 분야에서 일하는 5개의 대학이다. 이 대학들은 교육정책연구회(Consortium for Policy Research in Education, CPRE)를 만들었다. 다른 재단, 두뇌집단 및 대학들이 교육정책 개발에 참여하긴 하지만, 이 24개의 기관들이 일반적으로 중요하다. 그들의 이름은 대부분의 학교 지도자들에게 익숙하다.

이러한 24개의 기관은 획일적이지 않으며, 모든 것에 대해 만장일치하는 것도 아니

| | |
|---|---|
| Annie Casey Foundation | Lilly Endowment |
| Carnegie Corporation | MacArthur Foundation |
| Danforth Foundation | Pew Charitable Trusts |
| Dewitt Wallace-Reader' s Digest Fund | Rockefeller Foundation |
| Ford Foundation | Spencer Foundation |
| Kellogg Foundation | |

**[그림 7.5]** 교육정책 연구와 제안을 후원하는 재단의 일부

| | |
|---|---|
| American Enterprise Institute | Hudson Institute |
| Brooklings Institution | Manhattan Institute |
| Committee for Economic Development | RAND Corporation |
| Heritage Foundation | |

**[그림 7.6]** 교육정책을 연구하는 정책 연구 기구(두뇌집단)

| | |
|---|---|
| Harvard University | University of Pennsylvania |
| Stanford University | University of Wisconsin-Madison |
| University of Michigan | |

**[그림 7.7]** 교육정책연구회(CPRE)의 대학 구성원

다. 대부분의 재단과 두뇌집단은 사상적인 경향을 가지고 있다. 예를 들어, 경제정책연구소(Economic Policy Institute)는 매우 진보적인 반면 카네기 재단(Carnegie Corporation), RAND 연구소(RAND Corporation), 경제개발위원회(Committee for Economic Development)는 진보적이다. 반대로 미국 기업연구소(American Enterprise Institute), 허드슨 연구소(Hudson Institute), 맨해튼 연구소(Manhattan Institute)는 보수적인 연구와 출판물로 알려져 있다. 헤리티지 재단(Heritage Foundation)은 모든 점에서 극단적 보수 두뇌집단은 아니지만 여기 나열된 단체의 대부분보다는 우익에 속한다(Lagemann, 1989; McGann, 1995; Nielsen, 1985; Peschek, 1987). 이는 이 기관들은 어떤 음모를 실행하기 위해 협력한다기보다, 그들의 교육 문제에 대한 정의를 쟁점 정의 과정의 다른 참여자들이 받아들이도록 하기 위해 맹렬하게 경쟁하고 있음을 의미한다.

**EPPRC에 대한 자금 지원.** EPPRC에 참여하는 기구들은 그들의 프로그램을 진행하기 위한 상당한 자금 지원이 필요하다. 대부분의 자금은 기업, 부유한 개인, 정부(특히 USDOE)의 세 곳에서 나온다. 많은 두뇌집단은 재단으로부터 자금을 지원받는다. 그러나 궁극적으로는 재단의 자금도 기업이나 부유한 개인으로부터 나온 것이다.

이러한 기구에 돈을 기부하는 몇 가지 방법이 있다. 기업과 부유한 개인들은 때때로 조건 없이 기부한다. 헤리티지 재단이 1973년에 설립되었을 때 콜로라도의 부유한 기업가인 Joseph Coors가 설립기금의 대부분을 기부하였다. 또 다른 기부자로는 부유한 개인이었던 Richard Mellon Scaife, 올린 재단(Olin Foundation)과 몇몇 기업이 있다(Peschek, 1987). 돈을 기부하는 또 다른 방법으로는 기관의 기금(endowment)에 기증하는 방법이 있다. 기금은 투자하여 발생한 소득만 지출되기 때문에 안정적인 수입원이 될 수 있다. 미국에서 가장 오래된 두뇌집단의 하나인 브루킹스 연구소(Brookings Institution)는 많은 기금을 보유하고 있다. 이 기금은 대부분 철강왕 Andrew Carnegie가 기증한 것이다(McGann, 1995). 많은 대학들도 기금을 많이 보유하고 있으며 하버드, 프린스턴, 예일이 가장 앞서 있다(Dye, 1995).

이들 기관에 자금을 제공하는 또 다른 방법은 연구비를 제공하는 것이다. 연구비는 물론 경쟁을 통하게 된다. 연방 정부나 재단이 연구 프로그램을 통해 자금을 제공하고자 한다면 먼저 연구 제안 요청서(request for proposal, RFP)를 발행한다. RFP에는 어떤 프로젝트가 연구비를 받을 수 있는지, 또 연구 제안서를 작성하는 요령 등이 포함되어 있다. 기관이나 개인은 제안서를 제출하고 그중 일부가 선정되어 연구비를 지원받게 된다. 대학과 두뇌집단에서 수행되는 연구비의 대부분은 이 방식에 따라 지원된다. 예를 들어, CPRE는 USDOE 내의 한 부서인 교육연구국(Office of Education Research and Improvement, OERI[1])의 5년 연구비로 1985년에 만들어진 것이다. CPRE는 카네기 재단과 퓨 자선기금(Pew Charitable Fund) 등으로부터 연구비를 지원받는다.

때때로 자금은 하청 계약 형태로 온다. 캘리포니아 소재의 두뇌집단인 RAND 연구소가 좋은 예이다. 연방 정부와의 계약하에, RAND 연구소는 1960년대와 1970년대 연방 정부의 교육 프로그램에 대한 평가 업무를 수행하였다. 위탁 연구와 책은 특별한 계약을 필요로 한다. 카네기 재단은 Christopher Jenck의 『**불평등**(Inequality)』과 James B. Conant의 『**교육정책의 형성**(Shaping Educational Policy)』을 포함하여 교육정책에 관한 많은 책을 위탁 발행하였다(Lagemann, 1989). 물론, 정책 개발에 관련된 많은 기관들은 다수의 자금 지원 기관으로부터 여러 가지 형태의 자금을 지원받는다. 브루킹스 연구소는 많은 기금을 확보하고 있지만 다른 재단의 지원을 필요로 한다(Smith, 1991). 매년 1억 달러의 예산을 필요로 하는 RAND 연구소는 재단기금뿐 아니라 정부와 다른 재단으로부터 지원을 받는다(Weiss, 1992). 대학 역시 정부 연구비와 하청 계약, 회사 및 부유한 개인의 지원금, 재단의 지원비뿐 아니라 학생 등록비와 (경우에 따라서는) 세금 등 여러 가지 자금원으로부터 지원을 받고 있다. 이 많은 기관들에게는 안정적으로 충분한 자금을 마련하는 것이 지속적인 도전 과제이다.

**새로운 생각의 개발과 토론.** EPPRC는 새로운 정책 아이디어가 개발되고 토론되며 정책 기획자, 언론, 정책 기안자들에게 배포되는 다양한 공개 토론의 장을 제공한다(McGann, 1995). 두뇌집단과 연구 중심 대학이 종종 이와 같은 지적 행위가 일어나는 장소로 사용되곤 한다. 두뇌집단은 연구자와 집필자를 고용하여 기관의 지도자가 개발한 문제에 대해 연구 및 출판을 한다. 연구 중심 대학에서는 연구를 수행하고, 발표를 하고, 논문을 쓰고, 이에 대한 책을 출판하는 것이 학자의 본분인 교수를 고용한다. 점점 더 지식이 힘의 원천이 되어 가고 있는 세계에서 새로운 지식을 창조하는 것은 중요하다. 세계의 새로운 지식의 대부분을 만들어 내는 두뇌집단과 대학을 지녔다는 것은 미국의 행운이다.

**연구로부터의 새로운 아이디어.** 새로운 아이디어의 중요한 원천 중 하나가 연구이다. 대학과 두뇌집단에 고용된 연구원은 세 가지 종류의 연구(**기초, 응용, 통합**)를 수행한다. **기초연구**는 가장 이론적이고 (혹자에 따라서는) 현실에서 가장 동떨어진 것이다. 그러나

1) 역주 : 2002년 11월, Education Sciences Reform Act에 따라 Institute of Education Science라는 새로운 기관으로 개편되었다.

많은 기초연구자들이 지적했듯이, 원래 순수하게 지적인 목적으로 수행된 연구가 중요한 현실적인 응용 분야를 가지게 되는 경우도 많다. 교육정책에 상당한 영향을 주었던 기초연구의 하나는 심리학 분야의 하나인 학습 이론이다. 20세기의 많은 부분 동안 행동주의 심리학 이론이 지배하고 있었다. B. F. Skinner와 같은 대학 연구자들은 쥐에게 미로를 통과한 뒤 지렛대를 누르면 음식물을 보상하는 학습을 시켰다. 이를 통해 학습이 자극-반응 반작용에 바탕을 두고 있으며, 상벌이 학습을 개선할 수 있는 것을 증명하였다. 이 기초연구의 영향으로 교과과정 정책이 변했다. 미국 내 학교는 "행동목표(behavioral objective)"를 채택하였으며, 교사는 보상 시스템을 이용하여 교실을 관리할 것을 권장하였다(Ravitch, 1995). 그러나 지난 30년간 학습 이론은 상당히 많이 변했으며, 이 또한 기초연구의 영향 때문이다. 오늘날 주류로 채택된 인지심리학(cognitive psychology) 이론은 인간은 배우면서 지식을 "구조화한다(construct)"는 사실과 학습에 대한 사회적 본성을 강조한다. 이것은 어린이와 성인 모두 사실을 암기하는 것보다는 몇 가지 가능한 해답을 가진 열린 문제를 해결하면서 더 잘 배울 수 있다고 제안한다. 인지 이론(cognitive theory) 또한 교육과정 정책에 대한 상당한 충격을 가졌다. 포트폴리오 평가와 논술 형식 시험으로의 전환은 이 영향을 반영한다(Ravitch, 1995).

**응용연구**(applied research)는 이론을 현실 세계 설정하에서 테스트한다. 기초연구자는 일반적으로 신중하게 통제된 실험실 환경에서 연구하는 반면, 응용연구자는 인지 이론에 기반을 둔 교육과정이 학습 향상을 이끌어 내고 있는지 확인하기 위해 학교나 교실에서 연구한다. 응용연구의 특별한 분야인 평가 연구(evaluation research)는 새로운 교육정책 또는 프로그램이 제대로 돌아가고 있는지 평가하기 위한 방법을 연구하는 작업이다. 비록 대학과 두뇌집단 모두 평가 연구를 수행하기 위해 계약을 체결하고 있지만, 두뇌집단에서 수행한 몇 가지의 평가 연구의 영향력이 컸다. 아마 가장 유명한 것은 1970년대에 10년 동안 RAND 연구소가 수행한 연방 정부의 교육 프로그램에 대한 평가일 것이다(Williams & Palmatier, 1992). 평가 연구의 연구 결과는 때때로 주요한 정책 변화에 기여한다.

마지막으로, **통합연구**(integrative research)는 한 가지 주제에 대한 많은 연구 결과를 하나의 연구에 통합하여 이들 연구가 총괄하여 말하고자 하는 것을 도출하는 작업이다. 통합연구의 예는 교과서, 문헌 연구 및 한 주제의 일반 개관을 포함한다. Diane Ravitch(1995)는 브루킹스 연구소의 지원하에 『**미국 교육의 국가 표준: 시민을 위한 안내서**(National Standards in American Education: a Citizen's Guide)』를 썼다. 이 책에서 그녀는 미국에서의 교과과정과 시험의 역사, 국가 표준 운동 발달사, 국가 표준을 둘러싼 정치적 갈등을 묘사하고 있다. 책의 제목이 말해 주듯이, 폭넓은 독자들에게 이 주제에 대한 개관으로서 이 책은 매우 유용하다.

기본연구, 응용연구, 통합연구가 몇몇 새로운 정책 아이디어를 제공할지라도, 정책 입안자들이 연구 결과를 즉각 받아들여 정책에 반영한다거나, 그들이 학자가 개발하는 모든 생각을 받아들일 것이라고 믿는다면 이는 너무 순진한 것이다. 이와 반대로 정책 연구자들은 정책 입안자들이 연구 결과에 무관심하고, 적용하지 않는다고 불평한다. 그러나 오랜 기간에 걸친 정책 발전 연구(10년 이상) 결과에 따르면 일부 연구 결과는 정책 문제에 대한 사람들의 이해를 바꾸고, 따라서 정책 개발에 영향을 준다는 것을 보여준다(Sabatier & Jenkins-Smith, 1993).

**사상으로부터의 새로운 아이디어.** 사상은 최소한 연구 정도로 쟁점 정의에 영향을 미친다. 대부분의 두뇌집단과 재단은 특정한 사상 배경을 가지고 있으며, 이 점은 많은 대학의 연구자도 마찬가지이다. 그들의 사상은 적어도 두 가지 방법으로 쟁점 정의 작업에 영향을 끼친다. 첫 번째, 기본적인 신념은 여타 방법을 제외하고 특정 방법으로 정책 문제를 분석하도록 영향을 미친다(Sabatier & Jenkins-Smith, 1993). 예를 들어, 보수주의자와 진보주의자 모두 학생들의 낮은 학업 성취에 우려를 표하고 있지만, 그들은 이 문제를 달리 이해한다. 보수주의자는 낮은 학업 성취를 가족 붕괴와 학생, 교사의 노력 부족 등 개인적인 요인의 결과로 보는 경향이 있다. 따라서 보수적 해법은 전통적인 가치로의 회귀 및 기본 교육을 장려하는 것으로 나타난다. 보수주의자는 정부의 개입을 불신하는 경향이 있기 때문에 시장 또는 민영화 기반의 정책 전달 시스템을 선택하는 경향이 있다. 학교 선택권, 과외수업, 또는 양친 가정을 위한 경제적인 유인책 등이 보수적 해결 방법으로 나타난다. 반대로 진보주의자는 가정, 학생, 또는 교사의 문제라기보다는 사회 전반의 문제로 정의할 것이다. 대표적인 진보주의적 해법은 빈곤 아동을 위한 영양 공급 및 학교에서의 보충수업, 부모를 위한 직업교육 등을 들 수 있다. 진보주의자는 사회 문제에 적극적으로 개입하는 정부를 선호하므로, 정부 활동이 늘어나고 공공 지출이 늘어날지라도 이와 같은 접근 방법이 편하다고 느낀다.

두 번째로, 사상은 수행하는 연구 유형과 연구 방향을 결정하는 것을 돕는다. 재단은 그들 자신의 사상과 일치하는 연구 과제를 제안한 연구원과 집필자에게 연구비를 지급한다. 유사하게 대부분의 두뇌집단도 그들과 관점을 공유하는 사람을 고용한다. 당연히 현재 이념적인 논쟁의 중심에 있는 주제에 대한 많은 연구와 집필이 수행된다. 동시는 아니지만, 최근 몇 년간 몇몇 보수적인 기관은 개인 지불보증제(voucher) 프로그램에 자금을 공급하고 연구를 후원하였다. 이 역시 동시는 아니지만, 진보적인 카네기 재단과 경제정책연구소는 학교 선택 프로그램에 대해 회의적인 학자들에게 재정적인 지원을 하였다. 교육쟁점에 대해 보수적인 정의를 내리는 것을 반대하는 그룹으로서, 그들은 보수적인 결론에 반대하기 위해 증거를 모을 만한 이유가 있다(Sabatier & Jenkins-Smith, 1993). 따라서 EPPRC의 연구물과 저작물이 정책쟁점을 정의하지만, 결코 비판 없이 순수하게 과학적이고 공평한 것으로 받아들여서는 안 된다. 비록 이들 중 일부는 학술적으로 높은 수준을 유지하고 있지만, 이들의 질은 다양하다. 그리고 이 모든 것을 사상이 중요한 역할을 하는 정치적 과정의 산출물이라고 간주하여야 한다.

**논의를 위한 포럼.** 대학과 두뇌집단이 하는 일은 연구원과 집필자에게 급여를 주는 것 이상이다. 그들은 단지 연구와 집필 지원뿐만 아니라 연구를 활성화하는 업무 환경을 제공한다. 학자는 훌륭한 도서관, 최신식 컴퓨터 시설, 사무직원 지원과 연구 보조원을 이용할 수 있다. 그들은 일반적으로 전문 학술대회 및 같은 분야에 종사하는 다른 학자를 방문하는 데 필요한 여비 예산을 가지고 있다. 또한, 대학과 두뇌집단은 워크숍과 심포지엄을 통해 지적인 자극을 가할 수 있는 연사의 강연을 들을 기회를 후원한다.

많은 연구 중심 대학에서도 그러하지만, 특별히 두뇌집단에서는 새로운 생각을 논의하고 정제하고 탐구할 수 있도록 지적인 환경을 유지하기 위해 상당히 노력하고 있다. Patrick Ford(1992, p. 35)는 정책학자들이 모여 자신의 연구에 대해 대화할 수 있도록 하기 위한 미국기업연구소에서의 아침, 점심, 저녁 식사에 대해 설명하면서 "성공적인 두뇌집단에서 음식은 필수적이다."라고 말했다. 콜럼비아 대학에서 일한 적이 있는 Diane Ravitch(1995)는 브루킹스 연구소에서 일한 경험을 다음과 같이 화려한 단어로 묘사하고 있다.

> 브루킹스는 내가 일한 곳 중에서 가장 즐겁고 생산적인 환경이다. 점심 식탁에서, 정수기 앞에서, 또는 빈번한 점심 세미나에서 이루어졌던 자유로운 대화는 항상 자극이 되었다. 도서관과 컴퓨터 서비스를 포함한 시설은 최신식이다. … 무엇을 말할지, 쓸지, 논할지에 대해 형식적이건 비형식적이건 아무런 제한이 없다. (p. x)

이런 환경에서 연구자와 학자, 집필자, EPPRC의 여타 회원들은 사회 문제에 대해 대화하고, 문제 해결을 위한 새로운 아이디어를 개발하며, 생각과 대화를 통해 이를 정의할 기회를 갖게 된다.

**새로운 생각의 전파.** 물론 재단, 두뇌집단 및 대학의 연구자들은 자기들끼리만 대화하기 위해 지적 자극을 가하는 것은 아니다. 이들 기관은 새로운 지식을 전파하는 데 대한 보상을 한다. 아이디어는 몇 가지 방법으로 전달될 수 있다. 인쇄물의 출판이 그 하나이다. 교수와 두뇌집단의 연구자는 모두 새로운 아이디어를 널리 퍼뜨리기 위해 논문과 책을 쓴다. 두뇌집단에서는 연구 보고서, 정책 요약서, 뉴스레터 등을 포함한 여러 가지 집필 결과물을 만들어 낸다. 몇몇 두뇌집단의 학자들은 신문에 칼럼을 쓰기도 한다. 많은 두뇌집단에서는 출판물과 기타 글을 웹을 통해 공개하기도 한다.

아이디어는 구두로 전파할 수도 있다. 대학 교수, 재단의 대표자, 두뇌집단의 연구자들은 전문 학술대회에서 발표하거나, 심포지엄의 패널 멤버로 참석하거나, 초청된다면 연방 의회 또는 주 의회의 위원회 앞에서 증언을 하기도 한다. 이 외에도, 이들은 새로운 아이디어를 청중에게 구두로 전달하는 행사를 후원하곤 한다. CPRE는 (댄포스 재단의 자금 지원으로) 주 정부와 지방 정부 정책 입안자를 위한 교육정책 워크숍을 후원한다. 헤리티지 재단은 워싱턴 본부에서 정책쟁점에 대한 강연과 토론을 후원한다(Peschek, 1987). 주정부교육연합(The Education Commission of the States, ESC: 교육정책 아이디어 홍보를 위한 정보 센터로서 주 정부를 위해 일하는 비정치적 정책 네트워크)은 주로 전국의 주 정부 공무원으로 구성된 청중에게 학자들과 기타 요인들의 아이디어를 제시하는 회의를 매년 개최한다. 많은 사람들은 ESC 회의가 새로운 정책 아이디어를 공유하고 토론하는 "교육에서 가장 유용한 모임" (Kaplan & Usdan, 1992, p. 671)이라고 생각한다.

마지막으로 아이디어는 학자들이 한 기관에서 다른 기관으로 이동하면서 종종 전파되는데, 이는 EPPRC 내에서 자주 일어난다. 예를 들어, 보수적인 학자인 Diane Ravitch는 여러 해 동안 콜럼비아 대학교 사범대학에서 교수로 일했다. 그녀는 첫 부시(아버지) 대통령 행정부에서 OERI의 국장으로 근무하였다. 부시(아버지)가 1992년 대통령 선거에서 패한 후, 그녀는 브루킹스 연구소에 초대되었다(Ravitch, 1995). 진보적인 Marshall Smith는 표준 기반의 개혁운동에 앞장선 주요 지도자이자 전문가로서 훨씬 더 많이 이직하였다. 하버드 대학의 사범대학을 졸업한 후, 그는 카터 행정부에서 여러 가지 교육 관련 공직을 맡았다. 1981년 레이건이 대통령이 된 후에는 위스콘신 대학교로 이직, 위스콘신 교육연구센터(Wisconsin Center for Education Research)의 소장으로 근무하였다. 5년 후, 그는 스탠퍼드 대학교 사범대학의 학장이 되었다. 스탠퍼드 대학에서 일하는 동안 Smith는 CPRE 업무를 일부 수행하였으며 미국 과학재단(National Science Foundation)과 밀접한 관계를 유지하였다. 1993년 그는 정부로 돌아와 미국 교육부의 차관보가 되었다(Vinovskis, 1996). 이러한 예는 EPPRC와 정부가 밀접하게 연결되어 있다는 것을 시사한다. 사람들은 유연하게 이동하고, 그에 따라 사회의 문제에 대한 해석과 해결책도 그들과 함께 움직인다. 그들이 한 기관에서 다른 기관으로 이동함에 따라 그들의 생각은 전파된다.

**정책 아이디어의 확산 : 단위학교 책임경영.** 단위학교 책임경영(site-based management, SBM)의 발전과 확산은 EPPRC가 움직이는 동향에 대한 좋은 예를 제공하고 있다. 1990년대 초, Ogawa(1994)는 SBM 운동의 발전을 추적하기 위해 몇몇 미국 교육기관의 논문, 학술대회 발표 자료와 출판물을 분석하는 한편, 32명을 면접 조사했다. 그는 1970년대에 미국 교육연구소(National Institute of Education)에서 근무했던 한 집단에서 기본적인 SBM의 아이디어가 시작되었음을 추적해 내었다. 이들 중 일부는 하버드 대학과 관련되어 있었다. 그들은 SBM이 교직을 전문화함으로써 미국의 교육을 개선할 수 있다고 생각했다. 그 당시 미국교사연맹(American Federation of Teachers, AFT)의 위원장이었던 고(故) Al Shanker는 이 아이디어에 흥미를 갖게 되었고, 1980년대 초 AFT 세 지부의 노사 협상에 SBM을 넣도록 권하였다.

1985년 ECS 위원장은 카네기 재단의 이사장에게 교육과 경제의 관련성에 대한 연구에 재단이 관여할 것을 제안하였다. 카네기 재단의 이사장은 이 프로젝트의 일환으로 카네기 교육 경제 포럼(Carnegie Forum on Education and Economy)을 설립하였고, 그 사업의 하나로 교직 전문화 특별위원회(Task Force on Teaching as a Profession)를 만들었다. 이 특별위원회는 교직에 대한 연구를 수행하여 1986년 「준비된 국가(A Nation Prepared)」라는 보고서를 출판하였다. 같은 해, 전국주지사협회(National Governors' Association, NGA)는 「결과가 필요한 때(Time for Results)」라는 보고서를 출판하였다. 두 보고서는 모두 교직을 전문화하기 위한 방법으로 SBM을 제안했고, 또한 긍정적인 예로서 SBM을 협상하였던 세 AFT 지부 관계자를 인용했다.

다음으로 카네기 포럼은 교원노조, 교육 관련 단체, 기업가 협의체에 이 보고서를 발표하기 위한 연설가 사무국을 설립하였다. 이들은 또는 지역 신문과 텔레비전 방송국을 접촉하여 이 연설을 다루어 줄 것을 요청하였다. Ogawa는 이와 같은 1986년의 사건이 이 운동의 "분수령"을 이루었다는 것을 발견하였다. 1986년 이후 미국 학교 행정가협회(American Association of School Administrators, AASA), 전국중고등학교장협회(National Association Secondary School Principals, NASSP), 전국초등학교장협회(National Association of Elementary School Principals, NAESP)와 같은 교육 관련 단체와 두 교원 노조 모두 SBM에 관한 워크숍을 개최하기 시작했다. 1988년, NGA는 카네기 재단의 보조금을 사용하여 SBM에 관한 학회를 개최하였다. 1990년대에 이르자 SBM의 관련 글은 학술지와 전문직 잡지에 모두 자주 게재되었다. 저자의 대부분은

CPRE와 관련되어 있으며, 그 일원 중의 하나는 하버드 대학이다. Ogawa(1994)는 "비공식적인 정책 환경이 있으며, 그중 하나는 기업가가 정책 제안을 만들고 형성해 나간다."라고 결론을 맺고 있다. 이 "비공식적인 정책 환경"은 물론 이 책이 EPPRC라고 부르는 것이다.

**능숙한 쟁점 정의의 요소.** 정책 정의가 성공적으로 의제로 만들어지는 과정에 몇 가지 요소가 영향을 미치기는 하지만, 쟁점을 정의하는 기술이 아마 가장 중요할 것이다. 다음 절에서는 쟁점을 정의하는 데 필요한 요소에 대해 설명한다. 이 논의에 있어서 대부분의 예는 현재의 정책쟁점—학교 선택—에 기초한 것이다.

**청구(Claim)** : 문제를 정책쟁점으로 전환하기 위해서는 문제가 있다는 청구를 하여야 한다. 청구는 문제의 보다 폭넓은 해석, 문제의 속성, 문제의 원인에서 자라 나온 주장이다. 문제에 대한 청구 중의 최소한 한 가지는 문제를 일으킨 이유를 나타내야만 한다(Best, 1989a, 1989b). 예를 들어, [그림 7.2]에서 다섯 번째 쟁점, "만약 학교가 학생들을 끌어들이기 위해 서로 경쟁을 한다면 좀 더 현명하게 교육자원을 사용할 것이다."는 두 가지 청구를 암시한다. (1) 학교들은 능력에 비하여 능률적으로 자원을 사용하지 않는다. (2) 학교들 사이의 경쟁 부족은 비능률을 일으킨다.

**증거(Evidence)** : 문제에 대한 최소한의 중요한 청구에 대해서는 이를 지지할 수 있는 증거가 설명 자료로 제시되어야 한다. 증거의 유용한 형태는 극적인 사례, 끔찍한 이야기, 통계 자료, 특히 공식적인 자료로부터 나온 큰 통계 자료이다(Baumann, 1989; Best, 1989c). 예를 들어, 학교가 지나치게 낭비한다는 청구를 뒷받침하기 위해 교육청이 교육감에게 사주었다는 주장이 있는 고급 벤츠 승용차에 대해 생생한 설명과 더불어, 정부의 주요 보고서에서 학교기금 중 실제로 교실에 사용되고 있는 액수의 매우 낮은 비율에 대한 숫자를 인용할 수 있다.

**해법(Solution)** : 쟁점을 잘 정의한다는 것은 문제점을 찾아내어 묘사하는 것뿐 아니라 문제에 대한 현실적인 해법을 포함한다. 현실적인 해법은 정치적으로 가능할 뿐 아니라 재정적으로도 여유가 있는 것이다(Portz, 1994). 교육에 경쟁체제를 도입하고 학생의 성취도를 높일 뿐 아니라 학교 예산을 주의 깊게 사용하도록 하기 위해 여러 가지 형태의 학교 선택 제도가 제안되었다. 보수적인 생각이 널리 퍼지고 일반 대중의 조세 저항이 심해진 오늘날, 학교 선택 해법은 많은 지지층을 보유하고 있다

**담론(Discourse)** : 잘 정의된 쟁점은 깊이 내재한 가치, 희망, 공포, 소망 등과 쟁점을 연관시키는 강력한 언어로 표현된다. 감정적인 단어 표현과 더불어, 쟁점이 군사 보안과 경제 성장 같은 국가의 핵심적인 우선 사항과 관련된다는 주장은 쟁점 정의를 강화시키는 역할을 한다. 그래서 문제를 설명하기 위해 은유—특히 약, 가족, 전쟁, 또는 운동경기로부터 나오는 은유—를 사용할 수 있다(Cobb & Elder, 1972; Placier, 1996). 사실, 많은 사람들에게 학교 선택이 호소력을 갖는 이유 중 하나는 경쟁이라는 운동의 은유로 빌리고 있는 것이 사실이고, 이는 개인주의와 자유라는 미국적 가치와 쉽게 연관 지을 수 있기 때문이다.

**폭넓은 관심 유도(Broad appeal)** : 능숙하게 정의된 쟁점은 잠재적으로 많은 대중의 관심을 이끌어 낼 수 있다. 쟁점은 좁고 특정적일 때보다 상대적으로 막연할 때, 높은 비율의 시민들이 중요하다고 느낄 때, 현재뿐만 아니라 미래를 위해 중요할 때, 기술적인 전문어보다 일반인의 언어로 정의되었을 때 폭넓은 관심을 이끌어 낸다(Baumann, 1989; Cobb & Elder, 1972). 이러한 요구 사항에 따라 학교 선택 쟁점은 다른 척도와의 관계에 비추어 볼 때, 일이 잘 진행되지 않고 있다. 그것은 특정적인 쟁점이고, 학령기의 자녀를 가진 부모들—지난 수십 년 동안 상대적인 규모가 계속 감소하고 있는 인구 집단—에게만 중요하다. 지불보증제(voucher), 교육구 간 개방 입학제, 협약학교(charter school)와 같은 그러한 전문용어는 그들만이 이해하는 기술적인 용어이다. 이것은 지난 40년 이상 학교 선택 운동이 상대적으로 천천히 진행되고 있는 일부 이유일 것이다.

**쟁점 정의의 제약.** 비록 어떤 문제도 많은 정책쟁점을 정의하는 기초로 사용될 수 있기는 하지만, 일부 정의는 다른 것보다 더욱더 그러하다. 생각, 가치관, 사상은 쟁점 정의에 대단히 중요하다. 이것들은 사람들이 문제에 가할 수 있는 또는 가하고자 하는 해석의 틀뿐 아니라 사람들이 만들어 내고자 하는 해법도 형성하거나 제한할 수 있다. 한 사회의 시민들에게 자명하게 여겨지는 해석과 해법조차도 다른 사회의 시민들은 생각조차 하지 못할 수 있으며, 그 반대도 가능하다. 예를 들어, 미국에서는 사적 영역—기업, 교회, 가정, 시민 단체—에 대한 정부의 주요 개입은 생각하기조차 힘들다. [그림 7.2]에서 세 번째 정책쟁점(취학 연령의 아이를 가진 학부모는 한 학년 동안 교육구 외부로 이사하는 것을 법률적으로 금지해야 할 것이다)과 네 번째 쟁점(18세 이하의 학생들은 교육적이고 동기 부여가 될 수 있는 매체만 이용하도록 해야 한다)은 현재의 미국과 대부분의 민주 국가에서는 생각하기도 힘든 것이다. 그 쟁점들은 그 나라 시민들이 참을 수 없다고 느낄 정도의 정부의 사생활 제어를 내포하고 있는 것이다. 그러나 현재 많은 전체주의 국가와 미국, 서유럽의 역사에서 과거 한때에는 이와 같은 쟁점 정의가 가능했을 것이다.

미국에서 쟁점 정의를 제한하는 또 하나의 요소는 합헌성이다. 지난 2세기 동안 축적된 연방 및 주 법원의 판례 때문에 일부 정책 영역은 예측 불가능한 지뢰밭을 닮고 있다. 결과적으로, 많은 사람들은 특정한 정의로부터 시작된 정책이 헌법에 위배된다는 판결을 받을 것을 우려하여 특정한 방향으로 쟁점을 정의하기를 꺼려 한다. 이에 속하는 교육 쟁점으로는 학교 내에서의 종교 활동, 인종, 성차별, 검열 등이 있다.

최종적으로, 쟁점 정의는 인기 있는 가치관과 정책 기제의 순환운동에 의해 제한받을 수 있다. 1930년대 정책 문제를 해결하기 위한 가장 인기 있는 접근법은 규제를 만들고, 정책을 다루기 위해 큰 정부 관료체제를 구축하는 것이었다. 1980년대와 1990년대에 더 큰 관료체제나 정부를 필요로 하는 쟁점 정의는 즉시 기각되었다. 이로 인해 많은 사람들이 가능하기는 하나 인기 없는 쟁점 정의를 제안하지 않으려고 한다. 대신, 문제점을 과도한 관료체계의 결과로 해석하는 정의를 제안하거나 규제 철폐, 민영화, 시장 제도 도입과 같은 해법을 제안하는 경향이 있다.

## 정책의제

쟁점이 EPPRC 내에서 아무리 훌륭하게 정의되었건, 연구 중심 대학 교수가 정책 변화를 지원하기 위해 어떤 노력을 하였건, 정치가의 관심을 끌지 못하고 상아탑 내의 격론 주제로 남아 있다면 어떤 영향도 미치지 못하고 남아 있을 수 있다. 실제 정책이 되는 기회를 얻기 위해서는 쟁점이 **정책의제**(policy agenda)에 도달하여야 하나, 이는 쉽게 되는 일도 자동적으로 되는 일도 아니다. 이 절에서는 정책의제가 무엇인지 정의하고 정책의제의 여러 유형에 대해 설명한다. 의제가 되는 데 (또 의제로 남아 있는 데) 관련된 문제를 **비결정**(nondecision)에 관한 논의와 함께 이 절이 끝나기 전에 논의할 것이다.

### 정책의제에 대한 정의

**정책의제**는 특정 정책 영역과 관련되어 신중하게 논의되고 있는 모든 쟁점을 포함한다. 가장 폭넓은 관점으로 교육정책 의제는 전문 학술대회에서, 교육 관련 학술지에서, 정보에 밝은 교육자 사이에서, 언론매체에서, 일반 대중 사이에서, 정부 공무원들 사이에서 논의되는 모든 쟁점을 포함한다(Kingdon, 1995). 그러나 정치학자들은 정책의제를 몇몇 유형으로 구별하여 정의한다. 하나의 쟁점은 종종 한두 개의 정책의제로 나타나지만, 모든 쟁점이 그렇지는 않다. 만약 쟁점이 공식적인 정책으로 되려면 그것은 결국 **정부 정책의제**(governmental policy agenda)가 되어야 한다.

## 정책의제의 유형

**체계적 의제.** 체계적 의제(systematic policy agenda)는 정부기관 밖의 사람들이 토론하고 있는 모든 의제를 포함하는 광범위한 것이다. 학교 지도자가 현재 교육계의 체계적 의제가 어떤 것이 있는지 알고 싶다면, 몇몇 교육 관련 학술지의 목차를 살펴보거나 최근 발행된 「Education Week」를 훑어보고, 여기에 대중매체가 현재 강조하고 있는 교육 문제를 추가하면 될 것이다.

교육의 체계적 의제는 세 개의 부속 의제로 구분된다. **전문의제**(professional agenda)는 정보에 밝은 전문 교육자뿐 아니라 여러 이익단체, 교육정책 네트워크, 교육 관련 단체 사이에서 토의되고 있는 모든 쟁점으로 이루어져 있다. 학교 지도자는 학술대회에 참석한다든지 관련 분야의 논문을 통해 이와 같은 쟁점에 부딪친다. **언론의제**(media agenda)는 이와 반대로 언론 산업의 편집자라든지, 기타 의사결정권자가 강조하고자 하는 쟁점으로 이루어져 있다(Mead, 1994). 대부분의 학교 지도자들이 이미 알고 있듯이, 이 유형의 의제는 전문의제와는 전혀 닮은 점이 없다. 언론매체는 살아남기 위해 고객을 끌어야 하는 사업이며, 따라서 학교 폭력이나 교사 사이의 성범죄와 같이 흥미 위주의 문제에 초점을 맞춘다. 마지막으로 세 번째는 **공공의제**(public agenda)로서 일반 대중이 관심을 기울이는 교육쟁점으로 구성되어 있다(Mead, 1994). 이 의제는 대개 앞의 두 가지보다 짧으며 그것들과 중복될 수 있고 아닐 수도 있다. 대체로 항상은 아니지만, 공공의제는 언론의제의 많은 영향을 받는다. 전문의제, 언론의제, 공공의제는 함께 체계적인 의제에 포함된다.

**정부의제.** 정부의제(governmental agenda)는 "어떤 주어진 시간에 정부 관리들이 심각하게 관심을 기울이거나 시간을 쓰고 있는 주제 또는 정책 목록"으로 이루어져 있다(Kingdon, 1995, p. 3). 이 의제의 쟁점은 정부 관리에 의해 심각하게 토의되었거나 공식적인 행동이 이루어질 계획이 수립되어 있다. 당연히 많은 정부의제가 교육에 존재한다. 연방 정부뿐 아니라 50개의 주 정부도 각각의 의제를 가지고 있다. 게다가 각 의제는 여러 개의 구성요소로 이루어져 있다. 요소로는 도입 예정 또는 입안과정에 있는 법안, 심리 중인 또는 사법 시스템 내에 있는 소송 사례와 행정 규제 기관에서 대기 중인 심의 사항 등을 들 수 있다.

## 의제의 연관성

정책의제를 이해하는 데 가장 중요한 점은 정책의제에 접근하는 과정이 매우 경쟁적이라는 사실이다. 결과적으로, 이미 정의된 대부분의 쟁점이 정부의제, 공공의제, 언론의제에 도달하지도 못하고 만다. 이유는 간단하다. 각 의제의 "전달 능력"이 매우 제한적이기 때문이다(Hilgartner & Bosk, 1988). 일반 대중들은 쟁점에 대해 토론할 시간은커녕, 각 쟁점에 대해 충분한 정보를 가질 만한 시간도 가지고 있지 않다. 신문과 웹사이트는 충분한 양의 문자 정보를 담을 수 없으며, 더욱이 텔레비전과 라디오는 교육 뉴스를 보도할 충분한 방송 시간을 가지고 있지도 않다. 무엇보다도 입법부, 법원, 행정부서도 극히 제한적인 자원을 가지고 있으며, 생각해 낼 수 있는 모든 법안을 제안하거나, 모든 가능한 사건을 심리하거나, 논쟁의 여지가 있는 모든 결정을 내릴 수는 없다. 따라서 의제 안의 항목들은 서로 경쟁적이다. 새로운 항목이 의제에 들어오면 오래된 항목은 대체로 사라진다. 항목이 한 의제에서 다른 의제로 이동함에 따라 선택의 과정이 발생한다. 어떤 쟁점은 체계적 의제에 오래 머물러 있다가 충분한 관심을 끌고 결국 경쟁에서 이기게 되어 정부의제에 도달하는 경우도 있다. 그러나 대부분은 잠시 토의되다가 경쟁에서 지게 되어 사라지고 만다.

[그림 7.8]은 정책의제를 그림으로 나타내고, 화살표를 사용하여 일반적인 정책의제의 움직임을 보여 주고 있다.

일반적으로, 기타 의제가 수용할 수 있는 것보다 훨씬 더 많은 정책쟁점이 전문의제에 존재한다. 그러나 일부 쟁점은 전문의제에서 언론의제로 변환되고, 결국 일반 대중에게까지 전파되기도 한다. 정책 입안자들—이 모든 세 가지 보조 의제를 잘 알고 있는 사람—은 자신이 지원하고 싶은 몇몇 쟁점을 선택한다. 그러나 다른 유형의 움직임도 가능하다. 예를 들어, 1970년대 말 몇몇 주의 대중들은 학교세의 증가에 분노하여 세금 제한 법안을 주민 투표로 만들기 위한 조직을 구성하기도 하였다. 이 "납세자 반란"은 쟁점이 일반 대중에 의해 정책의제로 만들어지고 정의되는 훌륭한 사례이다. 그러나 대부분의 경우에 교육정책 쟁점은 [그림 7.2]에 보인 발달 경로를 따른다.

## 정부 정책의제 설정

**학교 선택권 사례.** 새로운 아이디어는 대부분 정부 정책의제에 도달하기 전에 오랜 시간 동안 미루어지다가 행해지고, 결국 공식적인 정책이 된다. 학교 선택권이 좋은 예이다. 1962년 시카고 대학의 교수였던 Milton Friedman에 의해 심각하게 제안되었으나, 1960년대에는 그저 낡은 교과서적인 생각으로만 여겨졌다. 그러나 1970년대 초

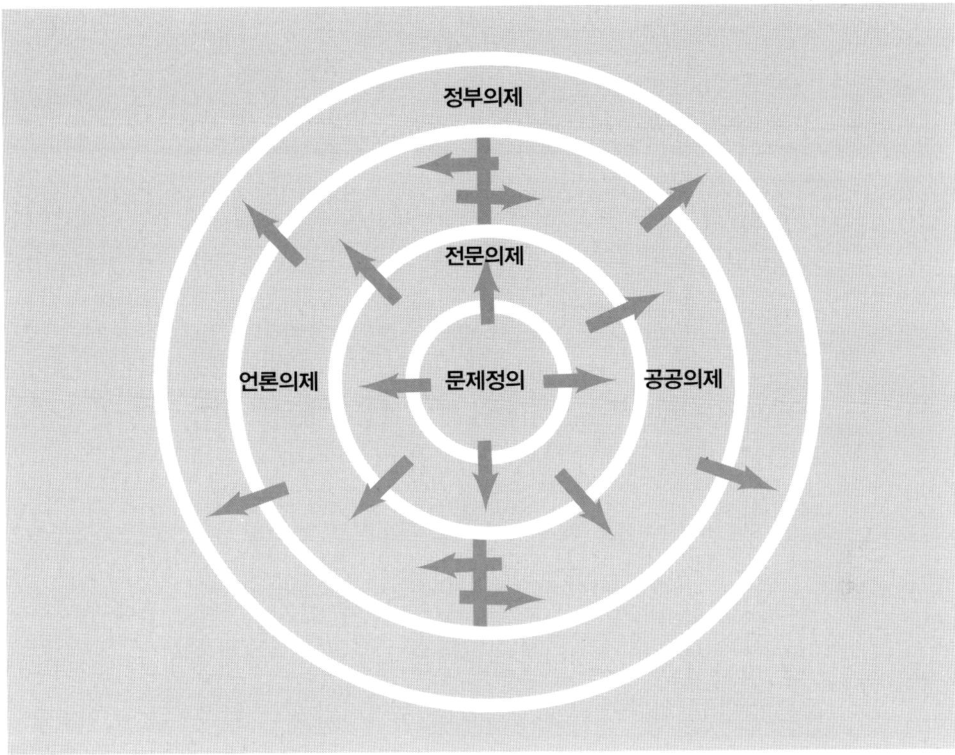


**[그림 7.8]** 서로 관련된 정책의제

에 이르자, Friedman은 잘 알려진 보수주의자였음에도 불구하고, 일부 급진주의자와 진보주의자가 관심을 기울이기 시작했다. 이는 전문의제에 있는 항목이었기 때문에, Christopher Jencks와 James Coleman 같은 사람은 가난한 부모에게 권한을 이양하고 그들의 자녀에게 균등한 교육 기회를 부여하는 방법으로 이 생각을 채택하여 주창하였다. 1970년대 초 연방 정부가 캘리포니아 주의 Alum Rock에서 선택권 실험을 지원하게 되자 학교 선택 문제는 잠시 정부의제가 되었다. 이 실험적인 프로그램이 일반적으로 실패로 인식되자 선택 문제는 정부의제에서는 떨어졌으나 전문의제로는 남아 있었다. 1980년 보수적인 로널드 레이건이 대통령이 되었다. 선택권은 그를 지원한 많은 보수 집단의 전문의제로 추진되어, 레이건은 선택 문제를 정부의제로 끌어올려 연설에서 수업료에 대한 세금 공제와 지불보증제(voucher)를 주장하였다. 이 두 가지 형태의 선택에 관한 법안이 의회에 계속 상정되었으나 상정될 때마다 항상 기각되었다. 그러나 1980년대 후반에 이르자, 미네소타와 오하이오 주 같은 곳에서는 선택을 정부 정책의제로 올렸을 뿐 아니라 변형된 형태를 실제 정책으로 채택하였다. 그 이후, 3개의 주가 공공 지불보증제를 채택하였고 37개의 주에서 협약학교(charter school) 정책을 선택하였다. 따라서 30년을 여러 가지 의제로 남아 있던 후 학교 선택은 빠르게 정부의제로 바뀌었고, 20세기의 마지막 10년 동안 공식정책으로 채택되었다(Morken & Formicola, 1999; Viteritti, 1999).

**공무원들과 의제.** 학교 선택 문제가 새로운 정책쟁점에서 전문의제로, 다시 여러 가지 정부의제로 변신해 간 과정 이야기는 얼마나 많은 쟁점이 정부의제까지 도달하는지 보여 주고 있다. 주요 정치 지도자—대통령, 주지사와 주요 의회 지도자—는 의제 설정에 중심적인 역할을 한다(Anderson, 1984). 자주 연설을 하고 많은 기자회견을 하므로, 그들은 의제에 대한 관심을 이끌어 내고 관심이 유지되게 할 수 있다. 게다가 공적인 자리에 나타나는 것 자체가 언론매체의 관심을 이끌어 내므로, 그들은 쉽게 의제를 언론의제로 변신시킬 수 있다. 1983년 봄, 대통령 자문위원회가 교육이 위기 상황이라고 주장하는 「위기에 처한 국가(A Nation at Risk)」라는 보고서를 출판하였기 때문에, 학교 선택 의제는 정부의제에 머무를 수 있었다. 이 보고서는 학교 선택권을 주장하지는 않았지만, 교육이 위기 상황이라는 주장에 정당성을 부여하였다. 의제에 관심을 끄는 제일 좋은 방법 중 하나는 그것을(의제를) 실제적인 또는 인지되는 위기를 관련시키는 것이다(Hogwood & Gunn, 1984, Rochefort & Cobb, 1994). 그러므로 많은 사람들이 위기에 대처하는 방법 중에서 학교 선택을 비용이 적게 들면서도 효율적인 것으로 보았기 때문에, 학교 선택은 정책의제 중에서 가장 선호하는 항목이 되었다. 그러므로 학교 선택은 정책의제 중에서도 가장 선호하는 항목이 되었다. 왜냐하면 많은 사람들이 그것을 비용이 적게 들면서도 효율적인 위기 대처 방법으로 보았기 때문이다.

**의제로의 다른 경로.** 쟁점은 다른 방법으로 공공정책 의제에 도달할 수 있다. 때때로 지금까지 거의 관심을 끌지 않았던 문제가 명확해지거나 극적으로 변하게 되는 "방아쇠를 당기는 사건(triggering event)" 이 일어난다(Baumgartner & Jones, 1993). 이와 같은 사건은 특히 건강과 안전에 관련된 의제를 중앙 무대로 진출시키는 역할을 한다. 예를 들어 많은 주의 정책 입안자, 학교 지도자, 교육 관련 단체들은 많은 학교 건물이 매우 낡아서 현재의 건강과 안전 규칙에 맞추기 위해서는 수리가 필요하다는 것을 알고 있다. 이 의제는 오랜 기간 체계적 의제 상태에 머물러 있었지만 어떤 일도 일어나지 않았다. 이유는 명백하다. 학교 건물을 수리하는 데에는 돈이 필요하고, 따라서 증세의 가능성이 있으므로 정치인들은 그 외의 대안을 생각할 것이다. 그러나 만일 한 학교의 지붕이 붕괴하여 50명의 어린이가 다쳤다면, 이 재앙은 언론의 관심을 끌고 대중의 격렬한 시위를 이끌어 내며, 주 의회가 법안을 만들도록 하는 "방아쇠를 당기는 사건" 이 될 수 있다. 반대로 그렇지 않을 수도 있다. 만일 붕괴된 학교 지붕에 관한 이야기가 다른 주요 국내 뉴스와의 경쟁에서 언론매체의 관심을 이끌어 내지 못한다면, 신문의 뒤쪽 구석이든지 밤 11시 뉴스에 간략하게 소개되는 것으로 묻혀 버릴 수도 있다. 특히 교육 지도자들이 방아쇠를 당기는 사건이 발생한 뒤 빨리 대처하지 않는다면, 쟁점은 수일 내에 날아가 버리고 예전으로 돌아가 버릴 수 있다.

다른 추진력이 쟁점을 체계적 또는 정부의제로 올려 놓을 수 있다. 이익집단은 쟁점에 대한 그들의 정보를 핵심 정책 입안자에게 공급하고, 편지 쓰기 로비를 통해 쟁점에 대한 관심을 갖도록 끊임없는 압력을 가하는 등 주요 역할을 수행하곤 한다. 또는 같은 전략을 사용하여 쟁점을 의제로부터 낙마시키는 역할을 하기도 한다(Kingdon, 1984). 정책 네트워크—ECS, 교육지도자협회(Institute of Educational Leadership), 또는 기업가원탁회의(Business Roundtable)와 같은—도 역할을 수행한다. 그들은 자신에게 중요한 몇몇 교육정책 쟁점에 집중한다. 그리고 자신들의 출판물, 프로그램, 학회 등을 통하여 이 핵심 쟁점을 반복적으로 강화한다. 이와 같은 관행은 체계적 의제를 좁히는 경향이 있으나, 반대로 자신들이 선호하는 쟁점을 정부의제로까지 도달하게 만들 가능성을 높이는 점도 있다(Kaplan & Usdan, 1992). 또한 쟁점은 때때로 주 정부기관의 행정관료—정책 입안자를 만나기 쉬운—가 문제를 집어내었기 때문에 정부의제까지 도달하기도 한다(Elling, 1996). 마지막으로, 많은 정책과정 참여자는 쟁점에 언론의 관심을 끌어 내어 언론의제로 발전하고, 다시 정부의제로까지 발전할 것을 기대하면서 이벤트를 기획하기도 한다. 예를 들어, 뉴욕 주 기반의 표준화시험 반대 학부모연대(Parents' Coalition To Stop High-Stakes Testing)의 창설자인 Jane Hirschman은 뉴욕 주가 유서 깊은 고등학교 졸업시험(Regents Examination)[2]에 더욱 중점을 두는 것을 반대하는 시위의 하나로 2001년 1,500명의 학부모를 27대의 버스에 태우고 뉴욕 주의 수도인 얼바니로 왔다(Manzo, 2001, 5, 16).

**소외층의 문제.** 여태까지 의제에서 항목을 얻는 모든 방법에는 상당한 권력을 필요로 하였다. 의제 설정 과정을 연구해 온 사람들은 항상 일부 사람과 집단이 타인이나 타 집단에 비해 좀 더 많은 영향력을 행사하고 있는 것을 인식하고 있었다. 의제 설정에 대한 아주 독창적인 연구(Cobb & Elder, 1972)는 의제 설정에 있어서는 모든 시민이 다 평등

2) 역주 : 뉴욕 주에서 고등학생에게 실시하는 표준시험. 고등학교 대부분의 과목에 대해 시험이 실시되나 고등학생은 최소한 수학, 세계사, 미국사, 영어, 과학 1과목 등 5과목에서 65점 이상을 받아야 졸업장이 주어지며, 85점 이상과 90점 이상에게는 각각 해당되는 우등상을 수여한다. 뉴욕 주립대학 이사회(Board of Regents)의 감독을 받는다.

하지 않다는 것을 보여 주었다. 권한을 가진 사람들은 권력을 빼앗긴 사람보다 정책의제에 더 많은 영향력을 행사한다. 권한을 빼앗긴 사람들은 폭력을 사용하든지, 폭력을 사용하겠다고 협박함으로써 자신의 쟁점에 대한 관심을 끌어 낼 때도 있다. 예를 들어, 학생들은 관심사를 알리기 위해 항의 행진, 농성, 음식물 투척 등을 하는 것으로 알려져 왔다. 1960년대 미국의 흑인들은 학교 내의 인종 차별에 대한 불만을 표시하기 위해 유사한 전략을 사용하였다. 그럼에도 불구하고, 아주 특이한 상황을 제외하고는 이와 같은 힘의 과시는 수준 이상의 기획과 지원을 필요로 하므로 비현실적인 전술이 되곤 한다. 대부분의 경우, 무력한 그룹은 의제 설정에 아무런 영향을 가하지 못한다.

### 정책의제에 머무르는 것

정책의제의 수준에 접근하는 것은 어려울지라도 정책의제에서 떨어지기는 매우 쉽다. 사실, 모든 정책의제는 불안정이라는 특징을 가지고 있다. 1월에 뜨거웠던 쟁점은 6월이 되면 잊혀질 수 있다. 쟁점이 빛을 잃고 나면 이미 낡은 것으로 보이기 때문에 관심을 되살리기가 매우 어렵다. 정치학자 사이에는 이 현상이 쟁점 관심 주기(issue-attention cycle)로 알려져 있다. 모든 정책 영역에서 몇몇 의제에서 쟁점이 갑자기 엄청난 관심의 한가운데에 서게 된다. … 그리고 갑자기 모든 사람의 생각에서 사라져 버린다(Baumgartner & Jones, 1993). 이와 같은 불안정성은 부분적으로는 오래된 아이디어보다 새로운 아이디어를 선호하는 대중매체의 속성에 기인한다. 다른 한편으로는 일반 대중이 새로운 것을 선호하기 때문이기도 하다. 그러나 의제에서 수년간 벗어난 후, 오래된 아이디어가 약간 다른 꼴과 새로운 이름으로 다시 나타나 의제에까지 도달하는 경우도 있다. 교육 분야에 10년 이상 종사한 사람이라면 교육정책이 얼마나 주기적인지 알고 있을 것이다.

쟁점 관심 주기는 이와 같이 변덕스러운 것이므로 특정 정책을 주창하는 사람은 아이디어가 의제에 도달하였다면 이를 유지하기 위해 열심히 일해야 한다. 특정 쟁점에는 비공식 지지 집단이 생겨 새로운 정책 아이디어에 대해 지속적인 지지를 보이기도 한다(Hilgartner& Bosk, 1988). 이 같은 공동체에 관련된 "정책 사업가(policy entrepreneur)"는 쟁점에 대해 새로운 문건을 만들어 내고, 새로운 접근법을 개발하며, 심지어 쟁점을 새롭고 흥미 있게 만들기 위해 새로운 용어를 개발하기도 한다. 학교 선택, 통합교육(inclusion)[주류화(mainstreaming)라고 부르던 것과는 약간 다름][3], 국가 표준과

3) 역주 : 특수 아동에 대한 통합 교육정책. mainstreaming은 능력이 있는 특수아동을 일반 교실에 통합하여야 한다는 개념, 보다 전통적인 특수교육 형태이고, inclusion은 특수아동도 일반 교실에서 자신에 적합한 교육을 받아야 한다는 주장이다.

같은 교육쟁점 주위에는 숙련된 공동체가 만들어져 있다. 이와 같은 지속적인 지지 세력은 의제의 항목을 긴 시간 동안 유지시키게 하며, 결국 공식정책으로 만들어질 가능성을 높인다.

### 비결정

이 책의 앞에서 기술한 바와 같이, 특정 문제에 대해 행동하지 않는 것(failure to act)은 공식적인 행동과 마찬가지로 정책의 범위이다. 이와 같은 실패는 기술적인 용어로 비결정(nondecision)이라고 한다. 대부분의 비결정은 입법부, 법원, 행정기관이 아니라 정책과정의 문제 정의와 의제 설정 단계에서 일어난다. 비결정이 일어나는 곳을 정확하게 확인하는 것이 중요한데, 이는 공식정책과 공식정책에 대한 수사(修辭)를 해석하는 방법에 대한 중요한 단서를 종종 제공하기 때문이다.

많은 주에서 학교 재정 평등화는 체계적 의제와 정부의제 사이에서 발생한 비결정이다. 캔자스 주의 정치학에 대한 수년에 걸친 연구에서, Loomis(1994)는 학교 재정을 평등화하는 문제와 재산세 개혁이라는 관련된 쟁점은 체계적 의제에서 중요한 항목이었음을 알아내었다. 사실, 캔자스 주의 교육자와 주 이익집단은 세제와 학교 재정체계를 변화시키기 위해 수년에 걸쳐 주지사와 입법부에 압력을 가하고 있다. 대부분의 캔자스 주 정치가는 대부분 이 문제가 시대에 뒤처졌으며 공평하지 않다는 것을 알고 있었다. 그럼에도 불구하고 해마다 아무 일도 일어나지 않았다. 정부정책을 다루는 사람들은 이 쟁점을 심각하게 다루는 것은 매우 논쟁의 여지가 있다는 것을 알고 있기 때문에 재산세와 학교 재정 개혁을 의제로 다루는 것을 거절하였다. 그들은 또한 의미 있는 해결책에는 비용이 든다는 것을 인식하였다. 학교 재정 개혁을 비결정하고 있는 것은 캔자스 주만이 아니다. 사실, 이것은 일부 주의 교육 지도자와 학부모가 조직을 형성하여 학교 재정체계에 도전하기 위해 법정으로 끌고 가는 이유이기도 하다. 학교 재정 개혁 문제는 아직 많은 곳에서 비결정으로 남아 있으며, 이는 현 시대의 입법가들이 세금 증가나 세금 재분배에 얼마나 비협조적인지를 보여 주고 있다.

## 학교장과 정책과정의 초기 단계

### 초기 단계 따라가기

정의 그대로 정책과정의 초기 단계는 결코 대중매체에 의해 다루어지지 않는다. 또한 정의대로 의제 설정의 많은 측면도 역시 다루어지지 않으므로, 쟁점 정의와 의제 설정

| | |
|---|---|
| American School Administrator | NASSP Bulletin |
| American School Board Journal | The Phi Delta Kappan |
| Educational Leadership | Principal |

**[그림 7.9]** 교육단체가 발행하는 주요 잡지

을 따르는 것도 학교장들에게는 매우 도전적인 일이다. 이것은 불가능한 일은 아니지만, 특별한 자료원을 사용해야만 가능한 일이다. 그중의 다음 세 가지가 가장 중요하다.

교육 지도자가 가장 접근하기 쉬운 것은 전문 교육단체가 발행하는 잡지이다. [그림 9]는 그중 가장 중요한 몇 가지를 보여 주고 있다. 이들 대부분은 서평과 함께 연구 내용에 대한 보고를 정기적으로 담고 있다. 쟁점 정의에 관심이 있는 지도자라면 이 잡지를 정기적으로 살펴보고, 주요 재단과 두뇌집단에서 발행하는 인쇄물에 특별히 관심을 기울여야 한다. 새롭고 독특한 아이디어를 담고 있는 논문은 현재 쟁점 정의 단계에서 토론되고 있는 것일 가능성이 있다. 인기 있는 아이디어를 모두 다루고 있는 논문은 여러 가지 의제로부터 끌어 낸 것이다. 이와 같은 잡지의 정기적인 독자라면 이 두 단계에서 무엇이 어떻게 진행되고 있는지에 대해 좋은 감각을 유지할 수 있을 것이다.

두 번째 가치가 있는 자원은 「Education Week」로서, 워싱턴 시에 있는 교육편집프로젝트(Editorial Projects in Education) 사에서 지속적으로 출판하는 교육 신문이다. 이 신문의 웹 버전은 Education Week on the Web이라고 부르며, 지난 기사에 대한 검색도 가능하다. 이 신문은 교육정책 과정의 전 과정을 다루기는 하지만, 첫 두 단계에 대한 보도는 특히 도움이 된다. 예를 들어, 「Education Week」는 주요 재단의 연구비 지원과 두뇌집단의 교육 보고서에 대한 기사를 싣기 때문에, 외부 인사가 EPPRC 내에서 일어나는 쟁점의 정의 단계를 따라가는 데 도움이 된다. 또 이러한 기사는 관련 웹 페이지에 대한 정보도 담고 있기 때문에 인터넷을 통해 상세한 정보를 얻을 수 있다. 매주 기사의 표제를 훑어보는 것만으로도 전문의제와 정부의제를 알 수 있다. ECS의 연차 회의는 상세하게 다루기 때문에 정부관료가 논의한 쟁점에 관한 중요한 정보를 얻을 수 있다. 「Education Week」는 또한 주요 교육 관련 단체 연차 학회의 각 회합 및 워크숍에 대한 요약도 출판한다. 이 요약을 통해 어떤 쟁점이 전문의제의 내용에 포함되었는지 확인할 수 있다.

마지막으로, 인터넷을 사용하면 쟁점 정의와 의제 설정을 쉽게 추적할 수 있다. 미국 교육부, 몇몇 주요 두뇌집단과 주요 교육 관련 단체들은 많은 정보를 쉽게 제공하기 위한 웹사이트를 가지고 있다. 그들의 자료에는 의견서(position paper), 간행물 목록, 학회 및 회의 보고서, 기관 지도자의 연설문 등이 포함된다. 더 많은 웹사이트가 개발되고 기존의 것도 더욱 세련되게 개편되고 있으므로, 추적하고자 하는 사람에게는 EPPRC의 활동이 점점 더 가시적으로 되어 가고 있다.

## 초기 단계에 영향 미치기

**국가 쟁점 정의에 영향 미치기.** 처음에 학교 지도자는 국가 수준의 쟁점 정의는 정책 과정 중에서 가장 접근하기 힘든 단계이며, 따라서 가장 영향을 미치기도 힘들다는 것을 깨달아야 한다. 의미심장하게 Burke(1990)는 이 과정과 여기에 관련된 기관들을 "반비공개적(para-private)"이라고 하였다. 즉, EPPRC 내의 대부분의 토의, 논쟁, 회의는 일반 대중, 따라서 대부분의 교육 지도자에게도 공개되지 않는다. 그럼에도 불구하고 이 과정－때로는 국가 수준까지도－에 영향을 미치는 방법이 있다. 새로운 쟁점 정의에 대해 대응하는 가장 간단한 방법의 하나는 글을 쓰는 것이다. 두뇌집단, 재단 및 대학에 의해 발행되는 출판물은 쉽게 알아볼 수 있다. 도서관의 사서는 이들 기관의 주소를 금방 알아낼 수 있다. 새로운 정책 아이디어에 관심을 가지고 있으며 현장에 근무하는 사람의 관점에서 답장을 보내고 싶은 교육 지도자라면 쟁점 정의에 간여하고 있는 사람들에게 편지를 써서 보내면 된다. EPPRC 내의 정책 관계자는 선출된 정치가와는 달리 구성원으로부터 편지를 받는 것에 익숙하지 않으므로 자신의 아이디어를 비판하는 서신에는 당연히 관심을 가질 것이다. 인터넷은 답장을 보내는 또 다른 길이다. 미국 교육부, 두뇌집단, 재단과 교육 관련 단체는 웹사이트에 대화방이나 게시판과 같이 정교하게 의견을 청취하는 기능을 가지고 있지는 않을 것이다. 그러나 그들도 질문과 의견 수렴을 위해 이메일 주소를 공개하기도 하므로, 학교 지도자는 그 단체가 주창하는 교육에 관한 아이디어에 대해 자신의 의견을 보낼 수 있다.

**국가적 정의에 지역적으로 도전하기.** 일반 교육자가 국가 수준의 쟁점 정의에 영향을 미치는 것은 어려우나, 국가적으로 정의된 쟁점을 지역 차원에서 도전하는 것은 보다 쉽다. 1980년대에 Ray와 Mickelson(1990)은 미국 남부의 교육구를 개혁하고자 하였던 지역 기업 지도자에 대한 사례 연구를 하였다. 공교육이 실패하였다는 전국 기업 지도자들의 주장에 영향을 받아, 기업 지도자들은 교육구를 보다 "경쟁력 있게(competitive)" 만들기 위한 방법을 연구하기 위한 특별위원회를 만들었다. 학교체계가 실패하였다는 주장에 대해 그들이 제시한 해법은 대학교에 진학하지 않을 학생들을 "생산적인 근로자로 사회화할 수 있는(be socialized as productive workers)" 중앙 직업고등학교를 설립하는 것이었다(p. 127). 그러나 특별위원회의 회의가 계속될수록 학교 지도자들은 기업 공동체의 주장을 훼손하는 역증거를 계속 제시하였다. 예를 들어, 그들은 전문가를 초청하여 지역 학교의 성공적인 프로그램과 많은 학생들을 실패하게 하는 사회조건에 대해 연설하도록 하였다. 한 중요한 회의에서는 고위직 중앙 관료가 많은 지역기업가들이 학교에 대해 만족하고 있다는 증거를 제시하고, 주제를 "가진 자와 가지지 못한 자 사이의 벌어지고 있는 간격(widening gap between 'the haves and have-nots')"으로 돌리기도 하였다(p. 129). 요약하자면, 학교 지도자들은 반복적으로 기업지도자들부터 쟁점을 잡아 내어 재정의했다는 것이다. Ray와 Mickelson은 그들의 행동을 다음과 같이 요약했다.

> 특별위원회의 보고서 작성이 마지막 단계에 이르자, 기업 지도자는 반복적으로 중앙 직업교육의 필요에 대한 주장을 삽입하기 위한 시도를 하였다. 그러나 고위직 교육구 관료는 중앙 직업교육의 사회적, 교육과정상의 결점에 대해 반복하고, 특이 학생 집단의 단점에 대해 지속적으로 반복하여 모든 시도를 수완 좋게 물리쳤다. 그는 저소득층 젊은이의 숫자가 증가하고 있으며 "악화될 것"이라고 주장하였다.(p. 130)

궁극적으로 교육 지도자의 쟁점에 대한 재정의가 이겼다. 특별위원회의 최종 보고서는 빈곤에 대한 장황한 언급 후에 중앙 직업고등학교보다는 조기교육 프로그램에 집중할 것을 권했다. 전국의 학교 지도자는 국가 수준에서 쟁점이 정의되었다는 것이 이미 최종적이라는 것도 아니고 재론의 여지가 없다는 것도 아니라는 것을 기억해야 한다. 쟁점 정의를 잘 이해하고 담론을 기술적으로 사용할 줄 아는 사람이라면 쟁점이 지역적인 문제가 되었을 때 다른 모습으로 구성할 수 있다.

**의제 설정에 영향 미치기 : 기본 필요조건.** 의제 설정은 쟁점 정의보다 좀 더 가시적이고, 접근 가능한 활동 영역에서 일어나기 때문에 좀 더 쉽게 영향을 미칠 수 있다. 대부분의 경우, 의제 설정에 영향을 미친다는 것은, (1) 쟁점을 체계적 의제에서 정부의제로 진행시키는 것, 또는 (2) 정부의제에서 떨어뜨려서 체계적 의제 상태로 쟁점을 유지하는 것이 포함된다. 정책과정의 이 단계에서는 효율을 기하기 위해 영향을 줄 수 있을 정도로 충분한 힘을 길러야 한다.

세 가지 힘의 원천이 특히 중요하다. 첫째는 지식이다. 의제 설정 단계에 영향을 미치고 싶은 교육 지도자는 국가와 주 차원에서 교육정책의 새로운 동향을 잘 파악할 수 있도록 체계적으로 일해야 한다. 이것은 전문서적을 읽고 전문학회에 참석하는 일을 게을리해서는 안 된다는 것이다. 이와 같은 토론의 장에서 공개되는 쟁점을 따라다녀야만 어떠한 정책쟁점이 가까운 미래에 정부의제에 도달할 가능성이 있는지를 알 만큼 충분한 정보를 수집할 수 있다. 둘째, 필수불가결한 힘의 원천은 협력자들이다. 어떤 교장도, 교육구 행정관료도, 교육감도 이와 같은 일을 혼자 하려고 해서는 안 된다. 효율적으로 일하기 위해서는 전문가협회, 주 교육부(state department of education, SDE), 정부관료, 학교 지도자의 동료 사이의 네 가지 영역에서 협력자가 있어야 한다. 이와 같은 네트워크가 그냥 생기는 것은 아니다. 긴 시간에 걸쳐 체계적으로 깊이 생각하여 만들어야 한다. 8장의 일부는 다양한 정책 활동가들과 관계를 개발하는 방법에 대해 논의하고 있다. 그 안에 있는 대부분의 권고안은 의제 설정에 영향을 미치기 위해서도 사용할 수 있다. 마지막으로, 의제 설정의 장(場)에서 일어나는 일들에 재빠르게 반응하는 능력을 갖추기 위해서는 충분한 조직 효율성을 가지고 있어야 한다. Kingdon(1984)은 쟁점을 정부의제로 만들 수 있는 기회의 창은 갑자기 열렸다가 금방 닫히고 만다고 주장하였다. 이 단계의 정책과정에 영향을 미치고 싶은 사람이라면 행동할 준비가 되어 있어야 하며 빨리 행동하여야 함을 의미한다.

**쟁점으로 관심 끌기.** 정책쟁점에 대해 언론, 일반 대중, 정책 입안자의 관심을 이끌어내는 것은 의제 설정에 영향을 미치는 가장 중요한 방법이다(Hilgartner & Bosk, 1998; Kingdon, 1984). 주 단위와 국가 단위에서 모두 이 방법을 이용할 수 있다. 직접적인 수준에서 교육감이 교육구 내에서 학교위원회가 문제 해결을 위한 조치를 취하도록 동기를 유발할 때도 효율적으로 사용할 수 있다. 관심을 끌기 위해 많은 기법이 사용되고 있으며, [그림 7.10]에는 그중 일부를 나열하였다. 긴급한 상황이 아니라면 교육 지도자는 집회나 시위 같은 방법을 피하고 덜 극적인 방법을 취해야 한다. 오늘날 관심을 끌기 위해 반드시 해야 되는 일은 언론이 다루도록 하는 것이다. 따라서, 쟁점에 대해 관심을 끌기 위해 만든 특별한 이벤트라면 반드시 시작부터 홍보를 염두에 두고 계획하여야 한다. 지도자는 언론매체가 이벤트에 대한 공지와 함께 쟁점에 대한 정확한 정보를 받도록 하여야 한다. 언론이 행사에 참여하도록 하고, 방문하는 전문가, 토론자, 초청 연사를 기자가 취재할 수 있는 기회를 제공해야 한다. 계획적으로 준비된 일련의 행사를 통해 쟁점에 관심의 초점을 맞추고 신중하게 고려해 주도록 주요 인사들을 설득하여야 할 필요도 있다.

**쟁점에 대한 관심 줄이기.** 경우에 따라서 지도자들은 쟁점이 관심받지 않기를 바란다.

- 쟁점에 관해 이야기하도록 전문가를 초대하라.
- 쟁점에 대한 워크숍을 후원하라.
- 쟁점에 대한 소회의를 개최하라.
- 어떻게 쟁점이 지역 학교에 영향을 주는지 설명하는 보도 자료를 내라.
- 학부모 · 교사협회(PTA) 또는 교원노조에게 회의에서 쟁점에 대해 논의하도록 요구하라.
- 시민 단체를 위해 쟁점에 대한 멀티미디어 프로그램을 제시하라.
- 쟁점을 교사 연수의 안건에 넣어라.
- 의원들에게 쟁점에 대한 기사를 보내라.

**[그림 7.10] 정책쟁점에 관심을 끄는 방법**

대신, 정부 정책의제에 도달하는 것을 방지하기 위하여 이미 받고 있는 관심을 줄이기를 바란다. 이 목표를 달성하는 데 가장 효율적인 방법은 정책쟁점을 해결하거나 제안자들이 주장하는 해결책을 채택하는 데 많은 비용이 필요하다고 정책 입안자를 설득하는 것이다. 이 접근법을 사용하기 위한 첫 단계는 주의 깊은 현실적인 비용 분석이다(9장에서는 정책의 전체 비용을 결정하는 방법을 다루고 있다). 그 다음, [그림 7.10]에 보인 방법의 일부를 사용하여 예상 비용에 관심을 유도한다. 기타 유사한 전략도 고려할 수 있다. 이 정책이 실행될 때, 정부 관료체제가 얼마나 커질지에 대한 현실적인 분석도 가능하다. 변호사를 통해 소송에 휘말릴 가능성이 높은 정책 요소를 집어 낼 수도 있다. 또는 이 정책 아이디어를 반대할 가능성이 가장 높은(이를 지지하는 정책 입안자에 반대 투표를 할) 핵심 유권자 집단을 찾아내는 것이다. 이와 같은 부정적인 분석은 현실적이어야 한다. 근거가 부족하거나 과장된 주장은 겁주기 전략으로 보이게 되어 오히려 역효과를 낼 수도 있다. 물론, 이와 같은 분석에 대한 적절한 홍보 전략이 이 전략에 중요한 요소로 포함되어야 한다.

**모범적인 프로그램.** Edward St. John(1992)은 학교 지도자가 의제 설정에 영향을 미치기 위하여 할 수 있는 가장 효율적인 방법은 지역 수준에서 교육 문제를 해결하기 위한 모범 프로그램을 개발하는 것이라고 주장했다. 그에 의하면, 고위직 정부관료들은 교육정책에 대한 새로운 아이디어가 필요할 경우 "새로운 성공 사례를 찾고 이러한 실천들이 다른 곳에서 발전될 수 있도록 장려하는 정책 제안"을 개발한다(p. 97). 예를 들어, 1970년대 말 캘리포니아의 Sequoia Union 고등학교 교육구는 학교와 민간기업이 공동으로 자금 지원을 하는 중퇴자 예방 프로그램을 개발하였다. 그들의 협력으로 고등학교에 적응하지 못하는 학생들을 위해 컴퓨터와 전자공학 수업을 하는 Peninsula 학교를 설립하였다. 이 학교들은 높은 비율의 학생들을 졸업시키고 직장을 잡아 주는 데 성공하였다. 1980년대 후반, 이 프로그램은 전국적인 관심을 끌어 모방할 만한 중퇴자 방지 사례로 전국적으로 널리 언급되었다.

비록 St. John(1992)이 일어난 사건의 상세한 절차에 대한 충분한 분석을 제공하고 있지는 않지만, Sequoia Union 고등학교 교육구의 지도자들은 고등학교 중퇴 문제가 1970년대 후반 정책쟁점이 되고 있다는 것을 알고 있었을 것이다(Martin, 1994). 그들은 체계적 의제에서의 토론이 시작되었다는 것도 아마 알고 있었을 것이다. 그들이 Peninsula 학교의 자금을 "지역기관, 회사, 지역, 주, 연방 프로그램" 에서 지원받았다는 사실은 프로그램의 절차에 관한 충분한 분석을 제공하지 않을지라도, 지역의 Sequoia Union 고등학교 지도자들은 1970년대 말 고등학교에서 탈락하는 것이 정책쟁점으로 정의되고 있다는 것을 인식하고 있었다(Martin, 1994). 그들은 어쩌면 체계적 의제로 논의되기 시작한 것을 알았을지 모른다. 그들이 "지역 재단, 회사, 지역, 주, 연방 프로그램" (St. John, 1992, p. 98)으로부터 Peninsula 학교를 위한 자금을 지원받았다는 것은 그들의 생각이 나타나고 있는 체계적 의제와 일치했다는 것을 의미한다. 그러나 지역 차원에서 프로젝트를 개발하여 10년 동안 성공적으로 운영하였기 때문에, 그들은 이후 연방 정부가 주창하는 중퇴 방지 프로그램의 형태에 상당한 영향력을 행사하였다. 그들의 모범적인 프로그램 덕분에, 정책 입안자—가시적인 실패를 무릅쓰지 않으려는—들은 중퇴 방지 문제를 정부의제로 끌어올리게 되었다. 그들은 강력한 개입이 중퇴율을 낮출 수 있다는 것을 보여 주었을 뿐 아니라, 정부관료들에게 중퇴 방지 정책이 가능하다는 것을 보여 주었다.

유사한 방법으로, 새롭게 드러나고 있는 정책의제에 대해 적응력을 가지고 있으며 충분한 정보를 지닌 학교 지도자는 자신이 지지하는 쟁점을 밀고 나갈 수 있다. 지도자가 전문문헌을 꾸준히 숙독하고 재단에서 지원하는 프로젝트에 대한 관심을 유지한다면 정책의제에 대한 가장 앞선 프로그램을 만들어 낼 수 있다. 결국 이 프로젝트가 모범 사례가 되어, 정책 입안자는 이 프로젝트를 자신의 의제에 추가할 수도 있다. 이것은 주 전체 또는 국가 전체의 모델이 될 수도 있다. 그러나 캘리포니아의 프로젝트가 국가적 관심을 끌기에는 10년이라는 기간이 필요했다는 사실을 기억해야 한다. 정책과정의 다른 단계에서와 마찬가지로, 의제 설정에서는 인내와 불굴의 의지가 궁극적인 성공의 열쇠이다.

## 토론을 위한 질문과 활동

1. 현재 교육 문제 정의 중 하나를 선택하라. 이에 대한 청구와 이 청구를 지지하는 증거를 확인하라. 그리고 이 문제 정의에 대해 효율적으로 대응할 수 있는 방법을 제안하라.
2. 현재 교육 문제 정의 중 하나를 선택하라. 이에 대한 청구와 이 청구를 지지하는 증거를 확인하라. 그리고 이 쟁점을 재정의할 수 있는 방법을 제안하라.
3. 자신의 지역이나 주에서 비결정 사항을 찾아라. 당신의 의견으로는 왜 이것이 비결정 상태로 남아 있는가? 당신의 환경에서 비결정이 나타나는 것은 교육정책 형성에 어떤 제약이 있기 때문인가?
4. 기업과 교육단체가 발행한 출판물 최근 호에서 전문 정책의제에 대한 교육쟁점 목록을 만들어라. 그 다음, 최근 지역 신문에서 언론의제 상태인 교육정책 쟁점 목록을 만들어라. 두 의제를 비교하라. 차이점은 무엇인가? 차이점의 원인은 무엇인가?

### 인터넷 과제

[그림 7.5], [그림 7.6]에 나열된 조직 10개의 웹사이트 주소를 찾아라. 각 기관의 사상 경향을 분석하여 수업에서의 토론을 준비하라.

### 찬반논쟁 : 정말로 교육 위기가 있는가?

**찬성** 증거를 충분히 살펴본다면 미국에 교육 위기가 있다는 것을 부정할 수 없을 것이다. 멍청한 60년대(silly sixties)에 기준을 낮춘 이래로, SAT와 ACT 같은 시험에서 학생들의 점수는 급격히 떨어졌다. 대부분의 국제 비교에서 미국 학생은 낮은 수준을 보이고 있다. 교육계에서는 밑바닥이 아닌 평균만 하여도 기뻐하고 있다. 우리 학교는 더 이상 안전하지도 않다. 학교 복도를 배회하며 약자를 찾아 괴롭히고 강탈하는 조직 폭력배 때문에 학생들과 교사들이 생명의 위협을 느끼고 있다. 요즈음 많은 학교는 무기를 가지고 등교하는 학생을 검사하기 위한 금속탐지기를 가지고 있다. 마지막으로, 학교 건물은 심각한 상태이다. 건물 모든 곳에 낙서로 뒤덮여 있으며 파손된 기기는 수리되지 않고 있다. 이와 같은 환경에서 어떻게 학생이 배울 수 있겠는가? 이 모든 문제 때문에 미국은 오늘날 세계화된 경제체제에서 효율적으로 경쟁할 수 없다.

**반대** 오늘날 미국에 위기가 있지만, 그것은 교육의 위기가 아니라 경제의 위기이다.

실질임금은 지난 25년간 정체 상태에 있다. 중산층 가족들은 집을 사고 자녀를 대학까지 교육하는 데 어려움을 겪고 있다. 부유한 사람과 가난한 사람 사이의 격차는 계속 증가하고 있다. 미국은 지금 다른 어느 선진국보다 저소득층 학생의 비율이 높다. 종종 이와 같은 지수는 잘 보이지 않지만 우리는 좀 더 명백한 지수를 볼 수 있다. 수십 년 동안 조세 수입을 충분히 거두지 않아 도심 지역의 보수를 미루어 왔다. 도심 내부는 쇠락하여 누구도 살거나, 일하거나, 물건을 사기 싫어하는 무너져 가는 범죄의 온상이 되고 있다. 한때 미국의 자랑이었던 고속도로망은 깊이 팬 구멍으로 인해 마맛자국을 연상시키고 있다. 이 또한 수리에 필요한 충분한 공적 자금을 마련하지 않아서이다. 물론 이 모든 문제가 학교로 흘러넘치고 있는데, 학교는 보다 큰 사회를 반영하기 때문이다. 정부와 재계 지도자들은 교육자가 아닌 자신들이 책임져야 하는 진짜 경제 위기에 대해 우리가 알아채지 못하도록 하기 위해 교육 위기에 대한 엉뚱한 소리를 늘어놓고 있다. 경제가 안정되면 학교는 좋아질 것이다.

**여러분은 어떻게 생각합니까?**

### 분석을 위한 뉴스 : 학교를 보다 효율적으로 만들려면

공식 정부 통계에는 공교육의 생산성을 측정하기 위한 어떤 시도도 없다. 특히, 교육의 "출력(output)"을 어떻게 측정할 것인가에 대해서는 엄청나게 큰 논란이 있다.

그러나 시험 점수가 교육의 출력에 대한 적절한 평가 기준이라고 가정한다면, 공립학교의 생산성은 매년 떨어지고 있다. 하버드 대학의 경제학자, Caroline M. Hoxby의 계산에 따르면, 1972~1973년 기간에 17세를 위한 국가교육성취도시험(National Assessment of Educational Progress)에서 63점을 "구매하기" 위해 학생 1명당 1,000달러의 돈을 썼다. 1998~1999년에는 같은 돈을 써서 39점만을 "구매할" 수 있었다. 이러한 경향은 다른 시험과 나이에도 동일하다. 인플레이션의 영향을 교정하기 위해 모든 가격은 1999년 경상 가격으로 환산된 것이다.

해법은 무엇인가? Hoxby는 부모에게 학교에 대한 선택권을 제공하면 교육 생산성이 증가한다고 주장한다. 선택은 학생을 유지하기 위해 학교가 좀 더 효율적이 되도록 한다는 것이다. 예를 들어, 보스턴과 피츠버그 같은 도심 지역의 많은 교육구에서는 같은 지역의 옆 마을로 이사하기만 해도 교육구를 쉽게 바꿀 수 있다. 다른 지역에서는 많은 수의 전통적인 사립학교가 공립학교의 효율적인 대안으로 나타나고 있다.

Hoxby는 선택권이 있는 지역과 그렇지 않은 지역의 시험 점수를 비교하여, 경쟁이 공립학교의 생산성을 높이는 효과가 있다고 결론 내렸다. 그녀의 계산에 의하면, 모든 도심 지역 교육구 간의 충분한 경쟁과 많은 사립학교가 있다면 미국 학교의 생산성은 28% 증가할 것이다. 그녀는 밀워키나 애리조나의 지불보증제(voucher)와 같은 새로운 선택체계도 좋은 결과를 보이고 있음을 발견했다.

(BusinessWeek Online 2002년 5월 20일자 기사 "Making Schools More Efficient"의 1~4단락을 출판사의 허락하에 개작. http://www.businessweek.com/magazine에서 볼 수 있음. 2002년 5월 17일 전재.)

**질 문**

1. 이 기사에 제시된 교육정책 쟁점의 정의를 한 문장으로 요약하라.
2. 이 글의 저자는 어떤 청구를 하고 있는가? 우발적인 청구(casual claim)를 찾아라.
3. 이 청구를 뒷받침하기 위해 저자는 어떤 증거를 제시하고 있는가?
4. 당신의 의견으로는 왜 BusinessWeek Online이 Hoxby의 연구를 독자들이 흥미롭게 받아들일 것이라고 생각했는가?
5. 당신에게 익숙한, 그러나 다른 해법을 제시하는 증거를 사용하여 그 쟁점 정의와 쟁점 재정의에 대한 반론을 제시하라.

## 심화 학습 자료

Berliner, D. C., & Biddle, B. J. (1995). *The manutactured crisis.* Reading, MA: Addison-Wesley.

저자는 1980년대와 1990년대의 교육 위기는 정치적인 이유로 날조된 것이라고 주장하고 있다. 교육 위기의 증거를 반박하면서, 저자는 미국 내에서의 교육 문제를 재정의하고 있다.

Dye, T. R. (1995). *Who's running America? The Clinton years.* 6th ed. Englowood Cliffs, NJ: Prentice Hall.

저자는 1990년대 중반 미국 사회를 이끌던 개인과 기관에 대해 상세히 묘사하고 있다. 물론 책 전체가 쟁점 정의와 의제 설정에 관련되어 있지만, 4~9장이 특별히 더 관련되어 있다.

Feulner, E. J. (2000). The Heritage Foundation. In J. G. McGann & R. K. Weaver(Eds.), *Think tanks & civis societies.* New Brunswick, NJ: Transaction Publishers.

이 책의 한 장에서 헤리티지 재단의 이사장은 이 보수적인 두뇌집단의 역사, 자금,

업적에 대해 논의하고 있다. 재단의 출판물에 대한 마케팅이 기관에 어떤 영향을 미쳤는지에 대해서도 설명하고 있다.

McGann, J. G. (1995). *The competition for dollars, scholars, and influence in the public policy research industry.* Lanham, MD: University Press of America

저자는 두뇌집단의 역사를 추적하고 기관의 활동과 그들 사이의 경쟁에 대해 설명하면서, 그들이 점점 더 사상적으로 극단화되고 있다고 주장하고 있다.

Weiss, C. (Ed). (1992). *Organization for Policy analysis.* Newbury Park, CA: Sage.

이 책은 두뇌집단의 역사, 기능 및 영향에 대한 개요로 시작한다. 후속 장들은 서로 다른 저자가 각 두뇌집단에 대해 요약하고 있다. 몇몇 주요 두뇌집단의 프로그램과 사상 성향에 대한 정보를 제공하고 있다.

# 8

# 법안과 예산의 확보 : 정책 형성과 정책 채택

**탐구의 요점**

정부의 어느 곳에서 정책이 언어로 구현되고 채택되는가?
어떤 정책들은 왜 법안으로 만들어지지만 예산이 확보되지 않는가?
학교 지도자들은 어떻게 정책 형성과 채택에 영향을 미칠 수 있는가?

## 정책과정의 가시적 단계

정책과정의 처음 두 단계인 쟁점 정의와 정책 의제 설정의 단계는 매우 조용히 발생하여 일반 대중들에게 거의 드러나지 않는 반면에, 세 번째와 네 번째 단계인 정책 형성과 채택의 단계는 보다 가시적인 장소에서 일어난다. 사실, 대부분의 사람들이 "정치(politics)"라는 단어를 듣게 될 때 생각하게 되는 두 가지 정치과정 중 하나가 바로 그것이다. 그 외의 다른 하나는 물론 선거이다. 정책의 형성과 채택은 대부분의 행정학과 정치학 교과과정에서 핵심적인 부분에 해당하며, 언론매체의 지속적인 관심을 끌고 있는 부분이기도 하다. 뿐만 아니라 학교 지도자들이 느끼기에도 그들이 가장 잘 알고 있으며, 영향을 미치고자 하는 정책과정이라고 할 수 있다. 이처럼 정책 형성과 채택의 단계는 매우 익숙한 영역으로 인식되고 있지만, 실제로는 예상치 못한 부분이 숨겨져 있다.

정책 형성과 채택이 이루어지는 동안에 세 가지의 중요한 과정을 거치게 된다. 첫째, 또한 여러 가지 면에서 가장 중요한 과정에서 정책은 법규(statute)나 행정규칙(administrative rule) 또는 법원 판결문(court decision)의 형식으로 성문화된다. 단어란 여러 가지 의미를 함의하고 있고 또 다양하게 해석될 수 있기 때문에 이 과정은 결코 쉽지 않다. 정책 언어를 형성하는 사람들은 실제로 용어의 매우 세세한 부분들, 예를 들어 "해야 한다" 대신에 "할 수 있다"를 선택할 것이냐, "하루의 정의"를 어떻게 할 것이냐와 같은 문제들이 이 법안의 해석 가능 범위에 영향을 미치게 된다는 사실을 알고 있다. 그것은 또한 해당 정책에 대한 입법부의 지원 수준과 채택될 가능성에도 영향을 미친다. 종종 정책 형성과 채택의 과정 중에는 단어의 선택이나 구절의 포함, 구두점을 둘러싸고 권력 다툼이 벌어지기도 한다. 이러한 논쟁은 초보자에게는 사소한 것으로 보일지 모르나, 사실상 매우 중요하다. 실제로 주요한 정책 쟁점은 전치사나 세미콜론에 달려 있을 수 있다.

의회가 정책을 채택하는 과정에서 정책 용어만이 중요한 문제는 아니다. 왜냐하면 의회는 정부의 재정 지출을 통제하기 때문에 예산의 확보 역시 중요하다. 미 연방 의회나 50개 주 의회는 그들이 공식적인 용어로 채택한 모든 정책에 대해 예산을 지원하는 것이 아니다. 안타깝게도 오늘날 학교 지도자들은 예산을 확보하지 못한 채 채택된 법안에 익숙해져 있다. 국회의원들에게 있어서 인기 있는 법안을 지지하는 것은 지역 주민들에게 과시할 무언가가 생긴다는 의미에서도 상당히 이득이 된다고 할 수 있다. 그러나 이러한 법안에 대해 충분한 예산을 책정하여 얻는 실제적인 이득은 거의 없다. 충분한 예산의 책정이란 결과적으로 세금 증가를 가져오며, 이것은 항상 유권자들에게 환영받는 일이 아니기 때문이다. 따라서 의원들은 보통 특정 정책을 용어로 채택은 하지만, 그것을 지원하는 데 필요한 적절한 예산을 지원하지 않는 쉬운 길을 택하는 경향이 있다. 의회에서의 정책의 형성과 채택은 말과 돈, 그 두 가지 국면에서의 전쟁이라고 할 수 있다.

마지막으로, 용어로 형성된 정책은 채택되어야 한다. 이것은 의회에서 상·하원 양쪽 의회 모두에서 과반수 이상이 찬성했으며, 행정부가 그것에 동의했다는 의미이다. 정책은 종종 입법부 외의 두 장소, 행정기관과 법원에서도 만들어진다. 행정기관은 법령 수행의 지침이 되는 규칙(rule)을 작성한다. 즉, 행정기관은 어떤 심사단, 위원회 또는 사무국이 규칙을 승인해야 하는지를 나타내는 운영 절차를 작성한다. 법원에서는 할당된 법정에서 과반수의 판사들이 특정한 성문 판결문에 동의해야 한다. 때때로 법적 판결은 판결문의 최종 용어가 결정되기 이전에 일련의 법원을 통과해야만 하며, 이 항소과정 동안 합의부 판사들에 의해서 세밀히 조사된다.

이 장에서는 의회, 행정기관, 법원의 세 영역에서의 정책 형성과 채택 과정을 자세히 기술하였다. 각 영역에서의 과정을 기술한 후에, 학교 지도자들이 각 과정의 진행을 따라가면서 영향력을 행사할 수 있는 방법을 논의하였다.

## 입법부에서의 정책 형성과 채택

### 보수적 과정

학교 지도자들에게 어떻게 주 의회에 영향을 미치느냐를 가르치기 위해 만들어진 비디오에서, 오하이오 주 하원의원인 Mike Fox는 법률 제정 과정은 보수적으로 만들어졌다고 강조하고 있다. 보수적이라는 의미는 사상적으로 보수적이라는 것을 의미하는 것이 아니라 법률로 통과되기 어렵도록 계획적으로 구성되었다는 것을 의미한다. 미국을 건국한 사람들은 정부가 수시로 정책을 바꾸는 것을 경계하여 점진적이고 번거로운 체계를 창안하였다(Ohio State University[OSU], 1991). 미 연방 의회와 50개 주 의회는 여전히 18세기에 고안된 복잡한 절차를 따르고 있다. 모든 의회에서 법안이 법률로 제정되려면 수많은 장애물을 통과해야 한다. Lorch(1987)는 콜로라도 의회에서 18가지 장애물, 또는 그의 표현을 빌리자면 "전투"를 찾아내었고, 이를 "정글전(It is jungle warfare)"(p. 240)이라고 묘사하였다. 이와 같은 콜로라도 의회의 특성은 전형적인 의회의 모습이며 독특한 것이 아니다. 이 복잡한 시스템 때문에 미국의 의회에 상정된 법안의 대부분은 실제적인 법률로 제정되지 않는다. 예를 들어, 105번째 의회(1997~1999년)에서 7,732개의 법안이 상정되었으나, 단 1,296(18%)개만이 위원회를 통과하였고, 394(5%)개만이 결국 법률로 제정되었다(Oleszek, 2001).

다음에서는 미국 50개 주 의회의 대부분에서 공통적으로 나타나는 절차를 설명하고자 한다. 반복을 피하기 위하여 연방 수준과 주 수준을 통합하여 설명하되, 경우에 따라 단계에 따른 특징 또는 일부 주 의회의 특이 사례를 따로 제시할 것이다.

### 입법 제안과 제안의 출처

정책과정의 처음 두 단계에서 개발되고 논의된 정책 아이디어는 일반적으로 입법 제안서(legislative proposal)로 작성된 후, 법안(bill), 그 이후 법령(statute), 최종적으로는 공식적 정책(official policy)이 된다. 입법 제안서란 현회기 또는 다음 회기의 정책 변화에 대한 진지한 제안이다. 이는 정책 형성의 첫 단계로 간주된다. 입법 제안서는 일반적으로 글로 작성된 형태이며, 주지사가 보좌진에게 보내는 메모, 이익집단의 현 법률 제정 프로그램, 미국 상원의원이 이번 회기에 지지하는 새로운 법안 명단 등으로 나타날 수 있다. 이것은 아직 공식적인 법안의 형태는 아니지만, 정책 의제에서 발전하여 법률 용어로 초안이 작성되기 바로 직전의 상태이다. 이러한 제안들은 몇 가지 통로를 통해 의회로 제출된다. 당연히, 많은 경우 국회의원이 선거 공약을 지키기 위해, 유권자의 요구를 반영하기 위해, 또는 중요한 정책목표를 진척시키기 위해 입법 제안을 만들어 낸다(Anderson, 1984; Lorch, 1987).

그러나 국회의원만이 제안서를 개발할 수 있는 것은 아니다. 또 다른 제안서 개발자로 가장 일반적인 경우는, 행정수반—즉 연방 정부 수준에서는 대통령 또는 주 정부 수준에서 주지사—을 들 수 있다. 행정수반이나 보좌진은 의회의 매 회기마다 제출할 정책 제안서들을 만들어 낸다. 자연히, 의원들은 백악관이나 주지사로부터의 제안에 대해서는 예민하게 주의를 기울이고 있다. 강력한 후원자 때문에 의원들은 이 제안서를 주의 깊게 고려하는 경향이 있다(Anderson, 1984). 행정기관 역시 제안서 출처 중의 하나이다. 이들은 대체로 이미 존재하는 법의 허점을 막기 위해 새로운 제안을 한다. 행정기관은 정책 실행의 역할을 담당하므로 현재 법에서 문제점이 무엇인지, 어떻게 그것을 제거할 수 있는지 알 수 있기 때문이다. 예를 들어, 주 전체를 대상으로 한 학습능력시험을 5년간 실시한 결과를 바탕으로 주 교육부는 시험 날짜를 변경할 필요가 있다든지, 또는 3학년과 10학년 시험 결과에서는 유의한 정보를 거의 얻을 수 없으므로 폐지해야 하는지 등에 대한 정보를 알 수 있다. 따라서 주 교육부는 현재의 법을 개선하기 위한 새로운 법안을 제안할 수 있다.

입법 제안서를 개발하는 세 번째 원천은 이익집단이다. 대부분의 이익집단은 그들이 지향하는 정책 변화에 대한 상세한 목록을 가지고 있다. 이익집단은 적합한 때가 되었다고 판단되면 이것을 입법 제안서로 발전시킨다. 한 예로, 대부분의 교원노조들은 어떻게 해당 주의 단체 협상법을 강화시키고, 어떻게 교사의 보수를 향상시킬 것인지에 대한 구상을 가지고 있다. 해마다 그들은 입법 제안서를 만들어 내고 그들의 장기적 목표를 향해 진전하고자 노력한다(Anderson, 1984). 이익집단의 형태 가운데 교육정책 제안서를 주로 개발하는 단체는 교사단체, 행정가, 지역교육위원회 조직, 기업단체 등이다. 점차적으로 교육 재단과 두뇌집단 또한 정책과정의 이 단계에서 활동을 증가시키고 있으며, 이들은 종종 연방 및 주 수준에서 학교 선택권, 사립화, 높은 수준의 교육 등과 같은 특정 정책 변화를 옹호하는 "정책기업가(policy entrepreneurs)" 로서 활동한다.

그러나 제안서를 개발하는 의원과 다른 제안자들 사이에는 중요한 차이점이 존재한다. 의원은 제안서를 하나의 법안으로 작성하여 의회에 직접 제출할 수 있다. 행정수장, 행정기관, 이익집단의 대표자들은 입법 제안을 개발하고 이것을 법안으로 작성할 수는

**〈표 8.1〉** 1971~1991년간 미네소타 주 20개 교육정책 제안서의 발안자(originator)

| 발안자 | 20개 제안서의 참여율 |
|---|---|
| 의원 | 15% |
| 이익집단 | 15% |
| 주지사 + 이익집단 | 15% |
| 주 교육부 | 10% |
| 의원 + 이익집단 | 10% |
| 주지사 + 의원 | 10% |
| 주지사 | 5% |
| 주지사 + 주 재정부 | 5% |
| 이익집단 + 의원 | 5% |
| 주 교육부+의원 | 5% |
| 의원+주 교육부+이익집단 | 5% |

출처 : Mazzoni(1993).

있으나 직접 의회에 제출할 수는 없다. 그들은 최소한 상·하원의 두 국회의원을 설득하여 법안을 상·하원에 제출하고, 입법과정에서 이 법안을 보호해 줄 해당 법안의 "후원자(sponsor)"가 되도록 해야 한다. 자연히, 그들과 협력하고 법안을 (의원들의 표현을 따르자면) "운반할" 협력자들이 의회 내에 있다.

1971년부터 1991년 사이에 나타나 결국 주 법안으로 채택된 20개의 미네소타 교육쟁점에 대한 연구에서, Mazzoni(1993)는 입법 제안서를 개발한 최초 발안자들을 찾아내었다. 〈표 8.1〉과〈표 8.2〉는 이 내용을 요약한 것이다. 〈표 8.1〉에 따르면, 약 1/3 정

**〈표 8.2〉** Mazzoni 연구의 정책 제안에서 다양한 정책 참여자들의 참여 비율

| 참여자 | 법안 참여율 |
|---|---|
| 의원 | 50% |
| 주지사 | 35% |
| 이익집단 | 35% |
| 교육(education)단체 | 10% |
| 비교육(noneducation)단체 | 45%* |
| 주 교육부 | 20% |

* 한 비교육단체가 교육단체와의 연합한 경우도 법안 하나로 보았음.

출처 : Mazzoni(1993).

도의 입법 제안은 개인 또는 한 유형의 정책 제안자에 의해서 추진되었지만, 일반적으로는 제안자들의 연합에 의해서 이루어진다. 변화를 방해하도록 되어 있는 입법체계의 특성상, 제안이 폭넓은 지원을 받으며 정책과정에 들어가도록 하는 이러한 연합은 법안의 통과에 전략적으로 유리하다. 〈표 8.2〉는 각 참여자들의 상대적 참여 비율을 나타낸 것이다. 역시 의회와 각 의원의 참여 비율이 가장 크다는 것을 보이고는 있지만, 주지사나 이익단체도 제안 초기에 중요한 역할을 하고 있음을 알 수 있다. 교육 지도자라면 교육 이익집단의 영향력이 상대적으로 매우 낮다는 사실에 의아해할 것이며, 더욱 놀라운 것은 두 차례의 교육 이익집단의 참여조차 교사 관련 단체였다는 것이다. 교육과 관련이 없는 집단은 대부분 기업집단 또는 정책 계획 및 연구단체들의 구성원들을 대표하는 "정책기업가"들의 집단이며, 이들은 종종 서로 연합하여 활동한다. 주 교육부는 비록 다른 참여자들에 비해 참여가 두드러지게 나타나지는 않았지만 보통 사람들이 생각하는 것보다는 참여도가 높다. 학교 지도자들은 입법부의 정책 형성에서 그들의 잠재적 중요성을 결코 과소평가해서는 안 된다.

## 어떻게 법안이 작성되는가?

정책 형성의 두 번째 단계는 입법 제안서(policy proposals)가 법안 또는 제안된 법률로 변화되는 과정이다. 입법 제안서는 보통 비전문적인 언어로 표현된다. 그러나 의회에 소개되는 법안은 특정한 형식을 갖추어야 하며, 정책 담론(policy discourse)으로 표현되어야 한다. 법안의 작성은 기술적인 과정이며, 법률가나 의원 중에서도 극소수만이 그 방법을 알고 있다. 따라서 의회는 일반적으로 법률 초안 작성에 필요한 특정 기술을 가진 법률가들로 구성된 법률 초안 담당 사무국을 가지고 있다. 국회의원들은 제안을 글로 작성하여 이 사무국에 제출하고, 법률가들은 이를 보다 명확한 법안의 형태로 작성한다. 이러한 임무의 하나로서, 법률가들은 만약 새로운 법이 제정되면 현재 존재하는 법령에 어떤 영향을 미칠 것인지 검토하기 위해서 연방법이나 주 법전을 확인한다. 이것은 많은 시간이 걸리는 과정이었지만, 오늘날에는 연방 정부와 각 주의 전체 법전이 컴퓨터화되어 있기 때문에 법률가는 데이터베이스 검색을 통해 필요한 법령과 그것에 의해 영향받을 항목을 신속하게 찾아낼 수 있다(Anderson, 1984; Lorch, 1987).

자주 법령을 제출하는 사람이나 조직들은 일반적으로 정책 제안을 법안으로 전환할 수 있는 자체적인 법률 초안 작성 부서나 전문 변호사를 고용하고 있다. 대통령이나 대부분의 주지사들은 이와 관련된 부서를 따로 가지고 있으며, 행정기관이나 이익집단도 보통 이러한 목적으로 고용한 변호사를 활용한다. 고용된 법률가가 없는 집단들은 종종 자신의 제안서를 지원해 줄 수 있는 국회의원에게 제출하며, 의원은 이것을 입법부에

1. 표제
2. 법령의 본문
3. 핵심 용어의 정의
4. 발효일
5. 영향을 미칠 가능성이 있는 현존 법령 조항의 목록

**[그림 8.1]** 올바르게 작성된 법안의 주요 요소

있는 법률 작성 부서에 제출하는 과정을 거친다(Lorch, 1987).

법안은 특정 형식에 맞아야 한다. [그림 8.1]은 법안의 기본 요소를 요약한 것이다. 비록 많은 법안들을 대중적으로는 그것의 번호(예 : H.B. 70)나 별명(예 : Grab 'Em by the Keys 법안), 또는 약어(예 : KERA)로 부르지만, 모든 법안은 공식 표제(title)를 가지고 있다. 예를 들어, 시카고 출신의 하원의원인 Charles Hays가 1985년 미 하원에 제출한 중퇴에 대한 법안에 붙여진 표제는 "중퇴 방지와 재입학 법안(The Dropout Prevention and Reentry Act)"이었다(Martin, 1994). 무엇보다 법안에 있어서 핵심은 본문이며, 이것은 입법과정에서 나타나는 "정글전(jungle warfare)"의 초점이 되기도 한다. 그러나 용어의 정의와 발효일 역시 중요하며 이들 역시 최종적으로 법안이 만들어지고 채택되기까지 많은 논쟁을 일으키는 요소가 될 수 있다(Rosenthal, 1981).

## 어떻게 법안이 입법부를 통과하는가?

대부분의 학교 지도자들은 공식적인 조직과 비공식적 조직 간의 차이점을 잘 알고 있다. 공식 조직이란 의사소통 체계와 규칙, 조직의 절차를 가진 공식적인 구조와 권력 관계로 구성된다. 반면에 비공식 조직은 그 구조 속에서 자라 온 실제 인간의 문화라 하겠다(OSU, 1991). 대부분의 사람들이 알고 있듯이, 실제 권력 관계는 공식 조직도에서 묘사되는 내용과 반드시 일치되지는 않는다. 실제 운영이 반드시 공식 정책 지침서와 똑같은 것도 아니다. 이러한 점에서 미국 의회 역시 다른 조직과 다르지 않다. 그들은 공식적인 면과 비공식적인 면을 모두 가지고 있다. 여기에서는 법안이 법률이 되기까지 거쳐야 하는 **공식적 절차**(formal procedure)를 기술하고, 다음으로 공식적인 절차를 둘러싸고 야기되는 **비공식적 정치적 관례**(informal political practice)에 대해 기술하고자 한다. 양쪽 모두를 이해하는 것은 중요하다. [그림 8.2]는 캘리포니아 주 의회의 공식적인 절차를 묘사하고 있다. 연방 정부와 48개의 다른 주 의회 역시 유사한 절차를 따르고 있으며, 중요하지 않은 세부적인 것들만이 차이를 보인다. (단, 네브래스카 의회만이 단원

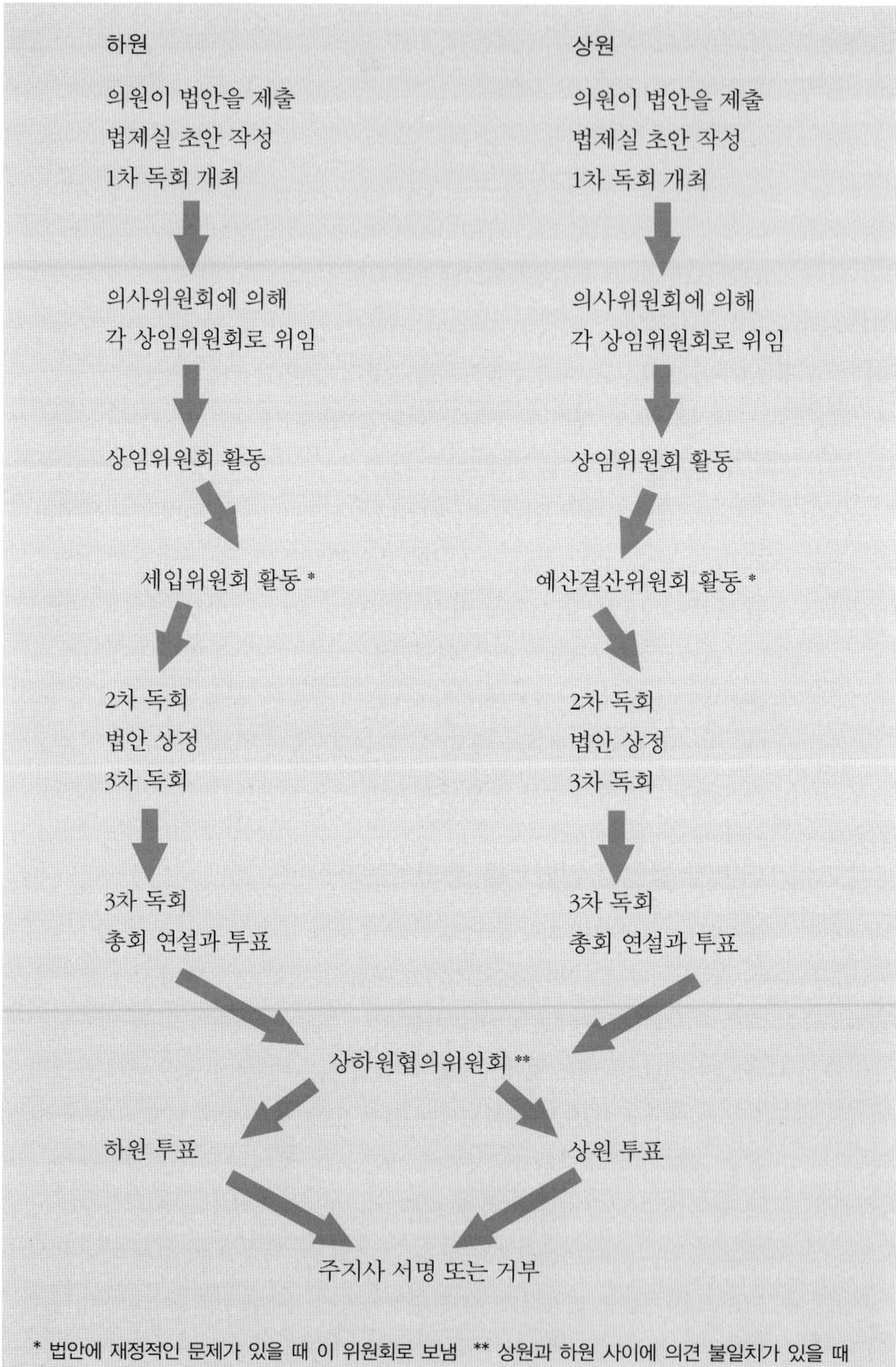


**[그림 8.2] 캘리포니아 주 의회의 입법과정**

주 : J.W. Lamare, California Politics © 1994, West Publishing Co., p. 120로부터 Wadsworth Publishing Co., Belmont, CA.의 허락하에 전재함.

제로서 예외이다.) 아래 제시된 절차는 일반적인 것이다. 미국 내의 각 의회는 전반적으로 이 절차를 따르고 있으나, 중요하지 않은 부분에서 약간의 차이가 있을 수 있다.

모든 법안은 법안이 상정될 의회(상원 또는 하원)의 구성원인 의원에 의해서 후원된다. 이 **후원자**(sponsor)는 새로운 법안을 책임지는 담당자[종종 보좌관(secretary)나 서기(clerk)라고 부름]에게 법안을 제출함으로써 법안을 상정한다. 이때 법안에 고유 번호가 부여되는데, 그 형태는 (1) 제출된 의회가 상원인지 하원인지를 나타내는 문자, (2) 이번 회기 중에 상정된 법안들의 순서를 나타내는 숫자의 두 부분으로 구성된다. 미 의회에서는 하원의 법안일 경우에는 "H.R.", 상원의 법안일 경우에는 "S"가 부여된다 (Congress A to Z, 1999). 다양한 문자체계가 주별로 사용되는데, 예를 들어 오하이오 주의 하원 법안은 "H.B.", 상원 법안은 "S.B."로 나타낸다. 보좌관이나 서기는 그 법안을 인쇄하고 그 복사본을 양원의 모든 의원들에게 배포한다.

다음으로 그 법안은 의사위원회(Reference Committee)라 불리는 위원회로 옮겨지게 된다. 여기에서는 해당 법안에 대해 청문회, 논의, 가능한 개정안, 또는 해당 법안이 계속 진행되어야 할 것인지의 결정이 이루어질 적합한 상임위원회(Standing Committee)를 지정한다. 만약 그 법안이 상정된 상임위원회에서 적합한 것으로 찬성 표결되면(의회 용어로는 report it out), 그 법안은 종종 운영위원회(Rules Committee)라고 부르는, 절차에 관한 위원회로 옮겨진다. 이 위원회에서는 의회 전체 회의에서 토론이 이루어질 회의 날짜와 전체 의회의 투표 일정을 정한다. 이때 토론의 과정에서 법안이 수정될 수도 있다.

만일 상원 또는 하원의 전체 회의에서 법안이 통과되면, 다음 넷 중 하나의 과정이 발생한다. 거의 있을 법하지 않은 상황이지만, 다른 의회에서 동시에 진행되고 있던 유사한 법안인 "동반 법안(companion bill)"이 이 의회의 최종 법안과 같은 형태로 통과된다면, 그것은 곧바로 대통령이나 주지사에게 전달된다. 동반 법안이 없을 경우 상원의 법안은 하원으로, 하원의 법안은 상원으로 옮겨져 동일한 절차를 밟는다. 만약에 양원에서 통과된 법안이 차이를 보일 때는, 비록 그것이 단어 하나나 구두점 하나 정도의 차이를 보이는 경우일지라도 이 차이를 조정하여야 한다. 대부분 이러한 조정은 비공식적인 협상을 통해 이루어진다. 그러나 점차로 이러한 법안이 상·하원 동수로 구성된 협의위원회(Conference Committee)로 옮겨지는 경향이 증가하고 있다. 이 위원회에서는 양원의 의견 차이를 해결하고, 양원이 모두 합의할 수 있는 단일 법안을 만든다. 협의위원회에서 성공적으로 합의가 이루어지면 수정된 법안은 다시 양원으로 돌아가 최종 표결에 부쳐진다.

양원에서 동일한 법안을 가결하면 승인과 거부권(veto) 행사가 가능한 행정수반에게 법안을 보낸다. 법안이 승인되면 법률로 선포되지만, 만약 거부권이 행사되면 다시 양원으로 되돌려 보내어 재의결(override)을 위한 표결을 해야 한다. 재의결을 위해서는 많은 경우, 정족수의 2/3 이상의 찬성이 있어야 한다. 만약 행정수반의 결정이 재의결되면 그 법안은 법률로 선포되지만, 사실상 재의결은 매우 어렵다.

하나의 법안이 법률이 되기 위해서는 이와 같은 과정을 의회의 한 회기(보통 2년 기간) 안에 성공적으로 마쳐야 한다. 그렇지 못한 법안은 사장된다. 그러나 동일한 법안이나 유사한 법안은 다음 회기나 그 이후에 다시 제출될 수 있으며, 다시 제출된 법안은 동일한 과정을 다시 거치게 된다.

### 정책이 채택되기 위한 정치 활동

입법과정은 모든 잠재적 법률이 뛰어넘어야 하는 일련의 장애물에 비유할 수 있다. 그러므로 입법에 성공하기 위해서는 정치적 수완이 요구되며, 타협도 주저하지 말아야 한다. 현재 법안의 문구 하나도 바꿀 수는 없다는 생각을 가진 법안 제출자는 실패하기 마련이다. 정책 채택의 비공식 과정에는 정책 행위자들이 법안 채택에 투표하게 하기 위한 협상과정이 포함되어 있으며, 이러한 비공식적 협상 역시 정책 형성의 방법이라고 할 수 있다. 입법 절차를 거치면서 법안은 계속해서 수정되고 개정된다. 최종 법안은 처음의 입법 제안이나 제출 시의 법안과는 상당히 달라진다. 수많은 지점에서 문구의 변화가 일어나지만 그중 몇몇 가장 중요한 장애물에 대해 논의해 보고자 한다.

**후원자.** 입법 계획서를 가진 사람은 조심스럽게 후원자(sponsorship)를 찾아야 한다. 모든 의원이 법안을 제출할 수는 있지만, 모든 의원이 좋은 후원자인 것은 아니다. 후원자는 제안된 정책 법안과 유사한 정책을 지지하는 것으로 알려진 사람이어야 한다. 예를 들어, 고등학교 졸업자에게 요구되는 수학 수업 시수를 더 늘리는 법안을 제출하고자 하는 기업가 집단이라면, 과거에 더 높은 학력 기준을 지지하는 의원들 중에서 후원자를 찾을 것이다. 이들 중에서 다음 기준을 만족하는 의원들에게 관심을 집중할 것이다. 이상적인 후원자는 다수당의 의원이며 해당 법안의 심의를 배정받을 가능성이 높은 상임위원회 소속이어야 한다. 또한 상임위원회의 의원들뿐 아니라, 하원 의장이나 상원 의장, 다수당의 지도자 그리고 세출위원회(Appropriations Committee) 위원장과 같은 핵심 인물들과도 좋은 관계를 맺고 있는 사람이어야 한다. 그러한 후원자는 입법과정에서 법안을 무사히 지키고 법안 통과에 필요한 찬성표를 이끌어 내도록 협상을 하는 데 매우 적합하다. 물론 후원자는 해당 법안을 후원하는 조건으로 어느 정도 계획안에 변화를 주장할 수도 있다. 따라서 여기서 첫 번째 법안의 수정이 일어날 수 있다(Martin,

1994; OSU, 1991).

**의사위원회.** 발의된 법안은 반드시 위원회 또는 의회 지도부를 거쳐 어느 상임위원회에서 심의할 것인지를 결정한다. 이것은 매우 중요한 결정이라 할 수 있다. 왜냐하면 제출된 법안은 위원회에서 가장 중요한 수정을 겪게 되며, 사실상 대부분이 여기에서 폐기되기 때문이다. 이 결정이 이와 같이 중요하므로 정책 입안 행위자는 이러한 과정을 단지 운에 맡겨서는 안 된다. 공식적 또는 비공식적으로 의회의 지도부는 제출된 법안이 어디로 보내질 것인지를 결정하게 된다. 지도부가 강력히 반대하는 법안은 소위 죽음(killer 또는 death)의 위원회로 알려진 위원회 중의 하나로 보내져 다시는 소식조차 들을 수 없게 되어 버린다. 이보다 완곡한 반대 표현은 해당 법안을 비정상적으로 오랜 기간 동안 의사위원회(Reference Committee)에서 붙들고 있는 것이다. 결국 상임위원회에 상정되는 시기가 늦어질수록 해당 회기의 종료 때문에 법안이 사장될 가능성이 높아지게 된다. 또는 위원회의 구성상, 법안이 사장될 때 또는 본회의에 보고될 때는 완전히 수정되어 나올 가능성이 높은 위원회에 배당할 수도 있다. 반면에 지도부가 찬성하는 법안의 경우에는 의사위원회에서 신속하게 빠져나와, 과반수가 찬성할 가능성이 높은 상임위원회에 배당된다.

**상임위원회.** 미국 의회의 전형적인 상임위원회(Standing Committee)의 안건으로 채택된 수많은 법안들은 여러 경우의—대부분 불행한—운명을 맞이한다. 불운한 법안은 "탁자 위에 누워 있거나"(즉, 지연되거나), 알아볼 수 없을 정도로 수정되거나, 무기한 연기되거나, 다른 위원회로 보내지게 된다. 운이 좋은 법안들은 청문회(hearing)의 기회가 주어지게 된다. 이 회의—대부분의 경우 일반인에게 공개되는—에서는 법안의 중요한 내용에 대하여 전문가들이 의원 앞에서 증언하고, 의원들에게 관련 정보를 제공하거나 질문에 답변한다. 청문회는 국회의사당 내 또는 근처에서 개최되거나 또는 외부에서 개최될 수 있으며, 이 경우 현장 청문회(field hearing)라고 부른다. 중퇴 방지와 재입학 법(Dropout Prevention and Reentry Act)의 경우, 워싱턴 시에서 열린 두 번의 청문회와 더불어 시카고에서 현장 청문회를 열어 워싱턴 시에서 열린 청문회를 보완하였다. 청문회가 끝나면, 위원회는 전문가들이 증언에서 얻은 정보를 토대로 법안을 대폭 수정한다. 이와 같은 전면적인 수정의 과정을 워싱턴에서는 인쇄된 법안에 나타나는 수많은 교정 표시들을 빗대어 "교정(mark-up)"이라는 별명으로 부르기도 한다. 위원회의 다수 구성원이 교정된 법안에 찬성했다면 법안은 다음 단계로 이송된다(Martin, 1994).

**운영위원회.** 초보자는 상임위원회로부터 다수의 찬성표를 얻은 법안은 고전하고 있는 수많은 법안을 뒤로하고, 나머지 과정을 순조롭게 거쳐 갈 것이라고 생각하기 쉽다. 그러나 실은 그렇지 않다. 법률로 제정될 가능성은 상임위원회로 상정될 때보다 훨씬 더 높아졌으나, 법안은 또 다른 중요한 절차상의 장애물에 봉착하게 되는데, 그것은 바로 운영위원회(Rules Committee) 또는 운영위원회의 역할을 하고 있는 한 의원이다. 이 위원회는 종종 의회의 교통경찰이라고 불리는데, 그 이유는 법안의 토의 날짜, 표결 날짜를 조정하는 역할을 담당하기 때문이다(Oleszek, 2001). 그 과정에서 운영위원회는 각 법안에 대한 "규칙(rule)"을 결정하는데, 규칙은 어떤 것이 먼저 전체 회의에 부쳐져 법안이 될 우선권을 가질지, 토의를 얼마나 할 것인지, 어느 정도 수정될 것인지 등이다. 이때 법안의 지지자들은 그 법안이 높은 우선순위를 갖고 짧은 토의를 거치며 덜 수정되기를 바라나, 법안의 반대자는 그 반대의 경우를 위해 로비를 할 것이다. 많은 법안들은 이 운영위원회에서 최후를 맞게 되는데, 그 이유는 그 법안이 순서가 일정표의 뒤쪽에 위치하거나 혹은 장시간 논의되면서 알아볼 수 없을 정도로 대폭 수정되기 때문이다. 그럼에도 불구하고 운영위원회가 표결을 위해 전체 회의로 보낸 많은 법안의 대부분은 통과된다. 그러나 통과되었다고 법률로 공포된다는 것을 의미하지는 않는다.

**협의위원회.** 수많은 법안들이 거쳐야 하는 마지막 중요한 장애물은 협의위원회(Conference Committee)이다. 똑같은 법안이 상·하원에 동일한 형태로 제안되었다고 할지라도, 수개월이 지난 후 상원 및 하원에서 나온 법안은 더 이상 같지 않은 것이 일반적이다. 그러나 발의된 법안이 법률이 되기 위해서는 똑같은 법안이 양원 모두의 승인을 받아야만 한다. 이러한 과정은 일반적으로는 비공식적으로 행해지지만, 만일 논쟁의 대상인 법안이거나 중요한 입법일 경우 종종 그 불일치를 해결하기 위해서 협의위원회로 보낸다. 103대 의회1)의 경우 법안의 13%가 협의위원회로 보내졌다(Oleszek, 2001). 주 의회에서도 상충의 해결을 위해 협의위원회를 활용하는데, 미네소타의 입법과정 분석에 따르면 Mazzoni(1993)는 그가 연구한 20년의 기간 동안 협의위원회의 중요성은 점차 증가하여 왔다고 설명하고 있다.

상·하원 의원으로 구성된 이 위원회는 양원 모두에게 수용 가능한 법안이 될 수 있도록 협상하려고 노력한다. 연방 및 많은 주 의회에서는 협의위원회의 회의 전모를 공개하지만, 실제로 많은 어려운 협상들은 사적으로 이루어진다. 불행하게도 연방 및 주 의회 모두에서 이 협상과정은 종종 상원의원 또는 하원의원이 상대방에게 자신의 주장

1) 역주 : 1993~1994년간

만을 하는 권력 투쟁으로 변모한다. 많은 법안들은 이 협의위원회에서 사장되는데 그 이유는 양원 사이의 상당한 의견 차이를 좁히지 못해서가 아니라 두 의회 사이의 정치 권력 다툼에서 비롯된다. 다음은 한 미 상원의원이 35년 전에 한 말로, 이러한 협의위원회의 모습을 설명해 주는 일례라 할 수 있다.

> 나는 위원장이 유혹적인 목소리로, "수정안을 위원회로 보내게 해 주십시오."라고 하는 말을 주의해야 한다는 것을 알 정도로 이 위원회에서 오랫동안 일했다. 왜냐하면 그 말은 "내게 아이를 탑으로 데려가게 해 주십시오. 그러면 그 아이를 목졸라 죽이겠습니다."라는 말을 의회식으로 표현하는 것이기 때문이다.(R. F. Fenno, Jr., *The Power of the Purse* [Boston: Little, Brown, 1966], p. 610을 Oleszek, 1996, p. 275에서 인용)

협의위원회를 통과한 법안은 법으로 제정되는 아주 유리한 고지에 도달한 것이라 할 수 있다. 물론 아직까지 양원의 다수 표결을 받아야 하며 행정수반(대통령 또는 주지사)의 승인을 얻어야 하나, 이 단계가 치명적인 경우는 거의 없다. 협의위원회를 통과한 법안은 앞서 모든 장애물을 뛰어넘어 법률이 된, 선택된 법안에 속하게 되는 것이다. 이제 힘든 마라톤에서 결승선 앞에 도달해 있는 것이다. 그러나 아직 법안은 예산 획득의 과정을 남겨두고 있다.

## 예산 확보

법률 용어 제정(wording)과 예산 확보는 서로 미국 입법부의 분리된 법안으로 처리되기 때문에 새로운 정책들은 두 가지 국면, 즉 용어(words)와 예산(money)에서 분투해야 한다. 예를 들어, 1989~1990년의 중퇴 방지와 재입학 법의 재인가(reauthorization)에 관한 사례 연구에서, Martin(1994)은 법안 용어의 확장을 승인받기 위한 2년 여에 걸친 입법 투쟁에 대하여 상세히 기술하였다. 그러나 1990년 3월 6일 법안이 법률로 승인된 이후에도 그녀는 종종 밀워키에 있는 전문대학의 중퇴 프로그램 담당자인 한 여성의 흥분된 전화 메시지를 받았다. 그 메시지는 항상 "예산 확보는 어떻게 되었느냐"(p. 78) 하는 것이었다. 이 교육자는 정치학 교수이기도 한 Martin에게 비록 "프로그램이 재가를 받았다고 할지라도 세출 승인을 받지 않으면 아무 소용이 없다"(p. 78)는 사실을 상기시켜 주었다. 예산에 관한 투쟁이 아직 남아 있으며, 용어 제정에 관한 투쟁보다 더 어려운 과정이다. 새로운 법안의 지지자는 법안의 용어 제정과 해당 프로젝트가 시행될 수 있는 예산 확보를 위한 투쟁을 동시에 치러 내야 한다. 돈을 위한 투쟁은 예산 책정과 세출 승인의 과정에서 발생하며, 이에 대해 살펴보고자 한다.

**예산 책정과정.** 다음 회계 연도에 대한 정부 예산의 책정은 의회 회기 중 통과시켜야 할 가장 중요한 법률 중 하나이다. 표면적으로 예산안이란 정부가 예상하는 세입의 규모가 얼마이며, 그것을 어떻게 사용할 것인지를 계획하는 것이다. 그러나 더 나아가서는 정부의 전반적인 정책 방향을 나타내며, 선택한 정책과 그 정책의 우선순위를 드러내는 것이다. 학교 지도자들이 해당 주 정부의 유치원~고등학교(K-12) 교육정책의 실제적인 방향을 알고자 한다면 법률과 동시에 예산을 살펴보아야 한다. 즉, "주 정부가 그들이 하겠다고 말한 부분에 돈을 투자하는지"를 살펴야 한다는 것이다. 입법자들은 종종 법안은 통과시키면서 예산은 확보하지 않는 경우가 있다. 바로 이것이 정책을 주창한 사람들이 예산 책정 기간 동안 방심해서는 안 되는 이유이다. 만약 방심한다면 그들이 법률 채택을 위해 공들여 왔던 노력이 공허한 외침으로 끝날 수 있다. 이 과정을 회계사나 세법 전문 법률가들의 관심 분야로서 그저 따분한 절차라고 무시해서는 안 된다. 의회에서 예산 결정은 "특별히 중요한 정책 영역 중 하나로서, 예산을 확보하지 못한 많은 정책 결정은 무의미해져 버리기 때문이다." (Rubin, 2000, p. 283)

**연방 정부의 예산 책정과정 :** 매년 연방 정부의 예산 책정과정에서 대통령과 의회, 양쪽 모두가 중요한 역할을 수행한다. 입법부에 제출되는 예산안을 작성하는 일은 대통령의 업무이지만, 대부분의 실제 업무는 행정부를 구성하며 대통령의 직무 수행을 대리하는 14개 사무국 중 하나인 예산관리국(Office of Management and Budget, OMB)에서 수행된다. 예산과정의 첫 번째 단계는 OMB의 경제 전문가들이 경제 동향을 평가하고 향후 2년의 연방 세입을 추정하는 것이다. 이 자료와 함께 현재 예산을 틀로 사용하여 향후 예산의 초안을 작성한다. 이러한 임시 예산안은 예산 편성의 지침으로 개발되어 연방 기관 및 관련 부처에 보내진다. 그 후 각 부처에서는 OMB의 지침을 참조하여 다음 회계 연도의 예산 요구서를 OMB로 되돌려 보낸다. OMB는 이것을 부처의 대표들과 함께 협상하고, 조정하고, 논의하여 모두가 동의하는 각 기관 및 부처의 예산을 책정하게 된다. 그리고 나서 OMB는 대통령 및 그 보좌진과 협의하여 최종적인 예산안을 작성한다(Oleszek, 2001; Rubin, 2000).

현재 연방법은 대통령이 예산안을 해당 회기의 2월 첫 월요일에 국회에 제출하도록 규정되어 있으며, 그 법에서는 의회의 몇몇 중요한 마감 일자를 명기하고 있다〈표 8.3〉. 예산안은 국회의 특별한 몇몇 위원회로 이송되어 일부 수정된다. 맨 처음으로 예산안은 양원의 예산위원회로 옮겨져, 그곳에서 연방 정부의 총 지출액을 추정하고 필요

**〈표 8.3〉 연방 정부 예산과정의 중요한 마감 일자**

| 마감일 | 맞추어야 할 일 |
|---|---|
| 2월 첫 월요일 | 대통령이 의회에 예산 계획안을 보낸다. |
| 2월 25일 | 상원 및 하원위원회는 예산위원회에 그들의 법안 비용을 산출하여 보낸다. |
| 4월 1~15일 | 예산위원회는 예산 법안을 제출해야 한다. |
| 6월 10~15일 | 세출위원회는 모든 세출 법안을 보고하고 의회에서 조정안을 통과시켜야 한다. |
| 6월 30일 | 세출안이 채택되어야 한다. |
| 10월 1일 | 회계 연도가 시작된다. |

주 : T.J. Lowi and B. Ginsberg(1994), *American Government*(brief 3rd. ed.) p. 161에 기초함. Theodore J. Lowi and Benjamin Ginsberg, *American Government: Freedom and Power*, Fifth Edition © 1998, 1996, 1995, 1994, 1993, 1992, 1990, W.W. Norton & Company, Inc., W.W. Norton & Company, Inc.의 허가하에 전재함.

한 세입액을 책정하며 다음 회기로 넘어가는 부채 및 잉여금을 예측하여 예산 결의안을 작성한다. 이 결의안이 양원에서 채택되면, 하원의 세입위원회(House Ways and Means Committee)와 상원의 재정위원회(Senate Finance Committee)에서는 세입에 관한 일에 착수하고, 양원의 세출위원회(Appropriations Committee)에서는 지출에 관한 논의를 한다. 물론 결국엔 모두가 동의해야 하며, 숫자가 맞아야 한다. 미 의회와 같이 소위 다루기 어려운 조직에서 이와 같은 목표를 달성하기 위한 복잡한 절차는 적절한 조정을 필요로 한다. 이 과정에는 다양한 연합이 이루어진다. 거래가 이루어지기도 하며 의회 내에서 가장 격렬한 논쟁이 벌어지기도 한다. 이 때문에 어떤 해에는 예산 처리가 늦어지는 경우도 발생하지만 결과적으로 예산은 통과된다. 최종적으로 통과되는 예산은 물론 처음 대통령과 OMB가 제출하였던 예산안과는 실제적으로 달라지지만, 기본적인 틀은 유지된다(Oleszek, 2001; Rubin, 2000; Wildavsky, 1988).

교육 지도자들은 이 예산과정이 앞장에서 기술되었던 정책 형성 및 채택과 동시적인 과정임을 인지해야 한다. 따라서 새로운 정책을 의회에 통과시키려면 동시에 양쪽 과정에 대해 주의를 기울여야 하며, 각각에 맞는 전략을 세워야 한다. 새로운 교육정책을 위한 예산을 확보하기 위해서는 미국 교육부(USDOE)나 그 내부 기관이 새로운 정책을 위한 예산을 예산 요구서에 포함시키도록 설득하여 결국 대통령의 예산안에 포함되도록 하는 것이 우선이다. 그러나 이 예산 요구서에 포함되지 못하였다고 모든 것이 다 끝난 것은 아니다. 세출위원회에서 해당 법안에 예산이 할당되도록 로비할 수 있기 때문이다. 그러나 세출위원회는 엄격한 "국고의 감시자"로서 예산 책정에 인색하기로 악명이 높다(Martin, 1994, p. 78). 일반적으로 안전한 선거구의 권위 있는 의원들로 구성된 이 위원회는 의회의 나머지 구성원들과 적대적인 관계를 가지고 있으며 인색하기로 평판이 높다. 이것은 자금을 확보하는 것이 법안을 통과시키는 것보다 더 어려운 것임을 의미한다(Martin, 1994).

비록 그렇다 하더라도 예산 확보는 가능하다. 중퇴 방지와 재입학 법을 위한 예산은 1991년 대통령의 예산안에 포함되지 못하였고, 의회 신참이었던 Martin은 그 이후에야 정책의 예산 확보에 들어갔다. 의회의 전문가는 그녀에게 "이 프로그램의 예산 확보는 거의 불가능할 것"(p. 79)이라고 경고하였지만, 그럼에도 불구하고 그녀와 다른 보좌관들은 의회의 안팎에서 예산 확보를 지지해 줄 초당적인 연합을 형성하였고, (상원 세출위원회에서의 극적인 패배 후에도) 개정을 통해 상원에서 예산안을 통과시켰다. 또 다른 적절한 조정 전략이 협의위원회 심의에서 개정안을 살아남게 하였고, 결국 중퇴 방지 법안은 예산을 확보하였다. Martin은 그들의 성공은 세출과정에 영향을 미치기 위한 잘 조정된 전략을 풀뿌리 조직에서부터 시행한 노력의 결과라고 보았다. 그녀의 사례 연구는 연방 정부의 예산 책정과정에서 법안의 예산 확보가 매우 어려운 과정이기는 하지만 경우에 따라 비교적 쉽게 영향을 행사할 수도 있다는 것을 보여 준다.

**주 수준에서의 예산 책정** : 연방 정부에서와 마찬가지로 각 주 정부에서도 재정 활동을 위한 예산안을 채택한다. 그러나 연방 예산과정과 50개 주 사이에는 몇 가지 차이점이 존재한다. 가장 중요한 차이는, 주 정부는 적자를 내서는 안 되므로 예산안에서 세입과 세출이 균형을 이루도록 한다는 것이다. 또 다른 차이점은 연방 정부가 매년 예산안을 채택하는 데 비해 일부의 주 정부에서는 2년마다 예산안을 채택하고 있다는 것이다. 대통령과 달리 주지사는 입법부에 의해 승인된 지출안의 항목별 거부권을 행사할 수 있는 법적 권한이 있다(Gargan, 1994; Rosenthal, 1981; Rubin, 2000; Wildavsky, 1988).

각 주에 따라 예산 책정과정 역시 다르다. 사용되는 절차도 주지사가 주도하는 하향식에서 의회가 주도하는 상향식까지 여러 가지 변형된 방식이 있다. 오하이오 주는 하향식을 사용한다. 오하이오 주의 2년 회기의 예산은 주지사와 긴밀한 협의하에 OBM에 의해 개발되는데, OBM는 미래 세입을 예측하고 이것을 주 기관들의 예산 지침 개발에 활용한다. 기관들은 이 지침서를 활용하여 다음 2년간의 예산 요구서를 작성한다. 예산을 둘러싼 많은 협상들이 OBM이 개최하는 공식적 · 비공식적인 회의를 통해 이루어진다. 결국 주지사와 협의하여 OBM은 예산안을 작성하고 주 의회로 보낸다. 의회 구성원이 이 예산안을 수정할 수 있고 실제로 하고 있기는 하지만, 하향식 과정에서는 이들의 역할에 한계가 있다(Gargan, 1994). 반대로 텍사스에서는 의회가 예산과정의 중심이 된다. 비록 주지사가 주 예산 지출의 한계를 정할 수 있는 권한을 가지고 있다 하더라도, 의회가 예산 책정을 주도한다. 이러한 분권화된 과정은 이익집단이 큰 역할을 하고 결과에 상당한 영향을 미치도록 한다(Rubin, 2000). 지난 25년간은 재정의 제약 때문에 주 예산과정의 경향은 주로 하향식 과정이었으며, 주지사가 주요 역할을 담당하였다. 이러한 형태에서는 상향식 접근 형태에서보다 폭넓은 참여가 어렵고, 지출의 통제와 세금의 감축이 더 용이하다(Rubin, 2000).

주 정책을 위해 예산을 확보하는 것은 입법부에서 정책이 법률로 통과되는 것보다 더 어려운 일이다. 많은 주와 연방 정부에서는 최근 예산이 확보되지 않은 채 법률로 만들어진 정책이 계속해서 증가하고 있다. 이 문제의 원인 중에는 지출에 대해 예민한 세출위원회가 있는데 그들은 공적 자금을 사용하는 모든 프로그램에 대해서 편견을 가지고 바라보고 있다는 것이다. 이들의 태도는 정치적으로 많은 경험을 가지고 있던 중서부 지역 출신자에 의해 멋지게 표현되었다. 그는 자신의 출신 주에서 교육 문제의 정치에 대해 1981년에 다음과 같이 주장하였다.

> 그들은 상 · 하원 교육위원회에서 교과서 선택, 수준별 교육(competency-based education), 그 밖에 많은 교육 관련 주제들을 놓고 말로 때우면서 좋은 시간을 보낼 수 있다. 이 중에서 실제로 시행될 것은 거의 없기 때문이다. 선택권을 가진 것은 결국 돈을 통제하는 사람들이다.(Rosenthal, 1981, p. 291)

따라서 주 정부에서 새로운 교육 아이디어가 예산을 획득하는 일은 매우 어렵다. 이것은 새로운 정책 변화를 이루어 내기 위해서는 그들이 원하는 법률을 제정하는 것뿐만 아니라 예산 승인을 위한 세부적인 전략들도 항상 계획하고 있어야 한다는 것을 의미한다.

## 행정기관에서의 정책 형성과 채택

### 규칙 제정

**왜 규칙이 필요한가.** 미국 입법부의 법은 모호한 용어로 표현되어 있기 때문에 행정기관에서는 규칙, 규정 그리고 정책 지침서를 개발해서 구체화시킬 필요가 있다(Kerwin, 1994). [그림 8.3]은 1994년 아동에 대한 서비스를 체계화하기 위해 설계된 테네시 교육법 본문의 대부분을 보여 주고 있다. 비록 테네시 주 의회가 교육부(SDE)와 정신보건부(Department of Mental Health and Retardation)의 협력을 법으로 명시하였지만, 또 한편으로는 두 부처가 각자의 수행 역할을 정의할 수 있도록 하는 상당한 권한을 부여하고 있다. 그 과정에서 그들은 수많은 공식 문서를 작성하고, 관련 부서의 책무를 규정하고, 예산과정을 자세하게 설명하며, 정책 대상 인구를 규정하는 등을 수행한다. 만약 주 교육위원회(SBE)에서 승인된다면 이들의 문서는 규칙이 되고, 법의 효력을 가지게 된다(Kerwin, 1994).

행정 규칙은 세 가지 다른 기능을 수행한다. 첫째, 가장 중요한 기능으로서, 입법자

**49-6-6101. 서비스의 향상과 조정**

교육부와 정신보건부는 신체적 · 정신적 지체 학생들에 대한 서비스의 향상과 조정을 위해 다음의 행위를 수행한다. 이들의 행위의 결과로서 필요한 모든 정책 변화는 주 교육위원회에서 심의와 승인을 받는다.

(1) 주와 지역의 각 기관의 책임 명시
(2) 협력기관, 특히 테네시의 주 및 지역 정신보건과 교육 관련 기관 사이의 합동 기획과 훈련의 개발
(3) 관련된 서비스의 연속성을 위해서 안정적 예산 확보를 위한 체계적 과정의 개발
(4) 대상 인구의 정의 개발
(5) 다음 사항을 다루기 위한 계속적인 요구 평가과정의 개발
  (A) 아동과 그 가족의 복합적이고 다양한 요구
  (B) 학교, 정신건강/정신지체자에 대한 서비스 제공자, 공 · 사립 기관의 자원
(6) 존재하는 서비스와 대안, 알려진 공 · 사립 기관, 가족들의 연속적인 목록의 작성
(7) 개입 및 치료 목표에 관련된 간호 계획에 포함될 원칙에 대한 관련 부처 간 합의의 개발. 간호 계획은 다음을 포함한다.
  (A) 아동 발달 차원에서 필요하다면 아동 참여
  (B) 측정 가능한 결과
  (C) 간호 계획을 통제할 기관 또는 기관들의 정의
  (D) 가족 참여
  (E) 독특한 문화적 필요에 대한 민감성
(8) 무단결석 방지 영역에서 관련 부처 간 훈련 계획의 개발 [Acts 1994, ch. 985, § 4]

**[그림 8.3]** 테네시의 교육법

주 : Tennessee Code Annotated, 1995 Supplement, Vol. 9, page 164. LEWIS Law Publishing, Charlotteville, VA, (800) 446-3410의 허가하에 전재함.

들이 미처 깨닫지 못했거나 혹은 정부기관의 전문가에게 위임한 법의 공백 부분을 메우는 기능을 한다. 두 번째 규칙의 기능은 법률 또는 특정 영역을 다스리는 법률 일부분의 핵심 용어를 정의한다. 예를 들어, 주 교육부(SDE)는 교사, 학교, 중등교육 등의 용어에 대해 공식적인 정의를 내리기도 한다. 마지막으로 행정기관들은 규칙을 제정하는 절차를 포함하여 자신들의 내부 절차를 규칙으로 규정한다(Anderson, 1984; Kerwin, 1994). [그림 8.4]는 오리건 행정 규칙(Oregon Administrative Rules, 2002 Compilation) 중에서 교육구 개발 계획을 다루고 있는 부분의 규칙 일부이다. 이 규칙들은 어떻게 각 교육구가 그들의 계획과 계획에 관련된 다양한 절차를 개발하여야 하는지 세세하게 기술하고 있으며, 이는 입법부 법령에서 미진한 부분을 채우는 역할을 한다.

**평가(Assessment and Evaluation)**

581-022-0606

**교육구 개선 계획**

각 교육구는 다음을 수행한다.

(1) 교육구와 학교 차원에서 시험 결과의 재검토 및 다른 평가 정보(예를 들어 최소인원 구성인 경우, 다른 학생의 성취도 데이터, 학생의 교육 기회 접근과 활용 및 교사진의 특징)를 포함한 자체 평가를 수행하여 학생의 성취도 향상을 위한 학교와 교육구의 수요를 확인한다.

(2) (1) 부분에 기술된 자기 평가를 기반으로 하여, 적절하다면 다음 사항을 포함한 교육구와 학교 차원의 개선 계획을 문서로 작성하고 구현한다.

(a) 지속적인 단기 및 장기 교사 개발

(b) 안전한 교육 환경을 성취하기 위한 프로그램과 정책

(c) 자원 활용의 최적화를 위한 지역 차원의 노력

(3) 교육구 개선 계획은 2년 단위로 개정하고 갱신한다.

(4) 교육구 개선 계획의 시험 결과와 진척 상황 결과를 매년 검토하고 지역사회에 보고한다.

(5) 공적 기록으로서 학교와 교육구 개선 계획의 복사본을 보관한다.

(6) 필요시에는 자치구 향상 계획을 교육부에 제출한다.

Stat Auth.: ORS 326.051

Stats. Implemented: ORS 326.051

**[그림 8.4]** 오리건 주의 교육 관련 행정 규칙

주 : Oregon Administration Rules 2002 Compilation에서. Oregon State Archives http://arcweb.sos.state.or.us/rules/OARS_500/OAR_581/581_022.html(원저의 웹 주소를 현재 주소로 교정함)에서 2002년 11월 따옴. 오리건 주 정부의 허가하에 전재함.

**규칙 제정 절차.** 규칙 제정을 위해서 행정기관은 보통 다음과 같은 세 단계 절차를 거친다. (1) 정보 수집, (2) 대중 참여 기회 제공, (3) 제안된 법규를 승인받기 위해 지정된 개인이나 전문위원(panel)에게 제출. 기관의 직원들은 규칙 제정을 위해 여러 정보를 참고한다. 예를 들어, 그들은 유사한 법률을 가진 다른 주의 규칙을 연구하고, 다른 곳에서 시행된 유사한 정책의 구현에 관한 연구 보고서를 읽으며, 그 분야의 사람들과 제정 가능한 규칙에 대해서 비공식적으로 의논한다(Hall, 1988; Kerwin, 1994). 규칙 제정 과정에 대한 대중 참여는 널리 공유되지만 항상 바람직하다고 할 수 없다. 대부분의 기관들은 특정 규칙이 언제 만들어질지 관심 있는 단체에게 알리고 그를 통해 참여를 독려하기 위한 공지 사항을 발표한다. 그에 대한 참여는 다양한 형태로 이루어질 수 있다. 기관은 제안된 규칙에 대한 성문화 작업에 초청하거나, 관심을 가진 단체들이 규칙에 대해 질문을 할 수도 있는 공청회를 개최하거나, 규칙의 형성 초기 단계에 도움이 될 만한 자문위원회를 둘 수도 있으며, 관련된 주요 이익집단과 규칙에 대해 협상을 할 수도 있다. 이러한 활동에 개인도 참여할 수는 있지만, 대체로 만들어질 규칙으로 인해 영향을 받게 되는 이익집단이나 기업 대표들, 기관의 지도자들이 참석자의 대다수를 차지한다. 교육계의 경우 교원노조, 행정가나 지역 교육위원회 단체, 사업자 협회, 그리고 운동가형 교육 행정가 등이 주로 참석한다(Hall, 1988; Kerwin, 1994; Madsen, 1994).

비록 행정기관들이 규칙의 공식화 과정에서 상당한 권한을 가지고 있지만, 공식화 과정의 외부 인사들에 의한 승인의 과정을 거쳐야만 한다. 테네시를 예로 들면, 교육 규칙은 주로 주 교육위원회의 투표에 의해서 채택된다. 또는, 새로운 규칙을 심사하는 고위 간부들로 구성된 특별위원회에서 승인받아야 한다. 다른 법률과 마찬가지로 행정 규칙도 사법 심사의 대상이며 법정에서 거부될 수 있다. 사실, 규칙을 뒤집는 행정소송은 자주 발생한다. 따라서 규칙의 제정과 채택에 있어 행정기관이 광범위한 결정권을 가지고 있지만, 그들의 권력에 대한 견제도 있다.

**왜 행정기관의 규칙 제정이 도움이 되는가.** 주 교육부(SDE)를 포함한 행정기관들과 그들의 규칙 제정 기능은 진보주의 시기였던 1887년부터 1917년 사이에 발달되었기 때문에, 이들은 전문가의 "과학적" 지식과 정치와 정당 간의 갈등을 넘어선 정부 조직에 대한 진보적 개혁가의 신뢰를 반영하고 있다(Kagan, 1986; Sabatier, 1975). 20세기가 시작되면서 행정기관들은 점차 강력해졌고 점점 더 복잡한 규칙을 공표하면서 진보주의자들과 보수주의자들 양측으로부터 공격을 받기 시작했다(Hall, 1988). 가장 공통된 비판은 행정기관의 규칙 제정이 비민주적(예를 들어 Lowi, 1979)이고 비효율적이며 매우 경직되어 있다는 것이다(Wilson, 1989). 확실히 이러한 지적은 타당하다. 그리고 현재 많은 학교 지도자들은 "형식주의적인 맹종, 잡무, 그리고 무의미한 법적 절차"에 대한 수많은 예를 들 수 있다(Kagan, 1986). 그렇다고 할지라도 행정기관에 의한 정책 형성과 채택은 부정적인 측면도 있지만 긍정적인 측면도 있다. 많은 행정기관 직원들은 그들이 현재 규제하고자 하는 분야의 전문직에 종사했었다. 예를 들어 미국 교육부(USDOE)와 주 교육부(SDE)의 경우, 상당수의 전직 교사와 학교 행정가 그리고 대학 교수들을 채용한다. 그들은 교육 분야에 익숙하므로, 대부분이 학교 현장 경험이 없는 의원보다 교육정책의 세부 사항들을 개발하는 데 더 적합하기 때문이다. 그러므로 행정기관의 규칙 제정은 전문적인 지식을 지닌 사람이 정책을 형성할 수 있는 영역이라고 할 수 있다. 현재 학교나 교육구에서 종사하는 사람들이 의미 있는 방법으로 참여할 수 있을 때, 전문적 지식의 영향력은 더욱 증폭될 수 있다(Kerwin, 1994).

행정기관의 규칙 제정은 다음 두 가지의 또 다른 중요한 기능을 한다. 첫째, 새로운 정책의 수행이 보다 책임 있고 유연하게 구현될 수 있도록 한다. 만약 입법부가 세부 법률까지 제정하였다면 수정이 필요할 경우에도 여러 해가 걸릴 것이며, 모든 사람들이 그 결함을 알고 있음에도 불구하고 잘못된 프로그램이 무기한으로 지속되는 일이 발생할 수 있다. 규칙의 변경은 법의 개정보다는 쉬운 일이기 때문에, 주 교육부는 새로운 시험 프로그램이나 새로운 교사 자격 기준의 시행에서 문제가 발생했을 경우에 규칙을 개정하고 정책의 지침을 수정할 수 있다. 마지막으로 정책 형성의 권한을 행정기관에 위임하는 것은 입법부의 업무를 분담하는 기능을 한다. 사실 미국의 입법부는 법안을 비롯한 다른 직무로 인해 업무가 과다한데, 정책 형성에 관한 세부 사항을 미국교육부(USDOE)나 주 교육부(SDE) 같은 행정기관에 이전함으로써 입법과정을 간소화하고 효율적으로 만들었다. 정부 관료제에 대한 비판이 널리 알려져 있기는 하지만, 행정기관은 앞으로도 정책 형성과 채택에서 중요한 역할을 수행하게 될 것이다. 사실, 정책 개발에서 주 교육부의 중요성은 1980년대 이래로 계속 증가하였다(Madsen, 1994).

**연방 정부의 규칙 제정.** 1946년 의회는 행정절차법(Administrative Procedures Act)을 통과시켜 연방 기관의 규칙 제정 절차를 표준화하였다. 이 법률에서는 행정기관이 정책 영역의 정보를 기반으로 규칙을 제정할 것과 규칙 제정 의도에 대해 고시할 것을 요구하고 있다. 또한 규칙 제정에 대중 참여를 허용하도록 요구하고 있으며, 참여의 형태는 의견을 문서로 제출하는 것에서 공청회를 여는 것까지 다양하다(Kerwin, 1994).

다른 연방 기관과 마찬가지로, 미국 교육부는 「연방 관보(Federal Register)」에 규칙 제정의 의도를 고시한다. 「연방 관보」는 대부분의 평일마다 종이 인쇄본으로 출판되며, 인터넷이나 마이크로필름 형태로도 볼 수 있다. 「연방 관보」에는 교육부의 규칙 개발의

의도, 규칙이 만들어질 관련 법률 조항의 정의, 제안된 규칙이 일반적으로 추진하는 목표에 대해 제시한다. 몇 가지 유형의 대중 참여는 항상 요구되는데, 이해관계가 있는 단체들은 특정 날짜까지 그들의 의견을 편지로 제출함으로써 참여할 수 있다. 그러나 때때로 더 폭넓은 참여도 가능하다. 예를 들어, 2002년 1월 18일에 미국 교육부는 1965년 제정된 초중등교육법(Elementary and Secondary Act)을 개정하는 아동낙오방지법(No Child Left Behind Act, 2001)에 관련된 규칙에 대하여 "조언과 추천" 형태의 회신을 요청하였다. 학부모, 교사, 행정가를 포함하여 몇몇 특정 범주의 이해관계자들에게 참여를 권유하였다(Federal Register, Jan. 14, 2002). 6주 후에 교육부는 100여 명의 개인과 단체로부터 관련 의견을 받았으며, 제안된 규칙에 대해 심의하기 위한 다섯 번의 공식 회의 시간과 장소에 대한 정보를 제공하였다. 또한 보다 광범위한 대중으로부터 의견을 청취하기 위해 전국적으로 네 지역에서 회의가 개최될 것임을 공지했다(Federal Register, Feb. 28, 2002). 연방 교육부는 새로운 규칙 제정에 있어서 반드시 외부의 의견을 청취할 필요는 없지만, 종종 이러한 과정이 행해진다. 미국 연방 교육부가 채택한 최종 규칙은 대중으로부터 받은 의견들의 분석과 함께, 어떻게 이 비평들이 사용되거나 또는 활용되지 않았는지에 대한 설명까지 함께 「연방 관보」에 출판되었다. 최종 규칙은 또한 「연방 규정집(Code of Federal Regulations, CFR)」에 기록된다. 규정집은 책장의 여러 칸을 차지하는 두꺼운 책자 또는 인터넷으로도 활용 가능하다. 대부분 교육법은 표제 34(Title 34)를 다루는 세 권의 책자에서 볼 수 있으나, 일부는 다른 제목하에 나타나기도 한다.

## 주 수준의 규칙 제정

예상되는 바와 같이 규칙이나 조례 등을 제정하는 과정은 주마다 조금씩 차이가 있다. 그러나 교육정책에 관한 규칙을 성문화하는 것은 전통적으로 주 교육부(SDE)의 권한이며, 주 교육위원회(SBE)는 공식적으로 이것을 채택하게 된다. Madsen(1994)은 미국 중서부에 있는 한 주의 교육부에서 3년간 근무했던 경험을 바탕으로, 그 주의 1985년 교육수월성법(Excellence in Education Act)에 수반되는 규칙들의 제정과정에 대하여 책의 상당 부분을 할당하였다. 그는 그 주의 교육부에는 규칙 제정에 다양한 절차가 있는 것을 발견하였다. 예를 들어, 주의 교육인증국장은 혼자서 경력관리 프로그램(Career Ladder Program)에 대한 규칙을 개발하고, 각 교육구에서 그 프로그램이 수행될 때 사용할 핸드북을 만들기도 하였다. Madsen은 "그는 고립된 상태로 경력관리 정책에 대한 대부분의 결정을 내렸다."라고 하며 "이 국장이 어떻게 프로그램을 해석해야 하는지에 큰 영향을 미쳤다."라고 결론 내렸다(p. 50). 관련된 대부분의 결정을 혼자 내렸으며 프로그램이 수행될 때에도 막대한 영향력을 행사했다. 교육 위원장도 일방적으로 많은 규칙을 제정하기도 하였다.

그럼에도 불구하고 일부 규칙들은 교육 공동체의 참여하에 만들어졌다. 일부 규칙 제정은 법률 자체에 자문위원회를 두도록 요구한 경우도 있었으며, 교육위원장이 법에 요구되어 있지 않은 자문위원회를 구성한 경우도 있었다. 자문위원회 구성원은 15~30명 정도이며, 주 교육부가 교육적 전문성과 함께 지역 및 교육구 크기를 고려하여 교사, 행정가, 교사 교육자, 노동조합 대표, 의원 그리고 학부모 등을 균형에 맞게 조심스럽게 선출하였다. 위원회는 매달 열리고 주 교육부에서 제공하는 점심을 먹으며 온종일 회의를 하였다. 교육위원장은 이 모든 과정에 참여하며 교육부의 직원들 역시 항상 참석한다. 위원회에서 만든 규칙은 토의와 승인 혹은 거부를 결정하기 위해서 주 교육위원회(SBE)로 보낸다. 최종적으로 규칙에 관한 공청회가 주 내부의 서너 곳에서 개최되어, 사람들은 규칙에 대해 의견을 제시할 수 있는 기회를 갖게 된다. 그 과정에서 규칙에 대한 다양한 비판이 이어지고 규칙이 수정된다.

Madsen의 관점에서 볼 때 주 교육부는 규칙 제정과정을 주도했으며, 이들 자문위원회는 "찬성 도장을 찍는"(p. 103) 역할에서 벗어나지 못했다. 그럼에도 불구하고 교육자나 다른 구성원들의 참여가 의미 있는 역할을 하는 가운데 제정되는 규칙도 일부 있었다.

## 법원에서의 정책 형성과 채택

### 정책 행위자로서의 판사

높은 단상 위의 앉아 관례적으로 "존경하는 재판관님"이라고 불리는, 검은 예복을 입은 재판관은 모든 사람에게 경외심을 불러일으킨다. 실제로 이와 같은 전통적인 상징들은 경외심을 유발하며 판사의 권위를 향상시키려는 의도라 할 수 있다. 왜냐하면 판사는 다루기 힘들고 때로는 위험한 사람들을 다루어야 하기 때문이다. 그러나 경외심이나 존경심이 객관적인 사실을 모호하게 만들어서는 안 된다. 판사는 미국 정치체제에서 중요한 정책 행위자이다(Baum & Kemper, 1994; Cronin & Loevy, 1993; Frohnmayer, 1986; Kirp, 1986; Lowi & Ginsberg, 1994). 만일 아직도 이것을 이해하지 못하는 사람의 경우, 2000년 대통령 선거를 되살펴보면 이 사실을 명확하게 알 수 있을 것이다(Tapper, 2001).

또한, 그들은 정치에 무관심한 행위자도 아니다. 비록 그들은 임명이나 잘 드러나지 않는 투표, 긴 임기, 자신의 방에서 벌어지는 심리과정의 비밀성 등으로 기제로 인하여 난리법석을 벌이는 거친 정치판과는 구분되어 있지만, 판사들 역시 국회의원이나 주지사와 같은 정치적인 인물이다. 그들 대부분은 주요 정당의 하나와 밀접하게 관련되어 있으며(그렇지 않았다면 판사로 임명되지 않았을 것이다), 대부분의 경우 그들의 사상적 지향은 사법권 내에서 잘 알려져 있다. 종종 그들의 임명이나 선거에 의한 공직 진출은 더욱 가시적인 정책 행위자들이 판사가 재판에서 옳은—정책 행위자의 입장에서 "옳은"—결정을 내려 줄 것이라고 바라기 때문에 이루어진다(Abraham, 1986). 물론, 때때로 판사들은 판결을 내리기 시작하면서 독립적인 판결을 연속적으로 내림으로써 자신을 임용한 사람들을 놀라게 하기도 한다. 그럼에도 불구하고, 비록 판사가 자신의 입장을 바꿀수 있을지언정 판사의 정치적 입장은 매우 중요하다. 왜냐하면 법원은 "사법기관 이상이며 주요 법률 제정 기구이기" 때문이다(Lowi & Ginsberg, 1994).

판사들이 맡고 있는 사건에 관해 판결할 때, 그들은 국회에서 통과된 법률이나 행정기관에 의해 만들어진 규정을 해석하는 정치적으로 중요한 역할을 하게 된다. 그들은 **의견**(opinion)이라는 형태로 자신의 해석을 쓰는데, 이 중 중요한 것은 수집되어 법률서적으로 출판된다. 이는 **선례**(precedent)로 남게 되어 이후 다른 판사나 변호사가 법해석을 할 때 참고된다. 판사가 쓴 의견은 **판례**(case law)로서, 입법부의 법률과 마찬가지로 법 체계의 일부이다. 게다가 판사는 **사법 심사권**(judical review)을 발휘하여 입법부에 의해 통과된 법률이나 혹은 행정기관에 의해 제정된 규칙 중에서 헌법에 위배된다고 고려되는 것들을 무효화시킬 수 있다(Abraham, 1986; Lowi & Ginsberg, 1994).

일부 법정들은 선례와 법률에 의존하는 제한된 역할을 수행하지만, 또 다른 법정들은 적극적으로 나서서 정책의 방향을 형성하는 지도적 역할을 수행하기도 한다(Hagan, 1998; Porter, 1982; Porter & Tarr, 1982). 연방 정부 수준에서 1950년대와 1960년대의 Warren 법정은 1954년 학교에서의 인종에 따른 분리 교육을 금지시키고, 민권운동 영역에서 선구자 역할을 하는 등, 운동가적인 역할을 수행한 것으로 알려져 있다(Hudgins, 1970; Kirp, 1986; Tyack, 1986). 대체로 주 수준의 법원들은 연방 법정보다 더욱 운동가적인 역할을 하며, 입법부와 행정부에게 행동에 나서도록 압력을 가하는 역할을 하기도 한다. 예를 들어, 뉴저지에서는 한 대법원 재판관이 학교 재정체계의 개혁을 포함하여 입법부가 특정 정책 방향으로 움직이도록 자극을 주기 위해 자신과 동료가 의도적으로 판결문을 작성했다는 사실을 공개적으로 인정했다(Porter, 1982). 사실, 뉴저지 대법원은 Robinson v. Cahill 1차 소송에서 학교 재정체계를 뒤집는 판결을 내렸을 뿐 아니라, Robinson v. Cahill 2~6차 소송(마치 공포 영화의 속편처럼 이름 붙은)에서도 주 의회의 계획을 차례로 거부한 것으로 학교 재정 문제 전문가 사이에 잘 알려져 있다.(Unfulfilled Promises, 1991) 이는 뉴저지 주만의 사례가 아니다. "많은 주 법정들은 연방 법정과 달리 정치적으로 뒤얽혀 있다."(Porter, 1982, p. 18) 이러한 이유에서 학교의 지도자들은 교육정책의 형성과 채택에 있어 판사들의 중요성을 간과해서는 안 된다. 궁극적으로 많은 교육정책이 입법부가 아닌 판사에 의해 결정된다. 조만간 대부분의 학교 행정가가 법정을 다루고 있는 자신을 발견하게 될 것이다.

## 소송의 발생

정부의 다른 두 부분과는 달리, 사법부는 변화를 일으키기(proactive)보다는 변화에 반응하는(reactive) 성향을 가진다. 법률의 한 부분이 위헌이거나, 또는 일부 국민의 법적 권리가 침해당하고 있다고 생각할지라도, 판사는 그것을 공적으로 고시할 수 없으며, 법에 도전할 권리를 침해당한 시민을 찾아다닐 수 없다. 대신, 누군가 부당한 처우에 대한 법적 배상을 청구하기를 기다려야 한다(Beatty, 1990).

법에서는 소송을 제기할 수 있는 자를 제한하고 있다. 단순히 특정 법이 침해당하였거나 법률 또는 법률의 시행과정에 위헌의 소지가 있다고 추상적으로 생각해서는 소송을 제기할 수 없으며, 실제로 상해나 손해를 당한 자 또는 집단만이 소위 소송 당사자 자격으로서 소송을 제기할 수 있다. 여기에서 상해 또는 손해는 신체적 · 정신적 · 경제적인 것일 수 있으며, 대신에 원고가 소송에서 승소하여 보상을 받으려면 실제 입은 피해를 증명할 수 있어야 한다. 또한 실제 **분쟁**이 존재해야 하며, **소송 상대편**이 피고로서 명확하게 지정되어야 한다(Alexander & Alexander, 1998; Lowi & Ginsberg, 1994). 예를 들어, 아동이 학교에서 인종적 차별로 인하여 피해를 입었다고 생각하는 학부모는 단순히 일반적인 불만에 대해 고소할 수 없다. 이러한 불만을 소송으로 제기하기 위해서는 교장이나 지역 교육위원회 등과 같이 문제에 대해 책임이 있는 개인 또는 집단이 명확하게 규정되어야 하며, 또한 소송의 대상이 반대 입장을 표해야 한다. 만약 피고가 그들의 책임에 동의하며 해결을 제의하면 분쟁이 없으므로 이러한 사례는, 설령 원고 측이 자신의 주장을 널리 알리기 위하여 재판을 원하더라도 소송이 될 수 없다. 추상적 · 가상적 · 이론적 사례는 미국 법원에 제소될 수 없으며, 만약 소송이 제기된다 하더라도 재판 초기에 기각될 것이다(Abraham, 1986; Lowi & Ginsberg, 1994).

한편, 정책 변화를 꾀하고자 하는 보다 큰 전략의 일환으로, 일부 단체는 **시소**(試所, test case)를 제기하여 특정한 목적을 달성하기도 한다. 대부분 이들 집단은 입법부를 통해서는 원하는 정책 변화를 가져올 기회가 거의 없다고 충분한 이유가 있는 결론을 이미 내렸으며, 점진적인 정책 변화를 시도하기 위하여 긴 시간 동안 많은 사례의 재판을 청구하는 것이다. 이들 집단(과 모든 소송 당사자)은 어떤 사법체제(연방 또는 주)에 배상을 청구할 것인지에 대한 중요한 결정을 내려야 한다. 두 사법체제는 다른 관할 영역을 가지고 있으므로 이 결정이 명쾌할 경우가 많다. 일부 소송은 양쪽 모두 해당하므로 결정이 필요할 경우도 있다. 비록 주 법원의 판결이 해당 주 내에서만 효력을 가진다고 하더라도 주 법원체계에서 내린 판결도 널리 알려지며, 따라서 사실상 판결의 결과는 보다 폭넓게 영향을 미친다. 다른 주의 소송에서 패소 판정이 날 경우, 의회는 소송에 대한 우려 때문에 법률 제정에 나서기도 한다(Porter, 1982). 물론, 이 모든 경우에도 소송은 원고, 피고, 분쟁이라는 법적 기준을 충족시켜야 하며, 이들 집단과 같이 일하는 변호사는 기준을 만족하는지 확인한다(Abraham, 1986).

## 판사에 의한 정책 형성과 채택

주와 연방 법 조직을 통틀어 가장 하위 수준인 **예심법원**(trial court)에서는 재판관 한 명이 재판을 관장한다. 교육정책을 바꾸기도 하는 재판의 경우에도 대부분 배심원(jury)은 참석하지 않는다. 그럼에도 불구하고 예심법원 판사들은 증거를 신중하게 검토하여 각 사건에 법을 정확하게 적용하려고 한다. 그렇다고 그들이 완전히 혼자 고립된 상태로 재판하는 것은 아니다. 그들은 유사한 재판에 대해 재판관이 앞서 내린 판례를 따라야 하며, 자신의 판결이 다른 재판관이 재검토하는 상위 법원에 항소될 수도 있기 때문이다. 따라서 다른 것이 문제가 되지 않을지라도 그들은 전문인으로서의 명성에 흠이 가지 않기를 바라기 때문에, 예심법원 판사들도 비정상적이거나 특이한 판결을 내리지 않는다(Abraham, 1986; Lowi & Ginsberg, 1994).

예심법원보다는 상위 법원에서 합의부 재판이 이루어진다. **미합중국 대법원**(U.S. Supreme Courts)은 9명의 판사로 구성된다. **주 대법원**(state supreme courts)은 7명이고 **상소법원**(appellate courts)은 3명이다. 따라서 이들 사이의 합의가 이루어져야 한다. 판사의 판결과정은 비밀리에 이루어지므로 이 정책 형성과 채택과정을 관찰할 수 있는 시민은 거의 없지만, 일반 관행에 대해서는 잘 알려져 있다.

이렇게 여러 명의 판사로 구성된 법원에서는 **수석 재판관**(chief justice)이 비공개 회의를 통해 합의과정을 주재한다. 몇 건의 재판을 듣고 난 후 **회의**(conference)를 열어 그 사례에 대해 논의하고 논쟁을 한다. 이 회의는 매우 소란스럽다. 한 캘리포니아 대법원 판사는 "(회의)는 서로 적대적인 사고체계가 백병전을 벌이는 전쟁터와 같다."라고 말했다(Abraham, 1986, p. 204). 임시 표결은 주기적으로 이루어진다. 특정 재판에 대한 뚜렷한 다수 의견이 있을 때에는 최종 표결을 하여 그 결과를 기록한다. 그 후 대법원장은 다수에 속하는 판사 중 한 명에게 판결 결과와 판결 이유를 밝히는 **판결문**(opinion)을 작성하게 한다. 판결문의 1차 초고를 판사 사이에 회람하여 의견과 제안을 청취한다. 재판관들은 특정 주장, 어귀, 사유를 포함할 것인지, 제외할 것인지 서로 협의할 수 있다. 다수 의견에 동의하지 않는 판사들은 **소수 의견서**(dissenting opinion)을 작성할 수 있다. 이 과정은 많은 시간을 필요로 한다. Warren 법정는 학교 인종 차별에 대한 Brown v. Board of Education(1954) 재판의 판결과 이견서를 작성하는 데 1년 이상을 필요로 했는데, 수석 재판관이 이견이 난무하는 재판에 대해 만장일치 판결과 하나의 의견서가 작성되기를 바랐기 때문이다. 몇 가지 재판의 판결이 나오면 상위 법정은 소위 **판결의 날**(Opinion Day)에 이를 대중에게 공개한다. 이때, 판결문을 작성한 판사는 판결문 또는 판결문의 요약본을 재판정에 모인 청중에게 큰 소리로 읽는다. 나중에 이 판결문은 **판례집**이라고 불리는 법전에 등재되어 법률가와 판사들이 참고하는 판례의 일부분이 된다(Abraham, 1986).

## 법원이 교육정책을 만드는 예

**주 법원.** 19세기의 공립학교 운동(Common School Movement)[2] 이래 주 법원의 재판관들은 교육정책 수립에 있어 매우 중요한 역할을 해 오고 있다. 교육과 관련된 사법부의 법률 제정 역사 연구에서, Tyack(1980)은 19세기 교육에 관한 주 법원 판결의 90% 이상이 학교 재정과 관리에 관한 사항임을 발견했다. 예를 들어, 1882년 일리노이 법정은 주에서 제정한 의무출석법이 합헌이라고 판결하였으며, 1886년 인디애나 법정은 지역 교육위원회에서 특정한 교과과정을 가르치도록 요구할 수 있다고 판결하였다. 다른 중요한 판례에서는 공교육을 지원하는 데에 세금을 사용하는 주의 권한을 인정하는 판결을 내렸으며, 지역 교육위원회가 건물을 짓는 데 필요한 자금을 조성하기 위해 부채를 지는 것을 허용했다(Alexander, 1998). 물론, 한 주에서 내린 판결이 다른 주까지 강제력을 행사하는 것은 아니다. 그럼에도 불구하고, Tyack(1980)은 초기에 학교체계를 갖춘 주에서 만들어진 판례는 다른 주에도 강한 영향을 끼쳤다고 주장하였다.

21세기가 시작된 이후에도 주 법원은 여전히 학교의 재정 정책에 관한 중요한 결정을 내리고 있다. 〈표 8.4〉에는 1971년부터 1977년 사이에 벌어진 학교 재정체계의 합헌성에 대한 소송의 주별 사례를 요약하고 있다. 이는 한 주에서 내려진 판결이 다른 주에 있는 사람들에게 유사한 소송을 제기하도록 영향을 미치고 있는지를 뚜렷이 보여 주고 있다. 사실 거의 대부분(정확히는 44개)의 주에서 소송이 일어났다. 이 표에서 나타나지 않은 것은, 일부 주에서 재정체계를 뒤엎는 판결이 있었기 때문에 미국 내의 다른 주

2) 역주 : 1830년대 매사추세츠 주 교육위원장 Horace Mann에 의해 시작된, 모든 아동에게 무상 공교육을 시켜야 한다는 운동

〈표 8.4〉 1971~1977년간 주별 학교 재정 소송 요약

| 승소한 소송 | 패소한 소송 | 소송 중 | 소송이 없거나 휴지 상태 |
|---|---|---|---|
| Arizona | Colorado | Alabama | Delaware |
| Arkansas | Georgia | Alaska | Hawaii |
| California | Idaho | Florida | Indiana |
| Connecticut | Maine | Illinois | Iowa |
| Massachusetts | Michigan | Louisiana | Kansas |
| Montana | Minnesota | Maryland | Mississippi |
| New Hampshire | North Dakota | Missouri | Nevada |
| New Jersey | Oregon | New Mexico | Oklahoma |
| Ohio | Rhode Island | New York | Utah |
| Tennessee | Virginia | North Carolina | |
| Texas | | Rhode Island | |
| Washington | | South Carolina | |
| West Virginia | | South Dakota | |
| Wyoming | | Vermont | |
| | | Wisconsin | |

주 : 일리노이 주립대학교 사범대학 웹페이지 "학교 재정 합헌 소송 상태(Status of School Finance Constitutional Litigation)"에 의거. 1997년 6월 18일 수집. http://www.coe.ilstu.edu/boxscore.htm

의회 의원들이 소송을 방지하기 위해서 또는 법정에 갈 경우 좀 더 유리한 위치를 점하기 위해서 학교 재정 공식을 미리 수정하게 되었다는 사실이다.

**연방 법원.** 19세기를 통틀어 단지 7개의 교육 사례만이 미국 연방 대법원에 상정되었다(Tyack, 1986). 하지만 제1차 세계대전 후부터 연방 법원의 판사들은 교육정책에 있어 중요한 역할을 하기 시작했다. 한 예로, 1923년에 미 연방 대법원은 유치원부터 중학교까지(K-8학년)의 수업에 영어 이외의 언어 사용을 금하는 네브래스카의 법률에 대해 위헌 판결을 내렸다. 2년 후에는 모든 아이들이 공립학교에 다녀야 한다는 오리건 주의 법률에 대해서도 위헌 판결을 내렸다. 이 두 결정은 20세기의 대부분 동안 연방 법원이 교육정책 부문에서 교사, 학생 및 다양한 소수 단체의 권익을 수호자라는 역할을 할 것을 알리는 전조였다(Hudgins, 1970). 이 역할은 1954년 Brown v. Board of Education 결정으로 더욱 강화되었으며, 이 결정은 "미국 법정의 역할에 혁명의 불꽃을 당겼다."

(Jensen, 1985, p. 18) 이후 20여 년간 연방 법원은 민권과 법 앞의 평등 수호에 앞장서는 등 교육정책을 형성하는 데 적극적이었으나, 이는 또한 많은 논쟁을 야기하기도 했다(Kalodner, 1990; Kirp, 1986).

주 법원체계와 마찬가지로 연방 법원도 입법부의 행동에 연쇄적인 영향을 미치는 판결을 내리기도 한다(Frohnmayer, 1986). 그 좋은 예가 1971년의 펜실베이니아 지진아 협회 대 주 정부(Pennsylvania Association of Retarded Children v. Commonwealth) 소송이다. 이 소송은 학부모들이 연합하여 펜실베이니아 주 정부가 장애를 가진 아동들에게도 공교육을 제공하여야 하는 법적 의무를 다하지 못하고 있다고 연방 법원에 제소한 사건이다. 법정에서 증언이 시작된 지 하루 만에 주 정부는 패소를 인정하고, 펜실베이니아 주에서는 정신 장애를 지닌 6세에서 21세까지의 아동들도 "무상의 적절한 공교육"을 받을 법적 권리가 있다는 것을 인정하는 합의문을 작성하였다(Jensen, 1985, p. 29). 이후 3년간 장애아 교육에 관한 법안이 주 의회에 899건 제출되어 200건 이상이 통과되었다. 게다가 연방 의회도 이에 반응하여 1973년과 1974년 관련 법안을 통과시켰고, 1976년에는 P.L. 94-142, 장애아동의 권리에 관한 법안(Education for All Handicapped Children Act)을 통과시키기에 이른다(Alexander, 1998; Jensen, 1985). 따라서 판사들은 판결을 내리는 직접적인 영향뿐 아니라, 입법 활동을 자극하는 간접적인 영향을 통해 교육정책을 형성한다.

## 정책 형성과 채택에 영향력을 행사하는 법

### 일반 원리

**과정 알기.** 교육정책에 영향력을 미치길 원하는 학교 지도자는 정책과정을 이해해야 한다. 그렇지 않으면 그들은 어리석은 실수를 하게 되고 귀중한 자원을 낭비하게 될 것이다. 예를 들면, 입법과정에 무지한 사람들은 종종 법안이 최종 토론과 투표에 들어가려 할 때가 되어서야 의회 의원들을 만난다. 비록 그 시기에도 법안이 중단되거나 수정될 수도 있지만, 그때는 적절한 개입 시기가 아니다. 개입은 빠르면 빠를수록 효과적이다. 마찬가지로, 법전에는 자신이 원하는 문구를 얻기 위해 보다 일찍부터 노력한, 그러나 자금 조달을 위한 싸움이 필연적임을 깨닫지 못했던 사람들이 지지했던 법으로 가득하다. 이 장의 첫 부분에서는 이러한 과정에 대한 전반적인 개요와 이 과정에 대한 지적인 사고를 가능하게 하는 충분한 정보를 제공하고 있다. 그러나 학교 지도자들이 이 책을 읽음으로써 이 과정을 완전히 파악할 것으로 기대하진 않는다. 그들은 일정 기간의 배움이 필요하다는 것을 예상해야 한다. 다음에 어떤 일이 발생할지 불확실할 때 이 책과 다른 책을 되돌아보면 유용한 정보를 얻을 수 있을 것이다.

**정부 활동 따르기.** 이 장의 맨 앞부분에서 명백하게 밝힌 것처럼 정책 형성과 정책 채택의 과정은 무수한 공적 마감 시간을 포함하는 시간 계획 틀 안에서 진행된다. 이것은 이 과정에 영향을 주길 원하는 사람들은 종종 무엇이 일어나고 있는지를 알아야 할 뿐 아니라 시의적절한 방법으로 대응해야 함을 의미한다. 물론 모든 정부 조직은 그들의 일정과 활동에 관한 행정 기록을 출판한다. 이것은 대형 도서관에서 볼 수 있으며 점차 인터넷으로도 볼 수 있다. 그러나 대부분의 학교 지도자들이 정책 형성과 정책 채택을 관찰하고자 할 때에는 이것들보다 전문단체의 자원을 이용하는 것이 더 쉽다.

주의 가맹 지부들을 포함한 미국학교행정가협회(AASA), 전국중등학교장협회(NASSP), 그리고 전국초등학교장협회(NAESP)와 같은 조직은 정책 사안에 대한 계속적인 정보를 받는 데 필요한 세 가지의 중요한 자원을 공급한다. 첫째로 그들은 정부 활동, 특히 입법부에 대한 정보를 출판한다. 정기적으로 발행하는 월간지뿐 아니라 연방 의회나 주 의회의 회기 동안에는 매주 입법안에 대한 최신 정보지가 발행된다. 비록 모든 회원들에게 정보지를 보낼 수는 없지만, 그들은 회원이 요구한다면 그들을 수신자 명단에 포함시킨다. 이 정보지들의 이점은 단지 교육에 관련된 입법안과 특별한 핵심 쟁점만을 포함한다는 것인데, 종종 이것에 대해 깊이 있게 설명하기도 한다. 만일 큰 재판이 진행 중이라면 정보지에 이에 관한 정보를 담는 경우도 있다. 협회가 제공하는 두 번째 서비스로는 웹사이트를 들 수 있다. 사이트의 일부는 이 단체의 입법 안건, 입법부에 제출된 주요 법안과 기타 정책 행사에 관한 것이다. 마지막으로 전문단체들은 대개 하나 또는 그 이상의 직원이 근무하는 대정부 활동 사무실을 두고 있다. 이 전문가들은 단체의 출판물이나 웹사이트에서 충분한 정보를 받을 수 없었던 회원들에게 추가 정보를 기꺼이 제공한다.

**다른 사람들과 협력하기.** 이 책의 독자라면 학교 행정가가 여유의 시간이 거의 없을 만큼 바쁜 사람이라는 말에 당연히 동의할 것이다. 정책 형성과 채택에 영향력을 행사하는 것은 교육 지도자들에게 중요한 일이다. 그러나 그것은 혼자 해야만 되는 일이 아니고, 실제로 그래서도 안 된다. "외로운 늑대(lone ranger)"가 정치에서 성공하는 일은 거의 없다. 큰 교육구에서는 교육구의 행정가가 지역, 주, 또는 연방 수준의 정부 관료들과 관계를 구축하고 유지해야 할 책임이 있다. 대정부 활동 담당 직원은 전체 교육구의 정책 활동을 계획하고 조정한다. 당연히 이와 같은 교육구에 고용된 행정가들은 이

직원과 좋은 협력 관계를 구축하고, 주요한 정책을 의논하며, 가능한 한 이 인적 자원을 충분히 활용해야 한다.

작은 교육구는 대정부 활동 전문가를 고용할 수 없다. 그럼에도 불구하고 이런 교육구에서도 정책에 영향을 미칠 수 있도록 모두가 함께 일하는 것은 중요하다. 교육감, 본부 관리자, 교장 등 모든 직원이 주와 연방 차원의 교육정책의 주요 추세를 알고 있도록 노력하여야 하며, 때때로 적극적인 활동이 필요하다는 것을 이해하고 있어야 한다. 정책 개발에 대한 일상적인 관찰은 가장 관계 있는 사람에게 위임할 수 있다. 예를 들어, 많은 교육구에서 연방 정부의 불우아동 지원(Title I) 프로그램[3]이 교육구 재정과 보충수업 교과 프로그램(Remedial Curriculum Initiative)의 중요한 자원이다. 다른 연방 프로그램과 마찬가지로 불우아동 지원 프로그램도 주기적으로 수정되고 예산을 변경한다. 게다가 이를 다루는 규제도 수시로 바뀐다. 이는 각 교육구의 중요한 정책 쟁점으로서 주의 깊게 살펴봐야 한다. 그러나 교육감 또는 교장만이 이 일에 대한 책임을 질 필요는 없다. 차라리 불우아동 지원 프로그램을 관리하는 사람과 이 프로그램 내에서 일하는 교사가 일일 진행 상황을 점검하고, 필요에 따라 연방 정부 직원과 연락하되 교육구가 정한 지침 내에서 일을 수행하면 된다. 이와 같은 여러 방법을 통해 학교 지도자는 동료들이 정책에 대해 인식하고 정책에 참여하는 기반을 만들어 나가야 한다.

**우선순위 결정.** 매년 수십 개의 교육과 관련된 법안들이 국회나 주의 입법부에 상정되며, 많은 규칙들이 만들어지거나 개정되고, 또 수많은 법원 판결이 내려진다. 어느 교육 지도자, 학교, 교육구도 이 모든 일에 영향력을 행사할 수는 없다. 따라서 활동의 우선순위를 정하고 중요하지 않은 쟁점은 무시해야만 한다. 우선순위를 정하는 것도 많은 형태를 가질 수 있다. 예를 들어, 대도시 큰 교육구의 대정부 관계 사무실이라면 중앙부처 직원과 공동 개발한 우선순위의 목록이 있을 수 있으며, 3개의 범주, 최우선순위 정책, 두 번째 순위 정책, 세 번째 순위 정책으로 구분되어 있을 수 있다. 또 다른 극단의 경우, 작은 시골 교육구의 교육장은 자신의 머릿속에 목록을 가지고 다닐 수 있다. (1) 교육구의 예산을 확보한다. (2) 농업에 관한 직업 교육을 확대한다. (3) 보다 현실적인 학교 점심 규제책을 만든다. 목록의 형태와 개발과정은 다를 수 있으나 우선순위를 만

3) 역주 : 1965년 제정된 "Elementary and Secondary Education Act"의 개정판인 1994년 "Improving America's Schools Act"의 제1절(Title I)에 따른 지원 프로그램. 동법의 제1절은 "불우아동에게 높은 기준을 만족시키도록 도움을 줄 것(helping disadvantaged children meet high standards)"을 명시하고 이를 위해 연방 정부의 자금을 지원하도록 하고 있음. 동법에 대해서는 미 교육부 웹사이트 http://www.ed.gov/legislation/ESEA/index.html 참조

들어야 하고, 만들어진 순위는 지켜져야 한다. 그렇지 않다면 정책을 변화하려는 시도는 산발적이고 산만하여 비효율적이 될 것이다.

## 입법부와 행정기관에 영향력을 행사하는 법

**세 가지 접근.** 정책 형성과 채택에 영향력을 행사하기 위해서는 세 가지 접근 방법이 있다. 대정부 홍보, 전문협회를 통한 활동, 그리고 로비이다. 이 세 가지는 서로 상호 배타적이기보다는 상호 보완적인 관계에 있다. 능숙한 교육 지도자들은 세 가지 모두를 사용한다. 관료와의 탄탄한 관계 구축, 전문협회를 통한 참여와 네트워크 형성, 그리고 반드시 성립되어야 하는 법안이나 규칙과 관련된 사람들에게 로비하기가 그것이다. 많은 학교 지도자들은 앞의 두 가지에 대해서 소홀히 하다가 제안된 정책이 위기에 처하면 그때서야 적극적으로 자신을 잘 알지도 못하는 의원들과 행정관리들에게 어떻게든 영향력을 행사할 수 있을 것을 바라며 "로비"를 펼친다. 이 방법은 설득하고자 하는 사람들에게 반감을 갖게 하기 때문에 비효율적인 것보다 더 나쁘다(OSU, 1991; Turner, 1995). 이것이 "대부분의 의원들이 교육자를 무엇인가(특히 돈이) 필요할 때에만 나타나는 불평꾼으로 보는 이유이다."(Turner, 1995, p. 1) 따라서 교육자들은 정부관료들과 효율적으로 관계를 구축하는 방법을 알아야 한다. 이 장에서는 이 세 가지를 동시에 잘 활용하는 방법이 자세하게 기술하였다. 각각을 논의하기에 앞서 이 세 가지가 실제 현장에서 어떻게 실현되는지 사례를 통해 구체화하고 있다.

**대정부 홍보.** 이것은 다음 두 절에서 보게 될 두 가지 접근 방법의 필수적인 토대이다.

**사례 1 : 컴퓨터 필요에 대한 홍보 :** 초등학교 교장인 Jennifer O' Malley는 지역사회와 우호적인 관계를 구축하는 것이 중요하다는 것을 믿고 있다. 여기서 지역사회란 교육구를 대표하는 국회의원은 물론 지방 및 주의 정부관료들을 포함한다. 그녀는 학교의 졸업식이나 12월에 있는 크리스마스 연극과 같은 큰 행사가 있을 경우 학교 신문이나 초대장을 그들 모두에게 보낸다.

수년이 지나자, Jennifer는 이들의 대부분을 만나게 되었는데 그들도 자신을 알고 있었다. 그러나 좀 더 가까운 관계가 Jennifer와 이 지역을 대표하는 주 하원의원인 Cynthia Hernandez 사이에서 이루어졌다. 두 사람은 국제여성사업가클럽(Soroptimist Club)의 같은 지부 회원으로 클럽 만찬에 나란히 앉게 되었다. Jennifer는 자신의 지역 교육위원회가 주관한 주 정부의 새로운 졸업 요건에 대한 토의장에 참석하게 하기도 하였다. 그녀는 종종 자신의 의원에게 자신의 특별 관심사인 장애아 통합 교육에 관한 전문학회지의 논문을 복사하여 보내곤 했다.

어느 날 저녁 국제여성사업가클럽에서 Jennifer와 Cynthia가 앉아 있던 자리에서 모든 사람들이 오늘날 미국의 암울한 교육 현실에 대해 이야기하기 시작했다. Jennifer는 가능한 한 편견을 배제하고 몇몇 불합리한 비판에 대해 학교를 옹호했다. 대화 중간에 Cynthia는 "왜 내가 이렇게 말이 많은지 모르겠어요, 나는 아이를 둔 것도 아니고 초등학교를 졸업한 이후 학교를 방문한 적도 없네요!"라고 말했다. Jennifer는 부지불식간에 "그럼 우리 학교를 한번 방문해 주시겠어요?"라고 말했다.

놀랍게도 2주 후 Cynthia가 전화하여 학교 방문 약속을 잡기 위해 일정을 논의하였다. 방문일에 Jennifer는 학교 건물과 운동장을 안내하고, 교사와 직원을 소개했으며, 1학년 중 한 반의 학생들이 만든 거대한 환영 카드를 증정하였다. Jennifer의 사무실에서 커피를 마시며 Cynthia는 "초등학교 아이들도 컴퓨터 교육이 필요한가요?"라고 물었다. 교장은 "오, 당연하죠."라고 답했다. 그녀는 왜 어린이들이 컴퓨터에 대해 배워야 하는지, 교실에서 컴퓨터를 사용하여 기초과목을 어떻게 가르칠 수 있는지, 그리고 초등학교 교사의 전문성 개발이 얼마나 중요한지에 대해 설명했다. Cynthia는 몇 가지 질문을 하고 컴퓨터 교육에 전부를 할애한 「교장(Principal)」 잡지의 특별호 한 권을 받아 들었다.

몇 개월 후 Jennifer는 NAESP의 주 지부 관계자로부터 Cynthia가 초등학교부터 고등학교(K-12) 학급에 컴퓨터 보급에 관한 법안을 공동 발의했음을 들었다. 그 법안에는 강력한 전문성 개발에 대한 내용이 들어 있었다. 그녀는 곧바로 이러한 중요한 법안을 발의해 준 것에 대해 감사의 편지를 썼다. 2년 후 그 법안이 법률로 통과된 다음, Cynthia는 국제여성사업가클럽에서 웃으며 Jennifer에게 "그 법안은 Foxx, Hernandez, O'malley 법안이라고 불렀어야 했어. 왜냐하면 그날 컴퓨터에 대한 당신의 두뇌를 빌렸으니까."라고 말했다.

**관계 구축을 통한 영향력 행사** : 20세기의 가장 솜씨 좋은 정치가로 꼽히는 존슨(Lyndon Johnson) 대통령은 "친구를 만들어야 할 때는 친구가 필요하기 전이다."라는 말을 즐겨 했다고 한다(Turner 1995, p. 1). 그러나 많은 학교 지도자들은 이러한 정치의 기본 원리를 무시하고 불만 사항이 있거나 자금이 필요할 때에만 정부관료를 찾는다. 무엇보다도 의원, 행정기관의 공무원, 판사들 역시 인간이기에 필요할 때에만 자신에게 접근하는 사람들을 의심하게 된다. 다른 사람과 마찬가지로, 그들도 평소에 꾸준히 자신에게 관심을 가지고 있는 사람을 신뢰하는 것은 당연하다. 정책에 영향력을 행사하기 위해 필수적인 요소는 바로 사람들과의 관계를 구축하는 것이다. 교육 지도자들

- 시장 *
- 시 의회(city council) 의원 *
- 군수(county executive) *
- 군 행정위원(county commissioner) *
- 주 의회 상 · 하원의원
- 주 교육부의 주요 공무원
- 연방 행정기관의 주요 공무원
- 지역 판사
- 해당 지역에 거주하는 항소법원(Appellate Court) 및 대법원(Supreme Court) 재판관

**[그림 8.5] 대정부 홍보 프로그램에 포함될 주요 공직자들**
* 재정적인 독립을 못한 교육구에서는 더욱 필요함.

은 학교 공동체에 대한 개념을 학생, 학부모, 지역 교육위원회, 교육구 내의 납세자 이상으로 확대하여 학교나 교육구의 교육에 직접적인 영향을 미칠 수 있는 정부관료까지 포함되도록 해야 한다(Turner, 1995; Wiget, 1995). [그림 8.5]는 학교 공동체의 확대 개념에 포함시켜야 할 주요 공무원 명단이다.

정부와의 관계는 정기적인 쌍방향 의사소통을 통해 이루어진다. 적은 시간을 들여 쉽게 정부 공직자와 대화 통로를 여는 방법은 교육구나 학교의 인명록을 보내, 뉴스레터나 일반인을 위한 홍보물을 정기적으로 받아 볼 수 있도록 수취인 목록에 추가되도록 하는 것이다. 공직자에게 보내는 첫 편지에는 자신에 대한 간단한 소개가 포함되어야 한다. 관계를 맺는 또 다른 방법은 적절한 행사에 초대장을 보내는 것이다. [그림 8.6]에는 학교 행사에 공직자를 참여시키기 위한 방법들을 요약하였다. 좋은 의사소통은 메시지를 보내는 것뿐 아니라 받는 것도 포함됨을 알아야 한다. [그림 8.6]에는 공직자의 의견을 청취하는 방법도 같이 요약하였다. 학교 지도자는 회의에 참석하거나 회의 내용을 보고할 대리인을 보내야 한다. 회의 전 또는 후에 공직자에게 자신과 자신의 직장을 소개하는 것이 좋다. 지도자는 공직자가 행사에 참가해 준 것과 행사에서 의견을 들어준(만일 의견을 듣겠다는 의사가 확실할 때) 것에 대해 감사의 표현을 하는 것도 생각해 볼 수 있다.

학교 지도자는 주 교육부 공무원이나 기타 행정기관 근무자를 그들이 주관한 회의나 워크숍에서 만날 경우가 많다. 교육자는 이럴 경우에도 단순히 규칙의 변화나 새로운 서류 작업에 대한 정보를 얻는 것뿐 아니라, 그러한 만남을 공직자들의 미래에 대한 전망을 이해하고 그들과 긍정적인 관계를 형성하는 기회로 삼아야 한다.

**정보의 제공**
- 교육구 및 학교 주소록
- 교육구 및 학교 뉴스레터
- 자치구의 입법 의제
- 학교 및 교육구의 특별 프로그램과 행사에 대한 신문기사

**정보의 수신**
- 주민 총회
- 입법 공청회
- 정치적 리셉션과 만찬
- 지역 연설회

**학교에 참여시키기**
- 학교 방문 일정
- 지역 학교와 교육구 행사에 초대
- 학교 개방일에 초대
- 교사, 교육구 지도자 모임, 지역 교육위원회 모임, 학급 등에 연설하도록 초청
- 졸업식 또는 학생 시상식에 시상자로 참여 요청

**[그림 8.6]** 공직자들과 의사소통할 수 있는 방법과 학교에 참여하게 하는 방법
주 : Turner(1995) 및 Wiget(1995)에서 따옴.

시간이 지나면서 형성된 관계는 열매를 맺게 된다. 앞의 사례에서 Jennifer O'malley와 같이 정책에 직접적으로 영향을 미칠 경우가 있을 수 있다. 당연히 교육쟁점이나 관행에 대해 의문을 가진 의원도 전혀 모르는 사람보다는 자신이 알고 있는 학교 지도자에게 물어볼 것이다. 마찬가지로, 주 교육부 과장이나 연방 기관의 행정가도 문제 해결을 위한 특별위원회 또는 새로운 규정에 대한 자문위원회를 구성할 경우, 자신이 이미 알고 있는 학교 지도자에게 참여를 권유할 것이다. 교육에 관한 난해한 재판을 맡은 판사도 대정부 홍보 프로그램을 통해 자신에게 연락하고 의사소통을 해 온 학교 지도자를 떠올릴 것이다. 판사도 그들이 알고 있는 학교나 교육구에 대해 생각할 가능성이 높다.

또 다른 미묘한 결과는 시간이 지남에 따라 나타난다. 학교 지도자는 학교를 좀 더 잘 이해하는, 교육자의 일에 대해 공감하는, 자신이 학교 다닐 때에 비하여 달라진 학교와 학생에 대해 이해하는 공직자와 일하게 될 것이다. 좋은 대정부 홍보란 관계된 정치가를 교육시키는 것이다. "의원들은 당신이 있건 없건 법을 만들 것이다. 그들은 당신

과 함께 더 좋은 법을 만들 것이다. 그들이 교육에 대해 당신의 의견을 듣지 못한다면 누군가 다른 사람의 의견을 들을 것이다." 라고 Turner는 말했다(1995. p. 2).

## 전문가협회를 통해서 일하기

**사례 2 : 보다 높은 수학 성취도 기준 마련 :** 고등학교 수학 교사로 9년간 재직했던 Bruce Jensen은 큰 교외 교육구의 수학 장학관으로 뽑혔다. 그는 교사로 근무하면서 수학과 관련한 학교 교육의 중요한 문제점들을 알고 있었기 때문에 좀 더 광범위한 영향력을 행사할 기회를 갖게 된 것이 기뻤다. 그는 초등학교 교사 자격증에 필요한 수학 과목 수가 적은 것, 많은 수학 교사들이 고등학교 수학을 가르치는 데 필요한 자격증이 없다는 것, 그리고 이 주의 수학 교과과정이 매우 진부하고 틀에 박힌 것이라는 데 문제의식을 갖고 있었다. 그리고 이 문제는 그가 속한 학교나 교육구만의 문제는 아니라고 생각했다. 사실상 그는 이 문제를 해결하기 위해서는 전국수학교사협의회(National Council of Teacher of Mathematics, NCTM)가 개발한 수학 기준을 전체 주에서 공식적으로 채택하는 것이 최선의 해결책이라는 결론을 내렸다.

그는 전문적인 수학 교육자로서 교육정책을 바꿔야 한다는 의무감을 느끼긴 했지만 그의 교육구 전체에 대해 시행해야 한다는 것이 망설여졌다. 비록 NCTM의 기준이 그의 교육구의 입법 방향과 불일치하지는 않지만, 이런 사실이 언급된 적도 없었다. 게다가 일부 학교운영회 위원들은 최근 국가 차원의 기준에 대해 반대를 표시했다. 그는 자신의 믿음을 교육구 차원에서 해결하는 것은 비효율적일 뿐 아니라 비윤리적일 가능성도 있다는 것을 깨닫고, 자신이 속한 전문가협회, 즉 주 수학교사협의회(Council of Teachers of Mathematics, CTM)을 통해 해결하기로 했다. 그가 속한 교육구의 대정부 홍보 프로그램이 비효율적임이 잘 알려져 있으며, 그 내부에서 경험한 바도 있기 때문에, 주 CTM의 지도자들은 그를 위원회에 임명하였다.

3년이 지나는 동안, 그는 이 모임의 지도자가 되었다. 그는 위원회의 훈련 워크숍을 조직하였고, 입법 제안서의 첫 초안을 만드는 것을 도왔다. 그는 편지 쓰기 운동에 앞장섰으며, 주의 수많은 국회의원들과 주 교육부 관료들을 방문했다. 3년째 되던 해, 그는 하원의 교육위원회 앞에서 증인으로 초청되었으며, 그곳에서도 현재 그가 속한 구의 수학 장학관이라는 사실을 감추지 않았으나, 자신은 주 CTM과 일하고 있고 CTM의 입장을 대변하고 있다는 사실을 명시하였다.

Bruce는 여전히 교과과정의 변혁을 위해 싸우고 있으며 그것이 시간 낭비라는 생각을 하지 않는다. 그는 이 정도 크기의 변화를 이루어 내기 위해서는 정책 입안자를 교육시키기 위한 광범위한 노력이 앞서야 한다는 것을 알게 되었다. 그는 또한 정책 변화를 성공시키는 사람은 끈기 있는 사람이라는 사실도 알고 있다. 지금 그는 자신의 주 정책 입안자에 대한 교육은 거의 끝난 상태이며, 그들이 NCTM의 기준을 채택할 날을 기다리고 있다.

**전문가 협회－강력한 자원** : 여러 가지 이유로 사람들은 하나 이상의 전문가협회에 소속되는데, 교육정책에 영향력을 행사하고자 하는 학교 지도자들에게 그러한 협회 가입은 필수적이다. 자신이 가입할 최적의 협회를 선택하는 것은 세밀한 분석과 조사를 해야 하는 중요한 결정이다. 〈표 8.5〉는 미국에서 활동 중인 주요 교육 관련 협회를 보여 주고 있다. 이 표는 모든 것을 다 포함한다기보다는 대표적인 것만을 나열한 것이다. 교육 관련 협회를 세 가지 큰 범주로 나누었다. (1) 특별 행정가 단체, (2) 교과 분야별 단체, (3) 일반 협회이다. 모든 학교 지도자들은 특성상 자신이 속한 학교의 역할에 맞는 전문행정가 단체의 일원으로 가입해야만 한다. 그 외에도 한두 개 정도의 다른 단체에도 가입해야 한다. 예를 들어, 사례 2의 Bruce Jensen과 같이, 자신이 가르치는 과목에 깊은 관심을 가지고 있어 이의 개발과정에 참여하고 싶은 경우가 있다면 교과 분야별 단체에 가입하는 것이 좋은 방법이다. 일반 단체는 다양한 전문교육자를 회원으로 받을 뿐 아니라 넓은 분야의 정책 쟁점에 대해 관심이 있으므로 이들 단체에 가입하는 것도 장점이 있다. 예를 들어, 장학 및 교과개발협회(Association for Supervision and Curriculum Development, ASCD)는 행정가, 교사, 사범대학의 교수까지 폭넓은 회원을 모집한다. 마찬가지로, 그리스 문자로 표시된 협회는 명망 있는 교육 분야의 인사를 회원으로 받는 단체로서, 특별한 행정가나 교과 분야별 협회에 비해 교육계에서 폭넓은 분야에서 회원을 받는다. 이들 단체는 다양한 교육 전문가와 같이 일하고 회의할 수 있는 장소를 제공한다. 일부 주의 전국교육협회(NEA)에서는 행정가를 회원으로 받지 않지만, 다른 주(특히 남부)에서는 회원으로 인정한다. 이와 같이 포괄적인 주에서는 NEA가 대학 교수도 회원으로 받아들이기 때문에 가장 효율적인 일반 교육 단체가 될 수도 있다. 따라서, 어떤 단체에 가입할 것인지 결정하기 전에 자신의 전문 책임 분야, 관심사, 자신의 주에서 각 단체의 회원 모집과 활동 상황 등을 포함한 다양한 요소에 대해 검토해야 한다. 한 가지의 최선책은 없다.

전문단체들은 교육정책에 대해 영향력을 행사하고자 하는 학교 지도자들에게 우선 풍부한 정보와 전문적 지식을 제공한다. 제7장에 논의한 바와 같이 대부분의 단체는 잡지를 출판하며, 이 잡지는 정책 개발에 대한 기사를 정기적으로 싣는다. 많은 단체가 워싱턴 시와 주 수도에서 일하는 로비스트를 고용하거나, 일부는 완벽한 대정부 홍보 사무실을 가지고 있는 경우도 있다. 매우 활동적인 단체는 정책의 흐름에 대한 최신 자료

〈표 8.5〉 대표적인 교육 관련 전문가협회

| 행정가 또는 관련 협회 | 과목 분야별 협회 | 일반 협회 |
|---|---|---|
| 미국학교행정가협회(American Association of School Administrators, AASA)<br>전국초등학교장협회(National Association of Elementary School Principals, NAESP)<br>전국학교사무직협회(National Association of School Business Officials, NASBO)<br>전국중등학교장협회(National Association of Secondary School Principals, NASSP)<br>전국교육위원회협회(National School Boards Association, NSBA)<br>전국학교홍보협회(National School Public Relations Association, NSPRA) | 미국직업교육협회(American Vocational Association, AVA)<br>영재아협의회(Council for Exceptional Children, CEC)<br>국제독해협회(International Reading Association, IRA)<br>전국아동교육협회(National Association for Education of Young Children, NAEYC)<br>전국상담교사협회(National Association for School Counselors, NASC)<br>전국사회교사협의회(National Council for the Social Studies, NCSS)<br>전국영어교사협의회(National Council of Teachers of English, NCTE)<br>전국수학교사협의회(National Council of Teachers of Mathematics, NCTM)<br>전국과학교사협회(National Science Teachers Association, NSTA) | 장학 및 교과개발협회 (Association for Supervision and Curriculum Development, ASCD)<br>Delta Kappa Gamma<br>Kappa Delta Pi<br>전국교육협회(National Education Association, NEA)<br>Phi Delta Kappa<br>Pi Lambda Theta |

주 : 일리노이 주립대, 사범대학 웹페이지 "학교 재정 합헌 소송 상태(Status of School Finance Constitutional Litigation)"에 의거. 1997년 6월 18일 수집. http://www.coe.ilstu.edu/boxscore.htm

를 인쇄된 뉴스레터, 인터넷, 전화, 또는 특별 우편물 형태로 꾸준히 발행하고 있다. 그들은 주 차원 또는 전국 차원의 학회에서 유용한 정책 모임을 주관한다. 제6장에서 언급한 바와 같이 신문 또는 방송은 교육 관련 소식을 간헐적으로, 특히 주 차원에서는 더욱 자주 다룬다. 따라서 교육정책에 영향을 미치고자 하는 학교 지도자라면 이 정보원들이 필수적임을 알게 될 것이다.

또한 이들 전문협회는 행정가들이 다른 사람들을 만나 정책에 대한 관심과 문제를 논의할 수 있는 다양한 포럼을 제공한다. 그러한 의견 교환은 정책에 관한 그들의 입장을 정리하고 확고히 하는 데 도움이 된다. 또한 이들 단체는 단체 내부 또는 다른 단체와 연합 활동을 주도함으로써 고립감을 없애 주기도 한다. 많은 전문단체들이 연방 의회 또는 주 의회의 회기마다 추진하고자 하는 공식 입법의제를 가지고 있다. Bruce Jensen의 경우처럼, 많은 학교 지도자들이 자신의 입장과 일치하는 의제를 찾거나 개발하게 될 것이다. 또 다른 사람들은 단체 내부에서 일하는 것이 단체를 분열시킬 가능성이 있기 때문에 단체 밖에서 일해야 할 경우도 있을 것이다. 그렇다고 할지라도, 단체 내부에서 네트워크를 형성하기 위한 동지를 찾아낼 경우도 있다. 예를 들어, 일부 주에서는 AASA의 주 지부에서 만난 학교 교육감들이 연합하여 학교 재정체계의 개혁을 추진하고 있다. 많은 다른 학교 지도자들이 현재의 재정 위기에 대한 좌절을 공유하고 있다는 것을 알고, 서로 협력하여 법정에서 해결책을 찾기 위해 나섰다. 비록 그들은 현명하게 공식 단체 밖에서 일하고 있지만, 이 단체가 그들의 노력을 조직화하는 기반이 되었다.

## 로 비

**사례 3 : 재정 손실의 회피** : 교육감 Harry Levinson이 이메일로 답장을 쓰고 있을 때, 운영과장 Suzanne Matsuo가 갑자기 들어왔다.

"Harry, 이거 봤어요?" 그녀는 전국학교사무직협회(NASBO)의 주 지부에서 발행한 「입법 속보」를 그의 손에 들이밀면서 물었다.

Harry는 쪽지를 보았다. 그녀는 붉은 형광펜으로 한 항목에 원을 그려 넣었다. 그것은 지난 주 주 의회 상하원에 제출된 한 쌍의 법안에 대한 것이었다. 이 법 조항 중의 하나는 주가 교육구에 지원하는 최소 버스 통학 거리를 1.5에서 2마일까지로 증가시킴으로써 주 정부 보조금을 줄여 보고자 하는 것이었다.

"우리가 얼마나 손실을 입을까요?" Harry가 물었다.

"약 63,000달러일 겁니다." Suzanne이 대답했다. "그러나 실질적으로는 산페드로에 사는 거의 모든 아이들이 영향을 받을 겁니다. 어떤 일이 있어도 그들을 통학시켜야 하니까요."

산페드로는 산 중턱에 위치한 광산촌으로, 심하게 구부러진 가파르고 좁은 길로 접근할 수밖에 없는 작은 도시였다. 수십 년간 산페드로는 자체 교육구로 운영되고 있었다. 그러나 몇몇 광산이 문을 닫고 난 후 교육구는 재정적 위기 직전까지 몰렸고, 주 당국은 그 도시를 Harry의 교육구에 통합시켰다.

"산페드로까지 거리가 얼마나 되지요?" 그가 Suzanne에게 물었다.

"제가 Ted에게 버스 노선을 점검하라고 했는데, 그가 말하기를 초등학교까지는 1.7마일이고 고등학교까지는 1.9마일이라더군요."

Harry는 신음했다. "그래도 다행인 것은 이제 막 이 법안이 제출되었다는 것이네요. 이 법안을 개정하는 데 충분한 시간이 있네요."

그날 오후 Harry는 로비 계획을 만들었다. 그는 자신의 지역 하원의원에게 그 법안의 수정을 강력하게 요구하는 편지를 썼다. 자신의 지역 상원의원이 상원교육위원회에서 일하고 있기 때문에 Harry는 그녀의 지역 사무실을 개인적으로 방문하기로 결정했다. Blackstons 상원의원과 20분을 함께하는 동안 그는 그녀에게 산페드로의 상황을 설명했고, Suzanne이 전날 작성한 한 쪽의 재정 현황표를 전달했다. Blackstons 상원의원은 자신이 해 볼 수 있는 것은 하겠다고 약속했다. 또한 Harry는 자기와 특별히 좋은 협력 관계에 있는 2명의 주 교육부(SDE) 사람과 몇몇 지역의 교육장에게 지지해 줄 것을 요청하는 전화를 했다.

5월이 되어 여러 차례 수정된 법안이 입법부를 가까스로 통과했을 때, 그 법안에는 재정적으로 어려운 교육구는 2마일 조항의 적용을 받지 않도록 청구할 수 있는 조항이 포함되었다. Harry가 원하는 것과 정확히 꼭 맞지는 않았지만, 그는 예외적인 경우를 인정하는 새 법률에 대해 만족했다. 다음 해에 그의 교육구는 산페드로에 대한 예외를 청구하였고, 이를 승인받았다.

**언제 "로비" 할 것인가?** : 지금까지는 로비라는 단어를 사용할 때마다 따옴표를 사용하였다. 이는 연방법과 많은 주법에서 공직자가 자신의 일에 직접적인 관련이 있는 쟁점에 대해 공식적으로 의원이나 행정기관 직원을 접촉하는 것은, 정확하게 기술적으로는 로비가 아니기 때문이다. 이 경우에는 자기 직무의 기본 책임을 다하고 있는 것이다. 이 외의 사람들이 로비를 한다는 것은 법률 또는 규칙의 형성, 채택, 또는 수정을 위해 행정부나 입법부의 공무원을 구두 또는 서면으로 접촉하는 것을 의미한다(deKieffer, 1997). 학교 지도자는 직업상 필요할 때 공직자를 접촉할 준비를 해야 한다. 예를 들어 사례 3에서 Harry Levinson은 교육구 일부의 재정적 손실을 보거나 학생들로 하여금 위험한 길을 걸어서 통학하게 하여 위험에 처하게 할 가능성이 있었다. 이 쟁점은 교육구와 학생의 최선의 이익을 위한 것으로서, 교육감으로서 의원이나 행정기관 공직자를 접촉한 것은 본명히 옳았다.

그러나 쟁점이 항상 이렇게 명백한 것은 아니다. 개인의 신념과 학생에 대한 최선의 이익 사이의 구분은 때때로 모호하다. "로비"는 구체적인 법에 명시된 진짜 로비와 겹칠 수 있다. 특정 법안이나 규칙 때문에 정치적인 인물과 접촉하기 전에, 학교 지도자는 스스로 몇 가지 질문을 하고 이에 대해 정직하게 답을 해 보아야 한다. 이 답에 어느 하나라도 의문이 있다면 좀 더 조심스럽게 행동해야 하며, 등록된 로비스트가 있는 전문 단체의 힘을 빌리는 것도 고려하여야 한다. 물론 또 다른 가능성은 교육구 자체가 로비스트를 고용할 수도 있다는 것이다. 어떤 방법을 취하든지, 학교 지도자는 로비가 매우 엄격하게 규제되는 정치적인 행동이며 등록을 비롯한 서류 작업이 필요하다는 것을 알고 있어야 한다. 특정 규칙이나 법안 때문에 정부관료와 접촉하는 학교 지도자는 로비에 대한 연방 및 주 차원의 규제를 정확하게 알고 있어야 한다. Wiget(1995)는 "우리가 얼마나 정직하든지, 우리의 동기가 얼마나 순수하든지, 우리의 원칙이 얼마나 공고하든지에 관계없지 이 규칙, 특히 로비에 관한 규칙은 준수하여야 한다."라고 경고하고 있다(p. 37).

**서면 의사 표시** : 공직자들에게 "로비"를 하기 위한 효과적인 방법으로 서면 의사 표시, 전화, 직접 방문하는 방법이 있다. 서면 의사 표시 방법은 이 절에서, 전화 걸기와 개인적인 방문에 대해서는 다음 절에서 설명한다.

편지를 쓰는 것은 정부 공직자와 접촉하는 가장 고전적인 방법이긴 해도 아직까지 가장 효율적인 방법이며, 특히 팩스나 이메일로 매우 쉽게 할 수 있다. 그중에서도 가장 효율적인 것은 손으로 쓴 유일한 서신(수신 공직자에게 단 하나만 도착하는)이다. 워드프로세싱된 유일한 편지도 효율적이다(deKieffer, 1997). 이 범주에 드는 편지는 공직자는 아닐지라도 누군가에 의해 읽힌다. 정부 공직자의 보좌진이 먼저 편지를 읽은 후, 이 편지의 쟁점과 필자의 입장 등을 일지에 기록한다. 편지의 요약을 공직자가 읽게 된다. 이 편지에 대한 답장을 보내지만, 답장은 컴퓨터가 자동 생성한 것일 가능성이 높다.

- 해당 쟁점은 나의 직무 책임과 명확하게 관련 있는가, 또는 이 쟁점에 대한 내 관심이 개인적인 취향 때문인가, 아니면 직업적 의무인가?
- 지역 교육위원회는 이 쟁점과 관련하여 공직자와 접촉하는 것을 내 직무의 일부로서 볼 것인가? 학부모는? 지역 신문 편집장은? 교원노조는?
- 이 행동이 나의 직무와 관련 있다는 것을 설명하기 위해 얼마나 긴 시간이 필요할 것인가?

**[그림 8.7] 정부 공직자들에게 로비하기 전에 고려해야 할 질문**

연방 의회와 주 의회의 의원들은 오래전부터 일반에게 공개된 이메일 주소를 가지고 있다. 이메일 주소는 의회가 운영하는 웹사이트에서 구할 수 있다. 이제 의원들이 전통적인 편지보다 이메일을 더 많이 받는 것은 놀라운 일이 아니다. 이메일은 몇 가지 점만 주의하면 정치가와 의사소통하는 효율적인 방법이 될 수 있다. 이메일은 간단해야 —편지보다 더 간단해야—하며 파일을 첨부해서는 안 된다. 많은 의원 보좌관들은 첨부 파일이 있는 이메일을 주기적으로 삭제한다. 이메일은 전자우편이기는 하지만 발송자의 주소를 명시해야 한다. 의원들은 항상 자신의 교육구 주민과 아닌 사람을 구분하고 싶어한다. 마지막으로 이메일은 한 사람에게만 보내야 한다. 수신자 명단이 긴 이메일은 비효율적이다(Casey, 1996).

대량 생산하는 편지, 즉 예를 들어 50명이 똑같은 편지를 공직자 한 사람에게 보내는 것 등은 효율이 낮다. 이런 편지는 읽지 않고 다만 편지 수만 점검한다(deKieffer, 1997). 즉, 똑같은 편지를 50장 또는 60장 만들어서 각기 다른 사람에게 서명만 시켜 보내는 것은 시간과 돈의 낭비라는 것이다. 수백 또는 수천 장의 똑같은 편지는 영향을 미칠지도 모른다. 최소한 이만한 수의 편지는 중요하게 받아들여진다.

[그림 8.8]은 의원에게 이메일을 포함한 편지 보내는 양식이다. 규정을 지키는 것 외에도 교육 전문가들이 명심해야 할 점은 서신을 보낼 때 철자와 문법이 완벽해야 한다는 것이다. 이유는 자명하다. 행정기관이 새로운 규칙에 대해 의견을 요청하는 편지를 보낸 데 대한 답장을 서신으로 보낼 때에도 똑같은 양식을 지켜야 한다. 대부분의 경우, 이 양식은 제안된 규칙의 공식 안내장에 포함되어 있다. 이 양식을 지키지 않는다면 공직자는 편지를 실격 처리할 수도 있다.

- 편지 봉투와 본문에 자신의 이름과 주소를 포함시킬 것
- 하나의 쟁점 또는 법안에 대해서만 다룰 것
- 편지를 짧게 쓸 것. 1쪽 이내가 이상적
- 첫 문단에서 법안 번호를 명기할 것
- 자신의 전문성과 경험을 토대로 자신의 입장과 이유를 명확히 밝힐 것
- 의원에게 자신의 입장을 지지할 것을 요청
- 유쾌하고 예의바르고 건설적일 것
- 자신의 이름을 서명할 것
- 의원이 자신의 입장을 지지할 때 감사의 편지를 보낼 것

**[그림 8.8] 의원들에게 효율적인 편지를 쓰는 요령**

주 : Bootel(1995), deKieffer(1997), Wiget(1995)에 의거함.

- 전화를 걸기 전에 원하는 요점을 간단하게 메모한다.
- 통화의 초반에 자신과 자신이 사는 곳에 대해 밝힌다.
- 어떤 쟁점에 관한 것인지 진술한다. 쟁점을 법안 번호 및 간단한 설명과 함께 밝힌다.
- 자신의 견해와 그 견해를 갖게 된 이유를 설명한다.
- 의원에게 지원을 요청한다.
- 유쾌하고 예의바르게 건설적으로 말한다.
- 시간이 가능하다면 추후에 서신을 보낸다.

**[그림 8.9] 의원에게 전화하는 요령**

주 : Bootel(1995), deKieffer(1997), Wiget(1995)에 의거함.

**전화 통화** : 시간이 충분하지 않을 경우 의원과 접촉하는 가장 효과적인 방법은 전화를 거는 것이다. 수도에 있는 의원 사무실 또는 지역구 사무실 어떤 곳으로 전화해도 된다. 바쁜 국회의원들이 직접 전화를 받는 경우는 없지만, 사무원이나 보좌관이 응답을 하게 될 것이다. 의원 보좌관들은 각각 자신의 전문 분야가 있기 때문에, 전화 용건을 정확하게 말해서 담당자에게 연결되도록 해야 한다. [그림 8.9]에 보인 몇 가지 요령은 전화 통화를 준비하고 진행하는 데 도움이 될 것이다. 편지와 마찬가지로 통화는 간단해야 하며, 통화 시간은 5~10분을 넘지 않아야 한다(Bootel, 1995; deKieffer 1997; Wiget, 1995).

행정기관의 관리자와 접촉할 때도 전화는 가장 좋은 방법이 될 수 있다. 행정기관의 관리자도 직접 전화를 받는 경우는 없지만, 대부분 응답 전화를 한다. 의원과 마찬가지로, 전화를 할 때는 대상이 되는 규칙의 번호 또는 문제로 지적하는 영역을 명시할 수 있도록 준비해야 한다. 행정 공무원에게 질문, 해명 요청, 새로운 정책이나 규칙에 대한 불만 등에 관해 전화하는 것도 적절하다. 자신의 전문 영역에 관한 새로운 규칙 개발을 돕겠다고 전화하는 것도 좋은 방법이다. 공무원은 새로운 정책을 구현하기 위한 계획 수립에 도움이 되는 정직한 조언을 바라는 경향이 있다.

**개인적 방문** : 때에 따라서는 의원들과 직접 만나서 이야기하는 것도 좋은 방법이다. 이와 같은 개인적인 방문은 매우 효율적일 수 있다. 약속 시간은 미리 정해야 하는데, 의회의 일정이 꽉 짜인 회기 후반보다는 회기 초반으로 정하는 것이 현명하다. 약속 시간은 의원 비서와 정하게 된다. 보좌관이 방문의 목적을 묻는 경우도 있다. 그들의 질문에 대해서는 완벽하고 정확하게 답해야 한다.

보통 의원들과의 만남은 15분 정도 지속되기 때문에 방문이 의미 있게 되기 위해서는 주요한 논점을 정리하고 무엇을 말할 것인지 치밀하게 계획을 세워야만 한다. 방문하려는 교육자는 주요 논점의 개요를 준비해야 한다. 많은 사람들이 의원 사무실에 놓고 갈 정보가 담긴 서류를 만들기도 한다. 종종 자신의 입장과 그 이유를 설명하는 사실에 대한 요약이 포함되기도 한다.

의원과 만날 때는 약속 시간을 엄수해야 한다. 종종 의원들의 바쁜 일정 때문에 약속을 지키지 못하고 의원을 대신하는 보좌관들과 이야기해야 하는 경우도 있다. 물론 이것은 실망스러운 일이기는 하나, 모욕이나 무관심의 표현으로 해석할 필요는 없다. 그것은 의원들이 가중되는 일정과 예측 불가능한 의사 일정을 관리하는 방법인 것이다. 방문자는 의원에게 이야기하듯이 보좌관에게 이야기해야 한다. 결국 보좌관이 대화 내용을 의원에게 전달할 것이다. 의원 또는 보좌관과 이야기할 때에도 대화 내용을 메모하는 것이 좋다. 서신이나 전화 통화와 마찬가지로 방문도 예의바르고 건설적이어야 한다.

방문이 끝난 후, 의원과 약속 일정을 잡고 면담을 주선한 보좌관에게 감사 편지를 보내는 것이 좋다. 이 편지에 대화의 요지를 간단하게 회상시켜야 한다. 특히 의원이나 보좌관이 이에 관심을 표했을 경우, 이때가 관련 정보를 보내기에 좋은 시간이다(Bootel, 1995; deKieffer, 1997; Wiget, 1995).

**재판에 영향을 미치기 위한 특별 요령 :** 사법부의 정책 형성과 채택과정에 영향력을 행사하는 과정에는 입법부나 행정부에서는 제기되지 않았던 몇 가지 미묘한 문제가 제기된다. 학교 지도자들이 대정부 홍보에 판사를 포함해야 함에도 불구하고, 판사에게 "로비"를 해서는 안 되기 때문이다. 판사의 전문규범은 그들의 판결이 법, 판례, 또는 법률적 추론에 기초한 공정한 것이어야 한다고 규정하고 있다(Abraham, 1986). 따라서 그들은 일반인이 어느 한쪽으로 이끌려고 하는 것을 판사직의 특권에 대한 모욕적 도전으로 받아들인다. 학교 지도자들은 공적 또는 정치적 모임에서 판사를 자주 마주칠지라도, 아직 심리 중인 교육 관련 재판에 대해서는 언급을 피해야 한다. 판사가 이 쟁점을 언급했을 경우, 판사가 대화를 주도하도록 하면서 조심스럽게 말해야 한다.

그러나 이것이 중요한 재판에 대해 어떠한 의견도 표시하면 안 된다는 것은 아니다. 판사에게 의견을 표시하는 공적, 제도적 방법은 **전문인 소견서**(brief amicus curiae)를 통한 것이다. 이는 "소송 당사자가 아닌, 그러나 자신이 지지하는 판결에 대해 깊은 관심을 가진, 개인이나 단체가 제출한 비중립적인 소견서"를 말한다(Abraham, 1986, p. 248). 이 문서는 자신이 지원하는 입장에 대한 주장을 법적 용어로 표현한 것이다. 이 소견서를 제출하고자 하는 개인이나 단체는 관련 법정에 청원서를 제출하여야 한다. 전문인 소견서의 제출이 항상 허락되는 것은 아니다. 이 방법을 택하고자 하는 학교 지도자는 변호사의 법적 자문과 전문협회의 조언을 받는 것이 좋을 것이다.

**위험-주의 사항!** 정책과정에 영향력을 행사하는 것은 순진하거나 정보력이 없는 사람이 할 일이 아니다. 따라서 모종의 정치적 활동을 하고 있는 사람들은 몇 가지 법적인 함정에 대해 유념해야 하는데, 특히 다음과 같은 세 가지 것들이 해당된다.

**정당 활동** : 많은 학교 지도자들은 정당에 가입되어 있거나 최소한 강한 호의를 갖고 있는 것이 사실이다. 그러나 전문적 교육 지도자로서 일할 때에는 초당파적인 공정성을 유지해야 한다. 따라서 정책 수행자들과 관계를 맺을 때는 그들이 가입한 특정한 정당이나 혹은 이념적인 노선과는 무관하게 해야 한다. 초청장을 보낼 때에는 자신과 견해가 같은 공직자에게만 보내지 말고, 다양한 견해가 반영되도록 초청 범위를 확대해야 한다. 교육 지도자는 한 정당 또는 정당의 한 분파를 선호하거나, 선호하는 듯 보여서는 안 된다. 많은 주가 공직자의 정당 활동에 관한 법을 갖고 있다(Wiget, 1995). 이 분야는 규칙을 알고 규칙에 따라 행동하는 것이 중요한 곳이다.

**선거 유세에 대한 기부** : 조만간 학교의 지도자들은 선거 유세에 대한 기부를 하라는 요청을 받게 될 것이다. 두말 할 필요 없이 학교 기금을 정치적 목적으로 기부해서는 안 되며, 모든 헌금은 자신의 자금으로 해야 한다. 그러나 학교 지도자가 충분한 자금을 가지고 있는 경우는 거의 없다. 게다가, 한쪽 선거에 지원을 하고 나면 다른 쪽 선거에도 지원해야 할 것 같은 의무감이 생기기도 한다. 불행하게도 단 하나의, 보편적인, 엄중한 규칙은 존재하지 않는다. 정치란 간단한 법이 없다. 그러나 다음과 같은 조언은 유용할 것이다.

성공을 바라는 젊은 학교 지도자라면 기부 요청을 받기 전에 자신이 어떻게 행동해야 할지에 대해 결정해야 한다. 두 가지 중요한 고려 사항은 법적인 규범과 지역 정치 규범이다. 전문협회가 연방법 및 주법에 관한 정보를 줄 수 있을 것이다. 이들 단체는 법적 지침을 요약한 책자를 발행하기도 한다. 성공을 바라는 젊은 학교 지도자는 자신의 교육구에서 이미 활동하는 행정가에게 지역 규범에 대해 물어보아야 한다. 이들은 법이 정한 것보다 더 제약이 심할 수 있다. 예를 들어 주에서는 각 정당에 100달러를 기부하는 것이 합법적일지는 모르나, 한 교육구에서는 전혀 기부를 하지 않기로 결정했을 수도 있다. 옆 교육구에서는 요청하는 사람마다 상징적 의미로 5달러를 기부하고 있을 수도 있다. 성공을 바라는 젊은 학교 지도자가 지역의 전문규범이 법을 어기고 있는 특별한 상황이 생길 수도 있다. 이 경우, 그는 우선 외부인의 자문을 통해 이 관행이 정확히 불법인지 확인해야 한다. 외부 인사가 이 점을 확인해 주었다면 어려운 결정이 기다리고 있다.

**선물 공세 :** 정치인들에게 선물 공세를 펼치는 것은 기부금 운동과 마찬가지로 엄격히 규제된다. 1995년 연방법에 따르면, 다음은 연방 기관의 공무원들이 따라야 할 지침이 될 것 같다. 일반적으로 점심식사를 제공하거나, 쟁점와 관련된 책자를 주는 것, 상패를 포함한 상을 수여하는 것, 5달러 이하의 목걸이나 서진(書鎭)과 같은 작은 선물은 허용된다. 이보다 큰 선물은 아마 거부할 것이다. 이 분야의 연방법은 빨리 바뀌므로 자주 점검해야 한다. 주에도 선물에 관한 법이 있으므로 학교 지도자는 법을 알고 따라야 하며 매년 정보를 갱신하여야 한다. 예를 들어, 대부분의 주에서 의회의원이나 주 교육부 공무원에게 점심식사를 제공하는 것은 허용된다. 학교나 교육구에 관련된 작은 선물, 예를 들어 모자, 범퍼 스티커, 포스터 혹은 머그컵 등은 아마도 허용 범위 내에 있을 것이다. 하지만 고가의 운동복 재킷, 고등학교 미식축구의 시즌 경기 티켓, 교육구가 자금을 지원하는 학회의 주말 패키지 등은 선물하기 전에 조심스럽게 점검해 보아야 한다.

## 맺는말

마지막 몇 문단 때문에 학교 지도자가 정부 공직자와 접촉하는 것을 피하려 하지 않기를 바란다. 학교 지도자는 정책 형성과 채택과정에서 떨어져 있으면 안 된다. 공직자로서 그들의 책임의 일부는 학교를 위한 최선의 정책이 채택되도록 하는 것이다. 교육자로서 그들의 책임의 일부는 민주사회의 효율적인 시민을 키워 내는 것이다. 교육정책이 비현실적이며 때로는 해롭기까지 한 이유 중 하나는 학교 지도자가 정치를 회피했기 때문이다. 그러나 정치를 회피하는 것은 정치의 피해자가 되는 것이며, 학교나 아동들에 대해 전혀 모르는 사람들이 만든 정책을 양산해 내는 것이다. 정책 형성에 영향을 미치는 일은 어렵고 때론 위험하다. 그러나 이것은 교육 지도자가 되고자 하는 사람이 해야 할 일의 일부이다.

## 토론을 위한 질문과 활동

1. 자신의 주에서 주 입법 활동에 대한 정보를 제공하는 세 곳을 찾아라. 이들과 접촉하고 자신이 발견한 것을 교실에서 토의하라.
2. 자신의 주에서 교육부를 접촉하여 규칙 제정에 교육자가 참여할 수 있는 제도가 있는지 물어보라. 자신이 발견한 것을 교실에서 토의하라.
3. 공공 또는 대학 도서관에서 가지고 있는 자료 중에서 자신의 주에서 정책 형성과 채택에 관련된 가장 유용한 정부 문서를 찾아라.
4. 당신의 교육구와 정책 형성 및 채택과정에 관련된 지역 정부 공직자 사이에 보다 나은 관계 형성을 위한 계획을 개발하라.

### 인터넷 과제

자신의 주 정부에서 입법부, 행정부, 사법부가 관리하는 웹사이트를 인터넷 검색하라. 그 다음, 다음 척도를 이용하여 이들을 평가하라. (1) 사용자 편이, (2) 최신 정보, (3) 정확하고 완벽한 정보, (4) 정부 공직자와 접촉하는 데 필요한 정보

### 사례연구

The GADFLY

중서부 주에서의 전문가로서 은퇴하기 10년 전부터, 교육장 Jack Donato는 점점 더 교육정책 동향에 불만이 생기기 시작했다. 비록 그는 장사가 잘되는 쇼핑센터가 서너 개 있으며 재정적인 문제가 전혀 없는 교육구에 편안하게 있긴 하지만, 그의 주위에서 파산 직전에 이른 학교체제와 빈곤에 시달리는 아동 수가 늘어나는 것을 보았다. 그러나 연방과 주 차원 모두 정치가는 교육자에게 비난을 돌리고, 높은 시험 점수를 보상하고 낮은 시험 점수를 처벌하는 정책을 개발하고 있었다.

은퇴하기 7년 전, 주 의회가 학교 간의 경쟁을 통해 학교를 개선하려는 교육구 간 개방 등록 제도를 실시하는 교육 개혁 법안을 통과시킬 때, Jack은 첫 공격을 벌였다. 그는 주 교육장협회의 지부와 함께 새로운 법에 대한 워크숍을 개최하여 의원, 주 교육부의 대표, 타 주의 개방 등록 제도 반대자를 초청하여 학교 운영자에게 연설하게 했다. 다음, 그는 다른 교육장을 설득하여 그와 함께 주 정부에 반대하는 소송을 제기하게 했다. 그들은 모든 교육구가 학생에 대한 정보와 시험 성적 등 인구 정보를 주 교육

부에 보내게 한 법 조항에 대해 사생활 권리 침해를 걸어 고소했다. 주 정부 청사에서는 이와 같은 행동을 빌어 Jack에게 "등에(gadfly)"라는 별명을 붙였지만 그는 상관하지 않았다.

비록 법정에서는 졌지만, 그는 반대 운동을 계속했다. 정치와 경제계 지도자가 교육문제를 좌지우지하는 것에 반대하기 위해 그와 그의 교육구는 Gerald Bracey, David Berliner, Bruce Biddle과 같은 전국적인 인물을 초청, 공교육과 그 문제점에 대한 다른 대안에 대해 이야기하도록 하는 일련의 강연을 주관하였다.

은퇴 기간 동안, Jack은 의회가 제안한 지불보증제(voucher)에 대한 정보를 교사들에게 보내고, 이 법에 대한 의견을 의원들에게 보낼 것을 설득하였다. 물론 교사들은 Jack이 이에 강하게 반대하고 있다는 것을 잘 알고 있었다. 등에가 은퇴했을 때, 의회는 아직 지불보증제를 고려하고 있었으나 Jack은 좋은 싸움을 벌였다고 생각했다.

**질 문**

1. Jack의 개인적 · 전문적 상황의 어떤 측면이 그가 강한 반대 입장을 취하게 하였는가? 다른 상황에 처한 지도자가 취할 수 있는 보다 솜씨 좋은 운동 방법을 묘사하라.
2. 정책 형성과 채택이 일어나는 세 분야 각각에 대해 영향을 미치기 위한 Jack의 시도와 함께 그의 동지를 사용한 방법에 대해 묘사하라.
3. 정책과정 중 그가 개입하고자 선택한 단계는 어느 정도 최선이었는가? 어떻게 하였으면 그가 정책과정의 앞 단계에 영향을 미칠 수 있었겠는가?
4. Jack의 활동에 대해서 어떤 법적 · 윤리적 문제를 제기할 수 있는가?

주 : Jack Donato는 저자가 개인적으로 알고 있는 교육장을 모델로 삼았다.

## 찬반논쟁 : 학교에서 제공하는 서비스를 민영화하여야 하는가?

**찬성** 공립학교는 아동에 대한 교육과 관련이 전혀 없는 많은 서비스, 즉 학교 급식, 청소, 통학, 경영 등을 제공하고 있다. 누구나 융통성 없는 관료적인 공공 부문보다 민간 부문이 보다 효율적인 것은 알고 있다. 그렇다면 왜 교육 중에서 교육과 관계없는 분야는 모두 민영화하지 않는가? 시장 경제가 마법을 발휘하게 하자. 그러면 학교 서비스 제공자와 행정가가 좋은 서비스를 가능한 낮은 가격으로 제공하게 할 것이다. 곧 좀 더 사업적인 측면을 보게 될 것이며 고객의 수요에 대응하는 것을 보게 될 것이다. 시장에 반응하지 않으면 그들은 살아남지 못할 것이다. 민영화는 우리 아이들의 교육을 개선할 뿐만 아니라 납세자의 돈을 절약할 수 있게 할 것이다.

**반대** 학교 서비스와 경영을 민영화하자는 논의의 대부분은 증거보다 사상에 기초를 둔 것이다. 민영화에 대한 새로운 연구 결과, 특히 학교 경영의 민영화에 대한 것은 그것이 교육 서비스를 개선하지도, 돈을 절약하지도 않는다는 것이다. 민간 부문이 모든 일을 잘 해 나갈 수 있지도 않으며 보편 교육의 제공도 그 하나이다. 이유는 명백하다. 아이들은 사료를 기다리는 소처럼 한 장소에서 다른 장소로 이동하도록 포장된 것이 아니다. 학교와 관련된 모든 측면이 잠재적으로 교육적이어야 한다. 따라서 이 서비스는 이익을 만들어 내는 것만이 목적인 민간 기업의 손안에 들어가서는 안 된다.

**여러분은 어떻게 생각합니까?**

## 심화 학습 자료

Martin, Janet M. (1994). *Lessons From the bill.* New Yorks: St. Martin's Press.

정치학 교수인 Martin은 지원금을 받고 하원의원 보좌관으로 1년간 일했다. 그녀의 책은 교육에 관한 연방 법안을 입법과정을 통해 통과시키면서 채택과 동시에 자금 지원까지 받게 한 그녀의 경험을 중심으로 의회의 내부 활동을 설명하고 있다.

Oleszek, W. J. (2001) *Congressional procedures and policy process.* 5th ed. Washington, D. C.: CQ Press.

저자는 연방 의회가 예산과정에서부터 충돌을 해결하는 과정까지의 일을 처리하는 방법의 내부 그림을 보여 주고 있다. 연방 의회의 움직임을 묘사하고 있지만, 많은 정보는 주 의회에도 적용 가능하다.

Rosenthal, Alan. (1981). *Legislative life.* New York: Harper & Row.

주 의회의 문화와 행동에 대해 널리 인용되는 이 고전은 어떻게 의원들이 생각하고 느끼는지에 대한 식견과 함께 의회에서 법안을 통과시키는 기제까지 풍부하게 묘사하고 있다.

Turner, D. W. (1995). Building legislative relationships: A guide for principals. *Here's How,* 13(5), 1-4

일리노이 교장협회의 사무총장이 되기 전 교장으로 20년간 일했던 Turner는 의원과 긍정적인 관계를 만드는 법과 함께 편지 쓰는 법, 전화하는 법, 개인 방문하는 법에 대해 좋은 제안을 하고 있다.

Wiget, L. A. (1995). *Effective government relations for public education.*

Bloomington, IN: Phi Delta Kappa Educational Foundation.

파이델타카파(PDK)에서 발행한 이 간략한 책은 대정부 홍보 프로그램을 만드는 데 필요한 구체적인 정보를 담고 있다. 최신 정보로 잘 쓰여진 이 책은 대정부 홍보 활동의 필요성을 인식하기 시작한 학교 지도자에게 유용한 정보를 제공할 것이다.

# 9

# 정책 들여다보기 : 정책도구와 비용 효율성

**탐구의 요점**

지도자들은 새로운 정책에 대해 어떤 종류의 정치 구도가 형성될 것인지 예측할 수 있는가?
지도자들은 정책 목표를 이루기 위해 어떻게 최선의 정책도구를 선택할 것인가?
지도자들은 정확한 정책의 비용을 어떻게 결정할 것인가?

## 공공정책 분석 배우기

학교 지도자가 정책의 개발, 형성, 채택에 대해서 또는 다양한 정책 실행자의 역할에 대해서 아는 것만으로는 부족하다. 그들은 정책을 분석하는 방법과 정책을 면밀히 조사하는 방법을 알아야 한다. 이러한 분석적 과정은 얼마나 정책이 잘 운영될 것인지, 어느 정도의 정확성으로 누가 지지하거나 반대할 것인지에 대해 예측할 수 있는 단초를 제공해 줄 수 있다. 두 가지 이유에서 학교 지도자들은 이런 능력을 갖추어야 한다. 첫째, 행정가로서 직접 학교의 방침을 만들어 나가야 한다. 학교장은 학교가 학생에게 긍정적인 학습 환경이 될 수 있도록 이에 필요한 방침을 채택해야 할 의무가 있다. 교육장은 다양한 주제와 관련된 학교 정책 계획의 초안을 작성하고, 그것을 지역 교육위원회에 상정해야 한다. 복장 규정, 지각 처리, 시험 점수를 올리기 위한 전략, 학교 식당에서의 규율 등 이외에도, 행정가들은 스스로 정책을 형성할 수 있어야 한다. 그러나 행정가들이 다양한 형태의 정책에 익숙하지 않다면, 아마 비슷비슷한 형태—대체로 벌을 주는 규칙들—로 문제점을 해결하려 할 것이다. 경우에 따라서는 벌을 주는 규칙이 가장 좋은 방침이지만, 항상 그렇지만은 않다. 지도자들이 여러 정책 대안을 가지고 있다면, 그중에서 학교가 직면한 문제나 그 문제 상황에 적합한 정책을 선택할 수 있다. 둘째, 요즘 교육 지도자들은 종종 다른 사람들이 만든 정책을 실행해야 할 때가 있다. 제10장에서는 정책의 실행에 대해 깊이 있게 다루고 있다. 그러나 원활한 정책 수행을 위해서는 정책의 구조를 이해하는 것이 첫 번째 단계이다. 이 정책이 제대로 작동할 것인가? 여러 이해관계자들은 어떤 반응을 보일 것인가? 어떤 문제들이 제기될 것인가? 정확한 비용은 얼마인가? 정책 분석을 통해 이 질문들에 대한 답을 얻을 수 있다.

이 장에서는 또 학교장이 학교 내부 또는 외부의 정책들을 비판적으로 검토할 수 있게 해 주는 세 개의 렌즈를 제시할 것이다. 이러한 분석적 접근들은 각기 다르지만 상호보완적이다. 각각의 접근 방법은 정책 구조에 대해 조금 다른 관점에 초점으로 맞추고 있다. 각각의 접근들이 합쳐져 중요한 교육정책을 분석하는 도구가 될 것이다. 다른 장들과 다르게 이 장에서는 주요 절 뒤에 연습문제를 배치하여 견고한 사례에 즉각적으로 분석의 구조를 적용할 수 있도록 하고 있다.

## Lowi의 통제 기법론

1964년의 논문에서 Theodore Lowi는 세 가지 기본 유형의 정책—**분배**(distributive), **규제**(regulatory), **재분재**(redistributive)—이 존재하며 각 유형에 따라 독특한 정치적 상황이 만들어진다는 명제를 발전시켰다. 30년 후, 그와 Benjamin Ginsberg(1994)는 원명제를 약간 수정하여 정책 유형을 통제의 기법(technique of control)으로 부르고, 분배정책(distributive policy)을 진흥정책(promotional policy)이라고 개명하였다. 이 장에서는 1994년과 1964년의 글 모두를 사용하지만, 보다 폭넓게 쓰이는 1964년의 용어를 사용해 논의를 진행하고자 한다.

### 분배정책

**분배의 정의.** 분배정책은 시민들에게 선물(gift)을 준다. 선물은 재화, 서비스 또는 특권이 될 수 있다. 정부가 선물을 준다는 개념이 조금은 생소하게 들릴지라도, 이 관행은 사실 오래된 것이다. 고대의 왕은 추종자들의 충성심을 강화하여 그들의 권력을 쌓기 위해 선물을 주었다. 앵글로색슨 서사시 〈베오울프(Beowulf)〉에는 "왕(king)"의 동일어로 "반지를 주는 자(ringgiver)", "보물을 베푸는 자(dispense of treasure)"를 쓰고 있다(Abrams et al., 1962). 현대의 정부는 귀금속을 시민에게 선물하지는 않지만, 다른 방법으로 부와 특권을 분배하고 있다. Lowi와 Ginsberg는 이를 세 가지로 구분하였다: (1) 보조금(subsidy), (2) 도급계약(contract), (3) 비규제적 면허(nonregulatory license).

**보조금.** 보조금은 "현금, 재화, 서비스 또는 땅"으로 구성된다(Lowi & Ginsberg, 1994, p. 389). 예를 들어 연방 정부와 주 정부는 도로를 건설하거나 보수할 때 보조금을 준다. 군(county) 정부는 도로에 팬 구덩이를 메우기 위해 통상적으로 상위 행정부에 보조금을 요청한다. 만약 이 요청이 받아들여지면 군 행정가들은 몹시 기뻐할 것이다. 군 행정가들은 군 주민들에게 그들이 얼마나 효율적인가를 자랑하려 할 것이고, 심지어는 건설 현장에 간판을 세워 그 건설 사업에 얼마나 많은 돈을 끌어왔는지 공포하려 할 것이다.

**도급계약.** 도급계약은 분배정책의 또 다른 형태이다. 도급 제도하에서 민간 회사는 정부가 제공하는 일정 규모의 자금을 받고 자신의 물품이나 서비스를 제공한다. Lowi와 Ginsberg(1994)는 보통 민영화(privatization)라고 부르는 많은 정책이 사실은 정부의 도급계약이라고 주장한다. 통학, 보수 유지 또는 관리 등의 교육 기능을 민영화하려는 현 제안은 이 범주에 들어간다. 비록 교육구와 도급계약을 한 업자는 선물의 대가로 일을 해야 하지만, 그렇다고 할지라도 교육구는 현금 가격에 상당하는 특권을 업자에게 부여하는 것이다.

**비규제적인 면허.** "면허(license)는 그렇지 않다면 불법이라고 인식될 행동을 할 수 있도록 정부가 허락한 특권이다."(Lowi & Ginsberg, 1994, p. 391) 면허는 여러 요구 사항의 충족 대신, 돈을 지불하여 얻을 수 있는 것이다. 예를 들어, 대부분의 주에서 일정 나이가 되면 별 어려움 없이 수렵 허가권(hunting license)을 취득할 수 있다. 모든 면허는 면허가 없었다면 불법으로 고발될 행동을 면허 취득자가 할 수 있도록 해 준다. 이를 통해 정부는 면허 취득자에게 면허를 취득하지 않은 사람들과 구별되는 특권을 부여하는 것이다. 현재 교육 분야에서는 비규제적 면허가 거의 사용되지 않고 있다.

**통제로서의 분배.** 고대에는 부족장이 추종자들에게 보석이나 땅을 하사하여 충성을 요구하였지만, 다른 분야에서는 그들의 행동을 통제하는 방법을 찾으려 하지 않았다. 오늘날 정부는 거시적인 목적을 위해서와 행동에 영향을 주기 위해 분배정책을 시행한다. 예를 들어, 1946년에 시행되기 시작한 연방 정부의 학교 점심과 우유 프로그램은 분배정책이다. 비록 일부 학생들만이 가정 형편상 무료 또는 할인 급식의 혜택을 받을 자격이 있지만, 모든 학생들(교직원을 포함하여)이 정부 보조금이 포함된 식사를 제공받았다. 지난 50년 동안 이 프로그램은 아동, 특히 빈곤층 아동의 영양 상태를 개선하는 데 큰 역할을 했지만, 중산층 아동들도 혜택을 받았을 것이다. 주 차원에서 정부는 통학, 시험과 같은 학교 서비스에 대해 재학생 수에 비례한 교부금(flat grant)을 학교에 지급한다. 이러한 분배정책은 교육구가 학생을 위한 활동을 하지 않으면 보조금을 받지 못하도록 함으로써 학생을 위한 더 많은 활동을 하도록 장려한다. [그림 9.1]은 교육 분

**보조금**

- 많은 전문성 개발 프로그램
- 학교 통학에 대한 주 정부 보조금
- 학교 내의 컴퓨터 프로그램
- 주 정부의 자본금 지출 지원 프로그램
- 학교 점심과 우유 지원 프로그램
- 연방이나 주 정부의 포괄적 교부금(block grant)
- 학교 기금의 일부로의 교부금(flat grant)
- 주 예산을 교육구로 할당하기 위한 교부금 분배 공식

**도급계약**

- 주 정부 또는 교육구와 교과서 회사 사이의 도급계약
- 주 정부 또는 교육구와 시험 관리 회사 사이의 도급계약
- 통학, 보수 유지, 식당 서비스의 도급계약
- 학교 시설의 설계와 건설에 대한 도급

**비규제적 면허**

- 학생에게 발행한 주차권
- 교직원에게 발행한 주차권
- 지역사회 주민에게 발행한 학교 도서관 이용권

**[그림 9.1]** 교육 분야의 분배정책 사례

야에서 활용되는 분배정책의 유형을 나열하였다. 이러한 유형들은 정책이 행위를 계도하는 다양한 방법을 보여 주고 있다.

**분배의 정치.** 고대 왕의 비유로 돌아가 보면, 분배의 정치에 의해 만들어지는 정치적 성격이 뚜렷해질 것이다. 고대의 통치자들은 전쟁에서 그들을 지원할 가신이 필요했고, 또한 신하들의 반란을 억제하고 싶어 했다. 선물을 분배하는 것은 이러한 목적달성을 위한 탁월한 방법이었다. 통치자가 공평하게 아낌없이 나누어 줄수록 추종자들은 그의 권력에 도전하려 하지 않을 것이다. 현명한 분배 전략은 추종자들이 다른 추종자들과의 관계에 신경 쓰는 것보다 왕과의 관계에 보다 주력하도록 만든다. 그리고 추종자들은 상호 정치적 불간섭을 지향하게 된다. 선물을 현명하게 분배하면 때때로 생겨나는 불평분자가 반란을 일으키기 어려워진다. 왜냐하면 통치자에게 만족하는 추종자들은 만약 반란에 동참했을 때 얻을 수 있는 이익을 계산하고, 그 모반에 소요되는 비용이 자신에게 떨어지는 이익보다 크다는 것을 알 수 있기 때문이다. 하지만 통치자들이 늘 현명하게 선물을 분배하는 것은 아니다. 이 경우, 그들의 선물 하사 전략은 분배적이라기보다는 재분배의 성격을 갖게 된다. 우리가 보아 왔듯이 재분배정책은 다른 정치적 게임을 불러일으킨다.

현대 미국 정치에서 분배정책은 현명한 왕의 분배정책과 유사한 정치적 무대를 만들었다. 정부가 학교의 보충수업(remedial education)에 대한 교부금이나 통학비 지원과 같은 "선물"을 분배할 때, 잠재 수혜자들은 서로는 무시하고 관련 정부기관에 관심을 집중하게 된다. 만일 정부기관이 능숙하게 분배하면 정치적 무대는 안정되고 갈등이 줄어들 것이다. 물론, 능숙한 분배는 계속적으로 "평등함(equality), 일관성(consistency), 공평성(impartiality), 일정함(uniformity), 관례(precedent), 적절한 정도(moderation)"를 유지해야 한다(Schattschneider, 1935, p. 88). 정치가들이 선심성(pork barrel)[1] 정책을 좋아하는 명확한 이유는 분배적이기 때문이다. 즉, 유권자들 사이의 갈등을 줄이고, 그리고 다음 선거에서 출마할 잠재적 경쟁자들을 견제할 수 있기 때문이다.

1) 역주 : 연방 의회 의원이 유권자의 헌금 또는 표를 얻기 위하여 정부 기금으로 시행하는 (불필요한) 토목 공사 등 지역 개발 사업. 남부 노예 농장에서 도축된 돼지의 불필요한 부위를 노예에게 나누어 주던 관행에서 비롯되었다는 설이 있다.

## 규제정책

**규제의 정의.** **규제정책**(regulatory policy)은 일반적인 용어로 표현되며 큰 집단의 사람에게 적용되는 공식화된 규칙이다. 규제되는 사람들이 사용할 수 있는 대안들을 축소하거나 확장한다. 규칙(rule)에는 정부가 실행한다는 의미와 그것을 위반하는 사람들에 대한 처벌의 의미가 내포되어 있다. 규제정책은 역사적으로 일찍 시작된 것이지만, 19세기까지 정부는 규제정책에 많이 의존하지 않았다는 주장이 있다(Lowi & Ginsberg, 1994). 그 이유는 명백하다. 최근까지 정부가 규칙을 집행할 수 있는 능력은 제한적이었다. 그러나 통신과 정보 혁명은 이를 변화시키고 있다.

**규제정책의 유형.** 대부분의 규제정책은 특정 행동을 요구하거나 금지하는 법이나 행정규칙의 형태를 띤다. 규제정책의 특별한 형태는 **규제적 자격 제도**(regulatory licensing)이다. 규제적인 자격 제도는 정부가 규정한 특정 요건을 충족하기 전에 직업 활동을 하는 것을 불법으로 판정한다. 교사 자격증, 교장 자격증이 규제적 자격 제도라고 할

**규제적 자격 제도**
- 교사 자격증(teacher certification)
- 교장 자격증(administrator certification)

**법률, 규칙, 규제와 지침 도급계약**
- 졸업 요건
- 주 또는 교육구의 교과과정 틀
- 주 또는 교육구의 교과서 채택
- 주 또는 교육구의 수업일, 주(週), 1년에 관한 규칙
- 복장 규정
- 화재와 안전 규정
- 의무 출석 규정
- 학교 규율 규정
- 상세한 지침이 딸린 연방 또는 주 교부금
- 범죄 기록 점검 요구
- 교사 평가 절차 규정
- 주 예산을 교육구로 할당하기 위한 교부금 분배 공식

**[그림 9.2]** 교육 분야의 규제정책 사례

수 있다.

교육자들은 종종 그들이 규제의 바다를 헤엄치고 있다고 느낀다. [그림 9.2]를 통해 그 이유를 알 수 있을 것이다. 규제적인 자격증을 취득하기 위해 교사교육 프로그램을 시작하는 첫날부터 전문교원들은 정부의 규제들과 씨름하게 된다. 많은 연방 정부의 교부금 프로그램은 교원들에 대한 이와 같은 무거운 규제들에 대한 것이다. 이러한 규제들은 분배적이라기보다는 규제적이다(Lowi & Ginsberg, 1994). 주 정부는 규제정책을 매우 선호하는 듯하다. 주 정부는 1년에 수업일은 며칠이 되어야 하는지, 어떤 과목을 가르쳐야 하는지, 학교 건물은 어떻게 세워야 하는지, 어떤 경우에 교사가 해고되는지 등에 관한 것을 규정하기 위해 규칙과 법을 활용한다. 지역 단위에서 지역 교육위원회와 교육자들은 상위 정부의 방침에 따라야 한다. 금연정책, 복장 규정, 규율 편람, 교사가 교실에서 지켜야 할 규칙들은 모두 규제적 정책에 포함된다.

**규제의 정치학.** 규제정책은 분배정책과는 다른 정치적 무대를 형성한다. 서로 상충되는 이해관계를 가지고 있는 사회집단들이 규제정책에 관심을 갖는다. 예를 들어, 주 의회가 수업일수를 늘리는 법안을 제안한다면 몇몇 집단들이 이 법안에 관심을 가질 것이다. 교사와 행정가 집단은 봉급 인상 없이 더 많은 시간을 일해야 하는가에 관심을 갖는다. 학교운영위원 집단은 수업일수가 늘어남에 따라 추가로 소요되는 비용을 주 정부가 아닌 자신들이 부담해야 하지 않는지를 걱정한다. 일부 기업들은 신입사원의 수준이 향상되고 또 기업의 현장실습 교육의 부담이 줄어들 수 있는 가능성 때문에 이 법안을 환영할 것이다. 그러나 여행업체들은 여름 성수기에 인건비가 싼 젊은 학생들의 인력에 의존하고 있기 때문에 이 법안을 반대할 것이다. 부모들은 아마도 (교사의 보호하에 있는) 수업일수 연장을 찬성하는 입장과 가족과 함께하는 여행, 캠핑의 기회가 줄어들기 때문에 반대하는 입장으로 나뉠 것이다. 어떤 규제정책도 모든 집단을 만족시킬 수 없다. 이러한 무대에서 정책 행위자는 한편으로는 경쟁하고, 또한 공조를 모색하는 다른 집단들에게 서로 관심을 기울인다. 이 무대는 불안정하고 갈등으로 가득 차 있다. 빠르게 정치적으로 연합하기도 하고 분열하기도 한다. 이익집단들은 조건을 교섭하고 협상한다. 그러나 이러한 갈등은 대부분 사상 외적인 것이며, 대부분의 이익집단은 거래를 성사시키기 위하여 일부 양보하기도 한다.

## 재분배정책

**재분배의 정의.** **재분배정책**(redistributive policy)은 한 사회집단의 자원이나 권력을 다른 집단으로 이전시키는 것이다. 그렇게 함으로써 정부는 “간접적으로 행동양식의 조건을 변화시키거나 환경을 조작하는 방법으로 행동양식에 통제를 가한다." (Lowi & Ginsberg, 1994, p. 397) 이 정책은 소비를 촉진하기 위해 중산층의 수입을 늘려주는 것과 같이 경제적인 목적을 갖고 있다. 또한 정책은 일정량의 실업연금을 지급함으로써 사회적 불안이 큰 문제가 되지 않도록 잠재우는 것과 같이 사회적이거나 정치적인 목적도 갖고 있다.

**재분배정책의 유형.** 재분배정책은 경제 자원의 이전과 권력의 이전이라는 크게 두 범주로 나눌 수 있다. 정부는 보통 물자자원(material resources)을 이전시키기 위해 세금이나 통화체계를 조정한다. 재분배정책의 좋은 예로 사회보장(Social Security) 체제를 들 수 있다. 사회보장 제도는 보험이나 은퇴연금이라기보다는 세금을 통해 소득을 재분배하는 것이다. 미국 연방 정부는 노동자들의 급료에 특별세금을 부과하여 이 돈을 노인, 장애인과 일부 아동이 혜택받는 사회보장 제도에 사용한다. 따라서 사회보장세금은 "고소득자의 부를 저소득자에게로, 또 노동자로부터 퇴직자에게로 재분배한다." (Lowi & Ginsberg, 1994, p. 401) 재분배정책은 큰 사회집단에게 새로운 권리를 부여함으로써 권력을 이전시키기도 한다.

재분배정책은 교육에서도 사용된다. [그림 9.3]은 과거와 현재에 시행된 재분배정책을 나열한 것이다.

명백히 이것은 교육정책 중 뜨거운 논제들이다. 1960년대와 1970년대의 재분배정책은 사회 지배 집단의 자원과 권력을 억압당해 온 또는 억압당해 왔다고 느끼는 집단

- 차별 수정(affirmative action) 프로그램
- 인종 분리 폐지(desegregation)
- 장애아 교육법
- 학교 경영의 민영화
- 특별 교과 교육의 민영화
- 권력 균등을 위한 학교 재정체계
- 학교 재정 전체에 대한 주 정부 지원
- 단위학교 책임경영(site-based management)
- Title I(빈곤층을 위한 보충 수업)
- Title IX(성평등)
- 지불보증제(voucher)

**[그림 9.3] 교육 분야의 재분배정책 사례**

으로 이전시켰다. 이 정책의 주요 수혜자는 흑인, 남부와 도심 지역 주민, 빈곤층, 여성 그리고 장애인들이었다. 그러나 이러한 재분배정책은 논쟁의 대상이 되었고 많은 비판을 받았다. 오늘날의 교육 분야 재분배정책의 대다수는 교육 제도 안에서의 권력을 이전시키고 있다. 지불보증제(voucher)는 학생(그리고 주에서 배당하는 교육비)을 학교에 배정하는 권력을 학교 행정가로부터 빼앗아 학부모에게 주었다. 단위학교 책임경영(site-based management)은 교육위원회와 교육구의 권력을 학교로 이전시켰다. 레이건 대통령의 신연방주의(New Federalism)는 연방 정부가 갖고 있던 많은 교육에 관한 권한을 주 정부로 이전시켰다. 과거의 재분배정책과 같이, 이러한 변화들은 갈등과 격렬한 이념 논쟁을 야기한 바 있다.

**재분배정책의 정치.** 재분배정책은 논란의 대상이 되며 "다른 정책들보다 계층 갈등에 민감한 사안이다."(Lowi, 1964, p. 707) 따라서 재분배정책은 갈등으로 가득한 정치적 무대를 형성한다. 사실 이러한 갈등 때문에 관련 단체들(주로 거대 협회)은 두 개의 안정적인 연합을 형성하여 다른 집단과 대결 양상을 띠게 된다. 그들은 자신의 생각만이 옳은 것이라 믿기 때문에 좀처럼 양보하거나 타협하지 않는다. 이 무대에서 참여자들의 태도와 담론은 매우 이념적인 것이다. 정부는 이러한 재분배정책을 둘러싼 정치적 무대에서 중재자나 심판의 역할을 하게 된다. 예를 들어, 1960년대 민권운동과 이들이 통과를 위해 국회에 압박을 가하던 법안은 재분배 정치적 무대를 만들었다. 전국흑인향상협회(National Association for the Advancement of Colored People, NAACP)와 그의 동조세력들은 흑인의 동등한 권리와 존엄성을 주장하는 한쪽에 섰다. 반면 남부 백인들과 일부 북부 사람들은 각 주의 권리와 전통의 수호를 똑같은 열정으로 주장하였다. 이러한 갈등은 종종 폭력으로 이어진다. 한편 정부는 막후에서 집단 간의 갈등을 해소하기 위해 모두가 납득할 만한 법리적 접근을 시도한다. 비록 대부분의 재분배정책이 폭력을 야기하지는 않지만, 모든 재분배정책과 관련된 정치적 무대는 첨예하게 대립된 이념적인 긴장을 일으킨다.

## Lowi의 정책 분류는 중복되는가?

Lowi의 정책 분류를 특정 정책에 적용할 때, 종종 중복되는 것 같은 느낌을 받게 될 것이다. 예를 들어 처음에는 순수한 분배정책처럼 보였던, 가령 학교의 점심과 우유 급식 프로그램도 면밀히 분석해 보면 규제정책이면서 재분배정책의 측면이 있다. 점심 메뉴를 정하고 있는 규정들은 학교 식당 종업원의 행동을 규제하는 효과가 있다. 또한 학생들에게 보조금이 포함된 급식을 제공함으로써 공공자금을 농부들에게 재분배하고 있다. 사실 점심과 우유급식 정책은 본래 목적의 하나였다. Lowi(1964; Lowi & Ginsberg, 1994)는 이러한 비판을 짐작이라도 한 듯, 그의 정책 분류는 장기적이 아닌 단기적인 것을 설명하고 있다고 말한다. 왜냐하면 대부분의 시민들과 정치가들은 당장의 앞을 생각하고 행동하기 때문에 그의 정책 분류는 정책의 단기적인 측면을 묘사한 것이다. 장기적으로 모든 정책은 규제적이면서 동시에 재분배적이다.

## Lowi의 정책 분류를 교장의 리더십에 적용하기

**정치적 상황의 분석.** Lowi의 정책 분류는 아직 검토 중이거나 혹은 채택된 정책 주위에서 벌어지는 정치적 환경을 예상할 수 있도록 도와준다. 또한 통제의 기술과 정치적 무대의 관계를 통해 지역 수준에서 정책 변화를 관리할 수 있는 방법을 제시해 준다. Lowi의 분석 틀은 정책과정에 영향을 미칠 수 있는 전략을 가르쳐 준다. 다음 절에서는 Lowi의 정책 분류가 위와 같이 사용되는 현황을 차례로 살펴본다.

**정책 변화의 관리.** Lowi의 통제 기술을 활용하여 정책을 분석해 보면 교육구의 지도자들은 수년에 걸친 몇 가지 정책 변화를 이루어 낼 수 있다. 일반적으로 너무 많은 비슷한 유형의 정책을 동시에 실시하려고 하면 안 되며, 특히 이러한 변화가 재분배적인 성격을 띠고 있다면 더욱 그러하다. 다음의 예들은 이 원칙을 명백하게 보여 줄 것이다.

교육위원회, 교육장, 중앙부서의 직원들이 많은 논쟁과 토론을 통해 앞으로 몇 년 동안 학교에 다음 여러 정책의 변화가 필요하다는 것에 동의하고 있다고 상상해 보자.

1. 교사들은 교장에게 수업 계획안을 제출해야 한다.
2. 보유하고 있는 기금의 많은 부분을 학교 건물 수리를 위해 사용한다.
3. 학생들에게 획일적인 복장 규정을 적용한다.
4. 유치원에서 3학년까지(K-3) 학급 인원을 15명으로 줄인다.
5. 운동 프로그램에 돈을 내야 참여할 수 있도록 하는 정책을 도입한다.
6. 자퇴를 방지하기 위한 프로그램에 교부금을 사용한다.
7. 학령 전 프로그램(preschool program)을 위해 연방 정부의 기금을 사용한다.
8. 교사들이 컴퓨터 실습 교육에 참여할 수 있도록 하루를 배려해 준다.
9. 교육구 간 개방등록 계획(intradistrict open enrollment plan)을 이행한다.
10. 주 단위의 학력평가에서 낮은 점수를 받는 학생의 담당 교사를 현재보다 더 자주 평가해야 한다.

Lowi의 정책 분류에 의하면 2, 6, 7, 8번은 분배정책, 1, 3, 10번은 규제정책, 4, 5, 9번은 재분배정책이다. 몇 년에 걸쳐 이와 같은 변화를 도입하기 위한 계획을 세울 때, 교육구의 지도자들은 이 변화가 만들어 낼 정치적 무대, 특히 어떤 사람과 집단들이 들고일어날 것인지 심사숙고해야 한다. 예를 들어 4번과 5번 정책을 동시에 시행한다면, 중학교 및 고등학교 교사, 운동부 코치, 고등학생의 학부모들을 자극하게 된다. 이들은 중등학교가 부당한 처우를 받고 있다는 공동의 관심사를 통해 공동 연합을 형성할 수도 있다. 이와 같은 연합이 재분배 정치로 점화되면, 지도자들이 통제하기 어려울 정도의 예측 불가능한 상황으로 이어질 수 있다. 이보다는 덜 극적이지만 같은 정도의 정치적 피해를 입힐 잠재력이 있는 것은 1번과 10번의 규제정책을 동시에 도입하고자 하는 것이다. 이는 교원노조를 자극하여 성난 교사들이 전례가 없을 정도로 강한 힘을 보이게 될 것이다. 처음 보기에는 여러 개의 분배정책을 한꺼번에 적용하는 것은 어떤 정치적 위험 상황도 야기하지 않을 것처럼 보인다. 그러나 이것은 잘못된 판단이다. 분배정책이 종종 부패선심(pork and patronage) 정책으로 불리는 것은 그 이유를 설명해 준다. 이러한 정책을 남발하는 것은 좋게 말하면 약하게 보이고, 나쁘게 말하면 부패한 것처럼 보인다. 이러한 상황도 피해야 한다.

현명한 교육 지도자들은 일반적으로 몇 가지 변화를 유도하는 정책을 점진적으로 도입하되, 정책 유형을 적절히 혼합하도록 계획에 신경을 써야 한다. 무엇보다 다음과 같은 것은 꼭 피해야 한다. (1) 비슷한 유형의 너무 많은 정책 변화를 가까운 시기 안에 시행하는 것, (2) 같은 개인과 집단을 자극할 많은 너무 많은 정책 변화를 동시에 시행하는 것, (3) 정치적 무대 안에 있는 매우 많은 수의 사람들과 집단을 자극할 정책의 조합을 동시에 시행하는 것.

**영향을 미치기 위한 전략의 수립.** 제8장에서 언급된 바와 같이, 교육 지도자들은 자신들의 전문적 지식을 활용하고 자신의 관심사인 쟁점 해결에 영향력을 발휘하는 등, 정책을 채택하고 형성하는 데 있어서 적극적이어야 한다. 그러나 각각의 정책에 따라 다른 정치적 환경이 형성되기 때문에 지도자들은 적절한 전략을 선택해야 한다. Lowi의 정책 분류는 이를 위한 방법을 제시한다.

설명을 위해 교육장이 주 의회에서 고려 중인 3개의 법안을 강력히 지지하고, 이를 지원하고자 한다고 상상해 보자. 법안은 다음과 같다.

1. *우리 학교를 위한 컴퓨터 법안.* 이 법안은 예상을 초과한 세수입 중 2억 5,000만 달러를 할애하여 주 전체 학교들의 컴퓨터 시스템을 업그레이드할 것을 제안한

다. 기금은 학생 수에 비례하여 할당될 것이다. 교육구는 이 자금으로 오래된 건물의 네트워크 회선을 새로 깔거나 하드웨어, 소프트웨어를 구입할 수 있다.

2. *H.B. 203.* 이 법안은 교사의 자격 요건을 수정하는 것으로서, 현장 경험과 다양한 교육적 상황의 체험을 의무화하고 있다. 또한 국가 표준 시험으로 평가하는 과목 분야에 대한 보다 깊은 학문적 배경을 요구하고 있다.
3. *가정의 교육 선택권을 늘려 주기 위한 법안.* 이 법안은 주 전체에 개방 입학 프로그램을 수립하기 위한 것이다. 학부모는 주 내의 어떤 공립학교에도 자녀를 입학시킬 수 있다. 학생 1인 몫의 주 교육 기금은 그 교육구에 배분되게 된다. 학교는 인종, 성별, 장애 여부, 사용 언어에 따라 차별할 수 없게 된다.

정치가들에게 영향력을 행사하기 위한 계획의 첫 번째 단계로, 교육장은 Lowi의 정책 분류 범주에 맞추어 이 법안들을 분석해야 한다. 이러한 분석을 통해 우리 학교를 위한 컴퓨터 법안은 분배정책, H.B.203은 규제정책, 가정의 교육 선택권을 늘려 주기 위한 법안은 재분배정책이라는 것을 알 수 있다. 비록 주 정치 차원에서는 복잡한 변인들이 있겠지만, 각 법안은 다른 정치적 무대를 만들어 낼 것이다. 따라서 교육장은 철저하게 전략을 세워야 한다.

**분배정책의 정치적 무대를 위한 전략.** 분배정책의 정치적 무대는 비교적 갈등이 적고 안정적이다. "선물"을 받는 사람들은 다른 수혜자들에게 관심을 기울이는 대신 분배자에게 관심의 초점을 맞춘다. 따라서 정책 형성 단계에서 교육장은 도입하려는 법으로 자신의 교육구가 상대적 불이익을 받지 않도록 지속적으로 의원들과 의견을 교류해야 한다. 만약 필요하다면 교육구에 더 많은 지원을 받아 내기 위해 법안의 수정을 제안할 수도 있다. 유치원부터 고등학교까지(K-12)의 교육 공동체 안에서는 이 법안에 따른 갈등이 잘 일어나지 않을 것이다. 이 법안에 대한 반대 의견은 이 법안을 재분배정책으로 받아들이는 주 내의 다른 사람들, 예를 들어 주립대학 이사회(board of regents) 또는 교도소 조직이 제기할 가능성이 있다. 따라서 교육장은 다른 집단의 영향에 노출되어 있는 의원과 지속적으로 접촉하여 이 법안이 통과되도록 도울 의사가 있다는 것을 법안의 제안자에게 나타낼 수도 있다. 법안의 통과 이후, 교육장은 주 교육부가 작성하는 규칙이 자신의 교육구에 공정하게 적용되었는지 면밀히 살펴보아야 한다. 또한 법안에 따른 프로그램을 관리할 주 행정기관의 사람들과 좋은 관계를 맺고 유지하는 데 힘써야 할 것이다.

**규제정책의 정치적 무대를 위한 전략.** H.B.203 법안은 규제정책이고, 따라서 K-12교육과 관련된 주요 집단들 간의 경쟁적이지만 실용적인 정치적 무대가 연출될 것이다. 그러므로 첫 번째 단계로 교육장은 이 잠재적 경쟁자들과 그들의 입장에 대해 확인해야 한다. 교원노조, 교과 관련 협의회, 행정가 집단, 사범대학이 이 정책에 관심이 있을 것이라는 가설을 세울 수 있다. 이들은 각각 다른 목적을 갖고 있지만 연합을 형성하거나 협상할 준비가 되어 있다. 두 번째 단계는 교육장은 자신이 속한 전문협회에 접촉하여 법안에 대한 협회의 입장에 대한 정보를 수집하고 법안을 책임질 로비스트와 자신의 소견을 논의하는 것이다. 그리고 그는 행정가의 입장이 반영된 최종 법안을 만들 수 있도록 협회를 돕겠다는 제안을 할 수도 있다. 또한 그는 그 법안이 공식정책으로 형성 및 채택되는 과정에서, 이익집단끼리 거래하고 동맹이 형성되거나 틀어질 것을 예상하여야 한다. 교육장은 다른 사람을 배신자라고 모함하는 일에 시간을 낭비해서는 안 된다. 그는 이 무대가 이념적이지 않으며 매우 실용적이라는 것을 이해하고, 따라서 완고하게 굴어서는 안 된다. 또한 법안이 통과되고 난 후에도 지속적으로 관심을 갖고 지켜봐야 한다. 왜냐하면 입법과정에 영향력을 행사했던 집단들은 이어서 법안에 수반되는 규칙에도 영향력을 행사하기 위해 관심을 두고 있기 때문이다. 교육장과 그의 단체는 규칙들이 공식적으로 채택되고 나서야 긴장을 늦출 수 있을 것이다.

**재분배정책의 정치적 무대를 위한 전략.** 가정의 교육 선택권을 늘려 주기 위한 법안은 재분배정책으로서 학생이 어느 교육구의 어떤 학교에 다녀야 하는가를 결정하는 권한이 공무원에게서 부모에게로 이양된다. 또한 자연스럽게 어떤 이유에서든지 자신의 영역 밖에서 학생을 유치할 수 있는 교육구에게 주 교육 기금을 재할당하게 된다. 이 법안은 두 집단이 팽팽히 대립하는 매우 이념적인 무대를 창출할 것이다. 이러한 무대에 참여하는 첫 번째 단계로, 교육장은 누가 각각의 대립된 입장에 설 것인가를 분석해야 한다. 법안에 찬성하는 쪽은 아마 학생 수가 증가할 교육구, 자녀의 전학을 고려하는 학부모, 경제계, 보수집단일 것이다. 반면 반대하는 쪽은 학생 수가 감소할 것을 우려하는 교육구, 주 수도에서 도시의 이익을 대변하는 협회, 진보 단체일 것이다. 흑인 단체는 도심지에 사는 법안 지지자와 반대자로 나뉠 것이다. 규모가 큰 농촌 교육구와 같이 정책에 큰 영향을 받지 않는 교육구들은 방관자의 입장으로 상황을 관망할 것이다.

이 첫 번째 단계의 분석을 통해 교육장은 자신의 입장을 지지할 개인이나 집단이 누구인지 알 수 있을 것이다. 그들은 모든 법안 지지 세력의 역량을 모으기 위해 특별 상위 조직(ad hoc umbrella organization)을 만드는 것을 고려할 수 있다. 이러한 조직은 지지자들의 힘을 증가시킬 것이고, 각기 다른 배경을 가진 사람들이 함께 일할 수 있도록 하는 매개체가 될 것이다. 교육장은 강력한 연대를 형성하기 위해 조직의 선전문구, 전단지, 보도자료, 연설과 같은 사상적 작업이 필요하다고 느낄 것이다. 또한 그는 이러한 사상 논쟁에서의 승리자는 가장 잘 대중을 설득할 수 있는 담론(discourse)을 가진 쪽이라는 것을 알아야 한다. 마지막으로 교육장은 이 정책이 채택되기 위해서 다년간 의원과 대중을 설득하고, 효율적인 조직을 세우며, 활동에 필요한 기금을 마련하는 등의 노력이 필요하다는 것을 알아야 한다. 재분배정책을 통과시키기 위해 장기간의 노력이 가장 중요한 핵심이다.

## 통제 기법에 대한 연습문제

1. 다음 각각의 정책을 분배, 규제, 재분배로 구분하라.
   a. 연방 정부의 저소득층 학생을 위한 학령 전 프로그램
   b. 학생을 제명(expelling)하는 상세한 절차에 대한 지역 교육위원회의 정책
   c. 소수 인종인 교사가 도시의 중퇴 방지 프로그램에 직원으로 고용되기 위해 필요한 법적 요건
   d. 유치원부터 초등학교까지(K-6) 모든 학생이 반드시 마약의 위험성에 대해 배워야 한다는 법안
   e. 유치원부터 고등학교까지(K-12)의 주요 과목들의 내용에 대한 주의 기준안을 개발해야 한다는 법
   f. 보조교사 자격 이수절차에 관한 법안
   g. 운전교육(driver' s education)에 참여하는 고등학생 한 명당 100달러를 지급하는 주 프로그램
   h. 1년차 교사들을 위한 멘토링 프로그램 비용으로 교육구의 기금 전용을 허용하는 주법
   i. 여학생 운동부와 남학생 운동부 비용이 동일해야 한다는 연방 법원의 판결
   j. 교육구 내 5개 학교의 경영을 학교 경영 회사에게 도급계약하려는 지역 교육위원회의 계획
2. 정책 a, d, f, h 각각이 야기할 정치적 무대를 기술하라. 그리고 예상되는 지지자와 반대자를 찾아보고, 뒤이어 나타날 갈등의 성격에 대해 생각해 보라.
3. 정책 c, e, g, j에 대한 당신의 찬성 또는 반대의 입장을 정리해 보라. 그리고 정책 입

안과정을 당신이 지지하는 방향으로 영향을 미치기 위한 전략을 제시해 보라.

4. 문제 1번에 제시된 정책들 중 한 가지 이상의 통제의 기술 특징을 갖고 있는 정책이 있는가? 있다면 무엇인가? 이러한 혼합된 특성이 정책을 둘러싼 정치적 상황에 어떻게 영향을 미치겠는가?

## McDonnell과 Elmore의 정책도구

McDonnell과 Elmore(1987)는 "중요한 정책목표들을 견고한 실천으로 옮기는 네 가지 대안적 정책도구 또는 기제가 있다"(p. 134)고 주장했다. 이 네 가지 도구는 **명령**(mandate), **유인**(inducement), **역량 형성**(capacity building), **체제 변화**(system changing)이다. 7년 후, McDonnell(1994)은 다섯 번째 도구인 **권고정책** 또는 **설득**(hortatory policy or persuasion)을 추가하였다. Lowi의 통제의 세 가지 기술이 사회에 대한 정책의 파급효과에 기초한 것이라면, McDonnell과 Elmore의 정책도구 개념은 "도구들이 의도하는 최상의 효과를 발휘할 수 있는 상황"을 고려한 것이다(McDonnell & Elmore, 1987, p. 133). Lowi의 정책 분류는 정책을 광각 렌즈를 통해 바라봄으로써, 사회전체를 한 번에 볼 수 있게 하는 것으로 이해할 수 있다. McDonnell과 Elmore의 개념은 근접 촬영 렌즈와 같아, 특정한 유형의 정책이 어떻게 기능하는지 상세하게 볼 수 있게 한다. 이 절에서는 먼저 각각의 정책도구에 대해 논의해 보고자 한다. 〈표 9.1〉은 이 논의의 주제들을 요약한 것이다. 그리고 1983년부터 1994년까지 캘리포니아에서 일어난 교육 개혁운동 사례를 통해 다양한 정책도구의 활용을 살펴보고자 한다. 마지막으로 학교의 지도자들이 McDonnell과 Elmore의 개념을 적용할 수 있는 방법에 대해 논의해 보고자 한다.

### 명 령

명령(mandate)은 "개인과 집단의 행동에 관한 규칙"(McDonnell & Elmore, 1987, p. 138)이다. 명령은 보통 2개의 요소로 구성된다. (1) 특정 사회집단의 모든 사람에게 요구되는 행위를 조목조목 설명하는 언어, (2) 규칙 위반자에게 부과되는 벌칙 규정. 이 요소들은 성문법, 행정 규칙, 법원 판결, 지역 교육위원회 운영 방침, 학교 또는 학급 규칙의 형식을 갖는다. 명령의 대표적인 예는 의무교육에 관한 법이다. 이 법에 따르면 자녀가 일정한 연령이 되었을 때 부모는 반드시 자녀를 학교에 보내거나 홈스쿨링을 해야 한다. 대부분의 교육구에 출석 추이를 지켜보고 결석하는 학생들을 관리하는 교육구 차원의 행정원[무단결석 담당관(truant officer)이라고 불렀으나 지금은 보다 좋은 인상을

〈표 9.1〉 McDonnell과 Elmore의 정책도구 요약

| 정책도구 | 요소 | 적용 상황 | 비용 | 단점 |
|---|---|---|---|---|
| 명령 | 1. 언어가 필요한 행위<br>2. 벌칙 | 1. 획일적 행동이 바람직<br>2. 강력한 지원 | 1. 강제<br>2. 순종<br>2. 순종 | 적대적 관계 |
| 유인 | 1. 짧은 기간에 자원 전달<br>2. 지침 | 다양한 행동이 바람직 | 간과 | 지나친 다양성 |
| 역량 형성 | 1. 장기간의 투자<br>2. 지침 | 기존 기관이 반응하지 않음 | 1. 투자<br>2. 행정 | 단기간의 성과 기대 어려움 |
| 체제 변화 | 권위의 이양 | 기존 기관이 반응할 의사 없음 | 저항에 대응 | 예상치 못한 결과 |
| 권고정책 | 1. 정보<br>2. 기호와 이미지<br>3. 가치관에 호소 | 대상 인구가 정보에 반응할 가능성 높음 | 정보의 전파 | 조종당할 위험 |

주 : L.M. McDowell and R.F. Elmore(1987), "Getting the Job Done: Alternative Policy Instruments", Educational Policy Evaluation and Policy Analysis, 9, pp. 137 & 141; McDowell(1994)에 기초함.

주는 명칭으로 바뀌고 있다]을 두고 있었다. 그들은 보통 부모들에게 경고를 하는 식으로 시작하지만, 필요에 따라서는 부모를 법정에 세워 벌금을 물리기도 한다.

명령은 특정 상황에서만 효과적인 정책도구이다. 명령은 집단의 구성원들이 같은 방식으로 행동하도록 유도할 때나 명령이 집행 가능한 상황에서 최적의 기능을 발휘한다. 명령은 또한 강력한 정치적 지원이 필요하다. 의무교육법은 위에서 언급한 두 가지 기준을 모두 만족시키고 있다. 즉 시민, 정치 지도자를 포함한 거의 모든 사람이 아동은 교육받아야 한다는 데 동의하고 있고, 또 학교 출석은 쉽게 집행할 수 있다. 그러나 다른 정책도구들과 마찬가지로 명령에는 비용이 따른다. 이 비용에는 명령을 집행하는 비용, 명령에 응하는 비용, 명령에 불복하는 데 드는 비용이 포함된다. 교육구는 출석을 감시하는 행정원에게 급료를 지급해야 할 뿐 아니라 사무실을 마련해 주고, 사무를 지원해 주고, 자동차를 제공해 줘야 한다. 가정도 비용 손실이 있다. 학교에 가기 위해서는 적당한 옷을 사고, 수업료를 지불하고, 필요한 물품을 갖추는 데 지출해야 한다. 가정은 또한 집안일에 필요한 인력과 성장한 아이들이 벌어들일 수 있는 추가 수입의 손실을 감안해야 한다. 명령에 불복종하는 것도 마찬가지이다. 무단결석 담당관을 따

돌리기 위해 잦은 이사를 하고 친인척을 설득하는 시간을 할애하는 데에는 비용이 필요하다.

명령의 이상적인 결과는 사회적으로 바람직한 행동이 널리, 균일하게 퍼지는 것이다. 의무교육 제도는 사회의 거의 모든 사람들이 일정 수준의 교육을 받을 수 있도록 했다. 명령은 다양성이 존중되는 상황에서 획일화된 행동을 요구하는, 바람직하지 않을 결과를 낳을 수도 있다. 또한 명령을 집행하는 사람들과 이에 복종하지 않는 사람들 간에 적대적인 관계가 형성되기도 한다. 학교를 빼먹는 학생들이 무단결석 담당관을 따돌리기 위해 쓰는 우스꽝스러운 장난은 대중문화에서 자주 쓰이는 주제이며, 명령과 관련된 적대적인 관계를 풍자적으로 보여 주고 있다.

## 유 인

**유인**(inducement)은 "개인이나 기관의 재화 또는 서비스 제공의 대가로 돈(또는 현물)을 지급하는 것"(McDonnell & Elmore, 1987, pp. 137−138)이다. 유인은 다음 두 가지 요소로 이루어져 있다. (1) 지급되는 돈, 서비스, 또는 현물, (2) 이것들을 어떻게 사용해야 하는지에 대해 상세히 기술한 지침. 이러한 지침은 총액 교부금(block grant)처럼 광범위하거나 개별 보조금(categorical grant)처럼 상세할 것이다. 보통 유인을 서술하는 언어는 성문법이나 행정 규칙의 형태를 취한다. 그러나 이론적으로는 지역 교육위원회의 운영 방침이나 학교 또는 학급 규칙도 이에 포함될 수 있다. 교육에서 유인의 정책도구를 사용하는 좋은 사례는 1965년 초중등교육법(Elementary and Secondary Education Act of 1965)의 Title I에 따른 프로그램이다. 존슨 대통령의 빈곤과의 전쟁(War on Poverty)의 일환으로 통과된 Title I은, 이름이 Chapter I으로 바뀌고 다시 Title I로 바뀌는 등 많은 변화를 겪었다. 지난 30년 이상, 이 프로그램은 빈곤층 자녀의 보충 교육(remedial education)을 위해 공립 및 사립 학교에 연방 정부의 교부금을 지급해 왔다. 시간이 지남에 따라 상세한 지침은 바뀌어 왔지만, 학교와 교육구는 교부금을 받기위해서 일정 비율 이상의 빈곤층 자녀를 입학시켜야 했다(Spring, 1986).

그러나 유인은 특정 상황에서만 사용해야 한다. 첫째, 유인을 받아들이는 것은 자발적이기 때문에, 지도자는 모든 사람이 당연히 가져야 할 바람직한 행동을 장려하기 위하여 사용해서는 안 된다. 예를 들어, 유인은 의무교육 제도를 실행하기 위한 정책도구로는 적합하지 않다. 유인을 사용하기에 가장 적절한 상황은 다양한 행동이 바람직하게 여겨지거나 아니면 최소한 받아들여질 수 있는 상황이다. 둘째, 유인은 다수의 정책 실행자들이 정책 실행을 긍정적으로 검토하고 있으나 현재에는 그에 필요한 자원이 부족한 경우에 효과적이다. 마지막으로, 강력한 정치적 지지 없이도 유인을 채택할 수 있기 때문에 명령, 체제 변화, 역량 형성 등의 프로그램을 입법화하는 데 어려움이 있는 상황을 해결할 수 있는 이상적인 정책도구이다. Title I은 유인을 적절히 사용한 사례이다. 이 프로그램의 주목적은 빈곤층 자녀에게 교육을 제공하는 것이었다. 그러나 많은 학교나 교육구에 빈곤층 자녀가 적었기 때문에, 불우한 학생들을 위한 보충교육 분야의 다양한 행동을 수용할 수 있었다. 게다가 공립학교의 전문가들은 보충수업을 할 의사는 있었으나 재정 지원 없이 추가로 교사를 채용할 수는 없었다. 마지막으로, 1965년 Title I의 입법을 둘러싸고 격렬한 논쟁이 벌어졌으므로, 이 법을 기안한 사람들은 의회가 명령보다는 유인에 손을 들어 줄 것이라는 것을 믿고 있었다.

당연히 유인에는 비용이 든다. 교부금 지급, 교수 물품 또는 시험 서비스와 같은 현물 지원에는 돈이 필요하다. 지침이 제대로 지켜지고 있는지 감독해야 하며, 이에도 비용이 든다. 또한 보통 교부금을 받으면 자신이 가진 자원의 일부, 최소한 공간, 전기 및 수도, 행정 비용 등을 프로젝트에 기부하여야 한다. 때로는 대응 자금을 제공해야 할 경우도 있다. Title I은 연방 정부가 교부금을 지급하고, 지역 교육구는 수업 공간, 가구, 물품, 감독자 등 유형 및 무형의 물품을 제공해야 하는 비용이 많이 지출되는 프로그램이었다.

유인의 이상적인 효과는 다양성이 수용 가능한 상황에서 다양한 행동을 유도한다는 데 있다. 교육구와 학교는 다른 주민을 가지고 있으므로 각기 다른 요구를 만족시켜야 하므로, 유인은 각 지역 상황에 맞게 유연하고 현장에 맞는 프로그램을 실시할 수 있도록 해 준다. 그러나 지나친 다양성은 문제를 일으킬 수 있다. 유인은 광범위하고 일관된 정책 목적을 위해 사용되어야 한다. 그렇지 않으면 서로 관계없는 모순된 프로그램이 조각이불처럼 될 수 있다.

### 역량 형성

**역량 형성**(capacity building)은 "물질, 지능, 또는 인적 자원에 투자할 목적으로 돈을 지출하는 것" (McDonnell & Elmore, 1987, p. 134)으로 정의할 수 있다. 유인와 역량 형성의 중요한 차이를 설명해 주는 용어는 투자(investment)이다. 역량 형성은 개인이나 조직의 기능에 항구적인 변화를 일으킬 수 있도록 하는 데 필요한 정책도구이다. 그러므로 이것은 몇 년 안에 그 효과를 가늠하기 어려운 장기간의 투자를 의미한다. 역량 형성의 중요한 요소는 교부금이나 특정 용도를 위해 배당된 정부 지출금(an appropriation of earmarked funds) 형태로 정책 실행 기관에 지출되는 큰 규모의 돈이다. 역량 형성의 또 다른 중요한 요소는 투자 지침이다. 좋은 예로 오하이오 주의 벤처 캐피탈(Venture Capital) 프로그램을 들 수 있다. 이 프로그램에서 학교는 주 정부로부터 5년 동안 매년 25,000달러의 교부금을 지원받을 수 있다. 이 교부금의 좁은 의미는 "학교의 특정 분야 발전을 위한 장기간의 노력"(Ohio Department of Education[ODE], 1995, p. 1)을 지원하기 위한 것이다. 넓은 의미의 목표는 전문성 개발을 통해 "조직의 역량을 키우는 것"(p. 6)이다. 투자 지침은 학교가 11개의 잘 짜여진 학교 발전 프로그램 중 한 가지를 선택하거나 (주의 승인을 받아) 스스로 학교 발전 프로그램을 만들어 내는 것을 장려한다.

역량 형성은 역량이 부족해 원하는 정책을 수행하지 못하는 현 직원이나 기존 조직에게 효과적인 방법이다. 이러한 능력 부족 현상은 충분치 않은 훈련, 필요한 경험의 부재, 장비의 부족 등으로부터 비롯된다. 오하이오 주의 벤처 캐피탈 프로그램은 역량 형성을 적절히 사용한 경우이다. 오하이오 주의 교육위원회는 "배움의 조건은 권리(conditions for learning are right)"(ODE, 1995, p. 1)라는 학교의 비전을 가지고 있으나 몇 년 전에 학교 발전 모형에서 교사들은 협동 작업에 익숙하지 않고 적절한 훈련이 부족하다는 것을 발견하였다. 따라서 교부금의 지원을 통해 주 차원에서 장기적 목적을 달성하기 위한 "전문성 개발을 위한 기반 구축"(p. 6)을 도모하게 된다. 그러나 역량 형성에는 비용이 매우 많이 든다. 제시된 『오하이오 주의 학교들의 벤처 캐피탈: 학교 부흥을 위한 역량 형성의 약속(Venture Capital in Ohio Schools: Building Commitment and Capacity for School Renewal)』(ODE, 1995)에서 보인 비용은 1994~1995년에 교부금만 8,675,000달러였다. 이 프로그램을 운영하고 홍보하는 데에도 비용이 들어간다.

역량 형성의 이상적인 효과는 사람과 기관이 바람직한 새 프로그램과 정책을 실행할 수 있는 역량을 키워 나가는 데 있다. 그러나 역량 형성에도 큰 약점이 있다. 사실 비용이 많이 들고 장기간에 걸쳐서야 그 효과를 확인할 수 있기 때문에, 충분한 역량이 형성되기 전에 지지 세력이 사라질 수 있기 때문이다. 오하이오 주 교육부(ODE)의 안내 책자는 이렇게 경고하고 있다. "이 주의 공약은 향후 5년간 학교에 매년 25,000달러를 지원하는 것이다. 이 공약은 1995년 이후에도 입법부로부터 지원받는 것을 전제로 하고 있다."(ODE, 1995, p. 54)

## 체제 변화

**체제 변화**(system change)는 "개인이나 조직 내의 공식적 권위가 옮겨 가는"(McDonnell & Elmore, 1987, p. 139) 정책도구이다. 체제 변화의 핵심요소는 특정 의사결정 영역에 관한 공직자 또는 행정기관의 권위를 약화시키거나 제거함과 동시에 다른 개인이나 행정기관으로 이양하는 성문법, 행정 규칙, 지역 교육위원회의 운영 지침이다. 부수적인 효과로의 체제 변화는 자원을 재분배한다. 그러나 체제 변화가 제대로 이루어지면 권위의 이동에 따라 자연적으로 자원의 이동이 이루어진다. 지불보증제

(voucher) 계획이 체제 변화의 좋은 예이다. 뜨거운 토론의 대상이었던 『정치, 시장과 미국의 학교(Politics, Markets, and America's Schools)』(Chubb & Moe, 1990)라는 책에서 Chubb와 Moe는 지불보증제를 추천하면서 장학금(scholarships)이라고 불렀다. 이 계획에서 주 정부는 학생이 다녀야 할 학교를 선택하는 권위를, 주 또는 지역 공무원에서 부모에게로 이양한다. 학부모가 학교를 선택한 후, 주 정부는 장학금의 형태로 학생 수에 따라 기금을 재분배한다. 따라서 학부모는 개별적으로 자신의 아이가 다닐 학교를 선택하며, 집단적으로는 시장 원리에 따라 행동함에 따라 각 학교가 주로부터 얼마나 많은 자금을 얻어 낼지 결정한다.

체제 변화는 새로운 행동이 필요하지만 현재 근무하는 직원이나 기존 조직이 변화에 대응하지 않을 때 적절한 정책도구이다. 상기 저서(Chubb & Moe, 1990)는 공립학교가 하나의 제도로서 왜 미국의 아이들에게 양질의 교육을 제공하지 못하는지 그 이유를 상세히 설명하고 있으며, 따라서 제도적인 변화가 필요하다고 주장하고 있다. 그들은 지불보증제가 학교 간의 경쟁을 유발하기 때문에 교육을 발전시킬 수 있는 최선의 방책이라고 설명한다. 체제 변화를 지지하는 사람들은 이 정책도구가 돈을 절약하고 자원의 효율성을 높여 준다고 믿고 있다. 그러나 체제 변화에는 많은, 그러나 보이지 않는 비용이 든다. 체제 변화로 인해 갖고 있는 권력, 자원(아마 그들의 직업까지)을 잃는 것을 우려하는 사람들이 가만히 방관하고 있지 않을 것이다. 그들은 분명 제안된 변화에 반대할 것이고, 그럼에도 불구하고 변화가 일어난다면 그것을 방해하려고 할 것이다. 이러한 저항은 사기와 저하된 생산성이라는 비용으로 나타난다. 두 저자도 1990년, 전문교육자가 극심한 반대를 할 것이라고 예상했었다. 그 이후 지불보증제의 입법화와 제안된 주에서의 반응은 그들의 예상을 확인해 주고 있다.

체제 변화의 이상적인 효과는 새로운 요구에 대응할 역량과 의지를 가진 혁명적으로 변화한 기관이다. 그러나 가장 큰 단점은 예측 불가능하다는 것이다. 권위를 이양받은 개인이나 조직이 기존 조직보다도 새로운 기대에 부응할 능력이 없을 수도 있다. 생각하지 못한 결과가 발생할 수 있고, 이에 따라 발생하는 문제는 이전의 낡은 체제보다 심각할 수 있다. 지불보증 제도를 반대하는 사람들은 그것의 예측 불가능성을 내세운다. 그들은 학부모들이 학교를 제대로 선택할 수 있는 능력을 갖고 있지 않으며, 경쟁을 통해 승리자와 패배자로 양분되는데 이는 차별 구조의 부활과 "쓰레기장 학교(dumping ground schools)"를 만들어 낼 수 있다고 주장한다.

## 권고정책 또는 설득

**권고정책** 또는 **설득정책**(hortatory or persuasive policy)은 "정부가 특정 목표나 활동이

우선순위로 고려되고 있다는 신호를 보내는 것"(McDonnell, 1994, p. 398)이다. 설득을 목적으로 하기 때문에, 권고정책은 시민들이 보유하고 있는 가치관에 따른 행동을 위하여 가치에 호소하는 상징과 영상을 사용한 담론 위주로 이루어져 있다. 권고정책의 주요한 요소는 정보를 전달하기 위한 문서, 말, 또는 그림이며 사람들이 특정 방식으로 행동할 것을 제안한다. 학교에서 찾을 수 있는 전형적인 예는 쓰레기 분리수거 운동이나 "Just say no"[2] 마약교육 캠페인이다. 많은 주 정부들은 교육구 간 또는 학교 시험 성적을 비교하여 언론에 공개함으로써, 교육자들로 하여금 시험을 진지하게 받아들일 것과 필요하다면 교육과정을 수정할 것을 권고한다. 클린턴 행정부가 제안한 전국 규모의 자발적인 4학년 읽기 능력 시험이나 8학년 수학 시험은 권고정책의 또 다른 좋은 예이다. 이 시험은 완전히 자발적인 것이므로, 그 효용성을 의심하는 사람들이 있다. 그러나 이러한 반대는 권고정책의 잠재력을 간과하고 있는 것이다. 이 시험을 통해 학교, 교육구, 주 사이의 성적 비교가 가능하므로 학부모는 자녀의 성적을 다른 지역의 평균과 비교할 수 있다(Lawson, 1997). 이와 같은 정보가 널리 퍼진다면 교육자들로 하여금 더 좋은 결과를 위해 교수법을 개선하는 노력을 하도록 유도할 것이다. 노스캐롤라이나 대학의 심리학 교수인 Lyle Jones는, "시험의 내용으로 가르치는 사람에게 가해지는 압력은 특히 교사나 교장이 그 결과가 공식적으로 발표될 것을 아는 경우에는 매우 크다."(Hoff, 1997, p. 34)라고 말한다.

권고정책은 원하는 변화가 기호나 정보에 쉽게 연관지을 수 있고 사람이 새로운 정보에 따라 행동할 가능성이 높을 때 적절하게 사용될 수 있다. 이 정책은 행동을 장기간에 걸쳐 점진적으로 변화시키고자 하는 일련의 장기 정책의 첫 단계로 적합하다. 특히 정치적인 지지가 낮을 때에는 권고정책이 채택 가능성이 있는 유일한 해결책이다. 클린턴 대통령의 자율적인 국가 시험은 위의 세 가지 조건에 모두 해당된다. 교육 수월성을 시험성적에 연관지어서 설득하기도 쉽고, 교육자들은 시험에 맞추어 교육 방법을 개선할 것이다. 그러나 국가 시험에 대한 강력한 반대가 있다. 시험을 반대하는 단체에는 이글 포럼(Eagle Forum)[3]과 기독교 연대(Christian Coalition)[4]가 있는데, 그들은 국가 시

2) 역주 : 1980년대 및 1990년대 초, 마약과의 전쟁의 일환으로 아동에게 마약 사용에 대해 "no"라고 이야기하는 법을 가르치기 위한 캠페인. 영부인 Nancy Reagan에 의해 주도되었다. 마약 사용의 현황을 정확히 인식하지 못하고 단순한 캐치프레이즈에 불과하다는 비판을 받았다. 폭력, 혼전 성교 등으로 확대 적용되고 있다.

3) 역주 : 1972년 창설된 미국의 보수 단체로서 사회적 문제에 중점을 두고 있으며 스스로는 "가정지향(pro-family)"이라고 주장함. 80,000명의 회원을 보유하고 있다.

4) 역주 : 1988년 창설된 미국의 기독교 보수 운동 단체. 1988년 대통령 선거에 출마하였던 Pat Rovertson 목사에 의해 창설되었다.

험이 교육에 대한 중앙 정부의 통제로 이어질 수 있다고 주장했다(Lawton, 1997). 이러한 상황에서 권고정책은 정치적으로 가능한 유일한 정책이었다.

권고정책에 드는 비용은 주로 정보를 널리 알리는 데 쓰인다. 권고정책은 보통 포스터, 라디오나 텔레비전 광고, 전단지와 같이 비싼 홍보를 필요로 한다. 그리고 이러한 자료를 배포하는 데에는 돈이 많이 든다. 권고정책의 이상적인 효과는 대상으로 삼은 사람들을 성공적으로 설득하여 이들의 행동이 변화하는 것이다. 권고정책의 단점은 설득이 정부의 정치적 선동이나 다른 유형의 조종에 그칠 가능성이 있다는 것이다. 권고정책을 채택하는 사람들은 제2장에 언급된 담론의 윤리적 이용에 대한 원칙을 명심해야 할 것이다.

## 정책도구의 결합

McDonnell과 Elmore는 정책을 분석하기 위해 다섯 가지 정책도구를 구분하였지만, 실제 현장에서 정책도구들은 결합된 형태로 나타난다. 또한 변화를 이끌어 내기 위해 한 가지의 정책에 여러 정책도구를 결합시키는 것이 훨씬 효과적이다. Chrispeels(1997)는 McDonnell과 Elmore의 정책도구를 분석의 틀로 사용하여 1983년부터 1994년까지 캘리포니아 주의 교육과정 정책을 분석, 정책도구들이 결합되는 일관된 유형을 찾아냈다. 그녀의 연구는 보다 "의미 중심적(meaning-centered)"이고 통합교과적(interdisciplinary)인 학급 교수 활동을 만들기 위한 주 정부의 열두 가지 정책을 찾아내었다. 그녀는 10년 동안 캘리포니아 정부가 모든 정책도구를 사용하였으며 항상 두세 개의 도구를 같이 사용하였으나, 가장 선호한 것은 명령도구라는 것을 발견했다. 사실 교육과정 개선 운동은 주 전체에 몇 개의 새로운 기준을 의무화한 S.B.813을 제정하는 것으로 시작되었다. 새로운 기준에는 고등학교 졸업 요건의 강화, 수업 일수의 연장, 교과서 채택을 위한 새로운 준거 등이 포함되었다. 그러나 이 법안의 제정을 포함하여 모든 과정에 명령도구만 사용한 것은 아니다. S.B.813에도 주 정부는 세 개의 다른 도구, 즉 유인, 권고정책, 역량 형성을 사용하였다. 예를 들어, 이 법은 주 교육부가 여러 교과의 기준 교과과정을 개발하도록 하고 있다고 말한다. 교육구가 반드시 이것을 채택해야 할 이유가 없었지만, 이 기준은 권고도구로 사용되었다. 또한 이 법은 전문성 개발이라는 형태로 역량 형성도구를 활용했다.

이와 같이 정책도구를 결합하는 유형은 연구된 기간에 걸쳐 지속적으로 사용되고 있다. 계속적으로 캘리포니아 주 정부는 한 가지 이상의 정책도구를 활용하는 법안을 통과시켰다. Chrispeels는 이러한 접근이 "여러 곳에 영향력을 미칠 수 있었으며 교사들이 공통 언어를 사용하게" (p. 471) 했기 때문에 성공적이라고 결론을 내리고 있다. 게다가 모든 도구가 일관성 있게 사용되었기 때문에, 즉 같은 광범위한 정책 목표를 겨냥하여, 정책을 조합하여 사용한 것이 주 교사와 교장이 교과과정 개혁을 구현할 수 있도록 했다. Chrispeels의 또 다른 주요 결론은 역량 혁성이 개혁을 위한 노력의 결정적인 요소라는 점이다. 역량 형성 정책이 없었다면 많은 교육자들은 명령받은 정책을 어떻게 효과적으로 수행해야 할지 몰랐을 것이다. 또한 유인정책을 최대한 활용하는 방법을 찾지 못했을 것이다.

교육개혁의 다른 사례에서와 같이, Chrispeels가 연구한 10년에 걸친 교육과정 개혁 운동은 1994년에 갑작스럽게 중단되었다. 이는 주지사가 개혁의 가장 중요한 요소인 캘리포니아 학습평가체계(California Learning Assessment System, CLAS)를 구현하는 데 필요한 예산안에 거부권을 행사하였기 때문이다. 그러나 3년이 지난 후에도 주의 교육자들은 여전히 CLAS의 많은 부분을 이용하고 있으며, Chrispeels와의 초점집단(focus group) 면접에서도 교사들은 이 시스템이 이치에 맞는다고 말했다. 그녀는 공적인 승인이 없는데도 불구하고 정책에 계속적인 지지를 보내는 것은 사람의 신념과 관행을 변화시키기 위해 다양한 정책도구를 일관성 있게 사용했기 때문이라고 결론지었다.

## McDonnell과 Elmore의 개념을 학교 지도자가 사용하는 법

**정책도구의 다양화.** Benveniste(1986)는 정책을 만드는 사람들은 많은 이유로 부정적인 벌칙이 포함된 명령도구(또는 금지 명령)를 과용하고 있다고 주장한다. 그들은 이러한 정책을 아주 간단한 것으로 생각하고, 이 정책이 실행될 맥락을 고려하지 않고 처벌 규정을 만드는 것을 쉽게 생각한다. 그는 탈진 상태에 빠진 교사뿐 아니라 일반 교사에게도 널리 퍼진 "일반적 무기력증과 비효율"(p. 151)은 이와 같은 정책도구를 과도하게 사용하였기 때문이라고 비난한다. 연방 정부나 주 정부만 명령을 과다하게 사용하지 않는다. 교육장, 지역 교육위원회 그리고 교장까지 문제가 생기면 가장 먼저 명령도구를 실행하려 한다.

McDonnell과 Elmore의 정책도구 이론은 정책 대안을 개념화할 뿐 아니라 이들의 효율성을 평가할 준거를 제시한다. 예를 들어, 교육장이 몇몇 초등학교 학급들의 독서 능력이 현저하게 낮다는 사실을 발견했다고 상상해 보자. 이 문제를 해결하기 위해 그는 몇 가지의 명령을 생각해 낼 것이다. 그는 모든 초등학교 교사들에게 구체적인 독서 수업 계획서를 교장에게 제출하도록 하거나, 독서 수업 시간을 늘리거나, 새로운 음성학(phonics) 수업의 개설을 명령할 것이다. 그러나 McDonnell과 Elmore에 따르면 이것은 적절치 못한 방법이다. 첫째, 모든 교사의 행동을 변화시킬 필요없이 일부 교사의 변화만 유도하면 된다. 둘째, 여유 시간이 거의 없을 정도로 바쁜 교장에게 학습 계획을 검토하도록 하는 것은 다른 중요한 일들에 할애해야 하는 시간을 빼앗는 것이고, 또한 사기를 저하시킬 수 있다. 마지막으로 이러한 접근으로는 원하는 목적을 달성할 수 없다. 결론을 말하자면, 만약 독서교육 방법을 모르는 교사가 있을 때 수업 계획을 제출하는 것, 더 많은 독서 수업을 하는 것, 그리고 음성학 교본을 사용하도록 하는 것은 문제의 핵심을 빗겨 가는 접근이다.

McDonnell과 Elmore의 개념을 가지고 이 문제에 더 심층적으로 접근해 보면 역량형성이 보다 적합한 도구라는 것을 알게 될 것이다. 교육장은 문제가 있는 일부 교사를 찾아내어 그들에게 독서교육에 관한 현장연수 워크숍에 참여하도록 할 수 있다. 그는 언어 기술 장학사에게 효과적인 독서교육을 위한 최근의 연구 자료를 찾아내어, 독서교육 역량이 부족한 교사들과 함께 그 자료를 사용하여 분임 토의를 하도록 부탁할 수 있다. 그는 또 독서교육에 관한 비디오테이프를 구입해 교사들에게 그것을 자주 보고 교수 활동에 반영할 수 있게 할 수도 있다. 이러한 접근은 교사들의 역량을 향상시키고 부수적으로 다른 초등학교 교사들에게 권고의 효과를 발휘할 수 있다. 다른 교사들이 보충 활동을 하는 것을 보면, 자신도 내년에 이 보충 활동에 참여하지 않기 위해서라도 독서교육에 많은 관심을 쏟아부을 것이다.

**학교 현장에서의 정책도구의 결합.** McDonnell과 Elmore의 개념을 사용하고자 하는 교육 지도자는 Chrispeels(1997)가 예시한 바와 같이, 최대한의 효과를 얻기 위해서 정책도구들을 결합하여 사용해야 한다. 여러 개의 정책도구를 효과적으로 결합하여 사용하려면 **일관성**(coherence)을 유지해야 한다. 즉, 모든 도구들을 동일한 폭넓은 정책 목표를 위해 사용하여야 한다. 이 원칙을 지키지 않으면 각 정책이 서로 효과를 감소시켜 혼란만 가중된다.

학교 건물을 더 깨끗하고 멋지게 만들고 싶어 하는 중학교 교장이 있다고 상상해 보자. 현재 복도는 어질러져 있고, 식당 주변의 바닥은 얼룩져 있으며, 학생 화장실과 책상들은 지저분한 낙서로 덮여 있다. 교장은 이에 대해 어지럽히는 학생들을 잡아들이는 새로운 처벌 규정을 만드는 것으로 대응할 수도 있다. 쓰레기를 버리거나, 음식을 쏟거나, 학교 기물을 파손하다 적발된 학생은 방과 후 학교에 남아야 하는 처벌을 받게 할 수도 있다. 하지만 이러한 방침에 대해 보다 깊이 생각하면 문제점이 발견된다. 문제아는 교사나 직원들이 잡아내야 할 것이므로 학생과 교사 사이의 바람직하지 않은 적개심만 유발할 것이다. 또한 이 방침의 시행에 대해 문제점이 제기될 것이다. 비록 아이들이 쓰레기를 버리거나 음식물을 쏟는 것과 같은 상대적으로 사소한 위반은 어른 앞에서도 저지르지만, 학교 기물 파손과 같은 중대한 위반은 몰래 저지른다. 따라서 이 명령을 강력히 집행할 때 정작 중요한 문제는 넘어가고 사소한 잘못을 처벌하는 매우 불합리한 상황이 초래될 수 있다. 그리고 중학생들은 당연히 이 불합리함을 지적하려 할 것이다.

가장 효과적인 문제 해결 방법은 장기간에 걸쳐 정책도구를 결합하여 사용하는 것이다. 이 전략은 몇 가지 권고정책으로 시작된다. 예를 들어 교장은 학기 첫날에 올해를 "아름다운 학교 만들기의 해(Make Our School Beautiful Year)"로 선포한다. 이것을 보다 널리 알리기 위해 동아리를 만들고, 복도에 포스터나 표어를 부착할 수 있다. 긍정적인 주제로 접근하면서 쓰레기 버리기, 부주의하게 쏟기, 사소한 훼손은 아름다운 학교를 만드는 데 장애가 된다는 인식을 확대시켜 나갈 수 있다. 다음에 교장은 유인도구를 사용할 수 있다. 중학교 학생들이 실행 계획서를 작성하는 것을 별로 좋아하지 않겠지만 상호 경쟁은 좋아할 것이다. 매달 각 학급은 학교 건물의 일부를 예쁘게 꾸미겠다는 계획을 작성한다. 가장 좋은 계획을 내놓은 학급에게는 미화 활동을 위한 자유 시간이 주어지고, 활동이 끝나면 피자 파티를 갖고 그들의 성취를 축하하는 발표가 이어질 것이다. 그러나 교장은 역량 형성도 무시하지 말아야 한다. 교장은 청소 인력과 기자재가 충분한지에 대해서도 생각해야 한다. 복도에 쓰레기통은 충분히 배치되어 있는가? 쓰레기통은 꼭 필요한 위치에 배치되어 있는가? 청소 인력들은 근무조 편성, 낙서와 얼룩 제거법 등에 대해 알고 있는가? 이런 모든 가능성들이 고려되어야 한다.

두세 달 후, 교장은 몇 가지 명령을 내릴 것이다. 그리고 갑작스럽게 단속할 때보다 이 명령은 많은 지지를 받을 것이다. 물론 이상적으로는 벌칙도 폭넓은 정책 목표를 달성하기 쉬운 방법으로 사용되어야 한다. 쓰레기를 버리다가 잡힌 학생을 방과 후 30분씩 남게 하는 것보다, 학생 화장실의 쓰레기를 줍도록 하는 것이 훨씬 좋은 방법이다. 낙서하다 잡힌 학생에게는 가정용 세제를 주고 자기가 한 낙서와 다른 낙서를 지우도록 한다. 대부분의 아이들은 이러한 벌칙이 공정하다고 느낄 것이고, 따라서 적대적인 태도를 누그러뜨릴 수 있다.

교장은 신중히 계획된 몇 가지 정책도구들을 결합하여 사용했을 때, 결국 연말에는 연초에 비하여 훨씬 멋있는 건물을 얻게 될 것이다. 그리고 보다 중요하게는, 학생들이 중요한 환경 문제와 학교 풍토 개선에 대해 깊은 관심을 갖게 될 것이다. 캘리포니아에서와 같이, 학교에서도 몇 가지 도구들을 동시에 활용하여 "여러 곳에 영향력을 미칠 수 있으며 공통 언어를 사용하게" (Chrispeels, 1997, p. 471) 할 수 있다.

## 정책도구에 대한 연습문제

1. 다음의 목표를 성취하기 위한 세 가지의 간략한 정책을 기술하라. 각기 다른 정책도구를 활용하도록 한다.
   a. 교육구의 주 학력시험 점수 올리기
   b. 주 전체 학교의 컴퓨터 활용도 높이기
   c. 공과대학에 진학하는 여학생 수 늘이기
   d. 고등학교의 결석 및 지각생 수 줄이기
   e. 교육구 내 학생들의 수학에 대한 흥미도 높이기
2. 1번에서 두 가지 정책을 선택하여, 향후 5년간 핵심 목표를 달성하기 위한 장기적이고 일관된 정책을 개발하라.
3. 학교 방침이나 교육위원회의 운영 지침을 분석하라. 다섯 가지 정책도구의 관점에서 활용을 설명하라.
4. 주 의회에서 어떤 정책도구가 가장 빈번히 사용되고 또 가장 적게 사용되는지를 알아보기 위해, 자신이 속한 주 의회의 지난 회기에 도입된 교육 법령을 분석하라.

# 비용 분석과 비용효과 분석

## 비 용

학교 지도자들은 매일 학교의 예산을 현명하게 사용해야 한다는 압박에 시달린다. 그러나 자원을 효과적으로 활용하는 최선의 방법은 항상 명확하지 않다. Levin과 McEwan (2001)은 『비용효과 분석(Cost-Effectiveness Analysis)』에서 학생의 수학 시험 성적을 올리기 위한 네 가지 방법에 대한 1987년 연구 결과를 설명하였다. 그 방법은 (1) 매일 수업 시간을 1시간 늘린다. (2) 컴퓨터를 활용한 수업을 실시한다. (3) 학년이 다른 학생들과 성인들이 과외수업을 실시한다. (4) 학급당 학생 수를 줄인다. 여기에서 과외수업 프로그램은 다른 대안에 비해 비싸지만 훨씬 효과적인 방법이다. 사실, 비용을 효과로 나누어 비용효과를 산출해 보면, 연구자들은 수업시수를 1시간 늘리는 방법에 비해 과외수업이 열 배 이상 효과적이라는 것을 발견하였다. 이 예는 중요한 점을 시사하고 있다. 많은 학교지도자들은 비용이나 비용효과를 현실적으로 분석하지 않은 채 새로운 정책을 시행한다. 이것은 시간과 자본의 낭비뿐 아니라 나쁜 교육 결과를 초래할 수 있다. 그러므로 지도자들은 여러 교육 대안들 중에서 현명한 선택을 하기 위해 비용 분석을 해야 한다.

이 절에서는 교육자들이 사용할 수 있는 도구로서 **비용 분석**(cost analysis)과 **비용효과**(cost-effectiveness) **분석**을 제시하려 한다. 모든 분석 유형을 배우기 위해 먼저 비용(cost)과 이익(benefit)의 개념을 이해해야 한다. 많은 사람들은 비용(cost)과 지출(expenditure)을 동의어로 생각하지만 그렇지 않다. **비용**은 **이익**과 밀접한 관련이 있다. **이익**은 "특정 행동을 함으로써 얻는 어떤 것"(Coplin & O' Leary, 1981, p. 129)을 의미한다. **비용**은 "이익을 얻기 위해 포기해야 하는 어떤 것"(Coplin & O' Leary, 1981, p. 129)을 뜻한다. 따라서 비용은 지출과 특정 행동을 함으로써 잃게 되는 잠재 이익을 포함하는 개념이다. 예를 들어 학교의 방 하나를 학생 휴게실로 전환하고자 한다면, 비용에는 새 가구와 페인트칠을 위한 지출뿐 아니라, 그 방을 다른 용도로 사용할 수 있는 기회의 상실 또는 **기회비용**(opportunity cost)을 포함한다. 비용과 이익은 모두 **유형**(tangible)일 수도 있고 **무형**(intangible)일 수도 있다. 유형 비용과 유형 이익은 양을 양적으로 나타낼 수 있다. 높은 시험 점수나 낮은 중퇴율은 유형 이익의 한 예이다. 반면 보다 강한 지역사회의 지지는 무형 이익이다. 유형 비용은 예를 들어 어떤 프로젝트에 대해 지출한 돈이나 일한 시간이라고 할 수 있다. 무형 비용은 교사의 피로 정도, 학생의 저하된 사기를 포함한다. 정책에 사용될 예상 비용과 이익을 분석할 때는 유형과 무형 자원을 모두 분석해야 한다(Coplin & O' Leary, 1981).

## 비용 분석

**Levin과 McEwan의 요소 분석법.** Levin과 McEwan(2001)은 프로그램이나 정책의 유형 비용을 추정할 수 있는 체계를 제안했다. 이를 위해서는 다섯 가지 요소, 즉 인력, 시설, 장비와 재료, 고객의 지원, 기타 비용을 제공하는 데 관계된 지출과 기회비용을 계산해야 한다. 각각의 요소들에 대한 설명은 다음과 같다.

**인력**(personnel)은 프로그램을 위해 일하는 상근 또는 비상근 인력, 월급을 받는 직원과 자원봉사자 모두를 포함한다. 각 인력에게 지급되는 모든 비용은 달러로 표시되어야 한다. 월급을 받는 직원의 경우, 기본 급여에 부대비용(연금, 보험료 등)을 더해야 한다. 비상근 직원의 경우, 상근 직원의 급여의 비율로 계산된다. 자원봉사자의 경우는 그가 제공하는 노동의 시장 가격에 비추어 산출되어야 한다.

**시설**(facility)은 사무실과 교실같이 프로그램을 위해 필요한 공간을 포함한다. 가격은 실제 임대료나 주택융자 비용(mortgage) 또는 비슷한 시설을 임대했을 때 드는 가격으로 계산된다. 시설에는 보통 필요한 사무기기, 시청각기기, 가구를 포함하는 **장비**와 **재료**(equipment and materials)가 들어 있다. 연간 비용을 계산하려면 실제로 소요된 가

〈표 9.2〉 컴퓨터실 비용 분석

| 요소 | 연간 비용 총계 | 1차년 비용 계 | 교육구 비용 | 기타 행정기관 비용 | 민간 기부금 | 소비자 부담 비용 |
|---|---|---|---|---|---|---|
| 인력 | | | | | | |
| 미디어 전문가 | $47,350.00 | $47,350.00 | $47,350.00 | | | |
| 교육구의 기술 지원(5%) | $1,906.50 | $1,906.50 | $1,906.50 | | | |
| 학부모 자원봉사자 2명(주당 5시간) | $3,751.20 | $3,751.20 | | | $3,751.20 | |
| 학생 자원봉사자 5명(주당 5시간) | $4,635.00 | $4,635.00 | | | $4,635.00 | |
| 시설 | | | | | | |
| 교실 22.5평 | $3,600.00 | $3,600.00 | $3,600.00 | | | |
| 재료와 장비 | | | | | | |
| PC 30대 | $7,200.00 | $36,000.00 | $10,000.00 | $20,000.00 | $6,000.00 | |
| | | | | (주 정부 교부금) | (지역 기업) | |
| 프린터 5대 | $299.95 | $1,499.75 | $1,499.75 | | | |
| 프린터 잉크 20개 | $280.00 | $280.00 | $280.00 | | | |
| 테이블 10개 | $200.00 | $2,000.00 | $2,000.00 | | | |
| 학생 의자 30개 | $225.00 | $2,250.00 | $2,250.00 | | | |
| 교사 테이블 1개 | $12.50 | $250.00 | $250.00 | | | |
| 교사 의자 1개 | $5.00 | $100.00 | $100.00 | | | |
| 금속 파일 캐비닛 1개 | $6.25 | $125.00 | $125.00 | | | |
| 종이 252통 | $998.00 | $998.00 | $998.00 | | | |
| 소비자 부담 | | | | | | |
| 책 350권 | $3,500.00 | $3,500.00 | | | | $3,500.00 |
| 디스켓 3500 | $900.00 | $900.00 | | | | $900.00 |
| 기타 | | | | | | |
| 행정 비용 | $3,665.40 | $3,665.40 | $3,665.40 | | | |
| 유지 보수 | $2,000.00 | $2,000.00 | $2,000.00 | | | |
| 전기 수도료 | $500.00 | $500.00 | $500.00 | | | |
| 보험료 | $250.00 | $250.00 | $250.00 | | | |
| 계 | $81,284.80 | $115,560.85 | $76,774.65 | $20,000.00 | $14,386.20 | $4,400.00 |

격을 예상되는 연수로 나눈다. 따라서 5년간 사용할 500달러 현미경의 연간 비용은 100달러이다.

**고객의 지원**(client input)도 잊어서는 안 된다. 이것은 프로그램 참가자나 학부모에 부과되는 비용이다. 만약 추가 교통편이 필요하다면 이 비용도 계산해야 한다. 학부모가 운전하는 시간을 빼놓아서는 안 된다. 기타 고객의 비용은 구입해야 하는 책, 재료, 의류와 특별 행사에 기증되는 음식 등이 포함된다. **기타 비용**(miscellaneous input)은 위의 4개 요소로 쉽게 나눌 수 없는 것을 포함한다. 여기에는 설비, 유지비, 행정적인 간접비, 추가 보험료가 포함된다.

**요소 분석법의 적용.** 〈표 9.2〉와 〈표 9.3〉은 중학교에 새 컴퓨터 실험실을 만드는 데 들어간 비용과 지출을 분석하고 있다. 이 가상 학교는 5학년부터 8학년까지 700명의 학생이 재학 중이다. 직원은 교장, 교감, 교사 28명, 직원 2명, 식당 종업원 5명, 청소원 3

**〈표 9.3〉 교육구 지출 분석**

| 요소 | 1차년도 지출 계 | 1차년 이후 연도별 교육구 지출 |
|---|---|---|
| 인력 | | |
| 미디어 전문가 | $47,350.00 | $47,350.00 |
| 재료와 장비 | | |
| PC | $10,000.00 | |
| 프린터 | $1,499.75 | |
| 프린터 잉크 | $280.00 | $280.00 |
| 테이블 | $2,000.00 | |
| 학생 의자 | $2,250.00 | |
| 교사 테이블 | $250.00 | |
| 교사 의자 | $100.00 | |
| 파일 캐비닛 | $125.00 | |
| 종이 | $998.00 | $998.00 |
| 기타 | | |
| 전기 수도료 | $500.00 | $500.00 |
| 보험료 | $250.00 | $250.00 |
| 계 | $65,602.75 | $49,378.00 |

명이다. 이 학교에는 이미 한 개의 컴퓨터실이 마련되어 있고, 7학년과 8학년은 이 컴퓨터실에서 매주 두 시간씩 컴퓨터 수업을 받고 있다. 이 교육구는 주의 컴퓨터 기술 교부금을 활용하여 350명의 5, 6학년 학생들도 매주 두 시간의 컴퓨터 수업을 받을 수 있도록 두 번째 컴퓨터실을 지으려고 한다. 교육구의 시청각기기를 보관하고 있는 빈 교실이 컴퓨터실로 활용될 것이다. 새로운 컴퓨터 교사가 컴퓨터실을 관리하고 수업을 가르치기 위해 고용될 것이다.

이 계산을 할 때는 다음 절차를 따라야 한다. 대부분의 인력 비용은 연봉에 부대 비용 23%를 더해 계산한다. 자원봉사 학부모들의 비용은 보조교사 급여에 준하여 계산한다. 학생 보조 인력은 부대 비용 없이 최소 급여(minimum wage)로 계산한다. PC와 프린터는 5년간, 학생 가구는 10년, 교사 가구는 20년 동안 사용할 것이다. 행정 간접비, 유지비, 설비비에는 전체 학교 비용의 2%가 소요될 것으로 가정해 계산한다.

비용 분석의 효용성은 명백하다. 첫째는 예산에 대한 압박을 받는 행정가들로 하여금 기대하지 못한 지출을 줄일 수 있도록 해 준다는 것으로, 이는 가장 큰 장점이다. 이러한 절차를 따르면 새 프로젝트의 재정적 영향이 어떨지 정확하게 개념화하는 것이 쉬워지므로 의사결정자들이 이에 따라 적절히 계획을 세울 수 있도록 한다. 두 번째 장점은 돈을 절약하는 방법을 쉽게 찾을 수 있다는 것이다. 예를 들어, 교육구 내에서 적절한 가구를 찾을 수도 있고, 또는 폐업 처분하는 곳에서 헐값으로 구입할 수도 있을 것이다. 마지막 장점은 지도자들이 다른 잠재적 문제를 발견할 수 있도록 도와준다는 것이다. 컴퓨터실은 건물 관리자, 비서, 청소 인력뿐 아니라 기술을 지원해 주는 교육구의 직원에게 추가 업무를 부여하게 된다. 만약 근무일에 여유 시간이 있다면 이것은 별 문제가 되지 않는다. 그러나 만약 작업량이 다른 시기에 증가한다면 그들의 업무량은 다시 평가할 필요가 있다. 특정 직종에 더 많은 업무 책임이 반복적으로 부가된다면 결과적으로 추가고용이 필요할 것이다. 이 상황을 간과하고 일찍 개입하지 않으면 직원의 사기 문제를 야기할 수 있다. 다른 잠재적 문제는 학생 비용에서 발생한다. 컴퓨터실 증축 계획에 따르면 5, 6학년 학생들은 추가로 15달러를 지불해야 한다. 교육구에 따라서는 추가 비용이 가정에 부담이 될 수 있다. 학교와 교육구의 지도자들은 이와 같은 요구를 하기 전에 지혜롭게 생각해야 한다.

**유형 및 무형 비용과 이익 분석.** Levin과 McEwan(2001)의 요소 분석법에 추가하여, 지도자는 Coplin과 O'Leary(1981)가 추천하는 유형, 무형의 비용과 이익을 분석해야 한다. 〈표 9.4〉는 컴퓨터실과 관련된 비용 이익 분석을 나타내고 있다. 이와 같은 분석 결과는 관련된 상황에 맞추어 해석하여야 한다. 많은 교육구에서 무형 비용을 매우 심각

〈표 9.4〉 컴퓨터실의 잠재적 비용과 이익

| | 유형 | 무형 |
|---|---|---|
| 비용 | | |
| | $76,774.65 | 1. 일부 교직원의 과도한 업무 부담<br>2. 일부 교직원의 탈진<br>3. 비용에 대한 학부모의 반감 |
| 이익 | | |
| | 1. 학생들의 컴퓨터 문해력 향상<br>2. 학교 인증 심사 점수 향상<br>3. 5, 6학년 담당 교사의 팀 기획 시간 증가 | 1. 향상된 학교 이미지<br>2. 5, 6학년 교사의 사기 향상 |

하게 받아들이고 있다. 만약 직원의 높은 이직률이 문제이고, 학부모 집단이 얼마 전에 높은 수업료에 대한 불만을 제기했다면, 무형 비용은 지도자가 심사숙고할 문제가 된다. 반면 직원들이 아무런 불만을 제기하지 않고 수업료가 낮다면 학교 지도자들은 무형 비용에 대해 특별히 신경 쓸 필요가 없다. 이익 또한 상황에 따라 이해되어야 한다. 공적인 이미지 개선과 기관인가 평가 점수를 높이는 문제는 어디서나 중요하게 다루어지는 문제가 아니다. 이와 같은 분석은 특정 상황에 연관하여 다음 핵심 질문에 답해야 한다. 이 정책을 채택해서 얻는 잠재 이익이 잠재 비용보다 큰가? 이 질문에 긍정적인 답이 나올 때에만 정책을 채택해야 한다. Coplin과 Leary(1981)는 “프로젝트는 얻는 이득이 최소한 소요 비용과 같을 때 시행되어야 한다.”라고 경고한다.

## 비용효과 분석

**효과.** 모든 정책은 아무리 비용이 적게 드는 정책이라도 **효과적**(effective)일 때 채택해야 한다. 그리고 현재 실행되고 있는 정책도 **비효과적**(ineffective)인 것으로 입증되면 바뀌거나 폐기되어야 한다. 효과적인 정책은 높은 읽기 성취 점수, 높아진 출석률, 학부모 참여의 증가와 같은 의도하는 결과를 이끌 수 있는 것이다. **비용효과 분석**은 비용과 효과성의 측면에서 같은 목적을 얻기 위한 대안들을 비교하는 체계적인 방법이다. 가장 이상적인 대안은 정책 목적을 실현하는 가장 적은 비용이 드는 것이다. 이 비용효과 분석과정이 없으면 지도자들은 가장 싼 비용이 드는 정책이나 프로그램을 채택하는 실수를 저지를 수 있다. 만약 정책이 비효과적이라면 아무리 적은 비용이 드는 것이라도 비쌀 수 있다.

**비용효과 분석의 단계.** Levin과 McEwan(2001)은 바람직한 비용-효과 분석을 위한 단계를 제시했다. 가장 중요한 첫 번째 단계는 **실제 정책 목표**(true policy objective)를 정확하게 찾아내는 것이다. 이것은 생각보다 매우 어려운 일이다. 예를 들어 지역 교육위원회나 교육장이 예산을 삭감해야 하는 평범한 문제에 부딪혔다고 생각해 보자. 종종 정책목표가 예산 삭감이라고 속단하는 경우가 많다. 사실 실제 목표는 교육 프로그램의 효과는 최대한 유지하면서 예산을 삭감하는 것이다. 잘못된 목표를 가지기 시작하면 실제 비용과 모든 대안들을 제대로 고려하기 어렵다. 전형적인 결과는 비효과적인 정책, 예를 들어 규모가 작은 학교를 폐교하는 것을 선택하는 것이다.

다음 단계는 가능한 대안들에 대한 적절한 평가 척도를 선택하는 것이다. 척도는 비용의 절감, 학교 분위기 평가 결과, 중퇴율 등이 될 것이다. 그 뒤, 이상적으로는 아무리 황당한 것이라도 받아들여지는 브레인스토밍과 같은 방법을 통해 모든 대안을 찾아내야 한다. 이러한 활동은 교육의 질을 향상시킬 가능성이 있는 창의적인 대안을 도출해 낼 경우도 있다. 예를 들어 비용을 줄이기 위해 규모가 작은 학교를 폐교하는 대신 (1) 규모가 작은 학교들끼리 교사와 행정가들을 공유한다. (2) 가까운 전문대학과 자원을 공유한다. (3) 노인 시민 단체와 같은 집단에 학교의 빈 공간을 빌려 준다는 세 가지의 대안이 나올 수 있다.

가능한 대안들이 구체화된 후, 각 대안에 대해 철저하게 비용 분석을 해야 한다. 이 분석에는 유형 및 무형 비용을 모두 고려하여야 한다. 작은 학교를 폐교한다고 해서 기대한 만큼의 비용 절감이 일어나지 않는다. 이 비용은 학생들의 늘어난 통학 비용으로 상쇄된다. 또한 종종 학교의 통합으로 인해 학부모 참여가 줄어들고, 이에 따라 자원봉사자 시간과 학부모들의 학교에 대한 현물 공헌이 줄어들게 된다. 장기간에 걸쳐 몇몇 작은 학교들을 폐교한 교육구는 학교를 잃은 지역의 성난 주민들의 반대 때문에 채권 발행에 실패함에 따라 재정적인 손해를 볼 수 있다.

다음 단계로 각 대안들의 효과를 면밀히 분석해야 한다. 직원들은 각 대안에 대해 연구를 수행해야 하고, 선택된 연구는 미리 결정된 효과 측정 도구와 관련을 가져야 한다. 자주 채택된 정책에 관한 연구에는 놀라운 결과가 많다. 예를 들어 많은 연구 문헌들은 작은 학교 폐교의 교육적 효과를 부정적으로 보고하고 있다. 학교 합병은 학생의 교육, 교원의 사기, 학교 분위기, 과외 활동에 대한 참여에 부정적인 영향을 미친다(Levin & McEwan, 2001). 폐교를 결정할 때에는 이러한 무형 비용이 심각하게 고려되어야 한다. 마지막으로 각 대안들에 대한 비용과 효과성을 분석한 후에는 결정을 내려야 한다. 가장 좋은 선택은 반드시 가장 비용이 적게 드는 대안이거나 가장 효과적인 대안일 필요는 없다. 그보다 효과와 비용은 균형을 이루는 것이 좋고, 어떤 정책이 실행되어야만 하는지의 상황적 맥락을 계속 신경 써야 할 것이다.

## 맺는말

최근 몇 년간 많은 사람들은 학교 지도자는 행동하기 전에 심사숙고할 것을 강조해 왔다. 심사숙고와 사려 깊은 분석은 특히 정책을 개발하거나 다른 사람에 의해 채택된 정책을 실행할 때 중요하다. 실패한 정책을 만드는 것은 쉬운 일이다. 그 이유는 제10장에서 볼 수 있듯이, 대부분 정책이 실행과정에서 실패하는 이유는 정책 개발을 담당한 사람이나 정책 실행을 기획한 사람들이 결정과정에서 충분히 여러 가지 문제점을 고려하지 않기 때문이다. 이 장에 제시된 세 가지 유형의 분석, Lowi의 통제의 기술, McDonnell과 Elmore의 정책도구, 비용과 효과 분석은 심사숙고를 위한 유용한 도구가 될 것이다. 올바르게 이 분석들을 사용하는 교육 지도자들에게 정책 변화와 정책 실행은 쉬운 일이 될 것이다.

## 비용 분석과 비용효과 분석에 대한 연습문제

1. 중서부 주 의회에서 다음과 같은 법안이 통과되었다. 모든 교육구는 78가지 인구집단, 재정, 교육적 변수들에 대한 자료를 모으고, 이 자료를 특별 컴퓨터 프로그램에 입력한 뒤, 매년 봄에 모뎀으로 주 교육부에 자료를 보내야 한다. 의원들은 언론에 돈이 전혀 들지 않는 법안이라고 자랑했다. 그러나 지역 학교 지도자들은 이 계획이 돈이 전혀 들지 않는다는 것을 믿지 않는다. Levin의 요소 분석을 활용하여 교육구가 이 법을 수행할 때 소요되는 비용을 산출하라.
2. 남부의 교육위원회는 초등학교 3학년이 주 단위의 읽기 시험을 통과하지 못하면 유급 처리한다는 정책에 대해 논의하고 있다. 그러나 다음 해에 또 시험을 통과하지 못하면 4학년으로 진급한다. 이 교육구에 2,000명의 초등학교 3학년 학생이 있고, 매년 이들 중 10%가 시험을 통과하지 못하며, 3학년을 유급한 학생도 이 교육구에서 고등학교(12학년까지)를 졸업한다고 가정해 보자. 그리고 교육구는 학생 한 명당 평균 3,000달러의 지역 예산을 사용한다고 가정해 보자. 이 정책을 20년 동안 실행할 때 이의 비용 분석을 하라.
3. 25,000명의 등록 학생을 가진 큰 규모의 동해안 지역 교육구는 12학년의 학력 시험

점수가 소속된 주에서 가장 낮은 문제를 갖고 있다. 지역 교육위원회는 2년 안에 이 점수를 향상시키려고 한다. 비용 분석과 비용효과 분석을 이용하여 이 목표를 달성하기 위한 세 개의 계획을 만들고 교육위원회에 제안하라.

4. 남서부 교외 지역에 위치한 규모가 큰 한 교육구는 새로운 발전소에서 거둔 세금 때문에 매년 100만 달러의 새로운 세입을 얻고 있다. 교육위원회는 학생의 학습을 개선하기 위해 다음의 방법에 이 돈을 사용하려고 한다. (1) 교사 봉급을 인상한다. (2) 유치원부터 고등학교까지 학급당 학생 수를 25명에서 21명으로 줄인다. (3) 5살 아동들에게 제공되는 유치원 종일반 운영에 더해 4살 아동을 위한 반일반을 운영한다. (4) 담임 학급이 성취도 평가에서 상위 25% 안에 들었을 때 교사의 봉급을 상당히 많이 올려 주는 성과급 제도를 계획한다. 연구 보고서들을 참고했을 때, 어떤 대안이 학생의 학습을 개선하기 위한 가장 비용 효과적인 계획이라고 제안할 것인가?

## 심화 학습 자료

Chrispeels., J. H. (1997). Education policy implementation in a shifting political climate: The California experience. *American Educational Research Journal, 34,* 453-481.

Chrispeels는 10년에 걸친 캘리포니아의 교과과정 개혁 입법 분석을 통해 사용된 정책도구에 대해 기술하고 있다. 그녀는 동일한 목적을 달성하기 위해 다양한 정책도구를 사용하는 것이 정책 구현의 질을 향상시킨다고 주장하고 있다.

King, J. A. (1994). Meeting the educational needs of at-risk students: A cost analysis of three models. *Educational Evaluation and Policy Analysis,* 16, 1-19.

저자는 위험에 처한 아동들을 위한 세 가지 개입 프로그램의 진정한 비용을 알아내기 위해 비용 분석을 한 뒤 결론에 따라 추천하고 있다. 이 연구는 비용 분석이 유용함을 예시하고 있다.

Massell, D. (2000, September). The district role in building capacity: Four strategies. *CPRE Policy Briefs,* RB32.

저자는 교육구에서 가장 널리 사용되는 네 가지 역량 형성 전략—(1) 데이터 사용, (2) 교사 현직 교육, (3) 교과과정 통일, (4) 저학력자에 대한 개입—을 기술하고 있다. 그녀는 각 전략의 장단점을 설명하고 있다.

Newmann, F. M., King, M. B., & Youngs, P. (2000). Professional development that addresses school capacity: Lessons from urban elementary schools. *American*

*Journal of Education, 108*, 259-299.

아홉 개 도심 초등학교에 대한 연구를 통해 저자들은 현직 교사 교육을 사용하여 학교 역량을 형성하는 다섯 가지 방법을 기술하고 있다. 그들은 특정 접근 방법의 효과는 학교 상황과 관련 있으며, 학교 지도자는 자신의 상황에 적합한 프로그램을 선택해야 한다고 주장하고 있다.

Pruslow, J. T, (2001, November). What do we spend to educate a child? The student resource allocation model. *School Business Affairs*, 33-36.

교육 비용 분석 전문가이기도 한 저자는 Levin의 요소 분석법에 따라 각 학생의 교육비용을 결정하는 방법을 설명하고 있다. 그는 이 방법이 제안된 교육 변화의 비용을 분석하는 데 사용될 수 있다고 제시하였다.

# 10

# 정책의 집행 : 정책을 실행하도록 하는 방법

**탐구의 요점**

새로운 정책을 집행하는 것이 왜 어려운가?
기존의 연구들이 성공적인 집행과 실패한 집행에 대하여 무엇을 시사하는가?
학교 지도자는 성공 가능성을 높일 수 있는 정책 집행을 어떻게 계획할 수 있는가?
자신 또는 중요한 이해관계자들이 반대하는 정책을 집행해야 하는 학교 지도자들에게 열려 있는 행동방침은 무엇인가?

## 정책 집행의 어려움

『대통령의 권력(Presidential Power)』(Richard Neustadt, 1960)에서 저자는 아이젠하워(Eisenhower) 장군이 대통령으로 취임하면서 군대의 지도력에서 정부의 지도력으로 전환하면서 겪을 일에 대해 트루먼(Truman) 대통령이 웃으며 말한 일화를 말하고 있다. "트루먼 대통령은 '그가 여기 앉을 거야.' 라고 책상을 탁탁 두드리며 말했다. '그리고 "이거 해 ! 저거 해!" 할 거야. 하지만 아무 일도 일어나지 않을걸. 불쌍한 아이크(Ike)[1], 여기는 군대와는 다르단 말이야.'"(p. 9) 경험 많은 정치지도자로서 트루먼 대

---

1) 역주 : 아이젠하워의 애칭

통령은 대통령, 입법부, 사법부가 정책을 공포했다는 사실만으로 사람들이 그들의 명령을 이행하지 않으리라는 것을 잘 알고 있었다. 사실상 많은 공식적인 정책들이 전혀 집행되지도 못하거나 아니면 일부분만 집행되거나 또는 올바르지 않게 집행된다. 정책이 당연히 집행되리라고 생각해선 안 된다. 정책과정의 다른 단계들과 마찬가지로 정책 집행을 담당하고 있는 학교 지도자들은 자신들이 하고 있는 것에 대하여 면밀히 생각하고 주의 깊게 계획하여야 한다.

정책과정의 모든 단계 중에서 정책 집행은 교육 지도자들이 가장 관여하지 않을 수 없는 단계이다. 생각하기에 따라서, 그들은 주 입법부의 구성원들과 접촉하지 않고서도 또는 쟁점을 정의하고 의제를 설정하는 일에는 관심을 기울이지 않고도 여러 해 동안 일할 수 있을지도 모른다. 하지만 그들은 정책을 집행하는 일을 하지 않고서는 지도자의 자리에서 단 한 해도 일할 수 없다. 실로 교육 지도자들의 일은 두 단어, 즉 정책 집행(policy implementation)으로 어느 정도 요약될 수 있다. 교육위원회가 채택한 새로운 학교 출석 정책, 입법부가 통과시킨 교육구 간 개방 등록(intradistrict open enrollment)법, 연방 정부의 직업교육 교부금 등은 모두 다른 사람들이 채택한 정책들로서, 교육 지도자들은 다만 그러한 정책들을 집행해야만 한다. 오늘날, 특히 대부분의 주 입법부가 놀랄 만한 속도로 정책 변화를 지역 교육구에 쏟아 내고 있기 때문에, 교육 지도자들은 새로운 기대에 부응하기 위해 때로는 어려운 변화로 교육구, 학교, 교사들을 이끌 수 있도록 준비하여야 한다.

이 장은 정책 집행에 대해 탐구하려고 한다. 많은 정책들은 집행하기 쉽다. 약간의 변화만이 필요하거나 쉽게 집행할 수 있는 새로운 규제들은 별로 문제를 일으키지 않는다(Murphy, 1990). 그래서 이 장에서는 재분배, 역량 개발, 체제 변화 정책과 연관된 좀 더 어려운 정책 집행 상황을 집중해서 다루려고 한다. 이 장의 첫 부분에는 1970년대 초반부터 현재까지의 정책 집행에 관한 연구들을 제시하고, 연구가 학교 지도자들에게 시사하는 바를 논의하고자 한다. 다음 절에서는 정책 집행을 위한 실제적인 지침을 제공한다. 마지막 절에서는 학교 지도자들이 점점 더 자주 직면하게 되는 딜레마, 가령 인기 없는 정책이나 그들이 반대할 만한 정책을 집행하게 되는 경우 등을 제시한다.

## 집행에 관한 연구

### 집행의 정의

**집행**은 정부에 의해서 공식적으로 채택된 정책을 실행에 옮기는 정책과정의 단계이다.

그것은 "권위 있는 공공정책의 지침이 실행되는 과정"(Nakamura & Smallwood, 1980, p. 1)이다. 집행에서 주요 행위자들은 **집행자**(implementer)이다. **공식 집행자**(formal implementer)들은 새로운 정책이 시행되는 것을 감독하는 법적 권위를 가지고 있는 정부 관리이다. 교육에서의 공식 집행자들은 종종 미국 교육부(U.S. Department of Education, USDOE)나 주 교육부(state department of education, SDE)에서 일하는 행정가들이다. 그러나 지역 단위에서 교육위원회가 새로운 정책을 채택하는 공식 집행자들은 교육장과 다른 중앙관청 행정가들이다. **중간 집행자**(intermediary)들은 공식집행자들이 집행을 원활하게 하기 위해 책임을 위임하는 사람 또는 집단이다. 이들은 공식 집행자들과 정책이 목표하는 집단, 대개는 학생들에게 영향을 미치는 지점 사이에서 작용하는 모든 사람들이다. 미국 교육부(USDOE)에서 정책을 집행할 때 중간 집행자들은 주 교육부, 교육위원회, 교육구 행정가, 현저하게 많은 일을 하는 학급 교사들을 포함한다. 주 수준의 정책을 집행하는 동안에는 지역 교육구의 전문 고용인들(행정가와 교사들)이 중간 집행자가 된다. 지역에서 개발된 정책들은 단위학교 교장과 교사 같은 중간 집행자들에 의해 집행된다.

정책의 성공적인 집행은 중간 집행자들의 **의지**(will)와 **역량**(capacity)을 개발하고 유지하는 데 달려 있다. 정책을 집행하기 위하여 협력해야 하는 개인들과 기관들은 그렇게 해야 할 이유, 다시 말해 하려고 하는 의지가 있어야만 한다. 여러 측면에서 동기 부여가 이루어질 수 있지만 공식 집행자들은 그것을 당연시해서는 결코 안 된다. 더욱이, 좋은 집행을 위해서 동기 부여가 필요하기는 하지만 그것으로 충분한 것은 아니다. 세상에 있는 모든 의지는 역량 부족 또는 정책이 요구하는 것을 집행할 능력 부족을 극복할 수 없다. 의지와 더불어 공식 집행자들은 중간 지도자들의 역량을 늘 염두해 두어야만 한다(McLaughlin, 1987).

## 급속하게 성장하고 있는 분야

사례 연구서, 『조직혁신의 집행(Implementing Organizational Innovations)』(Gross, Giacuinta, Bunstein, 1971) 서문은 "계획된 조직 변화과정 중 집행 단계는 사회과학과 교육학 문헌에서 거의 관심을 받지 못해 왔다."(p. v)라고 말한다. 그러나 30년이 지난 후, 『교육 변화의 새로운 의미(The New Meaning of Educational Change)』 제3판의 서문에서 Fullan(2001)은, "끊임없이 도처에 나타나는 혁신과 개혁을 다루는 데 있어서 '지식 기반' 이 점점 더 심오해졌으며 절대적으로 필요 불가결하다. … 개인들은 변화과정에 대한 지식으로 무장하여야만 한다. …"(p. xii)고 말한다. 따라서 두 책 사이의 30년 동안 연구자들은 교육 상황에서 정책을 집행하는 법에 대한 많은 새로운 지식을 생산해 왔다. 현재 우리는 정책과정의 모든 단계 중에서 정책 평가 다음 두 번째로 집행을 잘 이해하고 있다고 해도 과언이 아니다.

이러한 집행에 관한 연구는 실천적인 관심에서 성장하였다. 1950년대와 1960년대에 연방 정부는 과학 교육과정 개정, 불우 아동을 위한 보상교육과 같은 수많은 교육 개혁을 위해 새로운 재정 지원을 하였다. 자연히 연방 정부 관리들은 그 수백만의 재원이 의도한 결과를 성취하는 데 쓰였는지를 알고자 했다. 그들은 개혁 프로그램에 대한 양적 평가를 의뢰하였으나, 그 결과는 놀랄 만한 것이었다. 많은 통계 결과들이 너무 혼란스러워 연구자들은 프로그램 현장에서 실제로 일어나고 있는 일을 관찰하기로 했다. 다시 말해, 그들은 질적 연구 방법을 사용하여 그 프로그램들을 연구하기를 원했다. 그들은 연방 정부의 프로그램은 실제 전혀 집행되지 않은 것으로 보였기 때문에 통계 결과가 이상하다고 생각했다. 아무 일도 일어나지 않았기 때문에 아무런 변화도 없었다. 이러한 발견은 집행과정 자체에 대한 연구를 촉진시켰다(Firestone & Corbett, 1988).

집행에 관한 연구과정은 두 시기로 나눌 수 있다. 제1세대 연구는 1970년대 초반에 출간되기 시작했다. 제2세대 연구는 1970년대 후반에 등장하였다. 다른 시기에 태어났지만 수십 년간 옆에서 함께 살고 있는 한 가족의 다른 세대들처럼, 집행 연구의 두 세대들도 현재 여전히 함께 생존하고 있다.

## 제1세대 연구 : 정책 집행의 어려움

**개관.** 제1세대의 연구는 정책 집행의 어려움, 경우에 따라서는 불가능한 상황에 초점을 두고 있다. 연구자들은 정책을 집행하는 데 발생하는 심각한 어려움들에는 다양한 원인이 있다고 본다. 가령, 1965년 초중등교육법(Elementary and Secondary Education Act, ESEA)의 Title I 프로그램에 대한 여러 연구들을 종합한 Jerome Murphy(1971)는 보상교육 프로그램을 집행하는 데 장애가 된 것은 정치와 연방 정부의 관료주의였다는 결론을 내렸다. 미국 교육부(USDOE)의 직원 수가 매우 부족했으며, 집행을 감독하기 위해 충분한 직원을 고용했는지는 모르지만, 직원들은 이념적인 이유 때문에 보상교육이라는 목표를 지지하지 않고 있었던 것 같다고 밝혔다. 그의 주요 결론은 비관적이었다. "연방 체제는 연방 개혁의 회피와 희석을 허용할 뿐 아니라 조장하기까지 하여, 연방 정부 행정가들이 프로그램에 우선권을 부여하지 못하게 하고 있다." (p. 35)

또 다른 제1세대 연구들은 정치적인 장벽보다 문화적인 장벽에 초점을 두고 있다. 1971년에 초판이 출간되고 1996년 재발행된 영향력 있는 책, 『학교 문화와 변화의 문제(The Culture of the School and the Problem of Change)』에서 Seymour Sarason은 대부분의 교육 개혁이 실패하는 것은 개혁자들이 학교 문화를 고려하지 않기 때문이라고 주장했다. 개혁자들은 마치 그것들이 100년 이상의 전통을 가진 어떤 한 기관에서가 아닌 진공 상태에서 집행될 것처럼 새로운 정책들을 고안한다. 잘못된 개혁에 관한 Sarason의 예들 중 하나가 1950년대와 1960년대의 새 수학(New Math) 정책[2)]이었다. 학교와는 현저하게 다른 제도적 문화를 가진 대학교에서 개발된 새 수학 교육과정은 학교 생활의 가장 근본적인 특성들과 많은 부분 일치하지 않았다. 이 개혁의 실패는 예견된 것이었다. Sarason의 주장은 많은 이후 연구자들을 고무하여 집행을 위한 노력들과 문화가 어떻게 상호작용하여 어려움을 일으키게 되는지를 연구하도록 했다.

**연구 사례의 심층 분석.** 1960년대 후반 Gross 등(1971)은 뉴잉글랜드 지역의 도시 빈민가에 있는 한 초등학교에서 정책 변화를 도입하려고 한 시도에 대한 1년에 걸친 사례 연구를 수행하였다. 그 개혁은 교사들에게 교수법과 학급에서의 역할을 수정할 것을 요구하였다. 그들은 교사 중심 학급 운영을 중지하고 교사는 "촉매자로서의 역할"을 하도록 했다. "촉매" 교사들은 "모든 시설이 완비된 교실에서 온종일 아동들이 자신의 흥미에 따라 배울 수 있도록 도와준다." (Gross et al., 1971, p. 12) 아동들의 활동은 많은 "재미있는" 교구와 게임들을 포함할 것으로 예상되었다.

현장 연구를 시작하기 전에 연구자들은 집행에 중요한 장벽은 교사들의 반대일 것이라고 예상했다. 그러나 반대로 Cambire 학교(가칭)의 모든 교사들은 개혁을 지지했다. 왜냐하면 그 개혁은 교사들이 이상으로 신봉하고 있던 열린 교육운동과 일치하기 때문이었다. 그럼에도 불구하고 학년 말에 가서 교사들은 변화를 향한 열정을 잃어버리게 되었다. 대부분의 교사들은 그들의 이전 방식의 교수법으로 되돌아갔다. 5월 어느 날 면담에서 한 교사는 다음과 같이 논평했다.

> 나는 인정해야만 합니다. … 나는 이 개혁의 가정과 가치 … 또한 이대로 진행될 때 아이들에게 미칠 영향에 대해 의심을 품게 되어, 과거에 내가 했던 만큼의 많은 노력을 하지 못하고 있습니다. (Gross et al., 1971, p. 120)

상황 분석을 통해서 연구자들은 효과적인 집행에 장애가 되는 다섯 가지 요인을 확인하였다. 첫 번째 네 가지가 마지막 한 가지 요인의 원인이다. 그 다섯 가지는 다음과 같다.

2) 역주 : 1957년 스푸트니크 쇼크 이후에 소련의 수학과학 수준을 따라잡기 위한 초등학교 수학 교과과정 개혁운동. 집합론 등 추상적인 개념을 강조하였으나 현재는 대표적인 실패 사례로 조롱의 대상이 되기도 함.

1. 교사들은 실제로는 변화를 이해하지 못했다.
2. 교사들은 새 교수법을 어떻게 사용하는지 알지 못했다.
3. 열린 교실을 만들기 위해 필요한 교구가 없었다.
4. 학교의 문화와 제도적인 조직이 새 정책의 요구와 일치하지 않았다.
5. 교사들은 낙담하게 되었고 집행에 대한 동기를 잃어버렸다.

Gross 등(1971)은 그들의 책이 더 많은 후속 연구를 필요로 한다고 결론을 내렸다. 이후 수십 년에 걸쳐 수많은 연구자들이 후속 연구를 수행하였다.

**제1세대 연구가 주는 교훈.** 제1세대 연구가 가르쳐 준 중요한 교훈은 집행이 어렵다는 것이다. 집행에 관한 초기 연구들이 등장하기 전까지, 많은 사람들이 마치 트루먼 대통령이 아이젠하워 장군을 풍자했듯이, 누구나 권위 있는 정책 지침을 받으면 자연히 그것을 따를 것이라고 가정했다. 하지만 이는 전혀 사실이 아니다. 정부가 새로운 정책을 제안했다는 사실은 사람들이 그대로 따른다는 것을 의미하지 않는다. 집행자들이 그 정책을 따르기를 원하지 않을 수도 있고, 그렇게 할 수 있는 능력이 없을 수도 있다. 게다가 변화는 어렵고 현상 유지는 편하다. 정책들은 공식 집행자들과 중간 집행자들이 그것을 실행에 옮기기 위해 열심히 일할 의지가 있고 능력이 있을 때에만 집행된다.

제1세대 연구는 또한 정책 집행이 왜 종종 실패하게 되는지 그 이유를 제시하고 있다. 실제로 1971년 Cambire 학교 이야기는 초기의 형태이긴 하지만 이후 연구가 확인한 주요한 모든 이유들을 포함하고 있다. 첫째, 집행자들은 종종 무엇을 해야 하는지 이해하지 못한다. 아주 빈번히 교육 정책 변화는 학년이 시작된 지 얼마 안 되어 짧은 현장교육과 함께 도입된다. 자문(諮問)이 격려 연설을 하고 나면 근심어린 교사들과 교장들이 꽉 차 있는 교실에 광택지로 만든 자료를 나누어 준다. 이러한 접근 방법은 중간 집행자들을 혼란스럽게 한다. Cambire 학교에서도, 교사들은 한 번도 새 교수법이 실행되는 것을 본 적이 없었기 때문에 "촉매적" 교사로서 자신에게 기대되는 행동이 무엇인지에 대해서는 아무 생각이 없었다. 따라서 그들이 "촉매적"으로 행동할 수 없었다는 것은 놀랄 만한 일이 아니다.

집행에 관한 제1세대 연구들에 의해 밝혀진 두 번째 문제는 중간 집행자들이 종종 정책 집행에 필요한 지식과 기술이 부족하다는 것이다. 열린 교실을 효과적으로 운영하는 것은 운에 맡길 일이 아니다. 고도의 기획과 조직 능력이 요구된다. 그러나 아무도 Cambire 교사들에게 그러한 기술을 가르치려고 생각하지 않았다.

마지막으로 집행에 관한 제1세대 연구는 집행에 있어서 자원이 결정적으로 중요하다는 것을 강조한다. 두 가지 핵심 자원은 자료와 시간이다. Cambire에서 교사들은 열린 교실 운영에 필수적인 교수 자료를 충분히 갖지 못했다. 여기에는 두 가지 문제가 있다. 교사들은 충분한 자료를 갖지 못했고 그나마 가지고 있던 자료들도 질 낮은 것이었다. 공식 집행자가 기획과정 동안에는 자료의 중요성을 명백히 알고 있었지만, 그것을 마련하지 않았다. Gross 등(1971)도 그 이유를 설명하지 못한다. 가장 그럴듯한 이유는 교수 자료들, 특히 교구와 게임이 비싸다는 것이다. 아마도 그 프로그램의 실질 비용은 집행 전에 계산하지 않은 것 같았다.

시간도 자료만큼이나 중요하다. 그리고 시간 역시 제9장에서 지적했던 것처럼 비용 요인이다. Cambire의 교사들은 많은 새로운 임무를 동시에 해야 했다. 그들은 또한 많은 추가 서류 작업을 하게 되었다. 그 결과 교사들의 봉급이 인상되지 않은 채 노동 시간만 길어지게 되었다. 따라서 집행이 시작된 지 3개월이 되면서 많은 교사들이 눈에 띄게 "지치고 짜증스러워지게" 되었다(Gross et al., 1971, p. 180). 피곤과 과로는 그들의 동기, 즉 불충분한 인력을 보상하기 위해 교사가 초과 근무를 할 것이라는 가정하에 집행을 하게 된 무형 비용을 꺾어 버렸다.

집행에 관한 제1세대 연구가 주는 교훈은 30년 이상이 지난 현재에도 유효하다. 연구자들은 정책 입안자들과 집행자들이 그 교훈을 잘 배워서 더 이상 과거의 잘못을 반복하지 않고 있다고 보고할 수 있기를 바란다. 하지만 슬프게도 현실은 그렇지 못하다. 교육에서 현재 많은, 아마도 대부분의 정책 집행들은 1960년대 후반 Cambire 학교에서 저질렀던 똑같은 잘못을 반복하고 있을 것이다. 이것이 제1세대 연구가 오늘날에도 유효한 이유이다.

## 제2세대 연구 : 성공과 실패 분석

**개관.** 제2세대 연구는 성공적인 집행과 실패한 집행 모두를 다룸으로써, 왜 어떤 정책들은 완전하게 집행이 되고 다른 정책들은 그렇지 않은지를 가려내려고 시도하였다. 가장 잘 알려진 초기 연구는 Paul Berman과 Milbrey McLaughlin이 주요 연구자로 활약한 랜드 변화 요인 연구(Rand Change Agent Study)이다. 1973년 당시 미국 교육청(U.S. Office of Education, USOE)과 계약하에 랜드 연구소의 연구자들은 18개 주의 293개 연방 정부 프로젝트의 집행에 관한 다년간의 연구를 시작하였다. 제1세대 연구자들과 마찬가지로 랜드 연구팀은 상당히 부정적인 결론—"대부분의 경우 연방 정부의 착수금에 의한 재정 지원을 받은 혁신은 뿌리를 내리지 못했다."(Berman & McLaughlin, 1978, p. 12)—을 내렸다. 그렇기는 하지만 그들은 293개의 프로젝트 중에서 성공 사례들을 찾아냈다. 미국 교육청에 제출한 공식 보고서에서 Berman과 McLaughlin은 각 프로젝트들 간의 차이를 설명하려고 했다. 그들은 성공적인 집행은 정책 "요리책(cookbook)"의 조리법을 따르는 것과 같은 기계적인 과정이 아니라고 밝혔다. 오히려 성공적인 프로젝트에는 "상호 적응(mutual adaptation)"의 과정이 일어났다. 상호 적응은 집행자의 행위와 정책 세부 사항의 변화를 모두 수반하였으며, 정책은 지역 상황에 맞추기 위해 수정되었다(McLaughlin, 1976). 랜드 변화 요인 연구는 비록 집행이 어려운 것이지만 가능하다는 것을 분명하게 밝혀 주었다. 곧이어 또 다른 정책 집행 연구자들이 유사한 발견을 보고하기 시작하였다.

제1세대 연구들은 빈곤과의 전쟁 기간 동안에 실행된 교육정책들이 학교에 거의 영향을 끼치지 못한 실패한 정책이었다고 주장하였다. 그러나 1980년의 연구(Kirst & Jung, 1980)는 이러한 견해에 도전하였다. 1965년에 초중등교육법이 통과되고 13년이 지난 후 그들은 Title I 보상교육 프로그램 집행에 관한 연구를 수행하였다. 그들은 1970년대 후반에 이르러 사실상 상당 수준 집행이 이루어졌다는 것을 발견했다. 그들은 단기간에 이루어진 집행에 관한 연구들은 실패율을 과장하게 되므로, 10년에 걸친 정책 집행 연구가 이루어져야 한다고 주장하였다. 여러 해가 지난 후 또 다른 연구진(Peterson, Rave, & Wong, 1986)은 그들의 주장을 더 다듬었다. 그들은 Title I 프로그램은 재분배 정책이었기 때문에 집행하는 데 오랜 시간이 필요했다고 주장했다. 초기 집행에 동요가 있었지만 Title I 집행의 질은 정책이 성숙해 가면서 상당히 개선되었다. 그들은 재분배 정책은 복잡하기 때문에 그 프로그램을 관리하는 사람들이 고도로 숙련되어 있을 때에만 재분배 정책이 궁극적으로 집행된다고 주장하였다(Peterson et al., 1986).

1990년에 Joseph Murphy는 다른 종류의 교육정책 집행, 즉 졸업 자격 요건 강화와 같은 1980년대의 개혁에 대하여 연구하였다. 제1세대 집행 연구를 이끈 많은 정책학자들은 이러한 개혁의 실패를 예견하였다. 하지만 개혁에 관한 연구들을 분석한 후 Murphy(1990)는 개혁이 신속히 집행되었고, 이미 미국 학교에 영향을 주고 있다고 결론지었다. 그는 이러한 성공을 효과적인 정책 설계의 결과로 이해하였다. 가장 중요한 것은 1980년대의 정책들은 규제 정책이었다는 것이다. 따라서 그것들은 1960년대와 1970년대에 이루어졌던 정책들보다 집행하기가 더 쉬웠다. 더욱이 그 정책들은 기존의 학교 조직 위에서 형성되었고 "양적 증가를 강조"하였다(Murphy, 1990, p. 35). 1980년대와 1990년대에 수행된 이러한 획기적인 연구들이 정책 집행 이해에 필요한 견고한 기초를 마련해 주었다.

**연구 사례의 심층 분석.** 1970년대 후반과 1980년대 초반에 Huberman과 Miles(1984)는 연방 교육부의 재정 지원하에 다양한 "학교 개선" 교육정책의 구현에 관한 연구를 3년간 수행하였다. 그들은 146개의 학교를 관찰하였지만 심층 연구를 위해 12개의 학교를 선정하여 사례 비교 연구를 했다. 그들의 책, 『개혁 관찰 : 학교 개선 어떻게 이루어지고 있나(Innovation Up Close: How School Improvement Works)』(1984)에서 12개 학교에 대한 연구 결과를 보고하고 있다. 학교들은 메인에서 캘리포니아까지 10개 주의 농촌, 도시, 교외 지역에 위치하였고 성취 결과의 폭은 넓었다. Huberman과 Miles의 두 학교는 굉장히 성공적으로 정책을 집행했고, 두 학교는 비참하게 실패했으며, 나머지는 그 사이 어딘가에 속한다고 결론지었다. 그러나 그들은 단순히 연대기적으로 성공률만 얘기하는 것으로는 만족하지 않았다. 오히려 그들은 자신들이 책을 쓴 목적을 다음과 같이 기술하고 있다. "이들의 학교 개선 노력의 과정에서 무슨 일이 일어났는지를 보여주고, 왜 그러한 일들이 일어났는지를 설명하고 … 다른 곳에서 변화를 위한 시사점을 제시하려는 것이다."

제1세대의 연구 결과들과 일관되게 Huberman과 Miles도 집행, 특히 초기 집행이 어렵다는 것을 발견하였다. 교사들에 의해 보고된 공통적인 문제들은 15년 전 Cambire 학교에서 관찰되었던 것과 유사하였다. 그러나 집행이 성공했던 학교에서는 초기의 고통스런 집행 기간을 잘 넘겼다. 교사들은 변화의 요소들에 대하여 정통하게 되었고, 자부심을 느끼고 스스로 만족하게 되었다. 성공하지 못한 학교에서는 교사들의 느낌이 상당히 달랐다. 낙담과 소진이 보고되었다. 집행 기간이 끝날 때에 정책 변화는 다섯 개의 가장 성공한 학교에서 제도화되었다. 그곳에 정착하게 된 것이었다. 그 외 다른 학교에서는 다양한 상황이 연출되었다. 실패한 정책들이 사라지거나 중요성이 줄어드는 요인으로는 프로젝트 리더십의 재편성, 행정 지원의 상실, 예산 위기 등이 있었다.

그들의 책(Huberman & Miles, 1984)은 심층 연구한 12개의 학교를 네 개의 군, (1) 상당히 성공한 집행, (2) 비교적 성공한 집행, (3) 비교적 실패한 집행, (4) 실패한 집행으로 나누고 있다. 각 군에서 무슨 일이 일어났는지에 대한 이야기에는 시사점이 있다.

두 개의 **상당히 성공한** 집행은 새로운 프로그램에 매우 헌신적인 중앙관청 행정가들에 의해 주도되었다. 두 프로젝트 모두 교사가 교육 현장에서 상당히 많이 변해야 할 것을 요구하는 야심찬 계획들이었다. 비록 많은 변화가 요구되긴 했지만 새로운 정책은 그 교육구의 철학과 일치하였고 잘 맞아 떨어졌다. 혁신을 주창한 중앙관청 행정가들이 교장과 교사들에게 그 프로그램을 집행하라고 압력을 가하기는 했지만, 아울러 그들은 집행이 이루어지는 내내 자료, 훈련, 자문관 등의 형태로 강력한 원조를 제공했다. 연구자들은 이 두 학교에 대하여 다음과 같이 논평했다. "지역 행정가들은 과외수업, 부드러움과 더불어 강제력을 사용했다." (Huberman & Miles, 1984, p. 277).

네 개의 **비교적 성공한** 학교들은 다른 길을 따랐다. 새로운 정책들이 이 교육구에서는 잘 인식되고 있는 문제들에 대한 것이었기 때문에, 교사들은 개혁을 추진하고자 하는 의지가 있었다. 그들은 그 프로그램의 문제를 해결할 수 있도록 깊이 헌신했다. 중앙 관청의 지원과 지도자들의 집행을 위한 준비 모두 적절했지만, 이 프로젝트들의 진짜 핵심은 많은 교사들이 새로운 기술을 완벽하게 터득하기 위해 기꺼이 오랜 시간을 일할 수 있느냐는 것이었다. 교육구 행정가들은 압력도 거의 가하지 않고 또한 지원도 거의 하지 않았음에도 불구하고 학교 교사들은 서로를 독려했다. 하지만 시간이 지나면서 많은 교사들은 지치게 되었고 혁신을 약화시키는 경향이 나타나게 되었다.

네 개의 **비교적 실패한** 학교들은 그들에게 요구하는 것이 거의 없는 온건한 변화 정책을 채택하였다. 처음에 지원적이었던 교육구 지도자들은 집행이 시작된 후 곧바로 관심을 잃어버렸다. 그들은 거의 도와주지 않았고, 교장과 교사들이 프로젝트 규모를 더 축소할 것을 요구했을 때 이에 기꺼이 동의했다. 연구자는 "그 행정가들은 주로 자유재량을 허용함으로써 '도움'을 주었다."(Huberman & Miles, 1984, p. 265)라고 말한다. 그러나 그 결과, 실제로 정책은 거의 집행되지 않았다.

연구자들은 두 개의 프로젝트는 비참하게 **실패**하였다고 평가했다. 두 경우 모두 교육구 수준의 행정가들은 개인적인 경력 개발을 위한 폭넓은 전략의 일환으로 정책 변화를 도입했다. 그들의 프로그램은 엉망으로 설계되어 있었고, 이 지도자들은 실제로 집행에는 전혀 관심이 없었다. 그들은 집행을 위해 주의 깊게 준비하지도 않았고 교장과 교사들을 위해 도움도 제공하지 않았다. 두 정책에 대한 상당한 정도의 저항이 단위학교 교장들을 필두로 일어났다. 오래지 않아 정책 집행은 중지되었다. 하지만 저자는 비협조적인 교장들을 비난하지 않았다. 그들은 "어떤 점에서 이 두 경우의 '실패'들은 빈약하게 고안된 아이디어에 대항하여 학교를 보호하기 위한 사용자들의 성공적인 노력으로 볼 수 있다."(Huberman & Miles, 1984, p. 269)라고 결론지었다.

**제2세대 연구가 주는 교훈.** 제1세대 연구와 마찬가지로, 제2세대 연구도 집행이 어려운 일이라는 것을 주장하고 있다. 많은, 아마도 대부분의 정책들은 실제로는 전혀 집행되지 않는다. 집행되지 않은 정책들 중에서 완화된 정책이 때로 시행되기도 한다. 때로는 아무 변화도 일어나지 않는다. 이것은, 집행에 책임이 있는 사람들이 자신의 밑에 있는 사람들이 자신의 명령에 따라 정책을 실행에 옮길 것임을 당연시하면 안 된다는 것을 의미한다.

그러나 제1세대 연구와 달리 제2세대 연구는 때로 집행이 가능하다는 것을 제안하고 있다. 비록 성공적인 집행에서 정책 설계 및 집행자들의 태도에 모두 변화를 가져오는 "상호 적응"의 과정이 일어나기는 하지만, 새로운 정책의 핵심과 정신은 효력을 발휘하기 시작한다(McLaughlin, 1976). 성공하기 위해서는 열심히 노력해야 하고 이에는 부담이 따른다. 어떤 집행자들은 지쳐 버릴지도 모른다. 그러나 성공할 수 있고 성공하기도 한다.

가장 중요한 것은 제2세대 연구가 집행이 성공하고 실패하는 이유를 제시하고 있다는 것이다. 제2세대 연구자들은 주의 깊게 설계된 양적 질적 연구를 활용하여 강력한 집행과 약한 집행의 공통된 특성들을 밝혀내었다. 그 결과 학교 지도자들이 정책 집행을 기획하고 실행하는 데 필요한 구체적인 제안을 할 수 있게 되었다. 이 장의 나머지 부분에서 제1세대 연구와 제2세대 연구를 활용하여 새로운 교육정책을 어떻게 시행해야 하는지와 무엇을 피해야 하는지를 제시할 것이다.

## 새로운 정책을 집행하는 방법

정책을 집행하는 것은 학교 지도자들의 가장 중요한 임무 중의 하나이다. 더욱이 이 장 마지막 절에서 중앙관청 직원과 교장들이 집행과정에 중요한 역할을 할 것을 보인다. 그들의 지원 없는 정책은 실패할 가능성이 높다. 따라서 이 장에서는 새로운 정책을 집행하기 위한 일반적인 지침을 제시하려고 한다. 집행을 위한 동원 단계에서 시작하여 엄밀한 의미에서의 집행 단계로 이동한 후, 새로운 정책의 제도화로 끝맺는 시간적인 순서에 따라 집행의 과정을 기술하고자 한다. 기본적인 가정은 학교 지도자들과 다른 주요 집행자들이 정책을 지지하거나 수용한다는 것이다. 이 장의 마지막 절에서는 좀 더 도전적인 상황, 즉 지도자들이나 다른 주요 집행자들이 반대하는 정책을 다루는 법에 대해 기술하고 있다.

### 집행을 위한 동원

**동원**(mobilization)은 정책 집행에 있어 아마도 가장 중요한 단계이다. 여기에서 심각한 문제가 생기면 그 프로젝트는 거의가 실패할 가능성이 높다. 따라서 이 절은 다른 두 절에 비하여 예외적으로 길며, 이는 동원 단계에 시간과 에너지를 투자하는 것이 중요하다고 확신하는 저자의 신념을 반영한 것이다. 그러므로 오래 지속되는 변화를 원하는 지도자들은 정책 채택, 기획, 자원 모으기 등 동원의 각 단계에 세심한 주의를 기울여야 한다. 또한 지도자들은 동원이 짧은 단계가 아니라는 것을 이해해야만 한다. Huberman과 Miles(1984)는 동원과정이 14개월에서 17개월까지 소요된다는 사실을 발견했다.

**새로운 정책의 채택.** 많은 독자들은 이 제목에 대하여 놀라게 된다. 이미 제8장의 많은 부분이 정책 채택을 다루고 있기 때문이다. 많은 새로운 정책들이 교육구 밖에서 채택되어 집행이 하달되기도 하지만, 새로운 정책들은 종종 교육구나 단위학교 수준에서 채택되기도 한다. 가령, 중앙관청 직원이 교육위원회에게 교육구 내의 준고등학교(junior high school)를 중학교(middle school)[3]로 전환할 것을 권고하기로 결정했을 경우가 있다. 교장과 교직원이 또래 학습(peer tutoring) 프로그램을 만들기로 결정할 수도 있다. 일부 정책들은 주 혹은 연방 정부의 수준에서 시작되지만, 학교와 교육구가 자발적인 경우도 있다. 대부분의 유인정책들은 이 범주에 속한다. 예를 들면, 단위학교나 교육구에서 전통적 평가에서 참평가(authentic assessment)로 전환하기 위해 주 교육부에 교부금을 요청할 수도 있다. 이 모든 경우에 지역 단위에서 정책 채택이 이루어져야 하고, 그것은 다른 사람들에게 그들의 아이디어에 따를 수 있게 권위를 가지고 있는 소수 집단의 사람들에 의해서 결정되는 것 이상이어야 한다. 잘못된 채택과정은 전체 집행에 해가 된다. 사실상 정책 채택과정을 제대로 수행하지 않은 것이 많은 정책 집행 실패의 이유이다. 그러므로 새로운 학교 정책을 채택해야 할 것인지 고민하고 있는 학교 지도자들은 다음 세 개의 핵심 질문에 긍정적으로 대답할 수 있는지 확인해야만 한다. 만일 그럴 수 없다면 학교 지도자들은 정책 변화를 위한 그들의 계획을 변경하거나 포기해야만 한다. 이 논의의 나머지 부분은 이 세 가지 핵심 질문을 중심으로 다루고 있다.

**새로운 정책을 채택한 동기** : 첫 번째 그리고 가장 중요한 질문은, **새로운 정책을 채택할 합당한 이유를 가지고 있는가?**이다. 집행에 관한 연구는 정책을 채택한 좋은 이유와 나쁜 이유 둘 다 존재한다고 주장한다. 정책을 채택하는 데 있어서 가장 나쁜 이유는 몇몇 지도자들이 개인적인 경력 관리를 위해 혁신가로서 그들의 명성을 쌓기 위한 것이다. 전형적으로, 경력을 쌓기 위해 정책이 채택될 때 핵심 지도자들은 집행이 이루어지는

3) 역주 : 한국에서는 junior high school과 middle school을 모두 중학교로 번역하나, 미국에서는 두 학교체제를 구분한다. Middle school은 통상 6학년에서 8학년까지의 과정이며, 한국의 중학교와 마찬가지로 한 반의 학생이 여러 명의 교과 담당 교사로부터 수업을 받는다. 반면 junior high school은 7~8 또는 7~9학년 과정이며, 미국의 고등학교와 같이 학생들이 자신의 수준에 맞추어 필요 과목을 선택하게 된다. 현재는 많은 junior high school이 middle school 체제로 전환하고 있다.

와중에 새로운 직장으로 떠나간다. 그러한 일이 일어나면 집행은 엉망이 되고 그 결과 환멸만 남게 된다. 새로운 직장으로의 이직이 실현되지 않는다 해도, 이러한 상황에서 집행은 대개 빈약하게 기획되고 실질적인 내용보다 이미지로 구성된다(Berman & McLaughlin, 1978; Fullan, 2001). 새로운 정책을 채택하는 또 다른 부적절한 이유는 교육구가 진보적이며 최첨단이라는 명성을 얻게 될 것이라는 믿음이다. 혁신 자체를 위한 혁신은 집행자들이 새로운 정책을 한 해의 일시적인 유행쯤으로 생각하기 때문에 자주 실패한다. 그 결과 그들은 새로운 정책을 진지하게 취급하지 않는다. 또한 혁신 자체를 위한 혁신은 모든 변화에 대하여 회의적인 분위기를 낳게 된다(Fullan, 2001). 전문가들은 두 가지 부적절한 이유 때문에 아예 어떤 정책 변화도 시도하지 않는 것이 새로운 정책을 채택하는 것보다 낫다고 한다.

새로운 정책을 채택하는 데 있어서 오로지 두 가지 좋은 이유가 존재한다(Berman & McLaughlin, 1978). 첫 번째 이유는 그것이 잘 인식되어 있는 문제를 해결하는 데 진정으로 도움이 된다는 것이다. 예를 들면, 교육구 지도자들은 사춘기 이전 청소년들의 소외 현상을 극복하기 위해 준고등학교를 중학교로 바꾸기로 할 수도 있다. 그들이 이 문제가 사실 그대로 존재한다는 것을 명시할 수 있고, 제안된 정책 변화가 그 문제를 어떻게 다룰 것인지를 설명할 수만 있다면, 그들은 새로운 정책을 채택하기 위한 지원을 얻는 것이 비교적 쉽다는 것을 알게 될 것이다. 그러한 지원은 집행의 성공 가능성을 높일 것이다. 두 번째 적절한 이유는 집행자들의 역량을 강화하여 마침내는 다른 변화를 도입할 수 있게 된다는 것이다. 가령 장학관이 교사들이 보다 강력한 리더십을 개발하도록 격려하기 위해, 교육구가 단위학교 책임경영(site-based decision making)[4] 정책을 도입하도록 결정할 수도 있다. 의사결정에 대한 어느 정도의 경험을 통해, 교직원들은 팀으로 일하는 능력 그리고 신입 교사들에게 조언하는 능력 등 다른 변화들을 다룰 수 있는 역량을 개발할 수 있다.

**새로운 정책의 적절성** : 지도자들이 새로운 정책을 채택하기 전에 던져야 할 두 번째 질문은 **이 정책이 우리 학교나 교육구에 적절한가?**이다. 어떤 일이 학교에 필요한지에 대한 새로운 아이디어를 얻는 것은 어렵지 않다. 모든 교육 학술지, 모든 교육 관련 회의, 그리고 많은 정치가들의 연설은 제안으로 넘쳐난다. 어려운 것은 이런 많은 정책 변

4) 역주 : 1991년 부시 전 대통령의 제안에 따라 기업가 정신으로 미국 학교의 틀을 깨어 침체에 빠진 미국 교육체제를 개혁하려는 운동. 민간 부문의 기증으로 기금을 마련, 교육구나 학교의 제안을 심사하여 개혁 프로그램에 지원하였다. http://www.naschools.org 참조

- 제안된 정책이 학교나 교육구의 비전이나 철학과 일치하는가?
- 제안된 정책이 학교나 교육구의 요구와 일치하는가?
- 제안된 정책이 학교나 교육구의 우선순위와 일치하는가?
- 제안된 정책이 이용 가능한, 그리고 잠재적으로 이용 가능한 자원의 수준과 일치하는가?
- 제안된 정책이 지역사회의 가치와 일치하는가?
- 다음과 같은 점에서 제안된 정책이 학교나 교육구의 학생 인구에 대하여 효과적으로 작용할 것이라는 증거가 있는가.
  - 나이는?
  - 인종적 배경은?
  - 성별 구성은?
  - 사회 경제적 계급은?
  - 영어 구사에 있어 유창함은?
  - 생애 경험은?

**[그림 10.1] 정책이 특정 상황에 적절한지 결정하는 법**

화의 가능성 중에서 어떤 것이 구체적으로 우리 환경에 적절한지를 결정하는 것이다 (Fullan, 2001).

[그림 10.1]은 고려해야 할 주요 쟁점들을 열거하고 있다. 모두 중요하지만 두 가지가 특히 강조할 만하다. 어떤 교육 지도자들은 그들이 마치 사회적인 진공 상태에서 일하는 것처럼 정책 변화 계획을 세운다. 뉴욕이나 샌프란시스코에서 극적인 성공을 보인 프로그램에 대하여 배우고 나서 그들은 남서부 농촌 지역이나 뉴잉글랜드의 작은 도시와 같은 또 다른 상황에 그것을 곧바로 시행하려 한다. 물론 때로 그렇게 들여온 정책들이 잘 작용하기도 한다. 그러나 흔히 그런 정책들은 잘 작용하지 못하고, 자신들의 가치관을 무시당한 지역사회의 분노만 일으키게 된다. Mirel(1994)은 일리노이에서 시도된 이런 집행에 대한 이야기를 진술하고 있다. Bensenville 교육구는 "틀 깨뜨리기(break-the-mold)"를 위한 새 미국 학교(New American School) 프로그램을 개발하고 집행하기 위해 150만 달러의 예산을 지원받게 되었다. 하지만 교원 단체와 지역사회의 폭발한 논쟁으로 인해 조금 지난 후, Bensenville은 어떤 틀도 깨뜨리는 데 관심이 없다는 것이 드러났고, 마침내는 재정 지원을 철회하게 되었다.

또 다른 흔한 잘못은 단위학교와 교육구의 자원 수준에 맞지 않은 정책을 채택하는 것이다. 새로운 정책을 집행하고 장기간에 걸쳐 지속시키기 위해서는 필요한 자원을 분석하는 것이 중요하다. 제9장에서 지적하였듯이, 요구되는 자원은 단지 금전적인 것만이 아니다. 여분의 시간, 자원봉사자들, 공간의 이용 가능성과 같은 쟁점들 또한 철저히 고려하여야 한다. 정책이 조직의 자원 수준과 맞지 않을 때 두 가지 일 중 하나가 발생한다. 자원 수준과 정책의 불일치가 아주 크다면 집행은 처음부터 실패한다. Prestine과 McGreal(1997)은 이런 종류의 사례를 기술하고 있다. 네 개의 학교는 교사들에게 참평가(authentic assessment)를 집행하도록 했다. 그러나 이 새로운 정책은 그들의 상황에 맞지 않았다. 수많은 문제가 있었지만 무엇보다 중요한 문제는 교사들이 이미 너무 많은 학생을 담당하고 있었다는 것이다. 그들이 담당한 학생 수는 평균 130명이나 되었다. 그들은 수업 준비를 하고, 하루 종일 가르치고, 130명의 학생들을 위한 참평가를 집행할 충분한 시간이 없었다. 그 결과 교사 대다수는 이 정책을 결국 실행하지 못했다.

대신 이러한 집행에 있어서 지원금으로 여분의 자원이 제공되면 모든 것이 잘 진행된다. 하지만 여분의 재정 지원이 끝나 버리면 새로운 정책도 마찬가지로 끝을 맺게 된다. 집행자들은 아무 소용이 없다는 생각을 갖게 되고, 미래에는 변화를 위해 시간과 에너지를 투자하지 않으려 하게 된다.

정책이 그들 자신의 상황에 적절한지를 결정하는 데 있어 학교 지도자들은 여러 정보원을 찾아보아야 한다. 교육자원정보센터(Educational Resources Information Center, ERIC)를 검색해 보면 새로운 정책이 시도되고 있는 곳에서 실제 일어나고 있는 일들에 대한 논문과 보고서들을 찾을 수 있을지도 모른다. 주 교육부(SDE)와 전문협회들이 유용한 정보를 가지고 있을 수도 있다. 자신의 학교에서 시행하려고 하는 정책과 유사한 정책을 이미 시행하고 있는 학교들과 교육구들을 찾아가 보는 것은 특히 도움이 된다. 이러한 방법을 시도함으로써 지도자들은 어떤 새로운 정책이 그들 자신의 상황에 적절한지 여부를 결정하기 위한 충분한 정보를 수집할 수 있게 된다.

**적절한 지원 :** 지도자들이 스스로에게 물어야 할 세 번째 질문은 **우리가 고려하고 있는 정책이 핵심 이해관계자들의 충분한 지원을 받고 있는가?**라는 것이다. 정책 집행은 입법 영역에서의 정책 형성과 채택만큼이나 정치적이다. 이 말은, 정책은 적대적인 위원회에서 부결되어 버리는 것만큼 신속하게 원하지 않는 관련자들에 의해 틀어져 버릴 수도 있다는 것을 의미한다. 그러므로 제안된 정책이 어느 정도의 지원을 받을지 평가하는 것은 중요하다(Berman & McLaughlin, 1978; Fullan, 2001). 무엇보다 주요 집행자들 간에 지원 수준을 논의하는 것이 아주 중요하다. 만일 중앙관청 직원들이 새로운 정책 채택을 지지한다면 그들은 그 정책을 집행할 교장과 교사들이 그것을 수용하고 있는지를 확인할 필요가 있다. 보통 교장들이 집행에 있어 중요한 역할을 한다. 이상적으로 교장

들은 그들이 집행해야 하는 새로운 정책을 강력하게 지원해야 한다. 교사들은 교장이 변화의 가치를 확신하고 있다면 종종 교장 뒤에 줄을 설 것이기 때문에 교사들의 지원은 결정적인 것이 아니다. 그렇지만 교장이 지원하는 새로운 정책도 그들이 강력하게 반대하는 것이라면 그들은 저항할 것이다. 그러므로 새로운 정책이 최소한 교사 대부분이 수용할 수 있는 것인지 확인하는 것은 중요하다. Berman과 McLaughlin(1978)은 상의 하달 방식의 집행은 "대체로 단위학교 수준에서 무관심이나 저항에 직면하게 된다"(p. 15)는 것을 밝혔다.

한편, 만일 단위학교 수준의 교육자들이 변화의 주요 주창자들이라면, 지지 수준을 평가하는 것은 중앙관청 직원들보다 그들에게 훨씬 더 중요하다. 그들은 중앙관청과 교육위원회가 그들의 계획을 견고하게 뒷받침하고 있는지를 확실히 해야 한다. 많은 연구들은 상위 수준 관리자들이 반대하는 정책 변화를 집행하는 것은 거의 불가능하다는 것을 밝히고 있다. 이런 정책 채택은 대개 중앙관청으로부터 거의 지원을 받지 못하게 되어 "교육구 내에서 소외된 채… 남겨진다."(Berman & McLaughlin, 1978, p. 15) 또한 이러한 정책들은 예산 삭감 회의에서 첫 번째 희생이 될 가능성이 높다. 제안된 정책의 세부 사항에 대한 학부모, 사회 봉사 기관, 교원노조, 학생 등 정책 관련자들의 지원을 얻는 것 역시 필요하다.

지원의 수준을 결정함에 있어 지도자들은 단순히 추측만 해서는 안 된다. 정책 채택과정에는 집행에서 중요한 역할을 담당하거나 집행을 좌절시킬 모든 집단, 개인들과의 계속적인 의사소통이 포함되어야 한다. 그들 중 일부를 설득해야만 할 경우도 있다. 많은 사람들은 제안된 바로 그 변화를 받아들이려 하지 않겠지만 정책의 수정을 제안할 것이다. 그러한 타협은 정책 채택과정의 중요한 구성요소이다. 지도자들은 자신들이 가장 잘 알고 있다는 생각은 접어 두고 다른 이해관계자들이 말하는 것을 주의 깊게 경청해야 한다. Fullan(2001)이 다음과 같이 말하고 있듯이 말이다.

> 변화가 어떠해야 한다는 당신의 생각이 곧 집행되어야 하는 혹은 집행될 수 있는 바로 그것이라고 생각하지 마시오. 반대로, 집행과정의 주된 목적 중의 하나가 집행자들과의 상호작용을 통하여 무엇이어야만 하는지에 대한 당신의 현실감을 교류하는 것이라는 것을 잊으면 안 됩니다.…(p. 108)

제안된 정책 변화가 이러한 전환의 과정을 거치기 전까지 지도자는 그것을 공식적으로 채택해서는 안 된다.

**집행 계획** : 새로운 정책을 집행하기로 결정하였다면, 그 다음 지도자들은 집행을 계획해야 한다. 계획은 필수적인 것이지만 지도자들이 과다한 계획을 할 수 있다는 것을 약간 역설적으로 제시하고 있는 연구들도 있다(Fullan, 2001; Louis & Miles, 1990). 상세한 장기 계획은 거의 항상 한 사람이나 소집단의 아이디어를 대표하기 때문에, 그런 융통성 없는 계획이 성공할 가능성은 별로 없다. 하지만 이것은 지도자들이 아무 생각 없이 "무슨 일이 일어날지 한번 보자"는 식의 태도로 정책 집행에 착수해야 한다는 것을 의미하지 않는다. 오히려 지도자들은 Louis와 Miles(1990)가 진화적 계획(evolutionary planning)이라는 부르는 과정을 거쳐야 한다. 지도자들은 계획, 특히 집행에 있어서 중요한 첫 몇 주간은 집행을 위한 계획을 가지고 있어야 하지만, 집행과정에서 변화가 필요하면 그 계획을 수정할 준비가 되어 있어야 한다. 프로젝트가 진행되면서 그들은 경험뿐만 아니라 변경된 자원의 수준이나 변하는 정치적 상황과 같은 환경의 변화에 맞게 그들의 계획을 수정해 나가야 한다.

**누가 계획에 참여해야만 하는가?** : 누가 정책 집행 계획에 참여해야 하는가에 대하여는 두 가지의 접근 방법이 있다. 한 가지 접근 방법은 그 프로젝트에 관심이 있는 모든 이해관계자들을 대표하는 대규모의 운영위원회를 결성하는 것이다. 이 위원회에는 행정가, 교사, 학부모, 지원 부서 직원, 지역사회 대표, 지역 정부 관료, 학생, 사회복지 직원 등이 다 포함된다. 또 다른 접근 방법은 프로젝트를 위해 일하려고 자원했고 그 프로젝트에 강하게 헌신하는 소수의 사람으로 구성되어 있는 좀 더 작은 규모의 운영위원회를 조직하는 것이다. 두 가지 모두 성공할 수 있다. 그러나 대규모의 넓은 기반을 가진 운영위원회는 정책 관련자들이 교육정책에 대하여 일반적으로 합의하고 있고 조화롭게 함께 일하는 상황에서 가장 효과적이다. 갈등이 일어났던 상황에서는 비교적 작은 규모의 위원회가 아마도 가장 잘 운영될 것이다.

어떤 방법을 선택하든지 궁극적으로는 두 개의 핵심 관련 집단, 즉 단위학교 교장들과 교사들의 대표자들을 반드시 포함해야 한다. 가장 일선에 있는 집행자들일 것이기 때문에 그들의 입장은 중요하다. 만일 그들이 초기 계획 단계에 포함되지 않았다면, 이후에 계획이 점차 구체화되는 과정에 참여할 수 있도록 해야 한다. 다른 어떤 참여자들 이상으로 그들은 정책 변화가 가져오게 될 기회와 잠재적 어려움을 잘 이해할 것이다. 만일 교육위원회와 지역사회의 대표자들이 초기 기획 집단에 포함되지 않았다면 계획자와 이들 두 단체 사이의 체계적인 의사소통이 처음부터 이루어지고 지속적으로 유지되어야만 한다. 그렇지 않으면 그 운영위원회는 비밀리에 활동하고 있는 것처럼 보일 것이다(Louis & Miles, 1990).

**사전 시나리오에 의한 계획 :** 계획을 담당하고 있는 집단은 집행 시작에 필요한 주요한 선결 조건들을 생각해 보아야 한다. 이것은 쉬운 일이 아니다. 대부분의 새로운 정책들이 실행되기 위해서는 먼저 다양한 자원, 즉, 재료, 장비, 훈련자, 자문, 적절한 공간 등을 한 곳으로 모아야 한다. 계획 단계에서 프로젝트에 필수적인 것이 항상 분명한 것은 아니다. 그러나 특정 자원이 집행의 초기 몇 주간 부족한 것은 치명적일 수 있다. 그러므로 학교 지도자들은 가능한 한 많이 예상해 보는 것이 현명하다.

집행에 앞서 필요한 것들을 확인하는 하나의 기술이 사전 기획(forward mapping)이다(Weimer & Vining, 1992). 사전 기획의 첫 단계는 새로운 정책이 완전히 집행되었을 때의 모습이 어떠할지를 기술해 보는 시나리오를 개발하는 것이다. 시나리오는 전체 기획 집단에 의해 만들어질 수도 있고, 한 사람이 시나리오를 쓴 다음 평가를 받기 위해 더 큰 집단에게 제시될 수도 있다. 일단 참여자들이 시나리오에 동의하게 되면 그것을 실제 질문들을 개발하기 위한 기초로 사용하게 된다. 〈표 10.1〉은 완전히 시행된 단위학교 책임 의사결정 정책을 기술해 놓은 짧은 시나리오를 제시하고 있는데, 이때 생길 수 있는 몇 가지 질문들을 목록으로 나열하고 있다.

이 질문들은 계획을 개발한 집단에 의해서 사용된 것이기 때문에 세밀한 청사진이라기보다는 일반적인 개관이라고 볼 수 있다. 〈표 10.1〉에 있는 시나리오와 질문에 기초하여 하나의 샘플이 [그림 10.2]에 제시되어 있다. 계획의 임시 초안이 집행에 참여하게 될 모든 단위학교 교장들과 교사 대표자들에게 제시되어야 한다. 그들이 가장 일선에 있는 집행자들이기 때문에 어느 누구보다도 집행의 실제 맥락에 대하여 잘 알고 있고 집행에 필요한 현실적인 조언을 제공할 수 있을 것이다. 그들의 제안을 참고해 계획을 수정하고 나면 동원의 다음(이자 마지막 단계)을 위해 필요한 지침이 마련되어야 한다. 집행이 이루어지는 동안 필요한 사안들에 대한 단서들을 제공해 줄 수도 있을 것이다.

**집행을 위한 자원 모으기.** 정책 집행을 위한 동원의 세 번째 단계는 자원 모으기이다. 〈표 10.2〉에서 볼 수 있듯이 집행의 많은 문제들은 불충분한 자원 때문에 생겨난다. 사실상 Louis와 Mile(1990)의 연구에서 교장들이 호소하는 모든 중요한 문제들 중에서 보다 중요한 문제의 2/3(시간 부족, 돈 부족, 불충분한 교직원 능력 개발, 빈약한 설비)와 덜 중요한 하나의 문제(기술의 부족)가 자원과 관련되어 있다. 게다가, 다른 여러 문제들도 자원이 부족하여 제기된 것일 수 있거나, 자원의 부족으로 상황이 악화된 것일 수 있다. 정책 집행이 실패하는 빈번한 이유는 자원의 부족이나 현명하지 못한 자원의 할당이다(Fullan, 2001; Louis & Miles, 1990; Miles & Huberman, 1984). 진정한 정책 변화를 이루고자 하는 지도자들은 집행이 시작되기 전에 그리고 집행이 이루어지고 있는 동

**〈표 10.1〉 실제적인 질문이 포함된 시나리오**

| 시나리오 | 실제적인 질문 |
|---|---|
| 교장 (1) 스미스 씨는 *시계를 본다.* (2) 그리고 나서 학교 운영위원회의 *정기 회의*를 소집한다. (3) 거의 모든 *대표*들이 (4) 출석을 하고, *큰 회의 탁자* 주위에 앉았다. (5) "Maple Grove 초등학교의 운영회의를 *개회합니다.*" (6) 교장이 공포한다. "*첫 번째 의제* (7)은 지난번 회의의 의사록입니다. 그것은 지난 주에 배부되었습니다. 이 회의 의사록을 승인하는 데 동의합니까?" "*동의합니다.*" (8) 한 교사가 대답을 한다. 이 동의는 바로 재청되고 만장일치로 통과된다. 하지만 회의는 다음 의제인 계획 기간의 변화 항목에서 수렁에 빠져든다. 고학년 교사들과 저학년 교사들이 *이 쟁점에 대하여 동의하지 않으면서 그것을 논의하기 위해 때때로 열을 내어 가면서 한 시간 이상을 써 버린다.* (9) 하지만 마침내 그들은 *타협에 도달하게 되어* (10) 모두 동의할 수 있게 된다. 이 지점에서 그들은 남은 의제를 논의하기 위한 회의 날짜를 정하고 폐회를 가결한다. | 1. 교장이 운영위원회의 의장을 맡아야 하는가?<br>2. 회의는 언제 열리게 되는가? 대표들은 회의를 위한 자유 시간을 가지게 될 것인가?<br>3. 얼마나 자주 회의가 소집되는가? 회의 시간과 주계약(Master Contract)에 있어서 잠재적인 갈등이 존재하는가?<br>4. 어떤 집단이 대표가 되어야 하며 대표들은 어떻게 선정되는가?<br>5. 모든 학교들이 위원회 회의에 알맞은 크기의 방과 참여적인 의사결정을 하는 데 적합한 가구를 가지고 있는가?<br>6. 교장은 어떻게 회의 운영 절차를 사용하는 법을 배우게 되었는가?<br>7. 회의를 준비하기 위해 얼마나 많은 과외의 사무 시간과 자료가 요구될 것인가?<br>8. 교사들은 회의 운영 절차를 어떻게 배우게 되는가?<br>9. 교사들은 주장을 펴며 갈등을 헤쳐 나가는 것을 어떻게 배우게 되는가?<br>10. 교사들은 의견 차이를 협상하는 것을 어떻게 배우게 되는가? |

*질문이 제기되는 부분은 이탤릭체로 표시하였다.

안 어떤 자원이 필요한지 그것을 어떻게 얻을 수 있는지 주의 깊게 분석해야 한다.

**돈** : 돈은 다른 자원을 획득하기 위해 사용될 수 있기 때문에 중요하다. 많은 정책 집행이 정부나 개인 재단으로부터 받은 기부금에 의해서 지원된다. 기부금을 받을 수 있는 기회에 대하여 충분히 탐구해야 한다는 것은 말할 필요가 없다. 하지만 다른 출처의

**통치(governance)와 관련된 쟁점을 위한 기획**

1. 장학사와 관련된 요소들을 논의하라.
2. 교육위원회 위원장과 관련된 요소들을 논의하라.
3. 1과 2에 근거하여 관리자 운영위원회를 소집하라.
4. 관리자 운영위원회는 권고된 관리 관련 서류들의 세부 항목, 즉 위원회 구성, 회의의 빈도, 의장직, 선거과정 등을 개발한다.

**직원 개발 쟁점을 위한 기획**

1. 회의 운영 절차, 주장 표명하기, 갈등 해결, 타협 등과 관련하여 훈련할 수 있는 사람을 확인하라.
2. 집행 전에 훈련 세션을 계획하라.
3. 이후의 훈련 세션을 위한 시간에 관하여 논의하라.

**상황 개선을 위한 기획**

1. 각 단위학교에 이용할 수 있는 방과 가구를 점검하라.
2. 장학사 그리고 계약 담당자들과 회의 시간을 논의하라.
3. 자유 재량 시간 혹은 공통된 기획 기간이 가능한가?
4. 사무 관리자들 그리고 선정된 사무원들과 사무에 관련된 일을 논의하라.
5. 요구되는 사무용품 공급을 위하여 예산을 늘리라.

**[그림 10.2]** 단위학교 책임경영제 집행을 위한 계획

**〈표 10.2〉 교장들에 의해 확인된 집행 관련 문제들**

| 주요 문제들* | 그 외의 문제들* |
|---|---|
| 교사의 시간과 에너지 | 교직원의 능력 부족 |
| 돈 | 더딘 진보 |
| 교직원 개발 | 목표에 대한 합의 부재 |
| 지속적인 의사소통 | 관심 유지 |
| 설비의 한계 | 지나치게 야심적인 프로젝트 |
| 교사들의 사기/ 저항 | 예기치 못한 위기 |
| | 다른 새로운 프로젝트와의 경쟁 |

* 문제들은 가장 중요한 것부터 순서대로 정리되어 있음.

출처 : Louis & Miles(1990)

돈 또한 이용할 수 있다. 예를 들면, 학교나 교육구 예산의 일부를 재할당함으로써 집행자들은 필요한 기금을 얻을 수 있다. 지역 기업들도 간과해서는 안 된다. 그들 중 특히 학교나 교육구와 동반자 관계를 가진 기업은 기꺼이 기금을 기부할 수도 있다.

어느 정도의 돈은 필수적이지만 많은 교육 지도자들은 풍부한 재정 자원의 중요성을 과대평가한다(Berman & McLaughlin, 1978). 사용할 수 있는 전체 예산보다 훨씬 더 중요한 것은 돈이 어떻게 쓰이고 있느냐는 것이다. 집행자들을 계속해서 지원하기 위해 또는 프로젝트를 관리할 사람을 고용하기 위해 지불하는 것이 돈을 가장 잘 사용하는 것이라고 연구는 밝히고 있다. 프로젝트에 관련된 많은 사람들에게 많지도 않은 추가 수당을 제공하는 것은 돈을 낭비하는 것이다(Louis & Miles, 1990).

**시간 :** 시간은 또 다른 중요한 자원이다(Fullan, 2001; Louis & Miles, 1990; Prestine & McGreal,1997). 불가피하게도 모든 정책 변화는 관련된 모든 사람들의 시간을 많이 요구한다. 새로운 행동을 수행하는 것이 판에 박힌 일상적인 방법으로 행동하는 것보다 시간 소모가 더 많기 때문이다. 따라서 집행자들은 변화 정책을 위해 일하는 동안 매주 추가로 시간을 더 써야 한다는 것을 예상하는 것이 마땅하다. 하지만 하루에 12시간에서 15시간 일을 한다든가 주말과 휴가 기간에도 헌신하기를 기대하는 것은 온당치 않다. 이런 종류의 지나친 요구는 확실한 실패의 비법이다. 그러므로 자원을 모을 때 지도자들은 교장과 교사들에게 근무 시간 외에 추가로 더 많은 시간을 낼 것을 기대하기보다 프로젝트를 위해 일할 더 많은 시간을 확보할 수 있는 조치를 취해야 한다.

이는 여러 가지 방법으로 이룰 수 있다. 그 하나가 핵심 집행자들에게 얼마간의 자유 시간을 제공하는 것이다. 시간제 교사나 대리 교사를 고용하는 것도 하나의 방법이다. 시간이 있는 교사들을 팀 회의나 기획 세션에 이용하기 위해 혁신적인 형태의 시간계획을 하는 것도 또 다른 방법이다. 학교 지도자들은 최소 임금 노동자들도 쉽게 할 수 있는 일에 고도로 숙련된 직원들이 귀중한 시간을 낭비하지 않도록 노력해야 한다. 교사들과 교장들이 회의실을 정리하고, 차를 준비하고, 봉투를 붙이고, 공항에 자문관들을 마중 가는 것 같은 일상적인 허드렛일을 수행하도록 하면 안 된다. 이상적으로 보자면 이런 일을 하기 위해 덜 숙련된 사람들을 고용하는 데 얼마간의 재원이 사용되어야 한다. 또 다른 방법으로는 자원봉사자들이 사용될 수도 있다. 시간 문제를 해결하는 것은 항상 하나의 도전이다. 하지만 현실감와 창조성을 결합하면 지도자들도 능히 해낼 수 있을 것이다.

**인력 :** 대규모의 직원을 고용할 수 있는 여유가 있는 정책 집행은 거의 없지만, 약간

의 온건한 변화를 성취하기 위해서도 약간의 인원은 반드시 필요하다. 중요한 인사 결정 중 하나가 프로젝트 책임자 또는 조정자를 선정하는 것이다. Louis와 Miles(1990)는 도심 지역 큰 고등학교에서의 정책 변화에 관한 그들의 연구에서, 프로젝트에 대해 주요한 책임을 맡고 있다고 생각하는 특정인의 존재 자체가 정책 집행의 성공을 예측하게 하는 주요한 요인이라고 하였다. 이 사람은 프로젝트의 진척 상황을 관찰하고 의사소통을 다루며 문제 해결을 위하여 주도적인 역할 등을 수행하였다. Louis와 Miles는 프로젝트 책임자는 적어도 자신이 일하는 시간의 절반은 집행을 위해 일하는 데 사용해야 할 것을 권고했다. 절반의 시간을 할애하는 지위가 실현 가능하지 않을 경우에도, 책임자를 지명하고 그에게 최소한 얼마간의 자유 시간을 제공하는 것은 권고할 만한 일이다. 그 외에 필요한 사람들은 집행자들에게 훈련을 제공하거나 다른 형태의 도움을 제공하는 사람들이다. 주 교육부, 전문협회, 대학교들은 워크숍을 인도하거나 자문관으로 활동할 수 있는 사람들을 제공해 줄 수 있는 유용한 원천이다. 이러한 사람들은 종종 시간계획이 꽉 차 있기 때문에 집행자들과 함께 일하기 위해 그들에게 미리 날짜를 상의하기 위해 접촉하는 것이 현명하다. 집행이 시작되기 직전에 그리고 집행과정 내내 훈련이 필요할 것이다. 그러므로 하루 이상을 미리 정해 두어야 할 것이다.

**공간 :** Louis와 Miles(1990)의 연구에서 그들의 설문 조사에 응답한 교장의 2/3가 정책 집행 동안의 주요 문제로 "학교의 물리적인 건물의 제한"(p. 146)을 들고 있었다. 이러한 제한은 교실 숫자가 불충분하거나, 교실이 너무 작거나, 건물이 기준 이하인 상태거나, 경우에 따라서는 공간이 전혀 없는 등 여러 가지일 수 있다. 예를 들면, 한 고등학교에서의 정책 변화는 아홉 명의 새로운 상담자를 고용하는 것을 포함하고 있었다. 하지만 그들이 사무실로 사용할 충분한 공간이 없었다. 이러한 연구 결과들은 정책 집행을 감독할 책임을 맡은 교육 지도자들이 공간 문제를 너무 사소한 것이어서 말할 필요도 없다고 생각해서는 안 된다는 것을 시사한다. 부적절하고 불충분한 공간은 집행의 질에 심각하게 해를 끼칠 수 있다. 필요한 공간을 평가함에 있어서 학교 지도자들은 누군가, 가능하다면 프로젝트의 일선 집행자에게 부탁하여 필요한 공간을 평가하도록 관련된 각 건물들을 방문할 수 있도록 해야 한다. 가능하다면 유사한 정책이 성공적으로 집행된 학교를 찾아가 보고 공간이 어떻게 사용되고 있는지 확인해 보는 것이 도움이 될 수 있다. [그림 10.3]에 있는 체크리스트는 기존의 공간이 프로젝트를 위해 얼마나 적절한지를 평가하고, 어떻게 변경될 필요가 있는지를 결정하는 데 사용될 수 있다.

**설비와 자료 :** Cambire 학교에서 새로운 교수 방법 집행이 실패한 이유는 부분적으

____ 1. 새로운 교수법을 실행할 수 있을 정도로 교실은 충분히 크다.
____ 2. 새로운 장비나 자료를 비축할 만한 충분한 공간이 교실과 사무실에 있다.
____ 3. 교실과 사무실은 현대 컴퓨터 기술을 이용할 수 있도록 배선이 되어 있다.
____ 4. 적절한 사무 공간을 제공할 수 있다.
____ 5. 새로운 장비를 보관할 안전한 공간이 제공될 수 있다.
____ 6. 설비들이 적절하게 유지되고 있다.

**[그림 10.3] 공간 요구 사정을 위한 체크리스트**

로 자료의 부족 때문이었다(Gross et al., 1971). 정책 변화는 종종 구체적인 기계와 자료들의 사용 가능성과 밀접한 연관이 있다. 예를 들면, 컴퓨터 보조 수업을 포함하는 정책은 컴퓨터를 필요로 한다. 사실상 많은 컴퓨터가 필요할 것이고, 이 중 일부는 임대하거나 구입하거나 아니면 다른 프로그램으로부터 빌려 와야 할 것이다. 때때로 새로운 프로그램이 필요로 하는 자료들이 덜 명확한 경우도 있다. 학생들의 실제 참여를 강조하는 과학 교육과정에서는 실험을 위한 전선, 건전지, 시험관, 시약 등이 분명히 필요하다. 하지만 일부 지도자들은 매주 학생들이 실험 보고서를 위해 두세 장의 복사지를 사용하게 될 것이라는 사실은 인식하지 못할 수도 있다. 이 프로그램의 특성상 실험과 프로젝트를 위한 자료들에 추가해서 여분의 종이와 복사 토너도 주문해야 할 것이다. 복사기와 관련된 여타 소모품도 간과해서는 안 된다. 숙련된 집행자들은 추가로 종이와 토너를 주문하고 복사기 유지 보수를 위해서도 재원을 제공해야 한다는 것을 알게 될 것이다. 그렇지 않으면 프로젝트는 교사들이 더 이상 실험 보고 용지를 만들 수 없게 되어 학기 중에 중단되어 버릴 수도 있다.

## 엄밀한 의미에서의 집행

집행 자체는 동원 기간 동안 확고한 기초가 확립된 후에 시작되어야 한다. 시기적으로 학년 초나 학기 초에 새로운 정책을 집행하는 것이 가장 좋다. 이 절에서는 두 가지 관점에서 집행에 대하여 생각해 본다. 첫 번째는 시간적인 순서에 따른 것이다. 집행 연구자들은 대개 집행과정에서 초기와 후기의 두 단계로 구분한다. 각 단계를 차례로 기술하고 초기와 후기 단계 모두에 관련되는 여러 가지 성공에 관한 주제들이 논의된다.

### 집행의 단계

**집행 초기** : 12개의 교육정책 집행에 대한 비교 연구에서 Huberman과 Miles(1984)

는 집행의 초기 몇 달간은 항상 거칠다고 하였다. 동원과정 동안 확고한 준비가 되어 있을 경우에는 그렇지 않은 경우보다는 원활하게 일이 진행되지만 잘 준비된 프로젝트조차도 심각한 문제들과 마주치게 된다. 이러한 어려움의 이유는 일선 집행자들이 새로운 방식으로 행동하는 방법을 배워야 하기 때문이다. 그들이 잘 훈련되어 있다고 해도 아직 실제로 새로운 행동을 매일매일 수행해 보지는 않았다. 집행자들, 대개 학급 교사들은 배우고 있기 때문에 과중한 부담, 피곤, 근심과 혼란스러움을 느끼게 될 것이다. 그들은 많은 실수를 저지르게 될 것이고, 실패하고 있는 것은 아닐까 하고 생각할 것이다. 사기가 떨어지며, 우울한 느낌을 가질 수도 있다. Huberman과 Miles(1984)의 연구에서 한 교사는 다음과 같이 말했다. "나는 일을 시작했다. 나는 넘어졌고 나 자신을 일으켜 세워야만 했다. 그런 일은 여러 번 일어났다. 나는 막 걸음마를 시작하고 있다." (p. 73) 그렇지만 Huberman과 Miles는 여러 요인들이 교사들의 초기 어려움을 이겨내고 성공을 경험하도록 도와주었다고 밝혔다. 그중 두 가지 요인, 즉 "일반적인 수준의 준비와 필요한 자원에 대한 대비" (p. 88)가 동원 단계에 뿌리박고 있다는 것은 놀라운 일이 아니다. 집행초기 기간 내내 이용할 수 있는 지속적인 현직 연수와 기타 지원을 제공하는 것 또한 도움이 될 수 있다.

불행하게도 교사들이 이 초기 집행의 기간 동안 살아남기 위해 취하는 부정적인 방법도 있다. 일부 교육구에서는 학교 지도자들이 요구된 정책 변화의 규모를 축소하는 데 동의하는 것으로써 교사들의 불평에 대응했다. 채택된 정책에 대한 이러한 수정은 진정한 상호 적응이라기보다는 오히려 Huberman과 Miles가 말한 **축소**(midgetizing)이다. 정책 변화 규모를 축소함으로써 지도자들은 별로 의미 없는, 가치 없는 정책으로 만들어 버렸다. Huberman과 Miles는 다음과 같이 논평한다. "이러한 '축소'는 대부분의 골칫거리들을 없애 줄 뿐 아니라 대부분의 가능한 보상까지도 내팽개친다." (p. 88) 그들은 순조로운 초기 집행은 실제로는 "나쁜 신호" (p. 273)라고 결론 지었다. 거친 출발이 반드시 궁극적인 성공을 예견하는 것은 아니지만 순조로운 출발은 실패를 예견한다. 이때 실패는 진정한 변화가 "온건한, 때로는 하찮은 일로 변형될" (p. 273) 때 오는 실패를 말한다. 궁극적인 성공을 예견하는 세 가지 요인으로 (1) 거친 출발, (2) 새로운 접근법을 계속해서 시도하도록 하는 지도자의 압력, (3) 다양한 종류의 지속적인 지원 등이 주목된다. 요컨대, 정책 변화와 집행자들 모두의 본래 모습을 유지한 채 집행 초기 단계에서 살아남기 위한 열쇠는 압력과 지원을 사려 깊게 적절히 결합하는 것이다.

**집행 후기** : 집행 후기의 성격이 집행 초기의 성공 여부에 달려 있다는 것은 놀랄 만한 일이 아니다. 이 경우에 성공은 교육정책에서 진정한 변화를 만들어 냈다는 것을 의

미한다. 앞서 지적했듯이 많은 집행은 실패한다. 따라서 (1) 실패한 프로젝트에서의 집행 후기, (2) "축소"하여 성공한 프로젝트에서의 집행 후기, 두 개의 시나리오가 제시될 수 있다.

정책 집행이 실패하면 그 결과 부정적인 느낌이 남는다. 이러한 느낌과 이에 수반하는 행동들은 집행 후기가 시작되고 있다는 신호이다. 일반적으로 실패한 집행은 실망과 낙담으로 특징지어진다. 소진된 느낌으로도 나타난다. 집행자들은 이 지점에서 그들이 개인적으로 투자한 시간과 에너지를 어림잡아 계산해 본다. 많은 집행자들이 한때는 완전히 포기한 적이 있는 실행 이전의 방법으로 되돌아간다. 부정주의의 공통적인 이유 중 하나는 정책 변화에 대한 재정 지원을 철회해 버리는 것이다. 다른 이유들은 빈약하게 고안된 프로젝트에 대한 분개와 지도자들에 대한 분노를 포함한다. 여러 가지 방식으로 점차 현상 유지로 되돌아가지만 한 가지 면에서 그들은 원상 복귀하지 않는다. 지도자들이 새로운 정책을 집행하려고 제안하는 다음번에, 아마도 실패한 정책의 유산인 냉소주의와 만나게 될 것이다(Gross et al., 1971; Huberman & Miles, 1984; Louis & Miles, 1990; Prestine & McGreal, 1997).

축소화된 집행은 종종 5, 6개월 후에 집행 후기 단계로 들어간다. 진정으로 성공한 집행은 대개 약 18개월이 경과해야 이 단계까지 성숙하게 된다. 그러나 두 경우 모두 비슷한 현상이 나타난다. 집행자들은 이제 새로운 정책에 대해 편안함을 느끼고, 그 정책이 요구하는 새로운 행동을 할 수 있는 능력이 있다는 확신을 하게 된다. 그들은 또한 사태를 장악하고 있다고 느끼며 그들의 성취에 대해 자부심을 갖게 된다. 이 단계 동안 그들은 프로젝트를 정리하고 결함을 찾아 고치기 시작한다. 비효과적인 구성요소들이 제거될 수도 있고, 더 효과적인 것이 그 자리를 대체하게 된다. 집행자들은 그들이 개발한 방법을 기록한 편람을 쓸 수도 있다. 그들은 상이한 학생 인구를 대상으로 그 정책을 적용하기도 하고 교육과정의 다른 부분에 이 정책 중 일부를 적용할 수도 있다(Huberman & Miles, 1984). 하지만 이 시점에서 모든 문제가 해결되었다고 생각해서는 안 된다. 초기 집행 단계에서보다는 덜 빈번하고 덜 심각하지만 문제들은 여전히 존재한다. 문제가 없을 것으로 기대해서는 안 된다. Louis와 Miles(1990)는 그들의 독자들에게 "중대한 변화를 집행하는 것은 문제투성이의 일을 하는 것이다. … 프로그램 자체의 문제들은 해결하기가 가장 쉽다. '사람' 문제가 그 다음이고, 구조와 절차와 관련된 '상황' 의 문제가 가장 해결하기 어렵다."(p. 272)라고 주의를 주고 있다.

그러므로 집행 후기는 그들의 프로젝트가 성공했을 때에도 학교 지도자들이 긴장을 풀고 자축하고 있을 때가 아니다. 그들이 직면해야 할 문제는 여전히 존재하고 있다. 앞으로 다루겠지만, 그들의 정책이 지속되거나 제도화되려 한다면 몇 가지 중요한 쟁점들을 해결해야만 한다.

**성공으로 이끄는 지름길.** 대부분의 연구들은 처음부터 끝까지 성공적인 집행을 관통하는 세 가지 구성요소를 (1) 관찰(monitoring)과 의견 전달(feedback), (2) 지속적인 도움, (3) 문제 극복으로 본다. 각각에 대한 논의는 다음과 같다.

**관찰과 의견 청취** : 물에 던져 넣고 수영하든 빠져 죽든 식의 접근 방법은 교육의 오래된 관례이다. 일단 새로운 교사들에게 교실로 가는 길을 알려 주고 나서, 그 다음은 살아남기 위해 각자가 투쟁하도록 내버려 두는 일이 너무 자주 벌어진다. 마찬가지로 새로운 교장들도 건물의 열쇠를 넘겨 받고 나면 "이제 모두 당신 몫입니다."라는 말과 함께 남겨진다. 많은 학교 지도자들이 그들 자신이 집행에 책임을 지게 될 때에도 이 방법을 채택하는 것은 놀랄 일이 아니다(Louis & Miles, 1990). 이것은 아마도 새로운 교육자들을 입문시키는 효과적인 방법이 아니기도 하지만, 정책 집행을 관리하기 위한 효과적인 방법은 분명히 아니다.

성공적인 집행은 계속적인 **관찰**과 **의견 청취**에 달려 있다. 누군가가, 이상적으로는 프로젝트 책임자가, 집행과정을 세밀하게 지속적으로 관찰할 책임을 져야 한다. 이러한 지도자의 관찰 임무는 관련된 현장을 자주 방문하고 집행하는 교사들과 빈번히 대화하는 것을 포함한다. 그는 또한 중앙관청과 단위학교 행정가들과 자신이 알게 된 것을 정기적으로 의사소통하여야 한다. 또한 좋은 프로젝트 책임자는 문제를 해결하기 위해 행동을 조정할 수도 있다. 예를 들면, 책임자는 똑같은 어려움을 경험하고 있는 여러 교사들과 일하기 위해 자문관을 초빙할 수도 있다(Fullan, 2001; Louis & Miles, 1990).

프로젝트 책임자는 프로젝트를 관찰하는 매일 세부 사항을 관리해야 하지만, 학교 행정가들은 집행과 분리되어 있어서는 안 된다. 성공적인 정책 변화를 위해 위로부터의 압력이 중요하다고 주장하는 연구들이 있다. 이것은 교장들과 중앙관청 지도자들은 프로젝트의 진행 상황에 대하여 잘 알고 있어야 할 뿐만 아니라 집행이 일어나는 현장에서 사람들 눈에 띄어야 한다는 것을 의미한다. 그들이 현장에 있다는 것, 프로젝트의 진행에 대하여 질문하는 것, 격려하는 말은 집행자들에게 자신들의 노력이 얼마나 진지한지에 대하여 중요한 메시지를 전달할 것이다(McLaughlin, 1987).

행정가들이 개입해야 하는 마지막 이유는 다음과 같다. 교장과 중앙관청 지도자들은 좋은 집행의 특징인 발전적 기획과정에 적극적으로 참여해야 한다(Fullan, 2001; Louis & Miles,1990). 발전적 기획은 융통성과 실험적인 태도가 요구되지만, 또한 무슨 일이 일어나고 있는지에 관한 정확한 지식에 의존하기도 한다. 이러한 지식은 책상에 앉아서 얻어질 수 없고, 집행자들의 의견을 가까이서 경청하고 현장에 있는 그들을 방문함으로써 얻어질 수 있다. 집행과정에 대한 감각을 유지하고 있는 지도자들만이 낡은 방법을 수정하고 새로운 방법을 개발할 수 있을 것이며, 집행과정이 전개되면서 요구되는 변화를 이루어 낼 것이다. 추상적인 정책이 견고한 집행 상황에 마주치면서 나타나게 되는 난국에 대응할 수 있는 지도자들의 능력을 통하여 정책의 축소나 실패가 아닌 상호 적응이 일어날 수 있게 될 것이다.

**지속적인 도움** : 성공적인 집행에 있어서 압력이 필수적이기는 하지만 지원 또한 중요하다. 아마도 지원의 가장 중요한 형태는 **도움**(assistance)이다(Berman & McLaughlin, 1978; Fullan, 2001; Louis & Miles, 1990). "교육 개선에 관한 최근 연구에서 밝혀진 가장 분명한 결과 중 하나는 도움이 교육 개선에 큰 이익을 준다는 것이다." (Louis & Miles, 1990) 프로젝트가 시작하기 전에 이루어지는 현직 연수 프로그램으로는 불충분하다. 새로운 작업 방식을 배우려고 하는 사람들은 도움이 필요하며, 그 도움은 "강력하고, 지역의 요구에 맞고, 다양하고, 지속적인 것이어야 한다." (Louis & Miles, 1990) 그 도움은 또한 집행과정 내내, 즉 동원 기간 동안 초기와 후기의 전체 집행과정을 거쳐서 제도화가 완성될 때까지 계속되어야 한다. 도움이 언제 필요한지 어떤 종류의 도움이 필요한지를 지도자가 아는 유일한 방법은 프로젝트를 관찰하고, 그리고 앞서 말했듯이 정기적인 의견 청취과정을 통하는 것이다. 단위학교나 교육구 수준의 학교 지도자들은 일선 현장의 집행자들이 당황하고 혼란스러워하기 시작할 때, 확실히 도움을 받도록 해야 한다. 이러한 도움에는 여러 가지 형태가 있다. [그림 10.4]는 가장 널리 사

| | |
|---|---|
| 시작 전 훈련 | 출판 자료 |
| 진행 중(follow-up) 세션 | 시간 계획 늦추기 |
| 외부의 자문관 | 교수 지원 자료 |
| 내부의 자문관 | 시범 |
| 외부 훈련 담당 | 자료와 정보 교환의 기회 |
| 내부 훈련 담당 | 워크숍 |
| 다른 학교 방문 | 형성 평가 |
| 학교 밖 회의 | 공감하여 들어주기 |
| 다른 집행자들과의 정기 회의 | |

**[그림 10.4]** 집행자들을 위한 17개 유형의 도움

〈표 10.3〉 세 개의 범주로 묶은 가장 흔한 집행 문제

| 프로그램과 관련된 문제 | 사람과 관련된 문제 | 상황과 관련된 문제 |
|---|---|---|
| • 조정 부족 | • 반응하지 않는 표적집단 | • 다른 조직과의 경쟁 |
| | • 능력 부족 | • 외부의 압력 |
| • 지연 | • 부정적인 태도 | • 예기치 않은 응급 상황 |
| • 갈등 | • 저항 | • 핵심 결정에 대해 무기력 |
| • 기획 부족 | | • 물리적인 환경 |
| | • 회의주의 | • 불충분한 자원 |
| • 모순된 목표들 | | |

출처 : Louis & Miles(1990)

용되고 있는 도움의 목록을 나열한 것이다. 한 가지 유형의 최상의 도움은 존재하지 않는다. 하지만 중요한 것은 도움은 집행자들이 경험하고 있는 문제들에 적합한 것이어야 한다는 것이다.

**문제 극복하기** : 모든 정책 집행에는 여러 가지 문제들이 내재해 있다. Louis와 Miles(1990)에 따르면 세 개의 범주, 즉 (1) 프로그램과 관련된 문제, (2) 사람과 관련된 문제, (3) 상황과 관련된 문제로 나눌 수 있다. 〈표 10.3〉은 각 유형의 가장 보편적인 문제들을 요약하고 있다. 연구에서는 상황과 관련된 문제가 해결하기 가장 어렵고 프로그램과 관련된 문제가 해결하기 가장 쉽다고 밝히고 있다. 하지만 모든 집행의 궁극적인 성공 여부는 지도자들이 각 유형의 문제들을 얼마나 잘 찾아내어 대처할 수 있느냐에 달려 있다.

집행에 관련된 문제들에 대처하는 두 가지 일반적인 접근 방법이 존재한다. 하나는 문제들을 한가로운 세계에 쳐들어 온 불청객으로 간주하고, 그 문제들을 해결하기는커녕 쳐다보지도 않아 마침내는 핵무기급 위기로 확산될 때까지 내버려 두는 것이다. 다른 하나는 문제들을 예기치 않은 침입자가 아니라 집행과정의 정상적인 과정으로 보는 것이다. 이러한 인식은 숙련된 지도자들로 하여금 집행의 가장 초기 단계에서 문제를 간파하기 위해 적극적으로 집행 환경을 세밀하게 살펴보도록 고무한다. 지도자들은 핵심 집행자들과 매일 회의에서 자유롭고 솔직한 의견을 장려하여 이를 이루어 낼 수 있다. 그들은 새로운 문제를 감지하자마자 그 문제를 해결하기 위해 일하기 시작한다. 그들은 문제를 지연시키지도 않고 비난할 누군가를 찾지도 않는다. 그들은 프로젝트를 축

〈표 10.4〉 집행 문제를 극복하기 위한 방법

| 기술적인 방법 | 정치적인 방법 | 문화적인 방법 |
|---|---|---|
| • 프로젝트를 작은 부분으로 나눈다. | • 문제를 다룰 대표자들로 구성된 특별위원회를 만든다.<br>• 직원의 참여를 요구한다. | • 회합에서 프로젝트에 대하여 자주 토론한다.<br>• 집행자들과 자주 비공식적으로 토론한다. |
| • 문제를 다룰 대책위원회를 만든다.<br>• 집행을 단계적으로 점차 실행한다. | • 참여를 격려하기 위해 유인책을 사용한다.<br>• 반대하는 직원을 전보시킨다. | • 목표에 대한 합의를 증가시키기 위해 일한다.<br>• 프로젝트를 홍보한다. |
| • 다른 직원들을 훈련할 직원을 훈련시킨다.<br>• 직원의 필요에 맞추어 훈련한다. | • 집행을 지역사회의 압력으로부터 차단한다. | • 조직 풍토를 개선한다.<br>• 동기를 부여하는 방법들을 사용한다(구호, 티셔츠 등). |

출처 : Louis & Miles(1990)

소함으로써 문제를 제거하려고도 하지 않는다(Fullan, 2001; Louis & Miles, 1990).

지도자들은 집행에 관련된 문제들에 대처할 수 있는 여러 가지 방법을 찾을 수 있다. Louis와 Miles(1990)는 가장 성공적인 변화에서 프로젝트 지도자들은 얄팍한 문제 분석보다는 오히려 심층적인 문제 분석에 근거하여 행동을 선택하고 광범위한 대응 전략을 사용했다고 밝혔다. 그들은 또한 자신들이 다루고 있는 특정 문제에 적절한 접근 방법을 선정했다. 〈표 10.4〉는 문제에 대처하는 여러 가지 방법을 세 개의 범주로 나누어 나열한 것이다. **기술**적인 전략은 문제의 영역을 주의 깊게 분석하고 그것에 필요한 자원을 목표로 정하는 것이다. **정치**적인 전략은 사람들이 바람직한 방향으로 행동하도록 격려하기 위해 권력을 동원하는 것이다. **문화**적인 전략은 "문제에 핵심이 되는 공유된 신념, 가치, 상징에 초점을 둔다." (Louis & Miles, 1990, p. 272) 세 가지 중에서 보통 기술적인 접근이 가장 효과적이다. 일반적으로 정치적인 그리고 문화적인 방법을 통해 중간 정도의 성공이 가능하다. 좋은 교육 지도자들은 세 가지 전략을 혼합하여 사려 깊게 사용한다.

## 정책의 제도화

집행의 마지막 단계는 "혁신이 조직으로 통합해 들어가는 기간" (Gross et al., 1971, p. 17)인 **제도화**(institutionalization)이다. 정책이 학교나 교육구의 일상적인 관행으로 자연스럽게 통합되면 정책은 완전히 제도화된다. 더 이상 새롭거나 특별한 것으로 인식되지 않고 "우리가 일을 처리하는 일상적인 방식"이 되어 버린다. 제도화는 집행 결과에 당연히 따르는 것이 아니다. 새로운 정책을 지지하는 사람들—대개는 교육구와 단위학교의 행정가들—이 정책 변화를 영구적으로 동화시키기 위해 조직의 형식적인 규칙과 절차들을 수정하기 위해 일하기 때문에 제도화가 가능하다. 집행의 다른 단계들과 마찬가지로 제도화도 사고와 기획을 요구한다. [그림 10.5]는 제도화에 대한 점검표이다. 그 점검표는 정책의 제도화가 어느 정도로 이루어졌는지 평가하기 위해 사용될 수 있고 제도화 과정에서 이어질 다음 단계들을 제시해주는 기획 안내로서도 활용될 수 있다.

정책의 제도화는 보통 정책 집행의 세 번째 단계로 묘사되고 이 절에서도 마지막으로 논의되고 있지만, 실제로는 집행 후기 단계와 자주 겹쳐진다. 숙련된 프로젝트 지도자들은 제도화를 달성하기 위해 집행 후기 단계를 거치는 동안에도 방심하지 말아야 한다. 만일 교육구의 교사 평가 절차가 일상적인 검토 절차를 거치고 있을 때에도 새로운 정책에 맞도록 절차를 수정하려고 노력해야 한다. 제도화는 한 번에 달성되지 않는다. 대개는 조금씩 서서히 일어나는 과정이다. 만일 정책의 주창자들이 집행의 초기부터 정신만 바짝 차린다면 그들의 프로젝트와 맞지 않는 일상적인 기관의 절차들을 확인할 수 있게 된다. 따라서 집행 후기가 시작되면서 그들은 새로운 정책을 조금씩 제도화할 수 있는 기회를 포착할 수 있게 된다. 그들은 새로운 정책과 맞지 않는 일상적인 절차들이 검토에 들어가는 일정을 알게 되고 필요한 변화를 위한 기회를 포착하기 위해 회의 의제를 주의 깊게 읽을 것이다.

[그림 10.5]에 제시되어 있는 모든 쟁점들이 중요하지만 마지막 쟁점이 특히 중요하다. 많은 정책 혁신이 일시적인 자금 지원에 의해 이루어진다. 새로운 정책의 주요 구성요소들이 이러한 기금에 의해 지원되는 한 그 정책은 취약하다. 재정이 넉넉할 동안에는 특별한 자료, 보조 직원, 자유 재량 시간을 위해 여유 자금이 이용될 수 있다. 그러나 다음보다 더 확실한 것은 없다—경기 순환이 내림새로 돌아서면 이런 특별 기금은 삭감될 것이다. 이 말은, 정책 주창자는 일시적인 특별 기금에서부터 조직의 정규 예산 한 항목에 이르기까지 혁신의 모든 중요 구성요소들을 동원하기 위해 성실하게 일해야 한다는 것을 의미한다. 이 일은 쉽지가 않을 것이다. 왜냐하면 정책 변화가 후기 집행과정을 거치는 동안, 조직 내에 있는 경쟁자들이 프로젝트가 끝나게 되면 남은 돈을 손에 넣기를 바라면서 표면으로 부상하게 될 것이기 때문이다. 정책을 정규 예산으로 포함시키려는 노력은 집행의 어떤 다른 부분보다도 어려울 것이다. 그렇다 할지라도 정책이 정규 예산으로 통합될 때에만 새로운 정책이 완전히 제도화될 기회를 가질 수 있고, 따라

____ 1. 정책이 교육위원회의 정책 매뉴얼에 적절히 포함되어 있다.
____ 2. 필요한 변화가 단체 협약에서 협상되었다.
____ 3. 교사 및 행정가 평가 절차가 정책과 일관성이 있다.
____ 4. 학생 평가 절차가 정책과 일관성이 있다.
____ 5. 정책과 관련된 실행에 필요한 연수가 신임 교사 및 행정가 교육 프로그램에 포함되어 있다.
____ 6. 정책과 관련된 모든 비용 항목이 교육구 또는 학교의 정기 운영 예산 항목에 포함되어 있다.

**[그림 10.5]** 정책의 제도화 정도를 평가하기 위한 점검표

서 완전히 구현될 수 있게 된다(Firestone & Corbett, 1988; Huberman & Miles, 1984).

## 인기 없는 정책의 집행

앞의 절에서 내내 학교 지도자 자신을 포함하여 어떤 주요 집행자들도 집행되고 있는 정책에 반대하지 않을 것이라고 가정했다. 물론 이런 가정은 늘 타당하지 않다. 정책 변화는 자주 상위 수준의 행정가들이나 학교 조직 외부에 있는 사람들에 의해 부과된다. 이런 경우 많은 수의, 때로는 대부분의 집행자들이 새로운 정책을 반대할 수도 있다. 반대와 저항을 다루는 것은 학교 지도자들이 직면하는 가장 큰 도전 중의 하나이다. 지도자 자신이 요구된 변화에 대해 심각하게 유보하는 입장을 가지고 있을 때 도전은 복잡해진다. 이러한 상황에서 어떤 쉬운 대답도 찾을 수 없을지 모르지만 이 절에서는 이 문제를 탐구하고자 한다. 즉, 왜 반대가 생겨나는지를 설명하고, 공공연하게 때로는 암암리에 이루어지고 있는 저항과 더불어 반대를 다루는 몇 가지 방법을 제안한다. 아울러 학교 지도자들이 저항해야 한다고 느끼는 경우에 대해서도 논의한다.

### 왜 어떤 정책은 인기가 없는가?

**자기 이익.** 집행자들은 그들 자신의 이익에 상반된다고 인식되는 정책을 지지하지 않으려는 경향이 있다(McDonnell, 1991). 특히 그들은 자신들의 직업 안정성, 승진 기회, 직장에서의 지위를 위협하는 것처럼 보이는 변화에는 거의 확실히 반대할 것이다. 예를

들어, 주 입법부가 단위 학교 책임경영제를 주 전체에 실시하는 법을 제정한다면 중앙 관청 행정가들은 거기에 대해 열정을 느끼지는 않을 것이다(Malen & Ogawa, 1988). 그들은 의사결정의 권위가 단위학교에 점차 위임되면서 자신들은 불필요하게 될 것이라고 생각하게 될 것이다. 이때 그들이 공공연하지는 않더라도 그 정책 집행에 대하여 저항한다고 해서 놀라서는 안 된다. 자신의 이익이 중요하게 고려되는 또 다른 측면은 현행의 보상과 작업 조건을 유지하려는 욕구이다. 독자들은 Prestine과 McGreal(1997)의 연구에서 한 외부 조직이 교사들에게 참평가(authentic assessment)를 집행할 것을 주장했던 것을 기억할 것이다. 참평가는 전통적인 평가보다 상당히 많은 시간을 더 요구하지만, 어느 누구도 교사들의 봉급을 인상하거나 학급 크기를 줄일 것을 제안하지는 않았다. 사실상 교사들은 상응하는 봉급 인상 없이 더 긴 근무 시간을 받아들여야 했다. Prestine과 McGreal이 교사들이 새로운 정책의 가치에 대해 회의적이며 "참평가 방법은 이 학교 내에서 그리고 학교 사이에 걸쳐 체계적인 집행에 근접하는 어떤 것도 달성하지 못했다." (p. 390)고 밝힌 것은 놀라운 일이 아니다.

**직업적 가치.** 교육자들은 그들의 기본적인 직업적 가치와 갈등하는 정책을 집행하는 것을 반대하는 경향이 있다(McDonnell, 1991). 영국인 연구자인 Grace(1995)는 영국에서 있었던 비슷한 상황을 기술하고 있다. 1980년대에 수많은 정부 개혁이 수석 교사(미국의 교장)들과 교사들의 역할을 변화시켰다. 이전에 수석 교사들은 그들의 학교에서 교육적인 그리고 도덕적인 리더십을 행사하도록 기대되었다. 하지만 정부의 정책 개혁은 그들의 사명을 극적으로 변경시켰다. 1980년대 말에 이르면서 그들은 학교의 시험 성적을 홍보함으로써, 경쟁적인 시장 환경에서 관리자로서 일할 것이 기대되었다. 몇몇 수석 교사들은 이러한 변화를 쉽게 받아들이고 환영하기조차 했지만, 다른 사람들은 개혁의 기본 노선에 동의하지 않았기 때문에 정책 실행에 상당한 어려움이 있었다. 그들 중 많은 교사들이 그들의 직업에 대한 자신들의 이해와 새로운 정책의 요구 사이에 상충되는 모순에 대해, 그들이 동의하지 않은 개혁을 무시하는 방식으로 대처했다. 하지만 몇 사람은 주로 그들의 불만을 말로 표현함으로써, 그리고 개혁의 어떤 부분을 완전히 무시함으로써 공공연히 저항했다. 예를 들면, 한 초등학교 수석 교사는 다음과 같이 말했다. "위로부터 더 많이 강제하면 할수록 우리의 전문성을 유지하기 위해 더 열심히 싸워야 합니다. 하나의 직원으로서 우리는 '무엇이든 시키는 대로 하기' 에 저항합니다. 그리고 우리 자신의 우선순위를 국가 교육과정의 범위 내에서 정할 것입니다." (Grace, 1995, pp. 104－105) 학교 지도자들의 저항은 비교적 신중하였지만 영국의 교사들은 종종 좀 더 격렬하게 행동했다. 가령, 1983년에 초등학교 교사들은 정부가 실시한 새로운 시험에 참여하기를 거부했다. 영국의 경험은 많은 교육자들이 직업적인 가치에 깊은 애착을 가지고 있어서 그것들을 가볍게 포기하고 싶어 하지 않는다는 것을 보여 준다. McDonell(1991)은 미국에서는 이러한 가치 갈등이 미완성되거나 실패한 많은 정책 집행의 원인이라고 주장한다.

## 저항을 둘러싼 쟁점

**퇴진, 주장, 불성실.** Albert Hirschman의 고전, 『퇴진, 주장, 그리고 성실(Exit, Voice, and Loyalty)』(1970)에 근거하여 Weimer와 Vining(1992)은 동의하지 않는 정책을 실행하도록 요구할 때 세 가지의 반응, 즉 (1) 퇴진(조직을 떠나기), (2) 주장(문제에 대하여 소리내어 말하기), (3) 불성실(조용히 혹은 공공연히 정책에 순순히 따르지 않기)이 있다고 말한다. 물론 한 개인이 이 세 가지 접근 방법을 결합하여 반응할 수도 있다. 예를 들면, 교사들에게 지나친 서류 작업을 요구하는 교육구의 새로운 정책에 찬성하지 않는 한 중학교 교장은 우선 주장을 사용할 수 있다. 그는 교육장과의 정규 회합에서 의견을 거리낌없이 말하고, 자신의 직속 상관인 중학교 장학관과 쟁점에 대하여 논의하기 위해 약속을 정할 수도 있다. 만일 이러한 접근 방법이 실패하면 세 가지 행동 방침이 그에게 열려 있다.

첫 번째는 고분고분하게 **복종**(compliance)하는 것이다. 그는 그 쟁점이 퇴진이나 불성실을 시도할 정도로 중요하지 않다고 생각하고, 아마도 교사들에 대하여 공공연히 공감을 표시하면서, 하지만 그들에게 세상일이 다 그런 것 아니냐고 설명하면서, 능력이 닿는 한 최선을 다해 새로운 정책을 집행할 수도 있다. 그러나 그의 가치 갈등이 매우 심하다면 그는 다른 두 가지의 선택을 고려할 것이다. 여러 형태로 **퇴진**(exit)하는 것이 가능하다. 교장은 은퇴하거나 다른 교육구에서 일을 찾기 시작해야 할 좋은 시점이라고 결정할 수도 있다. 덜 만족스런 형태의 퇴진은 교실에서 가르치는 일로 돌아가거나 새로운 정책 집행을 요구하지 않는 중앙관청의 업무로 옮겨 가는 것을 포함한다. 만일 퇴진이 가능하지 않거나 바람직하지 않은 선택이라면 교장은 다양한 형태의 **불성실**(disloyalty) 중에서 선택할 수도 있다. Weimer와 Vining(1992)의 용어, 사보타주(sabotage)는 스파이와 테러리스트의 이미지를 생각나게 하지만 정책을 사보타주하는 덜 극적인 많은 방법들이 존재한다. 교장은 새로운 서류 작업에 우선순위를 매기고, 교사들에게 몇 개의 양식만을 채우라고 요구할 것이다. 교육구의 승인을 얻지 않고서 서류의 양식을 단순화하거나 간소화할 수도 있다. 교사들에 의해 고안된 다양한 손쉬운 방법들에 대해서 눈을 감아 버릴 수도 있다. 이러한 모든 접근 방법들은 **명목상의 복종**(token compliance)일 뿐이다(Bardach, 1977). 그는 교사들에게 모든 서류 작업을 하라고는 하지만, 이미 때늦은 보고서 작업을 하기 위해 휴가 기간을 사용하라면서 교사들에게 과외의 시간을 요구할 수도 있다. 이러한 접근 방법은 **지연된 복종**(delayed compliance)이다(Bardach, 1977). 철저한 사보타주는 요구된 보고서를 조작하는 것이나 모든 필요한 형식과 지침을 "지키지 않는 것"을 포함한다. 분명한 것은 모든 형태의 불성실이 위험하고 때로는 비윤리적이라는 것이다. 그럼에도 불구하고 어떤 사람들은 그들이 강력하게 반대하는 정책을 집행하는 일에 직면하게 될 때 이런 행동 방침을 선택한다.

**저항 극복하기.** 위에서 기술된 반대 전략들은 교장을 예로 들어 설명하였지만, 집행 과정 동안 최고위 학교 공직자에서 밑에 이르기까지 교육구나 주 교육부에 있는 다른 집행자들도 이 방법들을 사용할 수 있다. 사실상 많은 저항이 암암리에 이루어지기 때문에, 학교 지도자들은 집행과정에서 일이 계속 차례대로 우연히 잘못되고 있다면 이 상황이 발생한 것이 아닌지 의심해야 한다. 그리고 학교 지도자들은 저항에 대비하여 저항을 저지하거나 그 영향력을 최소화하는 방법을 생각해 보아야 한다. 정책 채택과정에 모든 주요한 집행자들의 대표를 포함시켜야 하는 중요한 이유는 이러한 접근 방법이 저항의 확산을 줄여 줄 수 있기 때문이다. 하지만 정책이 참여과정을 통하여 채택되었다 할지라도 저항은 일어날 수 있다.

정책을 강하게 반대하는 사람들을 다루기 위해 사용될 수 있는 첫 번째 전략은 **설득**(persuasion)이다. 설득을 시도하기에 앞서 반대자들이 자신들의 반대 목소리를 낼 때 주관적 판단을 배제하고 경청해야 한다. 그 다음 학교 지도자들은 문제의 근원을 찾아내기 위해 반대 의견을 분석해야 한다. 자주 반대자들은 그들 자신의 이익이 위협받는다고 느끼거나 정책 변화가 자신들의 가치와 불일치한다고 느끼고 있을 것이다. 그들은 두 가지 모두를 문제삼아 반대를 할지도 모른다. 그들이 정책 변화를 완전히 이해하지 못하고 있어서 그들의 반대가 부분적으로 혹은 전체적으로 근거가 없는 것일 수도 있다. 이런 경우에 집행의 지도자들은 그들에게 더 많은 정보를 제공하여 그들이 반대할 만한 정당한 근거가 없다는 것을 알 수 있도록 해야 한다. 만일 설득의 시도가 성공적이라면 지도자들은 초기에 다른 오해를 찾아내기 위해 집행과정 동안 이러한 사람들과 좋은 의사소통 통로를 유지해야 한다.

또 다른 가능한 접근 방법은 반대를 수용하기 위해 정책을 수정하는 것이다. 지도자들은 정책 변화를 축소하지 않도록 주의해야 하지만(Huberman & Miles, 1984), 모든 정책 집행은 정책과 상황 간의 어느 정도의 상호 적응을 포함한다(McLaughlin, 1976). 몇몇 집행자들의 정당한 반대를 수용하려는 수정은 필요한 상호 적응의 일부가 될 수도 있다. 지도자들은, 특히 그것이 상당한 정도 저항을 줄일 수 있다면 이러한 가능성을 고려할 준비가 확실히 되어 있어야 한다.

마지막으로, 강력한 반대자들을 집행으로부터 이동시키거나 처음부터 그들을 배제하는 것도 가끔은 가능하다. 이것은 여러 가지 방법으로 이루어질 수 있다. 불만족스런 교사들과 교장들은 정책 변화에 포함되지 않는 학교나 학년으로 이동시킬 수 있다. 반대하는 행정가들은 승진이나 다른 행정 직위를 할당함으로써 정책 집행에 별로 중요하지 않은 위치로 이동시킬 수 있다. 만일 집행에 중요한 한 집단이나 관청이 문제라면, 좀 더 협조적인 다른 집단에게 집행과정의 감독을 배당할 수도 있다. 때때로 감독 역할을 하는 특별한 운영위원회를 구성하는 것이 필요할 수도 있다. 그러나 이런 방법을 사용할 때에는 일정한 한계 내에서, 법과 주 계약을 존중하면서, 그리고 의견을 달리하는 모든 개인들의 권리를 존중하면서 사용하여야 한다. 이러한 접근 방법을 과다하게 사용하거나 고압적으로 적용하게 되면 이동하는 사람들이 순교자로 보이게 될 가능성이 크며, 따라서 정책 변화에 더 많은 반대를 야기하게 된다.

**저항 선택하기.** 학교 지도자가 찬성하지 않는 정책을 집행하는 것에 저항하기로 결정하는 것은 가볍게 내릴 결정이 아니다. 무엇보다 저항은 그의 직업과 직업적 명성을 잃어버리게 할 수도 있다. 그가 몸담고 있는 조직에 만회할 수 없는 손상을 입힐 수도 있다. 가족, 우정, 건강을 심각하게 희생시킬 수도 있다. 그럼에도 불구하고 때때로 저항은 필요하다. 행정가들이 항상 상관의 명령에 복종해야 할 의무가 있다는 개념은 대부분의 윤리체계와 상반되며, 제2차 세계대전 이후 뉘른베르크 전범 재판에서 부당하다고 공포되었다. 학교 행정가들이 모든 명령에 복종해야 한다는 것은 윤리적인 의무는 아니다. 그럼에도 불구하고 그들은 이러한 강한 입장을 취하기 전에 반드시 그들의 저항이 가져오게 될 영향, 그들의 상황, 자신들의 동기를 세밀히 살펴보아야 한다.

저항을 고려하고 있는 학교 지도자가 제기할 첫 번째 질문은 아마도 다음과 같은 것이 될 것이다. "반대해야 하는 이 정책이 단지 상징적인 것인가?" 상징적인 정책들은 실제적인 이유에서보다 순전히 정치적인 이유로 채택된다(Fullan, 2001). 입법부는 종종 시끄러운 유권자들을 만족시킴으로써 더 이상 자신들에게 압력하지 못하도록 상징적인 정책들을 채택한다. 대통령, 주지사, 그리고 다른 저명한 지도자들이 다음 선거운동을 위한 홍보로 활용하기에 인기 좋고 듣기 좋은 정책을 밀어붙일 경우도 있다. 정책이 공식적으로 채택되었다는 사실이 반드시 누군가 그것의 집행에 관심이 있다는 것을 의미하지는 않는다. 상징적인 정책의 집행은 종종 형식적일 것일 뿐이므로 잘 기획되어 있지도 않고 재정이나 직원 지원에 있어서도 소홀하다. 이러한 집행은 거의 항상 실패한다는 말이다. 따라서 현명한 지도자들은 반대할 만한 정책에 직면할 때 이러한 가능성을 염두에 두어야 한다. 만일 그 정책이 상징적인 것이라면 저항은 아마도 넓게 확산될 것이고, 개인적인 반대 행위는 주목을 끌지 못할 것이다. 따라서 위험 부담은 낮아질 것이고, 지도자들은 최선의 행동 방식이 조용히 복종하지 않는 것임을 알게 될 것이다. 상징적인 정책은 대개 빨리 잊혀지고 2~3년 내에 아무도 불복종이 있었는지를 알아채지도 못할 것이다.

하지만 만일 새로운 정책이 실제적인 필요성 때문에 실행되려 한다는 증거가 제시되면 저항은 좀 더 신중해지게 된다. 정책 집행에 어느 정도 순순히 응하고 있는지 적극적으로 감독하고 있다면 특히 더 그렇다. 이 경우에 저항을 고려하고 있는 지도자들은 왜 저항하려 하는가를 신중히 생각해 보아야 한다. 저항에 있어 최선의 동기는 직업적, 철학적, 종교적 원칙에 대한 헌신, 특히 학생들의 최상의 이익과 직접적으로 관련된 헌신이다. 자기 이익이라는 쟁점은 진정한 이익 갈등이 존재하는지 그리고 학생들의 최상의 이익이 자신의 개인적인 사리사욕보다 더 비중을 차지하고 있는지를 결정하기 위해 면밀하게 분석되어야 한다. 저항하는 가장 나쁜 이유는 그 정책을 찬성하는 사람을 싫어하기 때문이라든가, 쌓인 원한을 풀기 위해서라든가, 아니면 집행 지도자들 중 한 사람의 경력에 흠집을 내려는 책략인 경우이다. 이러한 문제시할 만한 동기로부터 생겨난 저항은 역효과를 내어 저항하는 사람과 조직 양쪽 모두에게 해를 입히게 될 것이다.

마지막으로 저항을 염두에 두고 있는 사람은 누구든지 그것이 가져올 결과를 잘 생각해 보아야 한다. 기본적인 질문은 "저항을 통해 정책의 실행을 포기하게 하거나 정책에 중대한 변경을 가져올 수 있는가?"이다. 때때로 그렇게 될 것이다. Huberman과 Miles(1984)는 자신의 학교에서 대충 고안되고 교육학적으로 부적절한 방향으로 교육과정이 변화되려는 것을 막은 한 교장에 대하여 쓰고 있다. 그 집행은 비록 실패했지만 그들은 교장의 행동이 잘못되었다고 간주하기는커녕, 교장이 그의 학교를 잠재된 정책의 재난으로부터 보호하는 데 성공했다고 보았다. 그렇지만 많은 경우, Grace(1995)가 연구한 영국의 학교에서처럼 반대는 아무것도 변화시키지 못한다. 권력의 균형에 의거해서 집행은 모든 저항을 넘어 바로 굴러간다. 이런 경우에 중요한 점을 지적하고 중요한 원칙을 방어하기 위해 저항하는 것이 옳을 수도 있다. 그렇지 않으면 훨씬 더 중요한 전투를 위해 힘을 비축하면서 조용히 이름뿐인 복종을 하는 것이 더 현명할지도 모른다. 원칙에 입각한 집행에 대한 저항은 항상 많은 성찰과 자기 분석의 결과여야 한다. 지도자들은 저항 때문에 자신들의 직업을 잃을 준비가 되어 있어야 한다.

## 맺는말

집행은 모든 지도자들의 업무 중 중요한 한 부분이며, 그들이 자주 두려워하는 일이다. 그들이 정책 집행을 두려워하는 데에는 적절한 이유가 있다. 어떤 새로운 정책을 집행하는 것은 최소한 고역이며 최악의 경우에는 난감한 실패로 연결되기 때문이다. 하지만 오늘날 정책 집행에 있어 실패에 대한 합당한 이유는 존재하지 않는다. 집행은 가장 잘 연구되어 있는 정책과정 단계 중의 하나이며, 전형적인 실수들이 잘 알려져 있다. 그리고 활용할 수 있는 접근 방법은 이미 확인되었고 현장 검증을 거쳤다. 이 말은 지도자들이 새로운 정책을 집행하기 위해 계획을 세울 때, 지도가 잘 그려져 있는 영토에 들어가고 있다는 것을 알고 있기 때문에 확신을 가질 수 있고, 또한 확신을 가져야 한다는 것을 의미한다. 이제는 실패에 대한 어떤 변명도 존재하지 않는다. 사고와 기획으로 결합되어 있는 훌륭한 지식 기반이 이 어려운 작업에서 성공으로 인도할 것이다.

### 토론을 위한 질문과 활동

1. 당신과 관련된 정책 집행 경험에 대하여 생각해 보라. 어떤 집행이 부드럽게 진행되었는가? 그 이유는 무엇인가? 심각한 어려움을 만났던 집행 중에 어떤 실수가 드러났는가?
2. 당신이 주 교육부에서 일하고 있는데 내년에 주 전체에 걸친 지불보증제(voucher) 계획을 집행하는 일에 관여하게 될 것이라고 가정하라. 시나리오와 사전 기획을 사용하여 이 집행을 위한 임시 계획을 개발하라.
3. 당신이 당신의 교육구에서 서류철 평가(portfolio assessment)의 집행을 지도하게 될 것이라고 가정하라. 필요로 하게 될 자원을 확인하고 그 자원들을 모으기 위한 계획을 개발하라.
4. 단위학교 책임경영제, 지불보증제, 통합교육(inclusion), 비능력별 학급 편성(detracking) 중 하나의 정책을 선택하라. 그 정책이 집행될 때 몇몇 교육자들이 느끼게 될지도 모르는 가치 갈등과 그들이 시도하게 될 저항의 유형에 대한 토론을 준비하라.

### 인터넷 과제

알타비스타(AltaVista), 구글(Google), 혹은 핫봇(HotBot)과 같은 검색 엔진을 사용하여 집행(implementation)과 아동낙오방지법(No Child Behind Act), 혹은 그 외 최근 연방 정부의 교육법에 관하여 검색하라. 당신이 찾은 여러 사이트들을 탐구하고 발견한 것을 수업에 보고할 수 있도록 준비하라.

## 사례연구 실패한 개혁

1980년대 중반 테네시 주는 초등학교 교육과정 정책 변화에 착수했다. 대학 교수들과 주 교육부 공무원, 부유한 도시 교육구의 대표들로 구성된 위원회가 기초능력 우선 프로그램(Basic Skills First Program, BSF)이라는 새로운 정책을 개발했다.

이 위원회는 학생들의 기초능력 향상을 감독하는 종합적인 시스템을 고안했다. 수학과 읽기 과목에만 7개의 교과서와 112개의 시험, 180개의 학생 기록부, 그리고 15쪽의 각 학년의 수업 기록이 포함되어 있었다. 교사들의 기록 관리 작업은 컴퓨터의 도움을 받기로 되어 있었다. 하지만 주 정부는 학교당 단 한 대의 컴퓨터만 제공해 주었고 그것도 집행이 시작된 지 다섯 달 만에 도착했다. 주 교육부는 컴퓨터 훈련을 제공해 주었지만 각 학교 한 사람의 대표에게 단 두 시간의 연수가 전부였다. 이 연수를 받은 사람이 돌아가서 다른 교사들에게 BSF를 위해 개발된 특별한 소프트웨어에 데이터를 입력하는 방법을 가르쳐 주도록 되어 있었다.

그 프로그램의 약어에 대해 농담하기를 즐겼던 그 주의 교사들은 프로그램을 완전히 따를 때 요구되는 여러 시간에 걸친 추가 서류 작업을 할 것에 대해 즐거워하지 않았다. 사실상 그들 중 많은 교사들이 기획 기간을 가지지도 못했고 근무에서 자유로운 점심시간을 가지지도 못했기 때문에 그들은 주 정부에서 자신의 시간을 새롭게 요구하고 있는 것에 대해 상당히 분개하고 있었다. 마침내 대부분의 교사들이 BSF 기록을 보관조차 하지 않기로 결정했다. 그들은 주에 있는 교사들의 수를 프로그램 감사자 수로 나누어 보고, 매 3년에 한 번씩 감사받게 될 것을 알게 되었다. 더욱이 그들은 교장과 장학관들 사이에서도 BSF에 대해 상당히 냉담한 태도가 있음을 간파했다.

내슈빌(테네시 주의 수도)에서 주 교육부의 공무원과 정치가들은 BSF가 제대로 집행되고 있지 않고 있다는 것을 알고 테네시 주 교사들의 전통주의를 비난했다. 그들은 그들 자신들이 문제라는 것을 생각하지 못했다.

출처 : Fowler(1985)

**질 문**

1. 테네시 주 교육부가 이 정책을 채택하는 단계에서 저지른 잘못을 확인하라.
2. 주 교육부는 BSF가 성공적으로 집행될 수 있는 기회를 증가시키기 위해 어떻게 접근 방법을 바꿀 수 있었을까?
3. 성공적인 집행은 집행자들의 의지와 역량을 만들어 내고 유지할 것을 요구한다는 전제를 사용하여 이 집행 노력의 약점을 분석하라.
4. 테네시 주 교육자들이 사용한 저항의 형태를 묘사하고 학교 행정가가 이 저항에서 한 역할을 설명하라.

---

분석을 위한 뉴스

## Pasco의 교육 문제 : 준전문직 교사들, 새로운 연방 정부의 기준에 직면하다!

**플로리다주의 랜드 오레이크스**—저소득층 자녀를 가르치는 보조 교사들의 자격을 개선하려는 연방 정부의 요구 때문에 Pasco 군 학교 공무원들은 고민이 많다. 그들은 의도는 좋지만 그것을 집행하기는 어렵고 비용이 많이 들 것이라고 말한다.

2001년의 아동낙오방지법(No Child Behind Act)에서 Title I 프로그램의 지원을 받는 학교에 고용된 새로운 준전문직 교사들은 전문대학 이상의 졸업 학위를 가지고 있거나, 읽기, 쓰기, 수학을 가르치는 데 보조하기 위한 엄격한 기준을 만족시키고 있다는 것을 보여 주는 시험을 치러야만 했다. Title I 학교에 이미 고용된 준전문직 교사들은 4년 내에 새로운 기준을 만족시켜야 한다. 준전문직 교사들은 학생들에게 과외수업을 하거나 학급에서의 다른 일들을 도움으로써 교사들을 보조한다.

Pasco 군의 56개 학교 중 17개 학교들이 Title I 학교이다. 그들이 고용한 준전문직 교사들 중 44명만 새로운 요구를 만족시키고 있고 약 220명은 그렇지 못하다. 교육구의 Title I 장학관인 Kathleen Vito가 말했다. 이 학교들은 상당히 많은 저임금 가정 출신의 학생들을 받고 있을 때 Title I 학교로 지정되어 연방 정부로부터 추가 자금을 지원받는다. 연방 정부는 국가의 가장 가난한 어린이들이 자격을 갖추지 못한 어른들로부터 많은 수업을 받지 않도록 하기 위해 새로운 준전문직 교사들을 위한 자격 요건을 명령했다고, 주 교육부 공무원이 지난 주 워크숍에서 Pasco 군 교육위원회 위원들에게 말했다. "나는 그 의도에는 어떤 잘못도 없다고 생각합니다."라고 교육구 초등학교 행정 담당인 Susan Rine은 말한다. "만일 당신이 누군가에게 읽기를 가르칠 것이라면 당연히 읽는 법을 알아야 합니다." 그러나 교육구가 지금 요구하는 학력 수준의 사람들을 유인하기를 원하다면 준전문직 교사들에게 주는 시간당 6.5달러의 초임 수준을 재고해야 한다고 주 교육부 공무원은 말한다. 교육구는 또한 준전문직 교사들이 2년의 교육 기간이라는 자격 요건을 상회할 수 있을 만큼 충분히 엄격한 어떤 종류의 시험이 부여될지 그 내용이 명료화되기를 기다리고 있다고 부교육감 Sandy Ramos가 말했다.

이 일은 Title I 지원금을 받지 않은 학교에 있는 준전문직 교사들의 자격 요건에는 아무런 변화도 가져오지 않았다. 하지만 부교육장 Sandy Ramos와 Tiltle I 장학관은 군 전체에 걸쳐 준전문직 교사의 자격 요건을 단일화하기 위해 모든 학교에 더욱 엄격한 자격 요건을 집행할 것을 교육위원회에 권고했다고 말했다. Ramos는 교육구가 Title I 학교가 아닌 학교에서 이미 일하고 있는 준전문직 교사들에게는 새 규칙 적용에서 제외할 수 있지만 새로 고용될 사람들에게는 더 높은 자격을 요구 조건으로 만들 것이라고 말했다. 그러나 교육위원회 위원인 Marge Whaley는 교육구가 그러한 자격 요건을 만족시키는 충분한 후보자를 찾을 수 있을지에 대하여 의구심을 나타냈다.

(신문사의 허락을 받아 게재함. R. Blair, "Pasco Ponders Teaching Issue: Paraprofessionals Face New Federal Standards," *Tampa Tribune*, April 21, 2002, Pasco Section, pp. 1, 5. copyright 2002 by the *Tampa Tribune*.)

**질 문**

1. 여기에서 논의된 아동낙오방지법의 일부분에는 어떤 정책 가치가 함축되어 있는가?
2. Pasco 군 교육구는 어떤 정도로 이 새로운 정책을 집행할 의지와 역량을 가지고 있는가?
3. 교육구들 사이에 있는 자원의 차이를 논의하고, 이것이 집행에 어떻게 영향을 미치는지 논의하라.
4. 만일 교육구가 보조 교사 자리를 구하는 자격을 갖춘 후보자들을 충분히 찾을 수 없다면 어떤 일이 일어날 것이라고 생각하는가?

## 심화 학습 자료

Berman, P., & McLaughlin, M. W. (1976). Implementation of educational innovation. *Educational Forum, 40,* 345-370.

이 논문은 랜드연구소의 변화 요인 연구 결과를 요약한 것으로 교육정책 집행에 관한 초기의 영향력 있는 탐구를 잘 소개해 주고 있다.

Jacob, B. (2001). Implementing standards: The California mathematics textbook debacle. *Phi Delta Kappan 83,* 264-272.

Jacob은 캘리포니아 주가 새로운 "스탠다드에 입각한(standards-aligned)" 수학 교육과정을 집행했을 당시의 고압적인 상의 하달 방식에 대하여 상당히 상세하게 기술하고 있다. 그의 이야기는 주 범위의 정책 집행에 있어서 정치와 이념의 영향을 밝히고 있다.

Pankake, A. M. (1998). *Implementation: Making Things Happen.* Larchmont, NY: Eye on Education.

출판사의 학교 리더십 시리즈의 일부로서 이 짧은 책은 단위학교 행정가들을 위한 집행의 실제적인 안내서이다. 일상적인 그리고 비일상적인 집행, 협력 집행, 집행 관리와 같은 주제를 포함하고 있다.

Prestine, N., & McGreal, T. L. (1997). Fragile changes, study lives: Implementing authentic assessment in schools. *Educational Administration Quarterly, 33,* 371-400.

저자들은 중서부 주의 본질주의 학교(Essential School)에서 참평가를 집행하려는 시도에 대하여 말하고 있다. 적절한 자원과 도움을 제공하지 못한 것이 집행이 제대로 이루어질 수 없는 원인이 되었다.

Tyack, D., & Tobin, W. (1994). The grammar of schooling: Why has it been so hard to change? *American Educational Research Journal, 31,* 453-479.

이 논문에서 저자들은 정책 집행에 성공한 학교 둘과 실패한 학교 둘을 포함하여 미국 역사에서 다섯 개의 학교 개혁 정책을 분석하고 있다. 그들은 학교에서 새로운 정책을 집행하게 될 사람들은 그들이 기초하고 있는 조직의 유형을 고려해야 한다고 결론 짓고 있다.

11

# 정책 평가 : 정책이 제대로 작용하는지 판단하기

**탐구의 요점**

왜 교육 지도자들은 정책 평가에 대해 잘 알아야 하는가?
제안된 또는 완료된 평가의 질을 어떻게 평가할 수 있는가?
왜 평가는 항상 정치적인가?
어떻게 지도자는 평가를 실행할 수 있는가?

## 평가에 대한 두려움

모든 교육자에게 평가는 전문가로서의 삶의 중요한 부분이다. 교사는 정기적으로 학생을 평가하고, 교장은 정기적으로 교사를 평가하며, 그리고 행정가 자신도 점차 정기적으로 평가를 받고 있다. 넓은 의미의 기관 평가도 늘어나고 있다. 인증 평가단이 학교, 교육구를 방문하여 관찰하고 면접하고 자료를 수집한다. 많은 주 정부가 **지수체계**(indicator system)를 만들어 학교로부터 여러 수행 분야에 대한 자료를 수집하여 그 자료를 비교 분석하고, 그 결과를 공식적으로 발표한다. 심지어 어떤 주 교육부는 평가 결과를 사용하여 교육구를 우수(excellent), 효과적(effective) 또는 부족한(deficient) 수준으로 나누고, 이에 따라 제재를 가하거나 보상을 주고 있다. 우리가 살고 있는 학교 책무성의 시대는 불가피하게 평가의 시대이다.

당연히 정책도 자주 평가의 대상이 된다. 이상적인 세계에서는 모든 정책이 완전하고 공정하게 이루어질 뿐 아니라, 정책 수행자도 평가 결과에 따라 정책을 집행하거나 폐기할 것이다. 물론 우리가 살고 있는 세계는 이상적인 것과는 거리가 멀다. 그렇기 때문에 많은 정책들이 한 번도 평가되지 않거나 제대로 평가되지 않는다. 또한 일부 정책의 평가가 잘 이루어졌을 때에도 아무도 그 결과에 따라 행동하지 않는다. 물론, 경우에 따라서는 정책과정의 마지막 단계가 다음과 같이 제대로 진행되기도 한다. 적절한 시간이 지난 뒤 새로운 정책을 주의 깊게 평가한 후, 정책을 유지하거나 바꾸거나 폐기한다.

정책 집행과정의 다른 단계와 마찬가지로, 정책 평가는 매우 어려운 작업이다. 그 주된 이유는 정치적이기 때문이며, 그렇기 때문에 관련자들은 위협을 느낀다. 1960, 1970, 1980년대의 교육 평가 분야의 지도자였던 Stufflebeam(1983)은 또 다른 위대한 교육 평가자인 Michael Scriven이 "'평가는 두려움' 이라고 말했으며 실제로 그렇다. 나는 '비판을 받지 않으려거든 비판하지 말라' 라는 성경 구절을 항상 마음에 새기고 있다."(p. 140)라고 했던 것을 알았다. 이것은 학교 지도자들이 원활하고 문제 없는 정책 집행을 당연한 것으로 생각하기 어려운 것처럼, 원활하고 문제 없는 정책 평가도 당연한 것으로 생각할 수 없다는 것을 의미한다. 그러나 어떤 효과적인 지도자들도 정책 평가를 피하거나 무시할 수 없다. Stufflebeam은 다음과 같이 말했다.

> 우리는 프로그램의 장단점을 파악하기 전에는 그것을 개선할 수 없다. 여러 가지 대안과 각각의 상대적인 이점을 알지 못하면 효과적으로 계획할 수 없다. 그리고 구성원들에게 우리가 약속한 대로 실천했으며 유익한 결과를 얻었다는 증거를 제시하지 않는 한, 우리가 일을 제대로 하고 있으며 계속적인 지원이 필요하다고 그들을 설득하기 어려울 것이다. 이런 이유에서 공직자들은 자신의 직무를 유능한 평가자에게 평가받아야 한다. (p. 140)

공직자로서의 교육 지도자들은 정책 평가에 적극적으로 참여해야 한다. 또한 때때로 그들은 평가가 진행되고 있는 학교나 교육구에서 지도력을 발휘해야 한다. 경우에 따라서는 스스로 평가를 계획하고 실행해야 한다. 두 경우에 모두 정책이 왜 그리고 어떻게 평가되어야 하는지를 알아야 할 것이다.

제11장에서는 정책 평가를 위한 근본적인 쟁점에 관한 지식 기반을 제공하고 평가에 대한 핵심적인 결정에 관한 제안을 할 것이다. 그러나 평가를 설계하고 실행하는 구

체적인 방법을 알려 주지는 않을 것이다. 이에 대해서는 많은 책이 있으며, 이들 중 일부를 장의 마지막에 제시하였다. 대신 여기에서는 평가의 일반 원칙에 대한 이해를 돕기 위한 배경 지식과 평가 실행과정에서 해야 하는 선택을 다루려고 한다. 이를 위해 교육정책 평가에 관한 기본 정의와 간단한 역사적 배경을 소개하고 난 후, 정책 평가의 일반적 특징을 언급하고, 평가의 정치와 의미 있는 평가가 이루어지도록 하는 방법을 소개할 것이다. 마지막 절에서는 평가의 결과를 활용하는 방법을 소개한다.

## 정책 평가와 관련된 정의

다른 전문 분야와 마찬가지로 정책 평가 분야만의 독특한 용어가 있고, 정책 평가자는 다른 사람들이 알아듣기 어려운 전문용어를 사용한다. 여기에서 다음 네 개의 핵심 용어를 정의한다. (1) 평가(evaluation), (2) 프로젝트(project), (3) 프로그램(program), (4) 이해관계자(stakeholder)이다.

**평가**(evaluation)는 "대상에 대한 가치나 이점에 대해 체계적으로 조사" (Joint Committee on Standards for Educational Evaluation[Joint Committee], 1994, p. 3)하는 것이다. 정책 평가는 엄격하고 적절한 기준에 의해 이루어진 연구로, 정책이 얼마나 목표에 도달했는가를 알아내기 위해 수행되는 실용적인 연구이다.

정책은 "일정 기간 동안 이루어지는 교육적 활동" (Joint Committee, 1994, p. 3)을 의미하는 **프로젝트**(project)라는 이름으로 모습을 나타낸다. 예를 들어 연방 정부가 보상(compensatory)교육을 국가 정책으로 추진하고자 할 때, 많은 교육구에서 단기간의 Head Starts, Title I 프로젝트로 자금을 지원하였다. 프로젝트가 제도화되면 "일관된 원칙에 근거한 교육적 활동" (Joint Committee, 1994, p. 3)을 의미하는 **프로그램**(program)이 된다. 따라서 대부분의 교육구는 기본 정책 방침을 보여 주는 독서 프로그램이나 전문성 개발 프로그램을 실시하고 있다. 이러한 프로그램들은 종종 처음에는 프로젝트로 시작되었다.

모든 평가에는 "프로그램 평가에 관련되거나 이의 영향을 받는 개인이나 집단" (Joint Committee, 1994, p. 3)을 의미하는 **이해관계자**(stakeholder)가 존재한다. 학교체계에서 교사, 행정가, 직원, 학생, 학부모, 교원노조 및 기타 노조, 교육위원 그리고 다른 중요한 이익집단이 이해관계자이다.

# 교육정책 평가의 역사

## 초기의 평가

평가는 "대상의 가치나 이점을 체계적으로 판단하는 것"(Stufflebeam, 1988, p. 571)이라고 정의된다. 체계적인 판단이라는 말이 현재 많이 사용되는 말이므로, 교육 평가가 최근 시작된 현상이라고 생각할 수도 있다. 그러나 이것은 사실이 아니다. 미국에서 교육 평가는 남북전쟁 이전 시기에 보스턴에서 Horace Mann과 교육위원회가 학교를 비교하기 위하여 관련 자료를 수집한 것에 기원을 두고 있다. 최초의 광범위한 교육 평가는 1880년대 후반 철자 교수법을 평가하기 위해 많은 교육구의 시험 점수를 사용한 Joseph Rice에 의해 이루어졌다. Rice의 연구는 매주 철자법 수업을 10분 받은 학생이나 200분 받은 학생이나 별 차이가 없다는 결론을 도출했고, 이것은 전국에 걸쳐 철자법 교육을 변화시켰다. 20세기의 첫 사분기에 개발된 표준화 시험은 시험 성적의 비교를 통해 쉽게 학교나 교육구를 평가할 수 있도록 했다. 1930년대에 오하이오 주립대학의 Ralph Tyler 교수에 의해 수행된 8년 연구로 인해 우리가 알고 있는 형태의 교육 평가가 자리잡기 시작했다. 8년 연구는 진보적인 고등학교와 전통적 고등학교 출신자들의 대학에서의 수행 결과를 비교 평가하는 연구였다. 교육프로그램은 목적에 대비하여 평가되어야 한다는 Tyler의 생각은 광범위한 영향을 미쳐, 이후 대부분의 평가자는 그의 관점을 채택하였다(Madaus, Stufflebeam, & Scriven, 1983; Popham, 1988).

## 빈곤과의 전쟁

1965년 초중등교육법(the Elementary and Secondary Education Act, ESEA)이 통과된 것은 교육 평가 분야에 있어서 분수령을 이룬 사건이었다. 이 법은 전례가 없을 정도로 많은 금액의 연방 정부 예산을 교육 분야에 쏟아부었고, Robert Kennedy 상원의원을 포함한 일부 국회위원은 이 법에 평가를 규정하는 항목을 포함할 것을 촉구하였다. 그 결과로 ESEA의 Title I과 Title III에는 이 항목에 따라 예산 지원을 받는 모든 프로그램이 평가를 받도록 하였고, 그 결과를 연방 정부에 보고하도록 하였다. ESEA 때문에 교육 평가는 성장 분야가 되었다. Michael Scriven이나 Robert Stake같이 나중에 교육 평가 분야의 권위자가 된 사람들은 교육정책 평가를 개발하고 발전시키려는 호기를 놓치지 않기 위해 다른 분야에서 전공을 바꾼 사람들이다.

이후 10년 동안 이 분야에 많은 열의에 찬 인력들이 밀려오면서 수천 가지의 평가가 이루어졌다. 그러나 실망스러운 결과에 따라 이러한 열의가 사라졌다. 그들이 발견한 사실이 모순되는 것이 아니라면, 그 결과는 부정적인 것이었다. 제10장에서 언급한 바와 같이, 이에 따른 한 가지 결과는 교육 연구자들이 정책의 집행에 보다 많은 관심을 갖기 시작했다는 것이다. 초기의 Title I 평가는 프로그램의 성과를 측정하기 위해 표준 시험 점수를 활용했으나, 경험이 쌓임에 따라 표준 시험 점수는 불우 아동들의 수행을 측정하는 데 적절하지 않은 방법이라는 것이 발견되었다. 이 상황이 너무 심각했기 때문에 1971년에 교육전문가협회(Phi Delta Kappa, PDK)는 교육평가를 연구하기 위한 전국위원회를 설립하게 되었다. 교육 평가 분야가 위기라는 결론하에 이 위원회는 새로운 평가 방법이 개발되어야 한다고 주장하였다(Madaus et al., 1983; Popham, 1988).

## 평가의 전문화

1973년경에 평가는 하나의 분야로 자리잡기 시작했고, 특히 교육 분야에서 독특한 전문 분야로 등장했다. 이 분야가 성숙하였다는 증거 중 하나는 이 시기에 교육 평가와 정책분석(Educational Evaluation and Policy Analysis), 평가 평론(Evaluation Review)을 포함한 몇 가지 전문학술지가 창간되었다는 것을 들 수 있다. 또 다른 증거는 교과서를 비롯한 평가에 관한 많은 저서들이 출판되었다는 것이다. 많은 대학에 평가에 대한 강의가 개설되었고, 일부에는 대학원 과정이 설치되기도 했다. 또한 연방 정부와 일부 주요 대학교는 정책 평가에 대한 연구 개발을 수행하기 위한 연구소를 설립하였다. PDK가 권고했던 바와 같이, 이와 같은 토론의 장이 생김에 따라 연구 결과가 공유되었고, 평가에 대한 새로운 접근 방법이 개발되었다. 이후 15년 동안 많은 평가 "모형(model)"이 개발되어 현장에서 사용되었다. Madaus 등(1983)은 Stufflebeam의 CIPP 모형, Provus의 불일치 평가 모형(Discrepancy Evaluation Model), Eisner의 감식안 모형(Connoisseurship Model)을 포함한 10개의 평가 모형을 수록한 『평가 모형(Evaluation Models)』이라는 책을 출간하게 된다. 1980년대 말, Popham(1988)은 다음과 같이 말했다.

> 고양이를 사랑하는 사람들이 싫어하겠지만, "고양이 가죽을 벗기는 데는 여러 방법이 있다"라는 격언에는 중요한 의미가 들어 있다. 옹호할 수 있는 교육 평가를 수행하는 데에도 여러 방법이 있다.(p. 21)

오늘날 교육정책이 잘 추진되는지를 확인하고 싶은 교육 지도자들의 상황은 1960년대와 1970년대 초반에 전임자들이 겪었던 상황과는 많이 다르다. 정책 평가 분야는 수많은 전문평가자들과 풍부한 경험을 가진 안정된 분야가 되었다. 실효성에 의문이 제기되는 정책이 국가적인 것이든 단위학교에 국한된 것이든, 정책이 목표한 바를 얼마나 성취하였는지를 꽤 정확하게 평가할 수 있다. 주 교육부들은 점점 더 주 전체, 교육구, 단위학교의 수행 정도를 측정하기 위해 자료를 수집하고 있다. 또한 교육 행정가들도 평가에 대한 실용적인 지식을 알고 활용할 수 있는 능력이 필요해지고 있다. 이러한 경향의 증거로 1990년대 중반 장학 및 교과개발협회(Association of Supervision and Curriculum Development, ASCD)와 교육전문가협회(PDK)가 평가를 수행해야 하는 교육구와 단위학교 지도자를 위한 지침서를 출판한 것을 들 수 있다(Beyer, 1995; Brainard, 1996). 교육정책 평가는 확실히 대학과 정책기관을 벗어나 현장 교육자들의 일상이 되었다.

## 정책 평가의 특징

### 평가의 과정

큰 국가 조직에서 50개 주의 정책을 평가하건, 교장이 학교의 프로그램을 평가하건, 모든 평가는 똑같은 일반적 절차를 따른다. 이것은 [그림 11.1]에 간단히 요약되어 있다. 첫 번째 단계는 정책의 **목적**(goal)이나 **목표**(objective)를 가능한 한 정확하게 결정하는 것이다. 60년 전 Ralph Tyler가 제시한 대로 성취하고자 하는 목적을 준거로 정책을 평가하는 것이 적절하다(Madaus et al., 1983). 한 예로 교육구에 도입하는 새로운 시상 제도의 목적이 학생의 사기를 높이고 출석률을 높이는 데 있다면, 평가자는 이 두 가지 목적을 달성하는지를 측정해야 한다. 시험 성적과 같은 학교 활동의 다른 측면들은 시상정책 효과와 관련이 없다. 목적이 달성되었는가의 여부는 대부분 명백한 것이 아니므로, 평가자는 다음 단계로 목적의 달성 여부를 알려 주는 신호나 측정 도구인 지표(indicator)를 선정해야 한다. 시상 제도를 예로 들어 평가한다면 5년 동안의 출석률과 매년 초반에 실시했던 학교 분위기 조사 결과 같은 것들이 측정지표로 사용될 수 있을 것이다.

평가의 세 번째 단계는 **자료 수집 도구**(data collection instrument)를 선정하거나 개발하는 것이다. 시상 제도를 평가할 때 평가자는 교육구의 최근 5년간의 출석 기록을 활용하기 위해 문서 양식을 개발하여 자료를 기록할 수 있다. 그리고 학생을 대상으로 사설 단체가 개발한 학교 분위기 설문지를 구입할 수도 있다. 다음으로 평가자는 **자료를 수집**(gather data)한다. 시상 제도를 평가하기 위해서는 출석 기록을 찾아 관련 정보를 미리 준비해 놓은 문서 양식에 옮겨 적어야 할 것이다. 그리고 필요할 때마다 학교

1. 정책의 목적을 결정한다.
2. 지표를 선정한다.
3. 자료 수집 도구를 선정하거나 개발한다.
4. 자료를 수집한다.
5. 자료를 분석하고 요약한다.
6. 평가 보고서를 작성한다.
7. 평가자로부터 받은 권고 사항에 따라 정책이 수정되거나 폐기된다.

**[그림 11.1]** 정책 평가과정의 기본 단계

분위기 설문 조사를 실시해야 할 것이다. 시험 성적과 같은 수치 자료는 통계적 분석, 즉 평균, 범위, 빈도를 계산하고 통계적으로 유의한 차이 여부를 판단하는 과정을 거친다. 이러한 결과는 그래프, 추세선, 표로 제시된다. 면담 기록 등 구두 자료는 전체 기록에서 반복되는 주제를 찾아내어 각 주제의 빈도를 분석할 수 있도록 코딩한다. 컴퓨터 프로그램으로 수치 자료나 구두 자료를 분석할 수 있다.

자료가 면밀하게 분석되고 나면 평가자는 자신이 발견한 사실을 보여 주고 그에 기초한 권고를 보내는 과정인 **보고서 작성** 단계로 넘어간다. 이 절에서 계속 언급했던 시상제도를 예로 들어 보겠다. 이 정책의 평가 결과는 출석률은 좋아졌고 학생의 사기 진작에는 큰 영향을 못 미친 것으로 도출되었다고 해 보자. 이때 평가자는 시상정책은 계속 시행되어야 하지만 학생의 의욕을 높이기 위해 새로운 접근이 필요하다고 제언할 것이다. 교육구 지도자들은 이 보고서에 근거하여 정책을 수정하거나 폐기할 것이다 (Brainard, 1996; Nakamura & Smallwood, 1980).

## 평가의 판정 준거

정책의 효과를 판정하기 위해 평가를 사용하지만, 이 평가 또한 평가되어야 한다. 사실 교육 지도자들은 평가 보고서나 평가 제안서의 질을 판단할 수 있어야 한다. 만약 그들이 평가 시행을 위탁하고자 한다면, 제안하는 연구의 설계가 제대로 된 것인지 판단해야 한다. 만약 평가 결과를 활용하고자 한다면, 그 결과를 얼마나 진지하게 다룰 것인지 결정해야 한다. 1975년에 평가를 판정할 준거의 개발을 위해 12개의 연구협회들은 합동위원회(joint committee)를 만들었고, 이곳에서 교육 평가를 판정하는 데 필요한 기준을 만들어 1981년에 그 결과물을 출판하였다. 1990년대 초에 평가의 최신 동향을 반영하여 수정되었고, 가장 최근의 수정판은 1994년에 발간된 『프로그램 평가기준

(Program Evaluation Standards)』에 실려 있다. 30개의 평가기준은 크게 네 개 범주로 나누어진다. 그것은 (1) 유용성(usefulness), (2) 실행 가능성(feasibility), (3) 적절성(propriety), (4) 정확성(accuracy)이다. 다음에서는 『프로그램 평가기준』이 중요하게 다루고 있는 네 개의 범주(Joint Committee, 1994)를 다루어 볼 것이다.

**유용성.** 유용한 평가가 되기 위해서는 평가를 수행할 자격을 갖춘 개인이나 단체가 평가를 수행해야 한다. 평가 자격을 갖춘 사람들은 평가 회사의 컨설턴트, 대학 교수, 교육구나 주 교육부의 연구부서 직원들이다. 그러나 어디에서 일을 하고 있는지와 관계없이 평가자 개인의 자격을 면밀하게 조사해야 할 것이다.

또한 평가의 유용성은 많은 부분 이해관계자를 파악하는 것과 의미 있는 자료를 수집하는 것에 달려 있다. 연구의 초기에 좋은 평가자는 모든 이해관계자들, 즉 평가하고자 하는 프로그램과 관련이 있거나 평가의 결과에 영향을 받는 개인이나 집단을 찾아낸다. 이해관계자의 대표는 면담 조사하여 연구 초반에 그들의 요구 사항을 확인하고 평가과정에 걸쳐 참고한다. 또한 그들의 요구 사항과 관련이 있는 자료원을 선택해야 한다. 모든 수집된 자료들은 연구의 중요한 목적에 부합해야 한다. 정보는 단지 얻기 쉽거나 싸기 때문에 사용되어서는 안 되며, 이해관계자들의 중요한 의문점들을 해결해줄 수 있는 것이어야 한다.

중간 평가 보고서와 최종 평가 보고서 또한 유용해야 한다. 이해관계자들이 이해할 수 있도록 명확하게 써야 하고, 지나치게 기술적인 단어나 이해하기 어려운 통계를 지양해야 한다. 필요에 따라서는 이해관계자들에 따라 다르게 작성된 여러 가지 형태의 보고서를 제작하기도 한다. 예를 들어, 중앙부처의 행정가를 위한 보고서는 학부모를 위한 보고서보다 기술적이고 그래픽이 많이 들어간 형태가 될 것이다. 모든 대상을 위한 모든 보고서들은 연구하는 정책과 평가 설계에 대해 적절한 정보를 포함해야 한다. 발견한 주요 사실들은 현장과 밀접한 관련이 있어야 하고, 제언은 일반적이기보다는 특정 상황에 관한 것이어야 한다. 마지막으로 보고서는 지나치게 길지 않아야 하며, 보고서 서두에 보고서에 대한 요약이 포함되어야 한다.

**실행 가능성.** 두 번째 준거는 실행 가능성이다. 평가는 학교나 교육구에 지나친 부담을 주지 않고 수행할 수 있어야 한다. 실행 가능성의 중요한 측면은 현실성(practicality)이다. 평가는 약속된 시간 안에 완료되어야 하고, 관련된 교육자들이 전문가로서의 의무를 수행하는 것을 방해하지 않는 선에서 이행되어야 한다. 교육자가 평가를 위한 인터뷰를 하거나 시험을 치르기 위해 한두 주를 쉬어야 한다면 그것은 현실적이지 않은 평가이다. 앞부분에서 언급된 바와 같이 평가는 "두려움의 대상"이다. 두려움에 빠져 있는 사람들은 자신 또는 자신의 일자리를 지키기 위해 연구를 방해할 가능성이 높다. 이것은 평가가 항상 정치성을 띤다는 것을 의미한다. 좋은 평가는 이 사실을 무시하지 않고 대신 이를 염두에 두고 평가를 계획한다. 평가와 관련하여 발생하는 정치적 논쟁을 최소화하기 위해 평가자는 평가 계획 단계에서 이익집단과 이해관계자의 관심에 관해 논의하고 그들의 제안을 들어야 한다. 평가가 실행될 때에는 면담 조사, 관찰, 자료 수집 등의 단계에서 한 집단을 다른 집단에 비해 선호하거나 선호하는 인상을 주지 말아야 한다. 또한, 좋은 정치적 기술을 가지고 있는 평가자들은 평가의 최종 결과가 나왔을 때 모든 이해관계자를 언짢게 하지 않도록 그들과 평가과정 동안 계속 의사소통을 하려고 노력한다. 마지막으로 실행 가능한 평가는 재정적인 책임이 있다. 평가는 예산이 정해져 있으며, 예산은 연구를 수행하기에 충분하지만, 분위기와 관련지어 볼 때 과도한 것은 아니다.

**적절성.** 평가의 적절성은 법적이고 윤리적인 문제이다. 좋은 평가는 연구에 관한 일반적인 규범을 따라야 한다. 먼저 선정된 평가자들은 연구와 관련된 이해관계가 없어야 한다. 평가자들은 평가의 결과에 대한 개인적, 전문적, 경제적 이득이 없어야 하며, 이 평가를 위탁하려는 그 누구와도 친분 관계가 없어야 한다. 다음으로 평가자와 평가를 위탁하는 기관 사이에 연구의 목적이 무엇을 위한 것인지, 무엇을 포함할지, 언제 연구가 끝날 것인지를 명확하게 문서화하여 서면 계약을 맺어야 한다. 평가자들은 평가에 임할 때 모든 평가 대상자의 권리를 존중하고, 비밀을 지켜 주며, 각각에게 연구의 의도를 설명해 주어야 한다. 또한 모든 사람들에게 친절하고, 그들의 의견을 존중하며, 평가받는 사람의 기관 내에서의 지위, 인종, 성별, 연령에 의한 편견에 주의하여야 한다. 최종 보고서 단계에서는, 만약 재정적인 부정 행위나 의심이 드는 행동이 있다면 이를 포함한 모든 평가 결과가 공개되어야 한다.

**정확성.** 마지막으로 평가는 정확해야 한다. 정확한 보고서를 쓰기 위해 평가자는 사회경제적 또는 문화적 특징의 관점을 포함하여 정책이 실행된 상황을 먼저 연구해야 한다. 보고서에는 연구에 활용된 정보원에 대해 충분히 자세하게 설명하여 독자들이 정보의 가치와 이 정보에 기초한 결론을 평가할 수 있도록 해야 한다. 자료 수집은 무계획적이어서는 안 되면 체계적으로 여러 정보원에서 이끌어 내야 한다. 보고서에는 어떻게 이 결론에 도달했는지, 각각의 결론이 어떤 자료를 근거로 도출되었는지가 명확히 설명되어야 한다.

### 평가의 목적

**총괄평가.** 정책 평가는 최소한 네 가지의 목적을 달성할 수 있다. 그중 많은 부분을 차지하는 것은 특정한 시간, 특히 정책의 이력 중 중요한 시점에서 정책의 질을 평가하는 **총괄평가**(summative evaluation)이다. 예를 들어 많은 연방 정부의 정책 평가는 그 정책의 재실행 여부를 결정하기 직전에 이루어진다. 평가 결과가 부정적이면 국회는 정책의 재실행을 위한 예산을 부결시키고 정책은 폐기된다. 또는, 부정적인 결과를 얻었더라도 정책에 주요 변화를 준다는 조건하에 예산을 다시 책정받을 수도 있을 것이다. 총괄평가의 중요한 목적은 정책 실행자의 책무성을 높이기 위한 것이며, 그렇기 때문에 총괄평가에 걸린 이해가 커서 총괄평가에는 보통 외부 평가자들이 투입된다. 그러나 총괄평가는 1960년대와 1970년대에 성행했었고 최근에는 형성평가가 선호된다(Popham, 1988).

**형성평가.** 정책 형성평가(formative evaluation)는 정책 실행자가 개선을 목적으로 필요한 변화를 줄 수 있도록 정책 실행과정 중에 하기 위한 것이다. 이런 이유 때문에 형성평가는 지속적으로 반복 시행된다. 비록 평가자들은 미리 결정한 일정한 때에만 공식 보고서를 작성하지만 자료들은 정기적으로 수집된다. 형성평가는 정책 실행자들이 자신들이 하는 일에 대해 좋은 결정을 내릴 수 있도록 도와주는 것이 목적이므로 총괄평가만큼 위협적이지 않다. 그리고 걸린 이해가 적기 때문에 종종 내부 평가자가 평가를 수행한다(Popham, 1988).

**유사평가.** 안타깝게도 정책 평가는 항상 정직하게 이루어지지 않는다. 종종 표면적으로는 진실해 보이는 평가들도 사실은 소위 유사평가(pseudo-evaluation)라고 부르는 것일 경우가 있다(Stufflebeam & Webster, 1983). 유사평가에는 두 가지 유형이 있다. 첫 번째는 "정치적으로 조작된 연구(politically controlled study)" (p. 25)이다. 이러한 평가는 정치적인 동기로 이루어진다. 평가의 목적은 직·간접적으로 평가자에게 전달되고, 평가자는 이 평가를 하는 것이 그들의 윤리적 기준에 부합하는지 결정하게 된다. 이러한 유사평가에서는 정책에 대한 인식을 의도하는 대로 만들어 내기 위해 자료 수집과 최종 보고를 조심스럽게 통제한다. 의도하는 정책 평가의 결과는 긍정적인 것이든 부정적인 것이든 정책의 성공 여부에 대한 진실이 반영된 것이 아니라, 평가를 위탁한 사람들이 정치적인 이유로 찾고 있는 결론이다.

유사평가의 두 번째 유형은 홍보용 평가(public relations evaluation)이다. 목적은 "교육구, 프로그램, 정책과정에 대한 긍정적인 대중 이미지를 창출" (Stufflebeam &

Webster, 1983, p. 26)하는 것이다. 정치적인 목적을 위해 시작된 유사평가와 마찬가지로, 홍보용 평가를 위탁하는 사람들도 그 결론이 어때야 하는지 분명히 명시한다. 이러한 경우 최종 보고서의 결론은 긍정적일 뿐 아니라, 이미 만들어진 공식적인 이미지를 더 좋게 만들 수 있어야 한다. 이런 결과를 얻기 위해 평가를 위탁한 사람은 연구자들이 갈 수 있는 곳, 대화할 수 있는 사람, 가능한 질문을 제한하는 등 연구자가 사용할 수 있는 자료를 조심스럽게 선택하고 가공한다. 두말 할 필요 없이 유사평가를 위탁하거나 이에 참여하는 것은 비윤리적이다.

## 정책 평가에 쓰이는 평가 방법

**양적 연구 방법.** 양적 연구 방법은 숫자로 표현된 자료를 모아 통계적으로 분석하는 것이다. 학교, 교육구에서 많은 유형의 계량화된 자료를 찾아볼 수 있다. [그림 11.2]는 그중 가장 흔한 유형들을 나타내고 있다. 양적 연구 방법을 이용한 정책 평가는 프로그램에 참여한 집단과 참여하지 않은 집단 사이의 통계적 차이를 분석하는 실험 설계나 준실험 설계로 이루어진다. 예를 들어 Head Start[1] 정책에 대한 평가는 학령 전 프로그램에 참여한 학생들과 참여하지 않은 집단을 비교하는 것으로서, Head Start 참여자의 시험 점수가 더 높으며 유급률이 낮은지를 찾아내는 것이다. 그러나 실험 설계가 아닌 양적 평가도 많이 있다. 어떤 연구는 특정 목표가 달성되었는지를 알기 위해 양적 자료를 활용하기도 하고, 또 의견이나 태도를 측정하기 위해 설문 조사를 실시하기도 한다. 양적 평가에는 몇 가지 장점이 있다. 가장 중요한 장점은 양적 연구가 잘 설계되었을 때

- 시험 점수
- 유급률
- 출석률
- 중퇴율
- 무료 또는 할인된 점심을 제공받는 학생 비율
- 학생당 지출
- 교사의 임금
- 재학생 수
- 석사 학위를 가진 교사의 비율
- 교사-학생 비율

**[그림 11.2] 양적 교육 자료의 예**

1) 역주 : 미국 연방 정부의 보건복지부에서 실시하는 저임금 가정의 3~4세 아동을 위한 프로그램. 1965년에 만들어졌으며 저임금 가정에 대해 학령 전 교육, 건강, 영양, 학부모 참여 등 종합적인 서비스를 제공한다. 2005년에만 68억 달러의 예산으로 2200만 명의 학령 전 아동이 프로그램에 참여했다.

그 결과의 신뢰도가 매우 높다는 점이다. 대부분의 미국인들은 통계적 용어를 제시하거나 그래프로 그린 결론을 신뢰한다. 두 번째 장점은 양적 평가는 비교적 빨리 그 결론을 얻을 수 있고 비용이 적게 든다는 것이다. 양적 평가의 단점은 구조가 꽉 짜여져 있고 질문지 문항이 매우 명확하게 제시되어 있어서, 정책 연구에 이 평가를 적용할 때 예상하지 못한 사실들을 발견하기 어렵게 된다는 것이다(Brainard, 1996; Stufflebeam & Webster, 1983).

**질적 연구 방법.** 대부분의 초기 정책 평가는 양적 평가를 사용했지만, 최근 수십 년 동안 질적 접근이 많이 사용되고 있다(Guba & Lincoln, 1989). 연구의 질적 설계는 언어적이거나 그림으로 나타난 자료를 수집한다. 많은 유형의 이러한 자료들을 학교나 교육구에서 얻을 수 있거나 또는 연구자가 직접 만들 수 있다. [그림 11.3]에 가장 널리 사용되는 일부를 제시했다. 질적 설계는 여러 유형의 자료를 모아 그것들을 비교하는, 다각화(triangulation)[2]라고 불리는 과정을 거친다. 예를 들어 중퇴자를 방지하는 프로젝트 평가에 질적 평가 방법을 적용하려면 교사와 학생을 면담하고, 수업을 관찰하며, 책과 기타 학습 자료를 분석해야 한다. 양적 평가와 마찬가지로, 질적 평가는 몇 가지의 장점을 갖고 있다. 지금 고려되고 있는 정책이 새로운 것이나 시범 프로그램이라면, 질적 연구를 통해 찾아낸 문제점들은 정책을 위한 중요한 시사점이 될 것이다. 또한 질적 평가는 양적 평가가 발견하지 못하는 예상치 못한 발견을 가능하게 해 준다. 예를 들어 1960년대 후반 질적 평가는 연방 정부의 일부 교육정책이 집행되지 않았다는 것을 찾아내기도 했다. 그러나 질적 평가는 양적 평가보다 시간과 비용이 많이 든다는 단점이 있다. 또한 대부분의 사람들은 면담, 관찰에 의한 비교적 주관적인 결과보다 숫자를 더 신뢰하기 때문에 질적 평가는 양적 평가보다 신뢰성이 떨어진다(Brainard, 1996; Guba & Lincoln, 1989; Stufflebeam & Webster, 1983).

**전체론적 평가.** 양적 평가와 질적 평가 둘 중의 하나만 사용해야 하는 것은 아니다. 이 두 가지 요소를 모두 가진 평가 설계가 가능하다. 이것을 보통 **전체론적 평가**(holistic evaluation)라고 한다. 예를 들어, 많은 사례 연구들은 수치 자료와 언어적인 자료를 모

2) 역주 : 자료 다각화(data triangulation)는 다양한 유형의 자료(data sources)들을 활용함으로써 연구 대상에 대한 보다 정확한 분석을 할 수 있다. 예컨대, 교육훈련의 동향을 파악하고자 한다면 미국의 교육훈련 현황 자료, 일본의 교육훈련 현황 자료 등을 활용할 수 있으며, 어떤 사람의 행동을 파악하고자 한다면 친한 친구의 생각을 듣고 그 사람의 다이어리를 분석할 수 있다.

- 면담 녹취록
- 초점 집단 토론 녹취록
- 관찰 기록
- 개방 형식(open-ended)의 주관식 여론 조사
- 개인적 의견
- 일기
- 회의록
- 공식 보고서
- 법률 문서
- 책과 자료
- 사진

**[그림 11.3]** 질적 자료의 예

두 활용한다. 주 차원의 중학교 전환 정책 평가에는 몇몇 학교의 심층 사례 연구와 시험 점수, 태도 측정, 출석률 같은 양적 자료 그리고 면담, 수업 관찰, 주관식 설문과 같은 언어적 자료를 사용할 수 있다. 이러한 평가에는 몇 가지 유형의 다양한 지표가 사용될 수 있고, 준고등학교에서 중학교로 전환하는 데 발생하는 문제점과 전환정책의 상대적 성공을 깊이 이해할 수 있도록 한다. 전체론적 평가의 가장 큰 장점은 그 이름이 암시하는 것처럼, 어떤 일이 일어나고 있는지에 대한 전체론적인 시각을 제시해 주는 것이다. 이것은 연구의 결과가 양적이나 질적 평가 결과만 사용한 연구보다 훨씬 유용하다는 것을 의미한다. 그러나 이 평가의 단점은 양적 자료의 분석과 수집에 많은 시간과 비용이 든다는 점이다. 어떤 평가도 완벽한 평가가 될 수 없다. 평가 방법의 선택은 연구의 목적과 제기된 의문점에 따라 달라진다(Brainard, 1996; Joint Committee, 1994; Wolf, 1990).

## 지 표

평가과정에서 매우 중요한 단계로, 평가자는 정책이 얼마나 그 목적을 달성하고 있는가를 나타내기 위해 **지표**(indicator)를 정의해야 한다. 지표의 정확한 정의는 관련 분야에 종사하는 사람들 사이에 논란이 많다. 전형적인 정의는 "지표는 교육 기본 구조와 관련되며 정책 상황에 유용한 개별적인 것이거나 복합적인 통계치이다."(Shavelson et al., 1987, Nuttall, 1994, p. 18에서 재인용) 물론 양적 평가에는 이 정의가 적용되지 않는다. Nuttall은 지표들은 질적일 수 있지만, 의미 있는 지표가 되기 위해서는 어느 정도 정량화되어야 한다고 말한다. 예를 들어 취업 프로그램(school-to-work)을 질적으로 평가할 때, 프로그램 성공의 지표는 참여자의 대부분이 프로그램 덕분에 취업을 했다는 면접 자료일 것이다. 양적 지표나 질적 지표 모두의 목표는 정책의 질에 대한 신뢰할 만한 정보를 제공해 정책에 대한 올바른 결정을 내릴 수 있도록 하는 것이다.

평가를 설계할 때 각 정책의 목표에 맞는 지표를 선택하고, 가능하다면 각 정책에 대해 한 가지 이상의 지표를 사용하는 것이 중요하다. 예를 들어 새로운 수학 교육과정이 학생들의 수학 능력을 향상시켰는가를 평가하고자 할 때, 평가자는 다음 세 개의 지표를 사용할 수 있다. (1) 선다형 시험 점수, (2) 주관식 문제 해결 점수, (3) 선택된 학생들이 자신의 수학적 사고과정에 대해 이야기한 면담 조사(Joint Committee, 1994). 이 세 가지 지표를 사용하여 평가자는 프로그램의 영향에 대한 보다 구체적이고 깊이 있는 결과를 얻을 수 있다. 이 중 한 가지 지표, 예를 들어 선다형 시험 점수만을 사용하게 되면 완전한 정보를 얻지 못하고, 따라서 평가의 가치가 줄 것이다.

지표를 잘못 선택하면 오히려 병리적 현상(pathological effect)을 초래할 수 있으므로 지표를 신중히 선택해야 한다. 만약 선다형 시험 점수만을 지표로 활용하면 수학 교과과정을 구현하는 교사의 교수법에 나쁜 영향을 미치게 될 것이다. 선다형 시험은 내용을 넓지만 얕게 다루도록 하고 사실을 강조하도록 한다. 만약 문제 해결 능력과 사고능력이 평가된다면 교사들은 이전과는 다르게 가르치려고 할 것이다. 종종 선택된 지표가 정책이 대상으로 했던 사람들을 교육자가 외면하게 하는 결과를 낳기도 한다. 예를 들어 시험 점수가 높은 학교나 개인에게 추가로 돈을 주는 단순 보상체계를 시행하면 교장과 교사가 점수가 낮은 학생을 배제시키려 할 것이기 때문에 위험하다. 그들은 자금을 지원받을 가능성을 감소시킬 학생들을 특별 교육기관이나 실업학교로 보내는 방법을 찾아낼 것이다. 이렇게 잘못 선택된 지표로 인한 예상하지 못한 위험을 피하기 위해서는 여러 유형의 지표를 사용하고, 주요한 이해관계자들과 예상되는 문제를 논의해야 한다(Joint Committee, 1994).

## 의미 있는 정책 평가의 시행

어떤 교육자들도 충분히 오래 지도자의 역할을 했다면 반드시 평가를 받아야 한다. 평가는 주 정부, 연방 정부, 사립 재단이 금전적인 보조를 하기 위한 조건일 경우도 있다. 그것은 교육위원회나 중앙관청의 직원이 요청한 지역에서 시작한 정책에 관한 평가일 경우도 있다. 아니면 작게는 한 단위학교나 고등학교 한 교과의 이해관계에 대해 평가하는 제한된 것일 수도 있다. 평가 범위가 얼마나 넓은지 좁은지와 상관없이, 평가과정 중에 지도자 역할을 하는 사람에게 평가 고유의 도전을 제시한다. 지도자의 책임은 유용한 평가를 시행하는 것과 동시에 교육 프로그램 전반에 지속적인 지침을 마련하는 것이다. 이것은 쉽지 않은 과제이다. 또한 평가는 안정된 현황을 위협하고 따라서 항상

"적대적인 환경에서 실시"(Brewer & de Leon, 1983, p. 361)되므로 지도자의 환경은 불안정해질 것이다. 이 절에서는 이러한 도전 상황을 쉽게 해결할 수 있는 실제적인 지침을 제시하고자 한다. 평가의 정치적 상황을 소개하고, 평가과정에서 종종 발생하는 갈등을 줄이는 방법과 유용한 평가가 이루어질 수 있는 환경을 제시하고자 한다.

## 평가의 정치적 성격

**왜 평가는 정치적인가.** 정책 평가 고유의 정치적인 속성은 오래전부터 인지된 것이다. 평가에 대한 연구로 전국적으로 알려진 Weiss는 1973년에 "프로그램 생존에 관한 정치는 매우 오래된 중요한 기술이다."(Weiss, 1988, p. 49)라고 말했다. 15년 후 그녀는 "나는 아직도 그때 내가 말했던 것 대부분에 여전히 동의한다."(p. 66)라며 이 사실을 재확인했다. 평가의 정치적 속성은 새로운 세기와 함께 증발할 것 같지도 않다. 1997년판 『21세기의 평가(Evaluation for the 21st Century)』(Chelimsky & Shadish, 1997)는 제3장에서 평가의 정치성을 다루고 있다. 평가는 세 가지 이유에서 정치적이다. 첫째, 평가의 대상이 되는 프로그램과 프로젝트는 정치적 과정의 산물이다. 둘째, 평가 보고서는 정치 현장에서 벌어지는 일을 반영하며, 종종 한 정책이 지속될 수 있는지, 얼마나 많은 예산을 받을 수 있는지에 영향을 미친다. 셋째, 많은 개인들의 경력, 전문적 지위, 교육적 이익이 평가 결과에 달려 있다(Weiss, 1988). 이것은 평가에는 항상 정치적 상황, 종종 가장 거친 상황이 연출된다는 것을 의미한다. 현명한 교육 지도자들은 평가과정의 정치적 측면을 간과해서는 안 되고, 자신이 개입되지 않기를 바라는 희망을 버려야 한다. 대신 그들은 이 상황을 직시하고 이에 대한 계획을 세워야 한다(Joint Committee, 1994).

**평가 상황과 관련된 사람들.** 평가의 정치성에 대비한 계획을 세우기 위해서는 누가 이 상황과 관련이 있고, 그들이 어떤 동기를 가지고 있는지 이해해야 한다. 다음에 제시되는 것들은 이해관계자 중 중요한 집단, 즉 정책 입안자, 정책 집행자, 정책 대상자, 평가자들의 관심사이다(Nakamura & Smallwood, 1980).

**정책 입안자** : 보통 정책 입안자들은 평가를 요청하고 그 결과를 정책의 향후 방향에 대한 중요한 결정을 내리는 데 사용하고자 하는 사람들이다. 주로 교육위원회 위원, 주나 국회의 의원들이겠지만 주 교육부의 관료들도 포함된다. 한편으로 그들은 정책의 문제점을 개선하거나 정책을 폐기하기 위해 참고할 좋은 정보를 원할 것이다. 그러나 그들도 여러 가지 가치체계를 가지고 있으며 자신의 이해관계에 따라 행동한다. 즉 그

들은 지금의 자리를 유지하고 싶어 한다. 이는 자신이 다음 선거에서 승리하는 것일 수도 있고, 관료의 경우에는 자신의 윗사람의 승리를 돕는 것일 수도 있다. 따라서 정책 입안자들은 기술적으로 훌륭한 평가를 수행하는 것에는 관심이 없을 수도 있고, 자신의 유권자 사이에 인기 있는 프로그램은 유지하고 그렇지 않은 것은 폐기하는 데 필요한 자료에만 관심이 있을 수도 있다(Nakamura & Smallwood, 1980).

**정책 집행자** : 정책 집행자는 교육구 안에서 정책을 현장에 적용하는 모든 사람들이다. 중앙관청의 행정가, 한 명 또는 여러 명의 교장, 많은 교사가 포함될 것이다. 이들은 보통 학생에게 유익한 프로그램을 실행하려고 하지만, 그들에게도 기로에 선 개인적 이익도 있다. 그들의 전문적인 명성, 승진 기회, (경우에 따라서는)일자리마저도 평가의 결과에 달려진다. 그러므로 그들은 되도록이면 좋은 정책 평가를 얻으려 한다(Nakamura & Smallwood, 1980).

**정책 수혜자** : 대부분의 교육정책과 교육정책을 담고 있는 프로그램 또는 프로젝트의 직접적인 수혜자는 학생이지만, 학부모는 간접적인, 보이지 않는 정책 수혜자이다. 학부모는 학생들보다 훨씬 자주 평가 상황에 관련되고, 특히 많이 배우고 부유한 학부모일수록 적극적이다. 만약 정책이 자기 자식들에게 특정 이익이나 지위를 부여하는 것이라면, 정책 집행자와 마찬가지로 당연히 평가 결과가 좋게 나오길 바란다. 프로그램이 공식적인 목표를 달성하지 못했다고 할지라도, 그들은 프로그램에 큰 변화가 일어나거나 그것이 폐지되는 것은 탐탁치 않게 생각할 것이다. 왜냐하면 그것이 비효율적이라 하더라도 자신의 아이들에게 특별한 서비스를 제공하고 돈을 절약할 수 있게 해 주기 때문이다(Nakamura & Smallwood, 1980).

**평가자** : 마지막으로, 평가자 역시 평가 결과에 대해 이해관계를 갖고 있다. 그들의 동기 중 하나는 그들은 좋은 정책 결정을 유도하는 완벽하고 정확한 평가가 이루어지기를 원한다는 것이다. 그러나 그들은 평가자로서의 경력에 해가 되는 평가보다는 도움이 되는 평가를 하고 싶어 하는 자기 이해가 있다. 그들이 특정 상황에 정말 필요한 평가보다는, 동료들과 미래 고객들에게 강한 인상을 줄 수 있는 정교하고 기술적으로 뛰어난 평가를 수행하고 싶어 한다는 것을 보여 주는 많은 예들이 있다. 또한 적대적인 평가자로 알려져 향후에 일할 기회가 줄어들 수 있는 가능성 때문에 극단적으로 부정적인 평가 결과를 밝히는 것을 망설이는 경우를 보여 주는 사례로 있다(Nakamura & Smallwood, 1980).

**좋은 평가를 방해하는 교묘한 전략들.** 평가에 관련된 모든 사람들이 좋은 평가가 수행될 가능성을 낮추기 위해 교묘한 조작을 할 수도 있으므로, 교육 지도자들은 성공적인 연구를 방해하는 일반적인 방법에 대해 잘 알아야 한다. 평가에 관련되어 있는 학교장들은 다음 전략 중 한 가지 이상이 동원될 것을 예상하고, 충분히 앞서 이에 대비할 수 있는 예비 전략을 만들어 두어야 한다. 첫 번째로 널리 사용되는 전략은 평가를 막거나 시행되지 않도록 방해하는 것이다. 정책 입안자는 독립적으로 행동하건, 집행자와 수혜자의 압력에 대응해서건, 평가 취소안 또는 평가 예산 감축안에 투표할 수 있다. 따라서 프로그램의 공정한 평가를 원하는 학교 지도자는 평가를 방해하는 로비가 있는지 살피고 정책 입안자에게 진지한 평가가 필요하다는 것을 납득시켜야 한다.

두 번째 술책은 원하는 결과가 사실상 보장될 수 있도록 평가에 사용되는 준거를 다듬는 것이다. 예를 들어 영재 프로그램이 계속되기를 원하는 학부모 집단은 교육위원회가 프로그램 효율성을 판단할 때 학부모의 만족을 가장 중요한 기준으로 삼도록 압력을 가할 것이다.

세 번째 전략은 평가가 시작되면서 시도된다. 그것은 수혜자가 평가자와 대립 관계를 갖도록 하는 것이다. 정책 집행자들은 학부모에게 쉽게 접근할 수 있고, 프로그램에 대한 자료를 수집하고 있는 무자비한 평가단에 대한 무시무시한 이야기로 학부모의 귀를 가득 채울 수 있기 때문에 이 전략을 사용할 가능성이 가장 높다. 그들의 목표는 수혜자와 평가자 간의 갈등을 일으키고, 또 정책 입안자들에게 그들의 의사를 전달해야 한다고 수혜자를 설득하는 것이다.

네 번째 방법 역시 정책 집행자들이 활용하는 것이다. 그들은 평가자들이 자료 수집을 아예 못하게 하거나 어렵게 만든다. 통계적 기록이 갑자기 사라지고, 약속된 면담이 불쑥 취소되며, 설문지의 응답률이 지나치게 낮아지기도 한다. 정책 집행자들은 프로그램에 대한 대부분의 정보를 통제할 수 있기 때문에, 이와 같은 방법으로 쓰기에 좋은 위치에 있다. 마지막으로 평가가 끝나고 보고서가 작성되고 나면, (평가자를 제외한) 이해관계자 집단 중 누군가가 마지막 방법을 사용할 경우가 있다. 즉 평가의 질을 공격하는 것이다. 그 방법은 다양하지만, 가장 자주 사용되는 것은 평가자가 공정하지 못했다거나 자격이 불충분하고 적절치 않은 지표를 사용했다고 비난하는 것이다. 비판적인 사람들은 평가에 대한 불신을 조장하여, 지도적인 위치에 있는 정책 입안자와 집행자가 평가 결과를 활용하여 정책의 변화를 만들 수 없게 되길 바란다.

확실히 평가 상황은 부주의한 학교장들이 가까이 오면 터질 폭탄이 매장되어 있는 정치적 지뢰밭으로 묘사될 수 있다. 그러나 건전한 평가의 가능성을 높여 줄 몇 가지 상식적인 절차를 채택하면 이런 상황의 위험을 줄이는(없앨 수는 없지만) 것은 가능하다.

이를 다음에서 제시하겠다.

## 건전한 평가를 위한 제언

학교장은 정치에 압도당하거나 불충분한 자료들로 손상되지 않는 건전한 평가가 이루어질 가능성을 높이기 위해 몇 가지 일을 할 수 있다. 다음에서는 건전한 평가를 위한 핵심 5단계를 다루고 있다.

**평가 계획 조기 수립.** 좋은 교사라면 걱정 많은 학생들에게 성적을 매기기 위한 평가 계획을 학기 말에 보여 주어 놀라게 하지 않을 것이다. 좋은 교사는 학기 초에 평가 계획을 설명하고, 그 평가 계획의 근거를 제시하며, 학생들이 목표를 달성할 수 있도록 도와준다. 마찬가지로 학교장은 전혀 대비하지 않고 있던 집행자를 잡아 내어 예상치 못한 처벌을 내리기 위해 사용해서는 안 된다. 이러한 불유쾌한 기습은 적대적인 학교 풍토를 만들어 내고 가장 수준 낮은 정치적 게임을 조장한다. 허를 찌르는 전략으로 평가를 사용하는 대신, 지도자는 정책이 시작될 때 그것을 내장시켜 두어야 한다. 종종 새로운 정책, 프로젝트, 프로그램은 평가 방법을 포함하여 시행된다. 정부와 재단에서 수여하는 연구비도 마찬가지이다. 이 경우, 학교장은 이러한 사실을 비밀로 할 필요가 없다. 오히려 모든 이해관계자들과 시작부터 같이 논의하고 공유해야 할 문제이다. 평가가 집행에 포함되지 않는 경우도 있다. 이것은 평가가 면제되었다는 것이 아니다. 그와는 거리가 멀다. 대신, 학교장이 형성 및 총괄 평가를 위한 일반적인 계획안을 먼저 만들고 이를 이해관계자들과 논의해야 한다. 만약 이를 하지 않는다면 수년 후 "기습 평가"를 해야 하는 단계에 도달하여 긴장과 불쾌한 상황을 만들게 될 것이다.

**이해관계자들과 의사소통.** 새로운 정책 집행 초반에 이해관계자들과 공개적인 의사소통 채널을 마련하고 그것을 유지해 나가는 것은 매우 중요하다. 이 의사소통의 중요한 주제 중 하나는 정책의 평가에 관한 것이어야 한다. 이해관계자들과 자유롭게 의사소통해야 하는 두 가지 이유가 있다.

첫째, 좋은 의사소통은 심각한 정치적 문제를 피할 수 있게 해 준다. 소통이 부족하면 이해관계자들은 평가가 비공개적으로 이루어진다고 받아들이고, 학교장의 실제 의도에 대해 여러 의심을 갖게 된다. 이러한 불신의 분위기에서 그들은 방어적으로 행동하고, 가능한 한 평가를 훼방하려고 할 것이다. 그러나 학교장이 평가 계획에 그들이 참여할 수 있게 하면 이와 같은 전략을 쓸 가능성이 줄어들 것이다. 따라서 학교장은 평가 실행 초반기에 주요 이해관계자나 그들의 대표자들과 함께하는 회의를 열어야 한다. 이해관계자들의 대표자는 학교장이 지명하기보다는 그들 내에서 선출되어야 한다. 그들과 회의할 때에는 새로운 정책의 목표에 대해 논의한 뒤, 이해관계자들이 질문하고 그들의 우려 사항을 이야기할 시간을 주어야 한다. 학교장은 이해관계자들이 평가로부터 어떤 정보를 얻으려 하는지를 물어보고 그들의 의견이 평가에 반영되도록 해야 한다. 그리고 평가의 시행과정에서는 평가가 어떻게 진행되고 있는지를 이해관계자들에게 알리고 예상되는 결과를 알려 주어야 한다. 또한 학교장은 최종 보고 내용이 이해관계자들이 납득할 수 있는 것인지를 확인해야 하고, 이 결과가 그들에게 미칠 영향에 대해 논의하기 위한 회의를 열어야 한다(Joint Committee, 1994).

두 번째 이유는 최종 평가의 유용성과 타당성을 높이기 위해서 이해관계자와의 활발한 의사소통이 필요하다는 것이다. 이해관계자는 정책을 집행하는 데 있어 지도자보다는 집행 현장에 가깝고, 훨씬 많은 것을 알고 있다. 그러나 그들은 서로 신뢰하는 분위기일 때에만 자신들이 알고 있는 정보를 알려 주려 한다. 이전 정책 집행 단계에서 언급했듯이 모든 정책에는 다양한 관점이 있으며, 이 관점들에 대해서 아는 것은 매우 도움이 된다. 학교장들은 많은 의사소통을 통한 양 방향 평가를 통해서만 이것을 얻을 수 있다. Guba와 Lincoln(1989)은 다음과 같이 말했다.

> (평가의)결과는 최종적인 의미로 "사실"이 아니라, 평가자뿐 아니라 평가에 의해 위기 상황에 처한 이해관계자들까지를 포함한 양 방향의 과정을 말 그대로 창조해 낸 것이다. 이러한 과정을 통해 사례의 실제에 대한 한 가지 또는 그 이상의 정보를 얻을 수 있다.(p. 8, 원전에 강조되어 있음)

**지표 선택.** 외부 평가자가 투입될지라도 학교장은 정책 집행 초기에 관찰하기 위한 지표를 선택해야 하며, 평가자들이 다른 지표를 더 추가할 것이라는 것을 알고 있어야 한다. 지표를 일찍 선택함으로써 집행자들을 안심시킬 수 있고 어떤 자료를 수집해야 하는지를 쉽게 결정할 수 있다. 앞에서 언급한 대로, 정책 집행자의 활동을 왜곡시키지 않는 지표를 선택하는 것은 매우 중요하다. 이해관계자들과의 공개적인 토론을 통해 학교장들은 최선의 지표를 선택할 때 발생할 수 있는 치명적인 실수를 피할 수 있게 된다(Hogwood & Gunn, 1984).

**자료 수집 계획 수립.** 학교장들은 총괄평가가 실행될 때가 닥쳐서 자료를 수집하려고 해서는 안 된다. 지표를 일찍 선택해야 하는 것과 마찬가지로, 자료 수집은 집행의 전 과정 동안 실시되는 형성평가의 일부이기 때문에 항상 진행되어야 한다. 자주 수집한 관찰 자료를 통해 학교장은 정책의 개선을 위한 아이디어를 얻을 수 있고, 책무성을 측정할 중요한 도구를 구할 수 있다. 나중에 형성평가와 총괄평가가 실시될 때, 평가자는 자신이 수집한 자료와 함께 사용할 수 있는 풍부한 정보 기반을 가지게 될 것이다.

**평가자 선택.** 정책 평가를 담당할 사람을 선택하는 것은 중요한 과제이다. 학교장이 평가자를 선택해야 할 때, 어떤 사람이 평가를 하느냐에 따라 평가 최종 보고의 신뢰도와 질이 결정되기 때문에 매우 신중해야 한다. 이를 위한 네 가지 방법이 있는데, 각 방법에는 장단점이 있다.

첫 번째 방법은 **정책 집행자에 의한 내부 평가를 실시**하는 것이다. 이 방법의 가장 큰 장점은 내부 평가자는 정책에 대한 자료를 쉽게 얻을 수 있다는 것이다. 그리고 스스로 평가를 실시한다면, 다른 사람이 평가했을 때보다 발견된 부정적인 결과를 스스로 고치려 할 것이다. 그러나 이 방법에는 치명적인 단점이 있다. 첫째는 평가자들이 양질의 평가를 수행하는 데 필요한 연구 기술을 갖추지 못했을 수 있다는 것이다. 또한 내부 평가자가 특정 정책을 객관적으로 다루지 않을 가능성이 있기 때문에 대부분의 외부 인사들은 평가의 결과에 의심의 눈초리를 보낼 것이다.

두 번째 방법은 **내부의 인사이면서 평가에 전문성을 갖고 있는 사람**을 평가자로 선택하는 것이다. 대부분의 큰 교육구와 일부 중간 규모의 교육구에는 평가 분야에 대한 지식을 가진 사람들로 구성된 연구부서가 있다. 이 평가자들은 연구 방법론을 적용할 수 있는 능력이 있고 다른 정책 집행자들보다 편견이 적을 것이다. 그러나 이러한 평가에도 몇 가지 신뢰도의 문제가 발생할 수 있다. 평가자와 정책 집행자들은 같은 조직 안의 사람들이고, 따라서 서로를 개인적으로 잘 알고 있기 때문이다. 그리고 부정적인 평가 결과는 교육구 내 사람들 사이에 분란을 일으킬 수 있다.

외부 평가자를 선택하는 것도 가능한 방법이다. 단위학교나 교육구는 **외부 기관이나 전문가**와 계약을 체결할 수 있다. 대학이나 전문평가 회사의 연구자들도 이러한 평가를 담당할 수 있다. 외부에 평가를 의뢰하는 것의 장점은 연구자들이 자격을 충분히 갖추었다는 것과 외부 평가자들에 의해 평가가 실시되므로 내부 평가자의 평가보다 훨씬 신뢰성 있게 보인다는 것이다. 그러나 단점도 있다. 첫 번째 단점은 외부 평가자는 정책 집행과 관련된 사회 정치적인 환경을 모른다는 것이다. 이것은 적절한 연구 방법에 의해 보완될 수 있는 문제이지만, 모든 전문평가자들이 이런 문제에 관심을 기울이지는 않는다. 두 번째로 고객에게 유용한 정보를 주기 위한 평가를 설계하기보다는 동료들에게 자신의 전문성을 강조하기 위해 평가를 계획할 수도 있다. 또한 앞으로 있을 이곳 또는 다른 교육구와의 평가 계약을 위해서 평가와 관련된 문제들을 사실대로 밝히기보다는 문제를 호도하려 할 가능성도 있다. 마지막 단점은 이러한 평가는 비용이 많이 든다는 점이다.

네 번째 방법은 **새로운 정책을 후원하는 기관**이 평가를 하도록 하는 것이다. 이 기관은 주 의회나 재단이 될 것이다. 사실 예산을 보조받는 조건에 예산 지원기관의 평가를 허용하도록 되어 있기 때문에 학교장에게는 다른 대안이 없다. 이 방법의 장점은 이러한 기관들은 훌륭한 연구를 할 수 있는 전문적인 평가자를 고용한다는 점이다. 따라서 이러한 평가는 어떤 내부 평가보다 훨씬 신뢰도가 높을 것이다. 그러나 단점은 이 기관들은 그들만의 평가 의제를 가지고 있을 수 있다는 점이다. 이러한 평가 결과는 교육자들에게 유용하지 못하고, 또는 평가 결과는 분명히 정책이나 정책 집행자에게 불리한 결과일 가능성이 있다.

교육 지도자들은 완벽한 선택이란 없고, 또 어떤 경우에도 항상 최선인 선택은 없다는 것을 알아야 한다. 평가자를 선택할 때, 교육장은 정치적 상황, 정책에 대해 원하는 정보의 성격, 평가에 투입될 수 있는 비용을 포함한 많은 요소들을 신중히 고려해야 한다. 특정 프로그램에 필요한 사항과 그것이 실행되는 전체적인 상황을 파악하는 것도 매우 중요하다. 종종 가장 좋은 해결 방법은 하나가 아닌 두 평가자, 즉 정책 실행과정 전반에 걸친 형성평가는 내부 평가자가, 총괄평가는 외부 평가자가 하는 것이다. 이 방법은 내부 평가자와 외부 평가자가 갖고 있는 장점과 단점의 균형을 맞춰 주며, 정책이 어떻게 실행되고 있는지에 대한 두 가지 상대적으로 독립적인 의견을 제시할 수도 있다. 결과적으로 정책에 주요 수정을 가하거나 아예 폐기할 것을 결정해야 할 때가 됐을 때, 학교장은 여러 곳에서 풍부하고 광범위한 자료를 얻을 수 있고, 따라서 더 좋은 결정을 내릴 수 있게 된다(Hogwood & Gunn, 1984).

## 평가 보고에 근거해 행동하기

학교장은 평가 보고서를 받아 그것을 살펴본 이후에 무엇을 해야 할지 결정해야 한다. 첫 번째 해야 할 일은 이 장의 앞부분에서 제시한 준거들을 이용해 보고서의 질을 면밀히 평가하는 것이다. 평가의 질적 수준은 매우 다양하기 때문에 교육장은 무비판적으로 결과를 받아들이면 안 되고, 연구가 잘 수행되었는지 여부를 판단해야 한다. 그 후에야 연구 결과와 제언을 어느 정도 비중 있게 받아들여야 할지 결정할 수 있다. 두 번째 단계는 이해관계자들과 만나 평가 보고서의 질에 대한 의견을 논의하는 것이다. 좀 더 상황이 진전되기 전에 평가의 가치에 대한 합의를 도출해 놓는 것이 현명한 방법이다. 어느 정도 합의가 이루어지고 나서 교육장은 보고서를 가지고 무엇을 해야 할지 결정해야 한다. 보통 네 가지의 방법이 있다. (1) 아무것도 하지 않는다. (2) 정책에 작은 수정을 가한다. (3) 정책에 큰 수정을 가한다. (4) 정책을 폐기한다.(Brewer & de Leon, 1983; Hogwood & Gunn, 1984) 다음에 이 각각을 다루어 보겠다.

## 무조치

종종 아무것도 하지 않고 정책을 있는 그대로 두는 것이 가장 현명한 방법일 수 있다. 이렇게 반응하는 데에는 두 가지 타당한 이유가 있다. 첫째는 학교장과 이해관계자들이 판단하기에 평가 보고서에 의심이 가고, 제안 사항을 받아들이고 싶지 않기 때문이다. 예산을 지원한 기관이 의심스러운 평가 결과를 근거로 대책을 마련하라고 강요하지 않는 한 그럴 필요가 없다. 두 번째 이유는 그것이 정치적으로 적합하지 않기 때문이다. 때때로 평가의 제안대로 행동할 시의 적절한 때를 기다릴 필요가 있다(Hogwood & Gunn, 1984).

## 소규모의 수정

정책에 작은 수정을 가하는 이유는 평가 보고서가 약간의 조정만을 권고했거나 정치적인 이유로 뒤집어 엎는 변화를 가하는 것이 불가능하기 때문이다. 약간의 수정을 가하는 것은 프로그램의 비용이나 인력 규모를 바꾸지 않을 뿐 아니라 정책의 목표도 바꾸지 않는다. 그것은 학생의 성취 정도를 확인하는 시험을 바꾸고, 일정을 조정하며, 이미 사용하고 있는 자료들을 더 구입하는 정도의 활동을 말한다. 정책에 약간의 수정만 가하는 것은 정책의 실질적인 면을 바꾸지 않고 이해관계자들의 일자리를 위협하는 것이 아니기 때문에 비교적 쉽게 이루어진다(Brewer & de Leon, 1983).

## 대대적인 수정

〈표 11.1〉은 주요한 프로그램이나 정책을 변화시키는 네 개의 일반적인 유형을 요약하고 있다. 가장 위에 있는 것이 가장 약한 것이며, 아래로 내려갈수록 대대적인 수정을 하는 것이다. 확실히 이 방법들은 다른 사람들에게 서비스를 줄이는 한편, 이해관계자들의 일자리를 없앨 수 있다는 점에서 위협적이다. 따라서 이러한 조치를 시행하기 위해서 학교장은 강한 권한을 갖고 있어야 한다. 우선 학교장이 정책에 변화를 주는 것을 설득할 수 있는 근거로 전문평가자에 의해 수행된 좋은 연구물을 갖고 있어야 한다. 또한 이해관계자들 중 특히 정책 입안자를 포함한 사람들의 지지가 뒷받침되어야 한다. 평가가 끝난 후 정책에 중요한 변경을 시도하기 위해서, 학교장은 불안정한 정치적 상

〈표 11.1〉 정책 변화의 주요 방법

| 방법 | 설명 |
|---|---|
| 대체 | 낡은 프로그램을 대치할 같은 목표를 가진 새로운 프로그램이 실행됨. |
| 통합 | 두 개 이상의 프로그램 전부 또는 일부가 합쳐짐. |
| 분할 | 프로그램의 한 측면이 제거되거나 독립된 프로그램과 프로젝트로 개발됨. |
| 축소 | 낡은 프로그램의 주요 요소 예산이 감축되어 프로그램에 중대한 예산 감소가 이루어짐. |

출처 : Brewer & de Leon(1983)

황과 그것을 어떻게 다루어야 하는지에 대한 계획도 갖고 있어야 할 것이다.

## 폐 기

정책이나 프로그램이 폐기된다는 것은 대부분의 경우 정부의 목표 자체가 바뀌기 때문에 그것이 더 이상 진행되지 않을 뿐 아니라 다른 정책이 그것을 대신하지도 않는다는 것을 의미한다. 따라서 대부분의 이해관계자들이 격렬하게 항의하고 정책을 지켜 내기 위해 투쟁할 것이기 때문에 정책을 폐기하는 것은 매우 어려운 일이다. 종종 적절한 시기가 될 때까지 효율성이 떨어지는 정책을 계속 운용해야만 하는 경우도 있다. 그 뒤 교육장은 신속히 움직여 폐기일을 진즉 넘긴 정책을 중단하는 일을 단행해야 한다. [그림 11.4]는 정책을 폐기하기 적당한 몇 가지 상황을 보여 주고 있다.

- 새로운 행정부가 들어설 때
- 경제 상황이 나빠질 때
- 예산 책정이 어려울 때
- 기관 내에 다른 일자리가 생겼을 때
- 오래된 프로그램이 새로운 프로그램으로 쉽게 대체될 때

**[그림 11.4] 정책을 폐기하기 좋은 상황**

출처 : Brewer & de Leon(1983); Hogwood & Gunn(1984).

# 맺는말

우리는 책무성이 강조되는 시대에 살고 있다. 정책 입안자들은 세금을 쓰는 것에 대해 민감하다. 그들은 교육정책에 공공자금을 사용하기 전에, 그 정책이 얼마나 잘 시행될 것인가와 보다 효과적으로 만들 수 있는 방법을 궁금해할 것이다. 그들은 가장 필요한 변화를 잘 이끌어 낼 수 있는 정책에 예산을 책정하고 필요 없는 프로그램은 폐기하는 등, 학교장들이 보다 신중하게 행동할 것을 요구한다. 이러한 요구는 터무니없는 것이 아니다. 따라서 학교장은 책무성의 시대에 적응하기 위해 평가에 대해 잘 알아야 한다. 그들은 현장에 최신 평가 기술을 적용하는 것과 좋은 평가 결과를 근거로 행동하는 것에 앞장서야 한다. 일반 대중과 함께 우리의 학생들이 열악한 대우를 받지 않아야 하기 때문이다.

## 토론을 위한 질문과 활동

1. 왜 사람들이 평가를 두려워하는지에 대해 논의하라.
2. 질적 평가 방법과 양적 평가 방법이 각각 사용된 평가를 찾아라. 어떤 유형의 방법이 사용되었는가? 각 방법의 제시한 정보와 대비하라.
3. 평가 보고서를 찾아 그것을 이 장에서 제시한 준거들을 이용해 평가하라.
4. 당신이 속한 주 교육부가 사용하는 정책의 평가 및 모니터링 기술을 나열해 보고 주요 지표들을 찾아라. 그 지표들은 당신 지역의 교육자들의 활동을 왜곡시키고 있는가? 당신이라면 어떻게 그것을 개선할 것인가?

### 인터넷 과제

당신이 속한 주 정부와 인접한 두 개의 주 정부의 웹사이트에 접속하라. 교육정책의 평가를 검색하여 수업에서 논의할 수 있도록 준비하라. (주 정부의 웹사이트 주소를 모른다면 부록 B를 참고하라.)

## 사례연구 중학교 도입 제안이 사라지다

교육감은 교육구 안의 준고등학교(junior high school)(7~9학년)의 조직과 교과과정에 대한 평가를 시행하기로 결정하고, 초등학교, 준고등학교, 고등학교(senior high school)의 교장들과 각 학년의 교사들로 이루어진 평가위원회를 조직하였다. 평가위원회는 평가를 시작한 지 5주 내에 교육장에게 평가 보고서를 제출해야 한다.

평가위원회는 교육장에 제출할 보고서를 위해 자신들의 지식과 믿음을 바탕으로 학교의 체제와 요구 사항을 연구하는 한편, 설문 조사 도구를 활용하여 직원과 학생들의 학교에 대한 인식에 관한 제한된 규모의 자료를 수집하였다. 이 연구 보고서는 지역 준고등학교 학생의 학업 성취도, 준고등학교 구조에 대한 국가적인 추세[중학교(middle school) 개념의 이점을 강조], 현재와 앞으로 예상되는 학생 수, 준고등학교 교과과정의 괴리, 준고등학교 학생들의 생리적 사회적 발달을 담고 있다. 이 보고서는 학교체제를 중학교 조직으로 바꾸어 6, 7, 8학년을 중학교로, 9학년을 고등학교로 전환할 것을 권하고 있다.

평가 보고서가 발표되었을 때, 초등과 고등학교의 학부모들은 그들이 관심을 두고 있는 사안들을 연구 보고서에서 다루지 않았다고 불만을 토로했다. 특히 초등학교의 학부모들은 6학년의 학생 자치권이 사라질 수도 있다는 가능성에 실망하였다. 그들은 특히 초등학교 6학년 학생들은 어린 학생들이 안전하게 등하교하도록 도와줄 수 있다는 것을 강조하였다. 고등학교의 학부모들은 9학년 학생들이 중학교로 편입된다면 학교가 매우 혼잡해질 수 있다는 점을 심각하게 받아들였다.

이 두 학부모 집단의 대표자는 학교 운영위원에 항의했다. 교육위원회 역시 난처한 상황이었다. 왜냐하면 평가 보고서에는 학교의 재조직화에 대한 단점과 비용의 측면을 다루지 않았고, 다른 가능한 조직체계에 대한 대안들의 장단점이 빠져 있었기 때문이다. 교육위원회는 학부모의 손을 들어 주었고 중학교 체제를 시행하지 않기로 했다.

출처 : *The Program Evaluation Standards, 2nd ed.,* (pp. 38-39), Joint Committee on Standards for Educational Evaluation, 1994. 

### 질 문

1. 이 장에 제시된 준거를 활용하여 이 평가의 단점을 말해 보자.
2. 만약 당신이 교육위원이라면 평가위원회의 권고 사항에 어떻게 대처했을 것인가? 그 이유는 무엇인가?

3. 보다 신뢰도 높은 평가를 위해서 교육감은 무엇을 해야 했는가? 그리고 평가위원회는 무엇을 해야 했는가?
4. 당신은 평가의 정치성이 어떻게 이 상황에 영향을 미쳤다고 생각하는가?

### 분석을 위한 뉴스 : 교육구는 이중 언어 교육을 믿는다

**텍사스의 오스틴**—학교 행정가들이 대대적인 변화를 시도할 때마다 각종 소문과 반 거짓말이 횡행한다. 예상대로 만성적으로 수행 성적이 낮은 학교 문제를 해결하기 위한 오스틴 독립 교육구(Austin Independent School District, AISD)의 청사진 발표와 함께 같은 상황이 벌어졌다. 들리는 소문에 의하면 새로운 정책은 이중언어 교육(bilingual education)을 지원하지 않는다고 한다. 이중 언어 교육을 담당하는 행정가는 이 문제를 잠시 잠재워 두고 싶어 한다. 그러나 AISD가 이중 언어 교육을 반대한다는 것은 아니다. AISD는 이중 언어 교육을 영어를 조금밖에 할 수 없거나 아예 못하는 학생들을 잘 가르치기 위한 최상의 교육 방법으로 보고 이것을 무조건적으로 지원하고 있다.

우리의 철학은 다음과 같은 신조에 기반을 둔 것이다.

- 학생들의 완전한 지적 · 사회적 발달을 가능하게 해 주는 가장 중요한 도구는 모국어이다.
- 가정에서 배우는 언어에 따라 영어로만 이루어지는 수업의 학업 성취도는 달라진다.
- 이중 언어 교육과 외국어로서의 영어(ESL)에 모국어를 활용하여 언어의 어휘력, 이해, 구조를 익히게 하여 학업 성취도를 크게 높일 수 있다.

제2외국어의 학업 성취를 위해서는 나이에 알맞은 모국어 구사 능력이 중요하다. 이보다 더 솔직히 말할 방법이 없다. 이것이 우리가 믿는 것이고, 우리가 매일 이중 언어 교육을 하는 575개의 학급에서 겪는 일이다.

확실히 최근의 혼란은 Harris 초등학교 일부 사람들의 오해에서 비롯되었다. 올해 Harris 초등학교의 일부 교사들은 외부의 자금 지원을 받아 이중 언어 병용 교육과정을 시범적으로 실행하였다. 그러나 만약 스페인 어를 모국어로 사용하는 학생들은 영어를 배우고, 영어를 사용하는 학생들은 스페인 어를 배우는 이중 언어 병용 교육 방식이 성공적으로 이루어졌다면 우리는 이에 반대하지 않았을 것이다. 모든 아동이 가정에서 쓰는 언어를 구사할 수 있고 학년에 맞는 읽기 능력을 보유하고 있을 때 두 번째 언어의 혜택을 받을 수 있는 성공을 성취했다고 할 수 있다.

우리는 이중 언어 교육과 읽기 능력에 대한 전문가인 텍사스대학의 Alba Ortiz 박사와 응용언어학센터(Center for Applied Linguistics)의 Diane August 박사를 초빙했다. 두 분은 우리 직원들과 함께 Harris의 이중 언어 병용 교육과정을 분석하고, 지원금을 받는 마지막 해인 2002~2003학년도의 효과적인 교육을 위한 제언을 도출하려고 하였다. 2000~2001학기의 이중 언어 병용 교육과정 평가의 결과는 어떤 종합적이고 상관관계가 높은 정책도 시행되지 않은 것으로 나타났다. 많은 이중 언어 병용 교육 방법이 시도되었으나 효과성 수준은 천차만별이었고, 교육과정의 학년별 연계성이 전혀 없었다. 많은 학생들이 모국어에서 학년 평균보다 낮은 성취도를 보였는데, 이는 그들이 제2언어를 배우기 전에 일관성 있는 훌륭한 교육을 받을 기회가 없었기 때문인 것으로 나타났다. 따라서 이들은 두 개의 언어 모두의 읽기 능력이 발달하지 않았다.

우리는 이중 언어 병용 교육이 적절하게 적용된다면 효과적일 수 있다고 생각한다. 우리는 이중 언어 병용 교육의 효용성을 높이려고 한다. 우리는 이 교육이 실패하길 원하지 않는다. 아무리 훌륭한 이중 언어 교육 프로그램이 있다 하더라도 그것이 잘 운용되어야만 효과를 발휘할 수 있다. 그것의 우리의 최종 결론이다. 우리는 이중 언어 교육이 이루어져야 한다고 믿는다. 그러나 그것이 잘 실행되어야 우리의 아이들이 높은 학문적 성취를 이룰 수 있고, 그들이 성인이 되었을 때 성공할 수 있는 기회를 가질 수 있다고 생각한다.

(E. Fuentes and D.M. Moore, "District Believes in Bilingual Education," *The Austin American Statesman*, May 24, 2002, p. A23. Copyright 2002 by E. Fuentes and D.M. Moore. 저자의 허락을 받아 게재함.)

### 질 문

1. Harris 초등학교의 이중 언어 병용 교육과정의 평가는 어떤 문제점을 지적하고 있는가?
2. 이 평가는 총괄평가인가, 형성평가인가?
3. 어떤 사람들이 이 평가 상황과 관련되어 있는가? 어떤 다른 사람들이 관련될 수 있는가?
4. 정책 집행자들은 교육과정 평가에 대한 신용을 떨어뜨리기 위해 어떤 방법을 사용하였는가?

## 심화 학습 자료

Beyer B. K. (1995) *How to conduct a formatives evaluation.* Alexandria, VA: Association for Supervision and Curriculum Development.

경험 많은 지도자이며 평가자이기도 한 저자는 형성평가를 수행하고자 하는 교육자에게 현실적인 지침을 제공하고 있다.

Bainard, E. A. (1996) A *hanks-on guide to school program evaluation.* Bloomington, IN: Phi Delta Kappa Educational Foundation.

학교나 교육구에서 프로그램을 수행하는 과정을 처음부터 끝까지 보여 주고 있다. 자료 수집에 관한 장은 특히 유용하다.

Chelimsky, E., & Shadish, W. R. (1997). *Evaluation for the 21st century: A handbook.* Thousand Oaks, CA: Sage.

이 책은 정책 평가에 대한 현 추세를 개관하고 있다. 정부가 시도하고 있는 새로운 평가 관리 방법에 관한 장은 특히 유용할 것이다.

Guba, E. G., & Lincoln, Y. S. (1989). *Fourth generation evaluation.* New-bury Park, CA: Sage.

Guba와 Lincoln은 양적 평가 방법에 대한 개관을 제공하고 있으며, 이 과정 동안 이해 관계자의 참여가 중요하다는 것을 보여 주고 있다.

Joint Committee on Standards for Educational Evaluation. (1994). *The program evaluation standards: How to assess evaluations of educational programs* (2nd editon). Thousand Oaks, CA: Sage.

"지침서"라고 명명한 요약과 각 기준의 "일반적인 실수"를 포함하여 평가의 30개 기준에 대해 상세하게 다루고 있는 편람이다. 실생활에서 이끌어 낸 한두 가지 사례를 통해 각 기준을 명백하게 밝혀 주고 있다.

# 12

# 미국의 교육정책 : 회고와 전망

**탐구의 요점**

미국 교육은 어떻게 변화해 왔는가?
현재의 정책안은 과거와 어떤 관계가 있는가?
현재의 정책 환경이 예측 불가능한 이유는 무엇인가?
향후 교육정책은 어떤 형태를 띨 것인가?

## 캔자스가 아니라면, 우리는 어디에 있는가?

이 책은 『오즈의 마법사』에 나오는 인용문으로 시작하였다. 당황한 도로시는 자신의 강아지에게 "토토, 여기는 캔자스가 아닌 것 같아."라고 말했다. 제1장은 미국의 공립 교육과 그 지도자들은 더 이상 조용하고 안정된 캔자스가 아닌, 이해하기도 어려운 불확실한 정책 환경에 있음을 이야기하였다. 실제로 교육 지도자들은 그들의 환경이 도로시보다 열악하다고 느끼는 경우가 많다. 젊은 여주인공은 마녀와 말하는 동물을 대적해야 했지만, 적어도 에메랄드 시티라는 목적지가 있었고, 그곳에 도달할 수 있도록 도와줄 마법의 구두와 노란 벽돌길이 있었다. 그러나 현재 21세기 초에 학교 행정가들은 정치인, 사업가, 두뇌집단, 대학교에서 끝도 없이 쏟아져 나오는 교육 개혁안을 보며 당혹감을 느낄 때가 많다. 이들은 이게 무슨 일인가? 왜 모두 학교에 불만이 그토록 많은가? 어떻게 될 것인가? 등의 물음을 스스로에게 던지고 있다.

따라서 이 장은 과거 및 현재를 조명하고 미래를 제안하기 위한 네 가지 이론적 구조를 이용하여 역사적인 맥락에서 현대 정책 환경을 설정한다. 이러한 분석 구조 가운데 두 가지, 즉 경쟁 가치 및 Lowi의 정책 유형은 앞에서 제시되었다. 세 번째와 네 번째 구조, 즉 제도의 선택(institutional choice) 및 국제적 수렴(international convergence)은 기존의 논의에서 암시적으로 제시하였다. 이러한 네 가지 이론 개념은 모두 현대 교육정책의 현실 및 그 원인에 대해 중요한 단서를 제공할 수 있다. 미래를 예측하려는 노력은 항상 위험할 수 있지만, 앞으로의 10년을 가장 잘 설명하는 시나리오를 제시할 수도 있다. 이 장은 오즈의 지도를 제시하기 때문에 캔자스를 잘 아는 사람들이 캔자스에서 느끼는 편안함을 느끼지 못하겠지만, 교육자들은 적어도 자신이 여행하는 곳의 지형을 이해할 수 있을 것이다.

첫 절에서는 각 이론의 구조를 간략하게 제시한다. 다음으로, 각 구조를 이용하여 공화제 초기, 공립학교 운동, "과학적인" 분류기 등의 과거 교육정책을 분석한다. 다음으로, 동일한 구조를 적용해 1983년부터 현재까지 우리 시대를 분석한다. 마지막으로, 미래를 가장 잘 예측하는 시나리오를 구상해 본다. 이 장의 특수한 성격으로 인하여 말미에 등장하는 활동은 두 세트에 불과하다.

## 네 개의 이론 구조

### 경쟁하는 가치

Iannaccone(1988, p. 49)은 "정책은 … 가치를 내재한 공공의 신념, 즉 미국인의 신조 혹은 꿈에 달려 있다."고 강조한다. 이 책의 제5장에서는 이러한 공공의 가치를 논의하며, 이를 세 개의 범주, 즉 일반적인 사회적 가치(질서 및 개인주의), 민주적 가치(자유, 평등, 박애), 경제적 가치(효율, 경제적 성장, 품질)로 분류하였다. 제5장에 설명한 바와 같이, 이러한 가치는 항상 미국의 교육정책에 영향을 미치는 중요한 요인이지만, 그 상대적인 중요성은 시간에 따라 변했다. 경쟁하는 가치(competing values) 이론을 적용하여 정책을 분석하는 사람들은, 한 번에 두 개 혹은 세 개의 가치들만 두드러지기 때문에 특정 가치를 지지하는 사람들은 그 특정 가치의 순위를 높이기 위해 경쟁하게 된다고 말한다(Boyd, 1984). 하나의 가치가 교육정책의 중요한 가치로 인정되고 나면 오랫동안 그 현상을 유지하는 경향이 있기 때문에, 미국 역사에서 공공의 가치는 주기적으로 바뀌어 왔다. 각 가치에 따라 만들어진 정책들은 매우 다른 양상을 띠게 되므로 극적인 전환보다는 주기적인 변화가 발생하고, 이를 다른 말로 재편성(realignment)이라고 한다. 이는 약 40년 간격으로 일어난다(Iannaccone, 1988).

## Lowi의 정책 유형

제9장에서 논의한 바와 같이 정치학자 Lowi(1964; Lowi & Ginsberg, 1994)는 정책을 분배, 규제, 재분배의 세 가지 유형으로 분류하면서, 각 유형의 정책은 독특한 정치적인 무대를 형성한다고 주장했다. Lowi는 선호하는 정책 유형이 주기적으로 바뀐다고 주장하지는 않았지만, 각 역사적 시기마다 다른 정책 유형이 선호되었다고 주장했다. 예를 들어, 19세기 전까지 정부는 대부분 분배 정책을 사용하였지만, 19세기 동안에는 규제 정책이 일반화되었다. 한편, 20세기에는 전세계 대다수 정부가 복지 및 사회보장과 같은 재분배 정책을 실시하여 사회적 목표를 추구하였다. 이는 시간 경과에 따른 정책 변화를 이해하기 위해서 각각의 역사적 시기에 선호되었던 정책 유형을 분석해야 한다는 것을 의미한다.

## 제도의 선택

Kirp(1982)는 여러 국가의 학교체제를 비교 및 대조하는 방법의 하나로, 그들의 조직에 다섯 가지 제도 유형, 즉 (1) 관료제, (2) 법률화, (3) 전문화, (4) 정치, (5) 시장 이 어느 정도로 반영되어 있는지 분석할 것을 제안하였다. Kirp는 한 가지 형태로만 이루어진 제도는 드물며, 대부분은 다섯 가지 제도 유형들의 요소가 포함되어 있다고 주장하였다. 그러나 하나 혹은 두 개의 제도의 성격이 두드러지게 전체적인 조직의 색깔을 형성하고 정책 방향을 결정한다. Kirp는 이러한 구조를 이용하여 각국의 학교 제도를 비교하고 있지만, 동일한 제도를 역사적 시기별로 비교하는 데에도 이 방법이 사용 될 수 있다.

학교에 도입할 수 있는 첫 번째 제도적 형태는 **관료제**(bureaucracy)이다. 관료제는 조직원 전원에게 정해진 역할이 있고 지침이 상명 하달되는 위계 조직이다. 관료제에서는 규칙 및 표준 운영 절차가 중요하며, 정책 매뉴얼 및 의사록과 같은 문서화된 자료도 마찬가지로 중요하다. 조직 내 승진은 성과로 결정되며, 성과도 시험이나 표준 평가와 같은 객관적인 방법으로 평가된다.

**법률화**(legalized)가 두드러진 제도는 법률이 궁극적인 통제 수단이 된다. 논쟁은 법원에 소송을 제기하여 판사에게 최종 판결을 맡김으로써 해결한다. 법률화된 제도의 특징은 적대적이며, 모든 참가자들은 자신의 권리를 지키기에 골몰한다. 구조적으로 법률화가 위주인 조직은 없을 것이다. 그러나 갈등으로 분열되어 사법 제도에 의존하는 것이 보편화된 조직은 많이 존재한다.

조직 구조의 일부 직업의 구성원들이 과거 일부 시점에서부터 **전문화**(professionalization)된 직업을 갖고 있는 경우가 있다. 전문직 종사자들은 같은 분야의 선배들에 의해 만들어진 내부 규율에 의해 통제된다. 전문직 진출은 경쟁적이고 고도로 선별적이며, 훈련 기간은 길고 고되다. 학습자들은 어려운 시험이나 고된 현장 실습과 같은 여러 통과 의례를 거쳐야 한다. 훈련을 마치면 전문가들은 사회화를 촉진하기 위하여 감독을 받는 실습 기간을 거친다. 전문직 구성원들은 누가 조직에 들어올 수 있는지, 누가 무능력하여 조직을 떠나야 하는지를 결정한다. 전문가들은 직접적인 감독 없이 자율적으로 활동하며, 의사가 전문직의 좋은 예이다(Lortie, 1975).

**정치**(politics) 역시 교육 제도의 근본적인 구조 원리이다. 정치적 상황에서 사람들은 자신의 이익이나 가치를 늘리기 위해 권력을 구축한다. 정치 게임은 주로 타협을 위한 협상을 필요로 하며 호의적인 교환을 토대로 이루어지는 경우가 많다. 분명한 것은 모든 조직은 예외 없이 정치적 요소를 일부 포함하지만, 정치가 특히 두드러진 분야가 있다. 민주적 정부의 입법 분야는 가장 정치적인 제도에 속하며, 대다수 국가에서 입법부는 교육정책 결정에서 많은 부분을 차지한다. 학교 제도는 정책 결정의 정치화 정도에 따라 변화한다.

마지막으로, 제도는 **시장**(market)으로 구성될 수 있다. 시장에서 재화 및 서비스는 경쟁력 있는 공급자가 생산하며, 이들은 저렴한 가격이나 뚜렷한 제품 특징을 내세워 고객을 끌어들이려고 노력한다. 시장 원리가 잘 작동되면 고객 만족을 얻지 못하는 업체는 도태되기 때문에 공급자들의 경쟁을 통해 보다 효율적인 운영과 우수한 품질을 갖춘 제품을 얻을 수 있다. 시장 원리는 경제체제에서 두르러지는 유형이지만, 학교 제도를 비롯한 현대 사회의 많은 조직들은 시장의 일부 요소를 반영하고 있다.

## 국제적 수렴

비교 교육학자들은 전세계 국가의 학교 제도, 즉 학교 구조, 교육과정 및 목표가 "수렴(converging)" 되고 있다는 이론을 발표하고 있다. 이러한 수렴과정은 새로운 것이 아니다. 18세기에 제퍼슨(Thomas Jefferson)과 프랑스 지도자 콩도르세(Marquis de Condorcet)는 민주주의 정부를 강화하는 데 필요한 학교 유형에 대해 서신을 교환하였다. 두 사람의 사상은 후에 두 나라의 공립학교에 반영되었다. 국가 간 학교제도가 서로 영향을 미치는 현상은 19세기에도 계속되었다. 예를 들어, 메이지 유신 시기의 일본 지도자들은 유럽 및 북미 지역 학교를 방문하여 일본에 근대 학교 제도를 확립하기 위해 필요한 정보를 수집하였다. 경제가 세계화되고 있는 현재, 각국은 교육을 포함한 여러 제도에 대한 국제적인 영향력을 간과할 수 없다. 그 결과 전세계 교육 체제는 점차 유사해지고 있다(Coombs, 1984; Wirt & Harman, 1986). 캐나다 학자 Davis와 Guppy(1997)는 그 과정을 다음과 같이 설명하고 있다.

> 각국은 (경제) 압력에 보다 빠르게 대응하고, 상대적 장점을 향상시키기 위해 투쟁하고 있으며, 이에 따라 핵심 선진 각국 지식체계의 표준화를 촉진하는 시장 관계가 촘촘히 확산된다는 핵심 주제에 도달하게 된다. 각국은 공교육을 통해 지식을 체계화하고 보급하고 있으며, 따라서 이는 선진국 전체에 걸쳐 학교 제도가 수렴되고 있는 이유를 설명하고 있다. (p. 436)

## 미국 교육정책에 대한 회고

### 공화제 초기, 1783~1830년

**개요.** 미 공화국 건국 이후 첫 수십 년 동안은 국가가 성장, 정치 제도의 개발, 강력한 경제를 위한 토대 건설, 서로 다른 문화와 전통을 가진 이전 식민지의 통합 때문에 불가피하게 발생하는 갈등의 해결 등, 자생 국가를 확립하기 위한 투쟁으로 특징지을 수 있다. 이러한 문화적인 차이로 인한 갈등은 교육에 관한 견해에서도 일어났다. 교육에 관한 갈등 때문에 미국 헌법에 교육에 대한 언급이 일체 누락되었다. 따라서 교육에 대한 문제는 각 주 정부의 신념대로 추진하였고, 같은 주 내에서도 다양한 교육과정이 존재하게 되었다. 아직 의무교육법이 제정되지 않았지만, 시민들의 교육 수준이 향상되면서 대다수는 자신뿐 아니라 자녀 세대까지 최소한 기초 교육을 받을 수 있게 되길 원했다. 자녀를 위한 학교를 찾는 학부모들은 다양한 대안 중에서 선택할 수 있었다. 아동들은 이웃집 여인이 자신의 가정, 주로 부엌에서 소수의 아이들을 가르쳤던 비공식 "홈스쿨"인 가정학교(dame school)에서 알파벳과 초급 수준의 읽기를 배우는 경우가 많았다. 더 높은 수준의 쓰기와 영어 같은 과목은 특별 "사립(private venture)" 학교에서 배울 수 있었다. 대다수 교파는 신도의 자녀들을 위해 초등학교를 운영하였다. 농촌 지역에서 반공립 "지역 학교(district school)"가 매년 2~3개월 동안 운영되어 농장 자녀들에게 간단한 읽기 및 쓰기를 가르쳤다. 기초 수준을 넘어서는 학습을 원했던 소수의 아동들을 위해 사립 아카데미 및 기숙학교는 실용적인 과목과 고전 과목을 가르쳤다. 일부 지역에서는 공공 보조금을 이용할 수 있었지만, 학부모들은 이들 학교의 수업료를 대부분 부담해야 했다. 즉 수업료를 지급하고, 교재를 구입하고, 교사의 식비를 지급하고, 난방비를 부담했다.

이 시기가 지나면서 각 도시는 빈곤층 학생들을 위해 공립학교를 후원하기 시작했다. 자선학교(charity schools)로 불리기도 하는 공립학교는 학생-교사 비율이 높았다. 교사들은 읽기 및 산수의 기초를 가르치기도 했지만, 곳곳에 세워지고 있는 신설 공장이 요구하는 덕목인 근면과 복종을 강조하였다. 공립학교를 열악하다고 생각한 중산층 및 상류층 학부모들은 이런 곳에 자녀를 보내지 않았다. 가령, 보스턴의 중산층 자녀였던 Edward Everett Hale은 9세까지 사립 학교를 다니다가, 시립이지만 일류 학교로 소문난 보스턴 라틴 어 학교(Boston Latin School)에 입학했다. 헤일은 후에 자신의 교육과정에 관하여, "부친이 나를 보내고 싶어 할 만한 공립학교는 없었다. 거기를 보내느니 차라리 감옥에 보냈을 것이다."(Perkinson, 1991, p. 14)라고 쓰고 있다. 그의 평가는 이 시기의 공립학교에 대한 태도를 잘 보여 준다.

**경쟁하는 가치 관점.** 경쟁하는 가치 틀의 관점에서 봤을 때, 공화국 초기 교육정책의 중요한 가치는 개인주의와 자유였다. 사람들은 생생하게 독립전쟁을 기억하고 있었고, 식민지 시기 말부터 시작된 정부에 대한 불신은 여전히 팽배해 있었다. 그 결과, 대다수 시민들은 제퍼슨(Thomas Jefferson)이 버지니아에서 주장하고 있던, 정부가 학교를 운영한다는 제안에 의구심을 갖고 있었다. 오히려 시민들은 지역 및 학부모에 의해 운영되는 학교를 높이 평가했으며 다양한 유형의 학교를 선택할 수 있는 상황을 선호하였다. 일부 학부모들은 자녀를 학교에 전혀 보내지 않기를 원하기도 했다. 왜냐하면 가족농장에 자녀의 노동력이 반드시 필요했기 때문이다. 따라서 거의 모든 학생들이 의무적으로 출석해야 하는 공립학교 개념은 이 시기에 전혀 설득력이 없었다. 왜냐하면 사람들에게 의무교육이라는 개념은 그들이 바로 얼마 전까지 저항했던 영국 왕의 고압적인 방식과 비슷해 보였기 때문이다.

**정책 유형 관점.** 1783년부터 1830년까지 전반적인 교육정책은 무행동(inaction)이었다고 말할 수 있다. 대부분의 지방, 주, 연방 정부는 교육을 발전시키거나 방해하는 어떤 활동도 하지 않았다. 다만 지방 정부, 특히 뉴잉글랜드 지역에는 일부 정책이 존재했다. 대도시와 소도시, 군 지역은 교육 자원을 일부 제공하였으며, 이 시기가 끝날 무렵부터 빈곤층 자녀를 위한 학교를 운영하기 시작했다. 이러한 정책은 기금이 교육을 위해 사용되어야 한다는 점을 제외하고 규제 수단이 없는 분배정책이었다. 이와 유사하게 1787년 의회를 통과한 북서 토지 조례(Northwest Ordinance)는 분배정책으로서, 새로 개방된 영토에 속한 모든 군 지역의 36필지 가운데 한 필지를 임대하여 그 수익을 학교에 사용하도록 규정하고 있다. 동 법에는 규제가 전혀 포함되지 않았으며, 감독권을 행사하기 위한 연방 감시요원도 파견되지 않았다. 이 필지는 의회가 의도한 대로 교육에 사용되는 경우가 많았지만, 기금의 오용과 부당 유용도 종종 일어났다(Kaestle, 1983).

**제도 선택 관점.** 이 시기에 어느 역사가는 "학교 운영은 지역적, 자발적, 그리고 대부분 사업의 영역으로 남아 있었다."(Kaestle, 1983, p. 184)라고 말한다. 시장이 가장 지배적인 제도 형태였다. 이 체제하에서 다른 제도 형태는 상대적으로 중요하지 않았다. 물론, 대형 학교의 경우 관료제도 어느 정도 존재하였으며, 종교계 학교는 맞서야 할 교회 위계 질서가 있었다. 그러나 중앙 사무소나 장학관, 주 교육부, 연방 차원의 교육청은 전혀 존재하지 않았다. 교육에 관한 법률이 거의 전무했기 때문에 법률화 가능성도 희박했다. 또한 교육 혹은 학교 행정 역시 전혀 전문화되지 않았다. 학생들을 모을 수 있으면 아무나 학교를 세울 수 있었다. 푼돈을 벌고 싶은 여성과 동절기에 할 일이 필요한 교양 있는 농부, 사업을 시작하거나 법조인이 되기 위해 준비 중인 젊은이에게 교직은 훌륭한 임시직으로 간주되었다. 마지막으로, 교육정책은 특히 정치화되지 않았다. 주 의회나 연방 의회에서 논란이 있었지만 지속적인 관심사가 되지 못했다. 시장은 압도적인 제도 형태로 학부모들에게는 다양한 선택의 기회를 제공하고 교사 지망생과 교장에게는 많은 사업 기회를 제공했다. 〈표 12.1〉에 이 시기(및 기타 시기)의 다섯 가지 제도 유형의 중요성을 비교 · 요약하였다.

**국제적 수렴 관점.** 미국 교육은 다양하고 분권화되었기 때문에 미국 교육자들과 세계 다른 지역의 교육자들 사이에 정식 교류가 일어날 수 없었다. 더욱이, 국제 통신이 열악했기 때문에 인쇄물을 통한 사상 공유의 기회도 거의 없었다. 그럼에도 불구하고 이 시

**〈표 12.1〉 네 역사 시기별 교육정책의 제도적 선택**

| | 공화국 초기 | 공립학교 | 과학적 분류기 | 새로운 패러다임 |
|---|---|---|---|---|
| 관료제 | 약 | 강 | 강 | 미정 |
| 법률화 | 약 | 약 | 강 | 미정 |
| 전문화 | 약 | 중 | 중 | 미정 |
| 정치 | 약 | 중 | 약 | 미정 |
| 시장 | 강 | 약 | 약 | 미정 |

기에도 외국의 교육이 미국 교육에 미친 영향은 상당히 중요했다. 왜냐하면 "신세계"의 유럽 정착민들은 보다 오래되고 안정된 사회에서 이주한 사람들이었기 때문이다. 이들이 들여온 교육에 관한 개념 중에는 구세계에서 배워 온 학교 운영 개념이 있다. 대부분 영국으로부터 영향을 받았지만, 독일과 프랑스, 기타 국가의 이주민들 또한 제대로 된 학교를 위해 어떤 요소들이 필요한지에 영향을 미쳤다. 따라서 미국 교육은 그 시작부터 강력하고 혼합된, 국제적인 영향을 받게 되었다.

**결론.** 정치학자 Seymour Lipset(1996)은 "미국인의 신념은 다섯 개의 용어, 즉 자유, 평등주의, 개인주의, 대중주의, 불간섭주의로 설명할 수 있다."(p. 19)고 말한다. 이러한 기준에 비추어 보면, 초기 공화국의 교육정책은 전형적인 미국식이라고 말할 수 있다. 초기 공화국이 중시했던 가치, 자유와 개인주의는 앞에서 논의하였다. 전문가에 대한 불신 혹은 대중주의는 누가 가르쳐야 하는가에 별 관심을 갖지 않는 태도에서 분명히 나타난다. 정부는 교육에 대해 명백하게 불간섭주의, 즉 "시민들이 원하는 것을 하도록" 했다. 다르게 보자면 비록 학교를 오래 유지하지 못한다 하더라도, 모든 학교와 교사들 누구나 교육시장에 뛰어들 수 있었다는 점에서 정부는 평등주의자이기도 했다. 그러나 결과적으로 교육은 사람들에게 공평하게 제공되지 않았기 때문에 평등한 것이 아니었고, 이것은 결국 1830년대에 교육이 큰 공격을 받게 되는 원인이 되었다.

## 공립학교의 대두, 1831~1900년

**개요.** 1830년대 초, 미국은 이미 초기 공화국 시대의 모습을 찾을 수 없을 정도로 급속히 변해 가고 있었다. 이 시기 전환의 주요 원인은 산업화였다. 북동부 전역에 공장이 들어섰고, 농장에서 자란 젊은 남녀들은 공장에서 일하기 위해 도시에 모여들었다. 그들뿐 아니라 유럽, 주로 아일랜드와 독일 출신 이민자들이 합세했다. 이들 중 많은 사람이 대부분이 가톨릭 교도였기 때문에 대부분이 프로테스탄트인 미국인들에게 적잖은 당혹감을 선사했다. 인구의 증가에 따라 이전 농촌 지역이었던 곳에 도시가 자라나기 시작했고, 이에 따라 범죄율과 빈곤도 늘어났다. 이러한 급격한 변화는 대다수 미국인, 특히 뉴잉글랜드 지역의 주민을 매우 불안하게 했고, 이들은 전형적인 미국 방식으로 대응하였다. 즉 다양한 개혁운동을 펼쳤는데, 이 개혁운동들은 모두 미국을 위협하는 위험으로부터 조국을 구하기 위해 고안된 것들이다. 금주령[1], 여성의 참정권, 사형 폐

1) 역주 : 금주법은 1919년 1월에 비준되었다.

- 보다 정기적인 출석
- 보다 긴 학기
- 학년 제도 도입
- 교육구 제도의 약화
- 주 교육 행정기관 설립
- 군 교육감 제도 설립
- 교사 직업의 지위 향상
- 사범학교에서 교사 양성

**[그림 12.1]** 공립학교 운동 강령
출처 : Kaestle(1983).

지, 교도소 개혁 등을 비롯한 개혁운동들은 모두 1830년대에 시작되었다. 이 가운데 공립학교 운동이 있으며, 이 운동의 목표는 미국 교육의 개혁이었다.

이 운동의 중심 지도자는 뉴잉글랜드 태생으로 정력적인 웅변가이자 뛰어난 작가였던 Horace Mann이었다. 그는 개혁의 의지를 가진 교육가이기도 했다. 미국의 사회적 대립과 범죄율 증가에 크게 실망한 Mann은 공립학교(Common School)가 이질적인 인구를 통합할 수 있는 방법이고, 그럼으로써 범죄율도 낮아질 것이라고 생각하였다. 그가 보기에 현 학교 제도는 비참할 정도로 부적절하며, "각각(의 학교들)은 자체의 습관, 전통, 지역 관습에 따라 운용" (Perkinson, 1991, p. 22에서 인용됨)되고 있었다. 그 결과 교육은 발달하지 못하고 뒤죽박죽이 되었으며, 변화하지 않을 경우 무지한 상태로 남거나 퇴보할 상황이었다. Mann은 백인 남녀뿐만 아니라 모든 인종, 종교, 사회 경제적 집단에게 초등교육을 제공할 공립학교라는 해법을 내놓았다. 그는 동료 개혁가들과 함께 미국 교육을 보다 조직적인 체제로 만들기 위한 구체화된 강령들을 만들었다. [그림 12.1]은 각각의 강령들을 보여 준다.

구교육체제를 옹호하는 사람들이 전력을 다해 물러서려 하지 않았기 때문에 공립학교를 위한 투쟁은 장기화되었다. 또한 모든 시민들이 공립학교를 지원하기 위한 세금을 내야 한다는 사실을 흔쾌히 받아들였던 것도 아니었다. 그럼에도 불구하고 1860년대에 공립학교는 북부 지역에 사실상 보편화되었다. 남부의 경우, 비록 공립학교가 자리잡기까지 상당한 시간이 걸렸지만, 19세기 말에는 인종이 분리된 형태의 공립학교가 널리 퍼졌다(Kaestle, 1983; Perkinson, 1991; Spring, 1994). 오늘날의 대부분의 교육자들이 당연하게 받아들이는 "캔자스"가 제자리를 잡은 것이다.

**경쟁하는 가치 관점.** 공화국 초기와 공립학교 시대 사이에 미국 교육정책의 중요한 가치는 자유와 개인주의에서 박애(fraternity)와 질서, 경제적 성장으로 급변하였다. 국가적 일체감으로 정의되는 박애는 Mann과 동료 개혁가들이 가장 중요하게 여긴 가치였다. 이들은 1830년대에 뚜렷이 나타난 인종적, 종교적 갈등뿐 아니라 무엇보다 가장 심각한 계층의 갈등으로 인하여 미국 사회가 분열되는 것을 두려워했다. 구교도와 신교도들이 거리에서 난투극을 벌인 1837년의 보스턴 폭동으로 인해 이러한 두려움은 커져갔다. 이들은 공립학교가 다양한 배경을 가진 학생들이 학교에서 부딪치며 서로에게 익숙해질 수 있게 함으로써 이러한 갈등을 방지하는 데 도움이 된다고 주장하였다. 모든 사람들이 미국인이라는 정체성을 가짐으로써 서로를 분리했던 장벽을 무너뜨릴 수 있다는 것이다. 분명한 것은 공립학교 운동 지도자들에게는 질서도 중요한 가치였다는 점이다. 어느 역사학자는 "사회 불안에 대한 Mann의 병적인 두려움"(Perkinson, 1991, p. 23)을 지적한다. 이 가혹한 평가는 Mann의 두려움이 적절한지에 대한 것보다는 저자가 사회적 불안에 대한 경험이 없다는 사실을 보여 주고 있지만, 어쨌든 Mann의 글에 담겨 있는 사회 질서에 대한 열망을 잘 보여 주는 것이다.

Mann에게는 별로 중요하지 않은 문제였지만, 그의 지지자들이 가장 중요하게 생각한 것은 경제 성장이었다. 신설 공장은 노동자들이 필요했고, 고용주들은 노동자들이 기초적인 읽기 및 산수의 능력을 갖추고 있어야 하며, 근면하고 자제력이 강하고 순종적이어야 한다고 생각했다. 따라서 공립학교는 특정 성품의 개발을 중요시하였다. 공립학교의 교과서에는 "게으른 소년은 반드시 가난하고 불쌍하다." "게으름은 불행이 알을 낳는 둥지이다." 같은 자극적인 슬로건이 가득했다(Kaestle, 1983, p. 82).

**정책 유형 관점.** 1830년대 이전에는 분배 교육정책이 지배적이었지만, 공립학교 개혁가들은 [그림 12.1]에서 알 수 있듯이 많은 부분 규제정책을 옹호하였다. 의무교육법이 가결되었고, 학기가 길어졌으며, 학교는 학교 조직 표준에 따라야 했다. 더욱이, 각 주 및 군에는 관리 조직이 만들어져서 새로운 정책을 집행하며 학교 성과에 관한 자료를 수집하게 되었다. 학교는 원하는 것을 마음대로 할 수 있었던 자유를 잃고, 이제 이들은 상급 정부기관 관리들의 통제를 받게 되었다. 공립학교 운동의 궁극적인 정책 목표는 "체계적으로 균일화하는 것, 즉 균일한 교과서, 균일한 교과과정, 균일한 교육 방법, 균일한 관리, 균일한 교과, 균일한 연수를 받은 교사"(Kaestle, 1995, p. 19)였다. 이러한 획일화는 규제정책을 통하여 달성되었다.

**제도 선택 관점.** 공화국 초기에는 시장이 지배적인 제도 형태였지만, 공립학교 시대에는 다른 제도 형태들과 혼합되면서 그 중요성이 매우 낮아졌다. 관료제는 개혁가들이 선호했던 제도 형태였고, 이들은 지방 및 주 차원에서 관료제를 확립하였다. 이들의 주도하에 각 주에 교육부가 설립되었고, 공립 교육 담당 교육감이 행정수장이 되었다. 지방 정부 차원에서 교육장과 기타 관리자들은 주 정부의 명령이 잘 수행되는지를 감시하였다. 이 시기가 끝날 무렵, 학교에도 교장과 교사의 역할이 점차 분화되는 관료제가 등장하기 시작했다. 따라서 위계적 관료 조직 구조는 1900년경 미국 교육에 자리잡기 시작했다.

개혁가들은 관료제를 선호하였지만 정치 및 전문성 역시 중요하게 여겼다. 교육체제는 과거에 비해 더욱 정치화되었다. 공립학교 운동은 입법부에게 기관을 설립하고, 교육감 제도를 신설하며, 무엇보다 학교를 지원하기 위해 시민들에게 과세하는 법령을 제정하도록 요구한 첫 대규모 정치적인 투쟁이었다. 모든 요구들은 논란의 여지가 있었다. 더욱이, 공립 교육은 "공공정책의 수단"(Spring, 1994, p. 19)으로 여겨졌기 때문에 정치인들은 전보다 공립 교육에 많은 관심을 갖게 되었다. 정치인들은 공립 교육을 온순한 노동자를 만들고, 애국심을 고취시키며, 다양한 청소년 문제를 해결하기 위한 수단으로 생각했다. 이는 교육정책 현안이 기타 정책 현안들과 서로 얽히게 되었다는 것을 뜻한다. 공립학교에서 전문성 역시 증가하였다. 교사직은 완전히 전문화되지 않았지만 전문적인 요소가 일부 도입되었다. 여기에는 교사의 사범학교 훈련, 봉급 인상, 교사용 학회지 발간, 협회 및 학회의 개최 등도 포함된다. 그러나 이 시기의 공립학교 교육은 여성화되었기 때문에 비교적 진출하기 쉬운 직업이었다. 젊은 여성들은 대부분 결혼할 때까지만 "재직"했기 때문에 이직률 또한 높았다(Lortie, 1975).

법률화와 시장 제도 유형은 덜 중요하게 여겨졌지만 완전히 배제되지 않았다. 이 시기에 무수한 학교법이 가결되었으며, 일부는 법원에 소송이 제기되기도 했다. 공립학교 지원을 위한 과세에 대한 소송이 제기되기도 했지만, 법원은 거의 모두 공립학교의 손을 들어 주었다. 시장 문제를 보자면, 공립학교 개혁가들은 기존의 교육구 교육체제를 약화시키기는 했으나 완전히 없애지는 않았다. 학부모들, 특히 도시 지역의 학부모들은 자신의 거주지를 선택함으로써 자녀를 보낼 학교를 선택할 수 있었다. 〈표 12.1〉은 공립학교 시대의 다섯 가지 제도 유형의 중요성을 비교 · 요약하였다.

**국제 수렴 관점.** 공립학교 시대의 정부와 재계 지도자들은 오늘날과 마찬가지로 국제적 경제 경쟁에 우려를 표명하였다. 대영제국은 세계에서 가장 지배적인 권력을 가지고 있었고, 당시 미국인들은 요즘과는 다르게 모태 국가인 영국에 대한 환상을 갖고 있지 않았다. 독립전쟁과 1812년 전쟁[2]의 기억이 너무 생생했기 때문이다. 미국인은 막강한

2) 역주 : 영미전쟁. 베를린 칙령(勅令) 뒤 영국 · 프랑스 봉쇄 작전이 강화되면서 미국 선박 · 선원이 영국 해군에 나포되는 일이 자주 생기자 대영 감정(對英感情)이 악화되었다. 미국의 해상권도 영국에 빼앗겼으나 격렬한 반격을 벌여 영국군을 캐나다로 몰아내었다.

해군을 보유하고 세계적인 야망을 가진 대영제국을 위협적이라고 생각했다. 이때 새롭게 경제력과 군사력을 키우고 있던 프러시아(현대 독일의 북부 지역)도 새로운 위협으로 생각되었다. 프랑스나 일본, 러시아는 위협이라기보다는 약간 꺼림칙한 나라였다. 이 시기에 지도자들은 교육이 국제 경쟁에서 승리하는 주요 무기라고 확신했다. 따라서 Mann을 비롯한 공립학교 개혁가들은 유럽의 학교, 특히 프러시아와 프랑스 학교를 방문하여 필요한 것을 배워야 한다고 주장했다. 교육에 대한 유럽의 영향은 공립학교와 초기 사범학교의 많은 요소에서 찾아볼 수 있다. 실제로 사범학교(normal school)라는 용어도 프랑스 용어 école normale(Kaestle, 1983)을 직역한 것이다. 따라서 공립학교 개혁은 미국만의 독특한 교육 제도에서 벗어나 국제적인 학교체제 표준을 받아들이는 것으로 이해할 수 있다.

**결론.** 많은 측면에서 공립학교는 19세기의 전형적인 제도였다. 이 시기에 발달된 기업 및 정부기관을 비롯한 여러 조직과 마찬가지로, 공립학교는 관료적이고 위계적이었다. 공립학교는 규제정책을 선호했고, 다양한 규제에 의존했다는 점에서 전형적인 관료제라고 할 수 있다. 일반적으로 19세기에는 정부의 규제가 기하급수적으로 증가하였고 이를 집행할 수 있는 정부의 권한도 강화되었다(Lowi, 1964). 마지막으로 민족주의적 목표는 국제 무대에서 민족 국가들이 권력, 자의식과 영향력을 키우고 있던 이 시기의 특징이었다. 그러나 20세기의 공립학교는 한계에 부딪히게 된다. 따라서 1830년대와 마찬가지로 1900년대 초도 학교 개혁의 시기로 나타난다.

## '과학적' 분류기, 1900~1982년

**개요.** 1830년대와 마찬가지로, 20세기 초는 변화의 시기였다. 사실 이러한 변화는 대부분 이전 시대의 변화와 유사했다. 예를 들어, 1900년부터 1910년 사이에 미국에 입국한 이민자의 수는 급증하여 850만 명에 달했으며, 1910년부터 1920년 사이에는 400만 명에 이르렀다(Perkinson, 1991). 이 시기에 경제가 고도로 산업화되어 호황을 누림에 따라 대중들은 기업을 매우 신뢰하게 되었고, 경제는 시민정책에 많은 영향을 미쳤다. 무수한 과학 발명품과 진전이 일상생활을 보다 편리하게 만들었으며 건강과 기대 수명을 극적으로 개선시켰다. 그러나 유럽에는 20세기의 시작과 함께 암운이 감돌기 시작했다. 19세기 말에 증대된 유럽의 패권 다툼으로 인해 국제적 긴장이 고조되었다. 이 시기에 굵직굵직한 국제적인 갈등이 여러 차례 나타났는데, 1914년 발발한 제1차 세계대전, 1939년부터 1945년 동안 휘몰아친 제2차 세계대전, 그리고 그 이후의 냉전정책이 그것이다. 이 시기에 미국의 국제적 지위가 변화하게 되었고, 이는 미국인에게 많은 영향을 미치게 되었다. 미국은 제1차 세계대전 이후 세계의 주요 열강으로 등극했고, 제2차 세계대전 이후 세계 무대를 지배하는 두 초강대국의 하나가 되었다. 불가피하게 이러한 모든 변화는 교육정책에도 영향을 주었다(Perkinson, 1991; Ravitch, 1983; Spring, 1994).

20세기 초, 교육정책의 두 가지 중요한 문제는 공공교육의 지배 구조를 바꾸는 것과 점차 늘어나는 중등학교 진학자를 어떻게 처리해야 하는가의 문제였다. 20세기에 들어 진보적 개혁가들은 학교 관련 기관을 비롯한 지방 정부의 개혁을 추구하였는데, 진보적인 개혁자들이 최근 수십 년 동안 시 자치 정부가 완전히 부패했다고 믿었기 때문이다. 따라서 개혁자들은 당파주의, 족벌주의, 부정부패를 완화하기 위한 다수의 법률 개정을 주장하였다. 그러나 불행히도 이러한 변화는 지방 정치에 대한 대중의 참여를 저하시키는 결과를 낳았다. 교육의 경우, 진보적인 개혁을 통해 교육위원회의 규모가 축소됐고, 초당파적인 교육위원회 선거가 이루어졌으며, 기업계에서 과학적인 관리 접근법으로 유명한 다양한 전문가들이 중앙관청에 배치되는 등의 변화가 일어났다. 전문가들, 특히 "과학적"인 것을 강조하는 전문가들에 대한 신뢰가 높았으며, 선거직 관리들, 교사, 교장들이 맡았던 대다수 의사결정 권한은 중앙관청으로 이전되었다(Callahan, 1962; Tyack, 1974).

중등학교 입학자가 급증함에 따라 이를 해결하기 위한 정책의 필요성이 제기되었다. 이 문제를 다루기 위한 두 가지 완전히 다른 정책이 제안되었다. 첫 번째는 공립학교 시대 후기인 1892년(시기가 중요하다) 중등학교 연구 10인위원회(Committee of Ten on Secondary School Studies)의 제안에 잘 드러나 있다. 10인위원회는 모든 학생에게 학문 지향적인 동일한 교육과정을 제공하는 고등학교를 제안하였다. 즉, 공립학교 개념을 중등교육에 도입하는 것이다. 또 다른 정책 대안은 중등교육 과정을 분화하는 것이었는데, 같은 학교 안에서 다른 교육과정 요소(혹은 "진로교육")를 제공하는 것이다. 이러한 정책 제안의 구체적인 사례로는 1918년 전국교육협회(National Education Association, NEA)에서 발간한 보고서인 "중등교육의 기본 원칙(Cardinal Principles of Secondary Education)"을 들 수 있다. 이 보고서는 "봉사할 사회의 요구, 교육받을 개인의 특성, 이용할 수 있는 교육 이론 및 구현 방안에 따라"(Ravitch, 1983, p. 48 인용) 차별화된 중등교육 과정의 필요성을 제기하였다. 교육정책에 적극적으로 개입하기 시작한 연방 정부의 전폭적인 지지와 자금 지원으로, 차별화된 중등교육 과정 정책이 채택되었다. 예를 들어, 연방 정부는 1917년에 직업교육에 연방 자금을 제공하는 스미스-휴즈 법(Smith-Hughes Act)을 통과시켰다. 20세기의 첫 25년 동안, 진로별로 분화된 중등교육 과정을 촉진하고 지원하기 위한 무수한 정책 기제가 개발되었다. [그림 12.2]에

| | |
|---|---|
| • 능력별 편성 | • 준고등학교(junior high school) |
| • 과외 활동 | • 학교 심리학 |
| • 진로 상담 | • 표준 성취도 시험 |
| • 지능지수(IQ) 시험 | • 직업 진로 지도 |

**[그림 12.2] 분화된 교과과정을 지원하기 위한 정책 기제**

주요 정책이 제시되어 있다.

이 시기의 나머지 기간 동안, 지도자들은 정부가 광범위한 사회 경제적 요구, 즉 잠재 근로자들의 훈련, 젊은이들의 능력 파악 및 이에 따른 "올바른" 진로 결정, 미국의 경제적 및 군사적 우위 유지, 학생들이 직장에서 필요 없는 높은 수준의 인지 능력 개발하기보다는 "적응" 할 수 있도록 도와주는 것(Perkinson, 1991; Ravitch, 1983; Spring, 1989) 등을 충족시킬 수 있는 중요한 공공정책 도구로서 공립학교를 중요시하였다. 역사학자 Spring(1989)은 이 시기의 미국 학교를 "위대한 분류 기계(the great sorting machine)"라고 불렀다. 이것이 대다수 교육자들에게 "친숙한 캔자스" 학교 제도의 또 다른 반쪽이다. 이는 대부분 1930년에 정착되었다.

그러나 과학적인 분류기의 중심에는 중요한 모순이 있었다. 이 정책은 모든 아동에게 동일한 교육 기회를 준다고 외치고 있었지만, 아무리 지능지수 점수가 낮은 사람이라도 알 수 있을 만큼 실상은 정책 구호와 매우 다르게 전개되었다. 북부에서든 남부에서든, 흑인들은 늘 백인 학생들이 다니는 학교보다 열악한 환경의 인종 분리 학교에 다녀야 했다. 더욱이, 일부 지역에서 스페인계, 아메리카 원주민, 아시아계 미국인 학생들도 불평등하게 인종 분리 학교에 가야만 했다. 또한 『기본 원칙(Cardinal Principles)』의 저자들은 여학생들이 대학 진학 준비보다 주부의 삶을 준비하는 것이 더 중요하다고 생각했기 때문에, 이 과학적 분류기 시기에는 여학생들에 대한 차별도 있었다. 진학 지도 교사들이 여학생들에게 특정 교과를 강요한 점, 여학생이 체육을 비롯한 일부 과외 프로그램에 참여하는 데 제한이 있었다는 점에서 이러한 성차별을 찾아볼 수 있다. 장애학생들은 원천적으로 배제되었기 때문에 그들은 따로 특수학교에 들어가지 않으면 완전히 교육의 기회를 박탈당했다. 제2차 세계대전 이후 이러한 불일치에 대한 문제점이 계속 제기되었고, 하나씩 차례로 없어지거나 약화되었다. 그러나 이와 같은 변화는 투쟁 없이 얻어진 것은 아니며, 연방 정부는 평등한 교육 기회를 강화하기 위한 새로운 정책을 집행하는 데 중요한 역할을 하게 되었다. 그러나 여전히 대도시에는 다양한 교육구가 존재하고 있었기 때문에, 가족들은 "발로 투표", 즉 보다 균일한 인구가 거주하는 교외로 이사했다. 따라서 학교는 점차 계층별로 분리되기 시작하여 인종에 따른 새로운 유형의 분리가 일어났다(Perkinson, 1991; Ravitch, 1983; Spring, 1994). 이 시기가 끝날 무렵 공립교육에 대한 불만이 팽배했으며, 또 다른 개혁 시기가 도래하게 되었다.

**경쟁하는 가치 전망.** 과학적 분류기 시대를 거치는 동안 효율성이 가장 지배적인 가치였으며, 평등은 두 번째로 중요한 가치였다. 이 시기에 효율성은 가장 중요한 사고방식으로 여겨졌기 때문에, Callahan(1962)은 20세기 초 교육 행정의 전환에 대한 연구의 고전으로 꼽히는 책 제목을 『교육과 효율 숭배(Education and the Cult of Efficiency)』로 지었다. 이와 같이 지나치게 효율성에 집착한 결과는 여러 방면에서 나타났다. 교육장의 일은 교육 지도자로서의 역할보다 학교 재정에 더 많이 관여하는 것으로 변했다. 학생의 학습 성취도는 교사의 전문적인 판단보다 시험 점수로 판단되었다. 또한 시험 자체도 변했는데, 논술 시험(평가하는 데 시간이 많이 소요되고, 따라서 비용이 많이 드는)은 점차 다지선다형 시험(기계로 신속하고 저렴하게 채점할 수 있는)으로 대체되었다. 실제로 분류기의 전체적인 목적은 미국 사회에 가장 필요한 직업과 관련된 진로로 학생들을 신속하게 분류함으로써 사회 효율을 개선하는 것이었다(Perkinson, 1991; Ravitch, 1983). 그러나 이 시기가 끝날 무렵에는 평등이 더 높은 우선순위를 차지하였다. 과학적 분류기 시대에 평등은 성공할 수 있는 기회의 평등으로 이해되었고, 1960년대와 1970년대의 다양한 인권운동의 동력이 된 가치였다. 그러나 이러한 운동 가운데 이 시기의 평등에 대한 기본 가정에 진지하게 이의를 제기하고 미국 학교가 다른 유형의 평등을 추구해야 한다고 주장한 운동은 없었다.

**정책 유형 관점.** 과학적 분류기 시대에는 규제 및 자원 재분배 정책이 선호되었다. 이 시기 초에는 규제정책이 강조되었으며, 많은 새로운 규제 내용이 목록에 올랐다. 가령, 이 시기의 전문성을 신뢰하는 경향에 따라 교사 자격 요건이 상당히 강화되었고 행정가 자격 제도가 도입되었다. 시간이 흐름에 따라 재분배 정책이 점차 인기를 끌면서 여기에도 상세한 규제 조항이 삽입되었다. 1965년도 초중등교육법의 보상교육 항목인 Title I에는 빈번히 변경되는 복잡한 지침이 따라다녔다. 1970년대에 통과된 장애 아동 관련 법률에도 역시 무수한 지침이 동반되었다. 각종 규제들이 쌓여 감에 따라 1960년대와 1970년대의 재분배 정책은 교육 자원들을 점차 "정규" 교실에서 빈곤층 학생, 장애 학생, 비영어권 학생 등에게로 이동시키기 시작했다. 예상대로 규제 및 재분배 정책이 한꺼번에 추진되자 매우 불안정한 정치적 상황이 생겨났다. Ravitch(1983)는 이 시기 마지막 10년 동안의 정치적 상황을 다음과 같이 설명하고 있다.

> 주창자가 누구이든, 이들이 흑인, 여성, 장애인, 비영어권 소수 민족 중 누구를 대표하든, 정치적 구제책은 똑같다. 즉, 교육 당국을 무시하고 동정적인 의회 위원회와 직접 협력하고 사법 당국의 판결을 얻어 내는 것이다. 각각은 학교에 대한 명령으로 추가되었다. 관리들은 학교가 천천히 마지못해 하거나 전혀 하지 않았을 일을 신속하게 처리하도록 요구하였다. 따라서 자연적으로 이러한 외부의 개입은 교육 행정가들의 권위를 손상시키게 되었다.…(p. 311)

**제도 선택 관점.** 공립학교 운동가들 못지않게 과학적 분류기 시대의 주요 인물들도 관료제를 선호하였는데, 관료제는 전문지식에 대한 굳은 신념과 일치했기 때문이다. 따라서 이들은 19세기에 확립되었던 관료제를 유지했을 뿐만 아니라 이를 더욱 확대, 강화하였다. 관료제가 강화됨에 따라 이미 있었던 노동의 전문화 및 분화가 진전되었다. 1960년대 말이 되자 학교체제에는 다양한 전문가들, 진로 상담 교사, 학교 심리학자, 독서 지도 교사, 특수 교사, 교과과정 전문가, 취업 지도자 등이 활동하였다. 교실 및 교장실의 교육적 역할 및 권한은 점차 이러한 전문가들의 영역으로 이전되기 시작했다.

전문화 역시 이 시기에 등장한 제도 유형이었지만 한계가 있었다. 이 시기의 지도자들은 지식을 중시하고, 지식을 가진 사람들로서 자격을 매우 중요하게 여겼다. 따라서 이들이 교사의 필수 교육 요건을 강화하고, 예비 관리자 프로그램을 개발하며, 연수 교육을 강조한 것은 당연한 일이다. 그러나 이와 동시에 이들의 전문성을 강화하고 기존의 노동 분화를 촉진하려는 경향은 교장 및 교사의 전문적 자율성을 훼손하였다. 교장은 점차 교육 지도자가 아닌 관리자가 되고 있었고, 교사는 다른 사람의 지시를 이행하고 전문가들이 고안한 "교사와 무관한(teacher-proof)" 교육과정에 따라 수업을 하게 되었다(Perkinson, 1991; Ravitch, 1983).

이 시기의 지도자들은 정치를 불신했지만, 얄궂게도 이러한 불신은 미국 교육의 법률화를 초래했으며, 이에 따라 격렬한 정치 논란을 일으켰다. 20세기 초 진보적인 개혁은 "정치로부터 자유로운 교육"을 위해 노력하였고, 이는 큰 성공을 거두었다. 당시의 초당파적 교육위원회는 평범한 시민 그리고 연방 및 주 정부 주류 정치인들이 배제되었기 때문에 이들에게 정치적 영향력을 행사하기 어려웠다. 그 결과, 시민들은 교육에 대한 불만을 교육위원회가 아닌 주 법원이나 연방 법원 제도에 호소하였다. 연방 법원이 1946년부터 1956년 사이에 판결을 내린 교육 관련 사건은 112건에 불과했지만 1956년부터 1966년 사이에는 729건, 1966년부터 1970년 사이에는 불과 4년 동안 1,200건에 달했다는 사실은 교육의 법률화 경향을 잘 말해 준다(Ravitch, 1983). 이러한 사법 행동주의는 많은 부문을 자극했으며, 따라서 의원뿐 아니라 시민단체들이 정치적 불만을 표출한 것은 당연한 일이었다(Perkinson, 1991; Ravitch, 1983).

과학적 분류기 시대의 교육 지도자들 역시 시장을 불신했지만, 이들은 자신들도 모르는 사이에 시장을 강화하였다. 법원이 명령한 분리정책 폐지 및 버스 동승 정책에 불만을 품은 도시 지역의 학부모들은 눈부신 새로운 시설과 저렴한 세금으로 유혹하고 있는 작은 교육구들이 서로 경쟁하는 교외로 이주하였다. 그 결과 대부분의 대도시에서 도시 교육구의 중산층 학생을 흡수하기 위해 교외 지역이 상호 경쟁하고 있는 교육 시장이 형성되었다(Weeres, 1988).

**국제 수렴 관점.** 공립학교 시대의 교육 제도와 마찬가지로, 과학적인 분류기 시대 역시 국제적인 영향을 받았다. 유럽의 선진국뿐만 아니라 일본도 19세기를 거치는 동안 고도로 분화된 학교 제도를 확립하였다. 이원 및 삼원 분화 시스템이 모두 존재했지만, 이 제도들의 기본 개념은 모두 동일했다. 즉, 학생들은 향후 예상 진로에 따라 다른 교육 프로그램을 따라가야 하며, 이러한 교육은 각각 분리된 다양한 학교에서 받아야 한다는 것이다. 대표적으로 전문직을 추구하는 학생들은 대학 입학을 준비할 수 있는 명문고에서 공부하였다. 다른 학생들은 직업학교나 기술학교에서 덜 학문적인 교육을 받았다. 이러한 학교는 모두 정부의 지원을 받는 공립학교였지만, 학교의 수준이 같았던 것은 아니다. 꼭 일치하지는 않지만, 학생들의 사회적 배경에 따라 다니는 학교 유형이 달랐다(Fowler, 1995a). 따라서 미국 학교의 "진로"에 따른 교육 분화는 당대의 지배적인 국제적 교육 경향을 반영하는 것이었다. 실제로 미국의 직업교육은 특히 독일의 삼원 학교체제의 영향을 받았다.

그러나 국제 수렴은 일방적으로 이루어지지 않았다. 시간이 경과함에 따라 미국이 세계사에서 점차 힘을 얻어 가게 되면서 다른 나라들도 미국의 종합(comprehensive) 고등학교를 자국 상황에 맞게 도입하였다. 1950년대, 1960년대, 1970년대를 거치면서 대다수 국가는 미국 공립학교 모형에 근접하게 자국의 교육 제도를 개혁하였다. 실제로 이 시기가 끝날 무렵 프랑스, 이탈리아, 스칸디나비아 반도 국가를 비롯한 서유럽의 여러 나라와 일본은 미국보다 더 공립학교 제도에 가까운 학교 제도를 갖추게 되었다(Fowler, 1995a).

**결론.** 많은 면에서 과학적 분류기 시대의 학교 제도는 20세기의 가장 이상적인 학교 제도였다. 공장의 조직을 참고로 한 이 시기의 학교 제도는 기업과 군대 조직에 적합한 유형의 노동자를 배출하였다. 이 제도는 상위 20%의 학생들에게는 지적 도전을 자극하는 교육과정을 제공하였지만, 나머지 학생들에게는 기계적인 암기, 사회 "적응", 실용적인 기술을 강조하는 기본 교육을 제공하였다(Reich, 1991). 이 시기에 미국이 경제적, 군사적 부문에서 거둔 큰 성공을 고려하면, 이러한 교육 제도는 완전히 실패했다고 할 수 없다. 그럼에도 불구하고 시대는 변하고 있으며, 1980년대에 들어 과학적 분류기의 학교 제도는 계속 공격을 받고 있다.

## 새로운 패러다임을 찾아서, 1983년~현재

**개요.** 1980년대가 되자 공교육에 대한 불만이 다시 거세졌다. 이러한 불만의 대부분은 1983년에 발표된 연방 정부가 위탁한 연구 보고서 『위기에 처한 국가(A Nation at Risk)』를 중심으로 구체화되었다. 이 보고서의 저자들은 미국 사회가 안고 있는 대부분의 문제를 학교가 세계 경제에 적합한 경쟁력 있는 사람을 길러 내는 데 실패한 탓으로 돌리며, 위기에 처한 국가를 구하는 데 필요하다고 생각되는 개혁들의 방향을 대략적으로 제시했다. 대부분의 교육 개혁운동 지도자들은 이러한 호소에 귀를 기울였지만, 교육에 필요한 변화와 변화의 정확한 성격에 대해서는 모두 보고서와 뜻을 같이한 것은 아니었다(Lugg, 1996). 그 결과 활발한 교육 개혁운동(혹은, 오히려 중복되거나 서로 상반되는 여러 개혁운동)이 일어났으며, 그 운동은 지금까지 계속되고 있다.

1980년대와 1990년대의 개혁운동은 1970년대를 배경으로 이해해야 한다. 1970년대에 제2차 세계대전의 종전과 함께 시작된 경제 호황이 끝났다. 이러한 경제적 상황은 바로 인식되지 않았지만, 두 자리 수의 인플레이션, 전례 없이 높은 실업률, 경제 성장 둔화 등 불안한 경제 징후가 나타났다. 이와 동시에, 미국인들은 미국과 기타 선진국 간의 경제적 격차가 좁아지고 있다는 것을 깨닫기 시작했다. 아직은 세계에서 가장 높은 수준의 생활을 누리고 있었지만 일본과 서유럽이 따라잡고 있었으며, 몇몇 분야에서는 선두 자리를 빼앗기고 있었다. 미국에서 일본의 자동차 판매가 성공하였고, 유럽 제품들이 미국 상점들을 장악함에 따라 미국인들은 자존심에 큰 타격을 받았다. 세계는 점점 좁아지고 있었다. 오랜 시간 동안 미국의 우방국이었던 나라들이 세계 시장에서 경쟁자로 나타나기 시작했다. 이러한 문제를 해결하기 위해 분명히 무언가 해야 했다(Reich, 1991; Thurow, 1992). 한 가지 해결책은 학교 개혁이었다.

여러 평론가들은 학교 개혁운동은 대중의 관심을 기업과 정치 지도자들의 실수를 다른 곳으로 환기시키기 위해 마련된 술책이라고 주장했다(Berliner & Biddle, 1995). 이러한 주장도 설득력이 있다. 미국인들은 오랫동안 국가가 위기에 처하면 그 위기가 무엇이든지 교육이 만병통치약인 것으로 간주해 왔으며(Perkinson, 1991; Tyack & Cuban, 1995), 따라서 특히 학교체제를 개선하면 경제 문제도 해결될 수 있다는 논리를 쉽게 받아들일 수 있었을 것이다. 그럼에도 불구하고, 학교 개혁운동을 단순히 "조작

| | |
|---|---|
| • 교과과정 정렬 | • 학교 재정 개혁 |
| • 탈계열화(detracking) | • 주/국가 기준 |
| • 통합교육(inclusion) | • 주/국가 과목 시험 |
| • 졸업 필요 요건 강화 | • 주 성취도 시험 |
| • 학업 일수 증가 | • 과목 기준 |
| • 컴퓨터 등 신기술 활용 | • 체계적 개혁 |
| • 파데이아(Padeia) 제안 | |

**[그림 12.3] 공립학교 이상을 완성, 복구, 개선하기 위한 개혁**

된" 위기로 치부하는 것은 문제를, Berliner와 Biddle(1995)의 용어를 빌리자면, 극단적으로 단순화한 것이다. 먼저, 교육 개혁은 미국에만 국한된 현상이 아니다. 교육 개혁은 국제적인 차원에서 이루어지고 있으며, 사실상 선진국 전체가 1980년 이후 학교 제도에 중요한 변화를 시도하고 있다(Fowler, 1995a). 이는 미국 교육 개혁운동은 단순히 정치적인 문제가 아닌 그보다 더 심오한 이유가 있다는 것을 시사한다. 그중 한 가지 이유는 선진국의 학교 제도는 대부분 19세기에 확립된 것이지만, 기관으로서의 학교제도는 1980년대에 이르러 정착하기 시작했다는 것을 들 수 있다.

미국의 정책 상황에는 현재 학교 제도를 개선하기 위한 여러 제안들이 공존하고 있다. Joseph Murphy(1990)는 이를 크게 세 부류, 즉 (1) 관료제의 강화, (2) 구조조정, (3) 재설계로 분류하고 있다. 그의 기본 개념을 약간 수정하여 다음 논의에 채택하였다. [그림 12.3]에 요약된 첫 번째 개혁안은 가장 먼저 제안되었으며 최소한의 변화를 강조하고 있다. 기본적으로 이러한 개혁의 지지자들은 과학적 분류기의 특정 측면을 비판하면서도 미국 학교 제도의 기본 구조, 특히 미국 공립학교를 존중했다. 그러나 이들은 암묵적으로 공립학교 모형이 완전히 달성되지 않았다고 믿고 있었으며, 그 완성을 주장했다. 따라서 이들 가운데 일부는 국가 기준 및 교육과정 개혁을 통해 교육이 더욱 체계화될 것이라고 주장한다. 다른 사람들은 학교 재무 평등화, 탈계열화(detracking), 통합교육(inclusion)과 같은 개혁을 통해 보다 공립학교 이상에 근접한 학교 제도를 만들 수 있다고 주장한다.

[그림 12.4]에 요약된 두 번째 개혁은 학교 제도의 전문성을 강화하기 위한 구조조정을 주장하고 있다. 이러한 개혁을 주장하는 사람들은 기존 공장식 교수 모형에 익숙한 교사들이 비판적이고 창조적인 생각을 할 수 있도록 학생들을 가르칠 수 없다고 말한다. 이들은 교사가 교실 안에서 자율권을 많이 갖게 되고 학교 내에서 의사결정을 내리

- 참평가(authentic assessment)
- 경력 사다리
- 차별화된 교직
- 5년 교사 양성 프로그램
- 교사 연봉 인상
- 새로운 교사 유도 프로그램
- 동료 평가
- 전문성 개발 학교
- 전문성표준위원회
- 단위학교 책임경영
- 교사 멘토링
- 교사 팀제

**[그림 12.4] 교직을 전문화하기 위한 개혁**

- 협약학교(charter school)
- 교육구 내 개방 입학
- 교육구 간 개방 입학
- 자석학교(magnet school)
- 능력별 연봉 제도(merit pay plan)
- 고등교육 개방 입학 대안
- 부대 서비스의 민간 부문 위탁
- 경영의 민간 부문 위탁
- 사립 학교 입학 보조금
- 지불보증제(voucher)

**[그림 12.5] 교육을 시장화하기 위한 개혁**

며 학교 밖에서의 직업 자율권이 생기면, 21세기 미국에 필요한 유형의 노동자를 길러낼 수 있다고 믿는다.

마지막으로 세 번째로 제안된 교육 개혁은 [그림 12.5]에 요약되었는데, 시장과 유사한 형태의 교육 구조조정을 주장한다. 이러한 변화를 주장하는 사람들에 따르면 공교육 문제의 주요 원인은 정부 독점체제에 있기 때문에 소비자 수요에 대한 반응이 늦다는 것이다. 이들은 학교를 시장에 개방하거나 아니면 적어도 시장의 요소를 학교에 도입하면, 이에 따르는 경쟁을 통해 학교의 적응성과 효율성을 향상시킬 수 있다고 주장한다.

다양한 정책 네트워크 및 연합이 이러한 개혁들을 주장하고 있으며, 의회 및 주 입법부에서 자신들의 개혁안을 공식적으로 인정할 수 있도록 각축을 벌이고 있다. 의원들은 이 세 개혁안 중에서 자유롭게 필요한 정책 아이디어를 차용할 수 있지만, 이 아이디어들이 실제로 항상 양립할 수 없다는 것을 알지 못한다. 지금까지 세 개의 개혁안 가운데 어느 하나가 두각을 나타내지 못했다. 분명한 것은 미국인들은 여전히 새로운 교육 패러다임을 찾고 있다는 점이다. 학교와 학교 제도를 이끌고 있는 사람들에게 새로운 정책과 정책 제안들이 끊임없이 쏟아져 나오는 교육의 풍경은 정말 『오즈의 마법사』에 나오는 상황과 비슷해 보일 것이다.

**경쟁하는 가치 관점.** 일부 평론가들은 20세기 말 교육 개혁운동의 가장 핵심적인 두 가지 가치를 자유(freedom)와 수월성(excellence)이라고 규정한다(Boyd & Kerchner, 1988; Iannaccone, 1988). 자유, 엄밀히 말해 선택의 자유가 이 운동의 중심이 된 것은 분명하다. 자유는 학교 선택 프로그램에 영향을 미치는 중요한 가치일 뿐만 아니라, 교사 전문화, 즉 교사직의 전문적 자율성을 위한 많은 정책들에 내재된 가치이다. 또한, 이러한 개혁운동은 수월성이 높은 기준, 비판적 사고의 강조, 또는 보다 도전적인 평가 형식 중 어느 것으로 간주되든지 수월성 담론과 함께하고 있다. 그럼에도 불구하고 단순히 수월성을 위한 수월성을 옹호하는 자는 거의 없다. 오히려 이들이 추구하는 것은 경제 성장이며, 높은 수준의 우수성 기준은 세계 경제에서 보다 경쟁력이 뛰어난 노동력을 배출하기 위한 것으로 간주된다. 따라서 개혁운동의 핵심 가치는 자유와 경제 성장이며, 수월성은 경제 성장을 이루는 최선의 수단으로 인식된다.

**정책 유형 관점.** 각각의 개혁운동이 선호하는 정책 유형은 다양하다. 기존 공립학교제도에 대한 높은 충성심을 갖고 공립학교 제도의 완성을 주장하는 사람들은 규제에 의한 정책을 선호한다. 가령, 1980년대에는 입법부가 학교에 새로운 명령을 부과하는 법률을 대다수 통과시킴으로써 졸업 요건이 강화되고 수업 시간 혹은 수업 일수가 늘어났다(Murphy, 1990). 그러나 구조 개편을 주장하는 사람들은 재분배 정책을 지지한다. 1960년대 및 1970년대와 달리, 이들은 자금이 아닌 권력의 재분배를 원한다. 전문성 강화를 주장하는 사람들은 권력이 중앙관청에서 학교로, 교장에서 교사로 분배되기를 원한다. 한편, 학교 선택권 강화를 지지하는 사람들은 여러 교육자들에게 집중된 권력이 학부모에게로 분산되기를 원한다.

**제도 선택 관점.** 세 가지 학교 개혁운동은 각각의 입장이 주장하는 새로운 교육 패러다임에 따라 다른 제도 유형을 채택한다. 기존 공립학교 제도의 완성을 주장하는 사람들은 관료제의 여러 요소, 즉 규칙, 요구 사항, 조직의 위계 질서를 완벽하게 만들기를 원한다. 전문성 강화를 주장하는 사람들은 교직의 전문성을 법률가나 의사와 유사한 수준으로 강화해야 한다고 주장한다. 학교 선택권을 주장하는 사람들은 다양한 공급자와 제품 뿐 아니라 경쟁이 존재하는 시장의 도입을 강조한다. 이러한 세 부류의 개혁운동은 현재 활발한 정치적 활동을 전개하고 있지만, 첫 번째 개혁운동만이 정치를 지배적인 제도 유형으로 활용할 것이다. 공립학교 제도의 관료제는 정부의 일환으로 계속 남아 있을 것이고, 그와 관련된 기본 명령들은 입법부의 가결을 거쳐야 한다. 그러나 일부 기존 공립학교 제도 지지자들, 특히 학교 재정 평등화 및 통합교육을 강조하는 사람들은 현재 법원에 과도하게 의존하고 있지만, 어떤 개혁안도 법률화 제도 유형을 계속 채택하려 하는 것 같지 않다.

**국제 수렴 관점.** 국제적인 관점에서 보자면 현 개혁 운동의 세 지류를 모두 국제적인 교육 규범에 맞추기 위한 운동으로 해석할 수 있다. 공립학교 제도의 완성을 강조하는 사람들이 지적하는 바와 같이, 대다수 선진국과 개발도상국의 대부분은 국가 혹은 주 차원의 기준, 교육과정, 시험체계를 갖추고 있다. 더욱이, 전세계 여러 학교 제도는 대부분 미국보다 "일관적", "체계적", 혹은 "정렬되어"(보다 관료화되어) 있다(Fuhrman, 1993). 이와 유사하게 미국교원연맹(AFT)의 연구 및 홍보 자료에서 보였듯이 대부분의 선진국들의 교사직은 미국보다 전문화되어 있다(AFT, 1995). 마지막으로, 시장체제가 도입된 교육은 유럽 대륙이나 일본에서 특별히 선호되지는 않지만, 교육의 "시장화"는 1980년대 초 이후 영어권 세계 전역에서 대중화되었다. 따라서 각 개혁운동가들은 국제적인 교육 모형에서 아이디어를 얻고 있다.

**결론.** 현 교육 개혁운동은 19세기 및 20세기 초반부터 제기된 학교 조직의 노후화에 대한 반발과 이에 맞는 새로운 패러다임을 찾으려는 노력으로 볼 수 있다. 과학적 분류기 시대부터 이어 온 기존 체제에 대한 반발은 이 체제의 구성요소 대부분을 거부하는 세 부류의 개혁운동에서 특히 강하게 일어났다. 공립학교 제도 완성 지지자들과 "시장화" 지지자들 모두 과거 미국 교육 제도의 특정 시기를 다소 이상화하고 있다. 공립학교 제도 완성 지지자들은 공립학교 시대를 선호하고, 시장화 지지자들은 초기 공화국의 접근법을 옹호한다. 미국의 교사가 완전히 전문화된 적이 없어서 관련된 특정 시대가 없기 때문에 교직의 전문화를 지지하는 사람은 앞선 시대의 예를 보일 수 없다(Lortie, 1975). 전문화 지지자들은 외국의 사례를 참고하고 있다. 그러나 다른 두 지지자들 역시 국제적인 연계를 강화하고 있다. 이들의 국제적 연계 강화는 놀랄 만한 일이 아니다. 왜냐하면 학교 개혁운동은 국제적인 경향으로서 미국에만 국한된 것이 아니기 때문이다. 현재의 혼란 이후 등장할 최종적인 교육 패러다임에는 미국의 상황뿐만 아니라 전 세계의 교육 실험 결과도 반영될 것이다.

## 교육정책은 어디로 가는가?

현대 교육정책 관련 상황은 다양하고 모순된 정책 제안으로 가득 차 있지만, 결국에는 안정되고 개혁된 교육체제가 마련될 것이다. 물론, 미래를 예측하는 일은 언제나 위험을 수반한다. 그럼에도 불구하고 역사와 이론, 현재의 권력 균형을 통해 가장 가능성 높은 미래를 예측할 수 있다. 따라서 이 장, 나아가 이 책은 조심스럽게 다섯 가지 예측을 제시하고, 교육 지도자들에 대한 몇 가지 제안을 제시하는 것으로 마무리하고자 한다.

**예측 1 : 새로운 교육 패러다임이 일반적으로 받아들여지는 데는 수년이 소요될 것이다.**

구조적 변화는 재분배 정책의 성격을 띠고, 따라서 강력한 저항에 직면하게 되기 때문에 오랜 시간이 소요된다. 기존 교육체제의 많은 부분을 재구조화했던 공립학교 제도가 정착되는 데에 대략 70년이 걸렸다. 따라서 새로운 교육 패러다임 역시 명확하고 일반적으로 실행되기 위해 상당한 시간이 걸릴 것이라고 예상하는 것이 적절하다. 그러나 그 변화가 70년씩 걸리지는 않을 것이다. 현대의 통신 및 운송체제는 150년 전보다 편리하게 아이디어를 유포할 수 있게 해 줄 것이다. 그럼에도 불구하고 새로운 교육 패러다임의 과도기는 교육자들의 평균 경력 기간보다 길 것이며, 따라서 교육자들은 변화를 따라가는 데 직업 평생을 바치게 될 것이다.

**예측 2 : 교직이 다소 전문화될 수 있겠지만, 새로운 패러다임에서 전문화가 가장 중요하게 여겨지지 않을 것이다.**

대다수 교육자들에게 교직의 완전한 전문화는 매력적으로 보일 수 있겠지만, 이는 미국의 핵심 가치와 일치하지 않는 것이다. 제5장에서 지적한 바와 같이, 자유와 개인주의는 미국에 뿌리 깊게 자리잡은 가치이다. 개인주의적 자유를 대표하는 것이 대중주의(populism)로서, 일반인들도 전문가만큼 혹은 그들보다 더 많은 것을 알고 있다는 믿음이다(Lipset, 1996). 미국인들이 보안관이나 판사와 같이 그 직위상 전문지식이 필요한 사람들을 포함한 다양한 지방 관리를 선출하는 것을 좋아하는 주된 이유가 바로 대중주의 때문이다. 따라서 대다수 미국 시민들은 교육에 대한 대중의 통제 범위가 좁아지게 될 교직의 완전한 전문화를 지지하지 않을 것이다. 독일과 프랑스, 일본과 같은 나라의 교직이 미국에 비해 더욱 전문화된 것은 사실이지만, 이들 국가의 시민들은 미국인과 달리 전문가의 권위를 존중한다(Lipset, 1996). 따라서 이러한 교직의 전문화 차원에 대한 국제적 영향력은 핵심 국가적 가치에 의해 제약을 받을 것이다.

**예측 3 : 개선되고 완성된 공립학교 제도의 무수한 요소들이 널리 수용되겠지만, 이러한 패러다임이 궁극적인 우위를 차지하지는 못할 것이다.**

공립학교 제도의 이상은 전문화에 비해 미국의 핵심 가치에 가깝다. 공립학교 완성 운동이 강조하는 이상적인 우애 및 평등은, 질서에 대한 강조가 그런 것처럼 상당히 호소력이 있다. 더욱이, 체계적인 교육과정 및 시험을 강조하는 공립학교 제도는 수월성을 달성하는 적절한 모형을 제시하고 있으며, 많은 정치 지도자들은 수월성을 경제 성장의 필요 조건으로 생각하고 있다. 또한 개선된 이상적인 공립학교 제도는 프랑스, 독일, 일본의 현 교육 제도와 상당히 유사한데, 이들이 국제 교육 성취도 평가에서 얻은 높은 점수는 미국 정치인들의 호기심을 끌었다. 또한 이러한 모델은 부시 행정부와 클린턴 행정부, 저명한 여러 두뇌집단을 포함한 고위직의 지지를 받았다. 그렇다 하더라도 공립학교 제도에는 명백한 약점이 있다. 자유는 우리 시대의 지배적인 정책 가치인데, 개선된 공립학교 제도는 자유의 증진을 위해 거의 아무것도 하지 않을 것이라는 점이다. 이러한 단점으로 인하여 지배적인 새로운 패러다임이 되기는 어려울 것이다.

**예측 4 : 여러 시장화 요소가 일반적으로 수용되겠지만, 이러한 패러다임이 궁극적인 우위를 점하지는 못할 것이다.**

학교 제도에 시장 요소를 도입하는 것은 전문화에 비해 미국의 핵심 가치와 더욱 일치한다. 개선된 공립학교의 이상과 달리, 시장 패러다임은 자유를 촉진시킨다. 또한 자유분방하고 경쟁적인 시장의 분위기로 인하여 시장화 패러다임은 개인주의를 표현하기에 적절한 이상적인 상황을 형성한다. 더욱이, 시장화는 현 정치계에서 강력한 지지를 얻고 있다. 다양한 학교 선택 제도와 학교의 민영화는 대다수 주에 법안으로 상정되었고 많은 주에서 법안들이 통과되었다. 2002년, 미국 연방 대법원은 Zelman v. Simmons-Harris 재판에서 공공 지불보증제(voucher) 계획을 지지하였다. 그러나 시장화는 미래의 주도적인 패러다임이 되기에는 몇 가지 문제가 있다. 먼저, 수월성 및 경제 성장 목표를 추진할 수 있다는 능력이 불확실하다. 학교 선택권을 존중하는 사람들은 학부모들이 좋은 학교를 선택하는 방법을 알고 있다고 주장한다. 그러나 학부모들이 생각하는 좋은 학교의 개념과 21세기에 요구되는 교육 사이에는 상당한 거리가 존재한다고 역설하는 회의론자들의 주장도 만만치 않다. 이러한 회의론은 학업의 질을 대다수 학부모들이 중요하게 여기겠지만, 이것이 학교를 선택할 때 가장 중요하게 고려하는 것이 아님을 지적하는 연구들에 의해 입증되었다(Cookson, 1994). 두 번째로, 미국이 일부 학자들이 주장하는(Perkinson, 1991) 바대로 완전히 시장화된 교육 제도를 채택할 경우, 미국은 선진국에서 외톨이가 될 것이다. 어떤 선진국도 교육에 이러한 접근을 시도하지 않고, 반면 완화된 형태의 시장화는 개발도상국에서 많이 찾아볼 수 있다. 따라서 경제적 경쟁에 뒤처지지 않기 위해 미국이 국제 교육 모형에 세심한 주의를 기울여 왔던 역사를 감안하면, 완전히 시장화된 제도의 채택도 그 가능성이 희박하다.

그렇다면 무엇이 남는가? 앞에서 제안된 세 가지 패러다임은 모두 배제되었다. 그러나 두 개 혹은 그 이상의 패러다임을 결합한 제도가 남아 있다. 다섯 번째 예측을 해 보자.

**예측 5 : 새로 탄생할 패러다임은 최신 공립학교 제도와 시장화 모델을 통합한 것이다.** 이 두 모델을 결합하면 새로운 패러다임의 요구 조건이 모두 충족된다. 두 모델은 수월성에 기반한 자유와 경제 성장이라는 지배적인 가치를 표현하고, 폭넓은 정치적 지지를 받으며, 국제 수렴 이론에도 부합한다. 개선된 공립학교 모델과 시장화 모델이 반드시 모순된 것은 아니다. 대다수 학교 선택안은 학부모에게 학교에 관한 상세한 정보를 제공하라는 규정을 담고 있다. 주 혹은 국가 차원의 기준, 교과과정의 제정 및 시험의 실시는 이러한 목표를 더욱 손쉽게 달성하도록 도울 것이다. 아울러, 모든 학교가 학생들에게 꼭 필요한 교과목을 제공할 것이기 때문에, 모든 학교가 국가 또는 주 차원의 기대수준을 만족하게 하는 제도는 지불보증제(voucher)나 협약학교(charter school) 같은 정책안을 대중이 쉽게 받아들일 수 있게 할 것이다. 따라서 개선된 공립학교의 여러 요소는 학교 선택권의 다양한 형식과 결합하여 자유, 수월성, 경제 성장이라는 정책 가치들을 한꺼번에 촉진시킬 수 있는 새로운 패러다임을 창조할 수 있을 것이다. 두 모델이 이러한 방식으로 결합할 가능성은 단순히 이론적인 것이 아니다. 영국은 1980년대 대처(Thatcher) 정부에서 이러한 패러다임을 채택하였다(Cooper, 1988). 물론 이러한 패러다임이 영어권 국가들의 국제적인 모범 사례로 존재한다는 사실은 이러한 패러다임이 궁극적으로 미국에서 채택될 가능성을 높여 줄 것이다. 저자가 봤을 때, 이러한 패러다임은 현 학교 개혁운동에서 도출할 수 있는 가장 가능성 높은 결과이다.

앞의 예측들은 1997년에 최초로 작성되었다. 2001년에 연방 교육정책은 정확히 이러한 방향으로 바뀌고 있다. 2001년에 개정된 초중등교육법－아동낙오방지법(ESEA-No Child Left Behind Act)은 주 전체의 3~8학년 수학 및 읽기 시험의 실시 그리고 학업 성적이 낮은 학교에 재학 중인 학생의 학부모에게 공립학교 선택권을 제공해야 한다는 요구 사항을 모두 포함하고 있다(Robelen, 2002). 이러한 개선된 공립학교 모델과 시장 기반 개혁 요소의 결합을 통해 향후 패러다임의 모습을 짐작할 수 있다.

한편, 학교 지도자들이 해야 할 일은 무엇인가? 혼합된 메시지를 전할 때 사용하는 대중적인 방식으로 말하자면, “좋은 소식과 나쁜 소식이 있다.” 이 책은 이렇게 혼합된 메시지로 마무리하고자 한다. 학교 지도자들에게 나쁜 소식은 이들이 캔자스로 돌아갈 수 있는지를 합리적으로 예측할 수 없다는 점이다. 도로시와 달리, 학교 지도자들은 한때 알았던 세계로 그들을 데려갈 마법사를 만나거나 마법의 구두를 발견하지 못할 것이다. 예측 가능한 미래의 교육정책 무대는 새로운 정책 제안들과 무수한 변화, 그리고 여러 실패한 실험으로 인하여 소란스러울 것이다. 이렇게 불안정한 환경을 이끌어 나가는 것은 어렵고 부담스러울 것이다. 그러나 좋은 소식도 있다. 시스템이 유동적일 경우, 개인들은 시스템이 안정적일 때 불가능했던 영향력을 행사할 수 있다. 따라서 학교 지도자들은 자신의 주 혹은 교육구에서 자신이 지지하는 경향을 찾아 이를 지원하고 발전시키기 위한 노력을 할 수 있을 것이다. 자신의 재직기간 동안, 학교 지도자들은 그동안 필요하다고 느꼈던 교육적 변화들을 어느 정도 실현할 수 있을 것이다. 학교에서 지낸 세월을 돌이켜보면서 학교 지도자들은 그들이 새로운 캔자스 건설을 위해 어떤 노력을 했는지를 생각하며 진정한 성취감을 느낄 수 있을 것이다. 학교 지도자들이 변화의 소용돌이 속으로 학교를 끌고 들어가든지, 그러한 소용돌이에 영향력을 행사하든지, 혹은 이 둘이 결합된 상태에서든지 간에 이 책은 유용한 지침이 될 것이다. 노란 벽돌길은 없을지 모르지만, 이 책은 오즈와 같이 복잡한 현재의 정책 상황에 대해 생각하고 이에 이성적으로 행동할 수 있는 방법을 제시하고 있다.

## 토론을 위한 질문과 활동

1. 당신의 교육구에서 찾을 수 있는 초기 공화국 시대, 공립학교 운동 시대, 과학적 분류기 시대의 교육정책 요소는 무엇인가?
2. 당신의 주에서 찾을 수 있는 초기 공화국 시대, 공립학교 운동 시대, 과학적 분류기 시대의 교육정책 요소는 무엇인가?
3. 지난 10년 동안 당신의 교육구에 나타난 주요 교육 개혁 및 개혁안을 열거해 보아라. 이를 이 장에서 논의한 세 가지 범주로 분류하라. 어떤 경향을 확인할 수 있는가?
4. 지난 10년 동안 당신의 주에 나타난 주요 교육 개혁 및 개혁안을 열거해 보아라. 이를 이 장에서 논의한 세 가지 범주로 분류하라. 어떤 경향을 확인할 수 있는가?
5. 지난 10년 동안 당신의 교육구에서 개혁을 지지한 개인 및 집단을 구분해 보아라. 정치적 지지가 가장 강했던 개혁 유형은 무엇인가?
6. 지난 10년 동안 당신의 주에서 개혁을 옹호한 개인 및 집단을 찾아라. 정치적 지지가 가장 강했던 개혁 유형은 무엇인가?
7. [그림 12.3], [그림 12.4], [그림 12.5]를 이용하여 본인이 가장 이상적이라고 생각하는 개혁안을 작성해 보아라. 당신의 교육구나 주에서 이 개혁안을 채택하게 하려면 어떻게 해야 하는가?

## 심화 학습 자료

Callahan, R. E.(1962). *Education and the cult of efficacy.* Chicago: University of Chicago Press.

이 책은 학교 및 교육 행정가들을 전환시킨 20세기 초에 일어난 능률 혁명(the efficiency revolution)에 대한 고전적인 연구이다.

Chubb, J., & Moe, T.(1990). *Politics, markets, and America's schools.* Washinton, D.C.: Brookings Institution.

이 책은 읽기 쉬우며, 최근의 학교의 제도적 구조를 비판하고, 학교 선택권[지불보증제(voucher) 형태의]이 최근 미국 공교육의 병폐들을 해결할 수 있다고 주장한다.

Fuhrman, S. H.(1993). The politics of coherence. In S.H. Fuhrman (Ed.), *Designing coherent education policy.* San Francisco: Jossey-Bass.

Fuhrman이 쓴 장은 미국의 교육을 보다 체계적이고 건실하게 만들기 위한 운동의 좋은 개론서이다.

Kaestle, C. F.(1983). *Pillars of the republic.* New York: Hill & Wang.

이 책은 초기 공화국 시기의 학교와 이 체제가 공립학교 운동을 통해 어떻게 바뀌었는지에 대해 균형잡힌 논의를 제시하고 있다.

Lortie, D. C.(1975). *Schoolteacher.* Chicago: University of Chicago Press.

Lortie의 고전적인 책은 직업으로서의 교직에 대한 여전히 훌륭한 입문서이다.

Murphy, J.(1990). *The educational reform movement of the 1980s.* Berkeley, CA: McCutchan.

이 책에는 1980년대의 정책 개혁, 특히 기존 공립학교 모델의 완성을 주장하는 정책 개혁에 대한 유용한 개요를 담고 있다.

Perkinson, H. J.(1991). *The imperfect panacea*(4th edition). New York: McGraw-Hill.

Perkinson의 미국 교육 역사는 미국인들이 교육정책 개혁을 통해 어떻게 사회적 문제들을 해결하는 방법을 찾아 왔는지에 초점을 두고 있다.

Ravitch, D.(1983). *The troubled crusade.* New York: Basic Books.

신보수주의자의 시각에서 쓴 이 책은 1945년부터 1983년까지의 미국 교육정책 변화의 역사를 이야기한다. 진보교육에 관한 부분을 특히 잘 썼다.

Spring, J.(1989). *The sorting machine revisited.* New York: Longman.

이 책은 Ravitch의 책에서 다룬 같은 시기의 교육정책 역사를 다루고 있으며, 반대의 입장에서 균형을 잡게 해 준다.

Spring, J.(1994). *The American school,* 1642-1993. New York: McGraw-Hill.

이 책은 급진적 관점에서 조명한 미국 교육 역사에 대한 개요서이다.

Tyack, D., & Cuban, L.(1995). *Tinkering toward Utopia.* Cambridge, MA: Harvard University Press.

이 책은 오늘날의 개혁운동에 조언하기 위해 우리 시대에 저명한 교육 역사가들이 만나 과거의 몇몇 교육 개혁운동에 대해 토론 및 분석하는 과정을 담고 있다.

# 용어설명

**권고정책(hortatory policy).** 시민들이 특정 행위를 수행하도록 정부가 사용하는 설득의 다양한 방법을 포함하는 정책도구.

**권력(power).** 타인의 행위나 신념에 영향을 미치는 능력.

**규칙(rules).** 구체적인 사항들을 법에 비추어 해석하거나 제안하는 행정기관들에 의해 개발되는 규정들.

**두뇌집단(정책 기획 그룹, think tank).** 정책을 계획하는 조직. 주로 사적 자금으로 조성되며, 특히 정책 정의와 의제 설정 시 정책에 영향을 주기 위해 그들의 입장을 퍼뜨린다.

**로비(lobbying).** 정책, 특히 입법부에 영향을 미치기 위해 노력하는 과정.

**명령(mandate).** 특정 방향으로 사람들을 행동하게 하거나 그들에게 몇몇 불이익을 주기 위해 사용되는 정책도구.

**법규(statute).** 입법부에 의해 통과된 법.

**법안(bill).** 입법부에서 도입하고자 하거나 또는 이미 도입되어 고려 중인 제안된 법의 초안.

**비용 분석(cost analysis).** 정책에 관련된 모든 유형비용을 평가하기 위한 절차.

**비용-효과 분석(cost-effectiveness analysis).** 효과성과 합리적 비용의 측면에서 최고의 조합을 이루는 정책을 결정하기 위해 대안적인 정책들을 비교하는 과정.

**역량 형성(capacity building).** 개인이나 집단이 보다 효과적으로 수행할 수 있는 능력을 개발하기 위해 장기간에 걸쳐 많은 돈을 투자하는 정책도구.

**연방주의(federalism).** 중앙 정부와 하위 정부들이 주권을 공유하는 정부체계.

**예산 책정과정(budget process).** 연방 정부나 주 정부의 예산 신청, 항목 교섭, 그리고 법제화 등을 포함하는 단계.

**유인(inducement).** 정부가 추구하는 방식으로 시민들이 행동할 수 있도록 특별자금이나 특권을 시민에게 제안할 때 사용하는 정책도구. 허가는 유인이다.

**의식의 형성(shaping of consciousness).** 다른 사람들 혹은 집단의 적절한 역할과 일반적 가치에 대한 일련의 신념들을 체계적으로 교육하는 것. 권력의 세번째 차원.

**의제(agenda).** 정치인과 그 밖의 다른 영향력 있는 인물들이 신중하게 고려하고 있는 정책 이슈.

**의제 설정(agenda setting).** 정책 이슈들을 의제화하기 위한 결정과정. 정책과정의 두번째

단계

**이데올로기(ideology).** 경제, 정치체계, 사회가 실제로 어떻게 작동하며, 이상적으로는 어떻게 작동해야 하는지에 대한 체계적이면서도 단순화된 이해.

**이익단체(interest group).** 정책에 영향을 주기 위해 적극적으로 활동하는 조직.

**재단(foundation).** 정책 연구와 그 보급을 후원하는 권한이 부여된 조직.

**쟁점 정의(issue definition).** 문제를 정부가 다룰 수 있는 쟁점으로 변환시키는 과정. 정책과정의 첫 번째 단계.

**정책 형성자(policy maker).** 정책을 승인하거나 공표하는 권한을 갖는 정책 행위자.

**정책 네트워크(policy network).** 특정한 영역에서 정책에 영향을 미치기 위해 활동하는 느슨한 전국 연합 조직. 주 교육위원회는 정책 네트워크다.

**정책 문화(policy culture).** 정책과정에 대한 이해와 정치인들이 수행해야만 하는 행동양식에 대한 신념을 포함한 정책학에 대한 집합적 사유방식.

**정책 분석(policy analysis).** 정책을 기술하고 그것의 함축된 바를 명확히 밝히는 체계적 절차.

**정책쟁점(policy issue).** 정부가 특정한 경우에 행동해야 하는 방식에 대한 공적 논쟁.

**정책 채택(policy adoption).** 입법부, 정부기관, 법정에서 문서화된 형태의 정책을 승인하는 과정.

**정책 평가(evaluation).** 어떻게 정책을 잘 작동시킬 수 있는지 결정하기 위해 고안된 응용연구의 한 형태. 정책과정의 여섯 번째 단계.

**정책 행위자(policy actors).** 정책과정에 참여하는 사람들 혹은 집단들.

**정책 형성(policy formulation).** 입법부, 정부기관, 법정에서 문서화된 형태의 잠재적 정책을 개발하는 과정.

**종결(termination).** 정책이 목표를 완수했거나 비효과적이라 판명됐을 때 정책을 마무리하는 것. 이론적으로는 정책과정의 마지막 단계.

**집행(implementation).** 정책을 실행에 옮기는 것. 정책과정의 다섯 번째 단계.

**체제 변화(system change).** 한 집단의 사람들에서 다른 집단의 사람들로 권력 혹은(그리고) 자원이 옮겨 가는 정책도구.

**판례(case law).** 판사가 특별한 사례에 대해 법을 해석 혹은 적용하는 방식을 설명하려고 기록한 의견들의 모임.

**편견의 동원(mobilization of bias).** 드러내 놓고 영향을 미치지 않은 채 다양하게 사람들의 권한을 부여 혹은 박탈하는 방식으로 조직, 전통, 그리고 관습 내에서 권력을 제도화하는 것. 권력의 두 번째 차원.

**프로그램(program).** 제도화된 프로젝트.

**프로젝트(project).** 종종 허가된 단기간의 활동.

# 부록 A

## Useful Web Sites for Following Education Policy

**U.S. Government**

House of Representatives—*http://www.house.gov/*

United States Senate—*http://www.senate.gov/*

U.S. Department of Education—*http://www.ed.gov/*

U.S. Supreme Court—*http://www.supremecourtus.gov/*

White House—*http://www.whitehouse.gov/*

**Education Organizations**

American Association of School Administrators—*http://www.aasa.org/*

American Federation of Teachers—*http://www.aft.org/*

Association for Supervision and Curriculum Development—*http://www.ascd.org/*

Council for Exceptional Children—*http://www.cec.sped.org/*

National Association for Elementary School Principals—*http://www.naesp.org/*

National Association for Secondary School Principals—*http://www.nassp.org/*

National Education Association—*http://www.nea.org/*

National School Boards Association—*http://www.nsba.org/*

Parent–Teacher Association—*http://www.pta.org/*

**Foundations, Think Tanks, and Policy Research Institutes**

American Enterprise Institute—*http://www.aei.org/*

Brookings Institution—*http://www.brook.edu/*

Carnegie Corporation of New York—*http://www.carnegie.org/*

Cato Institute—*http://www.cato.org/*

Consortium for Policy Research in Education—*http://www.cpre.org/*

Economic Policy Institute—*http://www.epinet.org/*

Ford Foundation—*http://www.fordfound.org/*
Heritage Foundation—*http://www.heritage.org/*
Hoover Institute—*http://www.hoover.Stanford.edu/index.html*
RAND—*http://www.rand.org/*
Rockefeller Foundation—*http://www.rockfound.org/*
Urban Institute—*http://www.urban.org/*

**Interest Groups**
American Civil Liberties Union—*http://www.aclu.org/*
Americans United for the Separation of Church and State—*http://www.au.org/*
Children's Defense Fund—*http://www.childrensdefense.org/*
Christian Coalition—*http://www.cc.org/*
National Association for the Advancement of Colored People—*http://www.naacp.org/*
National Council of Churches—*http://www.ncccusa.org/*
National Council of La Raza—*http://www.nclr.org/*
U.S. Conference of Catholic Bishops—*http://www.nccbuscc.org/*

**Intergovernmental Organizations**
Education Commission of the States—*http://www.ecs.org/*
National Association of State Boards of Education—*http://www.nasbe.org/index.html/*
National Conference of State Legislators—*http://www.ncsl.org/*
National Council of Chief State School Officers—*http://www.ncsso.org/*
National Governors' Association—*http://www.nga.org/*

**Business Groups**
Business Roundtable—*http://www.brtable.org/*
Committee for Economic Development—*http://www.ced.org/*
Farm Bureau—*http://www.fb.com/*
National Alliance of Business—*http://www.nab.com/*
National Association of Manufacturers—*http://www.nam.org/*
U.S. Chamber of Commerce—*http://www.uschamber.com/*

**Media**
CNN—*http://www.cnn.com/*
C-SPAN—*http://www.c-span.org/*
*Education Week—http://www.edweek.org/*
*New York Times—http://www.nytimes.com/*
NPR—*http://www.npr.org/*
PBS—*http://www.pbs.org/*
*Washington Post—http://www.washingtonpost.com/*

# 부록 B

## How to Locate Government Web Sites for Specific States

*Go to:* The search directory, *Yahoo* (*http://www.yahoo.com*)
*Select:* Government
*Select:* U.S. Government
*Select:* State Government
*Select:* The specific state that interests you

# 참고문헌


Abanes, R. (1996). *American militias.* Downers Grove, IL: Intervarsity.

About national PTA. Available. *http://www.pta.org* [2002, April 22].

About NEA. Available. *http://www.nea.org/aboutnea/* [2002, April 22].

About us. Available. *http://www.stopopts.org/us.html* [2000, September 3].

Abraham, H. J. (1986). *The judicial process* (5th ed.). New York: Oxford University Press.

Abrams, M. H., Donaldson, E. T., Smith, H., Adams, R. M., Monk, S. H., Ford, G. H., & Daiches, D. (Eds.). (1962). *The Norton anthology of English literature.* New York: Norton.

Alexander, K., & Alexander, M. D. (1985). *American public school law* (2nd ed.). St. Paul, MN: West.

Alexander, K., & Alexander, M. D. (1998). *American public school law* (4th ed.). Belmont, CA: Wadsworth.

Almond, G. A. (1990). *A discipline divided: Schools and sects in political science.* Newbury Park, CA: Sage.

American Federation of Teachers. (1995). *What college-bound students abroad are expected to know.* Washington, D.C.: Author.

*American heritage dictionary of the English language, The* (3rd ed.), [CDROM]. (1992). Available: Houghton Mifflin.

Anderson, J. E. (1984). *Public policymaking* (3rd ed.). New York: Holt, Rinehart & Winston.

Apple, M. W. (1985). *Education and power.* Boston: Ark Paperbacks.

Apple, M. W. (2001). *Educating the "right" way.* New York: Routledge Falmer.

Archer, J. (2001, July 11). NEA agrees to new alliance with AFT. *Education Week on the Web.* Available. *http://www.edweek.org* [2002, April 22].

Arendt, H. (1986). Communicative power. In S. Lukes (Ed.), *Power* (pp. 59–74). New York: New York University Press.

Bachrach, P., & Baratz, M. S. (1962). Two faces of power. *American Political Science Review, 56,* 947–952.

Bachrach, P., & Botwinick, A. (1992). *Power and empowerment.* Philadelphia: Temple University Press.

Baker, K. (1991). Yes, throw money at schools. *Phi Delta Kappan,* 72, 628–631.

Ball, S. J. (1990). *Politics and policy making in education: Explorations in policy sociology.* London: Routledge.

Bardach, E. (1977). *The implementation game.* Cambridge, MA: The MIT Press.

Bartlett, B. R. (1981). *Reaganomics.* Westport, CT: Arlington House.

Baum, L. (1993). Making judicial policies in the political arena. In C. E. Van

Horn (Ed.), *The state of the states* (2nd ed., pp. 103–130). Washington, D.C.: Congressional Quarterly Press.

Baum, L., & Kemper, M. (1994). The Ohio judiciary. In A. P. Lamis, (Ed.), *Ohio politics* (pp. 283–302). Kent, OH: Kent State University Press.

Baumann, E. A. (1989). Research, rhetoric and the social construction of elder abuse. In J. Best (Ed.), *Images of issues* (pp. 55–74). New York: deGruyter.

Baumgartner, F. R., & Jones, B. D. (1993). *Agendas and instability in American politics.* Chicago: University of Chicago Press.

Beatty, J. K. (1990). The Iowa judicial system. In L. A. Osbun & S. W. Schmidt (Eds.), *Issues in Iowa politics* (pp. 104–133). Ames, IA: Iowa State University.

Bellah, R. N., Madsen, R., Sullivan, W. M., Swidler, A., & Tipton, S. M. (1996). *Habits of the heart* (updated ed.). Berkeley, CA: University of California Press.

Bendix, R. (1960). *Max Weber.* Garden City, NY: Doubleday.

Benveniste, G. (1986). Implementation and intervention strategies: The case of 94–142. In D. L. Kirp & D. N. Jensen (Eds.), *School days, rule days* (pp. 146–163). Philadelphia: Falmer Press.

Berliner, D. C., & Biddle, B. J. (1995). *The manufactured crisis: Myths, fraud, and the attack on America's public schools.* Reading, MA: Addison Wesley.

Berman, P., & McLaughlin, M. W. (1976). Implementation of educational innovation. *The Educational Forum, 40,* 345–370.

Berman, P., & McLaughlin, M. W. (1978). *Federal programs supporting educational change, Vol. VIII: Implementing and sustaining innovations.* Santa Monica, CA: Rand.

Bernstein, B. (1996). *Pedagogy, symbolic control, and identity.* London: Taylor & Francis.

Best, J. (1989a). Afterword. In J. Best (Ed.), *Images of issues* (pp. 243–253). New York: deGruyter.

Best, J. (1989b). Claims. In J. Best (Ed.), *Images of issues* (pp. 1–3). New York: deGruyter.

Best, J. (1989c). Dark figures and child victims: Statistical claims about missing children. In J. Best (Ed.), *Images of issues* (pp. 21–37). New York: deGruyter.

Beyer, B. K. (1995). *How to conduct a formative evaluation.* Alexandria, VA: Association for Curriculum and Program Development.

Beyle, T. L. (2001). *State and local government, 2001–2002.* Washington, D.C.. Congressional Quarterly Press.

Blank, R. M. (2000). Strong employment, low inflation: How has the US economy done so well? *Canadian Public Policy 26* (Special Supplement), S175–S186.

Bootel, J. A. (1995). *CEC special education advocacy handbook.* Reston, VA: Council for Exceptional Children.

Bowman, A. O., & Kearney, R. C. (1986). *The resurgence of the states.* Upper Saddle River, NJ: Prentice Hall.

Bowman, D. H. (2000, January 19). Lawmakers seek to abolish disdained Kansas board. *Education Week on the Web.* Available. *http://www.edweek.org/ew/ewstory.cfm* [2002, February 3].

Boyd, W. L. (1984). Competing values in educational policy and governance: Australian and American developments. *Educational Administration Review, 2,* 4–24.

Boyd, W. L. (1988). Policy analysis, educational policy, and management: Through a glass darkly. In N. J. Boyan (Ed.), *Handbook of research on educa-*

*tional administration* (pp. 501–522). New York: Longman.
Boyd, W. L., & Kerchner, C. T. (1988). Introduction and overview: Education and the politics of excellence and choice. In W. L. Boyd & C. T. Kerchner (Eds.), *The politics of excellence and choice in education* (pp. 1–11). London: Taylor & Francis.
Boyd, W. L., Lugg, C. A., & Zahorchak, G. L. (1996). Social traditionalists, religious conservatives, and the politics of outcome-based education. *Education and Urban Society, 28*, 347–365.
Brainard, E. A. (1996). *A hands-on guide to school program evaluation.* Bloomington, IN: Phi Delta Kappa Educational Foundation.
Brewer, G. D., & de Leon, P. (1983). *The foundations of policy analysis.* Homewood, IL: Dorsey.
Brouwer, S. (1998). *Sharing the pie.* New York: Henry Holt.
Brunner, C. C., & Björk, L. G. (Eds.). (2001). *The new superintendency.* Kidlington, Oxford, UK: Elsevier Science, Ltd.
Bryson, J. M., & Crosby, B. C. (1992). *Leadership for the common good: Tackling public problems in a shared power world.* San Francisco: Jossey-Bass.
Buchholz, T. G. (1989). *New ideas from dead economists.* New York: New American Library.
Burbules, N. C. (1986). A theory of power in education. *Educational Theory, 36*, 95–114.
Burke, F. G. (1990). *Public education: Who's in charge?* New York: Praeger.
Burron, A. (1994). Traditionalist Christians and OBE: What's the problem? *Educational Leadership, 51*(6), 73–75.
Callahan, R. E. (1962). *Education and the cult of efficiency.* Chicago: University of Chicago Press.
Carl, J. (1994). Parental choice as national policy in England and the United States. *Comparative Education Review, 38*, 294–322.
Carter, G. R., & Cunningham, W. G. (1997). *The American school superintendent.* San Francisco: Jossey-Bass.
Casey, C. (1996). *The hill on the net.* Boston: AP Professional.
Chelimsky, E., & Shadish, W. R. (1997). *Evaluation for the 21st century.* Thousand Oaks, CA: Sage.
Cherryholmes, C. (1988). *Power and criticism.* New York: Teachers College Press.
Chrispeels, J. H. (1997). Educational policy implementation in a shifting political climate: The California experience. *American Educational Research Journal, 34*, 453–481.
Christian Coalition. (1995). *Contract with the American family.* Nashville, TN: Moorings.
Chubb, J., & Moe, T. (1990). *Politics, markets, and America's schools.* Washington, D.C.: Brookings Institution.
Cibulka, J. G. (1995). Policy analysis and the study of the politics of education. In J. D. Scribner & D. Layton (Eds.), *The study of educational politics* (pp. 105–125). London: Falmer Press.
Clark, E. (2000, December 16). School leaders advocate state testing reform. [Hamilton, OH] *Journal-News*, pp. A1, A2.
Clune, W. H. (1994a). The cost and management of program adequacy: An emerging issue in educational policy and finance. *Educational Policy, 8*, 365–375.
Clune, W. H. (1994b). The shift from equity to adequacy in school finance. *Edu-*

*cational Policy, 8*, 376–394.
Cobb, R. W., & Elder, C. D. (1972). *Participation in American politics: The dynamics of agenda building*. Boston: Allyn & Bacon.
Cohen, D. K., & Spillane, J. P. (1993). Policy and practice: The relations between governance and instruction. In S. H. Fuhrman (Ed.), *Designing coherent education policy* (pp. 35–95). San Francisco: Jossey-Bass.
*Congress A to Z*. (3rd ed.) (1999). Washington, D.C.: Congressional Quarterly Press.
Consortium for Policy Research in Education. (n.d.). *Research agenda and recent publications list*. N.P.: Author.
Cook, D. (2001, August). *Regime disruption: The case of public education and the Reagan Administration*. Paper delivered at the Annual Meeting of the American Political Science Association, San Francisco.
Cookson, P. W., Jr. (1994). *School choice: The struggle for the soul of American education*. New Haven, CT: Yale University Press.
Coombs, P. H. (1984). *The world crisis in education*. New York: Oxford University Press.
Cooper, B. S., Fusarelli, L. D., & Carella, V. A. (2000). *Career crisis in the school superintendency?* Arlington, VA: American Association of School Administrators.
Coplin, W. D., & O'Leary, M. K. (1981). *Basic policy studies skills*. Croton-on-Hudson, NY: Policy Studies Associates.
Coplin, W. D., & O'Leary, M. K. (1998). *Basic policy studies skills* (3rd ed.). Croton-on-Hudson, NY: Policy Studies Associates.
Corson, D. (1993). *Language, minority education and gender*. Clevedon, United Kingdom: Multilingual Matters.
Corson, D. (1995). Discursive power in educational organizations: An introduction. In D. Corson (Ed.), *Discourse and power in educational organizations* (pp. 3–15). Cresskill, NJ: Hampton Press.
Coulter, E. M. (1991). *Principles of politics and government* (4th ed.). Dubuque, IA: Wm. C. Brown Publishers.
Cronin, T. E., & Loevy, R. D. (1993). *Colorado politics & government*. Lincoln, NE: University of Nebraska Press.
Cusick, P. A. (1973). *Inside high school: The students' world*. New York: Holt, Rinehart & Winston.
Dahl, R. (1984). *Modern political analysis* (4th ed.). Upper Saddle River, NJ: Prentice Hall.
Dahl, R. (1986). Power as the control of behavior. In S. Lukes (Ed.), *Power* (pp. 37–58). New York: New York University Press.
Davey, C. (1995, December 3). Ohio lawmaker pay rated average. *Cincinnati Enquirer*, B1, B9.
Davies, S., & Guppy, N. (1997). Globalization and educational reforms in Anglo-American democracies. *Comparative Education Review, 41*, 435–459.
Davis, L. J. (1974). *The emerging democratic majority*. New York: Stein & Day.
Deal, T. E., & Kennedy, A. A. (1982). *Corporate cultures*. Reading, MA: Addison-Wesley.
DeBray, E., Parson, G., & Woodworth, K. (2001). Patterns of response in four high schools under state accountability policies in Vermont and New York. In S. H. Fuhrman (Ed.), *From the capitol to the classroom: Standards-based reform in the states* (pp. 170–192). Chicago: University of Chicago Press.

deKieffer, D. E. 1997. *The citizen's guide to lobbying Congress.* Chicago: Chicago Review Press.
Delpit, L. D. (1988). The silenced dialogue: Power and pedagogy in educating other people's children. *Harvard Educational Review, 58*, 280–298.
Detwiler, F. (1993/1994, December/January) A tale of two districts. *Educational Leadership, 51*(4), 24–28.
De Witt, K. (1994, December 19). Have suburbs, especially in south, become the source of American political power? *New York Times*, p. A13.
Dobson, J. C. (January, 1995). Fund-raising letter for focus on the family.
Dubnick, M. J., & Bardes, B. A. (1983). *Thinking about public policy: A problem-solving approach.* New York: Wiley.
Dunlap, D. M., & Goldman, P. (1991). Rethinking power in schools. *Educational Administration Quarterly, 27*, 5–29.
Dye, T. R. (1990). *Who's running America?* (5th ed.). Upper Saddle River, NJ: Prentice Hall.
Ebbing, L. (2000, September 6). Proficiency tests create additions to school curriculum. [Hamilton, OH] *Journal-News*, p. A7.
Edelman, M. (1964). *The symbolic uses of politics.* Urbana, IL: University of Illinois Press.
Edlefson, C. (1994). The substance and politics of education reform: A view from a governor's office. *Planning and Changing, 25*(1/2), 41–55.
Education Commission of the States. Available. *http://www.ecs.org* [2002, April 22].
Elazar, D. J. (1994). *The American mosaic.* Boulder, CO: Westview Press.
Elling, R. C. (1996). Bureaucracy: Maligned yet essential. In V. Gray & H. Jacob (Eds.), *Politics in the American states* (6th ed., pp. 286–318). Washington, D.C.: Congressional Quarterly Press.
English, F. W. (1994). Politics in the nation's schools: The battle for the principalship. *NASSP Bulletin, 78*(558), 18–25.
Fairclough, N. (1995). Critical language awareness and self-identity in education. In D. Corson (Ed.), *Discourse and power in educational organizations* (pp. 257–272). Cresskill, NJ: Hampton Press.
*Federal register.* January 18, 2002.
*Federal register.* February 28, 2002.
Fenby, J. (1986). *The international news services.* New York: Schocken Books.
Fillingham, L. A. (1993). *Foucault for beginners.* New York: Writers & Readers Publishing.
Firestone, W. A. (1989). Educational policy as an ecology of games. *Educational Researcher, 18*, 18–23.
Firestone, W. A., & Corbett, H. D. (1988). Planned organizational change. In N. J. Boyan (Ed.), *Handbook of research on educational administration* (pp. 321–340). New York: Longman.
First, P. F., Curcio, J. L., & Young, D. L. (1994). State full-service initiatives: New notions of policy development. In L. Adler & S. Gardner (Eds.), *The politics of linking schools and social services* (pp. 63–73). Bristol, PA: Falmer Press.
Fleet, M. (1993). Christian democracy. In J. Krieger (Ed.), *The Oxford companion to politics of the world* (pp. 136–137). New York: Oxford University Press.
Ford, P. (1992). American Enterprise Institute for Public Policy Research. In C. H. Weiss (Ed.), *Organizations for policy analysis* (pp. 29–47). Newbury Park, CA: Sage.

Fowler, F. C. (1985). Why reforms go awry. *Education Week, V*(10), 24, 17.

Fowler, F. C. (1987). The politics of school reform in Tennessee: A view from the classroom. In W. L. Boyd & C. T. Kerchner (Eds.), *The politics of excellence and choice in education* (pp. 183–197). London: Taylor & Francis.

Fowler, F. C. (1992). Challenging the assumption that choice is all that freedom means. In F. C. Wendel (Ed.), *Reforms in empowerment, choice, and adult learning* (pp. 15–28). University Park, PA: University Council of Education Administration.

Fowler, F. C. (1995a). The international arena: The global village. In J. Scribner & D. Layton (Eds.), *Politics of Education Association 1994 commemorative yearbook.* London: Taylor & Francis.

Fowler, F. C. (1995b). The neoliberal value shift and its implications for federal education policy under Clinton. *Educational Administration Quarterly, 31*, 38–60.

Fowler, F. C. (1996, April). *Meaningful competition? A study of student movement under interdistrict open enrollment.* Paper presented at the annual meeting of the American Educational Research Association, New York.

Fowler, F. C. (2000). Converging forces: Understanding the growth of state authority over education. In N. D. Theobald & B. Malen (Eds.), *Balancing local control and state responsibility for K-12 education*, pp. 123–146. Larchmont, NY: Eye on Education.

Frahm, R. A. (1994). The failure of Connecticut's reform plan: Lesson for the nation. *Phi Delta Kappan, 76*, 156–159.

Friedman, M. (1962). *Capitalism and freedom.* Chicago: University of Chicago Press.

Frohnmayer, D. (1986). Legislatures and the courts: Guarding the guardians. *State Government, 59* (1), 7–11.

Frumkin, N. (1987). *Tracking America's economy.* Armonk, NY: M. E. Sharpe.

Frumkin, N. (1994). *Guide to economic indicators* (2nd ed.). Armonk, NY: M. E. Sharpe.

Fuhrman, S. H. (1993). The politics of coherence. In S. H. Fuhrman (Ed.), *Designing coherent education policy* (pp. 1–34). San Francisco: Jossey-Bass.

Fuhrman, S. H. (2001). Introduction. In S. H. Fuhrman (Ed.), *From the capitol to the classroom: Standards-based reform in the states* (pp. 1–12). Chicago: University of Chicago Press.

Fullan, M. (2001). *The new meaning of educational change* (3rd ed.). New York: Teachers College Press.

Galbraith, J. K. (1994). *A journey through economic time.* Boston: Houghton Mifflin.

Gargan, J. J. (1994). The Ohio executive branch. In A. P. Lamis (Ed.), *Ohio politics* (pp. 258–282). Kent, OH: Kent State University Press.

Garvin, J. R., & Young, A. H. (1994). Resource issues: A case study from New Orleans. In L. Adler & S. Gardner (Eds.), *The politics of linking schools and social services* (pp. 93–106). Bristol, PA: Falmer Press.

Gaventa, J. (1980). *Power and powerlessness.* Urbana, IL: University of Illinois Press.

Gerth, H., & Mills, C. W. (Eds.). (1946). *From Max Weber: Essays in sociology.* New York: Oxford University Press. Quoted in D. H. Wrong, *Power* (New York: Harper & Row, 1979), 230.

Gewirtz, S. (2000). Bringing the politics back in: A critical analysis of quality discourses in education. *British Journal of Educational Studies 48*, 352–370.

Gewirtz, S., Ball, S. J., & Bowe, R. (1995). *Markets, choice and equity in education.* Buckingham, United Kingdom: Open University Press.

Giroux, H. A. (1999). *The mouse that roared.* Lanham, MD: Rowman & Littlefield.
Goode, E. (1994). *Site-based management in public education: A challenge for critical pragmatism.* Unpublished doctoral dissertation, Miami University, Oxford, OH.
Graber, D. A. (1994). Swiss cheese journalism. In T. L. Beyle (Ed.), *State government* (pp. 69–72). Washington, D.C.: Congressional Quarterly Press.
Grace, G. (1995). *School leadership.* London: Falmer Press.
Grady, D. O. (1991). Business group influence in state development policymaking. *State and Local Government Review, 23*(3), 110–118.
Gray, V. (1996). The socioeconomic and political context of states. In V. Gray & H. Jacob (Eds.), *Politics in the American states* (6th ed., pp. 1–34). Washington, D.C.: Congressional Quarterly Press.
Gronn, P. C. (1983). Talk as the work: The accomplishment of school administration. *Administrative Science Quarterly, 28,* 1–21.
Gross, N., Giacquinta, J. B., & Bernstein, M. (1971). *Implementing organizational innovations.* New York: Basic Books.
Growth spurts. (2000, September 27). *Education Week on the Web.* Available. *http://www.edweek.org/ew/ewstory.cfm* [2002, February 25].
Guba, E. G., & Lincoln, Y. S. (1989). *Fourth generation evaluation.* Newbury Park, CA: Sage.
Guthrie, J. D., Garms, W. I., & Pierce, L. C. (1988). *School finance and education policy* (2nd ed.). Upper Saddle River, NJ: Prentice Hall.
Guthrie, J. W., & Koppich, J. (1987). Exploring the political economy of national education reform. In W. L. Boyd & C. T. Kerchner (Eds.), *The politics of excellence and choice in education* (pp. 25–47). London: Falmer Press.
Haddad, C. (2001, May 21). Congratulations, grads—you're bankrupt. *BusinessWeek,* p. 48.
Hagan, J. P. (1988). Patterns of activism on state supreme courts. *Publius: The Journal of Federalism 18*(1), 297–315.
Halberstam, D. (1986). *The reckoning.* New York: Morrow.
Hall, E. T. (1966). *The hidden dimension.* Garden City, NY: Anchor Books.
Hall, L. (1988). Bending the rules: Negotiating rules in administrative agencies. *Policy Studies Journal, 16,* 533–541.
Hamm, K. E., & Moncrief, G. F. (1999). Legislative politics in the states. In V. Gray, R. L. Hanson, & H. Jacob (Eds.), *Politics in the American states* (7th ed., pp. 144–190). Washington, D.C.: Congressional Quarterly Press.
Hamrin, R. (1988). *America's new economy.* New York: Franklin Watts.
Hanna, J. (2000, May 19). Fighting within Kansas GOP continues as campaign season revs up. The Associated Press State & Local Wire. Available. *http://web.lexis-nexis.com/universe/docum* [2002, February 3].
Hannaway, J., & Kimball, K. (2001). Big isn't always bad: School district size, poverty, and standards-based reform. In S. H. Fuhrman (Ed.), *From the capitol to the classroom: Standards-based reform in the states*( pp. 99–123). Chicago: University of Chicago Press.
Hanson, R. L. (1996). Intergovernmental relations. In V. Gray & H. Jacob (Eds.), *Politics in the American states* (6th ed., pp. 35–77). Washington, D.C.: Congressional Quarterly Press.
Hanushek, E. A. (1989). The impact of differential expenditures on school performance. *Educational Researcher, 18*(4), 45–51, 62.
Hanushek, E. A. (1994). A jaundiced view of "adequacy" in school finance re-

form. *Educational Policy*, *8*, 460–469.

Harragan, B. L. (1977). *Games mother never taught you.* New York: Warner Books.

Hatch, J., & Clinton, A. (2000, December). Job growth in the 1990s: A retrospect. *Monthly Labor Review*, 3–18.

Heclo, H. (1978). Issue networks and the executive establishment. In A. King (Ed.), *The new American political system* (pp. 87–124). Washington, D.C.: American Enterprise Institute for Public Policy Research.

Heilbroner, R. L. (1985). *The nature and logic of capitalism.* New York: Norton.

Hendrie, C. (1996, April 17). Deteriorating race relations shake Denver. *Education Week*, 1, 8.

Hilgartner, S., & Bosk, C. L. (1988). The rise and fall of social problems: A public arenas model. *American Journal of Sociology*, *94*, 53–78.

Hirschman, A. O. (1970). *Exit, voice, and loyalty.* Cambridge, MA: Harvard University Press.

History of Ohio proficiency tests. (n.d.) Available. *http://www.stopopts.org/histotyhocy.html* [2000, September 3].

Hobbes, T. (1958). *Leviathan.* Indianapolis: BobbsMerrill. Quoted in Wrong, D. H. (1979). *Power* (p. 218). New York: Harper & Row.

Hodgkinson, H. (2000/2001). Educational demographics: What teachers should know. *Educational Leadership 58*(4), pp. 6–11.

Hoff, D. J. (1997, September 3). Riley offers test control concession. *Education Week*, 1, 34.

Hoff, D. J. (1999, April 28). Eminent science group reiterates importance of teaching evolution. *Education Week on the Web.* Available. *http://www.edweek.org/ew/ewstory.cfm* [2002, February 3].

Hoff, D. J. (1999, October 20). Kansas to revise standards without citing evolution. *Education Week on the Web.* Available. *http://www.edweek.org/ew/ewstory.cfm* [2002, February 3].

Hoff, D. J. (2000, March 8). State capitals stirred by evolution. *Education Week on the Web.* Available. *http://www.edweek.org/ew/ewstory.cfm* [2002, February 3].

Hoff, D. J. (2002, June 12). Panel to examine standards-based math curricula. *Education Week*, p. 5.

Hofstede, G. (1987). Cultural dimensions in management and planning. In D. R. Hampton, C. E. Summer, & R. A. Webber (Eds.), *Organizational behavior and the practice of management* (pp. 401–422). Glenview, IL: Scott, Foresman.

Hogwood, B. W., & Gunn, L. A. (1984). *Policy analysis for the real world.* London: Oxford University Press.

Huberman, A. M., & Miles, M. B. (1984). *Innovation up close.* New York: Plenum Press.

Hudgins, H. C., Jr. (1970). *The Warren court and the public schools.* Danville, IL: Interstate Printers & Publishers.

Hulten, C. R., & Sawhill, I. V. (1984). *The legacy of Reaganomics: An overview.* Washington, D.C.: Urban Institute.

Hunt, S., Tortora, A., & Mrozowski, J. (2000, September 3). High-stakes state tests raise stress, controversy. *Cincinnati Enquirer*, pp. A1, A10.

Husen, T., Tuijnman, A., & Halls, W. (1992). *Schooling in modern European society.* Oxford: Pergamon Press.

Iannaccone, L. (1988). From equity to excellence: Political context and dynamics. In W. L. Boyd & C. T. Kerchner (Eds.), *The politics of excellence and choice in education* (pp. 49–65). London: Falmer Press.

Iannaccone, L., & Lutz, F. W. (1995). The crucible of democracy: The local arena. In J. D. Scribner & D. Layton (Eds.), *The study of educational politics* (pp. 39–52). Washington, D.C.: Falmer Press.

Illinois State University, College of Education. (1997). Status of school finance constitutional litigation. Available. *http://www.ilstu.edu/ depts/coe/boxscore.htm* [1997, January 12].

The immigration wave. (2000, September 27). *Education Week on the Web.* Available. *http://www.edweek.org/ew/ewstory.cfm* [2002, February 25].

Isaak, A. (1987). *Politics.* Glenview, IL: Scott, Foresman.

It's all relative. (2000, September 27). *Education Week on the Web.* Available. *http://www.edweek.org/ew/ewstory.cfm* [2002, February 25].

Jackson, J. E., & Kingdon, J. W. (1992). Ideology, interest group scores, and legislative votes. *American Journal of Political Science, 36,* 805–823.

Jacob, H. (1996). Courts: The least visible branch. In V. Gray & H. Jacob (Eds.), *Politics in the American states* (6th ed., pp. 253–285). Washington, D.C.: Congressional Quarterly Press.

Jacobs, J. A. & Gerson, K. (2000). Who are the overworked Americans? In L. Golden & D. M. Figart (Eds.), *Working time* (pp. 89–105). London: Routledge.

Jacobson, L. (2000, November 8). Census finds fewer young children being cared for by relatives. *Education Week on the Web.* Available. *http://www.edweek.org/ew/ewstory.cfm* [2002, February 25].

Jennings, J. F. (1998). *Why national standards and tests?* Thousand Oaks, CA: Sage Publications.

Jensen, D. N. (1985). Judicial activism and special education. (Project Report No. 85-A10, sponsored by the National Institute of Education, Grant No. NIE-G-83-0003.)

Johnson, S. M. (1996). *Leading to change: The challenge of the new superintendency.* San Francisco: Jossey-Bass.

Joint Committee on Standards for Educational Evaluation. (1994). *The program evaluation standards* (2nd ed.). Thousand Oaks, CA: Sage.

Kaestle, C. F. (1983). *Pillars of the republic.* New York: Hill & Wang.

Kagan, R. A. (1986). Regulating business, regulating schools: The problem of regulatory unreasonableness. In D. L. Kirp & D. N. Jensen (Eds.), *School days, rule days* (pp. 64–90). Philadelphia: Falmer Press.

Kahne, J. (1996). *Reframing educational policy.* New York: Teachers College Press.

Kalodner, H. I. (1990). Overview of judicial activism in education litigation. In B. Flicker (Ed.), *Justice and school systems* (pp. 3–22). Philadelphia: Temple University Press.

Kaplan, G. R., & Usdan, M. D. (1992). The changing look of education's policy networks. *Phi Delta Kappan, 73,* 664–672.

Kaplan, M., & O'Brien, S. (1991). *The governors and the new federalism.* Boulder, CO: Westview Press.

Keller, B. & Coles, A. (1999, September 8). Kansas evolution controversy gives rise to national debate. *Education Week on the Web.* Available. *http://www.edweek.org/ew/ewstory.cfm* [2002, February 3].

Kelman, S. (1988). Why public ideas matter. In R. B. Reich (Ed.), *The power of public ideas* (pp. 31–53). Cambridge, MA: Ballinger.

Kenworthy, L. (1995). *In search of national economic success.* Thousand Oaks, CA:

Sage.
Kerwin, C. M. (1994). *Rulemaking*. Washington, D.C.: Congressional Quarterly Press.
Kimbrough, R. B. (1982). Do political ideologies influence education in the United States? *Educational Administration Quarterly, 18*(2), 22–38.
King, J. A. (1994). Meeting the educational needs of at-risk students: A cost analysis of three models. *Educational Evaluation and Policy Analysis, 16*, 1–19.
Kingdon, J. W. (1995). *Agendas, alternatives, and public policies* (2nd ed.). New York: HarperCollins.
Kirp, D. L. (1982). Professionalization as a policy choice: British special education in comparative perspective. *World Politics, 34*, 137–174.
Kirp, D. L. (1986). Introduction: The fourth R: Reading, writing, 'rithmetic—and rules. In D. L. Kirp & D. N. Jensen (Eds.), *School days, rule days* (pp. 1–17). Philadelphia: Falmer Press.
Kirst, M., & Jung, R. (1980). The utility of a longitudinal approach in assessing implementation. *Educational Evaluation and Policy Analysis 2*, 17–34.
Kowalski, T. J. (1995). *Keepers of the flame*. Thousand Oaks, CA: Corwin Press.
Kowalski, T. J. (1999). *The school superintendent*. Upper Saddle River, NJ: Prentice Hall.
Kruschke, E. R., & Jackson, B. M. (1987). *The public policy dictionary*. Santa Barbara, CA: ABC–CLIO.
Kuttner, R. (1984). *The economic illusion*. Boston: Houghton Mifflin.
Lagemann, E. C. (1989). *The politics of knowledge*. Middletown, CT: Wesleyan University Press.
Lamare, J. W. (1994). *California politics*. Minneapolis, MN: West Publishing.
La Morte, M. W. (1993). *School law: Cases and concepts* (4th ed.). Boston: Allyn & Bacon.
Largest foreign-born populations in the U.S. (2000, September 27). *Education Week on the Web*. Available. *http://www.edweek.org/ew/ewstory.cfm* [2002, February 25].
Lawton, M. (1997, August 6). Feds position national tests on fast track. *Education Week*, 1, 34.
Lemke, J. L. (1995). *Textual politics*. London: Taylor & Francis.
Levin, H. M., & McEwan, P. J. (2001). *Cost-effectiveness analysis* (2nd ed.). Thousand Oaks, CA: Sage Publications.
Lewis, D. A., & Maruna, S. (1996). The politics of education. In V. Gray & H. Jacob (Eds.), *Politics in the American states* (6th ed., pp. 438–477). Washington, D.C.: Congressional Quarterly Press.
Lind, M. (1996). *Up from conservatism*. New York: Free Press.
Lindblom, C. E. (1968). *The policymaking process*. Upper Saddle River, NJ: Prentice Hall.
Lipset, S. M. (1996). *American exceptionalism*. New York: Norton.
Loomis, B. A. (1994). *Time, politics and policies*. Lawrence, KS: University Press of Kansas.
Lorch, R. S. (1987). *Colorado's government* (4th ed.). N.P.: Colorado Associated University Press.
Lortie, D. C. (1975). *Schoolteacher*. Chicago: University of Chicago Press.
Louis, K. S., & Miles, M. B. (1990). *Improving the urban high school*. New York: Teachers College Press.

Lowi, T. J. (1964, July). American business, public policy, case studies, and political theory. *World Politics*, 677–715.

Lowi, T. J. (1979). *The end of liberalism* (2nd ed.). New York: Norton.

Lowi, T. J. (1995). *The end of the Republican era*. Norman, OK: University of Oklahoma Press.

Lowi, T. J., & Ginsberg, B. (1994). *American government* (brief 3rd ed.). New York: Norton.

Lugg, C. A. (1996). *For God and country*. New York: Peter Lang.

Lukes, S. (1974). *Power*. Houndsmills, United Kingdom: MacMillan.

Lutz, F. W., & Merz, C. (1992). *The politics of school/community relations*. New York: Teachers College Press.

Madaus, G. F., Stufflebeam, D. L., & Scriven, M. (1983). Program evaluation: A historical overview. In G. F. Madaus, M. Scriven, & D. L. Stufflebeam (Eds.), *Evaluation models* (pp. 23–43). Boston: Kluwer-Nijhoff.

Madsen, J. (1994). *Educational reform at the state level*. Bristol, PA: Falmer Press.

Makin, J. H. (1996). How low should inflation go? *AEI Economic Outlook* [Online serial]. Available: *http://www.aei.org/eo/eo6981.htm*.

Makin, J. H. (1997). Perils of prosperity. *AEI Economic Outlook* [Online serial]. Available: *http://www.aei.org/eo/eo8270.htm*.

Malen, B., & Ogawa, R. T. (1988). Professional patron influence on site-based management. *Educational Evaluation and Policy Analysis*, *10*, 251–270.

Mann, M. (1992). *The sources of social power. Vol. 1*. Cambridge, England: Cambridge University Press.

Manzo, K. K. (2001, May 16). Protests over state testing widespread. *Education Week*, pp. 1, 26.

Marshall, C. (2000). Policy discourse analysis: Negotiating gender equality. *Journal of Education Policy*, *15* (2), 125–156.

Marshall, C., Mitchell, D., & Wirt, F. (1989). *Culture and education policy in the American states*. New York: Falmer Press.

Martin, J. M. (1994). *Lessons from the hill*. New York: St. Martin's Press.

Mazmanian, D. A., & Sabatier, P. A. (1989). *Implementation and public policy*. Lanham, MD: University Press of America.

Mazzoni, T. L. (1993). The changing politics of state education policy making: A 20 year Minnesota perspective. *Educational Evaluation and Policy Analysis*, *15*, 357–379.

Mazzoni, T. L. (1995). State policymaking and school reform: Influences and influentials. In J. D. Scribner & D. H. Layton (Eds.), *The study of educational politics* (pp. 53–73). London: Falmer Press.

McCarthy, M., Langdon, C., & Olson, J. (1993). *State education governance structures*. Denver, CO: Education Commission of the States.

McCarthy, M. M., & Cambron-McCabe, N. H. (1998). *Public school law: Teachers' and students' rights* (4th ed.). Boston: Allyn & Bacon.

McDonnell, L. M. (1991). Ideas and values in implementation analysis. In A. R. Odden (Ed.), *Education policy implementation* (pp. 241–258). Albany, NY: State University of New York Press.

McDonnell, L. M. (1994). Assessment policy as persuasion and regulation. *American Journal of Education*, *102*, 391–420.

McDonnell, L. M., & Elmore, R. F. (1987). Getting the job done: Alternative policy instruments. *Educational Evaluation and Policy Analysis*, *9*, 133–152.

McGann, J. G. (1995). *The competition for dollars, scholars, and influence in the public policy research industry.* Lanham, MD: University Press of America.

McGivney, J. H. (1984). State educational governance patterns. *Educational Administration Quarterly, 20,* 43–63.

McLaughlin, M. W. (1976). Implementation as mutual adaptation: Change in classroom organization. *Teachers College Record,* 77, 339–351.

McLaughlin, M. W. (1987). Learning from experience: Lessons from policy implementation. *Educational Evaluation and Policy Analysis, 9,* 171–178.

McLean, J. (2000, July 30). Primary highlights GOP feud. *Topeka Capital Journal.* Available. *http://web.lexis-nexis.com/universe/docum* [2002, February 3].

Mead, T. D. (1994). The daily newspaper as political agenda setter: *The Charlotte Observer* and metropolitan reform. *State and Local Government Review, 26*(1), 27–37.

Meade, E. J., Jr. (1991). Foundations and the public schools. *Phi Delta Kappan, 73,* K1–K12.

Miles, D. (2000, November 8). Gamble, Rupe, Wyatt win Board of Ed seats. The Associated Press State & Local Wire. Available. *http://web.lexis-nexis.com/universe/docum* [2002, February 3].

Miles, M. B., & Louis, K. S. (1990). Mustering the will and skill for change. *Educational Leadership, 47*(8), 57–61.

Miller, D. (Ed.). (1987). *The Blackwell encyclopaedia of political thought.* Oxford, England: Basil Blackwell.

Mintrom, M. (1997). Policy entrepreneurs and the diffusion of innovation. *American Journal of Political Science 41,* 738–770.

Mirel, J. (1994). School reform unplugged: The Bensenville New American School project, 1991–93. *American Educational Research Journal, 31,* 481–518.

Miron, L. F., & Wimpelberg, R. K. (1992). The role of school boards in the governance of education. In P. F. First & H. J. Walberg (Eds.), *School boards* (pp. 151–175). Berkeley, CA: McCutchan.

Mitchell, D. E. (1984). Educational policy analysis: The state of the art. *Educational Administration Quarterly, 20,* 129–160.

Mixed needs of immigrants pose challenges for schools. (2000, September 27). *Education Week on the Web.* Available. *http://www.edweek.org/ew/ewstory.cfm* [2002, February 25].

Morken, H., & Formicola, J. R. (1999). *The politics of school choice.* Lanham, MD: Rowman & Littlefield

Morrison, P. A. (2001). *A demographic perspective on our nation's future.* Santa Monica, CA: Rand.

Muller-Hill, B. (1988, December 22). Heroes and villains. *Nature,* 721–722.

Murphy, J. (1990). *The educational reform movement of the 1980s.* Berkeley, CA: McCutchan.

Murphy, J. T. (1971). Title I of ESEA: The politics of implementing federal education reform. *Harvard Educational Review, 41,* 35–63.

Muth, R. (1984). Toward an integrative theory of power and educational organizations. *Educational Administration Quarterly, 20,* 25–42.

Nagel, S. S. (1984). *Contemporary public policy analysis.* University, AL: University of Alabama Press.

Nakamura, R. T., & Smallwood, F. (1980). *The politics of policy implementation.* New York: St. Martin's Press.

Nathan, R. P. (1993). The role of the states in American federalism. In C. E. Van Horn (Ed.), *The state of the states* (2nd ed., pp. 15–32). Washington, D.C.: Congressional Quarterly Press.

National Alliance of Business. (2002.) Available. *http://www.nab.com* [2002, April 22].

National Governors Association Online. (n.d.) Available. h*ttp://www.nga.org* [2002, April 22].

Nelson, R. H. (1991). Economists as policy analysts: Historical overview. In D. L. Weimer (Ed.), *Policy analysis and economics: Developments, tensions, prospects* (pp. 1–21). Boston: Kluwer Academic Publishers.

Neustadt, R. E. (1960). *Presidential power.* New York: Wiley.

*New York Times, The.* (1996). *The downsizing of America.* New York: Times Books.

Nielsen, W. A. (1985). *The golden donors.* New York: Dutton.

Nuttall, D. L. (1994). Choosing indicators. In K. A. Riley & D. L. Nuttall (Eds.), *Measuring quality* (pp. 17–40). London: Falmer Press.

OEA Online News. (n.d.). Available. *http://www.ohea.org/news/news.htm* [2000, September 3].

Ogawa, R. T. (1994). The institutional sources of educational reform: The case of school based management. *American Educational Research Journal, 31*, 519–548.

Ohio Department of Education. (1995). *Venture capital in Ohio schools: Building commitment and capacity for school renewal.* Columbus, OH: Author.

Ohio State University. (1991). Department of Policy and Leadership. Policy Research for Ohio Based Education. *How to lobby the legislature: An interview with Representative Michael Fox.* Produced by Robert Donmoyer. [Videotape].

Okun, A. (1975). *Equality and efficiency: The big tradeoff.* Washington, D.C.: Brookings Institution.

Okun, A. M. (1982). Customer markets and the costs of inflation. In M. N. Baily & A. K. Okun (Eds.), *The battle against unemployment and inflation* (pp. 35–39). New York: Norton.

Oleszek, W. J. (2001). *Congressional procedures and the policy process* (5th ed.). Washington, D.C.: Congressional Quarterly Press.

Olson, L. (2000, September 27). Minority groups to emerge as a majority in U.S. schools. *Education Week on the Web.* Available. *http://weww.edweek.org/ew/ewstory.cfm* [2002, February 25].

Olson, L. (2000, September 27). School-age 'millenni-boom' predicted for next 100 years. *Education Week on the Web.* Available. *http://www.edweek.org/ew/ewstory.cfm* [2002, February 25].

Oregon. (2002). *Oregon Administrative Rules, 2002 Compilation.* Available. h*ttp://arc.web.sos.state.or.us/rules/OAR* [2002, May 23].

Paris, D. C., & Reynolds, J. F. (1983). *The logic of policy inquiry.* New York: Longman.

Patterson, S. C. (1996). Legislative politics in the states. In V. Gray & H. Jacob (Eds.), *Politics in the American states* (6th ed., pp. 159–206). Washington, D.C.: Congressional Quarterly Press.

Peck, M. S. (1978). *The road less traveled.* New York: Simon & Schuster.

Penner, R. G., Sawhill, I. V., & Taylor, T. (2000). *Updating America's social contract.* New York: W. W. Norton & Co.

Perkinson, H. J. (1991). *The imperfect panacea* (4th ed.). New York: McGraw-Hill.

Perot, R. (1993). *Not for sale at any price.* New York: Hyperion.

Peschek, J. G. (1987). *Policy-planning organizations.* Philadelphia: Temple University Press.

Peshkin, A. (2001). *Permissible advantage? The moral consequences of elite schooling.* Mahwah, NJ: Lawrence Erlbaum Associates.

Peters, C. (1983, May). A neoliberal's manifesto. *The Washington Monthly*, 9–18.

Peterson, P., Rabe, B., & Wong, K. (1986). *When federalism works.* Washington, D.C.: Brookings Institution.

Peterson, P., Rabe, B., & Wong, K. (1991). *When federalism works.* Washington, D.C.: Brookings Institution.

Phillips, K. (1994). *Arrogant capital.* Boston: Little, Brown.

Pipho, C. (1990). State departments: Change on the way. *Phi Delta Kappan, 72*, 262–263.

Placier, M. (1996). The cycle of student labels in education: The cases of *culturally deprived/disadvantaged* and *at-risk*. *Educational Administration Quarterly, 32*, 236–270.

Pliska, A. M., & McQuaide, J. (1994). Pennsylvania's battle for student learning outcomes. *Educational Leadership, 51*(6), 66–69.

Plotkin, S., & Scheuerman, W. E. (1994). *Private interests, public spending.* Boston, MA: South End Press.

Popham, W. J. (1988). *Educational evaluation* (2nd ed.). Upper Saddle River, NJ: Prentice Hall.

Porter, A. C., Archbald, D. A., & Tyree, A. K., Jr. (1991). Reforming the curriculum: Will empowerment policies replace control? In S. H. Fuhrman & B. Malen (Eds.), *The politics of curriculum and testing* (pp. 11–36). London: Falmer Press.

Porter, M. C. (1982). State supreme courts and the legacy of the Warren court: Some inquiries for a new situation. In M. C. Porter & G. A. Tarr (Eds.), *State supreme courts* (pp. 3–21). Westport, CT: Greenwood Press.

Porter, M. C., & Tarr, G. A. (1982). Introduction. In M. C. Porter & G. A. Tarr (Eds.), *State supreme courts* (pp. xi–xxvii). Westport, CT: Greenwood Press.

Portner, J. (1996a, May 11). Minn. student leaders push for place at policy table. *Education Week*, 11.

Portner, J. (1996b, June 19). Study tracks violent deaths at school or related activities. *Education Week*, 10.

Portz, J. (1994). Plant closings, community definitions, and local response. In D. A. Rochefort & R. W. Cobb (Eds.), *The Politics of Problem Definition* (pp. 32–49). Lawrence, KS: University of Kansas Press.

Prestine, N., & McGreal, T. L. (1997). Fragile changes, sturdy lives: Implementing authentic assessment in schools. *Educational Administration Quarterly, 33*, 371–400.

Problem is politics. (1999, May 16). *Topeka Capital Journal.* Available. *http://web.lexis-nexis.com/universe/docum* [2002, February 3].

Przeworski, A. (1993). Socialism and social democracy. In J. Krieger (Ed.), *The Oxford companion to politics of the world* (pp. 832–839). New York: Oxford University Press.

Putnam, R. D. (2000). *Bowling alone.* New York: Simon & Schuster.

Putnam, R. D. (2002). Bowling together. *American Prospect 13* (3), 20–22.

Questionable clout. (1994, September 28). *Education Week*, 30.

Ravitch, D. (1983). *The troubled crusade.* New York: Basic Books.

Ravitch, D. (1995). *National standards in American education.* Washington, D.C.: Brookings Institution.

Rawls, J. (1971). *A theory of justice.* Cambridge, MA: Harvard University Press.
Ray, C. A., & Mickelson, R. A. (1990). Business leaders and the politics of school reform. In D. E. Mitchell & M. E. Goertz (Eds.), *Education politics for the new century* (pp. 119–135). London: Falmer Press.
Reich, R. (1991). *The work of nations.* New York: Knopf.
Reid, K. S. (2001, March 21). U.S. census underscores diversity. *Education Week on the Web.* Available. *http://www.edweek.org/ew/ewstory.cfm* [2002, February 25].
Reif, J., Whittle, J., Woznick, A., Thurmond, M. E., & Kelly, J. (1997). *Services: The export of the 21st century.* San Rafael, CA: World Trade Press.
Robelen, E. W. (2002, January 9). ESEA to Boost Federal Role in Education. *Education Week*, pp. 1, 28–29, 31.
Roberts, S. (1993). *Who we are.* New York: Times Books.
Robertson, D. (Ed.). (1985). *A dictionary of modern politics.* London: Europa Publications.
Robinson, V. M. J. (1995). The identification and evaluation of power in discourse. In D. Corson (Ed.), *Discourse and power in educational organizations* (pp. 111–130). Cresskill, NJ: Hampton Press.
Rochefort, D. A., & Cobb, R. W. (Eds.). (1994). *The politics of problem definition.* Lawrence, KS: University of Kansas Press.
Rosenblatt, R. A. (1996, March 14). Latinos, Asians, over-50s top growth groups for U.S. *Cincinnati Enquirer*, p. A14.
Rosenthal, A. (1981). *Legislative life.* New York: Harper & Row.
Rothman, S., & Lichter, S. R. (1982). *Roots of radicalism.* New York: Oxford University Press.
Rubin, I. S. (2000). *The politics of public budgeting* (4th ed.). Chatham, NJ: Chatham House.
Russo, C. J., & Lindle, J. C. (1994). On the cutting edge: Family resource/youth service centers in Kentucky. In L. Adler & S. Gardner (Eds.), *The politics of linking schools and social services* (pp. 179–187). Bristol, PA: Falmer Press.
Sabatier, P. (1975). Social movements and regulatory agencies: Toward a more adequate—and less pessimistic—theory of "clientele capture." *Policy Sciences, 6*, 301–342.
Sabatier, P. A., & Jenkins-Smith, H. C. (1993). *Policy change and learning.* Boulder, CO: Westview Press.
St. John, E. P. (1992). Who decides educational policy? Or how can the practitioner influence public choices? In P. F. First (Ed.), *Educational policy for school administrators* (pp. 96–103). Boston: Allyn & Bacon.
Sarason, S. B. (1996). *Revisiting "The culture of the school and the problem of change."* New York: Teachers College Press.
Sargent, L. T. (Ed.). (1995). *Extremism in America.* New York: New York University Press.
Schattschneider, E. E. (1935). *Politics, pressures, and the tariff.* New York: Prentice Hall. Cited in Lowi, T. J. (1964, July). American business, public policy, case studies, and political theory. *World Politics*, 677–715.
Schattschneider, E. E. (1960). *The semisovereign people.* New York: Holt, Rinehart & Winston.
Schor, J. B. (1998). *The overspent American.* New York: Basic Books.
Schroeder, R. (1992). *Max Weber and the sociology of culture.* London: Sage.
Shafer, B. E. (1983). *The quiet revolution.* New York: Russell Sage Foundation.

Shafritz, J. M., Williams, P., & Calinger, R. S. (1993). *The dictionary of 20th century politics.* New York: Henry Holt.

Sidoti, L. (2000, September 5). Schools feel pressure from test-driven ratings. [Hamilton, OH] *Journal-News,* pp. A1, A2.

Skrla, L. (2000). The social construction of gender in the superintendency. *Journal of Education Policy, 15,* 293–316.

Smith, A. (1976 [1776]). *An inquiry into the nature and causes of the wealth of nations.* Oxford, England: Clarendon Press. Quoted in Buchholz, T. G. (1989). *New ideas from dead economists* (pp. 21–22). New York: New American Library.

Smith, J. A. (1991). *Brookings at seventy-five.* Washington, D.C.: Brookings Institution.

Solomon, R. P. (1992). *Black resistance in high school.* Albany, NY: State University of New York Press.

Sommerfeld, M. (1996, April 24). California parents target math frameworks. *Education Week,* 1, 11.

Spring, J. (1989). *The sorting machine revisited.* New York: Longman.

Spring, J. (1994). *The American school, 1642–1993* (3rd ed.). New York: McGraw-Hill.

Spring, J. (1997). *Political agendas for education.* Mahwah, NJ: Lawrence Erlbaum Associates.

Sroufe, G. E. (1995). Politics of education at the federal level. In J. D. Scribner & D. H. Layton (Eds.), *The study of educational politics* (pp. 75–88). London: Falmer Press.

Stone, D. A. (1989). Causal stories and the formation of policy agendas. *Political Science Quarterly, 104,* 281–300.

Stufflebeam, D. L. (1983). The CIPP model for program evaluation. In G. F. Madaus, M. Scriven, & D. L. Stufflebeam (Eds.), *Evaluation models* (pp. 117–141). Boston: Kluwer-Nijhoff.

Stufflebeam, D. L., & Webster, W. J. (1983). An analysis of alternative approaches to evaluation. In G. F. Madaus, M. Scriven, & D. L. Stufflebeam (Eds.), *Evaluation models* (pp. 23–43). Boston: Kluwer-Nijhoff.

Summers, L. H. (1984). The long-term effects of current macroeconomic policies. In C. R. Hulten & I. V. Sawhill (Eds.), *The legacy of Reaganomics: An overview* (pp. 179–198). Washington, D.C.: Urban Institute.

Susser, B. (1995). *Political ideology in the modern world.* Boston: Allyn & Bacon

Swanson, A. D. (1989). Restructuring educational governance: A challenge of the 1990s. *Educational Administration Quarterly, 25,* 268–293.

Tapper, J. (2001). *Down & dirty: The plot to steal the presidency.* Boston: Little, Brown.

Tennessee Code Commission. (1995). *Tennessee code annotated: 1995 supplement. Vol. 9.* Charlottesville, VA: Michie.

Thomas, C. S., & Hrebenar, R. J. (1999). Interest groups in the states. In V. Gray & H. Jacob (Eds.), *Politics in the American states* (7th ed., pp. 113–143). Washington, D.C.: Congressional Quarterly Press.

Thurow, L. C. (1985, November). The "big tradeoff" debunked: The efficiency of a fair economy. *The Washington Monthly,* 47–54.

Thurow, L. C. (1992). *Head to head.* New York: Morrow.

Thurow, L. C. (1996). *The future of capitalism.* New York: Morrow.

Toch, T. (1996, February 26). Why teachers don't teach. *U.S. News and World Report,* 62–71.

Tripp, R. T. (Ed.). (1970). *The international thesaurus of quotations.* New York:

Crowell.

Trotter, A. (2001, May 23). Census shows the changing face of U.S. households. *Education Week*, p. 5.

Turner, D. W. (1995). Building legislative relationships: A guide for principals. *Here's How, 13*(5), 1–4.

Tyack, D. (1974). *The one best system.* Cambridge, MA: Harvard University Press.

Tyack, D. (1986). Toward a social history of law and public education. In D. L. Kirp & D. N. Jensen (Eds.), *School days, rule days* (pp. 212–237). Philadelphia: Falmer Press.

Tyack, D., & Cuban, L. (1995). *Tinkering toward utopia.* Cambridge, MA: Harvard University Press.

Tyack, D., & Tobin, W. (1994). The "grammar" of schooling: Why has it been so hard to change? *American Educational Research Journal, 31*, 453–479.

Unfulfilled promises: School finance remedies and state courts. (1991). *Harvard Law Review, 104*, 1072–1092.

U.S. Department of Education. (1999). *A back to school special report on the baby boom echo: No end in sight.* Available. h*ttp://www.ed.gov/pubs/bbecho99/index.html* [2002, February 25].

Van Horn, C. E. (Ed.). (1993). Preface. *The state of the states* (2nd ed.). Washington, D.C.: Congressional Quarterly Press.

Verba, S., & Orren, G. R. (1985). *Equality in America.* Cambridge, MA: Harvard University Press.

Verstegen, D. (1994). Reforming American education policy for the 21st century. *Educational Administration Quarterly, 30*, 365–390.

Vinovskis, M. A. (1996). An analysis of the concept and uses of systemic educational reform. *American Educational Research Journal, 33*, 53–85.

Viteritti, J. P. (1999). *Choosing equality.* Washington, D.C.: Brookings Institution.

Vobejda, B. (1995, April 24). 24% of kids in fatherless homes. *Cincinnati Enquirer*, p. A6.

Waite, D. (1995). Teacher resistance in a supervision conference. In D. Corson (Ed.), *Discourse and power in educational organizations* (pp. 71–86). Cresskill, NJ: Hampton Press.

Weaver, S. W., & Geske, T. G. (1995, April). *Educational policymaking in the state legislature: Legislator as policy expert.* Paper presented at the annual meeting of the American Educational Research Association, San Francisco.

Weber, M. (1968). *Economy and society.* Three volumes. New York: Bedminster Press. Quoted in Wrong, D. H. (1979). *Power* (p. 21). New York: Harper & Row.

Weber, M. (1986). Domination by economic power and by authority. In S. Lukes (Ed.), *Power* (pp. 28–36). New York: New York University Press.

Weeres, J. G. (1988). Economic choice and the dissolution of community. In W. L. Boyd & C. T. Kerchner (Eds.), *The politics of excellence and choice in education* (pp. 117–129). New York: Falmer Press.

Weimer, D. L., & Vining, A. R. (1992). *Policy analysis: Concepts and practice* (2nd ed.). Upper Saddle River, NJ: Prentice Hall.

Weiss, C. (Ed.). (1992). *Organizations for policy analysis.* Newbury Park, CA: Sage.

Weiss, C. H. (1988). Where politics and evaluation research meet. In D. Palumbo (Ed.). *The politics of program evaluation*, pp. 47–70. Newbury Park, CA: Sage.

Weiss, C. H. (1992). Helping government think: Functions and consequences of policy analysis organizations. In C. H. Weiss (Ed.), *Organizations for policy analysis* (pp. 1–18). Newbury Park, CA: Sage.

Welsh-Huggins, A. (2000, September 5). State tests raise angst. *Cincinnati Enquirer*, pp. B1, B4.

Welsh-Huggins, A. (2000, November 30). Overhaul of Ohio's proficiency test procedure may be forthcoming. [Hamilton, OH] *Journal-News*, p. A7.

Wiget, L. A. (1995). *Effective government relations for public education.* Bloomington, IN: Phi Delta Kappa Educational Foundation.

Wildavsky, A. (1988). *The new politics of the budgetary process.* Glenview, IL: Scott, Foresman.

Williams, B. R., & Palmatier, M. A. (1992). The RAND Corporation. In C. H. Weiss (Ed.). *Organizations for policy analysis* (pp. 48–68). Newbury Park, CA: Sage.

Wilson, J. Q. (1989). *Bureaucracy.* New York: Basic Books.

Wirt, F. M., & Harman, G. (1986). *Education, recession, and the world village.* London: Falmer Press.

Wodak, R. 1995. Power, discourse, and styles of female leadership in school committee meetings. In D. Corson (Ed.), *Discourse and power in educational organizations* (pp. 31–54). Cresskill, NJ: Hampton Press.

Wolf, R. M. (1990). *Evaluation in education* (3rd ed.). New York: Praeger.

Wrong, D. H. (1979). *Power.* New York: Harper & Row.

Yanow, D. (2000). *Conducting interpretive policy analysis.* Thousand Oaks, CA: Sage.

Zitterkopf, R. (1994). A fundamentalist's defense of OBE. *Educational Leadership, 51*(6), 76–78.

# 찾아보기

## 역자 약력

**신현석**(hsshin01@korea.ac.kr)
고려대학교 교육학과 졸업(학사)
위스콘신대학교 교육행정학과 졸업(박사)
교육인적자원부 대학설립심사위원
교육혁신위원회 전문위원
서울시 교육지원자문단 위원
한국교육행정학회 국제학술위원장
한국교원교육학회 편집위원장
현) 고려대학교 사범대학 교육학과 교수

**저서 및 논문**
한국의 교육개혁정책
한국의 고등교육 개혁정책
한국 공교육의 새로운 구상과 전략(공저)

**한유경**(ykhan@ewha.ac.kr)
이화여자대학교 교육학과 졸업
미국 University of Wisconsin-Madison, Ph. D.(교육행정 전공)
한국교육개발원 연구위원, 교육정책 연구실장 역임
한국교육행정학회 이사/편집위원(현)
한국교육정책학회 및 한국교육재정경제학회 상임이사 역임
교육인적자원부 정책자문위원회 교육재정분과위원회 위원장(현)
교육인적자원부 주요정책 평가위원회 제1분과위원장(현)
현) 이화여자대학교 사범대학 교육학과 교수

**저서 및 논문**
교육정책연구방법론 핸드북
교원보수의 경제분석과 정책개혁
교원조직문화와 성과급제에 관한 연구

교육정책의 이론과 실제
Policy Studies for Educational Leaders: An Introduction, 2/E

| | |
|---|---|
| 초판 인쇄 | 2007년 8월 27일 |
| 초판 발행 | 2007년 9월 1일 |
| 저 자 | Frances C. Fowler |
| 역 자 | 신현석 · 한유경 |
| 발 행 인 | 홍진기 |
| 발 행 처 | 아카데미프레스 |
| 주 소 | 158-840 서울시 양천구 신월4동 547-1 |
| 전 화 | (02)2694-2563 |
| 팩 스 | (02)2694-2564 |
| 웹사이트 | www.academypress.co.kr |
| 등 록 일 | 2003. 6. 18, 제2005-000044호 |
| 가 격 | 19,000원 |
| I S B N | 978-89-91517-24-0 |